Guía práctica para el ministerio a los niños

Adiestramiento para obreros, maestros, pastores, y otros líderes cristianos en diversas áreas del ministerio a los niños

COORDINADORA DE REDACCIÓN
Kathy Jingling

TRADUCTORA/EDITORA
Milta Oyola, Kerstin Lundquist

DISEÑO
Malena Tobar, Brandy Wilson, Kathy Jingling

Primera edición revisada – Primera impresión

© 1993, 2002, 2007

Todos los derechos reservados. Este libro está protegido por las leyes de propiedad intelectual. Sin embargo, los propietarios y los autores desean que tenga el mayor uso posible. Por tanto, se concede a pastores, directores de educación y líderes de Misioneritas permiso para imprimir este libro.

Reconocimiento – NoComercial – CompartirIgual (by-nc-sa): No se permite un uso comercial de la obra original ni de las posibles obras derivadas, la distribución de las cuales se debe hacer con una licencia igual a la que regula la obra original.

RDM 2001-43S0   Gracias BGMC

Publicado en los Estados Unidos de Norteamérica

America Latina y el Caribe • Recursos de Desarrollo Ministerial (RDM)

Misiones Mundiales de las Asambleas de Dios

Springfield, MO 65804, E.U.A.

SLC ISBN: 9781633681996

PREFACIO

La "Guía práctica para el ministerio a los niños" (GPMN) ha sido escrita con el propósito de orientar y facilitar la prepración de obreros, maestros, pastores, y otros líderes cristianos en las diversas áreas del ministerio para niños, tanto para la enseñanza bíblica como para el evangelismo.

El personal de RDM agradece a cada uno de los muchos contribuyentes por compartir su experiencia ministerial para la formación de este recurso de preparación. Por amor al Señor y por amor al ministerio, cada uno de estos líderes ha dedicado valioso tiempo y talento para el beneficio de la Iglesia de hoy, los líderes de mañana. Nuestro más sincero reconocimiento y agradecimiento a cada uno.

Muchos de los capítulos de este manual concluyen con una lista de recursos relacionados. Generalmente estas listas contienen materiales en inglés. Algunos lectores apreciarán esos recursos, no obstante también sabemos que los materiales en español le podrían ser más útiles. Al final de este libro usted encontrará una larga lista de recursos en español, a la que esperamos que usted añada con el tiempo a medida que comience a colectar materiales para enriquecer su ministerio a los niños.

¿LE VA BIEN A . . . TU HIJO?

por Juan Bueno

En el Antiguo Testamento hay una interesante historia que nos ayuda a desarrollar la filosofía de Dios en relación al niño. Siempre me ha intrigado la pregunta del profeta a la sunamita cuando le dijo: *"¿Le va bien a tu marido, y a tu hijo?"*

Una de las cosas interesantes en esta historia del Antiguo Testamento es que por la bondad de esta familia, el profeta quería hacer algo por ellos. Sugirió varias cosas que podrían ser deseables en la vida de esta familia sunamita, pero fue el criado Giezi quien por fin dijo que nada sería mejor para este hombre y su esposa que tener un hijo. Dijo que no tenían hijos y que no podía haber mejor recompensa por su bondad que pedir a Dios que les diera el milagro de tener un niño.

Yo creo que aquí es muy obvia la importancia que Dios y su pueblo ponían en la vida de un niño. En el Antiguo Testamento hay muchas citas que dicen que los hijos son herencia de Dios. Yo creo que nos ayuda a enfocarnos en la prioridad de Dios en nuestra vida. El hecho de que no había nada mejor para dar a esta pareja por su bondad que un hijo nos demuestra directamente cuál es la prioridad de Dios en relación a los niños y a la familia.

Lo segundo que notamos en esta historia es la importancia de la crianza y el desarrollo de este niño. En el contexto de este pasaje, 2 Reyes 4:17-37, vemos el amor y la preocupación que los padres tenían por el desarrollo de este niño. Parece que no había sacrificio que fuera demasiado grande ni nada de más importancia que ver que el niño creciera no sólo con buena salud, sino también en el conocimiento de la ocupación de su padre y el deseo de ayudarle a desarrollarse hasta plena madurez como hombre, y su futura felicidad.

Aunque no todo está escrito en la Palabra, al leer entre líneas podemos ver la tremenda inversión de la vida de estos padres en ese niño. Todo esto está subrayado por la gran preocupación que tanto la madre como el padre expresaron cuando el niño enfermó. Ciertamente, uno de los pasajes más tiernos en toda la Palabra de Dios es en el que vemos a la madre arrullar en su regazo a su muribundo hijo y mantener la esperanza, hasta el último momento, de que algo sucedería para salvar a su niño. La Biblia dice que el niño murió en sus brazos, pero esto no disminuyó la preocupación de esta mujer por su hijo. En el desarrollo de la historia vemos que ella inmediatamente hizo planes para emprender el viaje hacia el profeta de Dios y ver si todavía había algo que se pudiera hacer por su niño.

Qué tremendo desafío para nosotros hoy. Debemos preparar nuestro corazón y nuestra vida para alcanzar a los niños de nuestro mundo. Creo que nos incumbe sentir el mismo interés que sentía esta madre por su hijo. Nada era más importante, ni nada podía detener a esta señora sunamita para llegar hasta el profeta y expresarle su necesidad y gran preocupación.

No hay espacio en este artículo para describir adecuadamente todo lo que sucedió después de eso. Me gustaría enfatizar una sola cosa. Antes que todo, el profeta mandó al criado Giezi para encontrarse con esta mujer y ver cuál era su necesidad, pero cuando se hizo claro que ella no estaría contenta con sólo hablar con Giezi, el profeta le permitió llegar ante él y expresar personalmente su preocupación. De nuevo, no estuvo satisfecha con que el profeta mandara al criado, sino que insistió en que el profeta mismo fuera a subsanar la urgente necesidad de su familia. Si todos nosotros hoy sintiéramos la misma preocupación por los niños de nuestro mundo, estoy seguro que no dejaríamos que nada nos estorbara para ver que se salven.

Fijémonos en la urgencia de su misión. La Biblia dice que el profeta mandó a Giezi adelante y que éste, al llegar a la casa y encontrar al niño acostado en la cama, le puso encima el báculo. Cuando el profeta llegó a la escena, qué tremenda expresión de parte del siervo cuando dijo: *"El niño no despierta."* Hay ciertas cosas que los ritos de la religión no pueden lograr, ni aún los adelantos de la medicina y la psicología. Hay algo que solamente el poder de Dios puede hacer por los niños. Creo que debemos declararnos impotentes ante la tremenda tarea de alcanzar a tantos niños en nuestro mundo y pedir a Dios su divino poder sobrenatural que nos permita devolver a los niños a la vida. En un sentido, hay 2½ billones de niños que están muertos en sus pecados, y la urgencia de nuestro mensaje es traerles vida.

Oro que ninguno de nosotros se sienta cómodo ni satisfecho hasta no haber hecho todo lo que esté en su poder para salvar a esos niños. La única manera en que ellos vendrán a la vida en el sentido espiritual es que conozcan el poder de Dios. Es importante que el ministerio de cientos de hombres y mujeres se concentre en estos niños.

Nuestra filosofía en alcanzar a los niños exige que subrayemos tres aspectos principales de esta historia del Antiguo Testamento:

Primero, la prioridad que Dios pone en los niños en nuestro hogar; el gran amor y preocupación que Dios tiene por nuestros niños.

Segundo, la necesidad de educar y desarrollar a los niños por todo el camino de la vida. No debemos dejar nada sin hacer en nuestros esfuerzos por hacer todo lo posible por la educación de estos niños.

Tercero, la gran urgencia de nuestro momento.

En un sentido, muchos niños están en la misma desesperante situación del niño que murió. Están esperando que tomemos el báculo de la vida y que toquemos su cuerpo con el poder de Dios para que su vida sea afectada con el amor de Jesucristo y que la esperanza llegue a su vida. ¡Este es el desafío para todos los que se unen al equipo del ministerio a los niños!

Oro que ninguno de nosotros se sienta cómodo ni satisfecho hasta no haber hecho todo lo que esté en su poder para salvar a esos niños . . . que conozcan el poder de Dios.

Juan Bueno fue Director Regional de América Latina y el Caribe de las Asambleas de Dios y al presente es Director Ejecutivo de Misiones Mundiales de las Asambleas de Dios. También funge como Presidente de la Junta de Piedad en América Latina. Hijo de misioneros, Juan se crió en Latinoamérica. Ha pastoreado el Centro Evangelístico en San Salvador, El Salvador, que ahora cuenta con una congregación de más de 20.000 personas. Juan comenzó una escuela para 81 niños del Centro Evangelístico. Ese programa creció hasta que en 1978 estableció, junto con Doug Petersen, los Ministerios Piedad en América Latina

NOTAS

LA HISTORIA DE GENERACIÓN XXI

TEMA:

Preparando a la Iglesia de hoy, los líderes de mañana.

VERSÍCULO LEMA:

"Instruye al niño en su camino, y aun cuando fuere viejo no se apartará de él" (Proverbios 22:6).

PROPÓSITO:

El término "Generación XXI" se refiere a los niños de hoy, a los que vivirán durante el siglo veintiuno. El currículo de "Generación XXI" fue desarrollado para ofrecer un programa de instrucción útil y actualizado que abarcara todas las áreas del ministerio a los niños. Se esperaba que inspirara y motivara a todos los líderes y obreros de niños a asumir un mayor compromiso con este ministerio.

Nosotros, la presente generación, tenemos la responsabilidad de afirmar a esta nueva generación de creyentes, la "Generación XXI", en la Palabra de Dios para que esté preparada y equipada, lista para avanzar por el Señor en la batalla entre el reino de Dios y el reino de las tinieblas. Los niños y jóvenes de hoy se encontrarán con ataques espirituales como nunca antes. Pero al mismo tiempo Dios se manifestará en la vida de sus hijos con mayor poder y gloria que lo que jamás hayamos visto. Con la vista puesta en el futuro, los objetivos de "Generación XXI" fueron:

1. Encender dentro de la Iglesia una conciencia de la importancia del ministerio a los niños.
2. Presentar un desafío a las iglesias locales para alcanzar a los niños en sus comunidades.
3. Inspirar a los creyentes, tanto hombres como mujeres, para trabajar en el ministerio a los niños.
4. Preparar los ministerios de niños con los medios necesarios para el eficaz evangelismo y discipulado.
5. Ofrecer un sano currículo pentecostal.
6. Ver una abundante cosecha de almas entre los billones de niños que hay en el mundo.
7. Discipular a los niños que vengan a Cristo para que sean miembros productivos de la Iglesia hoy y poderosos líderes en el futuro.

POR QUÉ SE CREÓ GENERACIÓN XXI

Las estadísticas muestran que hay más de 2½ billones de niños en el mundo. La tarea de llevarlos a Jesús presenta a la Iglesia un desafío monumental y una enorme responsabilidad. Por esta razón, como parte de la "Década de la cosecha" de las Asambleas de Dios, 1993 fue declarado el "Año del niño". La meta de ese año era enfatizar la instrucción y preparación de obreros en los ministerios para niños. Como resultado, se instilaría un fuerte y constante ímpetu en los líderes y obreros de niños, no sólo durante la "Década de la cosecha" sino hasta la venida de Cristo.

Cuando Jesús dio la gran comisión: *"Id, y haced discípulos a todas las naciones"*, su mandato incluía a todos. Todo hombre, toda mujer, y todo niño debe ser ganado. ¡Es un deber! Los niños son más receptivos al evangelio que cualquier otro grupo por edad. Durante la infancia, los seres humanos demuestran una mayor receptividad para las cosas espirituales. Su sencilla fe de niños les hace fácil aceptar a Cristo como su Salvador y ser llenos con el Espíritu Santo. Sus sentimientos de amor y compasión, sus talentos y habilidades, todos están listos para ser desarrollados y canalizados para el servicio a Dios. La tarea es discipularlos y prepararlos para que conozcan, amen, y sirvan a Dios como lo hacemos nosotros, o mejor todavía, de una forma más grande y con más fervor. Debemos desafiar a los niños a ser "pequeños evangelistas", siervos dispuestos, y participantes activos en toda área de ministerio.

FUNDAMENTO BÍBLICO PARA GENERACIÓN XXI

El fundamento bíblico no es movedizo ni inseguro. Múltiples referencias bíblicas atestan del hecho de que es el expreso deseo de Dios salvar y discipular a los niños.

La Escritura enseña que si formamos la vida de

un niño según la Palabra de Dios, cuando crezca, permanecerá fiel al Señor. Dios dijo al pueblo de Israel que debían tener cuidado de enseñar a sus hijos y a sus nietos los mandamientos del Señor. Debían enseñarles con diligencia en todo momento y en todo lugar. El salmista declara que el joven puede mantener puro su camino al vivir según la Palabra de Dios.

En el Nuevo Testamento, Jesús intervino y reprendió a los adultos que trataban de alejar a los niños de Él. El Maestro declaró la postura celestial cuando dijo que no era correcto excluir a los pequeñitos de su pesencia y de su toque *"porque de ellos es el reino de los cielos"*. La profecía de Joel, cuyo cumplimiento comenzó el día de Pentecostés, enfatiza que en los últimos días Dios derramaría su Espíritu sobre toda carne, ¡incluso los niños! Pablo dice muy claro que Timoteo podía entender las Sagradas Escrituras desde la niñez. (Deuteronomio 4:9,10; 6:4-7; 11:18-20; Salmo 119:9-11; Proverbios 22:6; Mateo 19:14; Hechos 2:17; 2 Timoteo 3:15).

PROPAGACIÓN DE GENERACIÓN XXI

Nivel internacional: En Latinoamérica y en el Caribe, la estrategia de "Generación XXI" fue lanzada durante dos encuentros internacionales. Representantes de las naciones de habla hispana se reunieron en Costa Rica el 6-12 de diciembre de 1992, y representantes de las naciones de habla inglesa y francesa se reunieron en Aruba el 9-16 de mayo de 1993. Estos encuentros fueron un tiempo de intensa preparación y entrenamiento práctico para los líderes que entonces laboraban en los ministerios para niños. Los asistentes volvieron a sus respectivas naciones con la comisión de preparar a otros. Fue nuestro deseo que estos encuentros tuvieran lugar en todo el mundo.

Nivel nacional: Los que asistieron a los encuentros internacionales, junto con los líderes nacionales, tuvieron la responsabilidad de planear los seminarios regionales por toda su nación en 1993. El propósito de estos seminarios era preparar mejor a los obreros de niños para que alcanzaran a los niños de su comunidad. Estos seminarios consistían de sesiones didácticas como también de oportunidades para poner en práctica lo aprendido. Los participantes volvieron a sus respectivas iglesias listos para implementar y expandir todas las áreas relacionadas con el ministerio a los niños.

Nivel local: Fue al nivel de la iglesia local donde tuvo lugar el verdadero impacto. Todo el impulso de "Generación XXI" fue dirigido hacia la obra que tendría lugar en la iglesia local. El pastor local, el obrero de niños local, y los creyentes interesados locales son los "héroes" espirituales para los billones de niños que necesitan a Dios. El currículo de "Generación XXI" se usó durante toda la "Década de la cosecha" y después, en el ministerio para niños y en la preparación de los obreros de niños.

MOTIVACIÓN DE GENERACIÓN XXI

La motivación que impulsó este lanzamiento fue el amor. Antes que nada debemos estar consumidos con amor a Dios. Su ejemplo nos muestra que el verdadero amor exige sacrificio. Su Palabra nos dice que Él no quiere que ninguno perezca. Segundo, debemos estar motivados por amor a nuestro prójimo, que incluye a toda tribu, lengua, y nación. ¡Nuestra misión de amor debe comenzar en cada casa y extenderse hasta el fin de la tierra!

Todo creyente tiene una parte en ver que los objetivos de "Generación XXI" se hagan realidad. No es la responsabilidad de un solo grupo o nación, sino más bien, es la responsabilidad individual y colectiva de todos los que componen el Cuerpo de Cristo.

Debe reconocerse que el enemigo desea dividir a la Iglesia para que sea débil e ineficaz. Nos damos cuenta de sus estratagemas. Se sobreentiende que la tarea se cumplirá sólo cuando trabajemos juntos: hermano con hermano, iglesia con iglesia, región con región, nación con nación. En amor, debemos adoptar la actitud de Cristo, pensando en los demás y demostrando dirección como siervos a cada paso. Es esencial que mostremos el camino a los demás siendo ejemplos dignos de Aquél que nos llamó.

Hoy, por todo el mundo, hay una creciente determinación de suplir las necesidades de los miembros más pequeños de la sociedad. Hay una nueva consciencia y carga de alcanzar a los niños con el evangelio.

Una iglesia con visión reconocerá el latir del corazón de Dios por los niños de nuestra generación, la "Generación XXI".

Los obreros de las Asambleas de Dios por toda Latinoamérica y el Caribe contribuyeron grandemente a la preparación del *Manual para Ministerios para*

Niños (MMN) original. Su propósito era enseñar prácticos ministerios aplicados con fervor. En 1995, el MMN fue revisado con un nuevo contenido y estilo. Las continuas peticiones por el formato más práctico de la primera edición combinada con la filosofía de la segunda hizo que se desarrollara la nueva *La Guía práctica para el ministerio a los niños* (GPMN).

Esta guía está diseñada para ofrecer información y recursos a los obreros que trabajan con niños. También puede servir como un vasto recurso de materiales didácticos para maestros. Al final de cada capítulo se encuentra un Bosquejo que se puede usar como una agenda o transparencia para las sesiones de preparación para obreros de niños. También se pueden hacer copias de las páginas de los capítulos para cada participante a medida que se use esta guía para preparar a los nuevos obreros o para la preparación continua de los presentes obreros.

NOTAS

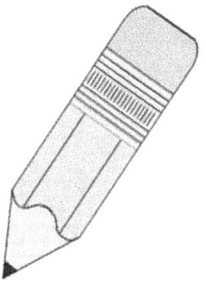

CONTENIDO

1 Bloque 1: Filosofía y relaciones 1

1. La educación infantil en la iglesia 3
2. Desarrollo del niño y características por edad 13
3. El niño y su ministerio 33
4. La iglesia nacional y el niño 41
5. El pastor y los niños 49
6. El papel de los padres en la familia 57
7. El manejo del aula 67
8. Principios de comportamiento infantil 75
9. La selección y preparación de los maestros 81
10. Las relaciones de los maestros 97

2 Bloque 2: Programas 105

11. Guardianes del Tesoro 107
12. Materiales de la Universidad Global para niños 111
13. Misioneritas 119
14. Exploradores del Rey 129
15. La Escuela Dominical 133
16. La Escuela Bíblica de Vacaciones 143

3 Bloque 3: Técnicas 151

17. La comunicación eficaz con los niños 153
18. La memorización 161
19. La música en el ministerio a los niños 169
20. Pantomima 177

21. Títeres 185

22. Historias 193

23. Ventriloquismo 199

24. Charlas con tiza 205

25. Aprendizaje práctico 211

26. Payasos cristianos 233

27. Drama y escritura de guiones 245

Bloque 4: Ministerios especializados *261*

28. Células para niños 263

29. Niños abusados 271

30. Campamentos bíblicos 279

31. Cultos para niños 291

32. Cruzadas para niños 303

33. Anexos para niños 313

34. Ministerio a los hijos de ministros 319

35. Ministerio a los infantes y a los párvulos 329

36. El Ministerio al niño preescolar 339

37. Desfiles 351

38. Niños de la calle: ¿basura…o tesoros? 357

Bloque 5: Vida espiritual *367*

39. Como llevar niños a Cristo 369

40. Cómo discipular a los niños 391

41. La oración y los niños 401

42. Los niños y el bautismo en el Espíritu Santo 423

1

BLOQUE 1: Filosofía y relaciones

Capítulo 1
La educación infantil en la iglesia 3

Capítulo 2
Desarrollo del niño y características por edad 13

Capítulo 3
El niño y su ministerio 33

Capítulo 4
La iglesia nacional y el niño 41

Capítulo 5
El pastor y los niños 49

Capítulo 6
El papel de los padres en la familia 57

Capítulo 7
El manejo del aula 67

Capítulo 8

Principios de comportamiento infantil 75

Capítulo 9

La selección y preparación de los maestros 81

Capítulo 10

Las relaciones de los maestros 97

Capítulo 1

TEMA: La educación infantil en la iglesia

ESCRITORA: Billie Davis

IMPORTANCIA DEL TEMA

Además de pensar en los niños como personas individuales que necesitan salvación, debemos reconocer que llevar el evangelio a los niños es la manera más eficiente de formar la Iglesia. Respecto a los niños, el evangelismo se relaciona más con enseñar que con predicar. Para ganar a los niños y mantenerlos creciendo como cristianos saludables en el Cuerpo de Cristo, necesitamos comprender lo que es la educación infantil.

OBJETIVOS

1. Reconocer la importancia de la educación infantil en la iglesia, y cómo la enseñanza se relaciona con los propósitos de Dios.
2. Comprender la naturaleza de la infancia y cómo afectan a los niños condiciones y los cambios sociales.
3. Comprender ciertos principios básicos de la educación infantil.
4. Prepararse espiritualmente y desarrollar habilidades para trabajar con los niños.

I. INTRODUCCIÓN

"Instruye al niño en su camino, y aun cuando fuere viejo no se apartará de él"
(Proverbs 22:6).

Esta cita bíblica es la más conocida sobre la preparación de los niños. Es interesante que contiene la misma idea que hoy promueven los llamados "expertos" en la educación y el desarrollo de los niños. Están muy atrasados a la Biblia al salir con sus conclusiones de que el temprano desarrollo de valores, actitudes, y hábitos tiene un poder casi sin límites para formar el futuro. Ahora admiten que los efectos de fuerzas como la televisión, la propaganda, y la publicidad pueden ser destructivos, y que la única defensa es establecer a los niños en los valores debidos lo más temprano posible.

Debemos dedicarnos al ministerio de la enseñanza de la iglesia por tres razones principales:

1. Para ganar a nuestros niños para el Señor a temprana edad y que así tengan el gozo de crecer como cristianos.
2. Para fortalecerlos en la Palabra, y que así puedan resistir firmes las tentaciones y la maldad que encontrarán en nuestro cambiante e incierto mundo.
3. Para perpetuar la Iglesia del Señor Jesucristo. Nada, ya sea bueno o malo, jamás se perpetua por largo tiempo a menos que se enseñe a los miembros más jóvenes del grupo.

II. EL PROPÓSITO DE LA EDUCACIÓN EN LA IGLESIA

A. Preservar el pasado

Hoy nos emocionamos con la venida del nuevo siglo. La palabra de moda es **CAMBIO**. Todos parecen estar buscando una gran idea nueva. Hay peligro en dejar a los niños sin raíces. Como las plantas, no pueden crecer sin raíces. La verdad y los valores sólidos no cambian. El propósito de Dios no cambia. *"Jesucristo es el mismo ayer, y hoy, y por los siglos"* (Hebreos 13:8).

Deuteronomio 6 y Salmo 119:11 son dos citas bíblicas que enfatizan el valor del pasado para influenciar el futuro. Los niños necesitan aprender las palabras de la Biblia y también que se les enseñe el significado de las palabras y prácticas de la Iglesia. También se les debe enseñar que lo que "guardan en su corazón" tiene el propósito práctico de ayudarles a tomar futuras decisiones. A veces la gente pasa tanto tiempo tratando de luchar contra los males que afectan a los jóvenes, como la pornografía y los valores mundanos, que se olvida de usar la poderosa arma de enseñarles a temprana edad.

Además de la Palabra, los niños necesitan conocer la historia de su iglesia. Necesitan apreciar lo que los buenos líderes de la iglesia les han dado. Necesitan respetar a sus padres y a los líderes de la iglesia. Necesitan aprender la diferencia que hay entre una costumbre o tradición y los verdaderos valores duraderos que nunca pasan. Las costumbres cambian con las generaciones, pero la Verdad de Dios y la Palabra son para todos los pueblos de todas las épocas.

B. Hacer que el presente sea más productivo

La educación cristiana es la manera en que la iglesia usa sus recursos. Su ministerio es ayudar a la gente a usar sus talentos y dones en el servicio del Señor, al discipular a los creyentes, prepararlos para alcanzar a otros, y luego discipular a los recién convertidos.

Objetivos de la educación cristiana:

1. El primer propósito de la educación es impartir conocimiento de la Biblia y luego de los métodos para servicio.

2. El segundo propósito de la educación es desarrollar el potencial individual. Queremos ayudar a la gente a ser lo mejor para Jesús. Un significado de "educar" es extraer. Queremos extraer toda posible ventaja de cada niño a cada edad.

3. El tercer propósito de la educación es ayudar a las personas a ser cristianos más maduros.

Queremos que usen su mente de la manera correcta. Nuestros niños deben aprender a tomar buenas decisiones, resolver los problemas de su vida y resistir las tentaciones.

Debemos ayudarles a ser miembros responsables y productivos del Cuerpo de Cristo.

C. Perpetuar el futuro

Decir que los niños son la única esperanza para el futuro de la iglesia es como decir: "no se puede esperar tener una cosecha si no se siembra la semilla". Nada se perpetúa jamás por mucho tiempo a menos que se comunique a los miembros más jóvenes del grupo.

Hoy muchos cometen el error de hablar de los males que hay en el mundo sin hacer lo único que sería lo más eficaz para cambiarlos: enseñar a los niños. Las malas condiciones que vemos a nuestro alrededor son un resultado de no haber ganado y enseñado a los niños del pasado.

La Iglesia debe enseñar las verdades y los valores bíblicos a las personas cuando éstas son bastante jóvenes, y luego dirigirlas para que desarrollen comprensión y aplicación de la Palabra en las varias etapas de su crecimiento.

Algunos principios bíblicos pueden enseñarse a cada nivel según la edad. Luego, a medida que crecen, los niños tendrán una perspectiva que los guardará en momentos de tentación y confusión. También podrán influir en la vida de sus compañeros y hacer una diferencia en su generación.

Tenemos más influencia en el futuro de lo que nos damos cuenta. ¡Debemos orar pidiendo sabiduría y dirección para aprovechar nuestras oportunidades!

III. CÓMO LA EDUCACIÓN SE RELACIONA CON EL EVANGELISMO

Jesús dijo: *"Id por todo el mundo y predicad el evangelio a toda criatura"* (Marcos 16:15). Esto ha sido correctamente interpretado como una comisión de viajar a toda región geográfica y, después, a medida que se desarrollaron los medios de comunicación, mandar literatura y mensajes de radio y televisión a todos los pueblos por toda la tierra.

Hoy podemos decir con cierta satisfacción que esa distribución geográfica del mensaje del evangelio se ha cumplido grandemente. Se abren nuevos campos y el mensaje del evangelio sale rápidamente. Quedan pocos lugares en el mundo donde no hay acceso a alguna forma de ministerio cristiano. ¡Gloria al Señor por esto!

Sin embargo, hay una brecha de ministerio que puede debilitar este poderoso esfuerzo misionero. El ministerio a los niños se ha descuidado grandemente. Hemos faltado en ver la relación entre el evangelismo y la educación. Con demasiada frecuencia hemos creído que el evangelismo es predicar, especialmente en grandes reuniones, a grandes multitudes sin salvación. Por lo regular nos regocijamos por los grandes números de conversos adultos. Nos alegramos especialmente cuando los que han estado en "profundo pecado", como los esclavos del alcohol, aceptan a Cristo. Llamamos a eso avivamiento y así lo celebramos. Esto es tremendo. Estamos alcanzando a muchos y ganándolos para Cristo.

Vivimos para ver inmediatos y dramáticos resultados del ministerio, pero necesitamos ir más allá y pensar en "alcanzar al mundo" a través del tiempo como también a través del espacio. O sea, ¡si enseñamos a los niños estamos enviando misioneros al futuro! Lleva más tiempo y puede parecer menos emocionante al principio, pero el resultado de enseñar a los niños puede ser el evangelismo mundial.

A. Nacidos en pecado, pero con la capacidad de amar a Dios

Todos nacemos en pecado (Romanos 3:23; Gálatas 3:22; 1 Juan 1:8). Al mismo tiempo, todos nacemos con la capacidad de amar a Dios (Salmo 139:13; Jeremías 1:5). Cristo murió por todos nosotros. Porque Dios no está dispuesto a que nadie se pierda, Él dio a su Hijo (Juan 3:16) y esto significa que la salvación es una posibilidad para todos.

B. Los niños pueden aprender y escoger

Los niños nacen con necesidades, y responden primero a las personas que subsanan esas necesidades. Enseñar y aprender es algo que comienza inmediatamente para los recién nacidos. La persona que cuida al niño le enseña a esperar alimento, cuido, amor, y protección; o hambre, temor, descuido, y dolor. Los niños aprenden a buscar lo que satisface, y a rechazar lo que causa incomodidad. Por tanto, la capacidad para escoger (la misma habilidad que se usa más tarde para tomar decisiones) comienza a desarrollarse pronto después de nacer.

C. Reforzar la tendencia a buscar a Dios

A muy temprana edad la tendencia a pecar puede ser reforzada por el mal ambiente y el mal ejemplo. Es igualmente cierto que la capacidad para amar puede ser despertada y fortalecida por un ambiente santo, amoroso.

A medida que los niños desarrollan necesidades, el poder de Satanás está siempre presente para empujarlos hacia el mal. Si otras personas modelan una vida pecaminosa ante ellos, y los llevan a creer que sus necesidades pueden ser subsanadas de maneras mundanas, los niños pueden descarriarse.

Por otro lado, los padres y maestros que aman a los niños y los guían cristianamente pueden demostrarles que las necesidades se satisfacen en Cristo. Es por esto que debemos pensar en los niños no simplemente como "pecadores" sino como posibles cristianos. Por tanto, no debemos predicar y regañar, sino reconocer sus necesidades y enseñarles cómo encontrar satisfacción en el Señor.

D. Método bíblico

El hecho es que enseñar es el método más usado e ilustrado por toda la Biblia. La enseñanza y el aprendizaje son procesos esenciales por los que se lleva a cabo la obra de Dios en la tierra. Dios capacitó a los animales inferiores con instintos que los hacen capaces de subsanar sus necesidades en las varias etapas de la maduración biológica. Los animales por instinto llevan a cabo ese limitado número de actividades esenciales para sobrevivir y perpetuarse. Construyen nidos o lugares de refugio para sus pequeñuelos. Buscan comida. Se protegen a sí mismos y a sus hijos contra los peligros.

1. **Adán.** Dios no dio a los seres humanos instintos parecidos, más bien Él les dio capacidades casi sin límite para aprender. Dios no dejó a Adán y a Eva para que se comportaran a base de instinto. Dios les dio una mente, y luego les dio instrucciones que debían ser procesadas por la mente. Los puso en una situación en la que tenían que pensar en lo que habían aprendido y tomar una decisión personal. La primera relación de Dios con Adán fue enseñarle. Dios enseñó a Adán el lenguaje y le pidió que respondiera nombrando a los animales y a la mujer (Génesis 2:19-23).

2. **La Palabra.** El plan de Dios dependía de tener un pueblo y establecer una línea por la que la Palabra llegara a todas las generaciones. La Palabra no vino como una revelación general a cada persona. Vino en la forma de un lenguaje humano que exigía de los procesos de aprender y enseñar. Dios instruyó a su pueblo en términos muy claros de que su primera responsabilidad era mantener vivos su Palabra y su poder entre sus propios hijos y luego extender la enseñanza a los demás.

3. **Sacerdotes.** Dios ordenó sacerdotes maestros para que dieran instrucciones y dirección sobre la adoración y la vida.
4. **Moisés.** Dios hizo que Moisés organizara a artesanos maestros para cumplir con la obra del tabernáculo.
5. **Jesús.** Jesús hizo discípulos (aprendices) y pasó la mayoría de su vida terrenal enseñándoles. Los comisionó para enseñar y mandó al Espíritu Santo como maestro para guiarlos y darles poder.
6. **Pablo.** Pablo era, antes que nada, un maestro. Recordó a Timoteo el hecho de que él había aprendido de su madre y de su abuela. Luego dijo a Timoteo que fuera un buen aprendiz para que pudiera pasar a los demás lo que había aprendido. Luego se esperaba que los que aprendían de Timoteo enseñaran a otros, para que la Palabra pasara a futuras generaciones.

De modo que vemos que casi todo lo que tenemos y sabemos se deriva en cierto modo de la enseñanza y el aprendizaje. La manera en que vivimos es la manera que aprendimos de nuestros padres, de los maestros, y de la sociedad. Los niños aprenden de nosotros a obedecer o a rebelarse, a esperar o a desesperar, a tomar o a dar. La esperanza más grande para producir cristianos nacidos de nuevo es enseñar a los niños cuáles son sus verdaderas necesidades, y que esas necesidades pueden ser subsanadas sólo por medio del Señor Jesucristo.

IV. LAS CONDICIONES Y CAMBIOS SOCIALES AFECTAN A LOS NIÑOS

Cuando pensamos *en el evangelismo de niños y en la educación infantil* no podemos limitarnos a los métodos de ganar almas y enseñar. Las condiciones de Generación XXI nos obligan a pensar en los niños como personas totales que son influenciadas por más cambios que cualquier otra generación de la historia. El mundo es "más pequeño" porque los aviones, la radio, y la televisión unen a las personas. Nuestros niños son influenciados por el modo de vestir, el entrenimiento, la violencia, el sexo, y muchas religiones extrañas. Por lo tanto, se nos obliga a pensar en cuestiones sociales como también en cuestiones espirituales

A. *Cambiantes actitudes de la familia*

Debemos preocuparnos especialmente por la familia de la que proviene cada niño. Debemos involucrar a los padres de toda posible manera. Por un lado debemos aceptar a las familias tal como son; y por otro, tratar de enseñar a los niños para que formen familias cristianas en el futuro.

El primer deber de la Iglesia en la educación infantil es apoyar y ayudar a los padres cristianos. El segundo es ofrecer funciones familiares de cuidado e instrucción para los que no tienen padres cristianos. El tercero es reconocer la necesidad de enseñar hasta a los niños más pequeños los principios de la familia cristiana para que sean buenos padres de sus hijos en el futuro.

B. *Valores y ética inestables*

A medida que crecen, los niños tienden a desarrollar comportamientos como agresión y rebelión. Cuando los maestros cristianos tratan con estos problemas, son estorbados por el mal ejemplo de los padres y de otros adultos de influencia.

Las películas y las historias en los periódicos parecen distorsionar y disminuir los valores cristianos. Los hermanos mayores pueden decir que todo el mundo hace trampa en la escuela. Las parejas viven juntas sin casarse. Muchos oficiales públicos parecen no ser honrados.

Por lo regular los niños se dan más cuenta de las cosas de lo que creemos. Debemos oír sus preguntas y sus dudas. No tratemos de pretender que hay respuestas fáciles para todas las preguntas. Busquemos la dirección del Señor en ayudarles a vencer la perversión del mundo y a desarrollar una fe fuerte.

C. *Experiencias negativas*

Los niños que son afectados por condiciones familiares inciertas, pobreza, abuso, y descuido necesitan demostraciones de interés bíblico tanto como lecciones bíblicas. No podemos decirles: "Sólo cree en Jesús y todo se arreglará".

En el mundo moderno y futuro todos debemos aprender que ser cristiano no es estar libre de sufrimientos, problemas, y decepciones. Es poder sobrellevarlos con la fortaleza de nuestro Señor. La Biblia enseña el interés social. Dice tanto sobre cuidar de la condición humana como sobre el evangelismo.

El evangelio es un mensaje para los que sufren, los pobres, los enfermos, los débiles, y los despreciados (Lucas 4:18-19). "El buen samaritano" (Lucas 10:25-37) es un ejemplo de socorrer el dolor humano. Santiago 2:5-16 nos dice que no debemos servir de palabra solamente, sino con ayuda práctica.

V. LO QUE SE APRENDE A TEMPRANA EDAD AFECTA LO QUE SE APRENDE MÁS TARDE

A veces los cristianos temen que admitir el impacto de las experiencias de la niñez en la vida puede llevarnos a una actitud demasiado tolerante hacia el pecado. Quizá han oído decir que si se enfatiza la importancia del abuso o del descuido de los niños esto hará que la gente culpe a sus padres por todo y que no tome responsabilidad por su propio pecado.

Es verdad que cada persona debe arrepentirse y volverse de su pecado. No podemos culpar a los padres ni las circunstancias.

Sin embargo, faltar en reconocer la poderosa influencia de lo que se aprende a temprana edad es todavía más peligroso.

El asunto es no culpar ni excusar a nadie por el pecado y el mal comportamiento. Debemos estudiar los efectos de lo que se aprende a temprana edad para ayudar a los niños a desarrollarse en cada etapa. Por ejemplo, la mayoría de los que abusan a los niños han sufrido un trato similar en su propia niñez. Los maestros cristianos que saben esto están en una mejor posición para ayudar al abusado y trabajar hacia la prevención del abuso de los niños en el futuro.

Aprender a temprana edad determina, o en gran parte influencia, todo lo que se aprende después en cuatro áreas principales: la formación de actitudes, las maneras de interactuar con la gente, el desarrollo de la predisposición perceptiva (o la manera básica en que se ve la vida), y el vocabulario (o manera de expresar ideas y sentimientos).

A. Actitudes

Las actitudes son sentimientos relativamente estables acerca de objetos, personas, e ideas que afectan la manera en que nos comportamos con esos objetos, ideas, y personas. Por ejemplo, supongamos que el primer misionero que usted conoció era amable y agradable. Su experiencia con él fue feliz. Usted desarrolló una buena actitud hacia los misioneros. Así que cuando usted se entera de que viene uno nuevo, se alegra de ayudar con un culto de bienvenida.

Si su primera experiencia no fue agradable, su actitud sería diferente. No estaría tan dispuesto a ofrecer hospitalidad. Las experiencias llevan a sentimientos y creencias generales, se forman actitudes, y el comportamiento sigue.

Las primeras actitudes se desarrollan casi totalmente de los contactos con la gente. Cuando los niños se sienten felices, cómodos, y amados en una clase de escuela dominical, esto tendrá más efecto en su destino que una buena lección. El determinante más poderoso en la actitud de la persona hacia Dios y la iglesia es la experiencia de la temprana niñez. Eso es casi abrumador, pero es cierto. ¡Las creencias y los valores básicos que forman la vida comienzan con lo que la gente dice y hace a los niños!

Por lo tanto, la educación de los niños debe tener como su primer objetivo estimular sentimientos agradables hacia Dios, la iglesia, y los cristianos. A medida que se desarrollan actitudes positivas, habrá una tendencia a actuar, a aceptar la enseñanza de la Biblia y a responder al maestro. La tristeza por el pecado y el arrepentimiento son actos que podemos esperar que vendrán a medida que añadimos al fundamento de las actitudes positivas.

B. Relaciones

Los niños que pertenecen a grupos amistosos y activos aprenden a relacionarse e interactuar naturalmente. Esto les ayuda a aprender los unos de los otros, a aprender cómo comportarse en grupo, y a estar más dispuestos a ayudar a los demás. Los adolescentes que son egoístas, irrespetuosos, e ignorantes de los sentimientos y necesidades de los demás; los adultos que no confían y juzgan; y las personas de todas las edades que son demasiado tímidas y aisladas, son productos del fracaso cuando eran niños en aprender cómo relacionarse con las personas.

Muchos dicen que no saben cómo hacer amistades y que tienen miedo de testificar de Cristo. El programa de educación cristiana en la iglesia puede ayudar a los niños a llegar a ser cristianos amistosos, activos. La genuina comunidad cristiana y el gozo en el servicio cristiano son resultados de enseñar a los niños a relacionarse entre sí como hermanos en Cristo y como amigos de todos aquellos por quienes Cristo murió.

C. Predisposición perceptiva

Suponga que usted experimenta un suceso feliz, o que algo que usted temía de repente resulta bien. ¿Cuál de las siguientes expresiones sería más probable que dijera?

¡Qué suerte!
o
¡Gloria al Señor!

Esto depende de su predisposición perceptiva, o sea, cómo ha aprendido a percibir su mundo. ¿Es un mundo regido por la suerte? ¿O está su vida en las manos de Dios?

Toda experiencia se percibe o se interpreta a la luz de las actitudes, y usted se expresa en los términos que ha aprendido en su mundo.

La educación cristiana enseña a los niños que las cosas buenas vienen del Señor, no de la suerte. A medida que los niños ven las cosas buenas como hechos de Dios, su fe aumenta. Aprenden a ver la diferencia entre su voz y sus hechos, y la voz y los hechos del mundo.

D. Vocabulario

Así como la manera de ver el mundo comienza en la niñez, así también el fundamento del vocabulario. Los que vienen al Señor tarde en la vida nunca tienen la misma cómoda y familiar habilidad para comprender y expresarse en los asuntos espirituales.

A medida que gradualmente se aprenden datos y conceptos bíblicos durante la niñez, se desarrolla un fundamento para comprender lecciones más avanzadas, para comprender doctrinas bíblicas, y para testificar a los demás. A veces los adultos trabajan muy duro para dominar los vocablos. Los niños pueden aprenderlos de la misma forma natural en que aprenden a caminar y a hablar.

VI. CÓMO DESARROLLAR LA EDUCACIÓN INFANTIL EN LA IGLESIA

"Aquí está un muchacho que tiene cinco panes de cebada."

Una gran multitud rodeaba a Jesús. La gente se allegaba, deseosa de aprender, buscando soluciones a sus problemas en tiempos inciertos. Muchos se convertían y eran sanados. El evangelio era proclamado y respondían. Pero también tenían hambre física, y Jesús se preocupó. Él quería darles comida. Los discípulos se preguntaban: *"¿Cómo podemos dar de comer a tantos?"*

¿Puede imaginarse la escena según la podría manipular un director de programas de televisión moderno? Aquí había una oportunidad para el drama y el simbolismo. La multitud con hambre representaba las necesidades de toda la humanidad. En este momento crítico, vital para el futuro del cristianismo, Jesús muestra compasión mezclada con su poder. La cámara se acerca. La gente guarda silencio esperando una asombrosa revelación. Ahí está Andrés halando suavemente la manga del Maestro y diciendo: *"Aquí está un muchacho, que tiene cinco panes de cebada y dos pececillos."*

Qué declaración más extraña; el mismo Andrés se dio cuenta de la incongruencia de su ímplicita sugerencia y pronto añadió: *"mas ¿qué es esto para tantos?"*

Sin duda, como si esto fuera la manera obvia de hacer cualquier milagro, Jesús aceptó el pan y los peces; pan que había sido preparado en alguna humilde cocina y peces que una persona usando su inteligencia innata y sus habilidades aprendidas había pescado como parte de una rutina diaria. Milagrosamente la comida fue multiplicada. Todos comieron. Luego, satisfechos por ahora, dejaron caer las sobras.

¿Quién se detendría a meditar sobre el mensaje de este milagro? La multitud siguió adelante, buscando otras maravillas. La asombrosa revelación había llegado y casi nadie la oyó. Quizás Andrés miró hacia atrás mientras llenaba otra canasta con las sobras y comunicó con una sonrisa silenciosa su comprensión y aprecio al muchacho que había llegado a este lugar con dos pececillos y cinco panecillos de cebada. Andrés había encontrado a un niño y había reconocido el valor de lo que éste tenía que ofrecer: los ingredientes de un milagro.

Los que trabajan con niños podrían *llamarse Andreses*. A veces nos sentimos pequeños y quizás un poco inseguros cuando halamos la manga de los líderes de la iglesia y decimos: "Miren lo que los niños tienen que ofrecer. Si les damos más atención, podríamos encontrar milagros."

Si usted quiere ser un Andrés y ayudar a desarrollar la educación infantil en la iglesia, aquí se le ofrecen seis sugerencia principales:

A. Promueva consciencia de las necesidades e importancia de los niños

- Lea todo lo que encuentre sobre la educación infantil.
- Aprovéchese de toda oportunidad para compartir su conocimiento.
- Hable con pastores, evangelistas, y misioneros.
- Pida a otros que oren con usted. Oren por los niños y los obreros.

B. Ofrezca un ambiente de amor

- Haga todo lo que pueda para hacer de la iglesia y la escuela dominical algo alegre y agradable.
- Ayude a los obreros a cooperar y a trabajar juntos con alegría.
- Los obreros muestran armonía y amor.

C. Mantenga contacto con los padres

- Los padres son los primeros maestros. El patrón bíblico es que ellos sean los responsables del crecimiento espiritual de los niños.
- Visite los hogares. Pida a los padres que compartan sus problemas y sugerencias.
- Invite a los padres a participar. Use sus talentos y dones.
- Diga a los niños que muestren a sus padres sus papeles y trabajos manuales.

D. Use materiales apropiados

- Vea que los materiales del currículo sean doctrinalmente correctos.
- Use materiales apropiados para cada edad.
- Use lo mejor que pueda el espacio y los muebles que tenga disponibles.
- Mantenga los espacios limpios, seguros, y agradables.
- Pida a los miembros de la iglesia que ayuden.

E. Acepte la educación infantil como un llamado

- Exige de la misma oración y unción espiritual que cualquier otro ministerio del evangelio.

F. Esté dispuesto a dedicar tiempo y esfuerzo

- La educación infantil por lo regular exige de más preparación visible que la mayoría de los otros ministerio.
- Exige de trabajo consistente; mantenerse al día. Exige energía; fortaleza física y emocional.
- Los que trabajan con los niños a veces se sienten como que nadie los aprecia. Deben servir sin necesidad de reconocimiento público.

CONCLUSIÓN

Este ha sido un breve tratamiento de un tema complejo. Tiene la intención de ser sólo el comienzo. Oramos que el Señor use este matrial para ayudarle a comenzar, o para animarlo en la obra que ya haya comenzado. Concluimos con un resumen de las principales preocupaciones en el campo de la educación infantil en la iglesia.

1. Hay necesidad de prestar más atención a la educación infantil en la iglesia porque la iglesia está obligada a apoyar a los padres cristianos y a alcanzar al vasto número de niños que no tienen las debidas oportunidades para aprender y crecer. Los niños perdidos son almas perdidas y potencial humano perdido.

2. Hay necesidad de prestar más atención a la educación infantil en la iglesia porque enseñar en la infancia lleva a la formación de valores y actitudes. Esta es una de las defensas más eficaces contra las influencias destructivas que amenazan a la juventud del mundo.

3. Hay necesidad de prestar más atención a la educación infantil en la iglesia porque alistar a los jóvenes como miembros activos del Cuerpo de Cristo es el método más eficaz

de perpetuar el ministerio del evangelio por todo el mundo y en el futuro.

4. La educación infantil debe basarse en la sistemática y experta utilización del conocimiento en los campos del desarrollo infantil (espiritual, emocional, intelectual, y social. Jesús crecía en sabiduría y estatura, y favor con Dios y los hombres). Los materiales y procedimientos deben basarse en la sistemática y experta utilización del conocimiento en los campos de la teología, la educación, la teoría del aprendizaje, el diseño de currículo, y los factores culturales que afectan el aprendizaje.

5. El contenido de los materiales para la educación infantil debe enfatizar la salvación, el conocimiento de la Biblia, la directiva influencia del Espíritu Santo, la dedicación a la vida y los propósitos del cristianismo, y la confraternidad en la comunidad pentecostal. Los procedimientos de la educación infantil en la iglesia deben mostrar amor y unidad entre los creyentes y sincero amor y aprecio por los niños.

6. Los que se interesan por los niños y comprenden la importancia de la educación infantil quizás necesiten hacer más que estudiar y enseñar a los niños. Necesitarán convencer a los demás, especialmente a los que tienen poder y recursos, que presten más atención a este ministerio. Quizás necesiten ser como Andrés y halar algunas mangas. Deben continuamente enfatizar el hecho de que la Iglesia necesita a los niños tanto como los niños necesitan a la Iglesia. Los niños SON la iglesia de la GENERACION XXI.

REPASO

1. ¿Cuáles son los propósitos de educar a los niños en la iglesia?
2. ¿Cómo es que la educación se relaciona al discipulado?
3. Haga una lista de varias condiciones sociales que afectan la educación del niño.
4. ¿Por qué es tan importante que el niño aprenda durante sus primeros años?
5. ¿Cómo se puede desarrollar un programa educacional para la niñez?

APLICACIÓN

1. Compare el aprendizaje que tiene lugar durante las edades de 1-5 años con el que tiene lugar durante las edades de 6-18. *(Vea el capítulo "El desarrollo del niño y las características de cada edad".)*
2. Haga investigación sobre las condiciones sociales de los niños en su ciudad o país. Busque estadísticas, póngase en contacto con agencias sociales y hable con los maestros de las escuelas públicas. Use la información que reúna de estas fuentes para hacer una lista de las necesidades para llevar en oración.
3. Lea recursos adicionales para expandir su conocimiento de la filosofía educacional que existe en su iglesia.
4. Haga un cuadro del programa educacional para los niños de su iglesia o ministerio y evalúe el valor y eficacia de éste.

RECURSOS

Gruber, Dick. *Focus on Children: a handbook for teachers*. Springfield, MO: GPH, 1993.

Kirsch, Alice. *Tomorrow's Chuch Today*. ICI, 1991.

Richards, Lawrence O. *Creative Bible Teaching*. Chicago, Moody Press, 1970.

Edge, Findley B. *Teaching for Results*. Nashville, TN: Broadman Press, 1956.

Schultz, Thom y Joani Schultz. *Why Nobody Learns Much of Anything at Church: and how to fix it*. Loveland, CO: Group, 1993.

Larson, Jim. *Churchtime for Children*. Ventura, CA: GL Publications, 1978.

Morningstar, Mildred. *Reaching Children*, Chicago, Moody Press, 1944.

Phillips, John y Herbert E. Klingbeil. *Teaching with Results*. Chicago: Moody Press, 1964.

IMPORTANCIA DEL TEMA

Considerando la urgencia de preparar a los cristianos del próximo siglo para cumplir con su responsabilidad, es esencial educar a los niños en teoría y práctica para su lugar en el reino de Dios.

BOSQUEJO
La educación infantil en la iglesia

- **Importancia del tema**
- **Objetivos**
- **I. Introducción**
- **II. El propósito de la educación en la iglesia**
    - A. Preservar el pasado
    - B. Hacer que el presente sea más productivo
    - C. Perpetuar el futuro
- **III. Cómo la educación se relaciona con el evangelismo**
    - A. Nacidos en pecado, pero con la capacidad de amar a Dios
    - B. Los niños pueden aprender y escoger
    - C. Reforzar la tendencia a buscar a Dios
    - D. Método bíblico
- **IV. Las condiciones y cambios sociales afectan a los niños**
    - A. Cambiantes actitudes de la familia
    - B. Valores y ética inestables
    - C. Experiencias negativas
- **V. Lo que se aprende a temprana edad afecta lo que se aprende más tarde**
    - A. Actitudes
    - B. Relaciones
    - C. Predisposición perceptiva
    - D. Vocabulario
- **VI. Cómo desarrollar la educación infantil en la iglesia**
    - A. Promueva consciencia de las necesidades e importancia de los niños
    - B. Ofrezca un ambiente de amor
    - C. Mantenga contactos con los padres
    - D. Use materiales apropiados
    - E. Acepte la educación infantil como un llamado
    - F. Esté dispuesto a dedicar tiempo y esfuerzo
- **Conclusión**
- **Repaso**

Capítulo 2

TEMA: Desarrollo del niño y características por edad

ESCRITORA: Billie Davis

INTRODUCCIÓN

El obrero que trabaja con niños tiene la fabulosa oportunidad de guiar a esas pequeñas vidas. Para aprovechar esta gran oportunidad, es imprescindible que el obrero entienda los conceptos básicos del desarrollo del niño.

El Señor está interesado en las características, la personalidad, y las capacidades de cada individuo. Así mismo, los obreros cristianos deben reconocer las características, la personalidad, y las capacidades de cada niño. El conocimiento de los elementos que influyen en la personalidad del niño, las etapas de desarrollo, y las características del nivel de edad es un instrumento de valor incalculable en manos de aquellos que ministran a los niños. Para enseñar adecuadamente, el maestro debe conocer primero las etapas del desarrollo del niño.

OBJETIVOS

1. Ayudar al obrero que trabaja con niños a identificar algunas influencias en el desarrollo del niño, como la herencia, el ambiente, las necesidades básicas, y el orden de nacimiento.

2. Ayudar al obrero que trabaja con niños a visualizar las etapas de progresión emocional, social, mental, física, y espiritual en el desarrollo del niño.

3. Ofrecer al obrero que trabaja con niños cuadros prácticos de referencia para distinguir las características de cada nivel de edad.

4. Ofrecer al obrero que trabaja con niños aplicaciones prácticas basadas en la información de este capítulo.

I. INFLUENCIAS EN EL DESARROLLO DEL NIÑO

El aprendizaje es el resultado natural de las experiencias del niño. Al ser expuesto a la vida diaria, el niño adquiere conocimiento o entendimiento. Su conducta cambia progresivamente para bien o para mal, en base a todo tipo de factores externos.[1]

Sabemos que la personalidad y el desarrollo de cada niño tiene componentes físicos, mentales, espirituales, sociales, y emocionales. Estos factores hacen que la persona sea única. Las principales influencias son la herencia, el ambiente, las necesidades básicas, y el orden de nacimiento.

A. Naturaleza y crianza

Por lo general, la herencia y el ambiente son clasificados juntos. Durante años los psicólogos han debatido acerca de qué factor ejerce mayor influencia en los niños, si la herencia (naturaleza), o el ambiente (crianza). Independientemente de cuál de los dos ejerza mayor influencia, ambos factores desempeñan un papel muy importante en el desarrollo del niño.

1. Naturaleza

Los rasgos físicos, las aptitudes, y otras características se transmiten genéticamente de padres a hijos a través de la herencia. Esto significa que el potencial de un niño es parcialmente controlado por los genes de los antepasados de ambos padres, transmitidos en el momento de la concepción.

2. Crianza

El ambiente y la crianza también desempeñan un papel clave en el desarrollo.

a. Grupo social. El grupo social en el que un niño

se desenvuelve causa un tremendo impacto en su conducta. Los ambientes sociales incluyen la familia del niño, la escuela, y la iglesia a la que asiste.

b. Nutrición. La nutrición también influye en el desarrollo. Para tener un crecimiento normal y saludable, el niño necesita aire fresco, espacio adecuado, y una dieta completa y balanceada. La falta de una buena nutrición en los dos primeros años afecta de modo permanente al niño, no sólo en su desarrollo físico, sino también en su capacidad para pensar y aprender, porque su cerebro está en desarrollo durante esos años. Algunos expertos opinan que cuando el niño cumple los cinco años de edad, ya ha aprendido la mitad de todo lo que va a aprender en su vida.

B. Necesidades básicas

Otra influencia significativa en el desarrollo del niño es la satisfacción de sus necesidades básicas

1. Amor y dirección

Un niño necesita sentirse amado y querido, saber que es importante para alguien y que las personas alrededor de él se interesan por lo que le sucede. También necesita saber que alguien establece los límites, y que las consecuencias por la obediencia y la desobediencia son firmes.

2. Seguridad y aceptación

Los niños tienen la necesidad básica de seguridad. La seguridad requiere un hogar donde el niño se sienta seguro y a salvo, con padres o adultos protectores que estén cerca. La aceptación es una necesidad básica que lo hace sentir amado todo el tiempo, independientemente de su conducta.

3. Fe

Finalmente, los niños necesitan tener fe. En un mundo de transigencia y confusión, los niños necesitan un conjunto de normas morales y la oportunidad de tener una relación con su Creador. Cuando estas necesidades fundamentales no son satisfechas, los resultados son niños temerosos y confundidos.

C. Orden de nacimiento

Por último, entre los elementos que influyen en el desarrollo del niño, el orden de nacimiento en la familia tiene un efecto perpetuo en la conducta y en la personalidad.

1. El primogénito

El hijo primogénito por lo común es muy motivado a realizarse. "Los primogénitos son conocidos por sus grandes facultades de concentración, tolerancia y paciencia, y por ser organizados y concienzudos."[2] El hijo mayor tiende a estar bajo mayor presión para cumplir y realizarse. Como pasa más tiempo con adultos, es menos propenso a rebelarse que sus hermanos menores, porque tiene una actitud más positiva hacia la autoridad.

2. El hijo del medio

Las características del hijo del medio son mucho más difícil de generalizar. Su personalidad es muy afectada por el primogénito, y por lo general es opuesta a la de éste. Típicamente, el hijo del medio encuentra reconocimiento y aceptación fuera de su propia familia. Es impulsado consciente o inconscientemente a competir. Dentro del orden de nacimiento, el hijo del medio es conocido como el más reservado. También tiende a asociarse con malas compañías, a ser propenso a la vergüenza, y ser el último en buscar ayuda.

3. El último hijo

El hijo último, o el bebé de la familia, es típicamente encantador y extrovertido; un manipulador bien parecido. También es afectuoso, sencillo, y a veces un poco distraído.[3] Por lo general el hijo último tiende a ser el artista de la familia y a tener una perspectiva despreocupada de la vida. Debido a esta característica, el bebé de la familia debe luchar a menudo por ser tomado en serio. Los hijos últimos viven en un vaivén de emociones; en un momento son afectuosos y encantadores, y al siguiente minuto son difíciles y rebeldes.

II. DESARROLLO DE UN NIÑO

No sólo es importante entender las influencias en el desarrollo del niño, sino también observar los cambios emocionales, sociales, mentales, físicos, y espirituales que experimenta a través de las diferentes etapas de su niñez. El conocimiento de estas etapas ayuda al maestro a alinear los programas y procedimientos con el horario de desarrollo que Dios ha ordenado. Por tanto, para poder ofrecer el mejor aprendizaje en cada etapa de la vida del niño, es importante conocer este horario. Por ejemplo, no se enseña de la misma manera a un niño de tres años y a uno de seis; tampoco se puede enseñar a un niño de nueve años en la misma forma que a uno de doce.

A. Desarrollo emocional

Todo ser humano tiene la capacidad innata de responder emocionalmente. Sin embargo, las emociones y los sentimientos también son reacciones aprendidas que se adquieren a través de los padres, los hermanos y hermanas, y el mundo que rodea al individuo.

Antes de los dos años, el amor es la emoción más importante para fundar una base saludable. Durante estos primeros años, las necesidades predominantes del niño son biológicas. Reacciona emocionalmente a los cambios en su ambiente. A los dos o tres años de edad, el concepto propio del niño está en desarrollo. En esta etapa experimenta voluntad propia, y a la vez aprende a tratar con otras personas. Al niño preescolar le gusta sentirse importante, y las relaciones afectuosas contribuyen a la formación de su autoestima. Sus emociones tienden a ser tensas. Llora fácilmente, y así mismo puede comenzar a reír.

Al llegar a la edad escolar (6 a 7 años), los niños son muy sensibles y emotivos; gritan con deleite cuando algo les agrada y son compasivos con cualquiera que se encuentre triste o herido. En los grados de escuela primaria, el niño puede disfrazar sus sentimientos de desagrado, enojo, etcétera. Su conducta se modifica a medida que aprende a usar el lenguaje para expresar sus emociones. Conforme adquiere experiencia en la vida y comienza a pensar en formas más abstractas, aprende a prever las consecuencias de sus emociones.

A la edad de diez a doce años, la presión de grupo es fuerte, y el niño batalla con lo recto y lo que sus amigos quieren que haga. La forma en que expresa sus emociones depende mucho de su deseo de ser aceptado por sus iguales.[4]

Las emociones de los niños son transitorias. Pueden oscilar entre los extremos, pasando de las lágrimas a las sonrisas con gran facilidad y en un instante. Por otro lado, típicamente, los adultos requieren más tiempo para cambiar de un estado de humor a otro. De modo que podemos decir que los niños tienen episodios emotivos, mientras que los adultos mantienen estados emocionales.[5]

B. Desarrollo social

Después de observar el desarrollo emocional de un niño, estudie también su desarrollo social. Socialización es el nombre que damos al proceso a través del cual el individuo aprende a adaptarse a las normas sociales y se convierte en miembro activo de un grupo. Este proceso comienza con el vínculo emocional que forma con su madre inmediatamente después de su nacimiento.

1. Independencia

Un bebé es egocéntrico y dependiente. Mientras más crece el niño, más independiente se vuelve. Al interactuar con miembros de la familia, el niño aprende a jugar, a cuidar su cuerpo, a vestirse, a preferir ciertas comidas y juguetes, y a relacionarse con personas que no son parte de la familia.

2. Identidad

Durante el proceso, el niño desarrolla una identidad individual. Conforme las personas respondan a sus preguntas y sean ejemplo de buena conducta, el niño comienza lentamente a imitar la conducta aceptable, a adquirir responsabilidad, y a procurar ser útil dentro del grupo. Aprende a comportarse según las expectativas sociales de un círculo de personas cada vez más amplio. Observamos que al momento de ingresar a la escuela, emergen en los niños distintas personalidades.

3. Interacción

Un niño necesita oportunidades para interactuar con las personas. Debe aprender a cooperar con niños de su propia edad, lo mismo que con las figuras de autoridad en su vida. La opinión que éstas se forman de la conducta del niño lo ayudan a evaluar sus decisiones en términos morales de buenas o malas.

C. Desarrollo mental

En comparación con el desarrollo emocional y social del niño, es difícil clasificar su desarrollo mental. Muchos detalles determinan el crecimiento mental de un niño, los cuales incluyen el ambiente, las oportunidades de obtener y asimilar información, los estilos de aprendizaje, y el pensamiento concreto y el abstracto.

1. Ambiente

Desde su nacimiento, el niño observa su ambiente y registra sus impresiones de éste. A medida que crece y procesa la información, estas impresiones se convierten en pensamientos. Así desarrolla una visión personal del mundo, aun como niño pequeño.

2. Información

Cuando comienza a asistir a la escuela, el niño no entra a su salón de clases desprovisto de conocimiento. La labor del maestro es expandir y alterar ese conocimiento, estimular al alumno a reformular lo que sabe y a aceptar nuevos conceptos y evidencia fresca. Al ser expuesto a nuevas ideas, el concepto que el alumno tiene del mundo comienza a cambiar, y empieza a entender y asimilar nueva información. El alumno adquiere conocimiento cuando reformula y reestructura lo que ya sabe de un tema.

Por tanto, el maestro debe considerar los siguientes puntos.

- Comience con lo que sus alumnos ya saben de Dios y de las cosas espirituales.

- Estimule el aprendizaje, por motivar a sus alumnos a reformular lo que ya saben y exponerlos a la verdad de Dios.

- Guíe a sus alumnos en su progreso, paso a paso, de lo ya conocido a las nuevas ideas.

Los alumnos no acumulan información en forma pasiva, sino que interactúan activamente con esta mientras la procesan. Los distintos alumnos se forman diferentes ideas en base a la misma información. En su intento de entender la nueva información, los alumnos atribuirán sus propios significados a los nuevos datos. De modo que la verdad es fundamentada en el entendimiento personal. Esto significa que el maestro debe descubrir cómo procesa cada alumno las verdades bíblicas y espirituales presentadas. Puede llegar a ocurrir que aquello que sus alumnos están aprendiendo no es lo que usted intentó enseñar. Por lo tanto, fomente el *feedback* para que pueda evaluar lo que en realidad han entendido los alumnos.

3. Estilos de aprendizaje

Al estudiar el desarrollo mental, aprenda también los tres estilos básicos de aprendizaje: auditivo, visual, y cinestético. El estilo de aprendizaje es la tendencia innata a usar en el aprendizaje un sentido (oído, vista, tacto, etcétera) más que los demás. Estos estilos han sido definidos para ayudar a los maestros a entender (no a analizar) a sus alumnos.

a. Aprendiz auditivo. El aprendiz auditivo tiene la tendencia a hablar mucho. Un niño auditivo puede tener un amplio vocabulario a una corta edad. Los aprendices auditivos también saben escuchar y pueden concentrarse en el ambiente del salón de clases sin tener que participar activamente.[6] Ayude al aprendiz auditivo por facilitarle la grabación en casete de la clase para que repase. Forme grupos de discusión y permítale leer en voz alta.

b. Aprendiz visual. El niño visual depende de las cosas que ve. Por lo general, el niño que aprende en este estilo memoriza la información como la ve en la página. Le cuesta escuchar por largos períodos de tiempo sin retorcerse, hacer garabatos, o soñar despierto. Los aprendices visuales necesitan un área de estudio organizada estéticamente atractiva y les encanta trabajar solos. El maestro puede ayudar al aprendiz visual facilitándole figuras, ilustraciones, y gráficas para que las vea.

c. Aprendiz cinestético. El aprendiz cinestético aprende mediante exploración, movimiento, y tacto. Le cuesta escuchar y sentarse tranquilo más que al aprendiz visual porque es físicamente activo. Un niño que es aprendiz cinestético necesita que se le enseñe con instrumentos multisensoriales que le ofrezcan aprendizaje práctico. Los experimentos y la participación en ellos son de gran beneficio para este niño *(véase el capítulo "Aprendizaje práctico")*.

¿Cómo reconoce el maestro el estilo de aprendizaje de un alumno? Para poder reconocer el estilo de aprendizaje de sus alumnos, el maestro debe escuchar el tipo de preguntas que ellos hacen y observar sus reacciones ante los diferentes métodos de enseñanza, especialmente la narración de historias. Los estudios han demostrado que cuando los alumnos reciben una enseñanza y estudian en una forma que complemente su estilo de aprendizaje, tienen más ventajas en su proceso de aprendizaje y una mayor oportunidad de buen éxito[7].

4. Pensamiento concreto y abstracto

Según Jean Piaget, psicólogo suizo, el niño desarrolla las siguientes capacidades mentales: la capacidad de pensar en forma abstracta, la capacidad de pensar lógicamente acerca de situaciones hipotéticas, y la capacidad de asimilar información y nuevas experiencias. La capacidad intelectual de un individuo de procesar información cambia significativamente con el tiempo. A medida que crece, el niño avanza de pensar sólo en términos concretos a pensar en ideas abstractas. Aunque tratamos de clasificar el cambio del pensamiento concreto al abstracto, el tiempo en que esto ocurre es tan individual como el niño mismo.

Para ayudar a los niños a cambiar del pensamiento concreto al pensamiento abstracto, el maestro debe proveer dos instrumentos de codificación: conexiones mentales y modelos. Las conexiones mentales son conceptos que el niño ya entiende y sobre los que se pueden fundar ideas abstractas. Los modelos definen una relación entre un objeto y una idea para ayudar al niño a desprenderse de los objetos reales y aplicar el ejemplo a las ideas abstractas.[8]

D. Desarrollo físico

Todo maestro debe tener conocimientos del crecimiento y del desarrollo normal del niño. Sus capacidades físicas fijan los límites de la interacción entre el niño y su ambiente. A medida que el individuo crece y se desarrolla, su conducta cambia. Lo que el niño piensa de su cuerpo puede tener un efecto sobre la forma en que responde a sus maestros.

La estatura de un niño cambia rápidamente durante sus primeros dos años y luego cambia lentamente hasta la adolescencia. No tenía coordinación al nacer, pero progresa hasta tener músculos entrenados y coordinación entre la vista y las manos. En todos esos años, el niño tiene una energía que puede ser canalizada en actividades constructivas.

El desarrollo físico es importante en la formación del ego. Afecta la forma en que el niño se percibe a sí mismo. El niño debe entender, no alarmarse, que los cambios anatómicos y hormonales que ocurren en su cuerpo son normales, naturales, y fuera de su control. Los padres y maestros alertas deben aclarar las dudas y disipar los temores. El niño debe saber que cada cuerpo se desarrolla a un paso distinto. No todo el mundo tendrá lo que la sociedad considera el cuerpo ideal. A medida que el niño vaya pasando por las distintas etapas físicas, ayúdelo a entender que, definitivamente, su cuerpo no es la parte más importante de su ser.

E. Desarrollo espiritual

Después de estudiar el desarrollo emocional, social, mental, y físico de los niños, el obrero cristiano debe considerar algo más: el desarrollo espiritual del niño. Dios creó a los humanos como seres espirituales a su imagen y semejanza. Por tanto, los niños tienen una necesidad innata de conocer a Dios, entender el porqué de la existencia de Él, y descubrir el propósito de Dios para la vida de ellos. Aparte de la revelación de Dios dada al hombre a través de las Escrituras, es imposible encontrar estas respuestas.

El concepto de la iglesia y del cristianismo son simples en la mente de un niño. La fe es natural durante sus primeros años. El maestro puede estimular el desarrollo espiritual de aquel por presentarle la Palabra de Dios y ser ejemplo del amor de Él. Cuando se trata de un infante, las actitudes determinarán su futura aceptación de Dios.

Aunque durante las primeras etapas del desarrollo mental del niño su mente sólo piensa en términos concretos y no puede entender el simbolismo y los términos espirituales abstractos, sí puede entender que Dios lo ama. El maestro puede ayudar al niño a crecer espiritualmente por enseñarle conceptos concretos como la relación con Dios y lo que Él ha hecho. Si le brinda amor y seguridad de manera consecuente, ayudará al pequeño a entender su relación con Dios.

El niño puede expresar su adoración a Dios cuando comienza a pensar en Él en forma personal (como una relación) y de este modo puede crecer espiritualmente. El niño llegará a progresar hasta un punto en el que esté listo para aceptar a Cristo *(véase el capítulo "Cómo llevar niños a Cristo")*.

Aunque la madurez mental no es un requisito previo para la salvación, la madurez espiritual de los niños está ligada en cierta forma a la madurez mental. Mentalmente, los niños piensan en forma concreta y desarrollan el pensamiento abstracto durante la preadolescencia y la adolescencia. Como los conceptos espirituales son principalmente abstractos, los niños pequeños, cuyo pensamiento es concreto, no comprenden el carácter abstracto de esos conceptos. Conforme el niño va adquiriendo la capacidad de pensar en forma abstracta, desarrolla también su comprensión espiritual de los conceptos abstractos, basado en su entendimiento de los conceptos concretos. Por tanto, es de vital importancia enseñarle una base de conceptos espirituales concretos durante sus primeros años.

El maestro que hace el esfuerzo de entender las influencias en el desarrollo espiritual del niño adquiere una mayor capacidad para fomentar el crecimiento espiritual de éste. Qué mejor regalo puede desear un obrero cristiano que saber que un niño ha entregado su corazón a Cristo.

III. CUADROS DE DESARROLLO

Vea los cuadros de desarrollo siguientes: prenatal, el bebé, el párvulo y el preescolar, y de primer grado a sexto grado.

A. Desarrollo prenatal

8 semanas:	• El bebé mide unos 3,75 cm (1,5 pulgadas) y tiene todos sus órganos. Durante el mes anterior, su corazón ha comenzado a palpitar. Sus manos y pies ya se han formado y se conecta el sistema de circuitos de su cerebro. ¡El feto se mueve!
4 meses	• El bebé puede mover la boca, voltear su cabeza, agarrar con sus manos, y patear. Si es una niña, sus cinco millones de óvulos se han formado.
7 meses:	• El bebé puede sobrevivir si nace prematuramente. Sus ojos se han abierto y puede percibir la luz. También puede responder al sonido y escuchar el mundo exterior desde el interior de su madre.
9 meses:	• La corteza cerebral del bebé se ha definido bien. Se pueden detectar ondas cerebrales en patrones semejantes a los de un recién nacido.
Consejos a la madre	• Controle la cantidad de estrés al que se somete. • Equilibre el descanso con el ejercicio, y la comida saludable con el control de su peso. • Aléjese de las multitudes y de los amigos enfermos durante los tres primeros meses de embarazo. • Lea, hable, y cante a su bebé. • Mantenga un ambiente pacífico; pocos gritos y peleas.

B. Desarrollo del bebé

Aspectos	0-6 meses	7-12 meses	13-17 meses
Físico	• Se duplica el peso que tuvo al nacer • Finaliza su inmunidad natural contra enfermedades peligrosas • Salen sus dos dientes frontales inferiores • Ha crecido 2,5 a 5 cm (1 a 2 pulgadas) desde su nacimiento • Duerme dieciséis a dieciocho horas al día • Puede sentarse por sí solo durante un rato • Levanta su cabeza cuando está acostado boca abajo • Se voltea por sí solo y comienza a arrastrarse • Mueve juntos los ojos y las manos (coordinación muscular) • Puede pasar objetos más grandes de una mano a otra • Necesita una siesta larga y dos siestas cortas al día	• Crece a una estatura promedio de 65-75 cm (26-30 pulgadas) • Tiene seis dientes • Pesa un promedio de 9,5-11,3 kg (21-25 libras) • Se sienta solo • Puede pararse y caminar solo • Agarra la taza y la cuchara • Juega con juguetes sencillos • Puede recoger objetos más pequeños • Aprende a trepar • Duerme unas dieciséis horas	• Sobresale su abdomen • Puede controlar su vejiga durante el día • Sube escaleras • Usa cucharas • Camina sobre espacio amplio; con los pies muy separados
Mental	• Puede imitar expresiones faciales y sonidos • Reconoce su biberón • Puede recordar una imagen visual o un sonido • Puede ser condicionado; el niño aprende que las recompensas y los castigos son el resultado de sus acciones • Al nacer puede ver y seguir con la mirada un objeto frente a su rostro • Reacciona al color a los 2-4 meses de edad • Puede percibir la profundidad a los 4-5 meses de edad • Puede oír al nacer y percibe la dirección del sonido • Busca activamente el estímulo • Tiene patrones coherentes de memoria de 3-10 días • El lenguaje consiste primero en llanto, luego en gorjeos, después en balbuceos	• Deja de hacer ciertos actos cuando se le ordena • Muestra los primeros signos de conducta intencional • Puede mover objetos para alcanzar una meta, como remover un obstáculo que bloquea un objeto deseado	• Tiene períodos cortos de atención; puede aprender atentamente si recibe instrucción directa y muy breve • Responde a instrucciones verbales; sin embargo, aún debe ser conducido principalmente mediante acciones • Está listo para hojear libros con palabras simples y únicas, sonidos, y figuras • Puede decir varias palabras y entender muchas • Aprende en qué forma funciona su hogar y dónde se guardan las cosas • Crece acostumbrado a una rutina
Emocional	• Sus reacciones emocionales están directamente asociadas con los sucesos que se presentan • Sonríe • Se sobresalta; muestra interés, aversión, dolor, ira, sorpresa, y gozo	• Aprende nuevas emociones: temor, tristeza, enojo, etcétera • Comienza a ser tímido ante personas extrañas	• Aprende en qué forma funciona su hogar y dónde se guardan las cosas • Tiene una memoria activa y competente respecto a los extraños y las personas conocidas
Social	• Gorjea, chilla, combina sonidos de vocales a medida que su vocabulario aumenta • Escucha las palabras de otros y su propia voz • Puede diferenciar entre voces familiares y extrañas • Disfruta la compañía, pero también le gusta jugar solo	• Dice unas cuantas palabras • Puede decir adiós con sus manos y juega juegos de mano como las "tortitas de manteca" • Reconoce los saludos y las personas por vista y por voz • Le encanta que le presten atención; responde a la aprobación • Imita • Repite actos para llamar la atención	• Su vocabulario consiste en unas doce palabras • Tiene un abundante repertorio de sonidos y gestos

C. Desarrollo del párvulo y del preescolar

Aspectos	18-24 meses	3 años	4 años
Físico	• Salen los últimos dientes de leche (16-20 dientes) • Tiene una estatura promedio de 80-85 cm (32-34 pulgadas) • Tiene un peso promedio de 11,8-13 kg (26-29 libras) • Se inclina o se agacha • Corre; es muy activo • Da vuelta a las perillas • Puede alimentarse por sí mismo • Necesita descanso antes de las comidas del mediodía y de la noche • Se acostumbra a usar la bacinica (o parcialmente)	• Tiene una estatura promedio de 95 cm (38 pulgadas) • Usa los músculos grandes de brazos, piernas, y cuerpo • No ha adquirido destrezas psicomotoras finas, como movimientos pequeños de los dedos y las manos • Puede subir y bajar las escaleras solo • Es independiente para comer • Ya está acostumbrado a la bacinica	• Crece rápidamente • Gana 1,8-2 kg (4 a 4 1/2 libras) • Le gusta usar las habilidades psicomotoras que está adquiriendo • Aún no tiene una fina coordinación
Mental	• Aprende por imitación • Es curioso • Le gusta fingir • Es impresionable e imaginativo • Tiene un lapso de atención de 3-4 minutos • Le gusta lo conocido y la repetición • Su pensamiento es concreto • Aprende mejor mediante los cinco sentidos • No aprende bien por exhortación directa • A los dos años reconoce su propia foto • A los dos años y medio tiene una noción de la imagen corporal • Habla en frases y oraciones cortas • Interrumpe las historias • Puede cantar canciones fáciles • Absorbe los detalles • Desea hacer las cosas sin ayuda de nadie • Es crédulo • Reconoce ambos sexos • Puede identificar e indicar las partes del cuerpo y objetos conocidos	• Hace una cosa a la vez • Responde a la guía oral • Dice oraciones completas • Tiene un lapso de atención de 3 a 6 minutos • Le gusta lo conocido y la repetición • Tiene un vocabulario limitado	• Puede relacionar cosas con el pasado • Es curioso y tiene una vívida imaginación • Tiene un lapso de atención de 4-8 minutos • Entiende muy poco respecto al tiempo y al espacio
Emocional	• Tiene emociones intensas, pero no por largo tiempo • Experimenta frustración • Le dan rabietas, grita y llora para mostrar enojo y frustración intensos • A menudo responde no a las preguntas • Se siente celoso de un nuevo bebé • Es sensible a las emociones de otros • Teme a los ruidos fuertes y repentinos	• Es capaz de experimentar culpa y orgullo • Le teme a los "hombres malos" • Puede decir cosas como "te odio" • Puede usar sus ideas para entender la causa y el efecto de sus emociones	• Siente temor y se emociona • Le dan rabietas • Tiene más temores, porque puede entender los peligros

C. Desarrollo del párvulo y del preescolar_Continúa

Aspecto	18-24 meses	3 años	4 años
Social	<ul><li>Habla en oraciones cortas</li><li>Jugará solo o con otros</li><li>Es independiente en su hablar y en sus acciones</li><li>Tiene lapsos de atención cortos</li><li>Puede jugar al lado de otros niños, pero no con otros niños</li><li>Es posesivo respecto a sus juguetes y no desea compartir</li><li>Participa en dramas sencillos</li></ul>	<ul><li>Está ansioso de agradar</li><li>A menudo se porta mal debido a su deseo de independencia, curiosidad, aburrimiento, o enojo</li><li>No comparte fácilmente</li><li>No juega tanto con otros niños como cerca de otros niños</li><li>Se ajusta con más facilidad</li></ul>	<ul><li>Usa bien el lenguaje</li><li>Quiere estar con otros niños</li><li>Puede llevar una conversación fluida</li><li>Es hábil en ciertos juegos</li><li>Le gusta jugar a la casita y otros juegos que requieren cooperación</li><li>Es egocéntrico</li><li>Trata de ser amistoso</li></ul>
Espiritual	<ul><li>Debe recibir impresiones felices de las clases para niños en la iglesia</li><li>Puede entender cómo dar gracias y agradar a Dios, que la Biblia es el libro de Dios, y que el templo es la casa de Dios</li><li>Ve a Dios como una persona real y amorosa</li><li>Aprende de Dios a través de la naturaleza y de experiencias en las que se menciona a Dios naturalmente</li><li>Necesita sentir que su maestro y Dios lo aman</li><li>Cuando se le enseña debidamente, depende confiadamente del Señor</li><li>Ora cuando es motivado emocionalmente</li><li>Aprende a dar porque ama a Jesús</li></ul>	<ul><li>Impresionado por su ambiente y presta atención en la escuela dominical y en la iglesia</li><li>Puede entender cómo dar gracias a Dios y agradarle</li><li>Entiende que la Biblia es el libro de Dios y que el templo es la casa de Dios</li><li>Piensa que Dios es una persona real y amorosa</li><li>Aprende de Dios a través de la naturaleza y las experiencias</li><li>Necesita sentir el amor de Dios a través de su maestro</li></ul>	<ul><li>Piensa en Dios en una forma personal</li><li>Ama a Dios y confía en Él; sabe que Dios lo ama</li><li>Conoce la diferencia entre lo bueno y lo malo</li><li>Puede experimentar una verdadera adoración</li><li>Sabe que la desobediencia es pecado</li><li>Puede estar listo para recibir a Cristo</li><li>Puede memorizar versículos bíblicos cortos</li></ul>
Necesidades	<ul><li>Libertad para explorar en un ambiente seguro</li><li>Límites consecuentes de sus actos agresivos, especialmente en lo que respecta a hacer daño a otros</li><li>Reconocimiento de sus logros mediante el amor y el elogio</li><li>Más respuestas positivas que negativas</li><li>Expectativas basadas en sus capacidades neuromusculares en desarrollo</li><li>Amor, seguridad, y comprensión</li></ul>		<ul><li>Reconocimiento y respeto</li><li>Relaciones afectuosas</li><li>Sentirse seguro y saber que es amado</li><li>Ser escuchado</li><li>Estímulo, elogio, afecto, y paciencia</li><li>Mucha actividad</li><li>Equipo para ejercitar sus músculos grandes</li><li>Oportunidades de hacer actividades por sí mismo</li><li>Libertad de usar y desarrollar su propia energía para aprender acerca de su mundo viendo y haciendo</li></ul>

D. Desarrollo del niño en edad escolar

	KINDER O JARDÍN DE INFANCIA	
CARACTERÍSTICAS		NECESIDADES
1. Crecimiento rápido; lleno de energía 2. Sus destrezas psicomotoras no están completamente desarrolladas 3. Puede tener un cuidado general de la salud 4. Usa sus destrezas sensoriales 5. Reacciones espontáneas	*Físico*	1. Cambio constante, área grande de actividades 2. Ejercicio: Músculos grandes—saltar, brincar, correr. Músculos pequeños—rompecabezas, colorear, cortar 3. Aprender hábitos de salud básicos, condiciones sanitarias 4. Usar los cinco sentidos: trabajar con materiales grandes, coloridos, y duraderos
1. Lapsos de atención cortos 2. Hace muchas preguntas 3. Curioso e imaginativo 4. Entendimiento limitado del tiempo y el espacio 5. Pensamiento literal y concreto 6. Su vocabulario aumenta rápidamente	*Mental*	1. Limitar los juegos, las historias, y las actividades (5-8 minutos) 2. Respuestas simples y honestas 3. Actividades que los estimulen a pensar por sí mismos 4. Énfasis en el presente, no en la historia ni en el pasado 5. Evitar el simbolismo 6. Estimular la participación
1. Lleno de preguntas 2. Inmaduro, inconsciente de sus limitaciones personales 3. Inseguro 4. Impresionable 5. Está adquiriendo un conocimiento de lo bueno y lo malo	*Emocional*	1. Experiencias de la vida 2. Elecciones estructuradas 3. Rutina, aceptación, amor 4. Enseñanza verídica 5. Ser guiado en las normas de santidad
1. Egocéntrico 2. Demanda atención 3. Imita 4. Respuestas negativas; dice "no" a menudo 5. Aprende mediante el juego	*Social*	1. Adquirir destrezas sociales; aprender a compartir 2. Atención individual; actividades supervisadas 3. Ejemplos santos de vida y palabra 4. Instrucciones positivas 5. Proveer materiales para juegos significativos
Dios el Padre 1. Dios me ama a mí y ama a otros 2. Dios hizo todas las cosas 3. Dios está en todas partes 4. Dios oye la oración en todo tiempo 5. Dios se preocupa por mí y por los demás 6. Dios quiere que yo sea agradecido 7. Dios quiere que yo sea obediente Dios el Espíritu Santo 1. El Espíritu Santo me ayuda a aprender de Dios 2. El Espíritu Santo me protege	*Espiritual*	Dios el Hijo 1. Jesús es el Hijo de Dios que vino para ser el Salvador 2. Jesús me ama y es mi mejor amigo 3. Jesús vive ahora en el cielo 4. Jesús siempre está conmigo 5. Jesús me ayudará a obedecer, compartir, y amar La Biblia 1. La Biblia es la Palabra de Dios 2. La Biblia habla de Dios 3. La Biblia me enseña cómo vivir 4. La Biblia es verdad

PRIMER GRADO

CARACTERÍSTICAS		NECESIDADES
1. Crecimiento rápido; lleno de energía 2. Las destrezas psicomotoras no están completamente desarrolladas 3. Susceptible a las enfermedades 4. Usa sus destrezas sensoriales 5. Tiene reacciones espontáneas	*Físico*	1. Cambio constante, área grande de actividades 2. Músculos grandes; saltar, brincar, correr. Músculos pequeños; rompecabezas, colorear, cortar 3. Aprender hábitos de salud básicos, condiciones sanitarias 4. Usar los cinco sentidos: trabajar con materiales grandes, coloridos, y duraderos
1. Lapsos breves de atención 2. Hace muchas preguntas 3. Curioso e imaginativo 4. Entendimiento limitado del tiempo y el espacio 5. Pensamiento concreto y literal 6. Su vocabulario aumenta rápidamente, comienza a leer	*Mental*	1. Limitar los juegos, las historias, y las actividades (5-10 minutos) 2. Respuestas simples y honestas 3. Actividades que los estimulen a pensar por sí mismos 4. Énfasis en el presente, no en la historia ni en el pasado 5. Evitar el simbolismo 6. Estimular la participación
1. Lleno de preguntas 2. Inmaduro, inconsciente de sus limitaciones personales 3. Inseguro 4. Impresionable 5. Está adquiriendo un conocimiento de lo bueno y lo malo	*Emocional*	1. Experiencias de la vida 2. Elecciones estructuradas 3. Rutina, aceptación, amor 4. Enseñanza verídica 5. Ser guiado en las normas de santidad
1. Egocéntrico 2. Demanda atención 3. Imita 4. Respuestas negativas; dice "no" a menudo 5. Aprende mediante el juego	*Social*	1. Adquirir destrezas sociales; aprender a compartir 2. Atención individual; actividades supervisadas 3. Ejemplos santos de vida y palabra 4. Instrucciones positivas 5. Proveer materiales para juegos significativos
Dios el Padre 1. Dios me ama a mí y ama a otros 2. Dios hizo todas las cosas 3. Dios oye la oración en todo tiempo 4. Dios se preocupa por mí y por los demás 5. Dios quiere que yo sea agradecido 6. Dios quiere que yo sea obediente Dios el Espíritu Santo 1. El Espíritu Santo me ayuda a aprender de Dios 2. El Espíritu Santo es Dios en acción	*Espiritual*	Dios el Hijo 1. Jesús es el Hijo de Dios que vino para ser el Salvador 2. Jesús me ama y es mi mejor amigo 3. Jesús vive ahora en el cielo 4. Jesús siempre está conmigo 5. Jesús me ayudará a obedecer, a compartir, y a amar 6. Jesús quiere ser mi Salvador personal La Biblia 1. La Biblia es la Palabra de Dios 2. La Biblia habla de Dios 3. La Biblia me enseña cómo vivir 4. La Biblia es verdad

SEGUNDO GRADO

CARACTERÍSTICAS		NECESIDADES
1. Crecimiento lento; lleno de energía 2. Las destrezas psicomotoras continúan desarrollándose 3. Cuidado general de la salud 4. Susceptible a las enfermedades 5. Usa destrezas sensoriales 6. Altos niveles de actividad	*Físico*	1. Equilibrio entre la actividad y el descanso 2. Músculos grandes; habilidades atléticas. Músculos pequeños; habilidades más finas 3. Aprender hábitos de salud básicos, condiciones sanitarias 4. Aprendizaje experimental 5. Variadas actividades de exploración
1. Mayores períodos de atención 2. Adquiere destrezas de razonamiento 3. Amplia gama de capacidades en la lectura 4. Pensamiento concreto y literal 5. Mejora su capacidad de memorización	*Mental*	1. Limitar los juegos, las historias, y las actividades (7-12 minutos) 2. Práctica de solución de problemas 3. Materiales y técnicas de enseñanza variados 4. Evitar el simbolismo 5. Entender el propósito
1. Perfeccionista que procura el buen éxito 2. Aumenta su sentido de la justicia 3. Se aparta del conflicto 4. Lucha con la creencia y el escepticismo 5. Consciente de lo sobrenatural	*Emocional*	1. Elogio por el esfuerzo, no por el resultado 2. Ser guiado en las normas santas 3. Afirmar el amor 4. Creencia basada en Dios y la Biblia 5. Aceptación de los milagros
1. Actividades combinadas solo/en grupo 2. Altamente competitivo 3. Compasivo 4. Entusiasta y atento 5. Muy sensible a la crítica	*Social*	1. Ofrecer oportunidades equilibradas 2. Apoyar la imparcialidad 3. Ejemplos santos de vida y palabra 4. Canalizar sus esfuerzos y su entusiasmo 5. Ejemplo de paciencia y aceptación
Dios el Padre 1. Dios me ama a mí, ama a otros, y al mundo 2. Dios hizo todas las cosas y cuida de ellas 3. Dios provee nuestras necesidades 4. Dios desea que oremos 5. Dios es santo y justo 6. Dios es fiel y no fallará 7. Dios tiene todo el poder para ayudarme Dios el Hijo 1. Jesús es el Hijo de Dios que vino para ser el Salvador 2. Jesús resucitó de entre los muertos y vive ahora en el cielo 3. Jesús me ama y es mi mejor amigo 4. Jesús nunca hizo nada malo 5. Jesús hace muchos milagros 6. Jesús quiere ser mi Salvador personal	*Espiritual*	Dios el Espíritu Santo 1. El Espíritu Santo me ayuda a aprender de Dios 2. El Espíritu Santo me ayuda a hacer lo recto La Biblia 1. La Biblia es la Palabra de Dios y habla de Él 2. La Biblia nos dice lo que Dios quiere 3. La Biblia muestra cómo trabaja Dios en la vida de otras personas 4. La Biblia es verdadera y justa 5. La Biblia debe ser leída, estudiada, y memorizada 6. La Biblia tiene 66 libros y dos partes principales llamadas Antiguo Testamento y Nuevo Testamento

TERCER GRADO

CARACTERÍSTICAS		NECESIDADES
1. Crecimiento lento; lleno de energía 2. Mejores destrezas psicomotoras 3. Generalmente saludable 4. El crecimiento físico de las niñas es mayor que el de los niños 5. Altos niveles de actividad	*Físico*	1. Equilibrio entre la actividad y el descanso 2. Músculos grandes—habilidades atléticas. Músculos pequeños—habilidades más finas 3. Adquirir hábitos de higiene personal 4. Evitar la competencia directa entre niños y niñas 5. Variadas actividades de exploración
1. Mayores lapsos de atención 2. Adquiere destrezas de razonamiento 3. Comienza a pensar en lo abstracto 4. Gran capacidad de memorización	*Mental*	1. Limitar los juegos, las historias, y las actividades (7-12 minutos) 2. Práctica de solución de problemas 3. Materiales y técnicas de enseñanza variados. Proveer muchas ilustraciones 4. Plan de memorización significativo
1. Perfeccionista que procura el buen éxito 2. Aumenta su sentido de justicia 3. Desea participar en la solución de problemas 4. Lucha con la creencia y el escepticismo 5. Lucha con la muerte y el tener que morir	*Emocional*	1. Elogio por el esfuerzo, no por el resultado 2. Ser guiado en las normas santas 3. Oportunidades de encontrar soluciones 4. Creencia basada en Dios y la Biblia 5. Aceptación del plan de Dios
1. Actividades combinadas solo/en grupo 2. Altamente competitivo 3. Forma grupos con sus iguales 4. Lucha con el favoritismo 5. Deseo ferviente de ser popular	*Social*	1. Ofrecer oportunidades equilibradas 2. Apoyar la imparcialidad 3. Guía en la selección de amigos 4. Aprender a cooperar imparcialmente 5. Aprender a desear un carácter santo
Dios el Padre 1. Dios me ama a mí, a otros, y al mundo 2. Dios hizo el universo y cuida de él 3. Dios conoce nuestras necesidades y nos provee 4. Dios tiene todo el poder para ayudarme 5. Dios desea que oremos y nos responde 6. Dios es santo y justo 7. Dios es fiel y no fallará **Dios el Hijo** 1. Jesús es el Hijo de Dios que vino para ser el Salvador 2. Jesús murió en la cruz por causa del pecado 3. Jesús resucitó de entre los muertos y ahora está en el cielo 4. Jesús me ama y es mi mejor amigo 5. Jesús nunca pecó; pero, ama al pecador 6. Jesús hace muchos milagros 7. Jesús quiere ser nuestro Salvador personal 8. Jesús quiere que sea su discípulo y lo siga	*Espiritual*	**Dios el Espíritu Santo** 1. El Espíritu Santo me ayuda a aprender de Dios 2. El Espíritu Santo me ayuda a hacer lo recto 3. El Espíritu Santo es parte de la Trinidad 4. El Espíritu Santo fue prometido a los creyentes **La Biblia** 1. La Biblia es la Palabra de Dios y habla de Él 2. La Biblia nos dice lo que Dios quiere 3. La Biblia muestra cómo trabaja Dios en la vida de otras personas 4. La Biblia es verdadera, no ficción 5. La Biblia debe ser leída, estudiada, y memorizada 6. La Biblia tiene 66 libros y dos partes principales llamadas Antiguo Testamento y Nuevo Testamento

CUARTO GRADO

CARACTERÍSTICAS		NECESIDADES
1. Crecimiento lento; lleno de energía 2. Mejores destrezas psicomotoras 3. Generalmente saludable 4. El crecimiento físico de las niñas es mayor que el de los niños 5. Altos niveles de actividad	*Físico*	1. Equilibrio entre actividad y descanso 2. Músculos grandes—habilidades atléticas. Músculos pequeños—habilidades más finas 3. Adquirir hábitos de higiene personal 4. Evitar la competencia directa entre niños y niñas 5. Variadas actividades de exploración
1. Mayores lapsos de atención 2. Adquiere destrezas de razonamiento 3. Mejora su capacidad de leer y comunicar 4. Comienza a pensar en lo abstracto 5. Gran capacidad de memorización	*Mental*	1. Limitar los juegos, las historias, y las actividades (10-20 minutos) 2. Práctica de solución de problemas/actividades para pensar 3. Materiales y técnicas de enseñanza variados 4. Proveer muchas ilustraciones 5. Plan de memorización significativo
1. Preocupación e inestabilidad 2. Aumenta su sentido de justicia 3. Desea participar en la solución de problemas 4. Lucha con la creencia y el escepticismo 5. Lucha con la muerte y el tener que morir	*Emocional*	1. Depositar su confianza en Dios 2. Guía hacia las normas santas 3. Oportunidades de encontrar soluciones 4. Creencia basada en Dios y la Biblia 5. Aceptación del plan de Dios
1. Entabla amistades íntimas 2. Altamente competitivo 3. Presiones de grupo 4. Lucha con el favoritismo 5. Desea ser independiente	*Social*	1. Guía en la selección de amigos 2. Apoyar la imparcialidad 3. Adquirir normas bíblicas 4. Aprender a cooperar imparcialmente 5. Aprender a desear un carácter santo
Dios el Padre 1. Dios me ama a mí, ama a otros, y al mundo 2. Dios hizo el universo y cuida de él 3. Dios conoce nuestras necesidades y nos provee 4. Dios tiene todo el poder para ayudarme 5. Dios desea que oremos y nos responde 6. Dios es santo y justo 7. Dios es fiel y no fallará La Biblia 1. La Biblia es la Palabra de Dios y habla de Él 2. La Biblia nos dice lo que Dios quiere 3. La Biblia muestra cómo trabaja Dios en la vida de otras personas 4. La Biblia es verdadera, no ficción 5. Se Biblia debe ser leída, estudiada, y memorizada 6. La Biblia tiene 66 libros y dos partes principales llamadas Antiguo Testamento y Nuevo Testamento	*Espiritual*	Dios el Hijo 1. Jesús es el Hijo de Dios que vino para ser el Salvador 2. Jesús murió en la cruz por causa del pecado 3. Jesús resucitó de entre los muertos y ahora está en el cielo 4. Jesús me ama y es mi mejor amigo 5. Jesús nunca pecó; sin embargo, ama al pecador 6. Jesús hace muchos milagros 7. Jesús quiere ser nuestro Salvador personal 8. Jesús quiere que yo sea su discípulo y lo siga Dios el Espíritu Santo 1. El Espíritu Santo me ayuda a aprender de Dios 2. El Espíritu Santo me ayuda a hacer lo recto 3. El Espíritu Santo es parte de la Trinidad 4. El Espíritu Santo fue prometido a los creyentes

QUINTO GRADO

CARACTERÍSTICAS		NECESIDADES
1. Lleno de energía 2. Comienzan los cambios físicos 3. Fuerte y saludable 4. El crecimiento físico de las niñas es mayor que el de los niños 5. Ruidoso	*Físico*	1. Variedad de actividades 2. Enseñanza adecuada 3. Adquirir buenos hábitos de salud 4. Evitar la competencia directa entre niños y niñas 5. Crear un ambiente tranquilizador
1. Intereses variados 2. Adquiere la capacidad de razonar lógicamente 3. Mejora su capacidad de leer y comunicar 4. Consciente de otras ideas y creencias 5. Gran capacidad de memorización	*Mental*	1. Motivar intereses en áreas variadas 2. Oportunidades para elecciones de conducta 3. Materiales y técnicas de enseñanza variados 4. Evaluar diferentes puntos de vista 5. Plan de memorización significativo
1. Irascible 2. Cuestiona la religión personal 3. Desea participar en la solución de problemas 4. Rechaza la manifestación pública de afecto 5. Sumamente práctico	*Emocional*	1. Tomar control del conflicto y las emociones 2. Ser guiado en las normas santas 3. Oportunidades de encontrar soluciones 4. Evitar el afecto en público/ si en privado 5. Aplicación práctica de la lección
1. Entabla amistades íntimas 2. Altamente competitivo 3. Presiones de grupo 4. Adora a su héroe 5. Desea ser independiente	*Social*	1. Guía en la selección de amigos 2. Apoyar la imparcialidad 3. Adquirir normas bíblicas 4. Es ejemplo de santidad/Cristo es héroe 5. Ofrecer oportunidades con responsabilidades
Dios el Padre 1. Dios ama, perdona, y protege 2. Dios es Espíritu 3. Dios es omnipotente 4. Dios es omnisciente, pero permite la elección 5. Dios es un ser trino 6. Dios es perfecto, santo, y justo 7. Dios quiere mostrarme su voluntad para mi vida **La Biblia** 1. La Biblia es la Palabra de Dios y habla de Él 2. La Biblia nos guía y la obedecemos 3. La Biblia muestra cómo trabaja Dios en la vida de otras personas 4. La Biblia es verdadera, no ficción 5. La Biblia debe ser leída, estudiada, memorizada, y puesta en práctica 6. La Biblia tiene 66 libros y se compone de Antiguo Testamento y Nuevo Testamento 7. Los escritores de la Biblia fueron inspirados por el Espíritu 8. La Biblia es verdad y debo compartirla con otras personas	*Espiritual*	**Dios el Hijo** 1. Jesús, Hijo de Dios, de nacimiento virginal, murió por causa del pecado 2. Jesús cumplió el plan de Dios/debo aceptarlo 3. Jesús resucitó y ahora está en el cielo 4. La vida perfecta de Jesús es un modelo de vida santa 5. Jesús nunca pecó; sin embargo, ama al pecador 6. Jesús hace muchos milagros 7. Jesús quiere ser nuestro Salvador personal 8. Jesús quiere que yo sea su discípulo y lo siga **Dios el Espíritu Santo** 1. El Espíritu Santo me ayuda a aprender de Dios 2. El Espíritu Santo me ayuda a hacer lo recto 3. El Espíritu Santo fue prometido a los creyentes 4. El Espíritu Santo puede llenar mi vida y darme poder

SEXTO GRADO

CARACTERÍSTICAS		NECESIDADES
1. Lleno de energía 2. Comienzan los cambios físicos 3. Fuerte y saludable 4. El crecimiento físico de las niñas es mayor que el de los niños 5. Ruidoso	*Físico*	1. Variedad de actividades 2. Enseñanza adecuada 3. Adquirir buenos hábitos de salud 4. Evitar la competencia directa entre niños y niñas 5. Crear un ambiente tranquilizador
1. Intereses variados 2. Adquiere la capacidad de razonar lógicamente 3. Mejora su capacidad de leer y comunicar 4. Consciente de otras ideas y creencias 5. Gran capacidad de memorización	*Mental*	1. Motivar intereses en áreas variadas 2. Oportunidades para elegir su conducta 3. Materiales y técnicas de enseñanza variados 4. Evaluar diferentes puntos de vista 5. Plan de memorización significativo
1. Irascible 2. Cuestiona la religión personal 3. Desea participar en la solución de problemas 4. Rechaza la manifestación pública de afecto 5. Sumamente práctico	*Emocional*	1. Tomar control del conflicto y las emociones 2. Ser guiado en las normas santas 3. Oportunidades de encontrar soluciones 4. Evitar el afecto en público/sí en privado 5. Aplicación práctica de la lección
1. Entabla amistades íntimas 2. Altamente competitivo 3. Presiones de grupo 4. Adora a su héroe 5. Desea ser independiente	*Social*	1. Guía en la selección de amigos 2. Apoyar la imparcialidad 3. Adquirir normas bíblicas 4. Ser ejemplo de santidad/Cristo es el héroe 5. Ofrecer oportunidades con responsabilidades
Dios el Padre 1. Dios ama, perdona, y protege 2. Dios es Espíritu 3. Dios es omnipotente 4. Dios es omnisciente, pero permite el ejercicio de la voluntad propia 5. Dios es un ser trino 6. Dios es perfecto, santo, y justo 7. Dios quiere mostrarme su voluntad para mi vida La Biblia 1. La Biblia es la Palabra de Dios y habla de Él 2. La Biblia nos guía y debemos obedecerla 3. La Biblia muestra cómo trabaja Dios en la vida de otras personas 4. La Biblia es verdadera, no ficción 5. La Biblia debe ser leída, estudiada, memorizada, y puesta en práctica 6. La Biblia tiene 66 libros y dos partes principales llamadas Antiguo Testamento y Nuevo Testamento 7. Los escritores de la Biblia fueron inspirados por el Espíritu 8. La Biblia es verdad y debo compartirla con otras personas	*Espiritual*	Dios el Hijo 1. Jesús, Hijo de Dios, de nacimiento virginal, murió por causa del pecado 2. Jesús cumplió el plan de Dios/debo aceptarlo 3. Jesús resucitó y ahora está en el cielo 4. La vida perfecta de Jesús es un modelo de vida santa 5. Jesús nunca pecó; sin embargo, ama al pecador 6. Jesús hace muchos milagros 7. Jesús quiere ser nuestro Salvador personal 8. Jesús quiere que yo sea su discípulo y lo siga Dios el Espíritu Santo 1. El Espíritu Santo me ayuda a aprender de Dios 2. El Espíritu Santo me ayuda a hacer lo recto 3. El Espíritu Santo fue prometido a los creyentes 4. El Espíritu Santo puede llenar mi vida y darme poder

IV. APLICACIÓN PRÁCTICA

La información sobre el desarrollo del niño ofrecida en este capítulo no sirve de nada si el lector no la pone en práctica. Hasta cierto punto, las distintas etapas de desarrollo están vinculadas. Por ejemplo, el grado de desarrollo mental de un niño afectará mucho su capacidad de respuesta a algunas verdades espirituales. Al ministrar a los niños, en actitud de oración, debemos aplicar el conocimiento global que hemos adquirido en cada niño, con necesidades y situaciones muy individuales.

A. Aplicaciones emocionales

Caso 1

Un niño de dos años se aferra a su padre y no quiere entrar a la clase de usted.

Considere: Recuerde que a esa edad el niño es tímido; por lo general sus temores son imaginarios. Tiene emociones extremas que duran muy poco tiempo.

Aplicación: Usted puede pedir al padre que permanezca en el salón unos cuantos minutos, lo suficiente como para que el niño comience a prestar atención a la actividad de la clase, no a su padre. Esto lo ayuda a sentirse confiado y seguro en su entorno. También pida al padre que se despida de manera que tranquilice al niño, algo así como "regresaré después de la clase". Tal vez sea necesario repetir este procedimiento durante varias semanas hasta que el niño se sienta seguro.

Caso 2

Un alumno de cuarto grado se distrae, pues está preocupado por un problema.

Considere: La preocupación y la inestabilidad son comunes a esta edad.

Aplicación: Ayude al niño a definir su preocupación y a ponerla en manos del Señor. Tal vez usted pueda aliviar su preocupación hablando con él de varias formas en que podría resolver su problema.

B. Aplicaciones sociales

Caso 1

Un niño de tres años golpea a otro niño.

Considere: Tal como se indicó en los cuadros, por lo general la mala conducta se debe al enojo, la curiosidad, el deseo de independencia, o el aburrimiento. Este niño necesita relacionar una forma de castigo (como un minuto en una silla de suspensión temporal) con la mala conducta.

Aplicación: Pregunte al niño la causa de su conducta. Después de la disciplina, no olvide pedirle que le repita lo que hizo, lo cual provocó que lo sentaran en la silla de suspensión temporal (o alguna otra forma de castigo).

Caso 2

Un niño de kinder habla con otros niños durante la lección.

Considere: Los niños de esta edad están aprendiendo a usar su nuevo vocabulario.

Aplicación: Procure que el niño participe en la lección por hacerle preguntas frecuentes. Use una técnica de narración de historias en la que los oyentes puedan participar repitiendo sonidos o palabras cuando escuchan al maestro decir un nombre o un lugar *(véase el capítulo "Narración de historias")*.

Caso 3

Un alumno de sexto grado siempre se sienta y trabaja solo.

Considere: A esta edad los niños entablan amistades íntimas, pero al mismo tiempo no desean manifestaciones públicas de afecto.

Aplicación: Motive en privado a los otros alumnos a hacer que el alumno solitario participe. Durante una actividad en la que el grupo esté trabajando en proyectos, siéntese cerca de ese niño y ayúdelo a participar en la conversación.

C. Aplicaciones mentales

Caso 1

Usted no puede captar la atención de sus preescolares el tiempo necesario para narrar una historia bíblica.

Considere: Recuerde que los preescolares tienen lapsos de atención cortos (4-8 minutos).

Aplicación: Repita la historia a través de varios medios durante la clase. Use juegos de imitación, historias con visuales, discusión, actividades con plastilina y cubos de construcción, y tiempo de labores manuales y de narrar la historia repetidamente *(véase el capítulo "El ministerio al niño preescolar").*

Caso 2

Un alumno de primer grado quiere saber por qué Dios permitió que su abuelo muriera.

Considere: Antes de intentar dar una profunda respuesta teológica, recuerde que el pensamiento abstracto del niño a esa edad es mínimo.

Aplicación: Dé una respuesta bíblica sencilla a esta pregunta, por ejemplo, así como el nacimiento es parte de la vida, lo son también la muerte, el dolor, y el luto. La muerte es una separación, pero algún día volveremos a estar juntos. Esta puede ser una buena oportunidad para hablar del cielo como el lugar que Dios tiene para nosotros. Enfoque el aspecto positivo de la muerte. Tal vez pueda hacer una pregunta que estimule el pensamiento del niño, sin causar confusión

Caso 3

Un alumno de quinto grado sueña despierto durante toda la lección.

Considere: Los alumnos tienen distintos estilos de aprendizaje. El hecho de que el método de enseñanza mantenga el interés de un alumno, no le garantiza el interés de otro. Es probable que el soñador sea un aprendiz visual.

Aplicación: Déle la oportunidad de ver y tocar ayudas visuales. Permítale leer en voz alta partes de la lección.

D. *Aplicaciones físicas*

Caso 1

Usted no puede completar un sencillo proyecto de colorear con su clase de niños de cuatro años.

Considere: A esta edad el niño está ansioso de usar sus nuevas destrezas psicomotoras. Para sus dedos es difícil manejar los lápices de color.

Aplicación: Trate de usar marcadores lavables o pinturas de acuarela.

Caso 2

Un niño de segundo grado no se queda quieto en su clase de escuela dominical.

Considere: Los niños de segundo grado tienen un alto nivel de energía.

Aplicación: Pida al niño que haga algo por usted durante la lección, como sostener las visuales, servir bocadillos, o preparar una mesa para la actividad de labores manuales.

Caso 3

Cada vez que tiene una competencia entre los niños y las niñas de los grados más altos de primaria, las niñas siempre ganan.

Considere: Recuerde que a esta edad, las niñas tienden a ser más coordinadas y físicamente desarrolladas.

Aplicación: Forme equipos con un número igual de niños y niñas en vez de formar equipos de niños contra equipos de niñas.

E. *Aplicaicones espirituales*

Caso 1

El libro que usa en su clase de preescolares incluye la memorización de un versículo a la semana, pero usted está frustrado porque sus alumnos no aprenden bien los versículos o no los recuerdan.

Considere: Los niños pequeños aprenden mediante la repetición.

Aplicación: Escoja un versículo por mes o por trimestre para que sus preescolares lo aprendan. El versículo debe ser sencillo; la menor cantidad de palabras que comuniquen el tema de la unidad.

Caso 2

Un niño de tercer grado quiere saber CÓMO sabemos que Dios hizo todas las cosas.

Considere: Los niños de esta edad luchan con la fe y el escepticismo.

Aplicación: No desaliente su cuestionamiento. En vez de eso, déle una respuesta sencilla basada en la Palabra de Dios, como Nehemías 9:6, que habla de la perfección de la naturaleza y cómo el universo nos dice que hay un Creador perfecto, Dios. El mundo fue creado por Dios. No pudo formarse solo y por casualidad; no sería perfecto. Exhorte al niño a pedir a Dios en oración que lo ayude a entender las verdades divinas

CONCLUSIÓN

En Juan 10, Jesús se compara con un pastor

que conoce íntimamente a su rebaño. Cuando nos esforzamos por seguir su ejemplo de Gran Maestro, no podemos pasar por alto la necesidad de conocer íntimamente a nuestros alumnos. Un maestro cristiano debe entender las influencias, las etapas, y las características del desarrollo del niño. Debemos estudiar constantemente la personalidad y el desarrollo de los niños. Si tenemos los mejores programas y libros, pero no entendemos a los niños a quienes estamos ministrando, nuestros esfuerzos serán inútiles. Sin embargo, si conocemos a los niños y adaptamos nuestros programas y libros con el fin de satisfacer sus necesidades, nuestros esfuerzos serán fructíferos.

REPASO

1. Mencione las tres mayores influencias en el desarrollo del niño.
2. Mencione y describa los tres estilos básicos de aprendizaje.
3. ¿Cuáles son las cuatro clases principales de características resumidas en cada grado escolar?
4. ¿A qué edad comienzan los niños a pensar abstractamente en vez de concretamente?
5. Dé ejemplos de actividades adecuadas para niños de primer grado que los harían usar sus músculos grandes, y otras que los harían usar sus músculos pequeños

APLICACIÓN

1. Escriba el desarrollo del lapso de atención del niño según los cuadros de edades.
2. Desarrolle actividades sobre un tema espiritual, por ejemplo, el Espíritu Santo como Ayudador, que llamen la atención del aprendiz visual, auditivo, y cinestético.
3. Haga el bosquejo de un horario de clases para niños de kinder de la escuela dominical. ¿Qué actividades incluiría? Explique cómo estas actividades estarían encaminadas a suplir la necesidad física, emocional, social, y espiritual de los niños.

NOTAS FINALES

[1] Braithwaite, Bruce, Editor general. *The Children's Evangelist-Teacher*: pp. 78-79

[2] Dr Kevin Leman, *the Birth Order Book*, p. 44

[3] Ibid. p. 82

[4] Kirsch, Alice. *Tomorrow's Church Today–A Practical Guide to Child Evangelism*. Dallas, TX: Instituto Internacional por Correspondencia, p. 59

[5] Braithwaite, Bruce, Editorial General. *The Children's Evangelist-Teacher*: p. 82

[6] *Identifying Your Child's Learning Style*, p. 44

[7] *No Two Children Alike*, pp. 18-19

[8] Christine Yount, *"Teaching Abstract Concepts, Concrete-Thinking Kids,"* **Children's Ministry Magazine** p. 14

Capítulo 3

TEMA: El niño y su ministerio

ESCRITORAS: Lidy Monge Ch. e Iveth Bonilla C.

EJEMPLO

Desde muy niña, Kattya Hernández demostró gran interés por las cosas espirituales, especialmente en orar por las necesidades de los demás. A los 8 años, esta linda niña costarricense de las afueras de San José recibió el bautismo en el Espíritu Santo. Cuando tenía 9 años, Kattya sorprendió a su pastor al pedirle que la nombrara maestra de escuela dominical. Su petición le fue negada debido a su edad y al hecho de que todavía no había sido bautizada en agua. No obstante, la dedicación al servicio que Kattya demostraba con su ayuda hizo que los líderes cambiaran su decisión. Fue nombrada maestra auxiliar de un instructor adulto. Hoy, a la edad de 12 años, se siente afortunada de tener la oportunidad de ministrar.

OBJETIVOS

1. Creer que Dios puede y desea ministrar a través de los niños.
2. Tomar conciencia de los tipos de ministerio que los niños pueden desarrollar.
3. Familiarizarse con la pauta que ha de seguirse para enseñar a los niños a desarrollar su ministerio.
4. Concentrarse en la enseñanza cristiana y en la aplicación de las verdades que se aprenden en el servicio a Dios

I. INTRODUCCIÓN

Bíblica e históricamente, se puede demostrar que los niños que son correctamente dirigidos pueden participar eficazmente en la obra de la iglesia y según la medida de sus capacidades.

Proverbios dice: *"Instruye al niño en su camino, y cuando fuere viejo no se apartará de él"* (Proverbios 22:6). Esto indica que dar a un niño una buena educación, tomando en cuenta su personalidad, establecerá un sólido fundamento sobre el que el plan de Dios se puede cumplir en su vida.

Esta educación no consiste solamente en prepararlo para el futuro, sino para hacer frente a la responsabilidad cristiana ahora, dándole la oportunidad de practicar lo que ha aprendido en teoría.

Este tema dará respuesta a las siguientes preguntas. ¿Pueden los niños desarrollar un ministerio?

¿Por qué deben hacerlo? ¿Cómo pueden hacerlo? ¿Cuándo están listos para comenzar?

II. ¿PUEDEN LOS NIÑOS DESARROLLAR UN MINISTERIO?

Esta pregunta sorprenderá a muchos. Otros, convencidos de sus propias opiniones, rechazarán semejante posibilidad. Sólo unos pocos defenderán un ministerio para los niños.

¿Por qué? Muchas veces la iglesia moderna ha relegado a los niños el lugar de miembros de segunda clase. No los considera capaces de llevar a cabo funciones en el ministerio. Como resultado, a los niños, que son creyentes, no se les ha dado la oportunidad de desarrollar un ministerio.

¿Cuál es la posición correcta? ¿Pueden los niños desarrollar un ministerio? Examinemos varias perspectivas.

A. La perspectiva de los padres

Según algunos padres, el ministerio por los niños no es posible. Ven a sus hijos como pequeñitos que sólo juegan y comen y que no están listos para tomar la responsabilidad de servir al Señor. Pocos observan la vida de sus hijos para detectar una inclinación hacia el ministerio o para darles el incentivo de servir a Dios.

B. La perspectiva de los líderes de la iglesia

Muchos en la iglesia tienen el concepto de que el siervo del Señor debe ser mayor y poseer madurez emocional y espiritual. Un niño no cumple con esta definición. Estos líderes con frecuencia consideran a los niños como aquellos que deben ser dirigidos, no que dirigen; los que deben aprender, no enseñar; los que deben observar, no hacer; los que deben ser evangelizados, no evangelizar.

Al confrontar semejantes ideas, el niño no tiene ninguna alternativa, aunque en su corazón desee ser útil al Señor. Se supone que su oportunidad le vendrá cuando sea adulto.

C. La perspectiva de Dios

Dios ha estado abriendo ojos para que vean los ejemplos bíblicos que muestran que el Señor no hace acepción por edad. Él busca disposición y sensibilidad espiritual. Los líderes se están dando cuenta de que los niños poseen estas credenciales en abundancia.

Considere al niño Samuel. Cuando era pequeño sus padres lo dejaron en el templo con el propósito de que sirviera a Dios. El escritor bíblico escribió estas palabras: *"Y el niño ministraba a Jehová"* (1 Samuel 2:11). Aun cuando la disoluta conducta de los hijos de Elí y la decadencia espiritual del pueblo promovieron un ambiente pecaminoso, Samuel permaneció fiel y fuerte. En 3:1 leemos: *"El joven Samuel ministraba a Jehová."* Con el paso de los años él permaneció en su puesto de servicio.

En un momento histórico tan decisivo para el pueblo de Israel, Dios usó a un niño que era sensible y obediente para poder comunicar su mensaje. El Señor puede y desea obrar a través de los pequeñitos. Ellos responden fielmente ante semejante confianza.

III. ¿POR QUÉ LOS NIÑOS DEBEN DESARROLLAR UN MINISTERIO?

En el Maestro divino encontramos el mejor ejemplo de lo que una persona joven puede hacer para el reino de Dios. A los 12 años, Jesús permaneció en el templo para instruir a los maestros de la Ley. El deseo del corazón de Dios es que los niños lo sirvan. La Escritura dice: *"De la boca de los niños y de los que maman perfeccionaste la alabanza"* (Mateo 21:16). *"Los muchachos aclamando en el tempo y diciendo: ¡Hosanna al Hijo de David!"* (Mateo 21:15).

A. Es el plan de Dios

Jesús orientó su ministerio de tres maneras: hacia las multitudes, hacia sus discípulos, y hacia los niños. Él puso a los niños como ejemplo de la consagración.

B. El ministerio de Jesús a los niños

En su ministerio a los niños, Cristo reveló las siguientes características:

- Un amor que es profundo: Él presentó a los niños como modelos del Reino (Mateo 18:1-5).

- Identificación notoria: Él dedicó mucho tiempo a los niños y puso atención a sus preocupaciones.

- Proximidad: Él se acercaba a los niños y les ponía las manos para bendecirlos, ofreciéndoles el calor humano que todos los niños en crecimiento necesitan (Mateo 19:13-15).

- Comprensión y ayuda: Cuando le pidieron que liberara a un muchacho endemoniado, Él escuchó con atención y ofreció una solución, dándole una oportunidad para una nueva vida (Mateo 17:14-18).

- Demostración de poder: Levantó de los muertos a una niñita.

- Interés: En los mandamientos finales que Cristo dio a Pedro aparece lo siguiente: *"Apacienta mis corderos"* (Juan 21:15). Los corderos son los hijos de la oveja que todavía no tienen un año de vida. Son los pequeñitos, los que necesitan la mayor atención, y a los que espera un gran futuro. Durante sus últimos momentos en la tierra Jesús pensaba en los niños, los que cambiarían la historia.

Entre los resultados del ministerio de Jesús a los niños están los siguientes:

- La admiración de los niños: Los pequeños

estaban entre los que clamaban *"¡Hosanna!"* durante su entrada triunfal (Mateo 21:8,9). Los niños estaban entre los que escuchaban las enseñanzas de Jesús (Mateo 14:21).

- El servicio y entrega de parte de los niños: Un muchacho ofreció a Jesús cinco panecillos y dos pececillos (Juan 6:9). Los líderes deben ganarse el respeto de los niños y dirigirlos hacia el servicio y la dedicación a Dios.

C. Los niños tienen gran percepción espiritual

Por su tierna edad los niños son sinceros y sensibles al llamado de Dios. Este es el mejor momento para educarlos en el servicio de la obra de Dios. El joven Timoteo fue instruido desde su niñez por su abuela Loida, y por medio de ella él adquirió mayor conocimiento de la Escritura. Gracias a su aguda percepción, el joven Timoteo fue incluído en el grupo misionero que acompañó a Pablo en su segundo viaje por las iglesias (Hechos 16:1-5).

Salomón fue escogido para construir un templo para el Señor. Cuando era joven, David le confió esta tarea. El templo se construyó con éxito para la gloria de Dios (1 Crónicas 22:5).

D. Los niños tienen gran potencial

Tienen toda su vida por delante. Tendrán muchas oportunidades no sólo para ministrar sino para inspirar y enseñar a los demás (2 Timoteo 2:2).

IV. ¿CÓMO PUEDEN LOS NIÑOS DESARROLLAR UN MINISTERIO?

Muchos adultos ponen en duda la manera en que los niños deben ser inspirados para desarrollar un ministerio. Para algunos, *ministerio* es una palabra grande para un niño. No obstante, el servicio y la acción en la obra de Dios son para todos, sin importar la edad.

El profeta Samuel pronunció estas inspiradas palabras: *"Habla, Jehová, porque tu siervo oye"* (1 Samuel 3:9). En ese momento, él era un adolescente que no estaba preparado para cumplir con ninguna misión particular. ¿Qué mejor trabajo hay que servir en la casa del Señor, ofrendar su vida, y rendir su intelecto, sus emociones, y su voluntad al Señor?

A. La supervisión de los líderes de la iglesia

¿Cuál fue la actitud de Elí cuando comprendió que Dios llamaba a Samuel? Mostró interés en Samuel. Dio prioridad a lo que este joven tenía que decir.

Elí también observó a Samuel, su actitud y su comportamiento. Lo dirigió con sabio consejo: *"Y si te llamare, dirás: Habla, Jehová, porque tu siervo oye"* (1 Samuel 3:9).

Elí comprendió que Dios estaba llamando al joven y que la dirección que le diera haría una diferencia en relación a la experiencia que Samuel tuviera en su ministerio. *"Y el niño ministraba a Jehová delante del sacerdote Elí"* (1 Samuel 2:11); y *"El joven Samuel ministraba a Jehová en presencia de Elí"* (1 Samuel 3:1).

Elí prodigó a Samuel especial cuidado. Note el intenso discipulado que el sacerdote estaba desarrollando en Samuel. El joven no sólo crecía en estatura, sino que se hacía más ágil en su servicio y se dedicaba todavía más a Dios, porque su líder espiritual se daba cuenta de sus habilidades.

¿Cómo pueden los líderes de hoy supervisar el ministerio de los niños? Pueden hacerlo tomando en cuenta los siguientes aspectos:

1. **Considerar las habilidades del niño.** A pesar de su corta edad los niños pueden hacer cosas increíbles cuando reciben buena dirección

    a. Aspecto físico: Cuando era pequeño, Samuel fue llevado al templo del Señor. Fue dedicado al Señor para que mientras su crecimiento físico natural tomaba lugar, hasta la edad en la que sería consierado un profeta de Israel, sus otros talentos también se desarrollaran.

b. **Aspecto mental:** Cuando los niños son estimulados, son capaces de memorizar grandes porciones de la Palabra de Dios. Es necesario establecer en el niño el deseo de penetrar en la lectura de la Biblia, para así dirigir su crecimiento espiritual.

c. **Aspecto social:** La íntima relación que los niños pueden tener con los que les enseñan puede producir enormes beneficios. Por lo general imitan a los que más los impresionan. Si los mayores los aceptan como individuos, y si se les da responsabilidad según sus habilidades, los resultados serán muy notables.

Samuel creció al lado de Elí, aprendiendo de él y recibiendo su consejo respecto a la intimidad que tenía que tener con el pueblo. A este joven le fue dado el propósito de servir en la casa del Señor en Silo, lo que contribuyó al llamado divino y a su educación en el ministerio.

d. **Aspecto emocional:** Los niños poseen una mayor intuición espiritual que los adultos debido a su confianza en las verdades que se les introducen. Es importante que sean inspirados a ofrecer su vida por el amor de Cristo. Con relevante dirección lograrán sus propósito.s

2. **Descubrir talentos.** No todos son buenos para las matemáticas, las artes y las letras, o las leyes. No obstante, siempre existe una inclinación hacia una actividad en particular. Para descubrir los talentos del niño, es necesario observar con ojo clínico. Pero, más que reconocer, debemos apreciar el desarrollo del niño en áreas especiales. Para facilitar esta observación se puede usar un formulario para descubrir talentos (o tesoros). El modelo en la página 39 ha sido preparado para niños a partir de 9 años de edad.

Después del examen para descubrir talentos y habilidades llamado "Cómo descubrir tesoros", se obtendrá una idea más clara sobre las habilidades que el niño posee y los aspectos que deben considerarse en su educación. Al formar grupos pequeños colocaremos a los niños en puestos según sus intereses, y así motivarlos para que rindan su mayor potencial.

El joven David tenía la habilidad de tocar el arpa para que el espíritu que acongojaba a Saúl lo dejara. La vocación artística de David podía producir cambios en el reino espiritual.

3. **Ofrecer motivación, consejo, y apoyo.** Los niños israelitas podían memorizar grandes porciones de la Palabra debido a su eficiente método educacional. Cuando cumplían 12 años, ya podían ser considerados hijos de la ley, con el derecho de asistir a la sinagoga como cualquier otro miembro.

¿Cómo ofrecemos motivación, consejo, y ayuda a nuestros niños?

Cada niño tiene un momento especial para su llamado y ubicación.

B. *La supervisión de los padres y familiares cristianos*

Por mucho tiempo Ana y Elcana añoraban tener un hijo que llenara su casa con gozo y alegía. Por fin el anhelo de su corazón se hizo realidad y Samuel llegó a cambiar la historia de la familia. Desde niño fue consagrado al servicio de Dios, y toda su vida fue motivo de satisfacción para sus padres porque cumplió con la misión a la que fue llamado.

Alguien creyó en nosotros también, y nos dio la oportunidad para servir. Ana y Elcana tuvieron a Samuel y lo entregaron al Señor. De la misma manera, todo padre debe ver a su hijo como un futuro siervo del Señor que necesita apoyo ahora.

Los líderes pueden aprovechar la disposición de los padres, reuniéndose con ellos en seminarios para educarlos en la dirección y atención de sus hijos. El hogar es el centro de operaciones, donde los niños pasan la mayoría de las horas. A veces, los padres no saben cómo promover la formación espiritual de sus hijos, así que dejan esta tarea a los líderes de la iglesia. Sin embargo, los líderes pueden desarrollar algunos métodos para animar la cooperación de los padres en el ministerio a los niños.

Los niños reflejan sus pensamientos en su juego. ¿Cuántas veces hemos visto a un niño hacer el papel del predicador, mientras sus amigos son la congregación? A veces los vemos con un pandero o una guitarra. No se burle del niño cuando simula llevar a cabo las funciones o el papel de un adulto. Al contrario, ayúdele a descubrir los talentos que posee.

Hable positivamente del ministerio que otros

están desarrollando. Esto contribuye a la motivación del niño. Si el niño sólo oye críticas y murmuraciones sobre los siervos del Señor, se formará una imagen distorsionada de lo que significa ser un ministro del evangelio. Motivar al niño para el servicio no es sinónimo de obligarlo a hacer algo que no quiere hacer. No todos están listos para ministrar a tiempo completo.

C. Las expectaciones de los niños

Hasta aquí hemos descrito lo que se espera que los líderes y los padres hagan respecto al ministerio por los niños. ¿Qué reacción se espera del niño? He aquí algunos puntos de vista:

1. **Disposición para el desafío a servir.** Parte de la instrucción o el conocimiento que el niño debe recibir es enseñanza sobre la utilidad de los dones de servicio (Romanos 12:7,8). Mire que progrese en conocimiento bíblico. Además, debemos hábilmente enseñarle un arte o faceta de servicio para despertar en él una buena disposición. Esperamos que sea sensible al esfuerzo. ¿Cómo se puede obtener una reacción así? Obténgala continuamente. Las grandes batallas se ganan en oración. Ahora la lucha es por los niños, y el desafío es servir eficiente y consistentemente.

2. **Disposición para la dirección que se ofrece en el ministerio.** El niño procederá según la educación que ha recibido y su sensibilidad a la dirección dependerá del ejemplo que haya recibido. La influencia del ministerio para los niños es una espada de dos filos; desafía tanto a los líderes como al niño que dirigen. Cuando los líderes ungidos ven a los niños cometer errores, los líderes proseguirán a corregirlos con conocimiento y sabiduría.

3. **Disposición para desarrollar un ministerio para toda la vida.** Hacer que el niño esté conciente de un tema diario, pero también enseñarle lo que puede hacer para futuras generaciones. ¿Qué se espera de un niño hoy o cuando sea un joven adulto? El cristianismo debe ser un estilo de vida diario. El cristianismo no debe ser presentado como un código de normas, mitos, y prohibiciones, asequible a algunos pero no a otros.

V. ¿CUÁNDO PUEDEN LOS NIÑOS DESARROLLAR UN MINISTERIO?

A. La madurez espiritual y emocional del niño

Muchos creen que si el niño nace a padres que son líderes, el niño automáticamente adquiere un puesto de responsabilidad en el ministerio. No obstante, el niño debe tener una experiencia directa con Dios, así como la tuvo Samuel. Este niño tuvo su experiencia con Dios cuando Él lo llamó (1 Samuel 3:3-10). No podía servir a Dios sin antes conocerlo.

Hay una diferencia entre la edad biológica y la edad emocional del niño. Además, varios factores también influencian cómo el niño se desarrolla, como asumir responsabilidad a temprana edad; tener que trabajar a corta edad; ser el primogénito de una familia grande; y hasta su condición socioeconómica.

De la misma manera, la madurez espiritual que el niño alcance depende en gran manera de la educación que haya recibido en su hogar y en su iglesia. Si se le ha dado un buen ejemplo desde su nacimiento, generalmente estará listo más antes. La decisión personal del niño también tiene mucho que ver.

Los padres, y también los líderes de la iglesia, deben buscar señales que indiquen cuándo ha llegado el momento de buscar un lugar para el niño en el ministerio, sin importar su edad biológica.

B. El hogar del niño y la iglesia

El niño que crece en un ambiente favorable, cerca de Dios y con un buen ejemplo de servicio, desarrollará a una edad más temprana una actitud positiva para participar en las actividades de la iglesia. Demostrará entusiasmo hasta en los detalles que para los adultos pudieran parecer pequeños, pero que para él tienen gran significado. Estas actividades lo motivarán a asumir mayores responsabilidades.

C. La disposición del niño hacia el servicio

Algunos niños tienen mayor habilidad para desempeñar una función específica y ofrecer su ayuda de una manera espontánea. Este es el momento de delegarle responsabilidades consistentes con su gusto y que estén dentro de su alcance y habilidad y así hacer que se sienta necesitado en la iglesia y por Dios.

El término *temprano desarrollo* se aplica a la persona que a temprana edad muestra cualidades morales o físicas que de ordinario aparecen más tarde. Estos talentos deben ser canalizados para poder derivar mayor beneficio de ellos.

D. La oportunidad del niño para el servicio

Si la iglesia da al niño la oportunidad de participar en actividades ministeriales, crecerá con un concepto correcto del lugar que ocupa en cumplir con la misión de la iglesia.

Cada caso es individual. Nosotros como lídres debemos reconocer la obra y dirección del Espíritu Santo en la vida de cada niño y responder debidamente.

CONCLUSIÓN

La realidad es que el hogar ha delegado a la iglesia la educación cristiana del niño y se ha limitado a impartir conocimiento que en muchos casos sólo alcanza la mente y no el corazón. Por tanto, el niño en realidad no vive el cristianismo, sino más bien tiene un simple concepto del cristianismo. Para poder corregir este problema, debe haber un eslabón entre la iglesia y el hogar.

Una pocas sugerencias: conducir seminarios para enseñar a los padres y líderes cómo subsanar las necesidades espirituales de los niños; animar a los niños a que cooperen con el hogar y la iglesia para ayudar a unir los esfuerzos educativos concertados. Los padres y los líderes de la ilgeisa son los más capaces para implementar la estrategia de animar al niño en su deseo de servir.

Aquellos que ministran a los niños a veces padecemos de una enfermedad llamada "Yo debo hacerlo todo yo mismo". Tendemos a pasar mucho tiempo y energía en la preparación para enseñar a los niños. Nuestras presentaciones están llenas de saludable contenido y variados métodos. Con cuidado sembramos la semilla de la Palabra de Dios y establecemos un sólido fundamento de conocimiento espiritual. Sin embargo, ¿podría ser posible que dejamos de promover el servicio y el ministerio del niño en el momento preciso cuando es necesario?

He aquí algunas sugerencias prácticas. El niño puede recibir y saludar a todos, especialmente a las visitas, o puede sentarse al lado de una visita, ofreciéndole amistad y preguntando su nombre. Permítale leer, dirigir en alabanza o en oración, ayudar a recoger la ofrenda; cantar; invitar a los demás a venir a los cultos y actividades; visitar y orar por los enfermos; entregar alimentos y ropa a los necesitados; presentar regalos a las señoras que hayan dado a luz recientemente; visitar a los ancianos; y mucho más. Para ayudar a los niños a darse cuenta de la importancia del ministerio, durante la semana podrían preparar una lista de las veces que han visto a otra persona ministrar como lo haría Cristo. O podrían hacer una lista de las veces que ellos mismo han ministrado en secreto.

Cuales quiera que sean los métodos y los medios que se usen para ayudar a los niños a ministrar a los demás, impleméntelos ahora. Que todos nosotros como líderes, maestros, adultos, jóvenes, y niños seamos verdaderos hacedores de la Palabra.

REPASO

Conduzca la siguiente entrevista con el objetivo de averiguar la opinión de las personas que lo rodean sobre el ministerio de los niños. Escoja a cinco personas que son cabeza del hogar, cinco líderes de la iglesia (diáconos, pastores, obreros, supervisores de departamento), y cinco niños entre la edad de 6 y 12 años.

1. En su opinión, ¿pueden los niños desarrollar un ministerio? Explique su respuesta.
2. ¿Cuándo cree usted que el niño está listo para comenzar un ministerio?
3. Nombre tres funciones que un niño podría llevar a cabo en el ministerio de la iglesia.

CÓMO DESCUBRIR TESOROS

Prepárate para descubrir tesoros espirituales al poner una X junto a la actividad que deseas hacer:

_____ Enseñar una clase bíblica

_____ Cantar en un coro o como solista

_____ Participar en comités o en grupos de trabajo

_____ Interceder en oración por las necesidades

_____ Visitar a los amiguitos que han dejado de venir a la iglesia

_____ Visitar orfanatorios, hospitales, u hogares para ancianos para llevarles la Palabra de Dios

_____ Decorar el salón de estudio bíblico

_____ Presidir en los grupos para niños

_____ Recoger la ofrenda

_____ Preparar artes manuales

_____ Organizar actividades sociales

_____ Traer amigos nuevos al grupo

_____ Evangelizar en el parque mientras se reparten tratados

_____ Escribir tu propio testimonio para compartirlo con los demás

_____ Escribir composiciones, o escribir un texto bíblico en tus propias palabras

_____ Participar como discursante en la explicación de textos bíblicos

_____ Dibujar o pintar escenas bíblicas

_____ Participar como un personaje en un drama o pantomima

_____ Prepararte para participar en un debate bíblico

_____ Escribe otras actividades que te gustaría hacer:

_____

_____

Si pones una X junto a las actividades que puedes hacer, será como abrir un cofre lleno de tesoros. Al descubrir que Dios en ti puede hacer muchas cosas, te parecerá como joyas preciosas para su Reino.

BOSQUEJO

El niño y su ministerio

○ **Importancia del tema**

○ **Ejemplo**

○ **Objetivos**

○ **I. Introducción**

○ **II. ¿Pueden los niños desarrollar un ministerio?**
  A. Perspectiva de los padres
  B. Perspectiva de los líderes de la iglesia
  C. Perspectiva de Dios

○ **III. ¿Por qué los niños deben desarrollar un ministerio?**
  A. Es el plan de Dios
  B. El ministerio de Jesús a los niños
  C. Los niños tienen gran percepción espiritual
  D. Los niños tienen gran potencial

○ **IV. ¿Cómo pueden los niños desarrollar un ministerio?**
  A. La supervisión de los líderes de la iglesia
  B. La supervisión de los padres y familiares cristianos
  C. Las expectaciones de los niños

○ **V. ¿Cuándo pueden los niños desarrollar un ministerio?**
  A. La madurez espiritual y emocional del niño
  B. El hogar y la iglesia del niño
  C. La disposición del niño hacia el servicio
  D. La oportunidad del niño para el servicio

○ **Conclusión**

○ **Repaso**

Capítulo 4

TEMA: La Iglesia nacional y el niño

ESCRITORES: Rodolfo Sáenz Salas y Estanislao Candia

IMPORTANCIA DEL TEMA

Si los que somos líderes no nos detenemos y abrimos los ojos, no veremos el futuro ni notaremos que los niños de hoy son los que, en corto tiempo, dirigirán la iglesia y también la nación. La iglesia nacional y los líderes ejecutivos deben enfocar sus proyectos y su obra hacia los niños sin esperar que los tradicionales, aislados departamentos tomen la iniciativa. ¡Permitamos que la obra de los niños se convierta en un prominente proyecto de la iglesia nacional!

EJEMPLO

El reverendo Rodolfo Sáenz Salas, anterior superintendente nacional de las Asambleas de Dios en Costa Rica y presidente de CELAD, comparte el siguiente testimonio: "Tenía ocho años cuando una evangelista de niños, Elizabeth Gómez, llegó donde vivíamos a celebrar cultos durante las tardes. En uno de éstos acepté al Señor. Comencé a asistir regularmente a la iglesia, y a los dieciséis años Dios me llamó al ministerio. Hoy, veintidós años más tarde y siendo superintendente, siento mucho gozo cuando tengo que firmar las credenciales de la hermana Elizabeth, quien todavía sirve al Señor haciendo campañas de evangelización a los niños."

Estanislao Candia, superintendente nacional de las Asambleas de Dios en Paraguay, dice: "Hay en Paraguay muchos y buenos testimonios de niños salvados que influyeron en sus padres y los ganaron para Cristo. Es digno de notar, porque en este joven país hay más niños que adultos. Las estadísticas muestran que cerca del 42% de la población tiene menos de 15 años."

OBJETIVOS

1. Reconocer que la Gran Comisión incluye a los niños.
2. Estar concientes de que la evangelización de los niños ha sido ignorada al nivel nacional.
3. Comprender que los niños de hoy serán los líderes y los obreros del futuro.
4. Enfatizar la necesidad de dar a cada niño tanta importancia como se da a los adultos.
5. Crear lugares para el ministerio de los niños entre los líderes nacionales.
6. Dar prioridad al desarrollo de eficaces programas para niños a todos los niveles de las Asambleas de Dios.
7. Evaluar y reforzar una estrategia nacional para el ministerio de los niños.

I. INTRODUCCIÓN

Siempre hemos sabido que la iglesia nacional debe llevar a los niños de su país a Cristo. Con este propósito se han formado los diferentes departamentos nacionales. Debemos reconocer que, en la mayoría de los casos, los líderes y ejecutivos nacionales se han apartado de la responsabilidad de trabajar juntos y han ejercido un papel mucho más antagonístico. Desafortunadamente, muchas veces estos son los mismos líderes que estorban el avance de los departamentos que trabajan con los niños.

Muchas personas que hablan de evangelizar o de predicar a los niños con frecuencia dicen que ese es un "trabajo para las mujeres". Es importante decir que la obra de evangelismo no se ha dividido ni se ha separado en muchos segmentos. El acto de ir por todo el mundo y predicar el evangelio a todas las naciones ha sido delegado a la iglesia entera como un solo cuerpo.

Ahora es el momento en que nosotros como líderes de la obra del Señor en nuestro país despertemos ante la necesidad de comprometernos a trabajar con los niños. Los trabajadores de niños que están aislados por ahora pueden ser grandemente mejorados por la cooperación de los ejecutivos nacionales. Juntos pueden preparar y promover un plan visionario para dirigir y discipular a los niños para que sirvan a Dios mientras están pequeños y luego más tarde como adultos responsables. ¡Juntos, los obreros locales y los hermanos nacionales, pueden ser una fuerte influencia en la vida de millones de niños!

II. LA GRAN COMISIÓN INCLUYE A LOS NIÑOS

A. El descuido de los niños al cumplir con la Gran Comisión

¿Por qué la mayoría de los esfuerzos evangelísticos están dirigidos a los adultos?

1. Su visible necesidad. Al visitar un pueblo y ver a la gente que está esclavizada por las drogas, el alcohol, la prostitución, y toda clase de vicio, el obrero cristiano siente una profunda necesidad de llevar a ese pueblo la luz del evangelio para que pueda encontrar libertad en Cristo. Su necesidad con frecuencia es más visible que la necesidad de los niños.

2. Nos agrada oír dramáticos testimonios. Cuando un pecador que por muchos años ha sido sofocado bajo toda clase de pecado se convierte, siempre puede impresionar a los demás diciéndoles cómo era en el mundo y cómo el Señor lo transformó dándole una razón para vivir. Debemos reconocer sinceramente y publicar los testimonios de los que llegaron a conocer al Señor cuando todavía eran niños y que siempre han permanecido fieles a su fe.

3. Un adulto puede contribuir económicamente. Aunque por lo regular esto no se menciona, los adultos pueden diezmar y dar dinero, mientras que los niños por lo general no pueden.

4. A los niños no se considera valiosos. Generalmente, se considera que son una preocupación, una distracción, un estorbo, una interrupción, inquisitivos, insolentes, e irresponsables. Por lo tanto, no se considera que los niños valen la pena la inversión de esfuerzo, tiempo, y dinero de los adultos.

5. No hay visión para el futuro. Si la iglesia se detuviera y pensara en planificar la obra que se hará en el futuro, se daría cuenta de que: a) llevar a un niño a Cristo es liberar una vida entera; b) el testimonio más impresionante es el del adulto que llegó al Señor de niño y que siempre ha permanecido fiel; c) cuando se llevan a los niños al Señor, pueden ser preparados para la dirección de la iglesia por muchos años por venir; d) si no llevamos al niño a Cristo, Satanás lo enlistará y lo preparará, convirtiéndolo en un obstáculo para el evangelio.

B. El valor de alcanzar a los niños

¿Qué debe hacer la iglesia para que la evangelización logre abarcar a los niños al igual que a los adultos? Debemos organizar objetivos bien planificados que reflejen que el niño necesita salvación tanto como el adulto. Este hecho reconoce que ambos son importantes para el propósito de la evangelización. Es importante para el Señor que ganemos a los niños cuando todavía están pequeños. Debemos saber que los que reciben instrucción cuando son niños aprenderán la fe en el Señor.

Kathy Jingling, una misionera que trabaja en el campo de la educación cristiana, dice de los niños:

1. Ellos tendrán una carga espiritual por los perdidos en todas partes. Su corazón se unirá con Dios, quien no quiere que nadie perezca.

2. Ellos aprenderán a orar. La fe se desarrolla cuando los niños oran por sus necesidades y cuando ven que Dios contesta sus oraciones.

3. Ellos aprenderán a ofrendar. Aprenderán que Dios usa lo que ellos dan a Él; que ellos nunca pueden darle más de lo que Él a su vez les dará a ellos.

4. Ellos experimentarán el gozo de ser usados por Dios. El niño es transformado cuando comprende cómo sus esfuerzos han ayudado a la gente por todo el mundo.

5. Ellos tendrán un corazón dispuesto al llamado de Dios. Sus ofrendas pueden usarse para abrir el corazón de la gente por todo el mundo al Espíritu Santo.[1]

Los niños que ofrendan se convertirán en adultos que ofrendan; los niños que oran se convertirán en adultos que oran; los niños que están dispuestos a oír el llamado de Dios se convertirán en adultos que oyen su llamado y que ganan a los que están perdidos.

Debemos buscar una manera productiva de aprovechar la energía que tienen los niños. En toda iglesia debemos dedicar aulas o anexos para el uso exclusivo de los niños, para que los programas de los niños se desarrollen a la par de los de los adultos. Estos no son programas de "preparación" sino programas de discipulado que garantizarán el crecimiento del niño en el Señor.

C. Características de los niños que facilitan la evangelización

La fe de un niño es pura y sencilla. Cuando se le asegura que Dios lo ama y que está preparando un lugar para él, él lo cree. El niño también cree que Dios lo amó tanto que mandó a su Hijo a morir por él. Cuando al niño se le enseña que puede invitar a que Jesús venga a su corazón, él cree eso también. El niño no duda de las cosas espirituales, simplemente las acepta.

Los niños son tierra fértil; su edad es la mejor para sembrar la semilla del evangelio. Hoy es el mejor momento para llevarlos al Señor. Acercar a los niños a Cristo es el mayor regalo que podemos hacer a nuestra sociedad. Los niños son sensibles a la voz de Dios, y si sabemos educarlos en su crecimiento espiritual, podrán permanecer fieles, aún cuando sean adultos.

Dorothy Cederblom, una misionera en Panamá, habla de las cinco características de los niños que les permite venir a Jesús:

1. El niño tiene una actitud humilde. Sabe que tiene mucho que aprender, y por esta razón le gusta investigar y descubrir. Su mente se estimula fácilmente.

2. El niño es ingenuo y muy vulnerable. Lo que oye es lo que acepta como verdad. Por lo general no es pesimista.

3. El niño es transparente. Demuestra fácilmente su alegría o su tristeza por lo que ha sucedido. Es muy sensible; responderá rápidamente a cualquier estímulo que reciba.

4. Los niños perdonan. No sólo están dispuestos a perdonar, sino que rápidamente olvidan lo que los enojó y siguen como si nada hubiera sucedido.

5. A los niños les encanta imitar. Esta es la verdadera manera en que aprenden. Siempre están observando a los adultos para aprender cómo hacer una cosa u otra.[2]

III. LA PLANIFICACIÓN DE LA OBRA DE LA COSECHA

La iglesia nacional debe tomar la iniciativa en preparar y poner en práctica un plan para dirigir y enseñar a los niños. Una vez se establezca este plan, la iglesia local considerará y adoptará la misma visión. El plan debe ser de largo alcance y considerar muchos métodos para llevar a la gente a Cristo a temprana edad y desarrollar su cristianismo según su edad. Llegarán a ser adultos y fieles siervos del Señor.

Si trabajar con los niños es importante, entonces es necesario que pensemos bien en cómo desarrollar un programa serio y bien planificado. Si el plan es creado por personas de las iglesias locales, considerará las necesidades de la gente de su comunidad. ¿Por qué la iglesia debe adoptar un plan para los niños? Un plan contesta las preguntas y se concentra en los objetivos de subsanar las necesidades espirituales de todo niño. Toda persona debe conocer los deseos y objetivos de su iglesia.

Hay varias consideraciones que la iglesia nacional debe tomar en cuenta al considerar su obra con los niños.

A. Aprovecharse de los programas presentes

La iglesia puede mejorar y fortalecer los programas existentes. No es necesario comenzar uno nuevo. Muchas iglesias nacionales ya tienen programas de educación cristiana diseñados para subsanar las necesidades y ya están adaptados según las capacidades de los niños. Este es un excelente fundamento para el crecimiento al nivel local y nacional.

1. **Escuela dominical.** A través de los años este programa ha sido el precursor del verdadero estímulo para llevar a los niños a Cristo. La escuela dominical por lo general es una clase semanal de 50 minutos diseñada para enseñar los puntos básicos de la Biblia que tendrán una gran influencia en la vida de los niños y los adultos.

2. **Misioneritas.** Este programa diseñando para las "jovencitas" ofrece la instrucción bíblica a las jóvenes adolescentes que las preparará para la vida, el testimonio, y el servicio cristiano. Un curso completo también se dedica al estudio de la feminidad, el aprecio de sí misma, la buena postura, como también costura, cocina, desarrollo físico, y música.[3]

3. **Exploradores del Rey.** Esta organización se esfuerza para instruir, desafiar, e inspirar a los varones de 7 a 17 años de edad en los campos de doctrina bíblica, servicio cristiano,

y conducta moral.[4]

4. **Escuelas de Piedad.** Estos programas consisten de escuelas sin lucro establecidas para servir a niños y a jóvenes. En muchos casos hacen provisión para las necesidades educacionales y físicass.

5. **Escuelas bíblicas de vacaciones.** Este programa evangelístico es una extensión de la escuela dominical. Se aprovecha del tiempo de las vacaciones para evangelizar y ministrar a los niños de la comunidad de la iglesia. Es una oportunidad para que los niños pasen su tiempo libre sabiamente y se evita el riesgo de que participen de actividades que no los benefician.

6. **Células para niños.** Este es un método diseñado para ganar a los niños del vecindario a través de un hogar cristiano. El propósito del programa es evangelizar a los niños que no han sido expuestos al evangelio, guiarlos hacia Cristo, orientarlos en el crecimiento cristiano, y ayudarles a convertirse en testigos. El programa también espera enseñar a los niños creyentes sobre el carácter cristiano y llevarlos a experimentar la plenitud del Espíritu Santo.[5]

7. **Iglesia de niños.** Este culto se define como una congregación de niños entre las edades de 5 y 11 años que se reúne una o dos veces a la semana. El propósito principal es dar a los niños instrucción bíblica y la oportunidad de alabar en un ambiente apropiado para su edad y sus capacidades. La atención que se les da estimula su desarrollo espiritual, intelectual, físico, y emocional.[6]

8. **Campamentos bíblicos para niños.** Esta intensa actividad, además de expandir el tiempo que el niño dedica a la instrucción bíblica, ofrece a los niños y a los jóvenes oportunidad para la orientación bíblica y la hermandad.

9. **Anexos**. Estos programas estructurados llevan el mensaje del evangelio fuera del edificio de la iglesia a los niños del vecindario con el propósito de llevarlos a Cristo y discipularlos.[7]

B. Los procedimientos para crear una red de conexiones

En vista de los recursos disponibles, los líderes nacionales deben desarrollar estrategias para incrementar al máximo su potencial. A continuación encontrará ideas diseñadas para estimular la creatividad de los líderes nacionales. Algunos de estos procedimientos podrían ser:

1. Nombrar a un asesor, o a alguien a nivel nacional, que se encargue de ver que los programas de ministerio a los niños mantengan sus planes para obtener sus objetivos. Esta idea podría introducirse a nivel local, desafiando a las iglesias para que tengan un pastor de niños que apoye y dirija la obra de estos diferentes programas, y que tenga contacto directo y constante con los niños.

2. Convocar reuniones generales con los líderes de los diferentes departamentos y de los programas de ministerio a los niños.

3. Enfatizar la necesidad de dirigir y unificar a los niños a través de los diferentes departamentos, ministerios, o programas. La oficina general de cada país debe coordinar los presentes esfuerzos con el propósito de identificar objetivos claros y comunes para todas las áreas de proyectos.

4. Desarrollar propósitos de corto y largo alcance para concentrar los esfuerzos en ciertos énfasis. Todos los programas nacionales deben lograr el objetivo de ayudar a las iglesias locales a evangelizar eficazmente a sus niños y a toda la comunidad. Las congregaciones también deben mantener un programa de evangelización permanente que funcione todos los días de la semana.

5. Identificar los problemas específicos que tienen los niños en la sociedad (abandono, drogadicción, abuso, etc.). Planificar estrategias para confrontar estos problemas mostrando misericordia y presentando a Cristo como la solución a estas necesidades.

C. Los propósitos de las redes de conexiones

La iglesia puede diseñar planes para llegar a los niños en su propio ambiente.

La siguiente sección consiste de unas cuantas ideas que pueden mejorar los programas existentes para lograr los objetivos que queremos alcanzar como iglesia nacional. Hay necesidades que varían de un país a otro, y cada iglesia nacional debe desarrollar su propio plan nacional.

D. La evaluación periódica de nuestro plan

Propósitos de las redes de conexiones

PROPÓSITOS	CAMPAMENTOS PARA NIÑOS	ESCUELAS BÍBLICAS DE VACACIONES Y CRUZADAS PARA NIÑOS	MISIONERITAS Y EXPLORADORES DEL REY	ESCUELAS PIEDAD
La iglesia debe: dar a los niños la oportunidad de recibir la salvación.	Un programa evangelístico.	Programas evangelísticos.	Los currículos bíblicos de los programas alcanzan a los niños no salvos.	El currículo bíblico del programa alcanzará a los niños que no son salvos.
Permitir que los niños desarrollen una relación personal con Dios.	Ofrece exposición por corto tiempo a la verdad bíblica.	Ofrecen exposición por corto tiempo a la verdad bíblica.	Ofrecen exposición por largo tiempo a la verdad bíblica.	Ofrecen exposición por largo tiempo a la verdad bíblica y al ejemplo cristiano.
Enseñar principios cristianos.	Presenta ahora verdades y principios que se aplican a toda la vida.	Presentan ahora verdades y principios que se aplican a toda la vida.	Enseñan ahora verdades que se aplican a toda la vida.	Enseñan ahora verdades que se aplican a toda la vida.
Desarrollar programas sociales para los niños.	Ofrece interacción entre compañeros, recreo, responsabilidad, y oportunidades para dirigir.	Ofrecen interacción entre compañeros y oportunidades para dirigir.	Ofrecen interacción entre compañeros, oportunidades para dirigir, y recreo.	Ofrecen interacción entre compañeros, oportunidades para dirigir, un ambiente estructurado, recreo, y conocimiento académico.
Preparar a los niños para la vida adulta.	Se presenta la verdad bíblica como una referencia para toda la vida.	Se presenta la verdad bíblica como una referencia para toda la vida.	Se inculca la preparación bíblica para toda la vida.	Se inculca la preparación bíblica para toda la vida.
Permitir que los niños evangelicen.	Fomenta el evangelismo de estilo de vida.	Fomentan el testificar e invitar a otros, incluso a la familia, a que asistan al programa.	Fomentan el testificar e invitar a otros a que asistan al programa.	Fomentan el testificar a otros fuera del programa.
Permitir que los niños participen de sus ministerios.	La participación es clave en este ministerio.	La participación es clave en este ministerio.	Promueven el servicio cristiano en el hogar, la iglesia, y la comunidad.	Promueven el servicio cristiano en el hogar, la iglesia, y la comunidad.

PROPÓSITO	ESCUELA DOMINICAL	IGLESIA DE NIÑOS	CELULAS PARA NIÑOS	ANEXOS
La iglesia debe: dar a los niños la oportunidad de recibir la salvación.	Un programa evangelístico.	El currículo bíblico del programa alcanzará a los niños no salvos.	Un programa evangelístico.	Un programa evangelístico.
Permitir que los niños desarrollen una relación personal con Dios.	Ofrece estudio profundo por largo tiempo de la verdad bíblica.	Ofrece exposición por corto tiempo a la verdad bíblica y al ejemplo cristiano.	Ofrecen estudio profundo por largo tiempo de la verdad bíblica.	Ofrecen exposición por largo tiempo a la verdad bíblica.
Enseñar principios cristianos.	Enseña ahora verdades y principios que se aplican a toda la vida.	Enseña ahora en un ambiente escolar las verdades que se aplican a toda la vida.	Enseñan ahora verdades que se aplican a toda la vida.	Presentan ahora verdades que se aplican a toda la vida.
Desarrollar programas.	Ofrece interacción entre compañeros y disciplina en el aula.	Ofrece interacción entre compañeros, oportunidad para dirigir, y un ambiente de culto de adoración.	Ofrecen interacción entre compañeros en un ambiente estructurado en un hogar.	Ofrecen interacción entre compañeros.
Preparar a los niños para la vida adulta.	Se inculca la preparación bíblica para toda la vida.	Se inculca la verdad bíblica para toda la vida.	Se inculca preparación bíblica y principios cristianos para toda la vida.	Se inculca la preparación bíblica para toda la vida.
Permitir que los niños evangelicen.	Fomenta el testificar a otros para que asistan al programa.	Fomenta el testificar e invitar a otros a asistir al programa.	Fomentan el testificar e invitar a otros a que asistan al programa.	Fomentan el testificar a otros que asistan al programa.
Permitir que los niños participen en sus ministerios.	La escuela dominical está conectada con la escuela bíblica de vacaciones.	Promueve el servicio cristiano en el hogar, la iglesia y la comunidad.	Promueven el servicio cristiano y las oportunidades ministeriales en el programa mismo.	Promueven el servicio cristiano y las oportunidades ministeriales.

A nivel nacional

Tan excelente como sea el programa inicial, la comisión nacional debe reconocer que para poder mantener su efectividad, se recomienda que se haga una evaluación periódica. Debemos buscar las partes del programa que requieren ajuste. Una vez se identifiquen, debe haber una manera de implementar las correcciones. Esta regla se debe dar a conocer a todos los que están asociados con la obra.

A nivel local

Siendo que el éxito del proyecto entero depende principalmente del esfuerzo y de la visión de las iglesias locales y sus pastores, se recomienda que tomando en cuenta las recomendaciones de la comisión nacional, las iglesias locales hagan los cambios necesarios para asegurar el debido funcionamiento del programa en sus respectivas áreas.

CONCLUSIÓN: ¿QUÉ DEBEMOS ESPERAR?

Estimados líderes, maestros, pastores, y misioneros:

¡Hay mil quinientos millones de niños en el mundo que no conocen a Cristo y que nos están esperando! Es necesario que cambiemos la manera en que pensamos cómo y por qué la iglesia debe evangelizar a los niños.

Los niños son personas que están interesadas y confusas, y que con frecuencia la iglesia las considera simplemente como "hijos de los miembros" o hijos de los inconversos. Debemos verlos como personas en necesidad de la sangre de Cristo para limpiar su pecado y darles salvación.

Recuerde que nadie, ni adulto ni niño, tiene la seguridad de vida eterna a menos que reciba la salvación y sea guiado en su crecimiento espiritual por otros cristianos con paciencia y amor. Los niños son sensibles a la voz de Dios, y si sabemos cómo orientarlos en su crecimiento espiritual, pondrán permanecer fieles, quizá hasta más que los adultos.

Por esta razón es tiempo que la iglesia nacional despierte y vea la fértil tierra (los niños) en la que una semilla puede crecer y dar fruto a ciento. Es indispensable que la iglesia nacional tenga un plan para "sembrar la semilla" en esta tierra.

Debemos trabajar con las capacidades que tienen los niños que facilitan que se acerquen más a Cristo. Edifiquemos, revisemos, y sigamos adelante con nuestro plan a nivel nacional y local.

Nuestros departamentos que están dedicados al ministerio a los niños necesitan que la iglesia nacional les dé más apoyo y más oportunidad para expandir su visión y su misión.

Debemos ser sensibles a la voz del Espíritu, y permitirle que nos guíe a dirigir a estos "pequeñitos."

REPASO

1. En su ciudad o pueblo, ¿cuál es el porcentaje de los niños que no conocen a Cristo?
2. ¿Qué harán usted y su iglesia para alcanzarlos?
3. ¿Cuándo piensa comenzar un programa completo con el propósito de llevarlos a Cristo?
4. ¿De qué manera se beneficiará la iglesia al poner prioridad en evangelizar a los niños?
5. Si Jesús fuera el pastor de su iglesia, ¿qué clase de programa para niños estaría usando?
6. ¿Por qué la iglesia no da importancia a los niños en sus esfuerzos por cumplir con la Gran comisión?
7. ¿Cuáles son las habilidades que poseen los niños que hacen más fácil que lleguen a Jesús?
8. Añada sus propias sugerencias a las que ya se han expresado en la parte "Procedimientos para crear una red de conexiones".
9. ¿Qué puede hacerse para mantener un plan progesivo para el ministerio de los niños en la iglesia local?

NOTAS FINALES

[1] Jingling, Kathleen, *El niño y las misiones* (ensayo).

[2] Cederbloom, Dorothy. *La dignidad del niño y su esperanza en el evangelio* (ensayo).

[3] Bonilla Castillo, Iveth. "Programa de Misioneritas", Guía práctica para el ministerio a los niños. Springfield, MO: RDM, 1992.

[4] Hunt, Eugenio. "Programa de los Exploradores de Rey", Guía práctica para el ministerio a los niños. Springfield, MO: 1992.

[5] Brooke, Hope. "Células para niños", Guía práctica para el ministerio a los niños. Springfield, MO: 1992.

[6] Montúfar, Gloria (y otros). "La Iglesia de niños", Guía práctica para el ministerio a los niños. Springfield, MO: 1992.

[7] Medina, Dionicio y Gloria Montúfar. "Campamentos bíblicos", Guía práctica para el ministerio a los niños. Springfield, MO: 1992.

LA IGLESIA NACIONAL Y EL NIÑO

- **Importancia del tema**
- **Ejemplo**
- **Objetivos**
- **I. Introducción**
- **II. La Gran comisión incluye a los niños**
    - A. El descuido de los niños al cumplir con la Gran comisión
    - B. El valor de alcanzar a los niños
    - C. Las características de los niños que facilitan la evangelización
- **III. La planificación de la obra de la cosecha**
    - A. Aprovecharse de los programas presentes
    - B. Los procedimientos para crear una red de conexiones
    - C. Los propósitos de las redes de conexiones
    - D. La evaluación periódica de nuestro plan
- **Conclusión: ¿Qué debemos esperar?**
- **Repaso**
- **Notas finales**

Capítulo 5

TEMA: El pastor y los niños

ESCRITOR: Hugo Solís

IMPORTANCIA DEL TEMA

Un sembrador salió a sembrar. Algunas de las semillas cayeron en tierra dura, rocosa, que estaba llena de hierba mala; otras cayeron en tierra fértil, limpia y suave, que era fácil de arar.

La parábola del sembrador es una representación de los que se han cicatrizado, endurecido, y envanecido como resultado de la forma en los trató la vida. Otros apenas están comenzando a vivir. Para muchos niños, la "vida" todavía no ha dejado influencias en su personalidad. Son ejemplos de la buena tierra que acoge la semilla y la hace producir "a cien, a setenta, o a treinta veces más".

El pastor tiene una gran responsabilidad. Debe sembrar la buena semilla en los niños ante que la vida logre corromperlos.

Como administrador de la gracia de Dios, necesita trabajar la buena tierra en la manera que le ha sido encomendada. Hoy es el mejor momento para arar.

EJEMPLO

"Cuando este niño crezca, será igual a su padre, ¡un Don Nadie!"

Cuando tenía 14 años, Hugo ya se mantenía solo con su trabajo. Sin embargo, comenzó a seguir el ejemplo de su padre de gastar todo su dinero en las cantinas locales. El comportamiento del muchacho perturbaba a su padre, pero él sabía que las palabras amenazadoras no detendrían a su hijo.

Un día en la escuela, alguien llevó unos libros pequeños. Hugo corrió a tomar su lugar en la cola. No sabía ni le importaba lo que contuvieran los libritos. Sólo quería algo propio para leer.

En cuanto llegó a casa leyó el libro completo. Era el Nuevo Testamento. Hugo no sabía lo que era el cristianismo, ni entendía por qué no podía dejar de leer el libro. El poder de la Palabra de Dios lo atravesó por completo.

Inspirado por el mensaje de la Biblia, Hugo fue a una iglesia de las Asambleas de Dios. Ahí aceptó a Jesús como su Salvador. Ese día su vida y su destino cambiaron.

Hoy, la pasión más grande que Hugo tiene es por los niños de su país. En su capacidad como parte del equipo internacional de Piedad en Latinoamérica (LACC), viaja por todo el continente ayudando en las escuelas que apoya esta organización. Ofrece apoyo para su personal y ministra el amor de Dios a los niños y a los maestros. Además, funge como pastor de todas las escuelas de LACC en Costa Rica y es director de un hogar para niños abandonados y maltratados.

Hugo Solís es un hombre con una sonrisa perenne, grande, amistosa. Sin embargo, hay algo que lo hace llorar: la triste condición de los niños en la mayoría del mundo. El recuerdo de las desesperantes necesidades espirituales de su propia niñez lo inspira a dar las buenas nuevas del poder y del amor de Dios a los niños.

(La biografía de Hugo Solís ha sido tomada y adapatada del libro **Whosoever!***, publicado por las Misiones Mundiales de las Asambleas de Dios, 1991.)*

OBJETIVOS

1. Apreciar la niñez como la mejor etapa para sembrar la semilla del evangelio.
2. Comprender que es necesario ministrar a los niños de acuerdo a sus necesidades.
3. Desarrollar una relación pastoral con los niños.
4. Motivar el desarrollo de un proyecto pastoral dedicado a los niños.
5. Comprender el potencial que tienen los niños para la obra del Señor.

I. INTRODUCCIÓN

Los niños no son "pequeños adultos", ni tampoco son "pequeños seres sin alma". Son simplemente niños, individuos con peculiaridades emocionales, físicas, y personales. Hoy nos quedamos estupefactos y consternados ante una sociedad en la que los niños se escapan de sus hogares, caen en la trampa de las drogas, practican sexo, y hasta se suicidan. Estas razones reflejan la responsabilidad de la iglesia para desarrollar una misión dedicada a este importante grupo de personas. Esta misión debe incluir evangelismo, conservación, asesoramiento, y servicio cristiano.

La función del pastor en esta misión es doble, porque debe servir como pastor tanto a los niños como también a los padres. Debe contribuir al crecimiento de relaciones entre estas dos generaciones.

II. PRINCIPIOS BÍBLICOS QUE DEFINEN EL TRABAJO PASTORAL CON LOS NIÑOS

El tema de la discusión del Señor que encontramos en Mateo 18, versículos 1 a 5, se centra alrededor de un niño. ¿Cuán pequeño era el niño? Marcos nos da una indicación. Dice que estaba en los brazos del Señor; quizás acababa de comenzar a caminar. En medio de un discurso como ese, Jesús se dirigió a un niño pequeño.

Este momento se desarrolló de una pregunta egoísta y vana sobre la preeminencia personal entre los apóstoles. Sin embargo, además de la corta respuesta a la pregunta de la que hablaban, todo lo que Jesús dice en el pasaje es en relación al niño que sostenía en los brazos.

Hay por lo menos ocho afirmaciones importantes que Jesús hace en su sermón tocante a los niños que todo cristiano debe estudiar con cuidado.

A. La conversión al nivel de un niño

La conversación acerca de Jesús siempre es posible con los niños, puesto que ellos aceptan fácilmente lo que ven y lo que se les dice como un hecho. Los adultos deben humillarse como niños y en sencilla fe aceptar la salvación.

1. **Humildad.** Una cualidad esencial en el reino de Dios, la humildad es una parte natural del niño (Mateo 18:4). La humildad en este contexto quiere decir "un humilde estado de debilidad y dependencia que determina grandeza". Cuando un niño es atraído por el Espíritu Santo a aceptar a Jesús como Salvador, debe entonces crecer en gracia y humildemente depender de su Señor.

2. **Recepción.** Recibir a un niño en el nombre del Señor es lo mismo que recibir al Señor mismo (Mateo 18:5). La presencia del Señor se revela cuando es aceptado en el corazón de un niño. Su presencia también se manifiesta en la vida de la persona que evangeliza al niño.

3. **Creencia.** El niño puede creer en Cristo (Mateo 18:6). El Maestro dijo: *"...estos pequeños que creen en mí..."* Esto debe contestar las preguntas que conciernen la salvación de los niños. Recuerde que el niño al que se refiere Mateo 18:6 era un niño pequeño, tan pequeño que Jesús lo sostenía en sus brazos mientras hablaba. Isaías preguntó: *"¿A quién se enseñará ciencia, o a quién se hará entender doctrina?"* Inmediatamente él nos da la respuesta con otra pregunta: *"¿A los destetados? ¿a los arrancados de los pechos?"* (Isaías 28:9).

B. El castigo por hacer caer a un niño

Los que hacen que un niño caiga merecen castigo eterno. Esta es la afirmación que hace Dios de la gravedad de pecar contra un niño (Mateo 18:6-8). ¿Cuántos han tenido en poco los intereses que los niños tienen por su propia alma por ser de muy corta edad? ¿Cuántos padres o maestros han descuidado instruir a sus niños con el evangelio, dejándolos que crezcan sin Cristo y que mueran sin Él?

C. El interés celestial por los niños

Los niños son tan valiosos que sus ángeles en el cielo siempre ven el rostro del Padre celestial (Mateo 18:10). Dios considera el alma de los niños de una manera muy especial.

Cuando un hombre una vez preguntó a un evangelista sobre los resultados numéricos de su predicación, el evangelista contestó: -Tres personas y media se convirtieron. -¡Ah! dijo el otro, tres adultos y un niño. -No, contestó el evangelista-, tres niños y un adulto. No tengamos en poco a los pequeñitos que entregan su vida a Cristo.

D. Cómo busca un pastor

La parábola de la oveja perdida también se refiere a los niños (Mateo 18:12,13). El hecho de que un niño debe ser buscado y encontrado de la misma manera que una oveja perdida no es el único significado de la parábola, pero sí es la primera interpretación a la luz del contexto que se usa.

E. Que no se pierda ni un solo niño

"Así, no es la voluntad de vuestro Padre que está en los cielos, que se pierda uno de estos pequeños" (Mateo 18:14). Las palabras de Jesús forman parte de una declaración hecha en forma negativa. ¿Cuántos permanecerían en oración por un niño si la declaración hubiera sido en forma positiva? Por lo general, la gente se inclina a alejarse de la responsabilidad, excusándose en to que toca la voluntad de Dios.

III. RECONOCIMIENTO PASTORAL DE LAS CARACTERÍSTICAS DE LA NIÑEZ

A. Una edad crédula

El evangelismo de niños es un ministerio más fructífero que el evangelismo de personas de cualquier otra edad. R.A. Torrey dijo que guiar a un niño de cinco a diez años de edad a una definida aceptación de Cristo es casi lo más fácil del mundo. Entre más pronto la persona comienza a trabajar con los niños para guiarlos a aceptar a Cristo, más fácil y de más satisfacción será el trabajo. La niñez es una edad de dependencia y confianza. Estos son los años en los que los niños dependen totalmente de las personas mayores para suplir sus necesidades.

La niñez es un momento apropiado para que la emergente fe de los niños afirme su deseo de servir eternamente a un Salvador. Es muy natural que los niños confíen en el Señor, especialmente cuando se les enseña la obra del Señor. Así como los niños pueden confiar en los familiares a los que nunca han visto pero de los que han oído hablar mucho, también pueden aprender a confiar en el Señor al oír hablar de Él.

Si el niño es capaz de pecar y comprender las consecuencias de su pecado, como sentir culpabilidad y vergüenza, entonces no hay duda de que puede recibir el evangelio y las bendiciones eternas de un Dios de amor que no negará su gracia.

El tierno corazón de un niño puede responder a una ungida historia de los sufrimientos de Cristo por nuestros pecados. Un niño también puede entender que como resultado del pecado humano, el amor de Dios lo movió a poner la carga de ese pecado en su Hijo.

B. Una edad impresionable

Los niños son criaturas de amor. Los niños hoy responderán al amor de Cristo si lo conocen. El Libro sin palabras, que es una excelente lección objetiva evangelística, se usó por años sin mucho éxito. Más tarde se cambió la manera en que era presentado. En vez de comenzar con el tema del pecado, los maestros comenzaron primero a presentar el cielo y el amor de Dios. El resultado ha sido admirable.

Los sedientos corazones de los niños responden inmediatamente al amor de Dios, que revela el pecado, trayéndolo a la superficie.

C. Una edad para aprender

Los niños aprenden rápidamente. La niñez es la edad en que uno aprende más. Es la edad de las preguntas.

Durante esta etapa, la mente está más alerta que nunca, y la memoria tiene mayor habilidad para retener. Este es el momento ideal para enseñar lecciones que tratan con asuntos eternos.

Muchos preguntan: "¿Un niño puede entender el mensaje de salvación y las verdades espirituales acerca de Dios?" Este no es un asunto de comprender, sino de fe. Nadie puede entender estas cosas en todas sus dimensiones, pero uno puede creerlas.

En la educación secular los niños reciben un número cada día mayor de hechos que deben ser asimilados. El aprecio de estos hechos y comprender su interrelación llegan después. Los hechos pueden ser aceptados por cualquiera, niño o adulto, si son presentados con un vocabulario apropiado, comprensible. La salvación debe ser presentada con hechos sencillos permitiendo que la persona acepte a la Persona del Señor Jesucristo.

Esfuércese por llevar al niño al Señor en sus primeros contactos para que sus mejores años para aprender sean dedicados a Dios. Estos años receptivos constituyen una excelente oportunidad para el pastor, el maestro de escuela dominical, el líder del Club de la Biblia, y los padres que enseñan al niño el camino que debe seguir. Si se pierde esta oportunidad, muy pronto otras influencias "robarán" el corazón y la mente del niño.

En los días en que nuestro Señor Jesús estaba en la tierra, los niños creían en Él (Mateo 18:6). Esto podría ser una realidad en nuestros tiempos también.

D. Una edad sensible

El corazón del niño es tierno; la sensibilidad nunca es tan grande como en la niñez. Sin embargo, a medida que los años van y vienen, los niños se hacen adultos y muestran más y más insensibilidad a la realidad del pecado. Esta actitud no es una condición de la niñez.

El pecado es real para los niños; es algo que les causa angustia. Muchas veces no pueden dormir como resultado de las preocupaciones que los abruman. Con la conciencia moral que tienen, los niños saben cuándo han pecado y como resultado se sienten culpables. Quizá no puedan expresarlo con palabras, pero el sentimiento de culpabilidad está ahí. A veces el sentimiento de culpabilidad permanece mucho tiempo después que el incidente ha sido olvidado.

Uno de los muchos casos tratados por un especialista contemporáneo era el de un abogado que por años había sido abrumado por la preocupación. El abogado se dio cuenta de que la razón de su estrés no tenía fundamento, así que probó muchos métodos para aliviarlo. Se dio cuenta de que es imposible evitar el estrés con determinación propia solamente. Finalmente, llegó a sentirse tan preocupado por sus problemas que tuvo que dejar su trabajo.

El profesional que lo trató concluyó que sus preocupaciones habían sido causadas por un hecho cuando era niño. Esto le había causado un permanente aunque subconciente sentido de culpabilidad. El sentido permaneció, aun cuando en la superficie el hecho había sido prontamente olvidado. La culpabilidad se manifestó años después en la forma de extraño e injustificado estrés que continuó a pesar de sus sinceros esfuerzos para controlarlo. Cuando el especialista por fin identificó los sentimientos de culpabilidad, el abogado pudo enfrentarlos de una manera inteligente.

Puede ser que los obreros cristianos no aislan la realidad del pecado en la vida de los niños de la manera en que lo hace un profesional. Sin embargo ambos necesitan ver que el pecado y la culpabilidad constituyen fuertes realidades para los niños. Los que trabajan con niños pueden evangelizar mejor y discipular a los niños que están bajo su cuidado si reconocen este hecho.

IV. SUGERENCIAS PARA PASTOREAR A LOS NIÑOS

Algunas ideas pueden ayudar a desarrollar una relación solícita y de apoyo con los niños, sus padres, y sus líderes voluntarios.

A. Aplicación

Ya sea que el pastor esté en una iglesia grande o pequeña, estas ideas se pueden adaptar a cualquier situación particular o estilo de ministerio. La única diferencia debe ser en la frecuencia del uso de las pautas. La calidad del contacto con los niños y sus padres debe mantenerse no obstante las diferencias de circunstancia.

Lea la siguiente lista, y quizá podría añadir unas pocas ideas. Luego considere la maneras en las que se puede enriquecer un ministerio para niños.

1. **Ministrar a todos.** Haga saber el hecho de que el pastor es un ministro tanto para los niños como para los adultos. Comunique esto por medio de los canales de la iglesia y con su contacto personal con los niños y sus padres. Esto no debe ser una campaña de publicidad, sino un esfuerzo intencionado para hablar de las necesidades de los niños. Hable de las necesidades de ellos con el mismo fervor de cuando habla de las necesidades de los adultos o de los jóvenes.

2. **Dar debido reconocimiento.** Reconozca a los niños como personas con su propio derecho. Por ejemplo, llámelos por su nombre, asista a una de sus clases de escuela dominical, de vez en cuando visite sus reuniones sociales, e invítelos a una fiesta en la casa de usted.

3. **Tratarlos como iguales.** Vea a los niños de la misma manera que a un adulto. Esté conciente de su postura cuando esté hablando con ellos. Al visitarlos individualmente o en grupos pequeños, mírelos fijamente a los ojos sin desviar la vista.

4. **Comunicar con palabras sencillas.** Al hablar, use lenguaje sencillo y directo. No haga preguntas difíciles como con un adulto. Al contrario, haga preguntas concretas basadas en el material sobre el que han estudiado o sobre el que un niño podría

tener conocimiento. Hábleles de cosas que puedan ver, sentir, u oír.

5. **Dedicar tiempo para enseñar.** Pase algo del tiempo enseñando a este grupo. Esto se podría hacer periódicamente con sermones para los niños en una clase de escuela dominical, un programa de preparación, escuela bíblica de vacaciones, o una sesión de preguntas y respuestas para los niños.

6. **Familiarizarse con el programa de niños.** Ponga en su calendario un tiempo regular para visitar los departamentos de la iglesia. Trabaje con los líderes de estos departamentos para encontrar un momento conveniente para la visita. En algunos casos, usted podría servir como asistente y trabajar en una mesa con el maestro y los niños.

7. **Dar atención individual.** Establezca un plan para visitar que garantice por lo menos dos visitas sin prisa para cada niño entre las edades de 6 y 12 años. Los propósitos deben ser conocer al niño, aprender su nombre, y desarrollar y mejorar la relación entre el pastor y el niño.

8. **Incluir a los niños en el culto.** Al cumplir con algunas de las responsabilidades pastorales formales, como amonestar y exhortar a la congregación, escoja unas cuantas ilustraciones del mundo de los niños. De vez en cuando haga referencia a algunas de las lecciones y los cantos que los niños estén usando en su escuela dominical, y de vez en cuando pida a los grupos de todas las edades que participen en una actividad que puedan hacer bien. De vez en cuando podría pedir a un niño en vez de a un adulto que cumpla con alguna actividad en la iglesia, como leer la Escritura, orar, o dar un informe en la reunión de negocios.

9. **Reunirse con los padres.** Tenga una reunión de conferencia con los padres. El énfasis podría cambiar de vez en cuando, pero debe abarcar la vida familiar, el lugar de los padres, y la educación religiosa de los niños. El pastor mismo debe presidir en varias de estas sesiones. Especialistas invitados podrían dirigir otras reuniones. Pida a los padres que sugieran varios temas para consideración. Muchas iglesias podrían incluir estas sesiones durante su tiempo regular de preparación, usando materiales producidos por la denominación.

10. **Ayudar durante la crisis.** Ofrezca cuidado para los niños que están en situaciones de crisis al igual que los adultos. Los niños, como los adultos, sienten gozo y tristeza. Experimentan estrés y depresión de una manera mucho más concreta que los adultos. Sin embargo, su alto nivel de actividad generalmente les ayuda a recuperarse mucho más rápidamente que los adultos.

Al asesorar a los niños, pídales que expresen sus sentimientos o que los describan. Acepte a los niños y sea amistoso con ellos. Asegúreles de que son amados y que se interesa por ellos. Al orar, explique a los niños que orar es hablar con Dios. Si se resisten, pregúnteles si les gustaría turnarse para orar, o si prefieren orar solos.

11. **Desarrollar su fe.** Para ayudar a los niños a desarrollar su fe, cuénteles los grandes sucesos de la Biblia, de los héroes de la fe, y de las personas de la primera iglesia. Motívelos a que comuniquen su entendimiento a sus amigos.

12. **Involucre a los niños en el servicio cristiano.** Incorpore a los niños en la misión y en el testimonio de la iglesia dentro de su comunidad. Siempre que sea posible, permítales participar en el servicio cristiano y visitar junto con los miembros mayores de la iglesia.

13. **Proveer actividades inclusivas.** Dé a los niños oportunidades para aprender y para hacer amigos entre las diferentes edades. Regularmente combine a todos los grupos para una actividad significativa. Incluya a la familia extensa, a los grupos de familias, y a los estudiantes. Esas actividades están diseñadas para romper las barreras entre las diferentes edades.

14. **Observar las ocasiones especiales.** Los niños tienden a definir su crecimiento religioso en términos de éxitos diarios y fechas significantes. Observe los días importantes como el de Resurrección y de bautismos como vitales en la congregación. También incluya ocasiones personales a las que los niños harán referencia al mismo tiempo que forman sus conceptos religiosos en años futuros.

15. **Evaluar.** Esté conciente del hecho que la iglesia está enseñando a los niños con cada actividad ya sea planeada o no. La educación estructurada es sólo una pequeña par-

te de discipular. La influencia de compartir experiencias de la vida es de mayor significancia.

Evalúe la vida y el ministerio de la iglesia con un ojo crítico. La vida cristiana, nivel de cuidado, y calidad de enseñanza que experimente la congregación serán factores decisivos sobre los que se desarrollen las convicciones religiosas.

B. Sugerencias

En los sermones incluya historias e ilustraciones que vayan dirigidas a los niños. Hágalos sentirse importantes diciéndoles cuánto amaba Jesús a los niños. Él nunca dijo que tenían que entender los conceptos teológicos para poder llegar a Él.

Incluya a los niños en los llamados al altar para recibir salvación, sanidad, y el bautismo en el Espíritu Santo. Tome tiempo para orar con ellos individualmente.

Déles la oportunidad de testificar en la iglesia y anímelos a que lo hagan. Este es un acto importante para formar una fe cristiana. La experiencia les dará más valentía para testificar y servirá como motivación y bendición también para los demás.

Haga posible que los niños sean miembros del departamento de niños en la iglesia. No están listos para ser miembros con privilegios de votar junto con los miembros mayores, pero después de aceptar a Cristo como su Salvador, necesitan sentir que son parte integral de su cuerpo, la Iglesia.

Deje que los niños que han dado testimonio de su salvación por fe en Cristo participen de la Santa Cena, la toma de los sacramentos. Deben poder comprender y expresar en sus propias palabras el significado del bautismo en agua y de la Santa Cena antes de participar en estos.

CONCLUSIÓN

La responsabilidad por el cuidado espiritual de los niños resta con los padres. Sin embargo, la iglesia, dirigida por el pastor, debe asociarse con los padres en esta tarea.

Somos guardianes de Dios para sus pequeñitos. Por esta razón debemos recibirlos en su nombre y protegerlos de cualquier acto, actitud, o negligencia que los haga caer. "Oh, Señor, ayúdanos a llevar a tus pequeñitos hacia una vibrante y madura relación contigo."

NOTAS

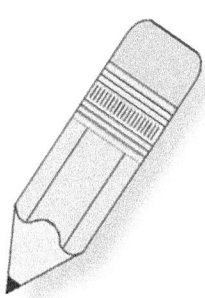

EL PASTOR Y LOS NIÑOS

- **Importancia del tema**
- **Ejemplo**
- **Objetivos**
- **I. Introducción**
- **II. Principios bíblicos que definen el trabajo pastoral con los niños**
    - A. La conversión al nivel de un niño
    - B. El castigo por hacer caer a un niño
    - C. El interés celestial por los niños
    - D. Cómo busca un pastor
    - E. Que no se pierda ni un solo niño
- **III. Reconocimiento pastoral de las características de la niñez**
    - A. Una edad crédula
    - B. Una edad impresionable
    - C. Una edad para aprender
    - D. Una edad sensible
- **IV. Sugerencias para pastorear a los niños**
    - A. Aplicación
    - B. Sugerencias
- **Conclusión**

Capítulo 6

TEMA: El papel de los padres en la familia

ESCRITORAS: Faith Tyson y Carolyn Hittenberger

IMPORTANCIA DEL TEMA

Ningún otro trabajo exige de tanto tiempo y energía, ni conlleva tantas frustraciones y recompensas como el de ser padres. Desde el momento en que nace el precioso bebé, el tiempo, el dinero y la atención de la pareja jamás puede volver a pertenecerles. El costo de ser padres es balanceado por el gozo de ver al niño crecer.

La tarea de ser padres puede parecer abrumadora, pero Dios nos ha dado útiles reglas en su Palabra. Como cualquier otra obra a la que Dios llama a su pueblo a hacer, Él da la fortaleza y la sabiduría para lograrla con éxito.

Pasan tan pronto, los días de la juventud;

Los niños cambian con tanta rapidez;

Pronto se endurecen en el molde,

Y los años plásticos se van.

Así que moldea su vida mientras son pequeños;

Que ésta sea nuestra oración, nuestro propósito –

¡Que todo niño que encontremos lleve

la impresión de su nombre [1]

(Martha Snell Nicholson)

OBJETIVOS

Después de leer este capítulo el padre de familia podrá:

1. Comprender el concepto de "familia" según lo expresa la Biblia y reconocer el propósito que Dios tiene para las familias.
2. Mencionar tres necesidades físicas para las que los padres deben hacer provisión en sus hijos.
3. Escribir dos maneras en que los padres pueden promover el desarrollo mental en sus hijos.
4. Describir algunas de las necesidades emocionales que tienen los niños y explicar cómo se puede tratar con ellas.
5. Decir cómo los padres pueden dar oportunidades de aprendizaje para mejorar el crecimiento social de sus hijos.
6. Explicar cómo los padres pueden ofrecer al niño un ambiente de crecimiento espiritual.

I. INTRODUCCIÓN

La unidad de la familia no fue ideada por el hombre. Las familias son parte del plan de Dios. Desde el comienzo del tiempo, Dios quería que las personas formaran relaciones íntimas, solícitas; no tratos fortuitos, sin compromiso. En Génesis 1:27,28 dijo a Adán y a Eva: "Fructificad y multiplicaos".

Cuando el Salvador vino al mundo lo hizo en la forma de un bebé. Dios escogió para que lo cuidaran a una pareja con faltas y defectos como todos los humanos.

María y José exhibieron un rasgo que Él desea de todas las parejas: amor y dedicación a Él y el uno al otro. ¡Qué ambiente tan maravilloso para criar a los niños! Ninguna cantidad de dinero ni prestigio puede substituir la unidad de la familia, que se basa en fiel dedicación.

Dios siempre ha deseado tener comunión con el hombre. Una familia santa ofrece un ambiente que lo honra. Luego Él puede comunicar su amor a cada miembro de la familia. Cuando se pasa un patrimonio santo a cada generación sucesiva, Él continúa teniendo gente en la tierra con quien puede tener comunión.

Este es el plan de Dios. Desafortunadamente, el pecado hace que la unidad de la familia se desborone. La falta de comprensión, de dedicación, y los resultados del pecado (alcoholismo, abuso, etc.) pueden hacer que el hogar sea un lugar de dolor en vez de un lugar donde se puede crecer como Dios lo diseñó.

Para la familia deshecha, una unidad familiar santa puede ser un fuerte testimonio del amor y del poder de Dios. Su amor se demuestra cuando cada uno dentro de la familia cuida de los demás. Su poder es evidente cuando sostiene intacta la unidad familiar en medio de estreses y problemas.

Toda familia experimenta tiempos difíciles. Una familia cuyo centro es Cristo reconoce que su ayuda viene de Dios y depende de Él para ayudar a cada miembro de la familia durante el problema. Cuando la familia es atacada por todos lados, los que la forman son testimonio de Cristo ante el mundo.

Muchos luchan con saber cuál es la voluntad de Dios para su vida. Quieren saber qué ocupación seguir, con quién casarse, y si deben ser padres de familia o no.

La voluntad de Dios para todos los padres es que preparen a sus hijos para que lleguen a ser adultos santos. El ejemplo de los padres, la preparación, y el amor dejan marcas en sus hijos, quienes luego dejan muchas de las mismas marcas en sus hijos.

Descuidar la responsabilidad como padres de familia es faltar en cumplir con el plan de Dios. Faltar en ser un padre responsable evita que los niños sean todo lo que Cristo quiere que sean.

II. PROVISIÓN PARA LAS NECESIDADES FÍSICAS DE LOS HIJOS

A. Provisión para las necesidades básicas

1. Alimento, ropa, refugio

Todos los niños deben tener alimento, ropa, y un lugar para vivir *(vea el capítulo "Desarrollo del niño")*. Los padres tienen la responsabilidad de proveer para estas necesidades básicas para sus hijos y enseñarles cómo valorar estas provisiones. Cuando los padres confían en las promesas de Dios, ellos reciben su amorosa provisión para ellos y para sus hijos (Mateo 6:31-33).

Las necesidades de un recién nacido son obvias. Desvalido en todo sentido, el infante es incapaz de proveer su propio alimento, de mantenerse limpio y abrigado, ni de vestirse solo. Los padres están ocupados las veinticuatro horas del día para ver que su hijo esté seguro y saludable.

Con el tiempo los niños pueden asumir las responsabilidades de cuidarse a sí mismos. Pueden comer, vestirse y bañarse solos sin ayuda. Esto no quiere decir que la importancia del lugar de los padres ha disminuído; únicamente ha cambiado en responsabilidad. Por ejemplo, los niños necesitan dirección para aprender cuáles alimentos son saludables y cuál ropa está limpia y apropiada.

Subsanar estas necesidades más básicas puede ser un desafío cuando el niños se hace mayor. Siendo que las modas y la presión de los compañeros influencian las decisiones del niño respecto a la ropa y el alimento (como cuando los niños prefieren comida basura más que lo que los alimenta), la influencia de los padres es tan necesaria a esta edad como cuando era recién nacido. Los niños sin dirección arriesgan una dieta deficiente y problemas con la salud. Los niños sin dirección pueden dañarse el cuerpo innecesariamente al exponerse a la dureza del frío del invierno, a las lluvias tormentosas o al calor del verano cuando se ponen ropa inadecuada. La ropa indebida también puede dar una mala impresión a los de más.

La disiciplina incluye recompensas por el buen comportamiento, como comer algo especial de vez en cuando o escoger la ropa. Los padre's dan dirección hacer cumplir esas reglas.

2. Necesidades y deseos

Los padres de dos hijos preadolescentes estaban determinados de que a sus hijos nunca les faltara nada. Aunque no podían costearlo, les compraban todo lo que éstos deseaban. El dormitorio era un santuario privado para los muchachos, con los juguetes más nuevos y un ropero lleno de ropa de calidad, un televisor a colores, y su propio equipo estereofónico y discos compactos.

¿Qué motivaba a estos padres para hacer esto? Ellos querían que los muchachos se sintieran aceptados en la escuela y que no sintieran la presión de desear algo que otros tenían. ¡No importaba que los padres adquirían deudas económicas y muchos cobros para dar a sus hijos estos deseos!

Con el tiempo, los padres dejaron de gastar demasiado. Asignaron trabajos en la casa a sus hijos para que se ganaran el dinero para las cosas que deseaban. Además, parte de lo que ganaban era ahorrado después de pagar sus diezmos.

Después de varias semanas los padres vieron

cambios en sus hijos: cooperaban más, parecían apreciar más lo que tenían, y sus listas de lo que deseaban habían disminuído drásticamente. En total, su hogar era más felíz con menos estrés.

Esta ilustración muestra que dar al niño todo lo que desea no es indicación de ser buenos padres. Los padres tienen la responsabilidad de subsanar las necesidades de sus hijos, y de vez en cuando darles recompensas especiales. Ser siempre indulgente sin enseñarles buena mayordomía y responsabilidad lleva a los niños a crecer sin ningún sentido de valor ni aprecio por la provisión de Dios.

El mejor ejemplo en esta área de ser padres nos lo da nuestro Padre Celestial. El ama a sus hijos, pero no satisface todos sus deseos. Muchas veces las personas recuerdan una petición en oración que Dios no concedió de la manera que deseaban. Después se dieron cuenta de que si Dios les hubiera dado lo que pedían, no hubiera sido algo sabio.

Filipenses 4:19 promete que Dios suplirá todas nuestras necesidades, no necesariamente nuestros deseos. Él quiere que aprendamos responsabilidad y mayordomía. Esta lección se debe enseñar a los niños mientras se preparan para su vida de adultos.

B. Seguridad y estabilidad

1. Cambio constante

El niño pequeño se familiariza rápidamente con la palabra no: "No te acerques a la estufa", "No salgas del patio", "No toques el cuchillo con filo". Todos los "no" son necesario para la seguridad del niño. Cualquier padre responsable trata de proteger a su hijo con advertencias.

A medida que el niño crece, las advertencias cambian y las libertades para escoger aumentan. Esto es necesario para permitirles experimentar los resultados de sus decisiones mientras todavía están bajo la supervisión de los padres. Permitir a los niños que piensen por sí mismos en las cosas pequeñas los prepara para mayor responsabilidad en el futuro.

Permitir a los niños tomar decisiones (y a veces sufrir las consecuencias) no es fácil. Los padres naturalmente quieren proteger a sus hijos contra posible peligro. Ser padres exige flexibilidad y saber cuándo el niño está listo para mayor responsabilidad. Las reglas que se aplican a un niño de tres años serían sofocantes para uno de doce. Las reglas hacen que el niño se sienta seguro porque él sabe cuáles son sus limitaciones y qué comportamiento se espera de él. Demasiadas reglas pueden hacer que los niños mayores se resientan porque no se les permite tomar decisiones. Un padre sabio sabe cómo fijar reglas realistas según la edad y la personalidad. Esta clase de sabiduría viene de Dios.

2. Consistencia a través de los años

Aunque ser padres de familia exige constantes cambios en las responsabilidades de los padres y de los hijos mientras ambos se adaptan a las etapas del desarrollo de los niños, el ambiente en el hogar debe permanecer igual. El hogar debe ser un lugar donde todos se sientan apreciados y amados. Este ambiente hace que hasta el hogar más sencillo parezca un palacio a los niños cuando buscan refugio de un mundo cambiante, impredecible.

Se cuenta una historia de varios hermanos que, al morir su madre, recordaban su niñez. Recordaban los momentos felices y los momentos difíciles que experimentaron juntos.

De repente, una de las hermanas dijo: "Yo siempre sentía lástima del resto de ustedes porque creía que yo era la hija favorita de mamá." Luego describió las cosas especiales que su madre hacía para dejar la impresión de que ella era la hija favorecida.

Otro de los hermanos dijo: "Yo creía que yo era el favorito de mamá." Él también habló de ocasiones que crearon esa impresión en su mente.

Antes que la conversación terminara, cada hermano admitió creer que era el hijo más favorecido. Se dieron cuenta de que su madre los amaba a todos por igual pero que había tomado tiempo para hacer que cada uno se sintiera especial y seguro.

A medida que el niño crece, su búsqueda de independencia a veces se vuelve en rebelión. La responsabilidad de los padres y de los hijos puede ocasionar fricción en el hogar al tratar de manejar esta nueva etapa. Los padres con derecho fijan las reglas y pautas del hogar que los adolescentes a veces resienten. En muchas familias esta lucha puede hacer del hogar un campo de batalla.

Los hijos necesitan saber que siempre son bienvenidos en el hogar. Aunque los padres no aprueben lo que hacen sus hijos, deben prometer y mostrar a sus hijos amor y valor. Este conocimiento hará del hogar un lugar especial, no importa qué edad tenga el hijo.

El hijo pródigo (Lucas 15:11-32) una vez creyó que su hogar era opresivo. Después de perder lo que tenía, el audaz joven se dio cuenta de que su aburrido hogar ofrecía seguridad y que su anticuado padre se interesaba. Extrañando la seguridad y las comodidades del hogar, regresó. Su amoroso padre recibió al hijo con una celebración; no por el comportamiento del hijo sino por su posición como hijo. ¡Qué maravilloso ejemplo de un padre para seguir!

III. PROVISIÓN PARA LAS NECESIDADES MENTALES

A. Crecimiento constante

1. Los niños son como esponja

Los niños absorben información y actitudes igual que una esponja absorbe líquidos. Una esponja seca parece inservible. Una vez se usa, puede absorber muchas veces su peso seco de líquido.

Un recién nacido parece ajeno y como que no responde, prefiriendo comer y dormir todos los días. En realidad, está aprendiendo sobre lo que lo rodea e identificando en quién confiar. A medida que crece, aprende de los demás, creando una red de fuentes para aprender.

Los científicos debaten sobre cómo tiene lugar el aprendizaje. Afortunadamente, los padres no tienen que entender cómo los niños aprenden: los detalles intricandos de la mente, las emociones, la voluntad y el cuerpo humano, aunque estudiar esto es beneficioso *(vea el capítulo "Desarrollo del niño y características por edad")*. No obstante, los padres deben saber qué aprenden sus hijos.

El niño imita lo que ve y oye. Si su ambiente está lleno de enojo y palabras crueles, él naturalmente muestra enojo y dice palabras crueles. Si mira violencia en la televisión, él trata de imitar las palabras y el comportamiento de violencia que ve.

A medida que crecen, con cada experiencia la mente y el corazón de los niños se llenan de todo lo que ven, oyen, tocan. Su formación durante los primeros años se determina mayormente por el cuidado, la dirección, y los ojos vigilantes de los padres.

2. Aprender es un asunto de familia

El día comenzó temprano para el padre de tres hijos. Tenía una reunión con su jefe. Las reuniones y los proyectos consumieron su día. Hasta se olvidó de almorzar. Para cuando volvió a casa, estaba agotado. Por fin llegó el viernes; el sábado sería un día de no trabajar.

El hombre apenas entró a la casa cuando sus hijos lo recibieron. "¡Papi, adivina qué!" dijeron todos a la vez. "Mamá dice que va a preparar un picnic para el almuerzo y que podemos ir al parque mañana, si tú dices que sí."

Por dentro el padre dio un gemido. Quería decir: "Yo no voy a ninguna parte. Su madre los puede llevar."

Ese padre podía escoger. Podía hacer a un lado su agenda personal y unirse a su familia. O podía perderse de un momento de calidad para aprender con sus hijos y seguir sus propios planes.

El padre es el mejor maestro del niño. Nadie más, excepto Dios, se interesará tanto por el bienestar del pequeño. La responsabilidad de cuidar a un hijo no se debe dejar a ninguna otra persona. Las actividades y las muchas experiencias que la familia comparte junta llenan los bancos de la memoria para toda la vida.

Desafortunadamente, el tiempo es un artículo muy preciado. Las prioridades para usar el tiempo deben fijarse y observarse si es que la vida ha de permanecer bíblicamente balanceada. Si el padre nunca toma tiempo para el hijo, ese hijo no se siente importante. Una buena relación nunca se establece; se pierden las oportunidades para enseñar.

B. Cuidar de la puerta

1. Las influencias del mundo

a. Materialismo. Satanás desea atrapar a las familias. Los padres sabios reconocen las tácticas de Satanás y enseñan a sus hijos a hacer lo mismo. El sistema de valores del mundo enseña que entre más uno tiene, más felíz es; que el comportamiento ético depende de la situación; que no existe ninguna guía para el bien y el mal. Estos mensajes son lentos, sutilmente alimentados a la sociedad a través de la televisión, la música, la publicidad, las cortes, los materiales de lectura, y la escuela.

b. Medios de comunicación y diversión. La televisión y los juegos de video pueden ser medios educativos. Si se usan como niñeras o sin la guía de los padres, pueden impresionar la mente de los niños con pensamientos y prácticas que están en contra de la Palabra de Dios. Dios creó la música, pero Satanás ha contaminado mucha de ella para sus propósitos. Leer puede ser de beneficio, pero no todo material de lectura es apropiado ni beneficioso (1 Corintios 10:23).

La Palabra de Dios dice que Satanás busca a quien devorar. Hasta se atreve a tratar de engañar a los niños inocentes. Los padres necesitan estar alertas a lo que sus hijos leen, ven y oyen, y deben enseñarles cómo saber escoger lo que agrada a Dios en todo esto.

2. La influencia de los padres

Los padres que participan en la vida de sus hijos cosechan beneficios. Deben saber lo que sus hijos están aprendiendo y quiénes son sus amigos. Los niños interpretan el interés de sus padres como cuido. Los niños están más dispuestos a poner atención a la instrucción de los padres.

Involucrarse en las actividades de la escuela y de los grupos de la iglesia y tener actividades en el hogar se toma tiempo y energía. Pero las influencias que llaman a los niños hoy no se alejarán si se ignoran. La única manera de combatirlas es involucrarse y ofrecer oportunidades para aprender bajo la cuidadosa dirección de los padres.

IV. PROVISIÓN PARA LAS NECESIDADES EMOCIONALES

A. Una vez no es suficiente

1. Repita eso, por favor

Un niño de dos años de edad siempre escoge los mismos libros para que sus padres se los lean. El preescolar se deleita en recitar el alfabeto una y otra vez. La repetición no es aburrida para ellos. Al contrario, es necesaria para aprender.

Así mismo, las necesidades de amor, aceptación y autoestima no se pueden enseñar en una sola lección. Estas necesidades se subsanan a través de repetida afirmación.

El niño que siempre oye que no es capaz de hacer nada es más probable que viva según esa expectativa. Al niño que se le dice que es estúpido, feo o molestoso con frecuencia se siente así durante toda su vida. Las heridas emocionales del niño dejan profundas cicatrices.

El encomio, por otro lado, anima al niño a asir las oportunidades, expandiendo así sus capacidades, su visión, y su conocimiento. La repetida afirmación ofrece la confianza que necesita para ser emocionalmente saludable.

Helen Keller no podía ver, hablar ni oír. Sus padres la amaban pero no podían romper su silencio. Ella creció en un mundo en tinieblas, sin disciplina.

Pero una maestra, Anne Sullivan, llegó al hogar de los Keller. Al principio Helen resistió, pero Sullivan siguió. Ella vio el potencial de Helen y se propuso desarrollarlo. Finalmente, Helen comenzó a comprender sus alrededores. Llegó a ser una de las personas más admiradas y respetadas de su día. Estaba llena de autoaceptación y confianza, todo porque una persona creyó en sus habilidades y le inculcó carácter con consistente amor y cuido.

2. Conozca a su hijo

"Simplemente no comprendo", se quejó una madre. "Cuando hago el mismo comentario a mis hijas sobre sus extraños peinados, la mayor no demuestra ninguna reacción y la menor llora como si mis palabras le arrancaran el corazón."

Esa madre estaba aprendiendo una lección importante. Los hijos no son todos iguales y sus necesidades emocionales son diferentes. Mientras que todos los hijos necesitan amor y afirmación, la cantidad de tiempo necesario para formarlos varía. Algunos niños entienden el mensaje rápidamente, otros necesitan de más mensajes antes de entender.

El comentario de la madre en la ilustración dejaba a una de las hijas imperturbada. Para la otra hija las mismas palabras significaban que la madre la encontraba fea. La madre tuvo que aprender a amar a cada hija por igual pero a tratar con ellas de forma diferente para darles la afirmación que necesitaban.

Lleva tiempo llegar a conocer las necesidades emocionales del niño. El esfuerzo puede hacer la diferencia entre una vida saludable y una vida herida.

B. La falta en actuar puede ser fatal

1. Los hijos buscan aceptación

Las cortes juveniles están llenas de jóvenes que se asociaron con el grupo equivocado. Con frecuencia, al preguntarles por qué escogieron un grupo de compañeros así, la respuesta es: "Ellos me aceptaron tal como soy."

Todos necesitan aceptación. El mejor lugar para mostrar aceptación es dentro de la unidad de la familia. Si falta aceptación del hogar, los niños harán lo que sea necesario –bueno o malo– para ser aceptados por un grupo de compañeros. A veces, aún siendo aceptados en el hogar, los niños buscan la aceptación de relaciones no beneficiosas.

Los padres quieren que sus hijos alcancen su potencial. Pero a veces los sueños de los padres para sus hijos y el interés y las capacidades de los hijos no concuerdan.

Por ejemplo, un padre puede soñar que su hijo sobresalga en los deportes. Pero a medida que el hijo crece no tiene ningún interés en los deportes. Le gusta la música en vez de los deportes. Frustrado, el infeliz hijo guarda enojo y resentimiento por la falta de aceptación de su padre. El conflicto llega a explotar en la rebelión del hijo.

Cuando el padre empuja a su hijo a ir más allá de su capacidad o en un campo fuera de su interés, los resultados pueden ser trágicos. Los padres se desagradan por lo que el hijo escoge; el hijo se siente como un fracaso porque no puede vivir según el ideal de sus padres. Con hambre de ser aceptado por su propio mérito, el niño encuentra un grupo de compañeros que no lo critican.

Dios es nuestro ejemplo. Él nos acepta con todos nuestros defectos. Él no exige perfección antes de mostrarnos su favor. Como hijos suyos, podemos descansar en Él.

De igual manera, los hijos deben sentirse seguros de que, no importa cuáles sean sus talentos, intereses y habilidades, sus padres los aceptan por quiénes son. Esta seguridad aumentará su confianza en sí mismos e intensificará el lazo entre ellos y sus padres.

2. Los hijos necesitan buenos ejemplos

La sociedad refuerza expectativas no realistas en los niños que los pueden dañar emocionalmente. Los niños aprenden que "Los niños grandes no lloran; las niñas sí lloran", "Los hombres de verdad no muestran sus emociones; las mujeres muestran sus emociones", "Los varones son valientes; las niñas son dulces". Muchos adultos viven según estas reglas culturales porque las aprendieron de niños.

Dios hizo las emociones. Y aunque hay momentos apropiados para mostrar ciertas emociones, ninguna debe ser enterrada ni ignorada. Al contrario, los niños necesitan ver a sus padres expresar emociones: gozo, tristeza, enojo, temor y perdón.

Los niños que ven a sus padres con emociones como las suyas se sienten libres de expresar emociones también. El resultado es un hogar emocionalmente saludable donde todos son aceptados y cuyos sentimientos son respetados.

V. PROVISIÓN PARA LAS NECESIDADES SOCIALES

A. Respeto a los demás

Todo niño de vez en cuando prueba los límites o limitaciones para respetar a los demás. El niño quiere que la otra persona se gane su respeto al limitar su comportamiento por medio de la disciplina (premios y castigos). El refuerzo consistente del comportamiento positivo y la disciplina por el mal comportamiento es algo esencial, tanto en palabra como en ejemplo.

1. En el hogar

Juanito tenía problemas en la escuela. Casi todos los días peleaba con alguien en el patio de recreo. Tomaba los lápices y el papel de los otros alumnos sin pedírselos primero. Le contestaba a la maestra. Casi todos lo consideraban un malcriado.

Juanito sólo estaba imitando lo que había visto y oído en casa. Sus hermanos mayores peleaban constantemente unos con otros y discutían con sus padres. Sus padres pasaban el tiempo gritándose el uno al otro. No había conversación grata en la casa de Juanito, sólo gritería y pleitos. ¿De qué otra manera podía saber Juanito cómo comportarse en la escuela?

El niño forma sus primeros conceptos de la vida y de lo que se espera de él en su hogar. Un hogar lleno de confusión enseña al niño a pelear por todo. Una falta de respeto entre la familia enseña al niño a tratar sin respeto a los ajenos.

2. Fuera del hogar

Lo opuesto de la familia que pelea, que no muestra respeto, es la familia que se tratan bien entre sí pero que se aprovecha de los amigos y asociados. Los niños se fijan en la manera en que los padres tratan a los dependientes en las tiendas, a los camareros en los restaurantes, y a las visitas en la iglesia. Si los adultos no respetan a los demás, los niños se crían creyendo que es aceptable tener la misma actitud. Si los padres se aprovechan de los amigos, los niños tratan de comportarse del mismo modo con sus compañeros.

B. Oportunidades para aprender

1. Seguir un patrón

Sólo porque la persona puede leer una receta no quiere decir que es una gran cocinera. La persona que puede coser un botón no es necesariamente una modista. Así mismo, al niño que se le dice que cómo comportarse no tendrá necesariamente la capacidad social que necesita. Se le debe enseñar dirigiéndolo y disciplinándolo o recompensándolo por el comportamiento que demuestra.

Los niños pequeños tienen a sus padres en gran estima y se esfuerzan para ganarse su favor. Si los padres son buenos ejemplos y refuerzan los esfuerzos de sus hijos con encomio y afirmación, establecen un buen fundamento para ayudarles a pasar por los tiempos difíciles cuando las presiones de la adolescencia y de los compañeros los influencian negativamente.

Los padres que descuidan pasar tiempo con sus hijos o que los decepcionan con su crítica y al no cumplir con sus promesas no son buenos ejemplos. Si los padres no son buenos ejemplos, los niños seguirán los deseos de su naturaleza pecaminosa. Los niños muestran su enojo y su rebelión comportándose mal con los demás. Encuentran sus propios caminos, aumentan el potencial de ser rechazados por los demás, y eso despierta su enojo.

2. Aprender por experiencia

En una biblioteca todos hablan en susurros. En la iglesia la gente no interrumpe el sermón del pastor. En una tienda de comestibles la gente no choca sus carretillas con las de otros ni desbaratan la mercancía. Todos saben cómo comportarse debidamente en cada situación, ¿no es así?

Las personas sólo saben cuál es el comportamiento apropiado que se espera de ellas si es que visitan esos lugares. Los niños que nunca acompañan a sus padres no ven cómo sus padres se comportan en cada situación ni aprenden comportamiento aceptable.

En la mayoría de las situaciones, algunos lugares (como un hospital) no son apropiados para que los niños pequeños visiten. Una de las mejores maneras de aprender buen comportamiento es experimentar personalmente su necesidad. Los padres que llevan a sus hijos en sus diligencias y a la iglesia modelan la manera correcta de comportarse.

VI. PROVISIÓN PARA LAS NECESIDADES ESPIRITUALES

A. Usted dispone el escenario

1. Ejemplo con la oración

Los discípulos pidieron a Jesús que les enseñara a orar. Ellos querían seguir un ejemplo. Vieron la prioridad que Jesús daba a la oración, que pasaba noches solo en los montes para pasar tiempo con Dios. Veían el poder de Jesús cuando sanaba a los enfermos y daba libertad a los oprimidos. Para ellos, saber orar eficazmente traía resultados.

Los niños necesitan conocer el poder de la oración y de la Palabra de Dios. La importancia que dan a las cosas espirituales es influenciada por la relación de los padres con Dios. ¿Ven a sus padres leer la Biblia? ¿Oyen a sus padres orar, especialmente por ellos? *(Vea el capítulo "El papel de los padres en la familia")*.

Ha habido muchos relatos de adolescentes que se apartaron de Dios y luego volvieron a dedicar su vida a Él. Cuentan que en medio de su rebelión, llegaban a casa y oían a sus padres clamando a Dios por ellos. Aunque trataron de alejarse de Dios, no podían escaparse de las oraciones de sus padres.

2. Ejemplo con el comportamiento

Los padres deben poner en práctica lo que dicen. Los niños son perceptivos; de verdad conocen a los falsos. Si ven incostencia entre las palabras y el comportamiento del cristiano, podrían decidir que el cristianismo está lleno de falsedades y no de la verdad.

3. Ejemplo al admitir haber errado

Todos cometen errores, incluso los padres; los padres no son perfectos. La manera en que los adultos manejan sus errores determina su credibilidad ante los ojos del niño. ¿Se ignoró el mal comportamiento del niño? ¿Se dieron excusas para justificar el mal comportamiento del padre o del niño?

Admitir culpa y pedir perdón no es una señal de debilidad. Más bien, ayuda a los niños a entender la misericordia de Dios para todos y los anima a aceptar más a los demás.

B. *Ambientes para crecimiento*

1. En el hogar

La gente encuentra tiempo para hacer las cosas que de verdad le son importantes. En este mundo ocupado, las actividades llenan todas las horas del día. Sin embargo, las actividades no son substituto para la interacción dentro de la familia. Enseñar, aún indirectamente, exige pasar tiempo juntos *(vea el capítulo "La comunicación eficaz")*.

Las devociones con la familia ofrecen oportunidades para que todos en la familia pasen tiempo juntos, oren los unos por los otros y busquen soluciones para los problemas en la Palabra de Dios. A medida que el niño crece, puede participar en los momentos devocionales. Esto le da práctica para orar, adorar y leer la Palabra *(vea los capítulos "Células para niños" y "La oración y los niños")*.

Cuando la familia pasa tiempo junta, Dios da momentos especiales cuando los padres pueden hablar de las verdades espirituales. Estos momento son para la conversación natural cuando la presencia del Espíritu Santo puede dirigir al niño a tomar las decisiones correctas. Uno de estos tiernos momentos puede ofrecer una tremenda oportunidad para enseñar y llevar al niño a Cristo.

Un hombre dijo a ciertos amigos que no importaba cuán lleno esté su horario, él siempre ora con sus dos hijos antes de salir éstos para la escuela. "No sé qué se les presentará", dijo él. "Yo no puedo estar con ellos todo el tiempo, pero Dios sí puede." Sus hijos ahora ven estas oraciones como una fuente de fortaleza contra las tentaciones que se les presentan.

2. En la iglesia

Aunque la influencia principal para el crecimiento cristiano debe ser el hogar, se necesitan otras oportunidad en una confraternidad estable, sustentadora. Los niños necesitan interactuar con otros de su edad en la escuela dominical, en el culto para niños, y en los círculos bíblicos. Necesitan ser desafiados espiritualmente en los campamentos y retiros cristianos. En estos ambientes, se dan cuenta de que no están solos en sus luchas y forman lazos de amistad que pueden durar una vida entera (vea el capítulo "La educación infantil en la iglesia").

Los niños que se crían en una familia que participa regularmente en la iglesia se preparan para el futuro servicio y son sensibles al llamado de Dios en su vida.

CONCLUSIÓN

Cuando una pareja considera cuidadosamente la responsabilidad de ser padres de familia, fácilmente podría creer: "Nunca podríamos hacer un buen trabajo de criar a los hijos." Verdaderamente, la tarea parece abrumadora. A lo último, los padres no tienen ningua garantía de que sus cuidadosos planes resultarán en hijos que buscan de Dios, que son bien portados.

Afortunadamente, los padres no tienen que depender solamente de su sabiduría. Dios les da buen sentido para tomar decisiones. Dios está cerca para dirigir.

Animar el crecimiento de los niños exige de paciencia y persistencia. Las recompensas valen la pena el esfuerzo. Con la ayuda de una fuerte familia de la iglesia, se pueden criar hijos cristianos emocionalmente saludables.

Dios ordenó que proclamáramos su Palabra a la próxima generación. Él nos da lo que necesitamos para hacerlo. A través de su gracia, los padres pueden decir de todo corazón: "Sí, formar un hogar cristiano exige de mucho trabajo, pero vale la pena el esfuerzo. Mis hijos son *'herencia de Jehová… cosa de estima,"* (Salmo 127:3).

REPASO

1. Describa cómo una dedicada familia cristiana puede ser testigo ante el mundo.
2. ¿Cómo puede un padre de familia hacer que cada hijo en la familia se sienta especial y apreciado?
3. ¿Por qué es el tiempo uno de los mejores regalos que un padre puede dar a un hijo?
4. ¿Por qué los niños deben aprender valores y comportamiento apropiado en el hogar?
5. ¿Por qué es la repetición tan importante para la disciplina?
6. ¿Cómo pueden los padres ayudar a que sus hijos no busquen aceptación en un grupo indebido?
7. ¿Cuáles son algunas de las maneras que los adultos pueden enseñar a sus hijos a respetar y apreciar a los adultos, tanto dentro como fuera del hogar?
8. ¿Dónde hay lugares apropiados para llevar a los niños para que practiquen sus capacidades sociales en desarrollo?
9. ¿Por qué es que las palabras y el comportamiento de los padres deben ser consistentes para enseñar a los hijos valores espirituales?
10. ¿Cuáles son algunas de las maneras en que los niños pueden crecer espiritualmente en el hogar? ¿en la iglesia?

APLICACIÓN

1. Como padre de familia, ¿cuál es su punto más débil? Hable de cómo puede fortalecer este punto.
2. ¿De qué actividades participaría y se deleitaría su familia junta? Planee y haga horario para dos actividades fuera de la casa durante los próximos tres meses.
3. Exprese las dificultades de tener momentos devocionales con la familia. Permita que la familia hable de cómo hacerlos más significativos y placenteros.
4. Involucre a su cónyuge y a sus hijos en la economía de la familia. Permítales sugerir cómo podrían reducir los gastos.
5. ¿Cómo pueden los padres mostrar cuánto se interesan por su cónyuge y sus hijos y cuánto los respetan?
6. ¿Cómo pueden los padres ayudar a sus hijos a aprender la diferencia entre necesidades y deseos?
7. ¿Cuáles son algunas reglas del hogar apropiadas que los padres deben fijar para los niños pequeños? ¿los preadolescentes? ¿los adolescentes?

RECURSOS

Ahern Lubin, Jean. *Train Up a Child: 365 Fun-Filled devocional activities*. Eugene, Oregon: Harvest House, 1994. Un libro de actividades para las mamás, los papás y los chicos que quieren que el aprender acerca de Dios sea una parte divertida de cada día.

Black, Thom. *Born to Fly: How to discover and encourage your child's natural gifts*. Grand Rapids, MI: Zondervan.

Christian Parenting Today. Revista publicada por Rocky Gilmore, P.O. Box 850, Sisters, Oregon 97759-0850. Llame al 1-800-238-2221. Dirección del distribuidor: P.O. Box 545, Mt. Morris, IL 61054

Dobbins, Richard D. *Families Are... for Living, Learning, Loving, Leaving*. Akron, OH: Emerge Ministries. Un video.

Dobson, Shirley y Pat Verbal. *My Family's Prayer Calendar*. Ventura, CA: Gospel Light. SPCN 25116 06313

Focus on the Family with Dr. James C. Dobson. Un periódico publicado por *Focus on the Family*, P.O. Box 35500 Colorado Springs, Colorado. Llame al 1-719-531-5181

God's Word for the Family. New York. American Bible Society. #103441. Inglés y español. Lo que dice la Palabra de Dios sobre el matrimonio, los hijos, la comunicación, y la familia de la iglesia para estudio personal o en grupo.

Hittenberger, Ron y Carolyn. *The Role of Parents in the Family*. STAR Communications, 1993. Un video.

Long-Harris, Janis. *What Good Parents Have in Common: Thirteen secrets for success*. Grand Rapids: Zondervan

Kesler, Jay, Ron Beers y LaVonne Neff. *Parents and Children*. Wheaton, IL: Scripture Press. ISBN: 0-89693-809-3

Morgan, Elisa. *"Footsteps to Follow: Raising our kids to love God isn't such a daunting task when we use our own lifestyle as a model"*, Christian Parenting Today. Julio/agosto 1993

Peel, Kathy y Joy Mahaffey. *A Mother's Manual for School Survival*. Pomona, CA: Focus on the Family Publishing, 1990.

Peel, Kathy y Joy Mahaffey. *A Mother's Manual for Summer Survival*. Pomona, CA: Focus on the Family Publishing, 1989.

Rice, Wayne. *Enjoy your Middle Schooler*. Grand Rapids, MI: Zondervan. Aprenda consejos prácticos sobre temas como presión de los compañeros, imagen de sí mismo, responsabilidad, sexualidad, y mucho más.

The Secret Place. Serie en video. Springfield, MO: STAR Communications.

The Family Devotions Bible. Wheaton, Illinois: Tyndale House, 1993

Together We Grow: Birth to age 3 curriculum. Minneapolis: Augsburg Fortress.

Winslow Sargent, Laurie. *"Positively Playful: Get back in the game with pointers for parents who don't like to play – or aren't sure how."* Christian Parenting Today. Noviembre/diciembre, 1993.

EL PAPEL DE LOS PADRES EN LA FAMILIA

- **Importancia del tema**
- **Objetivos**
- **I. Introducción**
- **II. Provisión de las necesidades físicas de los hijos**
    - A. Provisión de las necesidades básicas
    - B. Seguridad y estabilidad
- **III. Provisión para las necesidades mentales**
    - A. Crecimiento constante
    - B. Cuidar de la puerta
- **IV. Provisión para las necesidades emocionales**
    - A. Una vez no es suficiente
    - B. La falta en actuar puede ser fatal
- **V. Provisión para las necesidades sociales**
    - A. Respeto a los demás
    - B. Oportunidades para aprender
- **VI. Provisión para las necesidades espirituales**
    - A. Usted dispone el escenario
    - B. Ambientes para crecimiento
- **Conclusión**
- **Repaso**
- **Aplicación**
- **Recursos**

Capítulo 7

TEMA: El manejo del aula

IMPORTANCIA DEL TEMA

No importa dónde, no importa la edad, no importa cuántos, cuando los niños se reúnen hay un potencial para el caos. Si no hay orden ni dirección para manejar el aula o la actividad, los niños pueden salir sin haber aprendido mucho o quizás nada. El maestro es el mensajero de Dios y un ejemplo de su amor en el aula. El maestro tiene la responsabilidad de crear un ambiente positivo en el que los niños puedan aprender y beneficiarse del ministerio.

OBJETIVOS

1. El maestro entenderá qué influencia el comportamiento del niño.
2. El maestro desarrollará pautas que le ayuden en el manejo de su aula.
3. El maestro logrará un mayor entendimiento de cómo su comportamiento afecta el ambiente del aula y la reacción de los niños.
4. El maestro entenderá mejor cuál es la disciplina apropiada para el mal comportamiento.
5. El maestro aprenderá a apreciar a cada niño individual como único y especial a su propia manera.

EJEMPLO

Usted acaba de entrar a su aula. Faltan pocos minutos antes que lleguen los niños. Con cuidado comienza a disponer sus bien organizados materiales para la lección, el proyecto de arte, etc. Después de una rápida ojeada a su lección y las actividades que ha planeado, se sienta y suspira con confianza. Usted se ha preparado bien, pensó hasta en el último detalle. ¡Está listo para hoy! ¡Que vengan los niños!

Uno por uno comienzan a entrar al aula, se van a diferentes lugares para hablar y jugar antes que comience la clase. De repente Ramón le ha pegado a Esperanza y ésta llora. Mientras usted está tratando de averiguar qué sucedió y le está secando las lágrimas, David le está dando palmaditas en la espalda. "Maestro, maestro, MAESTRO, Jonatán no quiere compartir los crayones conmigo."

La clase comienza. Es el momento de la lección. Durante la historia bíblica David decide que sus zapatos son más interesantes que la historia y se da vuelta para jugar con ellos, negándose a participar en la lección. Erica pellizca a Manuel, mientras Ana y Miguel lloran porque no pueden ver los dibujos. Pronto parece que la clase entera está llorando. Usted también tiene ganas de llorar.

¿Le ha pasado algo así? ¿Ha experimentado un día o días como éste en su aula?

No importa con qué edad esté trabajando, no importa cuál programa esté enseñando, no importa cuál sea el tamaño de la clase, es inevitable que en algunos días la calma se vuelva en caos y la paciencia del maestro en pánico. ¿Qué hacemos entonces? ¿Cómo manejamos nuestra aula?

I. INTRODUCCIÓN

"Instruye al niño en su camino, y aun cuando fuere viejo no se apartará de él" (Proverbios 22:6).

De acuerdo con el texto original, el significado hebreo de la palabra "instruye" es… "crear un ambiente para la vida del niño según sus dones o inclinaciones individuales, y cuando sea viejo no se apartará de él".

Crear un ambiente en el aula en el que los niños puedan ser instruidos de la manera que se encuentra en la Escritura exige poder manejar eficazmente el aula. Los maestros deben tener la sabiduría y la dirección del Espíritu Santo para poder lograrlo.

Dios definitivamente es un Dios de orden. Por

todo el Antiguo Testamento encontramos muchos ejemplos que muestran cómo Él se interesa por el detalle y el orden. Por ejemplo, a Moisés le fueron dadas instrucciones muy específicas sobre la construcción del Tabernáculo y el sistema de sacrificios.

Por todo el Nuevo Testamento, la disciplina es un tema recurrente. La disciplina se ha definido como "un proceso de preparación por medio de instrucción y práctica, especialmente para enseñar control de sí mismo; enseñar a obedecer reglas y aceptar la autoridad" (*American Heritage Dictionary*). Pablo dice que Dios disciplina a sus hijos por amor (He 12:7-8) y también habla de la corrección en la iglesia. En el Antiguo Testamento Dios exigía disciplina y orden porque se interesaba por sus hijos, y Él exige la misma disciplina en la vida de los que le sirven hoy. Siguiendo el patrón que Dios mismo estableció, sus obreros han de reflejar en el aula este aspecto del carácter de Dios.

Cuando se refiere al orden y a la disciplina en relación con el aula, la palabra *comportamiento* tiene una importancia muy significativa. El comportamiento se refiere a "las acciones y las reacciones de las personas o cosas en respuesta al estímulo externo o interno". En pocas palabras, la actitud de la persona influencia su comportamiento y sus experiencias influencian su actitud. De ese modo, las experiencias externas del niño, incluso su vida en el hogar, sus relaciones con la familia y sus experiencias pasadas, tendrán muchísima influencia en la actitud y las reacciones del niño.

En la Escritura leemos que el comportamiento está directamente relacionado con lo que hay en nuestro corazón y en nuestra voluntad. Mateo 15:18-20 nos dice que *"lo que sale de la boca, del corazón sale"* y Proverbios 27:19 declara que *"como en el agua el rostro corresponde al rostro, así el corazón del hombre al del hombre"*.

Los obreros cristianos tratan con niños de varios fondos. Vendrán de cualquier número de circunstancias o situaciones que afectan directamente a los niños y su comportamiento. Se debe recordar que aunque cada niño es creado a la imagen de Dios, todos son diferentes en casi todo lo demás. A los niños nunca se debe presionar para que quepan dentro de un molde particular para que puedan cumplir con las expectaciones individuales. El propósito del obrero cristiano es llevar al niño a una relación con Cristo y ayudarle a llegar a ser como la imagen de Él. Para que el obrero cristiano pueda crear un ambiente propicio para preparar a los niños, debe considerar los factores que influencian el comportamiento de los niños y debe establecer reglas para ayudar a controlar el aula de una manera ordenada y disciplinada.

II. LO QUE INFLUENCIA LA DINÁMICA DEL AULA

Hay muchos factores que influencian el ambiente y la personalidad de una clase de niños. Para el propósito de este capítulo, los dividiremos en tres áreas: el maestro, el niño, y el ambiente del aula. Es importante estar concientes de estos factores y también ser sensibles a sus efectos en la experiencia en el aula.

A. El obrero cristiano

Todo obrero cristiano sirve de ejemplo y modelo de Cristo y tiene un efecto directo en cada niño. Los niños observan continuamente los modelos adultos que tienen ante ellos. Imitarán las palabras, el comportamiento, y las actitudes de sus líderes.

Los niños aprenden por medio del ejemplo, de quién y qué ven. Cristo da una advertencia en Lucas 17:2-3: *"Mejor le fuera que se le atase al cuello una piedra de molino y se le arrojase al mar, que hacer tropezar a uno de estos pequeñitos. Mirad por vosotros mismos."*

"La actitud del maestro se convierte en la actitud de la clase. El espíritu del maestro se convierte en el espíritu de la clase. El maestro controla el ambiente del aula… Si el maestro es una persona de oración, pronto esa cualidad será aparente en la vida de los alumnos… El Señor apartó a los maestros tanto para ejemplo como para instrucción. Su influencia y su actitud positiva pueden hacer que el ambiente del aula sea constructivo, desafiante e inspirador."[1]

B. El niño individual

Los niños en el aula tienen diferentes personalidades y niveles de madurez, y cada uno contribuye a la personalidad general de la clase. Este hecho se puede ver cuando un niño en particular está ausente. Un niño extrovertido podría parecer más quieto cuando un amigo en particular no está presente. El modo en que la clase se "siente" por lo regular es afectado. Cada individuo contribuye al todo y cuando falta alguien de la clase, o cuando llega alguien nuevo, la clase entera se ajusta al cambio, aunque sea sólo por un día.

Cada niño nace con una personalidad singular, se cría en circunstancias que son singulares, y no es como ningún otro en el mundo. El comportamiento en la niñez es un resultado directo de todo lo que se ha aprendido desde el nacimiento. Uno de los factores más obvios que afectan a los niños es la situación del hogar. El niño quizás vive con uno o con ambos padres o quizás con un pariente. Siendo que la estructura de la familia es la fuente principal de seguridad para el niño, ésta es una influencia principal en la actitud y el comportamiento. El nivel de participación de la familia en la iglesia tiene un gran impacto en el conocimiento personal y la comprensión de la Palabra de Dios, del amor de Cristo, y del plan de salvación. Es importante notar que los niños llevarán al aula el ambiente en el que viven. Las situaciones de abuso o de descuido ciertamente influencian la actitud del niño, como también hábitos tan básicos como comidas regulares y rutinas para dormir. Todas estas circunstancias tienen un fuerte efecto en toda la experiencia en el aula. El obrero cristiano debe aprender a relacionarse con cada niño sin importar cuál sea su estado emocional y dirigirlo desde ese punto a una positiva experiencia de aprendizaje *(vea el capítulo "Desarrollo del niño")*.

El orden de nacimiento es otro factor importante a considerar cuando se trata del comportamiento de la niñez. El niño puede ser el mayor, el del medio, el menor, o un hijo único. Este factor podría influenciar cómo los niños se perciben a sí mismos, cómo se relacionan con los demás, y cómo desempeñan tareas *(vea el capítulo "Desarrollo del niño")*.

Porque cada niño es diferente, es obvio que todos aprenden de diferentes maneras. Algunos aprenden más por lo que ven que por lo que oyen. Algunos son más artísticos o creativos mientras que otros son más analíticos. Las preferencias para aprender de cada niño son singulares. El obrero cristiano debe ser sensible a los patrones de aprendizaje individuales, porque la manera en que el niño aprende afectará su comportamiento y su actitud hacia las actividades en el aula *(vea el capítulo "Desarrollo del niño")*.

Todos estos factores, y otros más, componen la personalidad del niño. Sin embargo, la mayoría de los determinantes se centran en la familia. La vida dentro de la familia es sumamente importante para influenciar el comportamiento de los niños; por lo tanto, si usted quiere aprender más acerca de un niño en particular y saber cuáles son las razones por su comportamiento y sus palabras, haga un esfuerzo por saber más acerca de la familia.

C. *El ambiente en el aula*

El aula misma es de mucha más importancia para los niños de lo que muchos maestros se dan cuenta. Los niños que llegan al aula son afectados por muchas cosas que quizás no sean obvias para los adultos. Algunos de los detalles incluyen el nivel de ruido, que puede distraer a los niños y evitarles oír y poner atención durante las actividades didácticas organizadas, y las temperaturas extremas que pueden hacer que se pongan inquietos y adormitados si hace mucho calor, o irritados y distraídos si hace mucho frío. Los olores desagradables pueden distraer a los niños: por ejemplo, el olor a moho, a pañales o a ropa sucia. Si la luz del aula es deficiente, el salón puede parecer oscuro y no acogedor, mientras que los colores pueden hacer que el salón parezca llamativo y alegre.

Es un desafío para los maestros poder crear un aula que atraiga a los niños. Sin embargo, "ya sea que enseñe en un garage, en una plataforma, en un salón alquilado o en un local nuevo, el Espíritu Santo le puede ayudar a mejorar su aula".[2]

III. PAUTAS PARA EL MANEJO DEL AULA

Es importante que los maestros entiendan bien lo que influencia el comportamiento del niño, así podrán desarrollar pautas para manejar mejor el aula. De esta manera, el maestro puede aumentar el potencial de la clase. Estas áreas incluyen:

A. *Enfoque en el niño*

Llegar a conocer a cada niño individualmente es el fundamento para manejar el aula. No se puede aumentar el potencial para enseñar hasta que se llegue a comprender a los niños individualmente. ¿Cómo se hace esto? El obrero cristiano debe ajustarse físicamente al nivel del niño, haciendo contacto visual al dirigirse a él. Esto es importante, aun cuando quiera decirle lo que comió en la cena o lo que hizo con papá ayer. Los adultos pueden aprender mucho sobre los niños cuando hacen el esfuerzo de esuchar de este modo.

Los obreros deben relacionarse con cada niño "uno a uno" en cierto punto durante la clase. La interacción personal más cercana con los niños hará más eficaz enseñarles. Las palabras de amor y de afirmación, especialmente mencionar sus puntos fuertes, son estimulantes emocionales y los ingredientes para forjar lazos estrechos en la relación entre maestro y estudiante.

La consistencia es crucial cuando se trabaja con niños de todas las edades, ya que los niños encuentran seguridad en la rutina. El obrero cristiano deber ser fiel en la asistencia, en la disciplina, y en demostrar genuino interés personal en los niños. Conocer al niño es amarlo; entre más historia personal aprenda, mejor podrá ministrarle. Simplemente observar y escuchar ofrecerá una riqueza de valiosa información sobre cómo relacionarse de la mejor manera posible.

B. Ofrecer un ambiente positivo para aprender

Como se dijo anteriormente, los niños necesitan consistencia y un ambiente conduciente a aprender, y este propósito es la clave para el manejo del aula. Dicho simplemente, los niños adoptan el ambiente del aula. Si el aula está en orden, los niños tienden a reflejar esto en su comportamiento y sus actitudes. Algunas ideas para mejorar el ambiente del aula son llamativos tableros de anuncios, Biblias ilustradas, y equipo duradero o juguetes que sean seguros y apropiados para la edad. (Las edades de 0-3 años no deben tener acceso a juguetes que tengan partes pequeñas que podrían tragarse.) También, todos los enchufes eléctricos se deben tapar.

Los muebles deben arreglarse de un modo que permita el uso máximo del aula. Divida el aula en diferentes zonas que se puedan usar para diferentes propósitos. Por ejemplo, una zona puede ser para actividades quietas, como una caja de arena, otra para actividades orientadas al movimiento, como baloncesto bíblico.

Por supuesto que el aula se debe mantener lo más limpia posible, especialmente el suelo. Siendo que los microbios se pueden pasar por las manos sucias, los obreros cristianos deben lavarse las manos antes de trabajar con los niños y antes de servir la merienda. Es necesario recordar a los niños que se laven las manos después de usar el inodoro y de jugar afuera. Otras ideas para crear una experiencia didáctica positiva incluyen exhibir hermosas ilustraciones de Jesús y arreglar de forma atractiva los dibujos de los niños.

Ofrezca espacio adecuado para cada edad. Una regla para esto es:

El propósito del maestro en crear un positivo ambiente de aprendizaje es hacer que el aula "atraiga a los niños". Con la inspiración del Espíritu Santo, junto con determinación e ingenio, un maestro entusiasta puede transformar cualquier cuarto en uno que comunique un ambiente de bienvenida y del amor de Jesús.

C. Presentar una conducta positiva

Los obreros cristianos deben fijar pautas para ayudar a controlar su propia actitud y comportamiento. Como ejemplo de Cristo y de su amor ante los niños, todo obrero debe constantemente estar conciente de su actitud hacia los niños, junto con la actitud que está proyectando.

Fundamentalmente, el aula debe ser controlada por el maestro, no por los estudiantes. El líder debe proyectar y generar una imagen positiva de autoridad. El maestro puede exigir respeto al modelar respeto a Dios, a la iglesia, a sí mismo y a los niños, y a medida que los niños observan esta actitud, comenzarán a imitarla. Deliberadamente, fije el tono para la clase, manteniendo en mente que los primeros minutos de clase son vitales. Si los niños llegan antes que usted, ellos y no usted, fijarán el ambiente para ese día en la clase. Por ejemplo, si ya se están portando mal sólo animarán a los otros alumnos a portarse mal también.

El obrero cristiano debe estar bien preparado con cualquier contribución que haga a la clase. Los niños pueden saber si el líder no está preparado y saldrán con su propio plan si el maestro no tiene uno. La oración es, por supuesto, la preparación más importante. El maestro debe presentar la lección con estusiasmo, manteniendo la atención de los alumnos al personalizarla para hacerla más emocionante e involucrándolos tanto como sea posible. Cosas como una voz monótona, palabras que los niños no entienden, y simplemente leer la historia sin hacer contacto visual pueden causar problemas de disciplina.

Cuando el comportamiento de los niños se convierte en un problema, use un tono de voz firme pero amoroso y nunca grite para lograr la atención de ellos. Con frecuencia simplemente hablar en cuchicheo hará que los niños comiencen a imitarlo. Mantenga positiva la corrección. Aunque al niño se le haya instruído repetidamente acerca de un comportamiento en particular, recuerde que los niños de verdad olvidan. Sólo una simple pregunta, "Marcos, ¿cómo es que nos sentamos en la silla?", es un buen recordatorio del comportamiento adecuado.

Cuando las tensiones comienzan a aumentar, el obrero no se debe sentir avergonzado de pedir a otra persona que se encargue de la clase temporalmente, permitiéndole unos pocos minutos para recobrarse. Los líderes deben recordar que es importante permanecer calmados y no perder control de su genio, porque si los niños ven al adulto en un indeseable estado de enojo, perderán su respeto por ese líder. El comportamiento áspero no es apropiado dentro de la iglesia. Cuando el niño se está portando mal, dele un suave toque en el hombro.

Muchas veces se puede evitar un conflicto antes que comience, si el maestro es un buen observador. Si dos niños comienzan a tener problemas (por ejemplo, en compartir juguetes), el obrero puede acercarse y preguntar qué pasa, decidir qué es lo mejor para hacer *(separarlos u ofrecerles otro juguete, si es posible)*, antes que surja un verdadero problema.

Al trabajar con niños, una de las cosas más importantes para recordar es la flexibilidad. Si esta cualidad del maestro no está presente, tanto el obrero como la clase se frustrarán. Un ejemplo de esto es, si los niños se ponen inquietos cuando llega el momento de trabajar en el proyecto de arte, déjelo para más tarde. Si los niños están quietos disfrutando de los libros, entonces extienda el tiempo permitido para esa actividad. Por otro lado, obligarlos a una actividad puede frustrar a todos los participantes.

Los obreros cristianos son los modelos en el aula. Toda acción, reacción, palabra y actitud, ya sea positiva o negativa, es poderosamente comunicada a cada niño.

D. *Motivar al comportamiento positivo*

Motivar al buen comportamiento es importante para el control del aula y así poder crear un ambiente en el que pueda tener lugar el verdadero ministerio. En la iglesia, especialmente, el proceso de aprendizaje debe ser muy constructivo y alentador.

Para que el niño demuestre un comportamiento particular, primero debe entender cuál es ese comportamiento o actividad que se espera de él. Esto debe ser claramente expresado al niño antes de esperar que cumpla con cualquier tarea que se le dé. Lo que se le pide no se debe expresar negativamente, ya que es mucho más difícil para los niños entender la instrucción negativa en vez de la positiva. Por ejemplo, la declaración: "Pregúntale a Erica si tú también puedes jugar con el juguete" se entiende mucho mejor que: "No le quites ese juguete a Erica."

El encomio es quizás la mejor motivación positiva. Aunque parezca obvio, el maestro debe recordar sonreír con frecuencia a los niños, porque una sonrisa comunica afirmación. Es una de las mejores maneras en que el obrero cristiano puede demostrar amor, aceptación, y recompensa por el buen comportamiento y la buena actitud. Cuando los niños se portan correctamente, o cuando demuestran que están aprendiendo un concepto en particular, los obreros deben encomiarlos libremente. Esto los anima a seguir con el comportamiento deseado. "Juanito, hiciste un trabajo excelente al guardar los bloques. Gracias por ayudar."

Dar al niño responsabilidad demuestra la confianza del maestro en el niño. Por ejemplo, pedir a Andrés que reparta los papeles o los bloques. Pedir a Ramón que dirija en oración. Pedir a Consuelo que recoja los juguetes. Esto mejorará la relación entre el maestro y el alumno y la imagen de sí mismo que tiene el niño. Pedir al niño que haga un trabajo específico también ayudará a darle la confianza que podría necesitar en futuras circunstancias, especialmente si el niño vive en una familia disfuncional.

Motivar el comportamiento positivo ayuda a evitar el mal comportamiento en el aula. Uno de los propósitos de enseñar en el aula es moldear en el niño un carácter como el de Cristo, en vez de simplemente manipular el comportamiento exterior. El debido comportamiento debe emanar del corazón y de la voluntad.

E. *Usar técnicas positivas para disciplinar*

Administrar positivamente la debida disciplina en la desafiante aula es quizás uno de los aspectos más difíciles del control del aula. Es vital que el maestro esté preparado con lo que se debe hacer antes que el niño se porte mal. "Con frecuencia la disciplina se confunde con el castigo pero los dos no son lo mismo. La palabra disciplina viene del radical discípulo que quiere decir 'aprendiz'. Así que nuestro motivo para la debida disciplina es enseñar o preparar a nuestros alumnos para que se conviertan en discípulos de Cristo y que sean como Cristo en su comportamiento. Mientras que la disciplina puede incluir cierta reprimenda por hacer lo malo, nuestro propósito es moldear el carácter cristiano."[3] Con esto en mente, a continuación ofrecemos algunas ideas para ayudarle a dar la debida disciplina en su aula.

Las reglas deben ser claramente comunicadas y deben ser lo suficientemente sencillas para que los niños las entiendan según su edad. Ponga las reglas escritas en el aula donde pueden leer. Para los niños más pequeños que no pueden leer, ponga una serie de dibujos que representen las reglas.

Después de dar a los niños tiempo para que se ajusten al ambiente del aula, el maestro debe ser fiel en aplicar las consecuencias cuando las reglas no se observen. Esto es absolutamente esencial para los niños. Desde su punto de vista, si no se puede confiar en que el obrero cristiano cumple con su palabra respecto a la disciplina, ¿por qué se debe confiar en él en cualquier otra cosa que diga? Enforzar la disciplina positiva enseña al niño que el maestro hará lo que dice que hará, y que se puede confiar en él y respetarlo como a una persona. Algunos ejemplos de consecuencias por portarse mal podrían incluir:

1. Sentarse aparte de todos
2. Perderse de participar en alguna actividad de la clase
3. Sentarse en el pasillo
4. Entregarlo a otro adulto que lo cuide
5. Sentarse con los padres en el culto
6. Permanecer después de la clase cuando los otros niños son despedidos

Cuando administra disciplina, el obrero cristiano debe recordar al niño la regla haciéndole una pregunta como "¿Cómo es que le hablamos a Luisa?" o "Le hablamos a Luisa así…." Siempre diríjase al mal comportamiento y no al niño. En vez de "Aarón, eres un niño malo por pegarle a Ana", diga "Aarón, pegar a otros no es algo bueno. Podrías hacerle daño a Ana." Usted no está tratando con un niño malo, más bien, está tratando con su comportamiento negativo. Humillar al niño puede tener efectos duraderos si se daña su tierno espíritu.

Es sabio oír el asunto desde el punto de vista del niño, para estar seguro de que entiende por qué está recibiendo la disciplina. La disciplina es inútil si el niño no entiende qué fue lo malo que hizo. Diga cuál es el comportamiento deseado, y si el niño ha hecho daño a otro con sus palabras o con lo que hizo, debe pedir perdón después de experimentar la disciplina. Esto es muy importante para que el niño reconozca que hizo algo que no es aceptable. Es algo que da humildad, hacer que el niño sepa lo que es responsabilidad y ofrece una oportunidad para que el otro niño lo perdone, restaurando así la relación entre los dos. El niño ofendido debe verbalizar el perdón. Finalmente, el obrero y los niños deben orar juntos, permitiendo así que los niños recobren su relación con Dios. Debe comunicar a los niños que Dios perdona con gusto cuando alguien se lo pide (1 Jn 1:9) y tomar la oportunidad de enseñarles que siempre pueden ir a Dios con cualquier cosa con la que estén tratando en cualquier momento.

Se deben considerar ciertas cosas antes de administrar disciplina. Quizás el niño está enfermo, o puede que haya algún conflicto en el hogar. Si el obrero toma tiempo para considerar la razón por la actitud o el comportamiento negativo del niño, será más fácil decidir cuál es la apropiada medida de disciplina. A veces es mejor ignorar cierto comportamiento. Por ejemplo, si el tiempo está cambiando o si hay varios niños que no se sienten bien, varios niños podrían parecer particularmente de mal humor o no portarse lo mejor que pueden. Sin embargo, cuando un niño en particular se porta mal continuamente, quizá sea necesario apartarlo de la clase temporal o permanentemente. Esta medida extrema se ha de usar como último recurso.

CONCLUSIÓN

El orden en el aula es esencial para crear un ambiente en el que el maestro puede enseñar a los niños, ministrarles y llevarlos a Cristo. El propósito del ministerio para los niños es moldear más al niño en la semejanza de Cristo, y los obreros cristianos son sus modelos.

He aquí cuatro puntos esenciales para el control del aula.

- Sea flexible
- Sea consistente
- Sea persistente
- Sea amoroso

Una palabra final al obrero cristiano es un recordatorio de que la mayor fuerza motivadora en enseñar es el amor (1 Co 13).

REPASO

1. ¿Cuáles son las tres áreas principales que influencian el comportamiento del niño? ¿Cómo cada una influencia el comportamiento del niño?
2. ¿Por qué es importante el buen manejo del aula?
3. ¿Cuáles son algunos ejemplos de la Escritura que muestran que Dios en un Dios de orden y de disciplina?

APLICACIÓN

1. Haga una lista de los nombres de los

niños en su clase. Al lado o en un cuadro escriba los puntos fuertes y los puntos débiles de cada uno para aprender, para la interacción, etc. Escriba cualquier problema de comportamiento en particular que usted note y sea consistente con el niño. Finalmente, escriba las ideas sobre lo que usted puede hacer para ayudar mejor al niño. Sea específico. El propósito de este ejercicio es ayudarle a escribir sus observaciones y ayudarle a pensar en cómo dar más atención individual a cada niño.

2. Escriba tres ideas de cada pauta para el control del aula *(vea II. arriba)* que le pueden ayudar en su aula

NOTAS FINALES

[1] Dresselhaus, Richard L. *Teaching for Decision*. Springfield, MO: Gospel Publishing House, 1989, p. 81

[2] Ellard, Sharon. *Focus on Early Childhood*. Springfield, MO: Gospel Publishing House, 1993, p. 69.

[3] Kirsch, Alice M. *Tomorrow's Church Today*, A Practical Guide to Child Evangelism. Dallas, TX: International Correspondence Institute, 1991, p. 164.

EL MANEJO DEL AULA

- Importancia del tema
- Objetivos
- Ejemplo
- I. Introducción
- II. Lo que influencia la dinámica del aula
    - A. El obrero cristiano
    - B. El niño individual
    - C. El ambiente en el aula
- III. Pautas para el manejo del aula
    - A. Enfoque en el niño
    - B. Ofrecer un ambiente positivo para aprender
    - C. Presentar una conducta positiva
    - D. Motivar al comportamiento positivo
    - E. Usar técnicas positivas para disciplinar
- Conclusión
- Repaso
- Aplicación

Capítulo 8

TEMA: Principios de comportamiento infantil

ESCRITORA: Kathy Jingling

IMPORTANCIA DEL TEMA

Muchos maestros y obreros de niños piden ayuda con la disciplina. Sienten frustración y quieren soluciones. Los problemas comunes son falta de control, ruido, interrupciones y tensión. Hay principios bíblicos sobre los que los obreros pueden establecer pautas que ayudarán a lograr un ambiente para el ministerio eficaz. El obrero cristiano necesita darse cuenta de los factores que crean el problema y luego dar los pasos sobre una base bíblica para mantener un ambiente óptimo para enseñar.

I. INTRODUCCIÓN

Los obreros de niños desean consejos disciplinarios y administrativos. Considere la recomendación de Efesios 6:4: *"Y vosotros, padres, no provoquéis a ira a vuestros hijos, sino criadlos en disciplina y amonestación del Señor."* El asunto es dar crianza y amonestación bíblicas. El ministerio con los niños incluye relaciones interpersonales entre el obrero y el niño, entre los niños y dentro de la familia. Estas relaciones pueden ser o destructivas o edificantes, según su fundamento en principios bíblicos.

Los siguientes puntos ayudan a aclarar las razones y pautas bíblicas para administrar debidamente el miniserio a los niños:

- El obrero debe respetar el valor y la dignidad de cada niño. Cada uno es creado a la imagen de Dios, es amado por Dios, y recibe su misericordia y su gracia.
- El niño es creado con intelecto, emociones, y una voluntad que lo hacen responsable de su comportamiento. El comportamiento no es sólo una reacción a los demás o al ambiente; todo niño es responsable de su propio comportamiento.
- Los niños necesitan entender y aceptar el plan bíblico de autoridad. Deben aprender a respetar a los que tienen autoridad sobre ellos.
- El obrero debe practicar autoridad bíblica. Jesús nos enseñó a ser siervos en humildad y amor y no a ejercer autoridad autocrática.

Debe entender las siguientes definiciones:

Amonestar: administrar represión mansa. Advertir contra peligro o error; avisar, exhortar o recomendar encarecidamente.

Disciplinar: preparar el poder mental, moral y físico por medio de instrucción, control y ejercicio.

Educar: alimentar o sostener; nutrir; criar.

- Las Escrituras mandan a los que están en autoridad que disciplinen a los niños (Proverbios 13:24; 19:18; 22:15; 23:13,14; 29:15,17). El significado de la palabra *disciplinar* es el mismo que el de la palabra *educar*. La instrucción y la corrección son intrínsecos a esta tarea.
- Amonestar es el otro lado de preparar y es una palabra que se deriva de la mente o del intelecto, que tiene que ver con aconsejar y confrontar. Los niños mayores tienen la capacidad para pensar en la solución de los problemas.

Podemos ver que el modelo bíblico para el ministerio a los niños exige entender el significado de las palabras *educación* y *amonestación*, también como una combinación de los principios ya mencionados anteriormente. La instrucción y la corrección por lo general son más necesarias con los niños más pequeños. A medida que crecen, se usa más amonestación por su mayor entendimiento y capacidad para razonar. Un claro entendimiento de estos principios bíblicos ayudará al obrero a evitar las teorías de comportamiento o los estilos de administración que se concentran en manipular el comportamiento externo en vez de dirigirse a la naturaleza interior del niño.

II. FACTORES QUE INFLUENCIAN EL COMPORTAMIENTO

El niño que pasa a un programa de ministerio para niños será afectado por cuatro factores externos. Estos factores influenciarán al niño, pero no son la única causa de su comportamiento. Para poder educar y amonestar a los niños en el camino de Dios, debemos estar conscientes de estas influencias para comprender mejor a los niños con los que trabajamos.

A. Las instalaciones

Ofrezca un ambiente positivo. Este será el primer paso para administrar el programa. Con frecuencia el ministerio a los niños tiene lugar en ambientes que carecen de orden, belleza o espacio. Los salones muy llenos, sin atractivo, con ventilación deficiente hablan de la falta de importancia que muchas iglesias dan al ministerio a los niños. El programa quizás tenga que conducirse bajo circunstancias difíciles que pueden causar tensión en los niños. Un poco de organización, flexibilidad, pintura y decoraciones puede cambiar la actitud y el comportamiento de los niños.

B. El obrero

El segundo factor que afecta a los niños es el maestro o el obrero. Es esencial prepararse bien y en oración para mantener una situación controlada y eficaz para poder enseñar. La relación que el obrero tenga con el Señor, su Palabra y el ministerio del Espíritu Santo en y a través de él dirá mucho más que cualquier lección que pueda enseñar. El obrero debe prepararse antes de la clase, con un tiempo estructurado y un plan de actividad. Siempre debe ser flexible ante las necesidades de los niños. La inseguridad y aprensión debido a la falta de preparación puede hacer que el obrero responda irracionalmente al más pequeño movimiento o sonido. Será importante haber orado, haberse preparado, y haber comido y dormido bien antes de ministrar para poder determinar cuál comportamiento es aceptable y cuál distrae.

El obrero de niños que presupone que el mal comportamiento y el fracaso son de esperar en los niños los verá suceder. En palabras y por su comportamiento el obrero debe comunicar que las expectativas son altas y que el amor para ellos *"todo lo sufre, todo lo cree, todo lo espera, todo lo soporta"* (1 Corintios 13:7). Todo niño tiene el derecho a ser amado y los que parecen menos dignos de amar exigirán que el maestro dependa especialmente del amor de Dios.

C. El niño

La siguiente lista de prioridades para tratar con los problemas de comportamiento en los niños fue compuesta por maestros. Considere cada punto para determinar si algunas de las dificultades comunes de trabajar con niños le son familiares.

1. **Individualización.** Trate hábilmente con el amplio alcance de capacidades que se encuentran en el grupo común para que los estudiantes más lentos todavía no se encuentren trabajando mucho más después que los más capaces hayan terminado.

2. **Desarrollar dirección de sí mismos.** Ayude a los niños a hacerse responsables de su propio comportamiento y su cumplimiento de las actividades.

3. **Motivación.** Estimule el interés y la curiosidad para aprender de los niños para que todos puedan trabajar cerca de su capacidad.

4. **Alcanzar a los niños destructivos.** Cambie su comportamiento negativo a uno positivo.

5. **Disciplinar a los niños.** Controle a los niños de un modo que sea consistente y positivo.

D. El hogar

El niño que causa dificultades en un programa para niños podría estar manifestando los resultados de influencias negativas en su vida. Quizás usted no pueda eliminar estas influencias negativas, pero puede compartir con ellos a un Salvador y Señor que puede darles lo necesario para vencer esas influencias y desarrollar un comportamiento apropiado.

III. PRINCIPIOS DE ADMINISTRACIÓN

Una vez haya un mejor entendimiento de la tarea a la que Dios ha llamado a sus siervos y de los niños a los que alcanzarán, entonces se debe formular un plan para ministrar eficazmente en eso. Ese plan exigirá administrar el programa y a los niños por medio del lado de instrucción y educación del ministerio como también del lado de corrección y castigo.

Hay cuatro áreas que necesitamos estudiar para planear un ministerio eficaz para los niños. Cada una ayudará a formar un ministerio manejable.

A. Instrucción y educación

Los siguientes principios le darán pautas para comenzar un ministerio con los niños o un medio para evaluar el presente estilo de instrucción.

- Muestre amor sin condición a cada niño, hasta aquellos que parecen imposibles de ser amados, pues Dios los ama a todos.
- Respete a cada niño. Él ha sido creado a la imagen de Dios y por lo tanto tiene dignidad y valor.
- Comunique al niño que él es responsable por lo que escoje hacer y es responsable tanto ante Dios como ante el maestro quien está ejerciendo la autoridad que Dios le ha dado.
- Ejerza autoridad de una manera bíblica, templada con amor y humildad.
- Ofrezca un ambiente de aprendizaje que cumpla con las necesidades físicas y fisiológicas de los niños.
- Muestre crecimiento como maestro al poner en práctica los pincipios de enseñar y aprender y al mejorar su metodología.
- Acompañe la preparación para la clase con oración específica por los aprendices.
- Sepa cuáles son y manifieste a los alumnos las verdades de 1 Corintios 13.
- Modele la verdad en actitud y en comportamiento.
- Comunique expectaciones positivas respecto a los logros y el comportamiento del niño.
- Entérese bien del ambiente en el hogar de cada niño.
- Esté listo a invertir tiempo, enegía e interés en la vida de cada niño, especialmente los de hogares indeseables.

Fuente: Clark, Brubaker y Zuck, *Childhood Education in the Church*. Moody Press, 1986, p. 297.

B. Individualización

Con frecuencia el ministerio a los niños incluye trabajar con grupos grandes de niños. No obstante, para poder disciplinar eficazmente es necesario ministrar al niño como individuo. Jesús enseñó a las multitudes, pero también ministró a los individuos. Entérese de las diferencias en los niños, sepa cuál es su transfondo y la situación del hogar, lo que le gusta y lo que no le gusta, sus puntos fuertes y sus puntos débiles, cuáles son sus necesidades y sus capacidades. Esto les ministrará mejor a ellos. Esto quizás exija tener más ayudantes, hacer uso creativo de subgrupos o de momentos en grupos pequeños para poder dar un toque personal. Evite las comparaciones o las generalizaciones en su ministerio a los niños.

C. Motivación

Se puede motivar a los niños para que aprendan y se deleiten en aprender. Comparta con los niños los principios bíblicos de crecer en el conocimiento de Dios y de su Palabra. Necesitan entender el propósito de aprender. Esto ayuda a crear un aprendizaje que es divertido y que tiene propósito. El éxito es un factor altamente motivador. Usted puede preparar lecciones y situaciones didácticas que ofrecerán éxito para los niños y que los motivarán a aprender más.

Con frecuencia se usan recompensas para motivar a aprender. Algunos usan recompensas como dulces y juguetes para motivar. Si la recompensa es material, use cosas como marcadores de biblias, tarjetas de versículos para memorizar o libros cristianos. Estas recompensas refuerzan el valor de la Palabra de Dios y la motivación para aprender más. Otra forma positiva de recompensar es tiempo y atención. Esto puede ser un paseo, un momento de estudio individual o tiempo personal entre el niño y el maestro. Dar de su tiempo y atención es más valioso que cualquier cosa material. Al mismo tiempo, evite enseñar a los niños a buscar sólo las recompensas; el amor debe ser la principal motivación para buscar a Dios.

D. Corrección

Concluimos con el área más común de la administración del ministerio: disciplina y corrección. No todos los niños van a responder en todo momento a los principios de instrucción y educación. El niño es pecador por naturaleza y no siempre decidirá hacer lo correcto. Es entonces que se hace necesario corregir o castigar.

Comience estableciendo ciertas reglas o pautas básicas que los niños en el programa han de observar. Haga la lista corta, sencilla y clara para que todo niño entienda. Use cinco reglas o menos, incluso pautas para su actitud hacia el maestro, su comportamiento con los otros niños, y su mantenimiento de un ambiente ordenado. Quizás sea necesario tener algunas reglas específicas para ciertas situaciones o tener reglas generales que se mantienen usando ejemplos orales con los niños

Tres reglas sencillas pero generales podrían ser:

1. Respetar al que está enseñando o aprendiendo. Esto quiere decir guardar silencio, escuchar bien, turnarse para contestar preguntas, ayudar, etc.
2. Respetar a los otros niños en el programa. Esto quiere decir guardar silencio para que los demás puedan oír, poner atención a lo que dicen otros, compartir y ayudar a los demás, etc.
3. Respetarse a sí mismos y su necesidad de aprender más de Dios. Esto quiere decir que los niños deben desear comportarse de tal manera que puedan aprender más.

Las reglas o pautas deben permanecer sencillas y comprensibles. Deben presentarse a los niños claramente y repasarse periódicamente. Como escribe Jean Fisher, profesora asociada de educación cristiana: "El deseo debe ser de reprender o corregir, no castigar. El propósito de reprender no es lograr simple conformidad exterior a las normas establecidas, sino un compromiso interno del corazón y de la voluntad a obedecer los mandatos bíblicos porque es corecto obedecer." El obrero de niños que implementa los siguientes principios de corrección o represión será grandemente ayudado para manejar su ministerio más eficazmente:

- Clarifique las normas o reglas.
- Desarrolle un proceso o estructura regular.
- Recuerde que los niños a veces se olvidan.
- Determine lo que puede ser ignorado y lo que exige atención.
- Sea consistente y justo.
- Anime a los niños a que se ayuden mutuamente. Haga que el comportamiento correcto sea resonsabilidad de todos.
- Razone con el niño que tenga la edad suficiente para razonar.
- Escuche objetivamente el punto de vista del niño.
- Evite ultimátums y amenazas.
- Advierta sobre las consecuencias del mal comportamiento y luego cumpla con ellas.
- Reconozca la diferencia entre la firmeza y la dureza.
- Ore con el niño para que ejerza control de sí mismo.
- Mantenga contacto visual.
- Baje la voz en vez de subirla.
- Use corrección no verbal: dedo en los labios, señalar el trabajo, brazos doblados o una mirada severa de desabrobación.
- Camine hacia el disturbio; no grite desde el otro lado del aula. El problema podría corregirse antes que usted llegue. Si no, restaure orden calmadamente.
- Esté al tanto de los cambios de tiempo, anticipación de días feriados, y otras interrupciones en las rutinas de los niños que podrían afectar el comportamiento.
- Evalúe la situación y cambie los planes si es que seguirlos aumenta los problemas.
- Arregle de modo distinto los asientos y explique porqué.
- Use el nombre del niño al hacele preguntas o al pedirle que ponga atención a la lección. "Juan, ¿sabías que Jonás era….?"
- Toque suavemente al niño para que se dé cuenta de que usted ve que su comportamiento está causando problemas.
- Al tratar con un problema de comportamiento diga claramente cuál es el problema, quién está involucrado y qué es lo que necesita cambiar.
- Aparte al niño que persiste en portarse mal. Esto puede ser temporalmente hasta que esté listo a aceptar responsabilidad de su comportamiento, o puede apartarlo para que se siente con sus padres.

Los obreros de niños nunca deben dar corrección física, como dar azotes en las nalgas. Esto le toca a los padres. Quizá sea necesario hacer arreglos para reunirse con los padres y hablar sobre alguna dificultad con su hijo. Si el problema ocurre con un niño cuyos padres no están en la iglesia, haga arreglos para tener un "padre adoptivo" en la iglesia quien es una persona con quien el niño se pueda sentar si no puede controlar su comportamiento en el programa para los niños. Mandar a un niño que se siente solo en el culto de los adultos solamente creará interrupciones en otro programa de ministerio.

Explique al niño que no podrá gozar del privilegio de un programa para niños ya que no puede controlar su propio comportamiento. Tendrá que sentarse con un adulto que le pueda ayudar a no estorbar a los demás. Con frecuencia la vergüenza de necesitar de un niñero para ayudarle con su comportamiento despertará en el niño el deseo de controlarse. No obstante, no se debe hacer del culto para los adultos un lugar donde se va por castigo, ya que esto puede afectar su opinión de la iglesia. Este es un último recurso, que se ha de usar solamente después de haber probado todas las posibles maneras de tratar con él en el ambiente de ministerio

- Alabe al Señor con el niño cuando se logre la victoria. Constatemente fíjese en el buen comportamiento y dé reconocimiento en vez de llamar la atención a las decisiones incorrectas.
- Dirija al niño a hacer la restitución necesaria.

Fuente: Clark, Brubaker y Zuck, *Childhood Education in the Church*. Moody Press, 1986, p. 303.

CONCLUSIÓN

Para administrar el ministerio a los niños para mayor eficacia en alcanzar y discipular a los niños será necesario tener normas y una estructura que los ayude a los niños lograr disciplina de sí mismos y crecimiento en carácter cristiano. El obrero cristiano necesita saber cuál es el trasfondo del niño y las influencias que tiene. Los materiales de la lección como también su vida personal deben estar preparados para subsanar las necesidades que tiene ante él. Tendrá que haber oración constante y sensibilidad al Espíritu mientras enseña. Esto también exigirá de control de los estudiantes para que el Espíritu tenga un ambiente para obrar. Concentre su atención en el comportamiento futuro de los niños, en su capacidad para controlar su comportamiento y en su deseo de aprender. En oración busque maneras de inculcar en esos niños un compromiso con la obediencia en actitud y acción que glorifique a Dios.

REPASO

1. Explique la significancia de Efesios 6:4.
2. ¿Puede usted ver los cuatro factores que influencian el comportamiento en su ministerio a los niños? ¿Cómo son afectados sus niños?
3. ¿Cómo puede usted planear para dar atención individual a los niños en su grupo?
4. ¿Cuál es el conjunto básico de reglas o pautas necesarias para su grupo?
5. ¿Ha fijado usted un plan de corrección para los niños que lo necesitan? ¿Qué sucede cuando es necesaria la corrección? ¿Con quién se pone usted en contacto? ¿Adónde van?

PRINCIPIOS DE COMPORTAMIENTO INFANTIL

- **Importancia del tema**
- **I. Introducción**
- **II. Factores que influencian el comportamiento**
    - A. Las instalaciones
    - B. El obrero
    - C. El niño
    - D. El hogar
- **III. Principios de administración**
    - A. Instrucción y educación
    - B. Individualización
    - C. Motivación
    - D. Corrección
- **Conclusión**
- **Repaso**

Capítulo 9

TEMA: La selección y preparación de los maestros

OBJETIVOS

1. Hacer una lista de los diferentes tipos de maestros.
2. Describir los componentes clave en el proceso de seleccionar a los maestros.
3. Explicar los pasos del proceso de enlistar a los maestros.
4. Describir la importancia de investigar a los maestros.
5. Explicar el proceso de entrevistar a los nuevos maestros.
6. Hacer una lista de las diferentes posibilidades para ofrecer preparación.
7. Describir cómo planear una serie de clases de preparación.
8. Describir cómo organizar actividades especiales de preparación

I. INTRODUCCIÓN

Seleccionar y preparar a los maestros es esencial para cualquier iglesia que desea ser eficaz en su ministerio. Aunque con frecuencia se relega a un estado secundario, si no con palabras, en práctica, pocos elementos impactan directa e inmediatamente a la congregación local como los individuos encargados de enseñar la Palabra de Dios a la congregación.

Los maestros vienen en muchos tamaños, formas, colores, y personalidades como también capacidades y experiencia. Los maestros son obra en progreso. Debido a la influencia que tienen como maestros de la Escritura y ejemplos en la iglesia, su desarrollo debe ser fomentado y avanzado.

Aunque se podría sostener un largo debate sobre si la selección o la preparación es lo más importante en el ministerio educacional de la iglesia, ambas son críticas. Hacer sólo una de las dos incapacita a la iglesia local.

Siendo que los niños se moldean fácilmente, necesitan maestros dedicados y preparados que los amen. Este capítulo presenta información básica respecto a la selección y preparación de estos obreros indispensables en la iglesia local.

II. TIPOS DE MAESTROS

Los maestros pueden enseñar en una variedad de programas incluso la escuela dominical, el culto para niños, los grupos de interés especial, la escuela bíblica de vacaciones, etc. El siguiente es un corto repaso de los tipos de maestros:

A. Maestros principales

Los maestros principales dirigen la planificación, coordinación y presentación de la lección y la instrucción de la clase. Estos maestros asignan porciones de la lección, como la narración de la historia, los trabajos manuales, la merienda, la música, etc., a los auxiliares y ayudantes.

Este maestro puede ser llamado maestro principal o maestro dirigente para distinguirlo de los otros maestros. Un maestro principal se familiariza con los alumnos por medio de la conversación personal, las visitas al hogar, y las actividades sociales. Generalmente tiene más experiencia que los auxiliares y ayudantes, a los que ayuda a desarollarse espiritual y ministerialmente.

B. Maestros auxiliares

Un maestro auxiliar ayuda al maestro principal cooperando con la planificación y coordinación de las lecciones y actividades. Con el tiempo, este aprendiz aprende a usar varios métodos y técnicas para enseñar al haber observado al maestro principal: narrar historias, música, meriendas, trabajos manuales, etc. Cuando acompaña al maestro principal en las visitas a los hogares, aprende a hablar con los niños y con los padres, y también qué observar en el ambiente del hogar.

Una relación de maestro y maestro auxiliar puede cambiar a una de maestros colaboradores cuando la segunda persona participa gradualmente en preparar y dirigir porciones de la lección.

C. Maestros alternos

Los maestros alternos intercambian responsabilidades para planificar y presentar la lección. Limite el número a 2-4 personas. Esto asegura continuidad en la presentación de la lección y reduce la confusión. Enseñar alternadamente permite a todos la oportunidad de tomar parte en otras clases o cultos. Da a cada persona más tiempo para prepararse bien.

Cada persona prepara y presenta parte de la lección cada semana o toda la lección siguiendo un horario de rotación. Podría serles útil cambiar responsabilidades semanal, mensual o trimestralmente.

La misma idea podría incluir el enseñar en colaboración. Dos personas o una pareja se alternan para enseñar la clase en vez de tener maestros individuales.

D. Maestros ambulantes

Los maestros que tienen un punto fuerte o capacidad especial, como un talento musical, pueden ayudar a varios maestros al ir de clase en clase durante una sesión. Por ejemplo, el maestro ambulante prepara 5-10 minutos de adoración para cada clase por edad. El maestro de cada clase sabe cuándo esperar la llegada y la partida del maestro ambulante, pues es un horario de rutina. Este arreglo aporta al aula una variedad de materiales, métodos y personalidades.

E. Maestros colaboradores

Muchas iglesias hoy están usando la enseñanza en colaboración. Esto exige de dos o más maestros para cada clase. Eso al principio puede parecer imposible cuando es difícil encontrar un maestro por clase, pero se puede desarrollar gradualmente. Los beneficios de enseñar en colaboración incluyen la capacidad de preparar a los nuevos maestros por medio del modelo de los de más experiencia, la mayor eficacia de usar una variedad de perspectivas y estilos didácticos, y la reducción en la necesidad de substitutos.

Un programa podría implementar la enseñanza en colaboración con dos o más individuos o con una pareja de casados en cada grupo. Cada uno enseña simultáneamente con el otro. Si el grupo consiste de dos personas, cada una ofrece comentarios, hace preguntas, añade información, y reconoce la confusión o participación de los alumnos. Las dos personas trabajan juntas para planear y presentar la lección.

El concepto de enseñar en colaboración a veces se confunde con enseñar alternadamente porque ambos conceptos incluyen a varias personas. La diferencia principal es que en una estructura de colaboración todos los miembros del grupo enseñan al mismo tiempo, y por separado en una estructura de maestros alternos.

Es común tener una pareja de casados. Esto es de beneficio para muchos niños que no ven el modelo de padres cristianos en el hogar. Otros niños que tienen sólo uno de los padres en el hogar también recibirán la atención y el modelo que necesitan del padre de familia que les falta en el hogar. Este arreglo en la escuela dominical puede permitir a los niños y a los jóvenes observar a una pareja cristiana que se deleita en trabajar juntos. Para algunos este será el ejemplo más cercano de un hogar cristiano que jamás verán. Este método de enseñar en colaboración funciona bien con tal que no sea necesaria una ausencia, pues generalmente ambos estarán ausentes al mismo tiempo.

F. Ayudantes

Los ayudantes tienen pocas responsabilidades fuera de la clase. Sus funciones principales son amar a los niños y ayudar a mantener un buen ambiente de enseñanza. El ayudante puede comenzar tomando asistencia, recogiendo la ofrenda, y observando las técnicas para enseñar del maestro. Luego puede aceptar más responsabilidad, como enseñar el versículo para memorizar y más adelante presentar la historia de la lección. Con el tiempo la iglesia puede crecer haciendo necesario que estos dos maestros se separen y que cada uno tenga una clase con un ayudante para comenzar el proceso otra vez.

Ayudar puede ser una oportunidad ideal para que las personas mayores y los jóvenes ministren con responsabilidad limitada.

G. Substitutos

Los substitutos enseñan cuando el maestro principal está ausente. Lo ideal es tener un grupo preparado de substitutos para cada nivel de clase que puedan enseñar con corto aviso. El substituto debe preparar una lección y los materiales necesarios que se puedan usar para esas ocasiones; esto debe incluir una historia bíblica, visuales, trabajo manual, y un disco con la música que se pueda aplicar a cualquier edad.

H. Director

El director, supervisor, o superintendente es un maestro de experiencia, preparado, que coordina y supervisa proyectos, desarrolla programas, dirige conferencias y charlas, administra disciplina, y desarrolla buenas relaciones entre el personal y los maestros.

III. SELECCIÓN DE MAESTROS

Seleccionar a los debidos maestros para los debidos puestos es algo crítico para cumplir con la misión de la iglesia. El proceso de selección es un proceso tanto espiritual como intelectual. Los componentes clave en el proceso de seleccionar incluyen orar, enlistar, investigar, entrevistar, y colocar.

A. Orar

En Filipenses 4:6 leemos: *"Por nada estéis afanosos, sino sean conocidas vuestras peticiones delante de Dios en toda oración y ruego, con acción de gracias."* La oración es la clave para seleccionar a los individuos que van a ministrar en un programa. Pida al Señor dirección para poder enlistar obreros para su honra y su gloria. Ore que el Señor de la cosecha le mande obreros. Ore intensamente por sabiduría, sensibilidad, y obediencia en el proceso de seleccionar.

Es algo trágico observar a un individuo dotado hacerlo todo bien pero no ser eficaz en su trabajo. Esas situaciones se pueden disminuir si se busca diligentemente, y se sigue fielmente, la dirección del Espíritu Santo en la selección de los maestros.

B. Enlistar

Hay varias maneras eficacez para enlistar obreros, ninguna de las cuales incluye la culpabilidad ni la desesperación. Enlistar es algo selectivo y planeado; es "el intencional enlistamiento de una persona en particular para un trabajo específico porque ha demostrado los dones necesarios". El proceso de enlistar consiste de planear el proceso, ofrecer información, definir las expectaciones, y motivar a los enlistados. Usted debe saber cuál es la necesidad y desarrollar un proceso de selección (planear). Los enlistados deben saber de la necesidad (ofrecer información), saber qué es lo que se espera de ellos (definir las expectativas), y estar dispuestos (motivación para servir según lo exija el puesto y cumplir con las expectativas de los líderes y del Señor).

1. Planear

Planear para las necesidades de personal es algo necesario para la selección y el enlistamiento siginificativos. Planear incluye el asesoramiento, el propósito y los objetivos, el diseño del trabajo, y las descripciones de trabajo. Haga un asesoramiento de los trabajos existentes antes de fijar los propósitos y objetivos para los diseños y descripciones de los nuevos trabajos. El propósito de planear no es apagar al Espíritu, sino clarificar el tipo de puesto que se debe publicar, el tipo de persona que se necesita, y las expectaciones que todo esto involucra.

  a. Asesoramiento. Asesorar es simplemente hacer preguntas: ¿Dónde estamos ahora? ¿Cuáles son las clases y programas que ofrecemos ahora? ¿Quién está dirigiendo y enseñando las clases y los programas? Hacer un asesoramiento del programa corriente clarifica los propósitos y objetivos para mejorar.

  b. Propósitos y objetivos. Los propósitos son declaraciones que definen la meta de un proyecto. Los objetivos son los pasos que se pueden medir y lograr que nos ayudan a avanzar hacia el propósito.

  c. Diseño del trabajo. Al diseñar el trabajo, considere ante quién será responsable el enlistado, el tiempo que se exige, las cualificaciones, las capacidades especiales y la preparación que será necesaria para cumplir con el trabajo (Apéndice A). Una vez éstas hayan sido razonablemente bien establecidas, se deben formalizar en una descripción de trabajo.

  d. Descripción de trabajo. Una descripción de trabajo debe ser considerada un documento vivo. Se debe poner al día regularmente y no se debe permitir que se haga obsoleta. Recuerde que entre más concisa sea la definición, mejor será la descripción del trabajo y más fácil será determinar la adaptabilidad del candidato. Las buenas descripciones de trabajo reducen el tiempo y esfuerzo necesarios para explicar y administrar el desempeño de los enlistados y obreros.

2. Dar información

Al terminar el proceso de planificación, publique la vacante anunciando la información sobre el trabajo usando varios métodos. Estos métodos no sólo ofrecen información, sino que también podrían permitir al candidato considerar el puesto antes de hablarle personalmente. En el anuncio mencione el nombre del departamento que está en necesidad, nombre del ministerio, nivel de compromiso y responsabilidades que se esperan, tiempo necesario, cualificaciones y preparación necesarias. Sea creativo con cualquier método que escoja.

a. Anuncios desde el púlpito. Pida al pastor que desafíe a los individuos a que aprovechen la oportunidad de prestar servicio. Prepare un informe para que lo use el pastor. Si usted es el que hará el anuncio, entonces prepárese de acuerdo. Sea positivo, dando a conocer su visión, y sus propósitos y objetivos. Hable de lo divertido que es trabajar con los niños. Podría pedir a uno de los maestros que dé un testimonio mencionando las recompensas de ministrar a los niños.

b. Boletín de la iglesia. Para mantener a la iglesia informada de las necesidades por medio del boletín es necesario que tenga contacto cercano con la persona que lo diseña y lo publica. Sepa cuáles son las fechas límites, el espacio y las pautas, etc. La información del anuncio debe llegar a esa persona con tiempo suficiente para poder incluirlo en el número deseado. Sea considerado respecto del espacio permitido como también cualquier pauta para escribir anuncios.

c. Noticiero de la iglesia. Incluya un anuncio en el noticiero de la iglesia. Otra vez, va a necesitar ponerse en contacto con la persona a cargo de publicar el noticiero.

Otra posibilidad podría ser tener un noticiero específicamente sobre los ministerios para los niños. Este tipo de noticiero podría incluir anuncios de los programas futuros, reconocimiento de los maestros de los niños, y las necesidades de enlistamiento *(Apéndice B)*.

d. Hojas de tiempo y talento. Haga que las personas escriban en hojas de información sus intereses, preparación académica, experiencia en el aula, experiencia ministerial, capacidades y talentos, y edad de interés. Las hojas de información que se pueden marcar poniendo círculos o marcas pueden listar capacidades, pasatiempos, áreas de servicio, y edad de preferencia. Así las personas saben qué clase de información se desea y el personal recibe la información que necesita. Las hojas de información deben ser revisadas con cuidado y se deben poner en un cuaderno o archivo para futura referencia.

e. Tableros de noticias. Use un tablero de noticias para anunciar las oportunidades de trabajo. Sea informativo con respecto a la descripción del trabajo. Incluya el número de teléfono o la dirección del entrevistador o del director del programa.

f. Librera. Considere poner una librera en el salón de reuniones o en la entrada donde se puedan exhibir todas las descripciones de trabajo en cuadernillos doblados según el tipo de trabajo (músico, maestro, secretario, etc).

Estos no son los únicos métodos que se pueden usar para informar a las personas de las necesidades de trabajo. Sea creativo y use sus propios métodos.

3. **Definir expectaciones**

El líder cristiano debe ser sincero y transparente en todo lo que hace y en sus relaciones. El líder debe ser digno de la confianza de los que lo siguen; debe ganarse su respeto. Entre más pronto comience esto, mejor será para todos. Para estar seguro de tener relaciones de largo tiempo con los enlistados y los obreros, el director debe manejar sus expectaciones de los maestros, los auxiliares, y otros miembros del personal.

En la etapa de planear antes de ponerse en contacto con los enlistados o de considerarlos, se deben crear y escribir descripciones de trabajo claramente definidas. La descripción de trabajo exige de tres cosas: sinceridad, claridad y balance. El director debe expresar sincera y claramente lo que espera del enlistado. Las expectaciones deben ser razonables (balanceadas) para que el enlistado las pueda cumplir. Otra vez, las buenas decripciones de trabajo hacen esto más fácil.

Lo más subjetivo y lo más difícil de manejar es probablemente balancear los aspectos menos atractivos del puesto con los más agradables y remuneradores. Todo esto debe ayudar a evitar que el enlistado se desilusione con el ministerio.

Sea sincero con el enlistado tocante las tareas de obligación, el tiempo necesario, la preparación, y las cualificaciones necesarias. Comunique todo esto claramente, al principio, y con frecuencia en el proceso. Por ejemplo, si va a ser necesario que la persona asista todos los domingos, infórmeselo.

Sea sincero tocante los programas y los propósitos del director para que el enlistado sepa qué expecationes está aceptando.

4. **Motivación**

La motivación es una fuerza que hace que la gente entre en acción. Todo aprendiz es motivado por su intelecto, sus emociones y su voluntad *(vea el capítulo "La comunicación eficaz" y el apéndice a "Planear y organizar")*. Jesús apeló a todas estas tres partes de la personalidad humana. En Mateo 25 la suerte de cada siervo fue determinada por su propia libertad de escoger lo que haría con la porción que se le entregó. Motive a las personas para que se unan al grupo de maestros sin manipularlas. Hay varias maneras de motivar positivamente a las personas.

a. Amándolas. Un amor e interés genuino hacia las personas son absolutamente necesarios para motivarlas a que se unan a usted en el ministerio. Debemos tener el amor y la compasión que Cristo tiene por su pueblo como lo dice Juan 13: *"Que os améis unos a otros; como yo os he amado, que también os améis unos a otros."* Sepa que los que lo rodean pueden detectar la falta de sinceridad, pero que el amor genuino es contagioso y que los reclutas se pueden contagiar con él.

b. Ofreciéndoles organización. Un ambiente organizado es un beneficio para enlistar. Cuando los maestros saben dónde encontrar los materiales sienten que pueden dar frente a algunas de las otras cosas que no se pueden controlar.

c. Aceptándolas. Las personas son diferentes, no sólo físicamente sino también en sus capacidades, composición emocional, patrimonio cultural, intereses, y en lo que no les gusta. Aprecie y permita las diferencias entre las personas. Aún mejor, encómienlas por su singularidad. "Ser amigos es beneficioso, tener los mismos gustos no es necesario."

d. Conózcalas. En la motivación, el deseo debe ser igual a la habilidad. Las personas no nacen con habilidad. Las personas no nacen siendo grandes maestros. Si genuinamente están interesadas en enseñar, están motivadas para aprender a ser maestros. Las habilidades correctas se pueden aprender. Sepa cuáles son las habilidades y capacidades de las personas para ayudarles a convertirse en maestros. El enfoque debe estar en que deben ser quiénes son y no lo que otro es.

e. Respaldándolas. Es fácil respaldar a los que se deciden a ministrar. Sin embargo, no se desanime si dicen que "no" al ministerio en el que usted deseaba que participaran. Su sinceridad sobre lo que sienten de verdad es mejor que tenerlos prestando servicio porque se sintieron presionados a hacerlo. Recuerde que sólo porque dicen que "no" a un área de ministerio no quiere decir que no les gustaría participar en otra área.

C. *Investigar*

Después que la persona indica interés en un tipo de ministerio, alguien debe comenzar un proceso de investigación.

1. Conocimiento legal

Sepa cuáles son las leyes que dan a la iglesia la responsabilidad de investigar y entrevistar a sus obreros para niños. Esas leyes están diseñadas principalmente para proteger a los niños contra el abuso.

Sepa si la iglesia tiene que proporcionar un seguro para sus maestros y para los programas para los niños. Comunique a los maestros cuáles son las leyes que regulan el tamaño de la clase y el uso del equipo.

Las leyes de esta naturaleza se forman para proteger a los niños y a los voluntarios. Ya sea que existan leyes o no en su zona, los principios para su formación deben ser considerados en el proceso de investigación en su ministerio. Reduzca el riesgo legal al estar informado en lo que toca a los sistemas legales en su localidad. Sean *"prudentes como serpientes, y sencillos como palomas"* (Mt 10:16).

2. Investigación de los antecendes

No sea negligente en investigar los antecendentes de los enlistados. Su responsabilidad incluye proteger la reputación del ministerio y el bienestar de los niños.

a. Procedimiento para la solicitud. Use una solicitud detallada. Puede recibir muestras de diferentes organizaciones para niños o jóvenes *(Apéndice C)*. El documento se puede alterar para cumplir con las necesidades de su ministerio. Obtenga una declaración escrita del solicitante reconociendo que no tiene ningún antecedente de conducta indebida con niños o jóvenes. Algunos expertos exigen un mínimo de seis meses como miembros de la iglesia antes que la persona pueda ofrecerse para ministrar a los niños. Esto permite a la iglesia observar el carácter y la conducta de la persona.

b. Referencias. Insista en recibir referencias de una amplia sección de personas que hayan conocido al individuo por muchos años, incluso amigos personales, relaciones educacionales (como anteriores maestros) y relaciones profesionales (como jefes o compañeros de trabajo). Aunque usted y otros en el ministerio conozcan muy bien a la persona, no pase por alto estos pasos. Es importante que usted anote que ha tomado el curso debido para proteger a los niños a los que está ministrando.

D. Entrevistar y asignar

La entrevista debe fijar el tono para la relación de trabajo. Una entrevista es simplemente una conversación con propósito. Es el momento para que los miembros compartan sobre sus intereses, habilidades, y lo que sienten acerca de la participación en el ministerio. Oír al candidato es tan importante como hacerle las preguntas. Escuche para oír de verdad lo que está diciendo.

1. **Preguntas**

Las preguntas en una entrevista no son sólo las preguntas que se hacen al candidato, sino también las preguntas que hace el candidato.

Excelentes preguntas no garantizan una buena entrevista. Sin embargo, las buenas preguntas sí ayudan y deben pensarse bien. El propósito de las preguntas es averiguar más sobre el candidato. Ejemplos de los temas que se deben incluir son:

- Si la iglesia está subsanando bien las necesidades del candidato y su familia.
- Lo que Dios está haciendo en la vida de la persona.
- Qué lo motivó a interesarse en el ministerio *(Apéndice D)*.

a. Haga preguntas abiertas o indeterminadas. Permita que el individuo hable de sí mismo haciéndole preguntas abiertas. Las buenas preguntas abiertas con frecuencia comienzan con palabras o frases como: Explique…, Dígame de…, Cómo ve usted…, Qué piensa de… Las preguntas abiertas no tienen una respuesta correcta o incorrecta necesariamente. Simplemente son un medio para comprender mejor al candidato.

b. Prepárese para contestar preguntas. El candidato probablemente tendrá preguntas. Se le debe dar tiempo para que las haga. Recuerde que entre más clara sea la documentación que se da al candidato antes de la entrevista, más fácil será este proceso. Se puede ahorrar tiempo y evitar confusión si trata de anticipar las preguntas del candidato y si da al candidato materiales como una descripción del trabajo antes o durante la entrevista.

2. **Escuchar**

El propósito de la entrevista y de las preguntas es aprender más sobre el candidato. Usted está tratando de lograr discernir la personalidad, convicciones, valores, y motivaciones del candidato. Ponga completa atención a la persona y no interrumpa sus comentarios o preguntas.

a. Escuche. Todo el objeto de escuchar es entender no sólo lo que el candidato está diciendo sino también entender lo que quiere decir. Se puede aprender mucho de la manera en que la persona contesta las preguntas sobre sus prioridades y motivaciones.

b. Ponga atención. Es imposible oír y entender al candidato si usted se está imaginando cuánto éxito tendría la persona en el trabajo o cuán aliviada se sentirá la persona que tiene el trabajo por ahora al saber que usted ha encontrado a alguien que tome su puesto. Estas distracciones, como también otras, se deben hacer a un lado para oír de verdad a la persona.

c. No interrumpa. El objeto de la entrevista no es debatir teología ni la filosofía del ministerio. Tampoco es mostrar espiritualidad por medio del conocimiento de la Escritura. El propósito es comprender. Deje hablar al candidato; esta es su oportunidad para aprender algo sobre el candidato. Quizás no logre una imagen correcta del candidato si no le permite terminar de expresar un pensamiento o si lo interrumpe. El tiempo para instrucción y hasta para más plática podría ocurrir más tarde si es que selecciona a esta persona.

3. **Cualificaciones**

Henrietta Mears, fundadora de la casa editorial Gospel Light Publications, dijo que todos somos líderes. O dirigimos a las personas hacia el Señor o las alejamos de Él por la manera en que vivimos. Todos tenemos la responsabilidad de llevar una vida ejemplar. A los maestros se les da una responsabilidad todavía mayor como instrumentos usados por Dios para llevar a otros a Cristo. Al hacer una evaluación respecto a la información que se recopiló en la entrevista, uno verá que todos los candidatos poseen una variedad de cualificaciones. Se espera que éstas incluyan cualificaciones para enseñar espirituales y naturales, con una disposición para aprender. Las siguientes cualificaciones generales espirituales y naturales se deben esperar de los que son líderes en la obra con los niños. Siempre recuerde que si la persona está dispuesta a aprender, las cualificaciones se pueden enseñar en el proceso de preparación.

a. Cualificaciones espirituales
- La persona ha nacido de nuevo
- La persona se dedicada a la oración
- La persona da evidencia de una íntima comunión espiritual con Cristo
- La aplicación de la Palabra de Dios en la vida diaria de la persona es aparente
- La persona es un ejemplo cristiano que los demás pueden seguir
- La persona depende de Dios
- La persona es llena del Espíritu
- La persona está dedicada a la obra de Dios y tiene entusiasmo

b. Cualificaciones generales
- La persona es amistosa, alegre, sociable, cortés, y amable
- La persona es capaz de expresar sus emociones constructivamente
- La persona es amiga de los niños
- La persona ama a los niños
- La persona se da cuenta de las necesidades características de los niños (vea el capítulo "Desarrollo del niño")
- La persona se interesa por las necesides de los demás
- La persona está ansiosa por aprender
- La persona es organizada y capaz de planear
- La persona es ingeniosa y creativa
- La persona es flexible
- La persona es puntual y consistente con su asistencia

c. Disposición para aprender. Nadie posee todas las cualificaciones de la lista. Por esto, una disposición para aprende es de suma importancia. La vida cristiana es un continuo proceso de crecimiento. La persona se hace mejor calificada a medida que aprende a través de las experiencias del puesto ministerial.

Aunque algunas cualificaciones pueden ser más difíciles de lograr que otras, la lista mencionada se puede usar como una medida para animar a las personas a mejorar en su servicio a Cristo.

Nunca baje las normas para seleccionar cualificaciones. Una vez que haga esto es difícil volver a elevarlas. A medida que las personas crecen en el Señor, aprenden a apreciar las normas. Se dan cuenta de que las normas han sido establecidas porque usted las ama y desea ver crecimiento en la vida de ellas.

4. **Asignar**

Después de cumplir con los procesos de investigar y entrevistar, se hace la selección. Así comienza su relación de trabajo:

a. Anunciar. Notifique verbalmente a la persona que ha elegido antes de notificar a cualquier otra persona. Pregúntele si acepta el puesto. Si la persona acepta el puesto, entonces anuncie a todos en el departamento, como también a la congregación, que el puesto se ha llenado y que da la bienvenida a un nuevo miembro del personal. Si la persona rechaza el puesto, siga anunciando la vacante.

b. Acomodar. Haga que la persona se sienta lo más cómoda que sea posible en el nuevo lugar de ministerio. Dé a los obreros todos los materiales necesarios para una operación suficiente.

IV. PREPARACIÓN DE LOS MAESTROS

Los líderes preparados son una necesidad clave para lograr los propósitos del ministerio en la iglesia. Muchos individuos quieren participar y están dispuestos a servir, pero tienen poca o ninguna preparación cuando toman sus puestos. Prepare a las personas (adultos, jóvenes, niños y padres) para hacer lo que están llamados a hacer.

La preparación se puede ofrecer de muchas formas como clases de preparación, puestos de aprendices, y actividades especiales. A continuación se encuentran algunas sencillas sugerencias para facilitar la preparación de los maestros:

A. Clases de preparación

Un programa de preparación debe incluir clases con horarios regulares para los obreros presentes y futuros. Durante estas clases se habla de varios temas, se comparte información y se enseña a los individuos cómo aplicar la información.

Los requisitos para las clases, como asistencia, deben comunicarse claramente al comienzo del programa. Ofrezca cuido para los que tienen hijos pequeños cuando sea necesario. Sepa que no todos vendrán siempre. No lo tome como algo personal.

Las clases de preparación deben incluir un alto nivel de participación de los asistentes. Generalmente los grupos pequeños tienen conversación y participación más activas que las clases grandes. Indague de los maestros para poder enfocar la preparación según sus necesidades.

1. **Planear las clases**
   a. Horario. Los líderes en la iglesia determinan las fechas, la hora, y el lugar para las clases de preparación que deben ser coordinadas con los horarios de las otras actividades en la iglesia. Tener una clase de preparación antes o después de otra actividad de la iglesia podría hace más fácil que los maestros asistan cuando ya están en la iglesia. Asimismo, los programas de servicio podrían resultar bien.
      - Durante la escuela dominical: Las clases de preparación para maestros durante la escuela dominical podrían ser problemáticas, especialmente si los substitutos para los asistentes son limitados. Pero también pueden preparar con efectividad a los prospectos antes de que tomen la responsabilidad de la clase. Este horario puede ser ideal para las personas muy ocupadas.
      - Un hora de preparación antes o después de los cultos regulares: escoja una hora ya sea antes o después del culto según los horarios y necesidades de los obreros. Una clase de una hora después del culto de la mañana podría también incluir una comida.
      - Un día o una noche de semana: las clases semanales de una duración fija también pueden dar resultado. Quizá se podría tener una clase los miércoles por la noche durante ocho semanas.
   b. Contenido. El contenido de la(s) clase(s) de preparación debe pensarse bien y debe estar en línea con los resultados de la encuesta entre los maestros.
   c. Instructores. Los instructores deben ser escogidos cuidadosamente y con bastante antelación de las clases para darles tiempo adecuado para prepararse y arreglar su horario.
   d. Materiales. Los materiales incluyen libros, instrumentos para escribir, papel y hojas sueltas para entregar. Estas cosas pueden mejorar la eficacia de la preparación al ofrecer al estudiante los medios para futura referencia.
   e. Local. El local para la clase es importante. El tamaño del local es uno de los aspectos más importantes, pero más allá de eso considere cosas como: comodidad de los pupitres, mesas y sillas, la disponibilidad de aparatos audiovisuales, y el alambrado eléctrico.

2. **Tipos de clases de preparación**
   a. Clases de orientación. Este tipo de clase permite a los posibles maestros obtener información sobre la enseñanza y el ministerio. También les permite ver el compromiso que se espera del maestro. Quizás lo más importante, demuestra la dedicación de la iglesia en apoyar y preparar el ministerio de enseñanza.
      Ejemplos de los temas podrían incluir los siguientes:
      - Reglas del programa para los niños
      - Propósitos y objetivos del programa para los niños
      - Importancia del ministerio a los niños
      - Encuesta o cuestionario de intereses en el ministerio, edades y capacidades
      - Conocerse
   b. Clases de preparación básica. Ejemplos de los temas podrían incluir los siguientes:
      - Desarrollo de los niños
      - Planear y organizar
      - Disciplina en el aula
      - Métodos didácticos
      - Relaciones entre los maestros
      - Contar historias
      - Padres e hijos
   c. Clases de preparación avanzada. No importa su experiencia, los maestros siempre pueden mejorar sus habilidades como también contribuir al ministerio de la iglesia. Una clase de preparación avanzada prepara a los maestros con experiencia en asuntos y problemas específicos.
      Algunos ejemplos incluyen preparación especial para los maestros de niños con necesidades especiales:
      —Cómo ministrar a los niños con incapacidades para aprender
      —Cómo ministrar a los niños con incapacidades físicas o mentales

—Cómo ayudar a los niños víctimas de una tragedia o desastre natural

Los maestros pueden recibir preparación especial para desarrollar una habilidad específica como:

—Caligrafía
—Títeres
—Ventriloquismo
—Charlas de tiza

B. Aprendices (noviciados)

El noviciado es preparación en el trabajo durante un tiempo definido. El aprendiz trabaja de cerca con una persona de experiencia en el puesto en el que desea ministrar. Al principio, las obligaciones del aprendiz por lo regular exigen que observe y ofrecen preparación. Poco a poco se puede dar al aprendiz más responsabilidades.

Los obreros sin experiencia observan a los maestros con experiencia en su clase durante un tiempo de seis a ocho semanas. Poco a poco adoptan responsabilidades, como tomar la asistencia o ayudar a los niños a memorizar versículos, a medida que aumenta su confianza y su capacidad. Luego al final del tiempo de observación, el aprendiz enseña mientras el maestro principal lo observa y evalúa. Esto enseña al nuevo maestro cómo preparar y enseñar su propia clase.

1. Planifique un aprendizaje exitoso

a. Rutina. Para asegurar la disponibilidad de los maestros cualificados, se pueden tener noviciados trimestralmente o en cualquier otro horario que se preste para las necesidades de su iglesia local.

b. Mentores.

- Use al personal con experiencia que esté dispuesto a dirigir a otros.
- Ofrezca clases de preparación para los que serán mentores a los futuros maestros y obreros.
- Enseñe sobre las relaciones entre el grupo y foméntelas.
- Anime al mentor y al aprendiz a que prueben ideas nuevas y a que sean personas inventivas.
- Ayude al obrero que está siendo preparado a desarrollar la habilidad de evaluar su propio trabajo.

2. Ocasiones para noviciados

Mire que los maestros de experiencia y los futuros maestros se enteren de cualquier programa para aprendices que esté en efecto en su área de ministerio. El aprendiz podría prestar servicio como maestro de grupo, ayudante o substituto.

Antes, después o durante el proceso de noviciado el aprendiz debe asistir a una clase de orientación y a otras clases y actividades.

C. Eventos especiales de preparación

Los eventos especiales como seminarios, convenciones y conferencias preparan a maestros sobre temas específicos y deben ser una parte rutinaria del programa de preparación. Estas reuniones especiales no tienen que ser costosas ni en lugares exóticos para tener eficacia. Simplemente es necesario que ofrezcan a los maestros y a los futuros maestros una oportunidad para recibir inspiración, instrucción y comunión.

Una reunión o asamblea describe cualquiera de los tres tipos de evento. Una reunión puede ser planeada o no planeada. Una asamblea es siempre planeada.

Las diferencias entre seminario, convención y conferencia están en su estructura, planificación y tamaño. Sus propósitos son los mismos.

- Un seminario es un grupo pequeño de estudiantes que se reúne para el estudio avanzado.
- Una convención es una reunión fijada de los miembros o delegados de las muchas ramas de una organización.
- Una conferencia tiene dos connotaciones: (1) una reunión de dos o más personas para la discusión de una idea o para la planificación de un programa o actividad, (2) una asamblea de muchas sesiones fijadas y servicios.

Estas reuniones las podría ofrecer una iglesia o un grupo de iglesias locales, como también una sección o distrito denominacional. Los discursantes deben ser informados de la reunión con antelación respecto a los que asistirán (audiencia), la fecha, la hora y el lugar del evento, como también el tema que se enfatizará.

1. Fecha, hora y lugar del evento

La fecha y la hora deben ser acomodaticias para los maestros y el lugar debe ser fácilmente asequible. Si la reunión es fuera de la ciudad, haga todos los arreglos para el viaje, el hotel u hospedaje, y las comidas. De ser posible, la iglesia debe costear estas reuniones (quizá se debe incluir este evento en el presupuesto del departamento de eduación). Después de todo, los obreros dan de sí mismos y su tiempo cada semana. Esta es una buena manera de expresarles que la iglesia está agradecida. Recuerde, planear es crucial (de tres meses a un año según el tamaño, la distancia y el tema del evento).

2. **Tópicos y temas**

Estas reuniones especiales deben tener un tópico para que todo en la reunión fluya a una.

Porque un tópico es más específico que un tema, se usa tópico para reuniones pequeñas y tema para las reuniones grandes de muchos tópicos.

Para una conferencia sobre ministerios para niños, el tema podría ser "Los niños y las relaciones". Algunos tópicos para la sesión serían:

- Llevar a los niños a Cristo (presentar una relación con Dios)
- Discipular a los niños: el niño y su ministerio (una creciente relación con Dios)
- El pastor y los niños (la relación del pastor con los niños)
- Los padres y los niños (relación de los padres con los niños)

Si usted va a llevar a los obreros a una reunión que ofrece otra persona, cerciórese de que los tópicos serán de interés para sus obreros y que tienen aplicación a sus necesidades. Averigüe si les gustaría asistir a esa reunión en particular.

3. **Factores clave al planear seminarios, convenciones y conferencias**

- Fije las fechas y las horas en las que la mayoría de los obreros y discursantes pueden asistir
- Reserve el local
- Vea que el local cumpla con las necesidades de la reunión
- Hable con los obreros de los tópicos de interés
- Planifique los tópicos de la reunión
- Involucre a los obreros en la presentación de los tópicos
- Use varios métodos didácticos y técnicas en la reunión
- Observe los límites de tiempo; permanezca fiel al horario
- Anime a los obreros a que tomen notas en las sesiones a las que asistan y que implementen el tópico de la reunión en la iglesia
- Póngase en contacto con los discursantes y los coordinadores
- Fomente entusiasmo para la reunión por medio de oración, planificación y publicidad

D. Centro de recursos

Un centro de recursos en la iglesia debe contener una variedad de materiales de recurso para que todos los obreros en la iglesia usen y estudien. Debe haber una variedad de ayudas audiovisuales y libros sobre cada área de ministerio y los tópicos relacionados para preparar, planear y usar en el aula. También se debe incluir materiales para manualidades para todas las edades.

1. **Audiovisuales**

A medida que la tecnología de los medios de comunicación se difunde rápidamente por todo el globo, la importancia y eficacia del material audiovisual aumenta. Idealmente, los recursos audiovisuales deben ser diseñados o escogidos para las edades específicas o los tópicos.

2. **Libros**

Hay muchos libros de calidad de todo tipo disponibles. Los libros pueden ofrecer discernimiento en todos los tópicos desde cómo tratar con los niños difíciles hasta ideas para manualidades creativas.

3. **Materiales**

El centro de recursos es también un lugar para almacenar materiales. Incluya cosas desde títeres y escenarios para títeres hasta goma, fieltro, y pajillas (sorbetos) para las manualidades. Los hermanos de la iglesia podrían contribuir materiales.

CONCLUSIÓN

En Efesios 4:11-12 leemos que *"él mismo constituyó a unos, apóstoles; a otros, profetas; a otros, evangelistas; a otros, pastores y maestros, a fin de perfeccionar a los santos para la obra del ministerio, para la edificación del cuerpo de Cristo"*. Dios sabe a quiénes ha elegido para ser maestros de niños. Es por eso que necesitamos su dirección cuando enlistamos a obreros. No sólo la selección de maestros es una responsabilidad sino también preparar a los que desean prestar servicio. Los maestros son una obra en progreso, así que alimente a estos preciosos obreros en su trabajo. No existe mayor recompensa que enseñar a los niños a seguir a Cristo para que su Cuerpo sea edificado. Los niños son los líderes de mañana y sus maestros son sus ejemplos hoy.

REPASO

1. ¿Cuáles son los diferentes tipos de maestros?
2. ¿Cuáles son los componentes clave en el proceso de seleccionar a los maestros?
3. Haga una lista de los elementos que se deben considerar en el proceso de enlistar.
4. Describa el mejor tipo de preguntas al entrevistar a los candidatos.
5. ¿Qué tres cosas se deben considerar mientras se escucha al candidato durante la entrevista?
6. ¿Cuáles son las tres clases de preparación?
7. Explique la diferencia entre seminario, convención y conferencia.
8. Explique qué es un centro de recursos y su propósito.

APLICACIÓN

1. Componga una descripción de trabajo para un ayudante en una clase de preescolares.
2. Planee una entrevista con uno de los obreros sobre sus planes para la clase, sus necesidades, sus sugerencias, y otros aspectos generales.
3. Organice un evento especial de preparación para los obreros en su iglesia.

RECURSOS

Anderson, Neil. T. y Steve Russo. *Seduction of Our Children*. Eugene, Oregon: Harvest House Publishers, 1991.

Bryan, C. Doug. *Learning to Teach, Teaching to Learn*. CITY: Broadman Press, 1993.

CE Counselor Leader. Publicado por el Concilio General de las Asambleas de Dios, 1445 Boonville, Springfield, Missouri 65802-1894. Llame al 1-800-641-4310. FAX 1-800-328-0294.

Child Evangelism Handbook. Warrenton, MO: CEF, #9402501.

Children's Ministry Magazine. Publicado por Group, 2890 N. Monroes Avenue, Loveland, Colorado 80539 o Box 422, Mt. Morrix, IL 61054. Llame al 1-800-877-6143.

Evangelical Training Association, Box 327, Wheaton, IL 60189-0327, 800-369-8291.

Gangel, Kenneth. *24 Ways to Improve Your Teaching*. Wheaton, IL: Scripture Press. ISBN: 0-89693-235-4. Bosqueja técnicas que ayudan a los maestros a adaptar su estilo personal a las necesidades de su clase, añadiendo variedad a su enseñanza.

Schimmels, Cliff. *How to Shape Your Child's Education*. Elgin, IL: David C. Cook Publishing Co., 1989.

Shining Star. Publicado por Good Apple, PO Box 299, Carthage, Illinois 62321-0299. Llame al 1-217-357-3981.

Teach. Publicado por Focus on the Family, PO Box 35500, Colorado Springs, Colorado. Llame al 1-719-531-5181.

Teach: A Newsletter for Christian leaders and teachers. Dirección de la casa editorial: 3950 Fossil Creek Blvd., Ste. 201, Fort Worth, TX 76137-2795.

Teaching Children in the Church. Loveland, CO: Group. Juego de cinco videos sobre la preparación de maestros desde preescolares hasta el sexto grado.

The Training Remedy. #74658-1-55513-581-1 y *The Recruiting Remedy*. #73312-1-55513-331-2. Cooks Publishing.

Willis, Wesley R. *Developing the Teacher in You*. Wheaton, IL: Scripture Press. ISBN: 0-89693-040-8. Un

LA SELECCIÓN Y PREPARACIÓN DE LOS MAESTROS

libro ideal para preparar a un grupo de maestros para el ministerio en la iglesia local.

- **Objetivos**
- **I. Introducción**
- **II. Tipos de maestros**
  - A. Maestros principales
  - B. Maestros auxiliares
  - C. Maestros alternos
  - D. Maestros ambulantes
  - E. Maestros colaboradores
  - F. Ayudantes
  - G. Substitutos
  - H. Director
- **III. Selección de maestros**
  - A. Orar
  - B. Enlistar
  - C. Investigar
  - D. Entrevistar y asignar
- **IV. Preparación de los maestros**
  - A. Clases de preparación
  - B. Aprendices (noviciados)
  - C. Eventos especiales de preparación
  - D. Centro de recursos
- **Conclusión**
- **Repaso**
- **Aplicación**
- **Recursos**

APÉNDICE A
MODELO DE UNA DESCRIPCIÓN DE TRABAJO

1. **Título del trabajo**

   Coordinador de los maestros substitutos para los ministerios de niños.

2. **Propósito del trabajo**

   Proporcionar a los maestros ayudantes substitutos.

3. **Responsable ante**

   El pastor principal como el supervisor del personal; al pastor de los ministerios para niños; a los maestros y voluntarios de los ministerios para niños.

4. **Descripción del trabajo**

   a. Tiene la responsabilidad de proveer de personal substituto al departamento de ministerios para niños cuándo y a medida que sea necesario.

   b. Define las necesidades de los voluntarios en el área de substitutos; asegura que cada área tenga un adecuado número de maestros substitutos que posean las capacidades, los intereses, y las necesidades necesarios para el trabajo.

   c. Enlista, entrevista, y prepara a los voluntarios que desean ser maestros substitutos.

   d. Desarrolla y mantiene archivos adecuados de las necesidades, los intereses, y las capacidades de los maestros y de los substitutos.

   e. Coordina los horarios, como también el emparejamiento de capacidades, intereses, y necesidades para los maestros y los substitutos.

   f. Sigue el contacto sobre la asignación de los substitutos.

   g. Inicia la preparación apropiada de los maestros substitutos.

   h. Da reconocimiento a los maestros substitutos.

   i. Trabaja de cerca con todos los departamentos apropiados en el área de los ministerios para niños.

   j. Trabaja de cerca con el ministro y los maestros para los niños.

5. **Tiempo necesario**

   20 horas por semana durante un año.

6. **Preparación que se ofrece**

   Cursos de preparación. Consulta con los maestros y los pastores.

7. **Organización**

   El coordinador prepara informes escritos de su área de responsabilidad. El coordinador está a cargo de hacer los pedidos de los materiales que sean necesarios para los substitutos.

8. **Cualificaciones y habilidades especiales**

   Ser sincero e interesarse por las personas; ser motivador, capacitador, y animador; saber organizar.

9. **Comentarios**

   Este puesto involucra reuniones semanales con el personal de la iglesia. La dirección del Espíritu Santo es especialmente importante en este puesto.

APÉNDICE B
MODELO DE NOTICIERO

MINISTERIOS PARA NIÑOS

Animen a todo el que se sienta excluido, ayuden a todo el que sea débil y sean pacientes con todos. No sean rencorosos con las personas, sólo porque ellas son rencorosas con ustedes. Más bien sean buenos los unos con los otros y con todos los demás.

Siempre estén gozosos y nunca dejen de orar. Pase lo que pase sigan dando gracias a Dios por Jesucristo. Esto es lo que Dios quiere que hagan.

(1 Ts 5:14–18)

¡Gracias!

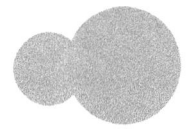

1. A las damas por el delicioso bizcocho para celebrar el Día de San Valentín.

2. A todos los niños que ayudaron a limpiar la iglesia el sábado pasado.

3. A Susana y a Luisa por ayudar en la guardería el domingo pasado. ¡Hicieron un trabajo estupendo!

Puestos vacantes:

- Ayudantes
- 2 músicos
- Titiriteros

Muebles:

- 1 pizarra blanca
- 10 sillas

Jugetes:

- Peluches para los preescolares
- Rompecabezas de cualquier tipo

RECUERDEN QUE ESTA SEMANA...

Lunes

Ensayo del coro de niños

Martes

Fiesta de cumpleaños para Carmen

(llamen para la dirección)

Miércoles

Misioneritas y Exploradores del Rey

Jueves

Oración con los padres

Viernes

Libre

Sábado

Merienda (picnic) en el terreno de la iglesia (globos, payasos, etc...)

Domingo

Adoración todos juntos en la iglesia

APÉNDICE C

SOLICITUD

Nombre:_____

Fecha de cumpleaños:_____

Dirección:_____

Ocupación:_____

Ocupación presente:_____

Empleado por:_____

Dirección del empleo:_____

Teléfono del empleo:_____

Escriba a continuación el nombre y la dirección de cualquier otra iglesia (o iglesias) para la que usted ha trabajado:

1. Nombre y dirección:_____

   Nombre del pastor:_____

   Puesto:_____

2. Nombre y dirección:_____

   Nombre del pastor:_____

   Puesto:_____

3. Nombre y dirección:_____

   Nombre del pastor:_____

   Puesto:_____

Referencias (escriba tres referencias con la dirección y el número de teléfono):

1._____

2._____

3._____

Yo declaro que la información aquí presentada es verdadera y correcta.

Firma:_____ Fecha:_____

APÉNDICE D

INFORMACIÓN PARA LA ENTREVISTA

Estas son algunas de las categorías a considerar y de las preguntas que se podrían hacer durante el proceso de la entrevista:

1. **Madurez espiritual del solicitante**

    a. ¿Qué opina de la lectura de la Biblia y de la oración? ¿Qué clase de tiempo devocional tiene usted?

    b. Explique los propósitos del pastor para esta congregación, según usted los ve.

    c. ¿Qué ve usted como el propósito del pastor de niños para este departamento de ministerios para niños?

    d. ¿En qué maneras subsana esta iglesia sus necesidades como miembro soltero o como familia?

2. **Habilidades, capacidades, etc…**

    a   Dígame de sus propósitos de largo plazo y de corto plazo.

    b. ¿Qué capacidades posee que le ayudarán en este puesto?

3. **Antecedentes**

    a   Dígame de sus antecedentes.

    b. ¿Qué clase de experiencias le han ayudado a ser la persona que usted es hoy?

4. **Puesto de ministerio**

    a. ¿Qué experiencia tiene usted en esta área de ministerio?

    b. ¿Cuáles son sus expectativas para este ministerio?

    c. ¿Qué piensa de los presentes esfuerzos de este ministerio? ¿Qué ideas o sugerencias tiene usted?

Capítulo 10

TEMA: Las relaciones de los maestros

OBJETIVOS

Los objetivos principales de este capítulo son ayudar al participante a:

1. Entender cuáles son los tipos y cualidades de las relaciones divinas/humanas. Poder mostrar dependencia en la dirección divina y aplicación práctica del conocimiento bíblico.
2. Aceptar su lugar en un plan organizado, tanto para seguir como para dirigir, según lo exija la situación.
3. Modelar actitudes y comportamientos cristianos en las relaciones con el cónyuge, los hijos y otros familiares. Allegarse con amor y sabiduría a los padres de los alumnos. Ser sensible a las condiciones de la familia de los alumnos. Ayudar a los padres en sus situaciones con la crianza de los hijos.
4. Comprender y aplicar las estrategias para controlar el conflicto y resolver problemas.

I. INTRODUCCIÓN

Después de la sobrevivencia física, la mayor necesidad que tiene el ser humano es la de relaciones: relación con Dios y relaciones con las personas. Toda actividad significativa de la vida exige relaciones. Piénselo. ¿Qué es importante para usted? ¿Qué le agrada y le satisface? ¿Piensa en el Señor, en su iglesia, en su familia, y en sus amigos?

Al lado negativo, las mayores decepciones y los problemas más disturbadores surgen de las relaciones rotas, de los argumentos, de los malos entendimientos, del rechazo. Es doloroso estar separados de las personas. Estar separados de Dios es estar perdido.

La Escritura muestra claramente que las relaciones son importantes. En Génesis 1:26 leemos que Dios dijo: *"Hagamos al hombre a nuestra imagen"*. Se presenta la idea del trino Dios y, al mismo tiempo, la íntima relación de Dios con su Creación. Las otras declaraciones creativas son mandatos impersonales: *"Sea la luz. Produzca la tierra."* Pero el estilo de expresión cambia completamente con la creación de Adán. Ya no es pasivo e impersonal, sino íntimo y plural. Entonces Dios dijo: *"No es bueno que el hombre esté solo"* (Gn 2:18). El hombre y la mujer fueron hechos para ser compañeros, para compartir en la obra de cuidar de la creación de Dios y para hacer su voluntad en la tierra. Jesús forjó relaciones con sus discípulos como el fundamento de la iglesia. Su obra con ellos es nuestro patrón para todo ministerio cristiano. El objetivo principal de este capítulo es darle información y un entendimiento general de las relaciones interpersonales. Esto le ayudará de dos maneras. Primero, como parte del Cuerpo de Cristo y como obrero junto con Dios, usted podrá relacionarse con los demás de una manera alegre, cómoda. Segundo, como líder y maestro, usted puede usar su conocimiento para reconocer los problemas. Usted puede ayudar a las personas a llevarse bien entre sí, a hacer la voluntad de Dios, y a ser productivas en la iglesia. Después del contenido de la Biblia, no hay ningún conocimiento más importante para el líder cristiano.

II. RELACIÓN CON DIOS

A. Como hijo de Dios – depende de su dirección y poder

El salmista David es nuestro modelo para vivir y trabajar como hijo de Dios, absolutamente dependiente, pero también obediente y valiente para cumplir con su voluntad. Frecuentemente David llamaba a Dios su Roca y su Refugio y expresaba completa confianza. El Salmo 62 es un ejemplo. Nuestro éxito como obreros cristianos depende de amar a Dios y de relacionarnos con Él como lo hacía David, en adoración, alabanza, estudio de su Palabra, y obediencia activa.

B. Como amigo de Cristo – obrero con el Señor

"Yo soy la vid, vosotros los pámpanos; el que permanece en mí, y yo en él, éste lleva mucho fruto; porque separados de mí nada podéis hacer"

(Jn 15:5). Este versículo declara el principio de la relación en toda obra cristiana. Estamos en Cristo y Él está en nosotros, así como la rama (el pámpano) se relaciona con la vid. Sin Él no podemos hacer nada.

Al mismo tiempo, el ministerio de Jesús comenzó un nuevo tipo de relación. Él llamaba a sus discípulos amigos. Los amigos no son recibidores pasivos. Los amigos comparten. Los amigos contribuyen. Jesús hablaba de sus asuntos con sus discípulos, les pedía su opinión y aceptaba algunas de sus contribuciones. Por ejemplo, aceptó la sugerencia de Andrés de usar los panecillos y los pescados de un niño para alimentar a 5.000 (vea Jn 6:5-12).

Jesús enseñó a los discípulos que la amistad exige de humildad. Si trabajamos juntos con el Señor no podemos estar interesados en el estado y la posición personal. Jesús enseñó esta poderosa lección sobre las relaciones lavándoles los pies a los discípulos. Cuando Pedro hizo objeción, Jesús dijo: *"Lo que yo hago, tú no lo comprendes ahora; mas lo entenderás después... Si no te lavare, no tendrás parte conmigo."*

Él estaba diciendo a Pedro, y a todo obrero cristiano en el futuro: No hay Cuerpo sin humildad en las relaciones. No hay iglesia sin individuos que trabajen y ministren juntos, que tengan parte los unos con los otros, así como cada uno tiene parte con Cristo (vea Jn 13:1-7).

C. Como discípulo – comisionado para seguir con el ministerio del Señor para el futuro

En el pasaje conocido como "la oración sacerdotal," Jesús bosqueja la relación primordial entre Él y sus seguidores. Debían continuar con su trabajo, tal como Él lo había comenzado. Debían unirse como su Iglesia y enseñar a otros tal como Él les había enseñado. Él oró al Padre diciendo: *"Y ya no estoy en el mundo; mas éstos están en el mundo... Padre santo, a los que me has dado, guárdalos en tu nombre, para que sean uno, así como nosotros. Mas no ruego solamente por éstos, sino también por los que han de creer en mí por la palabra de ellos"* (Jn 17:11,20. Lea el capítulo entero).

III. RELACIONES EN LA IGLESIA

A. Con los pastores y otros líderes

¿Por qué hay líderes? Si usted piensa en ello, comenzará a darse cuenta de que existe cierta clase de liderazgo siempre que dos o más personas hacen algo juntas. Supongamos que usted quiere levantar una caja pesada. Usted le dice a otra persona: "Tú tomas este lado y yo tomaré el otro." La otra persona coopera con su sugerencia y eso lo hace a usted un líder. Cuando los miembros de la familia trabajan juntos el liderazgo se hace necesario. En la iglesia, en la escuela y en el trabajo hay líderes. ¿Por qué? La respuesta es para lograr un propósito, para lograr hacer algo. La idea del liderazgo cristiano existe porque Dios tiene un propósito. Él quiere expresar su amor y misericordia a todos, y quiere ser amado y adorado por todos. Dios tiene un plan definitivo con el que hará esto. Su plan exige de personas, dirigidas por el Señor y llenas del poder del Espíritu Santo. También, exige que las personas cooperen y trabajen unidas. Por eso Él llama a líderes: apóstoles, profetas, evangelistas, pastores y maestros (Ef 4:11-16; Ro 12:6-8).

Todos los ministerios son extensiones del ministerio del pastor principal. La mayoría de los líderes cristianos son lo que llamamos líderes del medio. Eso quiere decir que dirigen a algunas personas y que siguen a otras. Los maestros y obreros en la iglesia tienen puestos como líderes. Al mismo tiempo, están bajo la dirección del pastor y de otros, como el superintendente de la escuela dominical, el pastor de los niños, el líder de los jóvenes, o el director de música. La capacidad para moverse fácilmente entre dirigir y seguir es una cualidad necesaria para el ministerio de éxito y para las relaciones felices. Cada persona debe respetar a los demás y servir con una actitud de humildad (vea 1 P 5:1-6).

A continuación se presentan algunas sugerencias para desarrollar y mantener buenas relaciones con el pastor y otros líderes:

1. Familiarícese con las doctrinas y reglas de la iglesia local. Pida información a sus líderes. El lugar donde consigue los materiales para la escuela dominical podría ofrecer folletos baratos con las pautas doctrinales.

2. Familiarícese con la historia de su iglesia. Si es nuevo en la congregación, hable con los miembros mayores. Esto le ayudará a tener un sentido de familia y placer en pertenecer al Cuerpo.

3. Familiarícese con el pastor y otros líderes. Invítelos a comer a su casa.

4. Pida consejo y muestre respeto por las opiniones de los líderes.

5. De vez en cuando invite al pastor para que se dirija a su clase o grupo.

6. Haga que su clase o grupo prepare tarjetas o que de otra manera recuerde al pastor en los días especiales.

7. Siempre hable positivamente de los líderes. Si tiene un problema que tiene que ver con ellos, ore sinceramente pidiendo dirección y luego haga arreglos para hablar con ellos en privado.

B. Con los compañeros de trabajo en la escuela dominical y otros ministerios

En la enseñanza de Jesús, sólo el amor a Dios es primero que el amor a los demás. Siendo que Él declaró que el segundo gran mandamiento es amar al prójimo, es de admirarse cuán poca atención dan los cristianos a las relaciones interpersonales. Muchos sermones y lecciones enfatizan la bondad en un sentido general y se enseña a los cristianos a cuidar de los necesitados y ofrendar para las misiones. Pero el verdadero aprecio por los compañeros y el gozo de la amistad cristiana y de trabajar juntos con frecuencia son temas olvidados. Trabajar en la iglesia nos da espléndidas oportunidades para relacionarnos como compañeros idóneos. Podemos ser modelos de amor y aceptación y ayudar a todos en nuestras clases y actividades a aprender a valorar a sus amigos.

Por lo regular creemos que las cualificaciones primordiales para el éxito en la enseñanza son el amor a Dios, a la Biblia, y a los estudiantes. En realidad, el amor cristiano entre los compañeros de trabajo es igualmente importante, poque influencia el resultado de la enseñanza. El tono o clima en el área donde se reúnen los niños y los jóvenes incluye elementos educacionales, espirituales y sociales. La manera en que los obreros se relacionan entre sí puede mejorar o destruir todos éstos.

Estudios de escuelas excelentes y escuelas deficientes prueban que los niños pueden detectar un sentimiento caluroso o frío entre los maestros y líderes. El buen estado de ánimo de los maestros y la manera en que se tratan entre sí los maestros, directores y miembros del personal afecta la manera en que los alumnos se sienten, se comportan y aprenden. En una iglesia, los niños se fijan cómo los maestros interactúan. Pueden sentir el espíritu de amistad cristiana, o pueden ser alejados del Señor por maestros que muestran disgusto, e impaciencia, o que ignoran a los otros obreros.

Lo ideal es que los obreros de niños y jóvenes se consideren a sí mismos un grupo de amigos, que compartan propósitos, que tengan una fuerte relación de confianza, libertad para hablar de ideas y problemas, y una espontánea interacción en la adoración y la oración. La serenidad, el amor y la satisfacción mutuos en el ministerio dan a cada obrero una actitud positiva que se manifiesta en las expresiones del rostro, en el tono de la voz, y en el lenguaje del cuerpo. Esto se comunica a los niños.

Otra razón por la que debemos trabajar en íntima armonía es que compartimos la responsabilidad por el crecimiento de aquellos a los que enseñamos. La mayoría de nosotros trabaja con grupos de edades específicas. Pero las personas en realidad no pertenecen a un grupo según la edad. Cada uno es un individuo que está pasando por lo que llamamos etapas de desarrollo. No sólo debemos subsanar las necesidades de los que están en nuestro grupo inmediato, sino también prepararlos para la próxima etapa. Cuando trabajamos unidos como grupos amistosos podemos dirigir a los niños por las difíciles transiciones de la vida. Al mismo tiempo, gozamos de la comunión y del apoyo espiritual del uno al otro y desarrollamos una verdadera amistad.

Si nos sentimos muy presionados y de prisa quizás no podamos ofrecer el ambiente de amistad de una comunidad cristiana. La solución es tener más ayudantes para todas las actividades. Esto da una constante demostración de la interacción y del servicio cristianos. Mientras se enseña la verdad bíblica, el salón puede estar lleno de vida con agradable actividad, con personas sonrientes que se allegan unas a otras. *(Vea 2 Co 5:20-6:13. Aquí Pablo exhorta a los cristianos a ser "embajadores" y ejemplos para llevar a los demás a Cristo.)*

IV. RELACIONES FUERA DE LA IGLESIA

A. La familia del obrero

Podemos ministrar a los demás, enseñar, y ganar almas sólo si tenemos buenas relaciones dentro de nuestra propia familia. Cuando Pablo dice a los efesios cómo deben preparse para las buenas obras y así cumplir con el propósito de Dios, él dice algo como esto: "Todas las relaciones son importantes, incluso la manera en que tratan a los miembros de su familia." El libro entero de Efesios está dedicado a esta idea. (Preste atención especial a Ef 5:21-6:4. Otros pasajes bíblicos relevantes son Col 3:19-21; 1 Ti 3:4-12; 1 P 3:1-

7.) Tres razones por las que las buenas relaciones en la familia contribuyen al éxito de nuestro ministerio son:

1. Nos desempeñamos mejor cuando estamos en paz con nuestros seres amados. El amor cristiano en el hogar edifica a toda la familia. Da confianza y un saludable aprecio de sí mismo. Sentimos las bendiciones de Dios cuando vivimos de acuerdo a su voluntad. Un hogar feliz nos levanta el espíritu, nos eclarece la mente y nos da enería para prestar servicio.

2. Los miembros de la familia que se interesan profundamente los unos por los otros dan apoyo con oración y ánimo espiritual. Se ayudan mutuamente. Respetan la necesidad de tener tiempo para orar y prepararse para servir al Señor. Cuando nos encontramos ante las necesidades y los problemas de aquellos a quienes ministramos, ¡qué gozo es saber que tenemos el apoyo de una familia amorosa!

3. Modelamos la vida cristiana ante aquellos a quienes enseñamos y dirigimos. No podemos enseñar lo que vivimos en nuestras relaciones familiares día a día. Los pequeños aprenden mejor observando e imitando. Necesitan ejemplos confiables. Para los que vienen de hogares no felices o impíos, muy bien podríamos ser lo único que saben de Jesús y de la familia cristiana.

B. *Los padres de los niños y de los jóvenes en nuestros grupos*

Un viejo dicho declara que nadie puede criar por sí solo a un niño; es necesario que participe toda la aldea para criar al niño. El significado es que tanta influencia viene de fuera del hogar que los padres no pueden controlar lo que los hijos aprenden. En vez de ayudar a los padres, la "aldea" (o cultura secular) moderna es una mala influencia. La televisión, por ejemplo, es una poderosa maestra. Los medios de información proyectan escenas horripilantes, asesinatos brutales, sangre, armas de fuego, y detalles explícitos de sexo pervertido. Las noticias, el drama, los juegos, y los juguetes están exponiendo más y más a los niños al error y a la maldad. Las noticias asustan a los niños y así reciben la impresión de que nadie está seguro. Las escenas sexuales los dejan curiosos y confusos sobre lo que es bueno y lo que es malo. La violencia les enseña cómo expresar sus propias frustraciones. Los anuncios publicitarios dan forma a sus gustos y percepciones.

¿Cómo pueden los padres criar a sus hijos, *"instruirlos en su camino"* (Pr 22:6), cuando el mundo parece arrebatarlos? La respuesta es que necesitan ayuda de afuera, otra clase de influencia de la "aldea". Nosotros podemos ser esa aldea, una comunidad de obreros cristianos competentes y solícitos. Debemos conocer a los padres. Debemos involucrar a los padres como socios. Debemos extender una mano a todos en sincera amistad, ya sea que aprobemos o no de su modo de vivir.

¿Qué podemos hacer por los padres y con ellos?

1. Podemos ofrecer una comunidad de apoyo, para ayudar a los padres a criar a sus hijos a dirigir a sus adolescentes. Pida a los padres que compartan sus preocupaciones y preguntas. Vea cómo la iglesia puede apoyar sus objetivos para criar a sus hijos y reforzar lo que están tratando de hacer por sus hijos en el hogar. Ayude a los padres a conocerse. Organice actividades para grupos de familias. Sugiera reuniones en los hogares. Anime a los padres a participar en algún aspecto de los planes para su clase o grupo.

2. Podemos apoyar la influencia de los padres privada y públicamente. Exprese aprecio a los padres. Dé oportunidades para que los niños y los adolescentes hablen de sus padres y relaten experiencias de su familia. Aprovéchese de las oportunidades en las lecciones bíblicas y en las actividades en grupo para enfatizar las cualidades y contribuciones de los padres. Sugiera maneras de honrar y ayudar a los padres.

3. Podemos hacer verdaderos esfuerzos para comprender los problemas y puntos de vista de los padres. Mencione su comportamiento positivo y sus cualidades. Exprese agradecimiento. Ofrezca orar con ellos y por ellos. Ayúdeles a comprender la importancia del hogar y de las experiencias con la familia.

V. AYUDA EN EL CONTROL DE CONFLICTO Y LA SOLUCIÓN DE PROBLEMAS

¿Qué es lo que causa conflicto entre las personas? ¿Cómo podemos evitar los conflictos, resolver los problemas, y aprender a trabajar en armonía con las personas? Podemos comenzar examinando algunas verdades sobre la naturaleza humana. Saber qué actitudes y comportamientos llevan a las malas relaciones nos ayudará a comprender nuestros propios sentimientos y a tener empatía con los demás.

A. Conflictos que tienen que ver con la cultura, la raza, y el género

Algunos conflictos interpersonales ocurren debido a las actitudes problemáticas que tienen que ver con la cultura, la raza, y el género. A continuación vea una lista de actitudes problemáticas y las definiciones de cada una.

1. **Prejuicio.** Tener sentimientos y actitudes negativos hacia un grupo y hacia los miembros individuales de ese grupo. Sentirse hostil o temeroso por ninguna razón específica y estar pronto a creer cosas malas de ellos.
2. **Estereotipar.** Creer que todo miembro de un grupo es exactamente igual que los otros. Hacer generalizaciones ilógicas, como "Esa gente es perezosa", o "Todos son así".
3. **Discriminación.** Basar su comportamiento en el prejuicio. Demostrar comportamiento hostil o no otorgar derechos o privilegios a una persona o grupo, o tratar injustamente a las personas de cierto tipo. Discriminación es el acto que resulta del prejuicio y de estereotipar.
4. **Racismo.** Una combinación de estereotipar, prejuicio, y discriminación, basándose en los rasgos físicos o culturales, como el color de la piel.
5. **Sexismo.** Hacer diferencias entre hombres y mujeres que afectan los derechos y privilegios de las personas. El sexismo por lo regular se define como una actitud o comportamiento que hace que la persona se sienta inferior y humillada.

B. Problemas de comunicación – malos entendimientos

1. **Percepción.** La manera en que interpretamos las palabras y el comportamiento de los demás. El idioma, la cultura, y las experiencias pasadas nos hacen percibir varios significados de lo que otros dicen y hacen. A veces lo que una persona cree ser un chiste o una broma, otra cree que es un insulto o una crítica. Lo que un adolescente cree ser aceptable, una persona mayor puede llamar rudeza o hasta pecado.
2. **Atribución.** Lo que creemos que motiva a los demás para hacer lo que hacen. Por ejemplo, quizás tratamos de ayudar a una persona y ésta se enoja, porque cree que estamos tratando de controlarla o de meternos en sus asuntos. A esto llamamos falta de gratitud, así que nos ofendemos o nos enojamos. La mayoría de los problemas entre la gente tienen que ver con la percepción o con la atribución, o con ambas.
3. **Falta de escuchar.** No prestar completa atención a las palabras y pensamientos de los demás. Los que tienen necesidades o que están ansiosos por comunicarse se sienten rechazados y se molestan cuando creen que no se les está tomando en serio. Creen que estamos cerrados a sus ideas; están siendo bloqueados porque no los escuchamos. Se sienten fuera de control e impotentes para influenciar la situación.

C. Lo que se puede hacer respecto al conflicto

La Escritura ofrece la cura para todos los conflictos humanos. Es la humildad y la sumisión de parte de todos. El poder transformador del Espíritu Santo quita todo prejuicio, temor y malos sentimientos. Las viejas ideas de separación y poder no tienen lugar cuando las personas forman una comunidad cristiana –un Cuerpo– en Cristo.

1. Pida a Cristo que ame a las personas a través de usted. Haga a un lado sus propias tendencias naturales. Ore por la habilidad de ver a las personas como individuos, sin etiquetas.
2. Haga un esfuerzo por comprender los puntos de vista de los demás.
3. Busque activamente amistades con personas de varias culturas y condiciones.
4. Invite a su casa a personas de varias culturas. Pídales sugerencias y ayuda en su ministerio.
5. Hable en contra del racismo o del sexismo en la iglesia o en la comunidad.
6. Trate de no usar palabras ni ilustraciones que pudieran ofender a alguien.
7. No se sienta ofendido por los demás. Con frecuencia la gente dice cosas que son malinterpretadas fácilmente. Sea paciente y perdonador.
8. Trate de obedecer la Regla de Oro: trate a los demás como le gustaría que lo traten a usted

D. Solucionar los problemas en el ministerio

Cuando surge conflicto entre las personas que tienen afecto mutuo y que generalmente poseen los mismos valores y propósitos, el resultado nunca puede ser el de un ganador y un perdedor. Si alguien pierde, entonces nadie gana. Muchos estudios en los campos de las relaciones humanas, como el matrimonio, la crianza de los hijos, el trabajo social y la administración, concluyen con un plan similar para resolver problemas. Está basado en dos principios. Uno es la lógica, o hacer lo que tiene sentido. El segundo es respeto para las personas, solicitud y empatía.

Los pasos del plan clásico para resolver problemas son:

- reconocer el área de problema
- definir un problema específico
- sugerir posibles soluciones
- formar una hipótesis (escoger una solución para probar)
- trabajar en la solución escogida
- examinar el resultado
- decidir si continuar esto o probar otro curso de acción

Con la dirección del Espíritu Santo, podemos aplicar este plan siempre que sintamos la necesidad en nuestras relaciones en el ministerio.

1. Olvidarse de "lados" y dirigir a todos los partidos a describir y definir, en los términos más objetivos posible, un asunto que esté causando preocupación. Tener un deseo sincero de hacer frente a la situación.
2. Definir un problema específico que pudiera estar ocasionando la situación. ¿Cuáles son los verdaderos problemas? Sea sincero. Pida la opinión de todos.
3. Analizar sus propios motivos. ¿Por qué es importante el problema para usted? ¿Tiene que ver tanto con un factor personal como con un factor relacionados al trabajo? Si usted ha sido culpable por cualquier parte del problema, admítalo. ¿Está dispuesto a "perder" para el beneficio de la obra?
4. Pedir a otros que estén involucrados que definan el problema como ellos lo ven (percepción). Escuche. Acepte todas las ideas. Nunca dé por sentado que sabe lo que la otra persona está pensando, ni cuáles son sus motivos. No salte a conclusiones (atribución), sino haga preguntas sinceras.
5. Ponerse de acuerdo en probar un curso de acción. Coopere y esté sinceramente dispuesto a hacer que la solución dé resultado.
6. Hacer una revisión en colaboración para ver cómo está funcionando. Hablen de los resultados de sus esfuerzos.
7. Decidir juntos quedarse con esta solución o probar otra. Esté dispuesto a cambiar y a seguir buscando la mejor solución.

CONCLUSIÓN

Comenzamos con la declaración de que después del sobrevimiento físico, la mayor necesidad que tiene el ser humano es la necesidad de tener relaciones, con Dios y con las personas. Cerramos añadiendo otra verdad: la interacción interpersonal es la fuerza más poderosa para ayudar a la gente. Este hecho ha sido de gran interés para los expertos que buscan las causas de las condiciones humanas y las maneras de ocasionar cambio. En numerosas investigaciones de los métodos en el trabajo social y en la terapia salen con resultados que les parecen sorprendentes. La amistad, con sus cualidades de confianza, sinceridad, respeto, dedicación, generosidad, lealtad, y comprensión es más eficaz que ninguna otra cosa para capacitar a las personas a ayudar a otras. ¡Cuántos sufrimientos y problemas podrían resolver los obreros que se interesan los unos por los otros! ¡Cuánto más aprenderían nuestros niños respecto a la vida y al amor mutuo si todos interactuáramos como amigos!

REPASO

1. ¿Cuáles son las tres áreas de relación que el obrero cristiano tiene con Dios?
2. ¿Cuál es todo el propósito de tener líderes, según este capítulo?
3. Haga una lista de cuatro sugerencias para desarrollar y mantener buenas relaciones con el pastor y otros líderes.
4. ¿Por qué el amor cristiano entre los compañeros en la obra es tan importante como otras cualificaciones para enseñar con éxito?
5. ¿Por qué son tan importantes las relaciones dentro de la familia para el éxito del ministerio de enseñanza?
6. ¿Cómo pueden los maestros ayudar a los padres en la crianza de sus hijos?

APLICACIÓN

1. Lea la parábola del buen samaritano e indique los conflictos que inhibían las buenas relaciones.
2. Como líder, ¿cómo puede evitar los malos entendimientos en la comunicación?
3. ¿Cómo desarrollaría una solución en un problema de relación?

LAS RELACIONES DE LOS MAESTROS

- Objetivos
- I. Introducción
- II. Relación con Dios
    - A. Como hijo de Dios – depende de su dirección y poder
    - B. Como amigo de Cristo – obrero con el Señor
    - C. Como discípulo – comisionado para seguir con el ministerio del Señor para el futuro
- III. Relaciones en la iglesia
    - A. Con los pastores y otros líderes
    - B. Con los compañeros de trabajo en la escuela dominical y otros ministerios
- IV. Relaciones fuera de la iglesia
    - A. La familia del obrero
    - B. Los padres de los niños y de los jóvenes en nuestros grupos
- V. Ayuda en el control de conflicto y la solución de problemas
    - A. Conflictos que tienen que ver con la cultura, la raza, y el género
    - B. Problemas de comunicación – malos entendimientos
    - C. Lo que se puede hacer respecto al conflicto
    - D. Solucionar los problemas en el ministerio
- Conclusión
- Repaso
- Aplicación

2

BLOQUE 2: Programas

Capítulo 11
Guardianes del Tesoro 107

Capítulo 12
Materiales de la Universidad Global para niños 111

Capítulo 13
Misioneritas 119

Capítulo 14
Exploradores del Rey 129

Capítulo 15
La Escuela Dominical 133

Capítulo 16
La Escuela Bíblica de Vacaciones 143

Capítulo 11

TEMA : Guardianes del Tesoro

I. IMPORTANCIA DEL TEMA

La Palabra de Dios es como un cofre lleno de joyas y piedras preciosas. Quien la lea, memorice, y siga el plan de vida eterna que contiene, hallará en ella un tesoro de incalculable riqueza. Son las promesas de Dios a aquellos que lo aman, y como tales hemos de buscarlas. Esa ha sido la experiencia de los niños y jóvenes que integran a los Guardianes del Tesoro y que han aceptado el emocionante desafío de estudiar la Biblia.

Todo niño puede llegar a ser un ¡guardián del tesoro! Este programa ofrece una nueva vía de cómo descubrir las joyas de la Palabra de Dios y guardalas en el corazón. Instémolos a que sean guerreros fuertes en la fe y en el conocimiento de la Santa Palabra.

II. DESCRIPCIÓN

El programa Guardianes del Tesoro enseña las verdades de la Biblia a través de preguntas y respuestas. El torneo consiste de 576 preguntas cuidadosamente seleccionadas acerca de personas importantes, lugares, sucesos, y enseñanzas de la Biblia. Ha sido preparado para usarlo en competencias en la iglesia local o entre las iglesias de la misma ciudad o sus alrededores. Otros usos podrían ser estudio individual, reuniones familiares, juegos para la escuela dominical, culto de niños, o en clases de las escuelas cristianas.

III. NIVELES DEL JUEGO

Las preguntas están divididas en tres niveles de dificultad: nivel Escudero, del 1 al 288; nivel Arquero, del 289 al 480; y nivel Lancero, del 481 al 576. Los niveles se identifican con colores rojo, azul, y púrpura respectivamente.

Todos deben empezar con el nivel Escudero y concentrarse sólo en estas preguntas. Las preguntas y respuestas de este nivel constituyen un repaso de toda la Biblia. Cuando el niño las aprenda, podrá avanzar a los demás niveles (Arquero y Lancero). Durante la competencia, las preguntas del nivel Escudero son válidas por 10 minutos, las de Arquero por 20 minutos, y las de Lancero por 30 minutos.

Para avanzar de un nivel a otro, el participante deberá con éxito completar los requisitos. *(Vea el cuadro al final de este capítulo.)*

Escudero

Es el portador de la bandera, que proclama las "Buenas Nuevas" de salvación para todos. No teme ser guía de aquellos que han decidido tomar el camino angosto y recto que conduce a la vida eterna.

Arquero

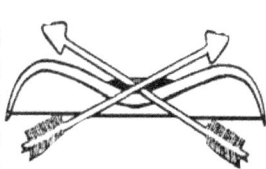

Es el que usa las flechas de Dios. Estas son semejantes a las promesas y verdades de la Palabra divina. Cuando estas flechas de la verdad son lanzadas con fe, muestran el camino a seguir y servir a Dios con fidelidad. El Arquero mantiene su aljaba llena y está siempre listo y a la espera del mandato de su Señor.

Lancero

Hábilmente esgrime su arma contra el tentador, Satanás. La fuerza y los músculos en las manos del Lancero son símbolos del victorioso poder que el Espíritu Santo da a los que ejercitan su fe a través de la oración para derrotar la fortaleza del enemigo y ganar la victoria.

El Guardián Real

Pone su mirada no en los tesoros terrenales que se corrompen y deterioran, sino en la "recompensa celestial". Pone en práctica la advertencia de Pablo a Timoteo: *"Procura con diligencia presentarte a Dios aprobado, como obrero que no tiene de qué avergonzarse, que usa bien la palabra de verdad"* (2 Timoteo 2:15).

IV. MATERIALES DE GDT

El programa GDT provee certificados y sellos para premiar el logro de cada nivel. Se ha diseñado tres distintivos diferentes para indivualizar la etapa en que se encuentra el participante.

El libro de reglas de GDT incluye un juego de fichas de color numeradas del 1 al 576 que corresponden a las preguntas. El color de las fichas indica el nivel de dificultad.

Guardián Real es una clasificación especial para quienes son sumamente hábiles en los tres niveles. Para que un participante llegue a ser un Guardián Real, deberá contestar correctamente 59 de 60 preguntas hechas al azar. Para aquellos que lo consigan hay una insignia especial que podrán llevar puesta con los otros distintivos durante la competencia. *(Materiales disponible en RDM, 1722 S. Glenstone, W-163, Springfield, MO 65804.)*

V. EL EQUIPO

El programa Guardianes del Tesoro en una iglesia local consiste del entrenador principal, uno o más equipos, y por lo menos un entrenador asistente para cada equipo. Un equipo consiste de un mínimo de cuatro jugadores dentro de la misma división por edad/grado: grados primarios 1-6 o edades 5-11 y grados secundarios 7-12 o edades 12-18. Cada equipo debe tener unos cuantos alternos en caso de ausencias. El equipo compite dentro de su división por edad en uno de los niveles mencionados arriba.

Todos los participantes deben comenzar a estudiar sólo las preguntas que corresponden al nivel de Escudero. Pueden avanzar al próximo nivel de competencia sólo después de haber cumplido con los siguientes requisitos.

VI. COMPETENCIA DE LOS EQUIPOS

Una vez que una iglesia o ciudad tenga 2 o más equipo en cualquier nivel, se pueden celebrar torneos de competencia. Un torneo dentro de una ciudad o distrito puede involucrar a tantos como 8 o más equipos en cada nivel. Los equipos competirán al estilo de circuito en el que cada equipo competirá contra cada uno de los otros equipos del mismo nivel. Se mantiene un apunte de las ganancias, de las pérdidas, y del total de puntos. El equipo con las más ganancias en cada nivel es declarado el ganador.

NIVEL	COLOR	PREGUNTAS	REQUISITOS
Escudero	Rojo	1-288	20 de 30 preguntas de Escudero hechas al azar.
ARQUERO	Azul	289-480	25 de 30 preguntas de Escudero 15 de 20 preguntas de Arquero hechas al azar.
LANCERO	Morado	481-576	28 de 30 preguntas de Escudero 18 de 20 Preguntas de Arquero 6 de 10 preguntas de Lancero hechas al azar.
GUARDIÁN REAL	Dorado	1-576	59 de 60 preguntas de los tres niveles hechas al azar.

GUARDIANES DEL TESORO

- I. Importancia del tema
- II. Descripción
- III. Niveles del juego
    1. Escudero
    2. Arquero
    3. Lancero
    4. Guardián Real
- IV. Materiales de GDT
- V. El equipo
- VI. Competencia de los equipos

Capítulo 12

TEMA: Materiales de la Universidad Global para niños

ESCRITORA: Kathy Jingling

I. IMPORTANCIA DEL TEMA

La Universidad Global (UG) ofrece varios tipos de materiales para usar en el ministerio a los niños. Se presentará al obrero cristiano cada medio para ministrar y también los ministerios de apoyo que están disponibles por medio de la UG. El conocimiento de los materiales y el esfuerzo coordinado que hace la UG para alcanzar y discipular a los niños ayudará al obrero cristiano a utilizar estos materiales.

II. OBJETIVOS DEL OBRERO

1. El obrero se dará cuenta de los materiales para niños que tiene disponibles la UG.

2. El obrero comprenderá cuál es la estrategia general del ministerio de la UG.

3. El obrero evaluará las maneras en que los materiales y servicios de la UG pueden enriquecer los presentes ministerios a los niños.

III. INTRODUCCIÓN

En 1967 la UG comenzó una escuela internacional de las Asambleas de Dios con cursos de estudio bíblico. Este método de escuela por extensión sigue creciendo y ahora ayuda a alumnos en unos 160 países en 73 idiomas. Las oficinas internacionales en Springfield, Missouri, ofrecen programas educacionales acreditados por extensión y materiales para el ministerio a los niños. Los conceptos sobre los que la UG fue fundada siguen dando forma a los proyectos y materiales que se desarrollan.

- ✓ La UG es una escuela que evangeliza, enseña, y prepara a los líderes de iglesias.

- ✓ La UG ofrece medios en varias formas para abastecer las necesidades en cualquier situación didáctica.

- ✓ La UG tiene una red de oficinas regionales, nacionales, y de extensión que abarcan todo el globo.

- ✓ La UG trabaja en cooperación con muchos otros ministerios que incluyen organizaciones locales y hasta globales.

- ✓ La UG sigue desarrollando, revisando, imprimiendo, y distribuyendo cursos a cinco niveles: Evangelismo, Vida Cristiana, Servicio Cristiano, Ministerios Cristianos, y Universidad. En los años 1990 la UG aumentó su presente ministerio a los niños, al añadir un currículo bíblico para niños.

- ✓ Los materiales para niños de la UG están comprometidos a la misma excelencia en calidad y propósito que todos los programas anteriormente desarrollados. Los materiales para niños están igualmente dedicados a evangelizar y discipular a la juventud de hoy, abarcando las seis áreas de contenido de la UG: Vida Espiritual, La Biblia, Teología, La Iglesia, Servicio, y Ética Cristiana.

- ✓ Los materiales para niños de la UG pueden usarse para estudio en grupo, aulas, iglesias, hogares, o como estudio independiente por correspondencia. Las situaciones y circunstancias difieren, de modo que estos materiales están diseñados para usos variados. La UG provee los medios para evangelizar a los jóvenes en varios idiomas. Las puertas se están abriendo por todo el mundo para discipular a los niños en la Palabra de Dios, y la UG ofrece un currículo graduado para ese ministerio en su país.

IV. TIPOS DE MATERIALES

Están disponibles dos categorías principales de materiales para niños por medio de la UG. Estos materiales sirven a las necesidades de evangelismo y discipulado. Cada artículo de la siguiente lista tiene la capacidad para el ministerio a grupos grandes o para el estudio individual en el hogar.

A. Evangelismo

Para ayudar a los obreros de niños cumplir con la Gran Comisión, la UG ha desarrollado varios medios para evangelizar a los niños.

1. **Dios te ama.** Un propósito principal de la UG hacia el evangelismo de los niños fue cumplido con el desarrollo de un libro escrito para niños, titulado *Dios te ama*. Este curso fácil de entender enseña al niño sobre el amor, el cuidado, y el plan de salvación de Dios por medio de Cristo. Un registro para el alumno de ilustraciones y ejercicios para niños acompaña a este curso de 14 lecciones.

2. **Narraciones ilustradas.** Se han desarrollado folletos de dibujos animados para presentar un mensaje evangelístico por medio de la vida de héroes de la Biblia. Los adultos también se deleitan con estas coloridas narrativas y audiocasetes. Al presente las historias de David, Gedeón, Ester y la historia de la Navidad están disponibles en forma de libro en varios idiomas. Cintas de audio y de video de algunas de estas historias están disponibles solamente en inglés. Cada narrativa ilustrada usa una historia llena de acción para presentar el mensaje del evangelio. Estos libros de "Héroes de la fe" son excelentes medios para evangelizar.

B. Discipulado

Muchos nuevos creyentes han sido afirmados en la Palabra de Dios con materiales de la UG. Los cursos de Vida Cristiana han sido desarrollados para el discipulado. Anteriormente la UG ha concentrado sus esfuerzos al nivel para adultos. La UG ha desarrollado un plan de currículo completo para el discipulado desde kindergarten hasta el grado 12.

1. **Currículum bíblico para niños (K-6).** Los 18 cursos de Vida Cristiana de la UG presentan un entendimiento básico de la vida cristiana y son ideales para los nuevos cristianos adultos (vea el Cuadro I). Estos cursos abarcan las seis áreas de contenido mencionadas anteriormente. Los mismos seis temas se usan como el marco básico para los cursos de cada nivel del Currículo Bíblico de la UG. El uso de estos materiales para niños es todavía más útil en la coordinación de programas para la iglesia entera. Los niños pueden estudiar el mismo contenido básico que estudian sus padres. La iglesia puede simultáneamente ofrecer discipulado a todas las edades.

Estos materiales también están diseñados para uso en el aula. Los alumnos pueden estudiar el mismo contenido que está disponible a los padres en la serie de Vida Cristiana para adultos de la UG. Finalmente, la guía para el instructor para cada nivel también la puede usar un padre de familia para ayudar a su hijo con un estudio personal o para las devociones con la familia. El Currículo Bíblico de la UG es un medio para discipular en grupos, escuelas, iglesias, u hogares.

Cuando el alumno termina el programa de 30 lecciones para 1 año, habrá recibido el contenido necesario para lograr los objetivos en tres de las áreas de contenido básico a un nivel completo ajustado a las habilidades y a las características de la edad. Cada 2 años el alumno habrá pasado por el ciclo de todas las seis áreas por tema de la UG. La UG ofrece un completo Currículo Bíblico para niños para kindergarten hasta sexto grado. Los presentes cursos de Vida Cristiana de la UG se pueden utilizar para un plan de currículo para los grados 7-12. De nuevo, los alumnos que continúen en este plan habrán pasado por el ciclo de las mismas seis áreas por tema de la UG, a un nivel fijado académicamente para su nivel de experiencia y habilidad. En la página 116 está una lista completa de las unidades que se abarcan durante un año a cada nivel por grado escolar.

Cada curso se forma alrededor de 3 unidades o 10 lecciones cada uno. Esto ofrece 30 lecciones al año en cada nivel por grado. Los materiales incluyen tres guías para el instructor y libros para los alumnos para cada unidad. La guía para el instructor es el medio perfecto para el uso de un maestro en un grupo o en un aula, sin embargo también puede ser útil para los padres que estén utilizando este material en el hogar. Ofrece planes para lecciones, actividades de enriquecimiento, ayudas visuales, y materiales para examinar. El libro para el alumno contiene lecciones completas y exámenes que también pueden dar la opción de estudio individual y cumplimiento por correspondencia.

2. **Currículum de programa secundario (7-12).** La UG también está proponiendo un plan de currículo para discipular a los jóvenes a los niveles de escuela secundaria. La recomendación para las escuelas que al presente necesiten un programa de educación cristiana ha sido que usen un método sistemático con los cursos de Vida Cristiana y de Servicio Cristiano de la UG. Los capítulos en cada libro se usan como la lección semanal, y la clase usa el libro de la UG como el libro de texto. Los alumnos en los grados 7-10 completarán 11 de los 18 cursos de Vida Cristiana durante esos 4 años. Se espera que completen los siete cursos restantes para recibir el certificado de la UG a través de un centro didáctico de una iglesia local o por correspondencia. Los grados 11-12 completarán un curso en la serie de Servicio Cristiano de la UG. Estos alumnos pueden tomar un examen final y pasar a un instituto bíblico local con dos créditos. Se podría animar a los alumnos a que continúen en la preparación bíblica en un instituto local o a través de más estudio con la UG por correspondencia.

Están disponibles dos distintos programas para usarse con los grados 7-12. El primer programa se recomienda para todas las escuelas de las Asambleas de Dios o grupos (vea el Cuadro 2). El segundo programa es un plan opcional para uso en las escuelas públicas, programas del gobierno, o en un programa no afiliado con las Asambleas de Dios (vea el Cuadro 3).

También se ha diseñado un plan para integrar lentamente el currículo de la UG dentro del ministerio con alumnos de secundaria. A continuación se encuentran dos planes que se han propuesto para usar los materiales de la UG en los grados 7-12, y para una introducción de 4 años de estos cursos.

Cada capítulo de Vida Cristiana generalmente se puede completar en una sesión de clase. Algunos quizás necesiten más tiempo, y hay días feriados y énfasis que pueden quitar tiempo del horario anual del aula cristiana. Por tanto los cursos no llenan toda la sesión anual de clase, para permitir el tiempo extra que algunas lecciones pudieran necesitar, como también actividades anuales extra.

Los grados 11 y 12 comenzarán a usar la serie de Servicio Cristiano de la UG. Estos cursos son más avanzados. Cada lección puede llevar dos o más sesiones de clase. El curso no se fija por capítulos, sino como un texto para la clase.

Si los alumnos terminan el texto y desean más estudio, pueden continuar con los otros siete cursos de Vida Cristiana para completar la serie de 18 cursos. Los cursos de Servicio Cristiano también se pueden concluir con una petición de un examen final que podría resultar en un crédito a nivel universitario. Esto puede ser un factor para inspirar a los alumnos de las escuelas cristianas a que continúen su preparación universitaria en un plantel bíblico local. Los exámenes se podrían pedir y administrar durante el período normal de exámenes al final del año.

Cada escuela cristiana se considerará ser un centro didáctico. Al final del curso los maestros sólo necesitan mandar a la oficina de la UG la lista de los alumnos que completan el curso, y recibirán los certificados para entregarlos a esos alumnos. Esto puede ser otro incentivo más para que algunos completen esta serie de cursos en una iglesia local o aun por correspondencia. Los maestros pueden sugerir que los alumnos dotados o los muy motivados tomen cursos extra, y el maestro funcionaría como guía para estos cursos extra que los alumnos toman individualmente.

3. **Propuesta introducción del programa de 4 años.** Hay varias razones por las que una introducción de 4 años sería lo mejor para implementar este currículo en las escuelas secundarias. No se pediría a los alumnos ni a los maestros que comiencen en muchos niveles del programa o sin el antecedente de previos cursos. Poco a poco los alumnos y maestros expandirían las ofertas de cursos para cumplir con todas la necesidades de los grados 7-10. *(Vea la transparencia 2).*

   a. Primer año/grados 7-10 comenzarían las clases con los cursos de la lista que se encuentra arriba para el grado 7. Los grados 11-12 comenzarían los cursos según la anterior lista.

b. Segundo año/grado 7 completará los cursos de la lista para el grado 7. Los grados 8-10 completarán los cursos de las lista para el grado 8. Los grados 11-12 siguen sus cursos normales.

c. Tercer año/grados 7-8 seguirán sus cursos normales. Los grados 9-10 completarán los cursos de la lista para el grado 9. Los grados 11-12 siguen sus cursos normales.

d. Cuarto año/grados 7-12 seguirán sus cursos normales. Los grados 11-12 siguen sus cursos normales.

Para los primeros 3 años del programa piloto, los grados 7-12 se incorporan gradualmente en la serie de Vida Cristiana, siendo totalmente establecidos en el plan para el cuarto año. Los grados 11-12 comenzarán inmediatamente en sus textos asignados. Esto dará una oportunidad de probar el nivel de estos materiales, como también su habilidad para atraer a los alumnos al instituto bíblico local.

Nota: Este plan de curso es diferente del plan original en que ofrece algunos cambios de cursos que podrían ser aceptables en algunas escuelas. Al nivel del grado 10, "Evangelismo personal" se ha cambiado por el curso "Cómo estudiar la Biblia". Otros cursos que se pueden sugerir para substitución son: "El Evangelio de Juan" y "El cristiano y su comunidad".

C. Recursos didácticos

La UG también ofrece un nuevo recurso para enseñar que puede ayudar a los líderes en los ministerios para niños. "La iglesia del mañana hoy" está muy bien nombrado por su autora, Alice M. Kirsch, como "Una guía práctica para el evangelismo de los niños". Este manual contiene teoría, y también consejos prácticos. El libro tiene patrones, diagramas, bosquejos, y otras ideas para uso inmediato. Esta guía al presente está disponible solamente en inglés.

CONCLUSIÓN

Alcanzar y ganar a la gente para Cristo es el corazón de la tarea de la iglesia. La UG sabe que esto también incluye a los niños. El enfoque de los materiales para niños ha sido el evangelismo y el discipulado. Su ministerio a los niños puede ser un emocionante alcance para compartir el evangelio de Jesucristo, y la UG está lista para ayudar a los niños a madurar en el Señor y en su Palabra. La UG ha desarrollado programas y materiales para ayudar a la iglesia local a ser todavía más eficaz.

REPASO

1. ¿Cuáles son los dos tipos principales de materiales que están disponibles en la UG?

2. ¿Cómo podría usar *Dios te ama* o narrativas ilustradas en su ministerio?

3. ¿Cuáles son los seis temas principales sobre los que se basa el Currículo Bíblico para niños de la UG?

4. ¿El currículo para los grados K-6 o 7-12 se puede usar para las escuelas en su país?

5. ¿De qué otras maneras se puede usar el currículo bíblico para niños?

CURRÍCULO

CURRÍCULO BÍBLICO DE LA UNIVERSIDAD GLOBAL			
	Kindergarten		
	La creación de Dios El amor de Dios La ayuda de Dios		
TEMA	Primer Grado	Tercer Grado	Quinto Grado
Vida espiritual	Quién es Dios (Tu nueva vida)	Vida devocional (Cuando oras)	El plan de Dios para mí (El diseño de Dios-tu elección)
La Biblia	La Biblia: un libro emocionante (Tu Biblia)	El Evangelio de Marcos Habilidades con la Biblia (Cómo estudiar la Biblia)	Efesios, una epístola (El Evangelio de Juan)
Teología	Jesús da nueva vida (Quién es Jesús)	El Espíritu Santo (Tu amigo ayudador)	Las cosas postreras (Creemos)
	Segundo Grado	Cuarto Grado	Sexto Grado
La Iglesia	La Iglesia (La Iglesia)	El pueblo de Dios (Adoración cristiana)	La Iglesia: su origen y su destino (Lo que hacen las iglesias)
Servicio	Compartir el amor de Dios (Evangelismo personal)	Mi testimonio (Obreros cristianos)	Ministerio y misiones (El ministerio de enseñar)
Ética cristiana	La familia (Ética bíblica)	Mis preguntas (Matrimonio y hogar)	Una vida de fe (El cristiano en su comunidad)

Cuadro 1

Uso propuesto de los cursos de Universidad Global en los niveles secundarios	
Título del curso	Capítulos
Grado 7 Grandes interrogantes de la vida* Tu nueva vida* Tu amigo ayudador*	6 10 6 ――― 22
Grado 8 Tu Biblia* Creemos	6 16 ――― 22
Grado 9 Quién es Jesús* Cuando oras El Diseño de Dios-tu elección	10 7 8 ――― 25
Grado 10 Ética bíblica Evangelismo personal Adoración cristiana	8 8 8 ――― 24
Grado 11 Madurez cristiana	
Grado 12 El reino, el poder, y la gloria *Indica los cursos costeados por LPP	

Cuadro 2

Material Opcional para Educación Pública	
Título del curso	Capítulos
Grado 7 Grandes interrogantes de la vida* Tu nueva vida* Tu amigo ayudador*	6 10 6 ――― 22
Grado 8 Tu Biblia* Creemos	6 16 ――― 22
Grado 9 Quién es Jesús* Cuando oras El Diseño de Dios-tu elección	10 7 8 ――― 25
Grado 10 Ética bíblica Evangelismo personal Adoración cristiana	8 8 8 ――― 24

Cuadro 3

LOS MATERIALES PARA NIÑOS DE LA UNIVERSIDAD GLOBAL

- I. Importancia del tema
- II. Objetivos
- III. Introducción
- IV. Tipos de materiales
    - A. Evangelismo
        1. Dios te ama
        2. Narrativas ilustradas
    - B. Discipulado
        1. Currículo bíblico para niños (K-6)
        2. Currículum de programa secundario (7-12)
        3. Propuesta introducción del programa de 4 años
    - C. Recursos didácticos
- **Conclusión**
- **Repaso**

Capítulo 12

Capítulo 13

TEMA: Misioneritas

ESCRITORA: Ann L. Niles

I. IMPORTANCIA DEL TEMA

El programa de Misioneritas ha sido creado para acomodar las necesidades de las niñas y jovencitas desde una perspectiva misionera. Ministra a las niñas desde sus tempranos años hasta la adolescencia. Su propósito principal es discipular a las niñas que están dentro de la iglesia y evangelizar a las que están fuera de la iglesia. El programa se concentra en el conocimiento de la Biblia y el servicio cristiano.

II. OBJETIVOS

1. Considerar la importancia del ministerio a las niñas.
2. Desarrollar una carga por la gran necesidad de este ministerio.
3. Conocer el programa de Misioneritas.
4. Enfatizar los aspectos misioneros del programa de Misioneritas.

III. INTRODUCCIÓN

La siguiente visión general del programa de Misioneritas para niñas de todas las edades se toma del programa desarrollado por los Ministerios Femeniles de Las Asambleas de Dios para niñas en los Estados Unidos.

El programa de Misioneritas Escalera a las Estrellas que sigue a continuación es una breve visión del programa culturalmente adaptado, escrito y desarrollado para las iglesias de las Asambleas de Dios en América Latina. Anita de Niles fungió como coordinadora de este proyecto. Se hizo un "Análisis de las necesidades" en el que se pidió a cada país que participara. Luego se formó un comité que incluía a misioneros y a mujeres con diversa experiencia educacional y ministerial procedentes de ocho países. En marzo de 1988, el comité trabajó durante nueve días, estableciendo la estructura básica y el método de funcionamiento para la manera en que este programa sería más eficaz en América Latina.

Se prestó cuidadosa atención para incluir tanto como fuera posible del programa original Escalera a las Estrellas dentro de los Estados Unidos pero también para adaptar las aplicaciones personales y los requisitos para las insignias a la cultura en América Latina. La adaptación para América Latina incluye todas las áreas principales de énfasis especial que se incluyen en el programa original: el programa de logros, incluso las insignias de Pasos y las insignias de Actividades, las cuatro doctrinas básicas de las Asambleas de Dios como también las cinco áreas de servicio cristiano. En 1990 se completó en español y se puso en distribución el programa Escalera a las Estrellas que incluye seis manuales y 42 insignias.

Se hizo una petición especial al Departamento de Currículo para Niños de RDM para que el programa Escalera a las Estrellas para América Latina fuera traducido al inglés para usarlo en Africa.

IV. PROGRAMA DE MISIONERITAS

A. Introducción

El programa de Misioneritas es un programa auxiliar del Departamento de Ministerios Femeniles de las Asambleas de Dios. Ministra a los niños y niñas preescolares y a las niñas de edad escolar. El programa de Misioneritas está dividido en clubs según edad, e incluye Arco iris, Margaritas, Rosas, Estrellas, Estrellas de Honor, y Sociedad de Señoritas. El propósito de Misioneritas se expresa en los siguientes objetivos.

1. Ganar a las niñas para Cristo a través del amor y la aceptación.

2. Enseñar a las niñas a obedecer todo lo que Jesús nos mandó, desarrollándolas espiritual y mentalmente.

3. Ofrecer ánimo, apoyo, y responsabilidad a través de duraderas relaciones cristianas.

4. Ofrecer un ambiente en el que las niñas desarrollen sus dones y habilidades.

5. Familiarizarlas con la Gran Comisión de Jesucristo nuestro Señor.

B. Clubs por edad

1. ARCO IRIS

El programa Arco Iris es un club de Misioneritas para las niñas y niños preescolares. Arco Iris está diseñado para atender las necesidades físicas, emocionales, sociales, intelectuales, y espirituales de los niños de 3 y 4 años cumplidos. Cuando los niños llegan a la debida edad, pasan al programa de Exploradores del Rey para varones. Las niñas siguen en el programa de Misioneritas. El programa Arco Iris se basa en historias relacionadas con la Biblia, enfatizando la relación del niño con Dios, la familia, la iglesia, y el mundo.

2. MARGARITAS

Margaritas es para niñas de 5 y 6 años cumplidos. El programa de 2 años se basa en historias bíblicas y situaciones de la vida enfatizando la relación de la niña con Dios, la familia, y los amigos. El programa de logros para Margaritas incluye ocho unidades: Compartir, Amar, Cuidar, Crecer, Agradecer, Dar, Aprender, Ayudar. El enfoque del programa es hablar a los demás de Jesús y su amor.

3. ROSAS

Rosas es para niñas de 7 y 8 años cumplidos. El programa incluye lecciones bíblicas, historias de niños y de costumbres de otras tierras, historias que forman el carácter, música, juegos, y trabajo manual. Las 12 unidades de estudio son: Ayudantes, Mi iglesia, Misiones, Música, Seguridad, Naturaleza, Amistad, Familia, Modales, Biblia, Lectura, Salud. Su lema es "Seré buena y amable".

4. ESTRELLAS

Para niñas de 9 a 11 años cumplidos. Las niñas avanzan por el programa de la Escalera a las Estrellas a medida que completan unidades de: Salvación y Sanidad, Santificación, Administradoras de nuestro tiempo, dinero y talento, Pensamientos, mente y palabras, Formando buenos hábitos, Testificar a otros, La Segunda venida de Cristo. Su lema es: Porque nos interesamos, servimos.

5. ESRELLA DE HONOR

Para las niñas de 12 a 15 años cumplidos. Este grupo tiene los 8 pasos principales de Estrellas a más profundo.

6. SOCIEDAD DE SENORITAS

Grupos organizados por país para jovenes de 16 años en adelante.

C. Resumen

El ascenso por la Escalera a las Estrellas es una combinación de actividades para aprender, todas con el propósito de desarrollar a la niña tanto espiritual como socialmente. Los requisitos de cada paso están diseñados para llevar a la niña a Cristo y ayudarla a desarrollar un estilo de vida cristiano e interés por los demás.

Nombre de grupo/ Edad	Tema/Ejemplos de títulos
1. **Arco Iris**: Para niños y niñas de 3 y 4 años cumplidos.	6 unidades de 8 lecciones cada año. (2 años) Lema: Las Arco Iris ayudan y obedecen. Familias felices y soy especial, Dios provee y doy gracias, La Biblia y Cristo mi amigo, Creación y Precencia de Dios, Iglesia y Amigos, Obediencia y oración
2. **Margaritas**: Para niñas de 5 y 6 años cumplidos.	8 unidades de 12 lecciones cada una. Lema: Las Margaritas hablan de Jesús y su amor. Compartir, Amar, Cuidar, Crecer, Agradecer, Dar, Aprender, Ayudar
3. **Rosas**: Para niñas de 7 y 8 años cumplidos.	12 unidades de 8 lecciones cada una. Lema: Seré buena y amable. Ayudantes, Mi iglesia, Misiones, Música, Seguridad, Naturaleza, Amistad, Familia, Modales, Biblia, Lectura, Salud
4. **Estrellas**: Para niñas de 9 a 11 años cumplidos.	8 pasos principales. Lema: Porque nos interesamos, servimos. Salvación y Sanidad, Santificación, Administradoras de nuestro tiempo, dinero y talento, Pensamientos, mente y palabras, Formando buenos hábitos, Testificar a otros, La Segunda venida de Cristo
5. **Estrellas de Honor**: Para niñas de 12 a 15 años cumplidos.	8 pasos principales a más profundo. Lema: Porque nos interesamos, servimos. Salvación y Sanidad, Santificación, Administradoras de nuestro tiempo, dinero y talento, Pensamientos, mente y palabras, Formando buenos hábitos, Testificar a otros, La Segunda venida de Cristo

V. PROGRAMA DE MISIONERITAS EN AMÉRICA LATINA

A. *Programa Escalera a las Estrellas*

Ocho pasos

El programa Escalera a las Estrellas tiene ocho pasos. Estos son Elisabet, Sara, Tabita, Rut, Ester, Loida, Lidia, y Ana, los nombres de ocho mujeres de la Biblia que modelan los ideales de Misioneritas. La primera letra de cada uno de los ocho nombres forma la palabra ESTRELLA.

Requisitos del programa

"Ascender la escalera", figurativamente quiere decir cumplir con los requisitos de cada uno de los ocho pasos y los "requisitos adicionales" del programa. Para ser coronada como Estrella de Honor las niñas deben cumplir con todos los requisitos de los dos programas: Estrella y Estrella de Honor.

Dos grupos—Estrellas y Estrellas de Honor

Los requisitos del programa Escalera a las Estrellas está dividido entre las Estrellas (niñas de 9-11 años de edad) y las Estrellas de Honor (niñas de 12-15 años de edad). El nivel de estudio y los requisitos para las Estrellas es un tanto más fácil que para las Estrellas de Honor.

Programa de estudios y actividades

La consejera puede abarcar los ocho pasos en 12 a 14 meses. Cada uno de los ocho pasos tiene seis sesiones de estudio. Las niñas avanzan juntas como grupo de un paso al otro.

Cada uno de los ocho pasos tiene un enfoque principal, que está dividido en seis sesiones.

Las sesiones #1, #2, y #6 incluyen una serie de lecciones que la consejera ha de enseñar. Hay una hoja de trabajo que corresponde a cada una de estas sesiones: No. 1 - Historia bíblica, No. 2 - Misiones foráneas, y No. 6 - Estudio especial. Las hojas de trabajo se encuentran en el Manual para la Estrella y en el Manual para la Estrella de Honor. En las sesiones No. 4 - Ministerio en grupo, y No. 5 - Insignias de mérito, las niñas trabajan juntas en ministerio y en diez proyectos diferentes. Casi todos los requisitos de estos pasos se pueden completar durante las reuniones de las misioneritas y/o el ministerio en grupo. Por supuesto que las niñas deben cumplir en casa con la lectura personal de la Biblia, el apunte de los diezmos y de la oración, y el trabajo de memoria.

Requisitos de paso

Cuando la misionerita cumple con los requisitos de un paso, la consejera pondrá sus iniciales y la fecha en el espacio indicado de la hoja de trabajo y en el Informe del Progoreso Individual de su manual. Cuando las niñas hayan ministrado en grupo, todas las que participan deben recibir crédito. La consejera da un repaso final para verficar que la niña ha cumplido con todos los requisitos para terminar el paso. La consejera debe usar la "Hoja de Requisitos de la Consejera" durante ese repaso. También revisa el Informe del Progreso Individual de cada misionerita.

Visitas

Si una visita entre los 9 y 11 años de edad asiste a la reunión de Misioneritas trabajá con el grupo de Estrellas. Si tiene entre 12 y 15 años de edad debe pasar al grupo de Estrellas de Honor. (Las niñas que comiencen después de la edad de once años sin haber terminado el programa de Estrellas deben cumplir con ciertos requisitos para poder ser coronadas como Estrella de Honor.)

Cualquier niña que entra al programa como visita comienza a trabajar en el mismo paso que el grupo de Misioneritas está estudiando entonces. Por ejemplo, si el grupo está trabajando en el tercer paso, Tabita, la niña nueva en el programa debe comenzar estudiando este paso. Al final del ciclo de ocho pasos, ella recibirá los anteriores pasos para trabajar cuando la consejera termine todos los pasos y comience de nuevo con el paso uno, Elisabet. De esta manera, la repetición de las seis lecciones no será aburrida para las otras niñas. Hay abundante material en el manual para la consejera para que haya suficiente variedad. La sección de Recursos del Manual para la Consejera ofrece un tesoro de materiales para estudios, juegos, adivinanzas, melodramas, y dramas adicionales.

La visita puede hacerse Miembro Asociado después de asistir a tres reuniones consecutivas y entonces puede comenzar a trabajar en el programa de Escalera a las Estrellas. Nunca es prudente presionar a una joven para que acepte a Cristo antes de estar lista. El motivo para permitir que la niña sea Miembro Asociado es dar tiempo al Espíritu Santo para que obre en su vida. El compromiso permanecerá firme si ella toma esta decisión basada en la paciente obra del Espíritu Santo. Puede ser Miembro Oficial de Misioneritas cuando haya cumplido con todos los requisitos.

Lectura bíblica y trabajo de memorización

La lectura de la Biblia es el único requisito que es un poco más difícil para la mayoría de las niñas. Para que sigan el plan de lectura, será necesario animarlas y supervisarlas. El cuadro para la lectura de la Biblia está dividido entre Estrellas y Estrellas de Honor.

Es posible que las Estrellas tengan dificultad con el vocabulario de la Biblia. Muchas de las niñas más pequeñas no comprenderán del todo el significado de lo que leen. Explique y conteste las preguntas que le hagan. No obstante, aunque quizás no comprendan todo lo que lean, el aspecto más importante es que están desarrollando el hábito de leer la Biblia todos los días, y están aprendiendo el valor que tiene la Palabra de Dios en su vida. Se debe exhortar a las niñas para que mantengan su corazón abierto a las muchas maravillosas promesas y enseñanzas que la Biblia tiene para ellas.

Para mantener uniformidad, todo el trabajo de memoria deber ser de la versión Reina-Valera.

La consejera como maestra

La consejera es la clave para hacer que el programa de Misioneritas sea interesante y alentador. Las siguientes sugerencias ayudarán a usted y a las jovencitas a ascender la escalera.

A. Haga fácil y divertido el trabajo de memoria con el uso de juegos.

B. Dé tiempo durante las reuniones del grupo para ayudar a las niñas individualmente. También dé oportunidad para que hagan preguntas sobre la Escalera a las Estrellas. Recuerde, esto debe ser sólo una parte de la reunión.

Si hacen alguna pregunta que usted no puede contestar, no tema admitir que no lo sabe. Pero, después, asegure a las niñas que usted hará lo mejor que pueda para encontrar la respuesta antes de la próxima reunión. ¡No se olvide de investigar la pregunta!

C. Dé dirección a las niñas, pero no haga el trabajo que les toca a ellas.

El Manual para la Estrella y el Manual para la Estrella de Honor

Anime a cada niña para que traiga su manual a todas las reuniones de Misioneritas. Revise periódicamente los manuales para estar segura de que las niñas estén al día con su trabajo y que los manuales estén ordenados.

Al revisar el manual, sea poco severa respecto a la

ortografía, especialmente con las Estrellas.

Pedido de los materiales

La consejera tiene la responsabilidad de hacer los pedidos de los materiales especiales que las Misioneritas van a necesitar (uniformes, bandas, insignias de mérito, tarjetas de miembro, etc.). Los pedidos se deben hacer con bastante antelación para permitir que los materiales lleguen para la fecha en que se necesitan para no causar un tiempo de desinterés.

Los siguientes seis tipos de sesiones deben incluirse en cada uno de los ocho pasos. Todas estas sesiones pueden ser presentadas en cualquier orden, excepto la primera. La primera sesión consiste de una historia bíblica que introduce el paso. Considere el orden que se sugiere.

B. Estudios y actividades para cada paso

Paso I - Historia bíblica (insignia de paso)

La primera sesión presenta el tema y el énfasis bíblico para ese paso en particular. El estudio es sobre la mujer de la Biblia cuyo nombre identifica ese paso. Cada estudio tiene una aplicación espiritual y práctica. La consejera orará buscando la dirección del Espíritu Santo para adaptar el contenido a las necesidades de las niñas.

Sesión de Paso I - Historia bíblica

#1	Elisabet
#2	Sara
#3	Tabita
#4	Rut
#5	Ester
#6	Loida
#7	Lidia
#8	Ana

Dos de los pasos tienen la misma historia bíblica para las Estrellas y para las Estrellas de Honor, pero la aplicación espiritual y las preguntas en la hoja de trabajo son diferentes. Los requisitos para completar la sesión de estudio bíblico son los siguientes:

- Terminar el trabajo escrito en la hoja de trabajo.
- Memorizar el versículo.
- Memorizar el significado y el símbolo del paso.
- Pasar el examen oral. El supervisor hace cuatro o cinco preguntas de la hoja de trabajo. Todo el trabajo de memoria será revisado oralmente.

Sesión 2- Misiones foráneas

Los estudios sobre las misiones foráneas consideran dos áreas principales: 1) Las Estrellas estudian los países del continente de América. La consejera puede escoger entre 21 estudios diferentes. 2) Las Estrellas de Honor tienen tres lecciones sobre las religiones del mundo y ocho lecciones sobre diferentes países de Asia, África, y Europa. En el futuro se desarrollarán más lecciones para aumentar los recursos para la consejera de Estrellas de Honor.

- un mapa del país
- un corto relato histórico y una corta descripción de la cultura
- una historia misionera del presente
- una hoja de trabajo
- peticiones especiales de oración por el país

Si necesita más información durante la preparación de las lecciones, examine la "Introducción a las Misiones Foráneas" en el Manual de Estudio para la Consejera de Estrellas o en el Manual de Estudio para la Consejera de Estrellas de Honor.

Los requisitos para completar las lecciones sobre misiones foráneas son:

- Terminar el trabajo escrito en la hoja de trabajo.
- Pasar el examen oral; la consejera hará cuatro o cinco preguntas de la hoja de trabajo.

Hay algunos Requisitos Adicionales para completar los estudios sobre misiones foráneas. Las Estrellas deben tener por lo menos seis lecciones sobre los países del continente americano. Las Estrellas de Honor deben completar por lo menos dos lecciones sobre las religiones del mundo y seis sobre misiones foráneas.

Sesión 3 - Noche de trabajo

Estas sesiones deben planificarse con mucho cuidado. El tiempo disponible se puede usar para las siguientes actividades:

- Hacer los arreglos necesarios para el trabajo de ministerio de la Sesión 4 (Ministerio en grupo)

- Terminar el trabajo manual que las niñas van a regalar. Pueden practicar su parte en el programa: presentación con títeres, cantos, testimonios, etc.
- Planificar el culto
- Terminar el trabajo para recibir la insignia de paso: terminar la hoja de trabajo y el trabajo de memoria
- Terminar los requisitos para recibir la insignia de mérito

Sesión 4 - Ministerio en grupo

El ministerio en grupo tendrá lugar fuera de la iglesia. Las niñas y sus padres deben saber de antemano la hora en que saldrán de la iglesia y cuándo regresarán. Sugerencias para la sesión de Ministerio en grupo:

- Entregar las hojas sueltas invitando a la gente a asistir a un culto especial o a una cruzada.
- Ayudar en un Club de la Biblia para niños.
- Tener un programa especial para niños que están en un orfanatorio o en un hospital.
- Organizar un programa evangelístico para niños en un barrio pobre de la ciudad. Las niñas pueden preparar un dramita con títeres o una historia bíblica visualizada.
- Visitar a una persona necesitada, demostrando así el amor de Dios.
- Visitar iglesias para promover el programa de Misioneritas.
- Invitar a las niñas a ser parte del programa de Misioneritas.
- Recoger ropa, comida, y útiles escolares para ayudar a familias necesitadas.
- Limpiar la iglesia (adentro y afuera).
- Ayudar al pastor a recoger ofrendas misioneras para una nueva iglesia, un instituto bíblico, o para los misioneros en los países foráneos.

Estas son sólo algunas sugerencias para ministrar.

Hay muchas más maneras en las que las niñas pueden participar en servicio cristiano. La sesión de Ministerio en grupo es una de las partes más importantes del programa. Por lo tanto, la planificación será la clave para su éxito. Recuerde que tanto las experiencias positivas como las negativas preparan a las niñas para hacer frente a cualquier aspecto del ministerio en el futuro. Comience a orar con su grupo varias semanas antes del día fijado para ministrar.

Los programas de Ministerio en grupo necesitan variedad y deben abarcar todas las áreas de ministerio:

- La familia
- El vecindario y la comunidad
- La iglesia local
- Misiones domésticas
- Misiones foráneas

Cerciórese de que todas niñas tengan la oportunidad de desarrollar nuevas capacidades en el ministerio. Esta sesión puede ser una tremenda oportunidad para la satisfacción propia y el gozo de las niñas. Las preparará para toda una vida de fructífero servicio al Señor.

Los requisitos adicionales para las Estrellas y las Estrellas de Honor en esta sección serán para tomar parte en una actividad de ministerio por lo menos una vez cada trimestre. Cuando se haya cumplido con esta actividad en grupo, todas las niñas que hayan tomado parte recibirán su crédito.

Sesión 5 - Insignias de mérito

Hay nueve diferente insignias de mérito.

- Insignia de amistad
- Insignia de las Asambleas de Dios
- Insignia de ciudadanía
- Insignia de cocina
- Insignia de costura
- Insignia de drama
- Insignia de música
- Insignia de servicio cristiano

Las insignias de mérito fueron creadas para reforzar la preparación de las niñas en los diferentes aspectos de la vida. Ellas están en una etapa formativa y necesitan aprender sobre estos aspectos en maneras prácticas. La consejera puede buscar a profesionales para que le ayuden a que algunos miembros de la iglesia tomen parte en el programa de Misioneritas. Si necesita más información, vea la "Introducción a las insignias de mérito" en el Manual de Estudio para la Consejera de Estrellas y en el Manual de Estudio para la Consejera de Estrellas de Honor.

Se puede cumplir con una gran parte de los requisitos para las insignias de mérito al trabajar en grupo en el aula. Algunos de los requisitos fuera del aula pueden cumplirlos dos niñas juntas, aunque cada una recibirá créditos individuales.

Un requisito adicional para las Insignias de mérito para Estrellas y Estrellas de Honor es completar por lo menos dos Insignias de mérito para cada programa. La consejera puede dividir los requisitos de una sola insignia de mérito y completar una insignia para cada dos pasos.

Sesión 6 - Estudio especial (insignia de paso)

Cada uno de los 8 pasos tiene un estudio especial, excepto el Paso 1 y el Paso 7 que tienen dos estudios. Es posible que se tome dos semanas para completar cada estudio. A continuación se encuentra un bosquejo de los estudios especiales para los 8 pasos.

- Pasar el examen oral. La consejera hará cuatro o cinco preguntas de la hoja de trabajo. Las niñas deberán poder decir todo el trabajo de memoria. En caso de que usted necesite más ayuda para preparar el estudio especial, vea "Ayudas importantes para la consejera al preparar la lección" en el Manual para Consejeras de Estrellas y en el Manual para Consejeras de Estrellas de Honor.

Pasos	Estrellas	Estrellas de Honor
#1	La salvación La sanidad divina	La salvación La sanidad divina
#2	La santidad	La santidad
#3	La mayordomía	La mayordomía
#4	El Espíritu Santo	El Espíritu Santo
#5	La postura	La modestia
#6	Nuestra imagen propia	El noviazgo y el matrimonio
#7	Las amistades El testimonio	La presión y la popularidad
#8	La Segunda Venida	La Segunda Venida

Los requisitos para completar el estudio especial son:

- Terminar el trabajo escrito en la hoja de trabajo.
- Memorizar el ideal para ese paso.

C. Símbolos e ideales

La " M" es el símbolo del nombre Misioneritas. Los ochos puntos del programa de la Escalera a las Estrellas sugiere los ocho ideales de Misioneritas.

PASO 1	Elisabet	La cruz recuerda a las misioneritas las Buenas Nuevas de que Cristo murió por los pecados de ellas.
PASO 2	Sara	El crecimiento cristiano es importante para la misionerita, y también es testimonio positivo al mundo acerca de su salvación.
PASO 3	Tabita	Uno de los puntos de la estrella de Misioneritas recuerda a la misionerita que su sabia administración del tiempo, el dinero, y los talentos es agradable a Dios.
PASO 4	Rut	La paloma simboliza la ternura del Espíritu Santo. Se nos recuerda de nuestra gran necesidad de Él en nuestra vida.
PASO 5	Ester	Más allá de la buena administración del tiempo, el dinero, y los talentos, la misionerita aprende que ella también es administradora de sus pensamientos, su mente, y sus palabras.
PASO 6	Loida	Mientras se prepara para ser mujer la misionerita aprende y practica pureza y el comportamiento cristiano en el noviazgo y el matrimonio.
PASO 7	Lidia	El globo recuerda a las misioneritas el privilegio de ministrar a los demás, dentro y fuera de su país.
PASO 8	Ana	El punto final recuerda a la misionerita que Jesús vino como bebé la primera vez, pero que la segunda vez volverá a la tierra como Rey.

IDEALES (NUESTROS IDEALES)

Hay ocho ideales que las misioneritas no sólo aprenderán sino que también pensarán en ellos día a día y los practicarán hasta que se conviertan en parte de su vida cotidiana. Estos ideales son:

1. Estar segura de la salvación personal.
2. Tratar de crecer en la "gracia y conocimiento de Cristo".
3. Ser fiel administradora de su tiempo, dinero, y talento.
4. Recibir el bautismo en el Espíritu Santo.
5. Convertirse en una bella persona en Cristo porque somete a Cristo sus pensamientos, su mente, y sus palabras.
6. Formar hábitos buenos y puros ahora para que cada misionerita esté preparada cuando sea lo suficientemente mayor para pensar en el noviazgo y el matrimonio.
7. Hablar a otros en casa de Jesús y fortalecer la causa misionera en otras tierras.
8. Estudiar, creer, y vivir en anticipación del regreso de Cristo.

Estos ideales sirven como propósitos para las misioneritas.

INTREPRETACIÓN DE LOS IDEALES

Estos ideales sirven como propósitos que son básicos para lograr verdadero propósito en la vida de cada niña. Memorizará los ideales –en realidad antes de haber fijado muchos propósitos para sí misma– para que se puedan convertir en parte de su vida.

1. Ser salva o "nacer de nuevo" quiere decir confesar sus pecados y aceptar el sacrificio de Cristo en la Cruz para *la salvación y la sanidad de enfermedades*.
2. El crecimiento cristiano viene después de la salvación. *La santificación* es un proceso continuo de cambio y madurez, al poner a Cristo primero en todas las cosas.
3. Mientras la misionerita aprende a diezmar y a mantener un apunte, se prepara en una fase del ideal de ser una *fiel administradora de su tiempo, su dinero, y su talento*.
4. *El bautismo en el Espíritu Santo* tiene por lo menos dos propósitos: ayudar a la misionerita a vivir para Jesús y ayudarla a ministrar a los demás.
5. La misionerita busca dejar que Cristo controle *sus pensamientos, su mente, y sus palabras*.
6. El futuro de la misionerita siempre es llegar a ser una *mujer adulta*. Los hábitos que se forman ahora indican la mujer santa que llegará a ser.
7. Muchos cristianos son temerosos cuando tratan de *testificar a los demás*. Como jóvenes misioneritas, las niñas aprenden a hablar a los demás de Jesús en la vida cotidiana como también a contribuir de alguna manera a las misiones mundiales.
8. Cada niña aprenderá sobre *la segunda venida de Cristo* y la importancia de cumplir con su plan perfecto en su vida antes de su inminente regreso.

Para muchas niñas, usted, la consejera, será el intérprete humano más cercano de los ideales. En los momentos serios y durante los momentos divertidos ellas verán su actitud y su comportamiento. No deje que ese pensamiento la asuste, sino que la inspire a dejar que Cristo la posea tan totalmente que usted y sus niñas se unan en una creciente manifestación de los ideales.

El Espíritu Santo le ayudará a extender a las niñas el necesario toque en el momento preciso, y usted será recompensada al ver los ideales desarrollarse en la vida de ellas.

CONCLUSIÓN

Es inútil evangelizar a las niñas y jovencitas si la iglesia no está lista para subsanar sus necesidades espirituales, físicas, emocionales, y sociales. Dios ha puesto en nuestras manos los medios necesarios para formar mujeres cristianas con una visión misionera, para prepararlas a ser eficaces obreras para la Gran Comisión.

MISIONERITAS

- I. **Importancia del tema**
- II. **Objetivos**
- III. **Introducción**
- IV. **Programas de Misioneritas**
    - A. Introducción
    - B. Clubs por edades
    - C. Resumen
- V. **Programa de Misioneritas en América Latina**
    - A. A. Programa Escalera a las Estrellas
    - B. Estudios y actividades para cada paso
    - C. Símbolos e ideales
- **Conclusión**

Capítulo 14

TEMA: Exploradores del Rey

ESCRITOR: Eugene Hunt

I. IMPORTANCIA DEL TEMA

El programa de Exploradores del Rey de Las Asambleas de Dios responde en gran manera al desafío de evangelizar, desarrollar y retener a los muchachos para Cristo. Debido al mayor número de niños y jóvenes que hay en el mundo hoy, no hay duda que vale la pena invertir tiempo, esfuerzo y todos los recursos necesarios para enlistar y promover el programa de Exploradores del Rey en todas las iglesias locales

II. EJEMPLO

Varios meses después de unirse a los Exploradores del Rey en la Iglesia Central Asamblea de Dios en Santo Domingo, República Dominicana, un niño murió porque había bedido jugo de una lata contaminada. El impacto que su testimonio dejó – la dramática forma en que cambió después de hacerse Explorador del Rey y de aceptar a Jesucristo como su Salvador personal – resultó en la salvación de sus padres, familiares y amigos.

III. OBJECTIVES

1. Familiarizarse con los conceptos esenciales del programa de Exploradores del Rey.
2. Sentir la urgente necesidad de evangelizar, desarrollar y retener a los muchachos para Cristo.
3. Desear prepararse y motivar a los demás para ser líderes de Exploradores del Rey.
4. Poder instruir a los que no conocen la importancia y las funciones básicas del ministerio de Exploradores del Rey.

IV. PROGRAMA DE EXPLORADORES DEL REY

Objetivo

Es una organización que tiene como objetivo enseñar, desafiar e inspirar a los muchachos de 5 a 17 años de edad sobre la doctrina bíblica, el servicio cristiano, la conducta moral y las creencias fundamentales de la iglesia por medio de una serie de actividades estimulantes.

Propósito

1. Evangelizar a los muchachos de 5 a 17 años de edad.
2. Promover su desarrollo personal (espiritual, físico, mental y social) para Jesucristo.
3. Mantener a estos muchachos dentro de las iglesias locales.

Metas

1. Enseñar doctrina bíblica. Cuando un Explorador del Rey termina el programa, debe tener un conocimiento básico de lo que enseña la Biblia.
2. Desafiar a los muchachos para el servicio cristiano. Al terminar este programa, el Explorador debe estar preparado para tomar su lugar en el servicio cristiano dónde sea dirigido.
3. Inspirar confianza en las creencias fundamentales de la iglesia. Después de terminar el programa el Explorador debe tener un cimiento sólido que le ayude a permanecer fiel a Dios por el resto de su vida.
4. Satisfacer la necesidad de actividad de los muchachos. Al darles un programa interesante, los muchachos se mantendrán ocupados en las cosas del Señor y alejados de la tentación de participar en actividades insalubres.

Métodos

Las metas se lograrán por medio de métodos.
1. **Actividades.** Se les debe ofrecer actividades a los Exploradores. Si no se les ofrecen

actividades adecuadas, los muchachos terminarán iyendo a otro lugar.

- Campamento: La palabra campamento despierta emoción en el corazón del muchacho. Representa aventura, gloria y hermandad. Los muchachos sueñan con acampar al aire libre, cortar leña, hacer fogatas, cocinar al aire libre y hacer excursiones. Sin embargo, para que gocen al acampar, deben entender los procesos básicos de primeros auxilios, higiene, uso del compás, trabajar con fuego y hacer un estudio de la naturaleza.
- Juegos: Los juegos son importantes porque se pueden usar para enseñar a los Exploradores lo que significa ser un buen ciudadano, ser justo, ser leal y cooperar.
- Excursiones:
    a. estumulan interés
    b. ofrecen una oportunidad de hacer algo diferente
    c. enseñan lecciones importantes por medio de discusiones sobre los lugares que se visitaron
- Mantenerse en forma
    a. enseña la importancia de tener un cuerpo fuerte y saludable
    b. enseña el efecto dañino que los malos hábitos tienen en el cuerpo
    c. enseña que la limpieza y la salud contribuyen al buen testimonio
- Primeros auxilios
- Historias
- Dramas pequeños y demostraciones de habilidades
- Ejercicios inesperados
- Pasatiempos y trabajos manuales
- Habilidades
- Colecciones

2. **Ceremonias y cultos especiales**
3. **Instrucción sobre la vida cristiana**
- Comportamiento
    a. personal
    b. social
    c. moral
- Responsabilidaes

4. **Indoctrinación en:**
    a. la Palabra de Dios
    b. doctrina bíblica
    c. las creencias de la Iglesia

5. **Reuniones del OUTPOST**
- Lugar de reunión del Concilio de OUTPOST
- Horario
    a. lo determina el comandante y el Concilio de OUTPOST
    b. no debe interferir con otros programas de la iglesia
- Contenido
    a. no debe ser muy largo (entre sesenta y noventa minutos)
    b. debe incluir cada fase de los objetivos (actividades, instrucción e indoctrinación)

6. **Uniforme**
- Aumenta la estimación de la apariencia personal
- Da un sentido de responsabilidad
- Atrae atención (las encuestas indican que la razón principal por la que los muchachos se unen a los grupos de jóvenes es que son atraídos por el uniforme)
- Crea un sentido de unidad
- Promueve unidad y lealtad
- Crea una conciencia de igualdad social
- Ayuda a mantener disciplina (los muchachos se comportan mejor cuando están en uniforme)
- Crea un ambiente que ayuda a promover el programa
- Representa afiliación (*todos los muchachos deben tener un carnet de participación para poder usar el uniforme*)

Nombre del grupo	Edades
1. Navegantes	5–7
2. Pioneros	8–10
3. Seguidores de la Senda	11–13
4. Exploradores	14–17

V. PARTICIPACIÓN EN EXPLORADORES DEL REY

Martín Lutero una vez expresó el siguiente pensamiento sobre enseñar: "Si yo pudiera dejar el oficio de predicar y otras cosas, o si tuviera que hacerlo, nada me agradaría más que ser director de escuela, o maestro de muchachos; pues sé que esta es la obra más útil, más grande y la mejor, después de la obra de predicar. Verdaderamente, apenas sé cuál de las dos es la mejor; pues es difícil hacer obedientes a los perros viejos y píos a los RASCALS viejos; y ese es el trabajo en que el predicador debe laborar, con frecuencia en vano. Pero los árboles jóvenes se pueden doblar y entrenar mejor aunque algunos de ellos se quiebren en el proceso".[1]

Es más, hay muchas oportunidades para los jóvenes que se sienten llamados por Dios para trabajar en Exploradores del Rey. Necesitan ser hombres que desean prestar servicio como capellanes, consejeros o comandantes. Para este ministerio, uno debe tomar en cuenta lo siguiente:

A. Requisitos del líder de Exploradores del Rey

1. ¿Es usted un creyente nacido de nuevo con un sólido fundamento en la Palabra de Dios?
2. ¿Es usted leal a su iglesia?
3. ¿Son sus costumbres e ideales irreprochables?
4. ¿Le agrada trabajar y estar con muchachos jóvenes?
5. ¿Es su vida un ejemplo para los demás?
6. ¿Tiene talento para dirigir y delegar autoridad?
7. ¿Posee buen juicio y sentido común?
8. ¿Está usted dispuesto a aceptar responsabilidad?
9. ¿Usted inspira respeto de parte de otros jóvenes?
10. ¿Coopera usted con el programa de la iglesia?
11. ¿Está usted dispuesto a tomar clases de preparación?
12. ¿Tiene usted por lo menos 21 años de edad? (Los Segundos Comandantes tienen que tener por lo menos 18 años de edad.).

B. Proceso para ser Explorador del Rey

1. Obtener el apoyo de su pastor. Esto, después de su llamado de parte del Señor, es la clave principal.
2. Obtener copias de los manuales para Exploradores del Rey y estudiarlos detenidamente.
3. Matricularse en la clase de preparación para líderes de Exploradores del Rey. Esta clase ha sido diseñada para preparar a los directores en todas las fases del programa.
4. Llevar correctamente puesto el uniforme de Exploradores del Rey.
5. Cooperar con los programas locales de Exploradores del Rey ya establecidos.

Para más información escribe a:
Royal Rangers International
1445 North Boonville Avenue
Springfield, Missouri 65802-1894 USA
Tel. 417-862-2781 ext. 4194
FAX 417-831-8230
E-mail: RRI@ag.org or dmarsh@ag.org
Website inglés: www.royalrangersinternational.com
Website español: www.ERLAC.com

REPASO

1. Los tres objetivos principales de Exploradores del Rey son _____, _____ y _____ _____ a los muchachos.
2. ¿Exploradores del Rey tienen una meta de evangelizar a los muchachos de qué edad?
3. ¿Qué métodos usa Exploradores del Rey para desarrollar a los jóvenes?
4. Mencione las razones para usar el uniforme de Exploradores del Rey.
5. ¿Con quién debe hablar un posible líder de Exploradores del Rey?

NOTA FINAL

[1] Barnes, Royal Rangers Manual. 63.

Visión, Misión, Valores y Métodos de Exploradores del Rey

EXPLORADORES DEL REY

- **I. Importancia del Tema**
- **II. Ejemplo**
- **III. Objetivos**
- **IV. Programa de los Exploradores del Rey**
  Objetivo
  Propósito
  Metas
  Métodos
- **V. Participación en los Exploradores del Rey**
  Requisitos del líder de Exploradores del Rey
  Proceso para ser Explorador del Rey
- **Repaso**
- **Notas finales**

Capítulo 15

TEMA: La Escuela Dominical

ESCRITORAS: Bienvenida Columna y Kathy Jingling

IMPORTANCIA DEL TEMA

La Escuela Dominical es una respuesta a las directivas bíblicas de enseñar la Palabra de Dios tanto del Antiguo como del Nuevo Testamento. Es un ministerio de enseñanza organizado y una fuerza evangelística eficaz de la iglesia local. Los niños son una parte integral del cuerpo de Cristo, sin embargo la iglesia local con frecuencia no se da cuenta de esto. Por medio de la Escuela Dominical los niños pueden ser discipulados e integrados a la iglesia.

EJEMPLOS

Bienvenida Columna, de la República Dominicana, puede verificar la eficacia de la Escuela Dominical. Ella fue salva por medio de este ministerio y durante 20 años ha dedicado su vida para avanzar y perfeccionar esta obra.

Cuando el pastor Freddy Martínez comenzó su ministerio en la República Dominicana en 1978, la Escuela Dominical tenía un promedio de asistencia semanal de 130. El hermano Freddy, parte del Comité Nacional de Escuela Dominical, inició clases para preparar a maestros en su iglesia. Él enfatizó a los maestros la importancia del evangelismo y del discipulado. La Escuela Dominical creció tanto que dentro de poco tiempo no había suficiente espacio.

Hoy, la Escuela Dominical cuenta con más de 1.000 asistententes cada domingo. Está organizada en tres sesiones de 45 minutos cada una y comienza a las 8 a.m. Cada sesión ofrece clases para los niños más pequeños hasta los adultos. Hay clases para los recién convertidos y para los recién bautizados. También hay cultos de adoración para niños y adultos. El hermano Freddy dice: "Gloria al Señor, comenzamos nueve iglesias afiliadas, todas con una Escuela Dominical activa desde el comienzo. ¡Yo creo en el ministerio de la Escuela Dominical!"

OBJETIVOS

1. El obrero sabrá cómo organizar una Escuela Dominical.
2. El obrero se dará cuenta de las necesidades a las que la Escuela Dominical puede ministrar eficazmente.
3. El obrero podrá hacer una lista de varias ideas para enriquecer la Escuela Dominical.
4. El obrero entenderá la importancia de la continua preparación de los obreros de Escuela Dominical.
5. El obrero aprovechará la oportunidad que ofrece la Escuela Dominical para el crecimiento de la iglesia.
6. El obrero aplicará activamente ideas para lograr el mayor potencial de la Escuela Dominical.

I. INTRODUCCIÓN

La Escuela Dominical es un ministerio con múltiples propósitos de la iglesia local. En este estudio consideraremos muchos lados de este complejo y multifacético tema. Consideraremos el propósito de la Escuela Dominical como también la estructura necesaria para expandir su ministerio. Se prestará atención a algunas de las necesidades que la Escuela Dominical puede subsanar. Finalmente, se ofrece una muestra de una lista de ideas y métodos que pueden enriquecer o revitalizar una Escuela Dominical. Ya sea que se esté estableciendo una nueva Escuela Dominical o que un programa ya existente esté buscando maneras de ser fortalecido y rejuvenecido, este estudio ofrecerá muchas propuestas que provocarán pensamientos.

II. PROPÓSITO

A. Evangelismo

La Escuela Dominical ha estado al frente del evangelismo como un medio semanal para presentar el mensaje de salvación a todas las edades. Históricamente, muchas iglesias han comenzado por el ministerio inicial de una Escuela Dominical. Cuando este programa ministra a cada persona respecto a su habilidad y madurez, la Escuela Dominical sigue ofreciendo a la iglesia local su medio más poderoso para llevar almas a Cristo.

Se puede alcanzar con más eficacia a la gente por medio de relaciones personales antes que por métodos en masa. La Escuela Dominical proporciona un ambiente de grupo más pequeño que permite que los parientes y amigos participen sin sentirse amenazados. El pecador puede aprender acerca de su estado perdido y de su necesidad del poder transformador de la salvación por medio del llamado del Espíritu Santo y de la enseñanza en la Escuela Dominical. Este ministerio complementa la predicación de la Palabra y los momentos en el altar de los cultos de adoración.

La Escuela Dominical desea cumplir con la Gran Comisión como un mandato para llevar a todos, incluso a los niños, a un conocimiento personal del Señor Jesucristo. Con demasiada frecuencia, los niños son olvidados o descuidados en el culto de la iglesia porque la predicación y los testimonios son dados más allá de su nivel de comprensión. Los niños pueden ser ganados para Cristo Jesús cuando el Espíritu Santo ministra a través de la proclamación de la Palabra que se adapta a la comprensión del niño. La Escuela Dominical desea ministrar a cada persona a su nivel de entendimiento.

B. *Educación*

La Escuela Dominical también es el brazo educativo de la iglesia local. Proporciona una enseñanza sistemática de la Biblia a todas las edades. El programa educativo de la Escuela Dominical debe tener como centro un entendimiento de: el Trino Dios y su naturaleza, la naturaleza del hombre y su necesidad de un Salvador y Señor, la Biblia como la Santa Palabra de Dios y dirección para nuestra vida, y el concepto de la Iglesia como su cuerpo en Cristo de creyentes. También debemos comunicar claramente nuestra distinción pentecostal y nuestra creencia en el presente ministerio del Espíritu Santo.

El plan educativo de la Escuela Dominical debe incluir preparación bíblica básica, enseñanza de las ordenanzas de la Iglesia (bautismo en agua y Santa Cena), instrucción de las doctrinas de la Iglesia (Fundamentos de la fe), y explicación de las prácticas de la Iglesia (diezmo y ofrenda, oración, vida devocional, bautismo en el Espíritu Santo, evangelismo, estudio bíblico, misiones, etc.). Le toca a la iglesia local, a través de ministerios como la Escuela Dominical, educar y discipular al pueblo de Dios, prepararlo para usar la Palabra de Dios como se expresa en Hebreos 4:12, y ayudar a los creyentes a madurar como cristianos.

C. *Discipulado*

El discipulado es el proceso que Jesús aplicó para instruir a sus discípulos. Él transformó la vida de doce hombres enseñándoles discipulado. Con una cuidadosa mezcla de instrucción, ejemplo y participación en el ministerio de la Escuela Dominical los creyentes pueden ser preparados para mantener una vida cristiana consistente y llevar a cabo la tarea de evangelizar al mundo. Como declara Mateo 28:18-20, la misión de la Iglesia es hacer discípulos. La Escuela Dominical es un lugar excelente para llevar a cabo esta tarea.

El proceso de discipular debe seguir el ejemplo de Cristo de inspiración, instrucción, y participación. Los lados dobles del discipulado son declaración (declarar a los demás lo que dice la Palabra de Dios) y discipulado (el compromiso a cambiar de vida). El proceso de discipulado comienza en el momento en que el obrero de Escuela Dominical tiende la mano al alumno.

Debemos desear que el Espíritu Santo obre en nuestras escuelas dominicales, pues el Espíritu Santo inspira el cambio en el corazón del pecador llevando así al individuo a la conversión. Luego Él sigue manifestando su presencia y poder a medida que el creyente crece en su conocimiento de Jesucristo.

Como Jesús instruía a sus discípulos sobre sí mismo, su relación con el Padre y el propósito de ellos en la vida, así la Escuela Dominical debe ofrecer instrucción bíblica a sus discípulos. Debemos evaluar la instrucción que se ofrece en nuestras escuelas dominicales para determinar credibilidad y eficacia en la presentación de las verdades bíblicas. Nuestros maestros deben tener la misma determinación que se encuentra en Esdras 7:10; desear saber, vivir y enseñar la Palabra de Dios.

Cristo exigió participación en respuesta a su instrucción. Hoy, la Escuela Dominical también debe implementar la participación como el resultado directo de la enseñanza. Aprender al hacer desarrolla líderes, enfatiza el ministerio, y ofrece a todos los creyentes oportunidades para servir.

D. Hermandad

La iglesia es la manifestación local del cuerpo de Cristo. Desafortunadamente, sus miembros con demasiada frecuencia ven su función como una de simplemente espectadores en una reunión semanal para un culto. El momento de unir corazones en alabanza y adoración, para oír un mensaje inspirador, y para orar es un momento de ánimo para los creyentes. Sin embargo, también somos seres sociales que necesitan de interacción con otros individuos. Necesitamos de un lugar donde la gente nos conozca de verdad y se interese por nuestras necesidades.

La Escuela Dominical ofrece una oportunidad para la hermandad cristiana. Es un grupo que puede celebrar juntos, orar juntos, aprender juntos, crecer juntos, y llevar cargas y tristezas juntos.

Los grupos pequeños de la Escuela Dominical ayudan a enriquecer la hermandad entre personas de edad e intereses similares. Es necesario entender la necesidad de tener clases individuales para varias edades e intereses para ofrecer esta función de hermandad en el cuerpo de Cristo.

III. PARTICIPANTES

Algunas iglesias creen que la iglesia es para adultos solamente. Otros creen que la Escuela Dominical es un lugar para niñitos y que los adultos ya no deben asistir. Una iglesia saludable es una que comprende y aprecia el lugar de la Escuela Dominical como un medio eficaz para todas las edades. El mandato bíblico que va hasta los días de Moisés habla de la necesidad de enseñar de Dios a todas las edades. Dios mandó a Moisés: *"Harás congregar al pueblo, varones y mujeres, y niños. . . para que oigan y aprendan, y teman a Jehová vuestro Dios, y cuiden de cumplir todas las palabras de esta ley"* (Deuterenomio 31:12). Considere tres divisiones principales de la Escuela Dominical por edad.

A. Niños

La más amplia de las tres divisiones es la de los niños. Los niveles educacionales en esta categoría tienen un alcance extremadamente amplio. Entre más la Escuela Dominical pueda dividir a este grupo en grupos más pequeños por edad, más eficaz será la enseñanza. La iglesia también puede ofrecer un ministerio para niños preescolares.

Los bebés, de 0-2 años de edad, pueden estar en una guardería donde los obreros les muestran dibujos llamativos, hablan del amor de Dios, y cantan cánticos sencillos que comenzarán a influenciarlos hacia un amor para Dios.

Los pequeños que ya caminan, de 2 y 3 años de edad, comienzan a entender un poquito más sobre los demás y con frecuencia aprenden sobre Dios por medio del juego dirigido.

Los preescolares, de 4 y 5 años de edad, están listos para aprender sobre el amor de Dios mediante enseñanza acerca de sus obras. Cuando los niños comienzan la primaria, la Escuela Dominical con frecuencia divide sus clases por grado. Las divisiones más comunes son: grados 1-3 y grados 4-6, o grados 1-2, luego 3-4 y finalmente 5-6. Las mejores divisiones serían una clase para cada grado, si es posible.

B. Jóvenes

Los jóvenes se pueden combinar desde los adolescentes hasta los adultos jóvenes, o si es posible, dividir en grupos según las divisiones generales por edad de los alumnos (13-15 años de edad, 16-18, 19-22, etc.).

C. Adultos

La última categoría principal de alumnos es la de los adultos. Se puede enseñar a este grupo con más eficacia por medio de algunas divisiones también.

- Los adultos jóvenes (alumnos universitarios, de carrera, recién casados, nuevos padres de familia, etc.)
- Mediana edad (los hijos han dejado el hogar, rutinas de la vida y del trabajo, etc.)
- Mayores (jubilados, los hijos están aparte, abuelos, los efectos de la edad, enfermedad, etc.)

La gente se relaciona mejor y aprende más cuando comparte intereses, habilidades, valores y necesidades comunes con los otros miembros del grupo. La Escuela Dominical necesita mantener en mente este principio al formar grupos. Aunque cada niño se desarrolla física, mental, emocional y espiritualmente a su propio paso, todavía pasa por las mismas etapas generales de desarrollo que los otros niños de la misma edad y por tanto comparte características de desarrollo similares. El maestro de Escuela Dominical puede subsanar mejor las necesidades de los alumnos si están divididos en grupos similares de edad y habilidad.

IV. NECESIDADES ESPECIALES

La Escuela Dominical debe dividir a los alumnos en grupos más pequeños para mayor eficacia. Como se dijo anteriormente, esto se hace más comúnmente según la edad. Otra manera de dividir a los alumnos en clases es según necesidades especiales. Quizá cierto tema anime la formación de una clase para tratar con ese tema. No obstante, las necesidades especiales de algunos alumnos quizás no sean la base para formar una clase especial pero los maestros deben considerarlas como puntos clave con los que se tratará en el aula cuando sea posible.

A. Familia

La familia es la unidad original que Dios diseñó para instruir y discipular. Se exhorta a los padres que crien a sus hijos *"en disciplina y amonestación del Señor"* (Efesios 6:4). Ese deber no ha cambiado, sin embargo la sociedad en la que vivimos ha causado dificultad con este plan.

La Escuela Dominical debe considerarse como una ayuda y un refuerzo para la enseñanza en el hogar. Los padres deben enseñar a sus hijos la verdad de Dios y su Palabra. Debido a cambios en la sociedad, muchos padres cristianos hoy necesitan ayuda para criar a los hijos. La Escuela Dominical puede ayudar a los padres al prepararlos y enseñarles maneras de preparar a sus hijos.

Los niños recibirán refuerzo de esta enseñanza en sus clases también. Muchos niños hoy no tienen padres cristianos y la Escuela Dominical puede ser un representante de la familia de la iglesia y ofrecer esta preparación que está ausente en el hogar.

Los líderes que planean el currículo y la dirección de la Escuela Dominical necesitan determinar si su iglesia está haciendo todo lo que puede para fortalecer y apoyar a las familias cristianas.

B. Grupos específicos

Habrá alguna necesidad ocasional de clases dirigidas a grupos específicos. La Escuela Dominical debe ser sensible de las necesidades de la iglesia local y lo suficientemente flexible para planear subsanar estas necesidades. Algunos ejemplos de clases que pueden tener de 4 a 6 semanas de duración son:

- Clase para recién convertidos
- Problemas especiales
- Preparación de maestros
- Temas bíblicos especiales

También podría haber una necesidad en la iglesia de tener algunas clases para varios grupos como:

- Parejas comprometidas o recién casadas
- Crianza de los hijos
- Adultos mayores
- Minusválidos
- Otros idiomas

En oración evalúe el área para asesorar las necesidades y determinar si la Escuela Dominical está haciendo todo lo que puede para ministrarles. Permita que el Espíritu Santo dirija en planear maneras de ministrar.

C. Problemas

Otra área de preocupación es encontrar una manera eficaz de tratar con algunos problemas especiales. Las áreas sensibles se pueden tratar mejor dentro de la Escuela Dominical. Esta puede ser una manera en que la iglesia enseñe y ministre a los individuos que están tratando problemas como:

- Divorcio
- Imagen de sí mismo
- Crisis de la vida media
- Enfermedad
- Abuso de alcohol y de drogas
- Dinero y presupuesto
- Muerte y duelo
- Trabajo y desempleo

Ya sea que la Escuela Dominical ofrezca clases especiales para necesidades específicas o que se anime a los obreros que traten con estos problemas en las clases regulares, la iglesia puede encontrar un medio valioso para un ministerio profundo a nuestro necesitado mundo por medio de la Escuela Dominical.

V. ESTRUCTURA

Este estudio presenta un breve repaso de la estructura básica de la Escuela Dominical. Las siguientes explicaciones son sugerencias útiles para formar una Escuela Dominical, pero no son absolutas; temple cada una por las circunstancias en las que su Escuela Dominical operará.

A. Organización y administración

La Escuela Dominical típica se reúne una hora antes del culto de adoración del domingo por la mañana. Cuando hay cultos múltiples, la Escuela Dominical se puede ofrecer varias veces durante los diferentes cultos. En algunos lugares la Escuela Dominical es los domingos por la tarde o por la noche.

Algunas iglesias usan la Escuela Dominical como un medio evangelístico o como grupos de discipulado los sábados por la tarde y todos los días durante las vacaciones. La Escuela Dominical también se usa con frecuencia para comenzar una nueva iglesia en un nuevo lugar. Los mismos principios de la Escuela Dominical se pueden adaptar a otros días de la semana. Sea sensible a la dirección del Señor y sea flexible para suplir las necesidades de la iglesia.

Aun la Escuela Dominical más pequeña debe ser organizada y dirigida por obreros dedicados. La Escuela Dominical es una rama del ministerio de la iglesia local, y por tanto está bajo la supervisión del pastor y de los líderes de la iglesia. Los líderes de la Escuela Dominical serán escogidos de acuerdo con la constitución de la iglesia. La mayoría de los líderes consisten de un superintendente, un secretario y tesorero, y un maestro para cada clase. Las Escuelas dominicales más grandes tendrán supervisores de departamentos, una junta de directores, y posiblemente otros líderes de ministerio.

El programa semanal de la Escuela Dominical puede variar de iglesia en iglesia. Algunas iglesias comienzan la mañana con un programa de apertura de 15 minutos para todos. Luego los alumnos son despedidos para ir a su respectiva clase. En algunas iglesias quizá también tengan un programa de apertura para cada departamento principal (principiantes, primarios, intermedios, jóvenes y adultos). Otras iglesias mandan a los alumnos directamente a su clase al llegar y el maestro tiene una actividad de apertura como parte de la lección.

La Escuela Dominical también tiene un lugar importante para celebrar días y sucesos especiales. Se pueden planear programas con la participación de todas las edades para Navidad, Día de la Madre, Día del Padre, Día de la Independencia, etc. El domingo de promoción anual significa la graduación de los alumnos a nuevas clases. Dé honor a los que asisten fielmente y reconozca el duro trabajo del personal de la Escuela Dominical.

B. Metas

La Biblia habla de la importancia de tener una visión. La Escuela Dominical debe planear cuidadosamente para ser lo que Dios quiere que sea. Los líderes deben fijar metas, como también planear objetivos y pasos a dar para lograr las metas.

La evaluación debe ser un medio constante para diseñar metas, como también examinar para ver si se han logrado. En simples palabras eso quiere decir que los líderes estudiarán cuidadosamente los apuntes de la asistencia y de las ofrendas, las clases que se ofrecen, y las áreas que necesitan ministerio y enseñanza.

Debe haber un plan anual de eventos y énfasis. Esto incluirá una lista de prioridades, como también un calendario de actividades planeadas. Cada mes o cada tres meses se puede recordar al personal acerca del énfasis de la Escuela Dominical durante ese tiempo.

C. Enlistarse y prepararse

Es imposible mantener una Escuela Dominical eficaz sin preparar a los maestros. La mayoría de maestros l no son educadores preparados, sino personas que están dispuestas a aprender cómo ser siervos del Señor a través de este ministerio. Será necesario que los líderes enlisten constantemente a nuevos maestros como alternos para todos los puestos y para dar lugar al crecimiento. Los líderes deben ofrecer preparación para los maestros. Hay varias maneras en que esto puede tener lugar.

Se puede preparar a los nuevos maestros en una clase especial. También pueden lograr valiosa habilidad al ayudar en una clase de un maestro con experiencia.

Una reunión de maestros mensual o trimestral puede ofrecer un repaso de las metas y planes, ofrecer información, y enseñar nuevas habilidades. Los maestros pueden intercambiar nuevas ideas que han dado resultado en su clase. Los líderes también pueden usar esta reunión para orar con los maestros y animarlos.

Cada año se pueden planear seminarios de preparación de una semana de duración. Se puede usar un programa para el seminario entero y luego se puede entregar un certificado por haber terminado el curso.

Evalúe las metas de la Escuela Dominical. ¿Son claras y se comunican bien a todos los obreros? ¿Cuáles son algunas maneras de preparar a los nuevos maestros? ¿Ofrece la iglesia continua preparación para ayudar a los maestros presentes?

La última consideración de enlistar y preparar obreros de Escuela Dominical es un esfuerzo concentrado por demostrar aprecio a estas finas personas que sirven al Señor de esta manera. Dan de su tiempo para prepararse, dejan de asistir a clases ellos mismos para enseñar a otros y con frecuencia dan más de lo que la mayoría jamás verá. Estas personas se están ganando una recompensa eterna, pero es importante afirmar su disposición para servir al Señor.

Planee maneras anuales para mostrar agradecimiento. Esto se puede hacer el domingo de clausura con reconocimiento y oración por el nuevo año de Escuela Dominical. Planee una cena anual para honrar a los maestros. Si los obreros de la Escuela Dominical de la iglesia son apreciados y periódicamente honrados, entonces el trabajo de enlistar nueva ayuda será más fácil. ¡A la gente le gusta ser parte de un ministerio que tiene éxito!

VI. NUEVAS IDEAS

Esta sección final consistirá de nuevas ideas, métodos y conceptos a considerar para el avance de la Escuela Dominical. Una vez se haya reconocido la necesidad de tener Escuela Dominical, una vez se hayan declarado el propósito y las posibilidades de este ministerio y la iglesia haya determinado la formación estructural del programa, entonces los maestros pueden considerar maneras creativas para lograr las metas con eficacia. Antes de escoger un método, considere varios factores.

A. Factores que determinan los métodos

Traer cambio a la Escuela Dominical puede ser una manera positiva de promover eficacia en lo que se hace. Sin embargo, añadir cambio sólo por tener algo nuevo puede disminuir la eficacia de la iglesia y crear inestabilidad. Buscar en oración la dirección de Dios es el fundamento para evaluar y planear los cambios. Una vez se haya considerado una nueva idea, será importante comunicar ese cambio a todos los obreros y alumnos. A continuación se encuentra una lista de factores que se deben ponderar al considerar un cambio de método en la Escuela Dominical o aún en la forma de enseñar dentro de un aula individual.

- Maneras de aprender: considere la necesidad de oír, ver, tocar, hacer y escribir.
- Edad y género de los alumnos: considere la necesidad de los alumnos de tener espacio y actividad.
- Número en la clase: considere el número de alumnos a ese nivel y el espacio en el que tiene que trabajar.
- Tipo de materiales o currículo: considere los requisitos para las actividades y el cumplimiento de los temas asignados.
- Equipo o local: considere el espacio del edificio y el equipo como muebles (mesas, sillas, luces, pizarra, caballete, flanelógrafo, proyecto de transparencias, etc.).
- Principio de variedad: hay muchas maneras de enseñar usando muchos métodos.
- Concepto de enseñar: considere los conceptos personales de enseñanza y los métodos que mejor se prestan al estilo y a la personalidad.

Colecte varios métodos que darán resultado con el grupo, en su ambiente y dentro de los estilos personales de enseñanza. Una Escuela Dominical eficaz es una que buscará nuevas ideas para enriquecer su programa general y que también ofrecerá nuevas ideas para usar dentro de sus clases. Las siguientes ideas se pueden usar para el programa general o para que los maestros las prueben en sus clases individuales.

B. Métodos

Dos maestros

Muchas iglesias hoy están usando el método de enseñanza en equipo. Esto hace necesario tener dos maestros para cada clase. Al principio eso podría parecer imposible cuando es difícil encontrar un maestro por clase. Pero esto se puede desarrollar gradualmente. Dos beneficios de tener dos maestros ministrando en un aula son poder preparar a los nuevos maestros por medio del discipulado y no tener que buscar suplentes.

El proceso podría comenzar con el maestro original como el maestro principal y la segunda persona como ayudante. Gradualmente la segunda persona podría participar en la presentación de la lección. Podría comenzar tomando la asistencia y recogiendo la ofrenda y luego observar. Luego podría ayudar encargándose de la porción del versículo para memorizar. Después de eso podría presentar la lección. Finalmente, los dos maestros podrían planear un horario de rotación para enseñar. Uno enseñaría mientras el otro ayuda o se encarga del versículo para memorizar, etc. Podrían encontrar muy útil cambiar cada dos semanas, cada dos meses, o hasta cada dos trimestres. Con el tiempo la iglesia podría crecer al punto en que estos dos maestros se separen y cada uno tenga una clase con un ayudante para volver a comenzar el proceso.

Algunas iglesias han comenzado a enseñar con dos maestros, pero con diferente motivación y énfasis. Tienen parejas de casados como maestros.

Esto funciona muy bien excepto cuando se hace necesario estar ausente. Generalmente ambos estarán ausentes al mismo tiempo. Un beneficio mayor de este método es para los muchos niños hoy que no tienen ambos padres en el hogar para verlos relacionarse como ejemplos cristianos. Este arreglo en la Escuela Dominical puede permitir a los niños o jóvenes observar a parejas cristianas deleitarse en trabajar juntos. Para algunos éste será el ejemplo más cercano de un hogar cristiano que jamás verán.

La tercera opción es una combinación de las dos ideas. El sistema del primer plan se puede usar, pero con parejas de casados en vez de maestros individuales. Las clases pueden ver a dos parejas en acción y se pueden preparar a nuevas parejas para enseñar.

Estudios de unidades

Los materiales de Escuela Dominical que se publican pueden ofrecer a la iglesia un programa de estudio bíblico sistemático y completo. Un currículo trata trimestralmente con un tópico o tema y ofrece ideas adicionales para el aula o para el departamento. Algunos temas podrían ser relevantes para una situación pero podrían no estar incluídos en el material.

Podría ser necesario que el maestro desarrolle un corto estudio de unidad para tratar con ese asunto. Las clases de jóvenes y de adultos con frecuencia se deleitan con los estudios cortos o de tópico de aproximadamente seis semanas y esto también podría ser presentado por un nuevo maestro o por un grupo de personas para darle un descanso al maestro regular de esa clase.

Esta idea puede ser tan sencilla como escoger un tópico o tan integrada como incluir la decoración del aula, hacer proyectos adicionales, o hasta llevar a toda la clase en una excursión. La clave está en relacionar todas las actividades y los proyectos con el tema que se estudia. Algunos posibles temas se presentaron anteriormente como problemas, pero esto también puede ser un estudio profundo de un método para estudiar la Biblia (exégesis, el uso de concordancias, etc.) o una época de la Biblia (la vida en el Antiguo Testamento, la vida de los beduinos, la vida de Cristo, la vida de la Primera Iglesia o la vida de un individuo). Al esudiar los apóstoles quizás se podría hacer una investigación sobre hacer tiendas o sobre la pesca; el aula se podría decorar con esas ideas o se podrían hacer carteles de esas ocupaciones.

Métodos variados

Hay muchos nuevos métodos para enseñar una lección, para repasar una lección, y para ofrecer aplicación. Para los que trabajan en la Escuela Dominical será importante saber cómo implementar nuevos métodos de presentación para añadir variedad a su clase. La siguiente lista es sólo un ejemplo de lo que se puede enseñar y desarrollar por medio del programa de preparación continuo dentro de la iglesia local.

Usar la Biblia

Esta es una lista de maneras creativas de usar la Biblia en el aula:

- Poner música a los versículos bíblicos y crear coros nuevos.
- Pruebas escritas u orales para repasar el contenido bíblico.
- Juegos de la Biblia: un juego de "¿Quién Soy?" para adivinar personajes bíblicos, repasos para encontrar rápidamente una referencia, juegos de concentración para emparejar información o personajes bíblicos.
- Marcar pasajes bíblicos: enseñar cómo marcar versículos y pasajes significantes. Se pueden usar diferentes colores para cada tema y para marcar los versículos para memorizar.
- Cadenas de pasajes clave: escoja un tema, luego busque todos los versículos relevantes. Apunte el primer versículo, luego escriba el versículo siguiente en el margen y siga escribiendo cada versículo como una cadena por toda la Biblia.
- Memorización: use maneras creativas para ayudar a memorizar, y haga que los versículos escogidos cobren significancia para los alumnos.
- Paráfrasis escritas: volver a escribir los pasajes en sus propias palabras.
- Copiar a mano la Escritura: los alumnos escriben a mano pasajes largos o un capítulo o más de la Biblia. Comprenderán la práctica antigua y las partes del mundo donde todavía hacen esto hoy.
- Grabaciones de la Biblia: si hay acceso a una grabadora, grabe la Biblia para los que saben leer o para los ancianos con dificultades de la vista.
- Dramas y pantomima: use el drama bíblico para representar la historia o los alumnos mayores quizás quieran escribir la narración.

Esto también se puede hacer para que los alumnos mayores enseñen a los más pequeños.
- Estudio en grupo: la clase se divide en grupos pequeños que estudian una parte asignada del pasaje y contestan preguntas para luego compartir con toda la clase.

Lista de ideas

La siguiente lista incluye ideas que se pueden usar para añadir variedad e interés a las clases para jóvenes y para adultos.

- De acuerdo/No de acuerdo: el maestro estimula el pensamiento haciendo declaraciones y los alumnos luego deciden qué opinan sobre esa declaración.
- Lluvia de ideas: los alumnos comparten tantas ideas como sea posible sobre un tema y luego se combinan todas en una lista para estudio especial o para pensar más sobre ellas.
- Grupos de discusión: se presenta una situación de la vida para ser analizada y la clase sugiere soluciones. Esto refuerza la habilidad para resolver problemas.
- Respuesta en círculo: se comienza con una persona y se sigue por el círculo permitiendo que todos tengan la oportunidad de dar su opinión.
- Debate: presentar lados negativos y positivos de un problema para estimular pensamientos u opiniones.
- Demostración: un alumno demuestra cómo hacer algo.
- Estudio bíblico directo: los alumnos participan en estudiar un pasaje asignado.
- Discusión: el maestro da preguntas estimulantes y los alumnos responden bajo la dirección del maestro.
- Excursiones: la clase visita un lugar para que los alumnos se formen una idea sobre un tema.
- Ilustraciones: las historias breves e interesantes pueden ayudar a iluminar o enfatizar una verdad.
- Entrevista: el maestro o un alumno puede entrevistar a otra persona en la clase o en grabación fuera de la clase.
- Preguntas clave: el maestro prepara preguntas importantes para dirigir a los alumnos hacia los puntos principales de la lección.
- Repaso: el maestro ayuda a los alumnos a repasar los puntos clave de una presentación.
- Grupos de escuchar: el maestro asigna a los grupos preguntas específicas para escuchar una lección, cinta, etc., y buscar las respuestas específicas.
- Panel: de tres a cinco personas hablan sobre un tema ante la clase.
- Simposio: cada persona de un panel habla sobre una parte del tema que se presenta.
- Proyecto: la clase cumple con un trabajo o servicio específico, por lo regular aplicando principios bíblicos.
- Dramas cortos: los niños representan un problema y luego hablan sobre el mismo.
- Búsqueda de la Escritura: cada alumno tiene un tira de papel con una referencia bíblica que se relaciona con el tema de la clase. La encuentran, la leen, y la comparten con el resto de la clase

CONCLUSIÓN

Al cristiano de cualquier edad se le presenta la tarea de ser más como Cristo. La iglesia debe cumplir con su deber de ganar y discipular a los que están perdidos. La Escuela Dominical es el lugar donde el énfasis es personal, donde el evangelismo y el discipulado se entretejen, y el impacto es mayor en la comunidad local.

Es hora de formar Escuelas dominicales fuertes que resultarán en iglesias fuertes. Hoy es el día para evaluar el programa de la Escuela Dominical para ver sus puntos fuertes y para ser desafiados para cambiar sus puntos débiles. La Escuela Dominical permanece siendo una base sobre la que los cristianos pueden alcanzar a su propia comunidad.

REPASO

1. Explicar las cuatro funciones básicas de la Escuela Dominical y su propósito.
2. ¿Qué debe enseñar la Escuela Dominical?
3. Haga una lista de las divisiones (grupos por edad) de su Escuela Dominical.
4. ¿Cuáles son algunas de las necesidades especiales o grupos en su área que puedan

exigir tener una nueva clase de Escuela Dominical?

5. ¿Qué normas está usando usted para evaluar su Escuela Dominical?
6. ¿Qué nueva idea o método le gustaría probar lo más pronto posible?
7. En unas pocas líneas, escriba la razón por la que la Escuela Dominical es importante para su iglesia.

BIBLIOGRAFÍA

Benson, Clarence. *Sunday School in Action*. Chicago, Illinois: Moody Press, 1951.

Byrne, H. W. *Education for the Local Church*. Grand Rapids, Michigan: Zondervan Publishing House, 1963.

Carlson, G. Raymond. *Prepare for God's Words*. Springfield, Missouri: Gospel Publishing House.

Clark, Robert E. y Joanne Brubaker y Roy B. Zuck. *Childhood Education in the Church*. Chicago, Illinois: Moody Press, 1986.

Clark, Robert E. y Lin Johnson y Allyn K. Sloat. *Christian Education, Foundations for the Future*. Chicago, Illinois: Moody Press, 1991.

Currie, Winifred. *Creative Classroom Communications*. Springfield, Missouri: Gospel Publishing House, 1972.

Daniel, Eleanor y John W. Wade y Charles Gresham. *Introduction to Christian Education*. Cincinnati, Ohio: Standard Publishing, 1987.

Davis, Billie. *Teaching to Meet Crisis Needs*. Springfield, Missouri: Gospel Publishing House, 1984.

Dresselhaus, Richard L. *Teaching for Decision*. Springfield, Missouri: Gospel Publishing House, 1973.

Gangel, Kenneth O. *Leadership for Church Education*. Chicago, Illinois: Moody Press, 1970.

Joy, Donald M. *Meaningful Learning in the Church*. Winona Lake, Indiana: Light and Life Press, 1980.

Kuert, Bill. *The Church's Educational Task*: GU CM curso M3052E90.

Martin, William. *First Steps for Teachers*. Springfield, Missouri: Gospel Publishing House.

Pearlman, Myer. *Successful Sunday School Teaching*. Springfield, Missouri: Gospel Publishing House, 1935.

Rexroat, Stephen. *Sunday School Spirit*. Springfield, Missouri: Gospel Publishing House, 1979.

Richards, Lawrence O. *Creative Bible Teaching*. Chicago, Illinois: Moody Press, 1970.

Towns, Elmer. *How to Grow an Effective Sunday School*. Springfield, Missouri: Gospel Publishing House.

Towns, Elmer. *The Successful Sunday School and Teachers Guidebook*. Carol Stream, Illinois: Creation House, 1976.

LA ESCUELA DOMINICAL

- Importancia del tema
- Ejemplos
- Objetivos
- I. Introducción
- II. Propósito
    - A. Evangelismo
    - B. Educación
    - C. Discipulado
    - D. Hermandad
- III. Participantes
    - A. Niños
    - B. Jóvenes
    - C. Adultos
- IV. Necesidades especiales
    - A. Familia
    - B. Grupos específicos
    - C. Problemas
- V. Estructura
    - A. Organización y administración
    - B. Metas
    - C. Enlistarse y prepararse
- VI. Nuevas ideas
    - A. Factores que determinan los métodos
    - B. Métodos
- Conclusión
- Repaso
- Bibliografía

Capítulo 16

TEMA: La Escuela Bíblica de Vacaciones

ESCRITORA: Francia Hernández

IMPORTANCIA DEL TEMA

La escuela bíblica de vacaciones es uno de los instrumentos ministeriales de más eficacia que hay hoy. Se enfatiza la enseñanza de la Biblia por medio de una combinación de actividades manuales y recreacionales para los niños. En general, este método es un medio práctico y poderoso para atraer a los niños a la iglesia durante las temporadas de vacaciones. A la iglesia local se le presenta una oportunidad para alejar a los niños de las influencias negativas y de las calles peligrosas y llevarlos a un encuentro con el Señor Jesucristo.

Sería difícil para la iglesia local obtener mejores resultados en menos tiempo y con menos gasto que durante una EBV de 1 ó 2 semanas de duración. La rica variedad de instrucción bíblica que se comparte con los niños beneficiará el desarrollo espiritual de los niños, de la iglesia, y de los cristianos que prestan servicio como maestros, ayudantes, músicos, y coordinadores.

OBJETIVOS

1. Entender los propósitos de la escuela bíblica de vacaciones.
2. Entender la organización y el desarrollo de la EBV.
3. Apreciar las facetas y el ministerio de la EBV.

INTRODUCCIÓN

Los niños escolares reciben 1.000 horas de educación secular por año. En comparación, los que se matriculan en la Escuela Dominical sólo reciben 52 horas por año de enseñanza bíblica y orientación cristiana. La educación secular es obligatoria. La educación cristiana es voluntaria. La EBV, en una manera divertida y emocionante, ofrece una excelente oportunidad para aumentar las horas de enseñanza bíblica que el niño puede recibir.

Por supuesto que a los niños les encantan las vacaciones, pero con demasiada frecuencia es tiempo libre, vacío de estructura y dirección. Para muchos, el verano es aburrido. La iglesia puede dar a los niños de la comunidad algo que hacer con el tiempo libre: la EBV.

I. OBJETIVOS DE LA EBV

A. Evangelización de los niños

El objetivo principal de la EBV es la salvación de niños y jóvenes. Lecciones de la Biblia y amistad son dos métodos de la EBV para lograr este propósito.

B. Motivación para discipular

Un segundo objetivo de la EBV es motivar a los niños para que hagan discípulos, enseñarles cómo vivir de modo que agrade a Dios, y ayudarles a desarrollar y madurar espiritual y moralmente. En el futuro estos mismos niños y jóvenes serán maestros y coordinadores de la EBV.

II. PLANEAR LA EBV

A. Preparar por adelantado

Planee con bastante antelación. Las fechas de la EBV se deben fijar con meses de antelación. También es necesario formar un grupo de oración para apoyar el ministerio de la EBV.

B. Elegir un coordinador

El pastor, como director espiritual, junto con el superintendente de la Escuela Dominical deben nombrar al coordinador general de la EBV. El último fungirá como presidente del comité de la EBV, mientras que el pastor y el superintendente son miembros honorarios. Estos tres oficiales se reunirán para decidir el tema, el horario, y los materiales para la EBV. El comité de la EBV debe supervisar la entrega de materiales a cada maestro y ver que el edificio para las varias actividades esté listo para usarse.

Las responsabilidades del coordinador son:

- Reunirse con el pastor, con el superintendente de la Escuela Dominical y con el personal de la EBV.
- Ayudar al tesorero con las ofrendas.
- Ver que todo resulte bien y con eficacia.
- Verificar que las responsabilidades sean asignadas debidamente y claramente definidas.

C. Establecer los objetivos

Se debe pensar con presición para desarrollar los objetivos del curso. ¿Hacia adónde va? ¿Cómo beneficiará a los alumnos que se matriculen? El éxito del programa depende en parte del tiempo que se dedique a planear sus objetivos. Se deben desarrollar metodología dando consideración a las expectaciones de los alumnos.

D. Lugar para los materiales

Haga el pedido de los materiales para la EBV con antelación para que los maestros tengan tiempo adecuado para preparar los métodos y el contenido de sus clases. Una falta de materiales es siempre una inconveniencia tanto para el instructor como para los alumnos. Están disponibles materiales que se han desarrollado para usarse en muchas culturas y ambientes. RDM tiene a su disposición cuatro programas de EBV.

E. Enlistar obreros

Se debe hacer un esfuerzo para enlistar obreros que contribuyan al éxito de la EBV. Durante el año los pastores y los líderes de la iglesia pueden comunicar a la congregación la importancia de la EBV. Esta información interesará a los que, debido a una falta de información, nunca antes hayan contribuido a un ministerio de la EBV.

Un insuficiente número de obreros disponibles disminuirá la calidad del evangelismo, ministerio e instrucción de la EBV. Determine el número de maestros necesario para enseñar al evaluar el número de alumnos en cada grupo por edad que se espera que asistan. Informe a estos maestros sobre las responsabilidades y expectativas que involucra el compromiso a ministrar en la EBV. Cada maestro debe saber que su ministerio es evangelismo a través de su enseñanza y su ejemplo. Este puesto exigirá de mucha preparación antes de la EBV, mucho servicio durante la EBV, y mucha perseverancia en seguir la comunicación con los alumnos después de la EBV.

Al organizar la EBV, también serán necesarias unas cuantas personas para ayudar al coordinador. Hermanos de la iglesia o alumnos de instituto bíblico quizás deseen ayudar con la EBV. Si llegan obreros fuera de la ciudad, se les debe dar comida y alojamiento.

F. Planear los gastos

Una EBV, como cualquier otro alcance evangelístico, exige de una inversión de dinero. Para determinar el presupuesto para la EBV, considere los gastos por alumno para libros, manuales, trabajos manuales, juegos, ayudas visuales, refrigerios y premios. Multiplique este costo por el número en total de asistentes que se esperan. Sume a esta cantidad el costo de los materiales, útiles, preparación y quizás de la comida y alojamiento que necesiten la administración y el personal de la EBV. Una cantidad final crítica del presupuesto de la EBV es el costo de publicidad.

Como coordinador, usted debe levantar una consciencia evangelística hacia la EBV dentro de la iglesia local. La congregación que recibe una visión así aceptará el costo del programa. El presupuesto se puede lograr, por ejemplo, por medio de promesas, ofrendas, y actividades organizadas para recaudar dinero.

Algunas sugerencias para actividades son:

1. Cada familia de la iglesia puede someter una promesa o donación para la EBV.
2. Se pueden recolectar ofrendas para la EBV durante los cultos de la iglesia.
3. Las ofrendas que se recolecten durante la EBV podrían contribuir.
4. Se podrían vender artes manuales, comida, y artículos de segunda mano.
5. Se puede designar dinero específico de la iglesia o de la Escuela Dominical para la EBV.

G. Dar publicidad

Comience anunciado la EBV en la Escuela Dominical, en los cultos de la iglesia y en el boletín de la iglesia un mes o dos antes de la fecha fijada. A medida que se acerca el tiempo para la EBV, haga anuncios, noticieros, carteles, folletos, y hojas sueltas para interesar a la gente. Incluya en los anuncios el nombre de la iglesia, la dirección, las fechas, las horas, y el tema de la EBV, números de teléfono y la declaración de "entrada libre".

Una semana antes de comenzar la EBV, organice a grupos para que vayan de puerta en puerta con invitaciones personales. Pida a los payasos que levanten interés en la EBV en el vecindario de la iglesia. Indague sobre los calendarios de la comunidad en los periódicos, estaciones radiales y noticieros de la comunidad. Si el presupuesto lo permite, compre un anuncio en el periódico o en la radio.

H. Preparar a los obreros

Durante los meses antes de la EBV prepare a los maestros y a los ayudantes. Reúnase con ellos regularmente para orar y hablar de los objetivos, ideas, horarios, lecciones, actividades, gastos y responsabilidades. Es necesario ofrecer a todos preparación y demostración de los trabajos manuales, juegos, hojas de trabajo, y las actividades de Tiempo Juntos. Informe al personal sobre la necesidad de llenar las tarjetas de matrícula y de asistencia a clase que formarán un registro general. Esa preparación hará que cada participante del personal se sienta mucho más adecuado para su tarea.

Ore con la administración y el personal de la EBV durante las semanas de planificación y preparación. Durante la semana de la EBV también ore con el personal al principio y al final de cada programa diario de la EBV. Enseñe al personal cómo depender de la dirección del Espíritu Santo en todas sus lecciones y actividades, palabras y actos. Al final de cada día de la EBV, reúnase brevemente con el personal para hablar de los problemas y éxitos y para hacer planes para el próximo día.

Todos los días los maestros deben llegar por lo menos media hora antes del comienzo de las actividades de la EBV. Todos los materiales, los útiles, las ayudas visuales, y el equipo debe estar listo para usarse antes que lleguen los niños. Cada niño debe ser recibido y bienvenido cuando entre a la EBV.

Cuando concluya la semana de EBV, recoja los materiales, incluso las ayudas visuales, y archívelos para poder volver a usarlos. Mantenga un apunte de las visitas que se hagan después de la EBV. Visite a las familias de los niños varias veces e invítelas a la Escuela Dominical. La EBV es evangelismo en acción.

III. HORARIO DE LA EBV

Por lo regular, la EBV dura una semana (5 días). Las actividades pueden tener lugar durante la mañana, la tarde o la noche, según lo que sea conveniente para la comunidad de la iglesia.

A. Momentos juntos

La EBV comienza cada día con un "Tiempo Juntos". Durante 35 a 45 minutos todos, niños y personal, se reúnen para una ceremonia de apertura para así preparar el corazón y la mente de los niños para que reciban las verdades que se presentarán en las leccioes y actividades a través del día. El Tiempo Junto consiste de oración, alabanza, saludos a las banderas, anuncios, y una corta presentación dramática (pantomima, títeres o una historia ilustrada) que enfatizará el tema del día.

Se podrían incluir varias sugerencias en la actividad diaria de Tiempo Juntos. Haga uso de la creatividad, de la experiencia, y de ejemplos locales para planear la agenda para Tiempo Juntos. Esta porción de apertura del día de la EBV no debe pasar de 45 minutos.

- Procesión de apertura (para las familias o clases)
- Oración
- Saludos (a la bandera nacional, a la bandera cristiana, y a la Biblia)
- Recitar el lema
- Otras recitaciones
- Anuncios (incluya los nombres de los que hayan ganado algún concurso)
- Ofrenda
- Corta presentación teatral

Antes de la ceremonia de apertura, los niños deben formar una fila para entrar al salón. Tres alumnos que se hayan escogido con antelación deben entrar con las banderas y la Biblia abierta. La Biblia se debe colocar entre las dos banderas. Todos siguen al compás de una marcha mientras se canta un himno. Permanecen en pie para los saludos y la oración de apertura.

1. Saludos.

Bandera nacional

Juro lealtad a mi bandera nacional y al país al que representa, una nación bajo Dios, indivisible, con libertad y justicia para todos.

Bandera cristiana

Juro lealtad a la bandera cristiana y al Salvador cuyo reino representa, una hermandad, uniendo a todos los verdaderos cristianos en servicio y en amor.

La Biblia

Si se ha planeado una EBV para familias, sería mejor si todas las personas de cada familia permanecen juntas. Se podría preparar un concurso para evaluar a cada familia sobre su memorización de versículos o por quién ha invitado a las más personas.

El objetivo de los saludos y las actividades es alabar a Cristo. Se deben enfatizar a través del día las oraciones que los niños sepan y que otros podrían aprender rápidamente, como también la alabanza. Después de la procesión y de los saludos y recitaciones pueden seguir los anuncios, las ofrendas, y los dramas. Cada uno de éstos debe glorificar a Cristo.

2. Concurso. Los concursos añaden diversión a la EBV. Algunas sugerencias para concursos son:

a. Concurso de invitados: cada día se da un premio (o un premio grande al final de la semana) a la persona que traiga mayor cantidad de invitados.

b. Concurso de memorización: se da un premio al alumno que recite más versículos bíblicos en cada clase.

c. Festival artístico: dé un premio al mejor poema, historia, drama o dibujo que ilustre el tema de la EBV.

d. Concurso de disfraces: se da un premio a los que tienen los mejores disfraces bíblicos.

3. Ofrenda. La EBV es un programa que la iglesia local ofrece a su comunidad. Los gastos son responsabilidad de la congregación local, no de los niños que se matriculan en la EBV. No permita que los niños crean que este presupuesto es responsabilidad de ellos. La ofrenda que se recoge durante la EBV puede aplicarse al costo del programa, pero rara vez es suficiente para cubrir todos los gastos de una EBV.

Enseñe que la ofrenda se da a Dios y no al hombre y que *"Dios ama al dador alegre"* (2 Co. 9:7). Las ofrendas deben ser el resultado del amor a Dios y de un deseo de ver que se expanda la obra de su Reino. La ofrenda de la viuda impresionó a Jesús, no porque fuera mucho o poco, sino porque ella dio todo lo que tenía (Mr. 12:41-44). Sugiera a los niños que ellos pueden ganar dinero para darlo en las ofrendas haciendo trabajos en casa o en el vecindario.

Para ejercer la importancia de las misiones, se podría recoger una ofrenda especial el último día de la EBV y desiganarla a un proyecto misionero. El proyecto debe ser ayudar a otra iglesia o quizás para algunos obreros que desean ministrar en lugares todavía no alcanzados del país. El momento de la ofrenda motiva el trabajo en cooperación.

Cuando adoramos al Señor con nuestras ofrendas, Él las multiplica para que el evangelio sea predicado. El primer día de la EBV se podría presentar una necesidad misionera como una meta para lograr durante la semana. El Tiempo Juntos y el momento de la ofrenda son buenas oportunidades para motivar a los niños para que ofrenden. Una gráfica en la pared podría marcar lo que se logre cada día para lograr la meta aspirada.

B. *Tiempo de clase*

El tiempo de clase debe ser de 1 ½ a 2 horas de duración. Este tiempo está designado a ofrecer atención e instrucción individual a cada niño, a su propio nivel para que pueda llegar a ser un discípulo, que aprenda cómo vivir de modo que agrade a Dios y que desarrolle espiritualidad y moralidad.

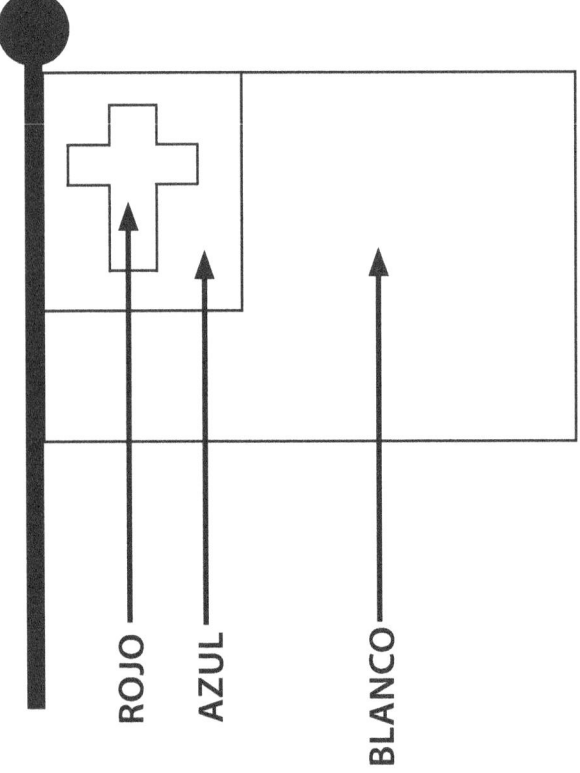

BANDERA CRISTIANA

Las clases se deben arreglar por edad. Los principiantes (4 y 5 años de edad), los primarios (6 a 8), los intermedios (9 a 11), y los jóvenes adultos. Estas divisiones por edad permiten que el instructor prepare lecciones que son apropiadas para la edad. La preparación para la clase se desarrollará asimilando muchos métodos y actividades que podrían incluir una historia o un estudio bíblico, cantos, oración, lecciones ilustradas, hojas de trabajo, trabajos manuales, y juegos, pero el enfoque de cada actividad debe siempre ser en la relación personal de cada niño con Jesucristo. El tiempo que se pase en cada una de estas actividades variará de clase en clase, según la edad de los niños y su lapso de atención.

De vez en cuando, a medida que la clase progresa, la agenda preparada tendrá que adaptarse a las preguntas y necesidades significantes de los niños. La sensibilidad del instructor a la dirección del Espíritu Santo y su flexibilidad en su horario personal para las actividades en la clase son críticas para la formación en cada niño de una relación con Dios. Permita que los niños piensen y hagan preguntas sobre Dios. El tiempo de clase adecuadamente preparado siempre debe desafiar al alumno a aprender sobre Dios y a conocerlo, y nunca debe hacer que el alumno sienta que su clase es un ciclón febril e impuesto.

C. Clausura

La clausura es una conclusión de las sesiones de la EBV. Se recomienda que esto se haga en la Escuela Dominical el domingo después de la EBV. La ceremonia ofrece a los grupos individuales de alumnos (principiantes, primarios, intermedios, etc.) la oportunidad de compartir lo que se aprendió durante la EBV. Este es un medio didáctico para consolidar las verdades que se aprendieron durante el curso.

Después de las presentaciones, premie a los alumnos sobresalientes y a los ganadores de los concursos. Aparte un área en la iglesia para exhibir los trabajos manuales que los niños hicieron durante la EBV. De esta manera se reconoce el esfuerzo y la dedicación para aprender de los niños. También, presente a los nuevos miembros de la familia de Dios y deles tiempo para testificar de los milagros y las respuestas a oraciones que ocurrieron durante la EBV.

La ceremonia de clausura debe ser sencilla y breve. Comience y termine dentro del horario. El programa de clausura debe ser similar al del Tiempo Juntos. Por ejemplo, si se inlcuyeron un procesional y saludos en el Tiempo Juntos, también serán parte de la clausura.

Se deben incluir algunas palabras del pastor. Él debe reconocer públicamlente el trabajo del coordinador y del personal de la EBV. También debe extender aprecio a todos los asistentes e invitar a cada uno a participar en las actividades de la iglesia. De esta manera puede crear lazos personales con los niños y sus invitados y posiblemente ministrar a las familias que estén visitando la iglesia por primera vez. Se debe presentar el evangelio de una manera clara y sencilla, de modo que todos los asistentes puedan comprender. La clausura dará a los alumnos una oportunidad ideal para invitar a los padres, amigos y parientes no cristianos a asistir a la iglesia. De nuevo, la EBV es un ministerio evangelístico. Al incluir al pastor y un melnsaje de salvación, se refuerza el objetivo de la EBV de la salvación de los niños y de los jóvenes.

IV. EL SEGUIMIENTO

Una EBV de éxito no termina con la clausura. Es la responsabilidad del pastor, del coordinador, y de los maestros ver que las bendiciones y el entusiasmo que comenzó durante la semana de EBV crezcan durante el resto del año.

A. Con los alumnos

Es más fácil conquistar algo que retenerlo. Esta ha sido la experiencia de muchas iglesias que han tenido buenos programas de EBV, sólo para después olvidarse del cuido y atención que se debe poner en los niños que se matricularon. La iglesia tiene la responsabilidad de evangelizar y de discipular.

Es la responsabilidad de la iglesia local fortalecer y desafiar a los niños que han creído en Cristo. Organice actividades que puedan interesarles para que su asistencia a los cultos de la iglesia y a las reuniones especiales de la congregación sea fiel y continua. Mire que cada maestro de Escuela Dominical tenga una lista con el nombre y la dirección de cada niño de la EBV. Pida a los maestros que visiten los hogares varias veces y que tengan correspondencia con los niños que asistieron a la EBV.

B. Reconocimiento del personal

El coordinador de la EBV debe dar las gracias a todos los que ayudaron con la EBV. A la gente le gusta ver demostraciones de agradecimiento. Una tarjeta de agradecimiento, un certificado, y una mención desde el púlpito son maneras de expresar las gracias y de formar una base para futuro enlistamiento.

C. Evaluación de los obreros

Pida a los maestros, a los ayudantes, al pastor, a los niños, y a los padres que evalúen la EBV. ¿Les gustó? ¿Qué se puede hacer para mejorarla? Recoja esta información e incorpórela en la próxima EBV.

D. Preparación futura

Comience a pensar en la próxima EBV. Piense en las fechas, los programas, y el personal. Haga de la EBV una parte del programa anual de evangelismo de la iglesia.

CONCLUSIÓN

Toda iglesia, grande o pequeña, puede tener una EBV. El objetivo básico de la EBV es ganar a los niños y a los jóvenes para Cristo y ayudarles a ser sus discípulos. Ore, planee, trabaje, y crea que Dios los usará grandemente en sus comunidades.

¡Qué bendición es cuando estos jóvenes se quedan en la iglesia, cuando son alimentados con instrucción bíblica, y cuando son motivados por un deseo interno de servir al Señor! Qué bueno es también ver a estos niños llegar a ser líderes en la iglesia en la que la EBV tuvo un lugar en su desarrollo espiritual

---

HORARIO

Principiantes

Saludos:	10 minutos
Cantemos:	10 minutos
Oigamos:	10 minutos
Historia bíblica:	15 minutos
Trabajemos:	15 minutos
Recreo:	10 minutos
Recordemos:	10 minutos
Oremos:	20 minutos
Repasemos:	15 minutos
Despedida:	5 minutos

Primarios

Asistencia:	15 minutos
Música:	10 minutos
Historia bíblica:	25 minutos
Oremos:	10 minutos
Memorización:	10 minutos
Recreo:	10 minutos
Hoja de trabajo y deberes:	20 minutos
Juegos:	15 minutos
Repaso:	5 minutos

Intermedios

Actividad inicial:	20 minutos
Estudio bíblico:	25 minutos
Oremos:	10 minutos
Memorización:	15 minutos
Recreo:	10 minutos
Hoja de trabajo:	30 minutos
Repaso:	10 minutos

PREGUNTAS

1. ¿Cómo describiría usted el propósito básico de la Escuela Bíblica de Vacaciones?
2. ¿Qué lugar y qué importancia tiene la EBV como una actividad en la iglesia local?
3. ¿Cómo complementa la EBV la educación integral del niño que se matricula?
4. ¿Cuánta importancia atribuye usted a la EBV como una actividad en la iglesia local?
5. ¿Cree usted que 1 ó 2 semanas es tiempo suficiente para poder lograr los objetivos de la EBV?
6. ¿Podría usted describir en pocas palabras su propia experiencia como maestro de EBV?
7. ¿Cuánto interés vio usted en los niños cuando participaron en la EBV y cuánto se deleitaron?
8. En su juicio, ¿cómo podría el planeamiento y la organización mejorar para que la EBV sea un medio evangelístico más eficiente y más espiritualmente productivo?
9. ¿Cómo percibe usted el interés en su propia iglesia y sus líderes para apoyar la EBV?
10. ¿Cómo puede usted interesar a otros para que se unan a la EBV o al esfurzo para comenzar una?

NOTAS

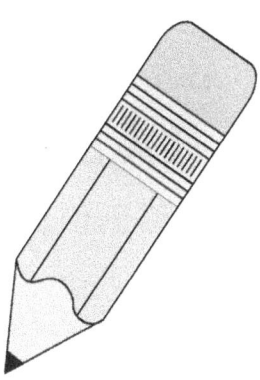

LA ESCUELA BÍBLICA DE VACACIONES

- Importancia del tema
- Objetivos
- Introducción
- I. Propósitos de la EBV
    - A. Evangelización de los niños
    - B. Motivación para discipular
- II. Planear EBV
    - A. Preparar por adelantado
    - B. Elegir un coordinador
    - C. Establecer los objetivos
    - D. Lugar para los materiales
    - E. Enlistar obreros
    - F. Planear los gastos
    - G. Dar publicidad
    - H. Preparar a los obreros
- III. Horario de EBV
    - A. Momentos juntos
    - B. Tiempo de clase
    - C. Clausura
- IV. El seguimiento
    - A. Con los alumnos
    - B. Reconocimiento del personal
    - C. Evaluación de los obreros
    - D. Preparación futura
- Conclusión
- Horario
- Preguntas

3

BLOQUE 3: Técnicas

Capítulo 17

La comunicación eficaz con los niños 153

Capítulo 18

La memorización 161

Capítulo 19

La música en el ministerio a los niños 169

Capítulo 20

Pantomima 177

Capítulo 21

Títeres 185

Capítulo 22

Historias 193

Capítulo 23

Ventriloquismo 199

Capítulo 24
Charlas con tiza..205

Capítulo 25
Aprendizaje práctico..211

Capítulo 26
Payasos cristianos 233

Capítulo 27
Drama y escritura de guiones...245

Capítulo 17

TEMA: La comunicación eficaz con los niños

ESCRITORA: Billie Davis

IMPORTANCIA DEL TEMA

El método de supervivencia y aprendizaje es básicamente la comunicación aun desde el momento en que el recién nacido indica sus necesidades a su madre. Comunicarse es lo que la mayoría de la gente hace. Los recién nacidos no pueden sobrevivir solos. La mayoría de las madres responde a sus hijos y desarrollan una forma de comunicación para subsanar las necesidades de los hijos enseñándoles cómo cuidarse a sí mismos a medida que se hacen mayores.

El objetivo de los maestros cristianos van más allá de subsanar las necesidades terrenales. Por tanto, deben añadir a la capacidad que Dios les ha dado para comunicarse aprendiendo principios y habilidades especiales.

EJEMPLOS

"¿Qué aprendiste en la Escuela Dominical hoy?" preguntó la madre a su pequeño hijo.

"La maestra estaba enojada con nosotros", contestó el niño.

Esa misma mañana en otra aula el maestro le había dicho a un niño: "Dibujaste muy bien."

Cuando el padre de este niño le preguntó: "¿Qué aprendiste?" el niño contestó: "La maestra me quiere."

Cada uno de estos maestros se comunicó con un niño. ¡Ninguno se dio cuenta exactamente QUÉ fue lo que comunicó!

OBJETIVOS

1. Reconocer la importancia de la habilidad para comunicarse en la obra con los niños.
2. Entender principios y procesos de comunicación.
3. Describir las características de la niñez que se relacionan con la comunicación.
4. Describir y poder usar habilidades específicas para comunicarse.

I. INTRODUCCIÓN

Algunas citas bíblicas que indican la importancia de comunicarse con los niños son: Deuteronomio 4:9; 6; 11:18-21; Joel 1:3; Mateo 11:25; Lucas 10:21; 18:16; Marcos 10:13-16. También se menciona a los niños como parte de la reunión de oyentes en Nehemía 8 y de la alimentación de los 5.000 en los Evangelios.

El primer paso hacia la buena comunicación es reconocer lo que es y cuán importante es cuando enseñamos a los niños. A veces surgen problemas. Los maestros pueden fallar en lograr sus objetivos, no porque no pueden comunicarse, sino porque en realidad nunca trataron de hacerlo. No entienden el proceso de comunicación y comunican mensajes no intencionados.

Los maestros podrían sentir que están bien preparados y presentan el material de la lección de una manera competente pero impersonal. La buena comunicación exige que uno piense en los oyentes como también en la lección. Una buena presentación quizás no sea buena comunicación. Los niños por naturaleza aprenden. Siempre aprenden algo. La prueba de la comunicación es lo que los niños sienten acerca de la clase y si aprenden lo que el maestro trató de enseñar.

El proceso de comunicación es un sistema con cinco elementos. Éstos son: (1) un originador que envía (2) un mensaje, usando un (3) método, para alcanzar a (4) un recibidor. La respuesta (o reacción) del recibidor se llama (5) retroalimentación. El recibidor debe escuchar atentamente la retroalimentación y estar seguro de que comprendió el mensaje correctamente.

II. COMUNICACIONES, PRINCIPIOS, Y PROCESOS

A. El originador

El maestro tiene *información*. Él quiere que el niño aprenda la verdad bíblica. Para lograr esto, el maestro debe conocer muy bien el material y tener un genuino aprecio por lo que se ha de enseñar.

El maestro tiene *intento* u objetivos. No es suficiente que el niño aprenda los hechos de una historia bíblica. ¿Cómo se pueden aplicar las verdades a la vida del niño? La comunicación no puede ser eficaz a menos que el maestro tenga en mente objetivos específicos.

El maestro debe tener respeto por la capacidad del niño; creer que el niño puede aprender, pensar en el niño positivamente. Esto se llama *atribución*. Los maestros que piensan en los niños en términos de problemas y disciplina, hacen atribuciones negativas. Regañan y se enfadan y predican a los chicos. Por otro lado, los maestros que de verdad aman a los niños y ven lo mejor en ellos hacen atribución positiva. Comunican el amor y la alta expectación a los niños.

B. El mensaje

El mensaje consiste de *contenido* y *significado*. Los maestros de niños deben escoger contenido que tenga significado para la edad y las experiencias de los niños. Este es el propósito de planear el currículo.

Los niños podrían entender los sucesos bíblicos de maneras muy diferentes que los adultos. Así que el currículo es diseñado para estar seguros de que se enseñan todos los hechos bíblicos importantes, que la secuencia u orden de las lecciones sea apropiado, y que los niños puedan entender la verdad según se aplica a su propia vida.

C. El método

El método incluye el lenguaje, el lenguaje del cuerpo y los símbolos o materiales que usa el maestro. Los maestros de niños deben usar palabras simples, claras, pero deben hablar naturalmente. Los niños responden a una voz adulta cariñosa, amistosa. No les gusta que se les hable como a bebés, ni aprecian a los adultos que son demasiado aniñados o juguetones. Por lo regular es bueno sentarse con los niños, inclinarse hacia adelante y sonreír. La combinación total de palabras, el tono de voz, y la posición del cuerpo debe comunicar un interés claro, sincero en los niños y en la lección como también un gozo genuino en enseñar la Palabra de Dios.

Aunque el lapso de atención de los niños es corto, se les puede mantener interesados en una historia por largo tiempo si el maestro usa una variedad de métodos. Tocar objetos, trabajos manuales, y ademanes se debe incluir en la historia como métodos para comunicar el mensaje. Los maestros que dan una lección o historia y luego usan las actividades para mantener a los niños ocupados no se están aprovechando de los buenos métodos de comunicación.

D. El recibidor

La persona no sólo *oye* el mensaje, sino más bien lo recibe por medio de todos los cinco sentidos. Luego lo interpreta de maneras personales. Lo que la persona recibe depende hasta cierto punto de sus características, situaciones especiales, y experiencias pasadas. La buena comunicación nos exige que sepamos lo más posible sobre los que esperamos alcanzar.

1. **Características personales.** En todo grupo hay varios tipos de personalidad. Algunos niños son tímidos y retraídos, mientras que otros exigen atención. Algunos son curiosos, activos, y se meten en todo mientras que a otros hay que engatusar para que participen. Por tanto, no podemos alcanzar a todas las personas de la misma manera. Lo que podemos hacer es estar conscientes de las diferencias personales y variar las actividades para ayudar a cada uno a recibir el mensaje.

2. **Situaciones específicas.** Nos podemos comunicar mejor con los niños cuando sabemos algo sobre su fondo y su vida en el hogar. Algunos quizás son abusados, descuidados, pasan hambre, o tienen problemas físicos o emocionales.

3. **Experiencias pasadas.** El recibidor percibe, o entiende el significado del mensaje a la luz de lo que ha aprendido o sentido antes. El ejemplo más obvio es que los niños que no han experimentado el amor de un padre quizás no respondan a la palabra Padre como es la intención del maestro.

E. Escuchar y retroalimentar

Escuchar tiene cuatro etapas. Oír es sólo la primera etapa. Luego vienen la atención, la comoprensión, y poner el mensaje dentro del sistema de la memoria.

Retroalimentación es la respuesta, o reacción, del recibidor.

Los maestros deben hacer preguntas y dar a los niños oportunidades para hablar. De esta manera se fomentan la atención, la comprensión, y la memoria. También, los maestros deben ser buenos oídores.

Cuando escuchan pueden determinar cómo fue entendido el mensaje. Luego pueden repetir ideas o cambiar métodos para estar seguros de que los niños aprendan la lección. He aquí algunas reglas para escuchar:

1. Concentrarse. De verdad tratar de entender al niño. Buscar significado especial en las palabras.
2. Mostrar interés con los ojos y con el cuerpo.
3. No interrumpir mientras el niño está hablando.
4. No contradecir, ni corregir al niño de un modo abrupto. Si es necesario corregir, esperar y hacerlo tranquilamente.
5. Hacer preguntas de un modo tranquilo, objetivo, para que el niño no se sienta amenazado ni asustando.
6. Repetirle algo de lo que el niño dice para que tanto el maestro como el niño lo entiendan de la misma manera.
7. Ser paciente. No comportarse como si tuviera prisa.

III. TIPOS DE COMUNICACIÓN

A. Instrucción

Los niños necesitan saber exactamente lo que se espera de ellos. Cierto comportamiento que no es aprobado por el adultos le parece perfectamente natural a un niño. No regañe ni avergüence. Con paciencia explique y, cuando sea posible, demuestre.

B. Información

Prepárese bien para que la información que da sea correcta. Esté listo para los niños curiosos que hacen preguntas específicas sobre las historias bíblicas. Es bueno tener a mano un diccionario de la Biblia para este propósito. Haga las historias lo más emocionantes que pueda, pero tenga cuidado de no añadir detalles imaginarios que los niños podrían confundir con los hechos haciendo que no capten el mensaje principal.

C. Persuasión

Mucha de la comunicación en la obra cristiana toma la forma de exhortación o prédica. A veces esto lleva a los maestros a usar con demasiada frecuencia una forma de prédica con los niños. Por otro lado, cierta persuasión es necesaria. La persuasión eficaz contiene cuatro elementos que pueden ser adaptados a la obra con los niños.

1. **Razón.** Esta es una apelación a la mente. Los niños con frecuencia preguntan "¿Por qué?". Podemos usar sus preguntas para dirigir su pensamiento y ayudarles a resolver problemas y a tomar decisiones.

2. **Advertencia.** No queremos asustar a los niños, pero debemos advertirles sinceramente sobre la naturaleza del mal. Debemos buscar la dirección del Espíritu Santo para hablar con amor y ternura pero también advertir a los niños de las consecuencias del pecado.

3. **Desafiar.** Debemos instar a los niños que hagan lo mejor que puedan. No es bueno ponerlos en competencia unos contra otros. Más bien debemos ayudarles a vencer la tentación y luchar contra el enemigo del alma. Desafíelos a que desarrollen sus dones y talentos para el servicio del Señor.

4. **Oportunidad para responder.** Siempre que usamos persuasión, debemos ofrecer maneras para que los niños expresen sus sentimientos. No debemos exigir que respondan, ni hacer que se sientan atrapados. Más bien, oramos que el Señor use nuestras palabras para tocar corazones, luego los invitamos a que compartan con nosotros sus sentimientos. Aunque los cultos para niños deben ser más que pequeñas reuniones evangelísticas, se debe incluir el evangelismo. Esto quiere decir que persuadimos a los niños que se rindan al Señor y que hagan confesión pública de su fe en Él.

D. Estímulo

La mejor manera de dirigir a los niños a desarrollar buen carácter y comportamiento es recompensarlos con sonrisas y palabras de sincero encomio cuando hacen algo bien. En palabras de la educación de niños esto se llama *refuerzo positivo*. La comunicación que refuerza el buen comportamiento se llama *estímulo*. *(Vea la transparencia 1.)*

Algunos temen que los encomios harán al niño orgulloso y egoísta. Sin embargo, se hace más daño al ignorar o regañar al niño. Muestre genuino interés en lo que los niños hacen. Permítales ayudar a preparar los materiales. Deles oportunidades para que se ayuden mutuamente. Luego deles las gracias, dígales que lo hicieron muy bien y sugiera que busquen otras maneras de ayudar.

IV. BARRERAS PARA LA COMUNICACIÓN

El propósito de la comunicación es hacer que el recibidor entienda el significado de un mensaje, exactamente como fue la intención del originador. Entre el significado que quisimos comunicar y el que el niño recibe podría haber bloques o barreras. A continuación se encuentra una breve descripción de algunos de éstos.

A. Lenguaje y símbolos

El lenguaje y los símbolos son medios principales de comunicación. Cuando no son apropiados o cuando no se pueden entender, forman una pared entre el originador y el recibidor. Se convierten en barreras en vez de métodos.

B. Experiencia pasada

La experiencia pasada puede ser una barrera para la comunicación si hace que la persona pierda el significado del mensaje. Una maestra de niños pequeños comparte este ejemplo. Estaba relatando la historia del hijo pródigo, lejos de la casa de su padre, dando de comer a los cerdos.

¡Qué hambre tenía! "¿Por qué no mató un cerdo?" preguntó un inteligente pequeño. La maestra dijo que la pregunta le chocó. Luego le encontró más sentido cuando supo que el padre del niño mataba cerdos para el mercado. La experiencia pasada de este niño lo hizo pensar en algo muy diferente de lo que era la intención de la maestra.

C. Actitudes

1. **Parcialidad.** Aunque estas barreras a la comunicación son tipos que no deben afectar a muchos maestros de niños pequeños, es bueno darse cuenta de ellas. No podemos comunicarnos eficazmente con las personas a las que no estamos dispuestos a aceptar y a relacionarnos como iguales ante Dios.

2. **Prejuicio.** Hay referencias bíblicas al prejuicio que impidió la comunicación. Por ejemplo, los israelitas generalmente consideraban a los samaritanos y a todos los gentiles inferiores a ellos, por tanto el evangelio de Jesús no podía ser comunicado adecuadamente. Por esta razón el Señor habló a Pedro en una visión y lo dirigió para que venciera la barrera del prejuicio (Hechos 10).

3. **Estado social.** La mayoría encuentra difícil comunicarse con personas que ocupan una posición que la sociedad considera más baja o más alta que la suya. Hay cristianos ricos que nunca testifican a sus sirvientes y hay sirvientes cristianos que nunca testifican a sus patrones. Algunos adultos no pueden comunicarse con los niños ni con los jóvenes y algunos jóvenes no pueden comunicarse con los adultos. Las relaciones de estado social entre hombres y mujeres pueden causar problemas

Los maestros cristianos necesitan pensar en esto, orar, y tratar de ayudar a derrumbar todas las barreras, sabiendo que todos tienen un lugar en el amor de Dios y que necesitan oír el evangelio.

V. NECESIDADES DE LOS NIÑOS QUE DEBEMOS RECONOCER

Toda comunicación tiene aspectos emocionales y sociales, de modo que estar consciente de las necesidades emocionales y sociales es parte de comunicarse con los niños. Los obreros de niños que comprenden estas necesidades pueden usar las historias bíblicas y los materiales más eficazmente para enseñar a los niños el mensaje deseado. A continuación se encuentra una lista que le ayudará.

1. Los niños necesitan de lo que se llama *apego*, o sea sentirse seguros, amados y aceptados por la persona. Alléguese a los niños, comuníqueles que usted su amigo de verdad, cercano y afectuoso.

2. Los niños necesitan desarrollar *confianza* y *esperanza* a temprana edad. Si confían en la gente será más fácil enseñarles a confiar en

el Señor.

3. Los niños necesitan un sentido de *valor de sí mismos*. Esto no quiere decir que deben ser orgullosos o egoístas, sino que poseen un sentido de identidad personal y un saludable aprecio de sí mimsos.

4. Los niños necesitan *modelos* para su comportamiento, o sea, alguien a quien imitar.

5. Los niños necesitan oportunidades para *explorar* y *experimentar*. Necesitan sentirse libres para preguntar "¿Por qué?" y recibir respuestas.

6. Los niños necesitan oportunidades para *desarrollar* su potencial, sus talentos.

7. Los niños necesitan oportunidades para *contribuir, compartir, ayudar,* y *amar*.

8. Los niños necesitan desarrollar *valores* y entender las *reglas* de comportamiento, para poder tener conciencia, un sentido de lo bueno y de lo malo.

9. Los niños necesitan *orden* en su vida para poder comenzar a desarrollar un sentido de propósito y signifcado.

VI. CARACTERÍSTICAS QUE AFECTAN LA COMUNICACIÓN

1. Los niños son *literales* y *concretos* en su modo de pensar. No entienden parábolas complejas, alegorías, ni el lenguaje figurativo. Por ejemplo, el niño a quien se le enseñó un corazón de papel negro para representar el pecado dijo a su madre que la maestra dijo que las personas negras son malas.

2. Los niños son *inmediatos*. Viven en el presente y tienen ideas confusas sobre el tiempo, el pasado, y el futuro.

3. Los niños lo *creen* todo. Tenga cuidado de cómo bromea con ellos. Nunca use sarcasmo ni ironía con los niños. Nunca trate de evadirlos con "mentirillas blancas".

4. Los niños se *expresan* libremente y por lo regular son sinceros. Quizá cuenten los "secretos" de la familia o repitan lo que han oído. Usted quizá se sorprenda por lo que dicen, pero no los regañe. No se ofenda. Si usted cree que deben ser corregidos, hable suavemente.

5. Los niños son *sensibles* a su manera y tono de voz. Rápidamente captan un "mensaje mixto" si las palabras no concuerdan con la actitud. Por ejemplo, después de decirles que amaba la Biblia, una maestra la tiró con descuido sobre una silla y cayó al suelo. Un niño la recogió y dijo: "Le hizo daño."

RESUMEN

1. Conozca bien el material que se ha de comunicar. Preparése con bastante antelación y escoja las debidas ayudas didácticas. Piense en algunas preguntas y temas para conversación y así mantener a los niños interesados.

2. Sepa cuáles son las carecterísticas y tendencias de la edad del grupo. Sepa cuál es la etapa de su desarrollo en el lenguaje para así poder usar las palabras apropiadas.

3. Sepa lo más posible sobre cada individuo. Piense en ellos como personas. Habléles por su nombre. Sepa algo de su familia, sus mascotas, sus juegos favoritos, sus talentos especiales y sus experiencias significativas.

4. Estimule y afirme a los niños. Hábleles positiva y afectuosamente. Corríjalos tiernamente.

5. Ayude a los niños a hacer amigos y a comunicarse bien los unos con los otros.

6. Dé a los niños oportunidades para responder y expresar sus sentimientos.

7. Siéntese entre los niños para que esté al nivel de ellos.

8. Escuche. Deles su completa atención. Respóndales.

LOS NIÑOS RESPONDEN MEJOR A LAS SUGERENCIAS POSITIVAS

EN VEZ DE ESTO:	DIGA ESTO:
"¡Ponte el abrigo ahora mismo!"	"A ver si te puedes poner el abrigo rápidamente."
"¡Recoge esos bloques!"	"Tú recoges un bloque y yo recojo otro bloque!"
"¡Dame eso!"	"Te cambio este juguete por ese."
"¡No le pegues!"	"Tocamos a otros suavemente, así. Seamos amigos."
"¡No corras en la iglesia!"	"Se corre afuera."
"¡Así no se hace!"	"A ver si podemos encontrar una mejor manera de hacerlo."
"¡Eres un niño malo!"	"Lo que hiciste no es correcto." *(Sugiera o muestre un buen comportamiento. Enseñe al niño a pedir perdón, a disculparse, pero que no sienta que generalmente es una persona mala.)*
"¡Eres un niño muy bueno!"	"¡Gracias! Lo que hiciste fue muy bueno." *(Cuando usted comenta en lo que el niño hace, mencione lo que hizo, no al niño. Deje que sepa los comportamientos que no son aceptables, pero que la persona no es buena ni mala a base de un comportamiento específico.)*

BOSQUEJO

LA COMUNICACIÓN EFICAZ CON LOS NIÑOS

- Importancia del tema
- Ejemplos
- Objetivos
- I. Introducción
- II. Comunicaciones, Principios, y Procesos
  - A. El originador
  - B. El mensaje
  - C. El método
  - D. El recibidor
  - E. Escuchar y retroalimentar
- III. Tipos de comunicación
  - A. Instrucción
  - B. Información
  - C. Persuasión
  - D. Estímulo
- IV. Barreras para la comunicación
  - A. Lenguaje y símbolos
  - B. Experiencia pasada
  - C. Actitudes
- V. Necesidades de los niños que debemos reconocer
- VI. Características que afectan la comunicación
- Resumen

Capítulo 17

Capítulo 18

TEMA: La memorización

ESCRITORAS: Cindy Lucas y Janet Arancibia

IMPORTANCIA DEL TEMA

Para muchos la memorización es solamente repetir palabras que pronto se olvidan. No obstante, es posible demostrar que esta forma elemental de aprendizaje es muy valiosa para cualquiera que desea atesorar la Palabra de Dios. La memorización no tiene que ser monótona; podemos hacerla interesante y aprovecharnos de su potencial.

OBJETIVOS

1. Apreciar la importancia de la memorización.
2. Aprender principios para memorizar las Escrituras.
3. Entender los métodos que facilitan la retención por largo tiempo de la información que se memoriza.
4. Aprender el criterio para escoger las partes de la Biblia que se deben memorizar.
5. Practicar los pasos para lograr memorizar.
6. Usar juegos y otras actividades para facilitar la memorización.

I. INTRODUCCIÓN

La Palabra de Dios es como una espada. Es un arma que, además de ser una fuerte defensa contra los ataques (Efesios 6:17), examina nuestra vida (Hebreos 4:12), penetra y saca a la luz las intenciones y motivaciones. No hay nada que podamos esconder; la espada puede discernir hasta el más íntimo pensamiento. No obstante, debemos entender que el poder no se encuentra en el libro en sí. Está en la Palabra de Dios cuando se usa en la vida del creyente, cuando la Palabra es parte de las convicciones y del modo de vivir de uno.

Es también como alimento. El cristiano necesita alimentar su fe y saber qué lo que cree. La Biblia habla de los "débiles en la fe", los que rascan la superficie del conocimiento. La primera manera de escapar esta condición es leer la Biblia y ver que las verdades bíblicas permanezcan fijas en la memoria.

II. IMPORTANCIA DE LA MEMORIZACIÓN

Todo lo que el individuo es capaz de hacer está grabado en la memoria. Lo que sabemos se expresa a través de habilidades, palabras, y emociones. No obstante, lo que sólo se expresa verbalmente con frecuencia es lo que se retiene el menos tiempo.

A. Tipos de memoria

Hay dos tipos de memoria que determinan la disponibilidad de información con relación al tiempo:

1. **Memoria de corto tiempo.** Ésta consiste de lo que podemos retener por cinco minutos y que generalmente tiene un propósito específico (el número de teléfono que se olvida una vez se hace la llamada o el versículo bíblico que el niño aprende para ganar un premio).
2. **Memoria de largo tiempo.** Esta clase de memoria asocia la nueva información con información que ya se ha aprendido. Permanece con nosotros durante días, meses, aún años. Obviamente, el objeto de todo maestro es que la información permanezca fija en la memoria de largo tiempo de sus alumnos.

B. Factores que impiden la retención

¿Por qué olvidamos más fácilmente la información verbal?

1. El tiempo es uno de los factores que hace

difícil retener. Olvidamos la mayoría de la información inmediatamente después del momento en que aprendemos el nuevo dato. Después, olvidar se hace algo gradual.

2. Lo que sucede durante el día también interfiere con la retención en la memoria. No obstante, hay información que se puede retener por largo tiempo.

C. Factores que facilitan la retención

La información que se retiene debe tener significado para la persona. El proceso de aprendizaje debe elevarse sobre la simple retención mecánica. La nueva información debe relacionarse con el conocimiento que la persona ya posee. Es importante que si usamos juegos y otras actividades similares para memorizar pasajes bíblicos, éstos deben siempre ser precedidos por una explicación del significado de las palabras. Los niños deben comprender lo que están repitiendo.

La memorización debe llevarse a cabo en el debido ambiente. El temor, la hostilidad, y la agresividad inhiben el proceso de memorización. Un ambiente amoroso, amistoso, pacífico y dinámico contribuye al éxito. Si el ambiente no es correcto, la información se asociará con situaciones desagradables que nadie querrá recordar.

La información que se aprende debe resultar en apliación. La mejor manera de recordar algo es usarlo constantemente. Por ejemplo, las palabras que se aprenden de un idioma extranjero se olvidarán a menos que se usen en la comunicación. Los principios de la Palabra de Dios no tendrán significado para los niños si no exhiben un cambio de comportamiento. Es necesario que el maestro o el obrero cristiano verifique que los niños en cada clase están practicando las verdades que se han memorizado.

La Palabra de Dios no debe permanecer en nuestra memoria sólo como un simple concepto. Debe ser convertida en un medio útil para toda situación de la vida. Debemos dejar que influencie nuestra mente y nuestras emociones hasta tal punto que nos sometamos a sus principios.

III. MEMORIZACIÓN DE LAS ESCRITURAS

Memorizar la Palabra de Dios nos da las armas con las que podemos vencer a Satanás. La manera más eficaz para hacer esto es decir la Palabra en alta voz. Los niños pueden vencer la tentación según lo bien que sepan las Escrituras. *"En mi corazón he guardado tu palabra para no pecar contra tí"* (Salmo 119:11).

Dé a los niños evidencia de la validez de su fe (1 Pedro 3:15). Desde los primeros años de su vida, es importante enseñar a los niños las simples verdades doctrinales que luego se harán más fuertes a medida que avanzan intelectualmente.

A. Principios para memorizar las Escrituras

Aprender la Palabra de Dios debe ser algo importante y duradero.

1. Ayude a los niños a aprender el significado de los versículos que se memorizan. Comprender ayuda en el proceso de memorización. Explique el significado de las palabras clave y los términos que quizás no sepan. Use sinónimos o palabras que son fáciles de entender.

2. Repase los versículos memorizados de una manera acumulativa. Evite que el premio o la prueba sea la motivación para los alumnos, pues así olvidarán los pasajes que se han memorizado luego que reciban su premio. Cada vez que introduzca material nuevo, también repase el pasaje anterior. Los versículos o pasajes que se han de memorizar deben estar en secuencia y según un tema central.

3. Use ayudas audiovisuales para memorizar. Las transparencias, los dibujos, las grabaciones, los cánticos, los títeres, los carteles, y los rompecabezas son recursos que pueden facilitar la memorización y hacer que esta parte de la clase sea placentera. Cuando la información toca todos los sentidos, es difícil que pase inadvertida.

4. No sea dogmático respecto a la versión de la Biblia que use. Siempre escoja la versión que sea más fácil de entender para los niños.

5. Trabaje junto con los padres para poder reforzar las actividades de la clase. Los niños pasan la mayoría de su tiempo en contacto con sus padres. Éstos pueden motivar a los niños constantemente al repasar los versículos memorizados.

6. Presente el texto como parte del contexto más amplio. Cuando cuente una historia o cuando dé una lección (contexto), mencione consistentemente el pasaje que los niños han de memorizar (texto). Cuando llegue el momento para que memoricen el texto, les

será más fácil recordarlo.

7. Ayude a los niños a entender cómo se puede aplicar el versículo a su vida. Este es un principio fundamental. La Palabra de Dios debe tocar a la persona que la estudia. Si esto no ocurre, el ejercicio será como el de cualquier otro libro.

B. Pasos para lograr memorización

1. Elegir el material. Escoja el versículo o pasaje bíblico de acuerdo a las necesidades del grupo al que enseña.
2. Memorizar el material. El maestro debe mostrar que es posible memorizar el pasaje que se presenta.
3. Presentar el material en contexto. Integre el texto con la lección en forma natural. Relaciónelo con varias secciones de las verdades de la historia.
4. Leer el pasaje entero antes de analizarlo en partes. Las partes tendrán poco significado si no se presentan primero como un pensamiento completo.
5. Analizar en partes. Divida el texto y con cuidado analice cada parte: el vocabulario, los conceptos, las asociaciones, las ilustraciones, etc.
6. Practicar el pasaje. Repitan el texto paso por paso hasta que puedan decir el versículo entero.
7. Aplicar el pasaje. Hable específicamente sobre cómo el texto se relaciona con la vida cotidiana.
8. Estudiar usando métodos divertidos y variados. Organice concursos, juegos, rompecabezas, preguntas y respuestas, etc.
9. Referirse al versículo en los cultos de niños o en cualquier otra actividad para los niños. Repase constantemente los pasajes y el significado de las palabras.
10. Estimular el uso de la idea que se ha aprendido. Indague el efecto de los versículos memorizados en la vida de los niños.

C. Selección de la Escritura para memorizar

Cuando vaya a escoger el pasaje que se ha de memorizar, hágase las siguientes preguntas:

1. ¿El contexto del versículo está dentro de los límites de la habilidad para comprender de los niños?
2. ¿El significado del texto está expresado en palabras correctas y concretas que los niños pueden absorber?
3. ¿Es posible explicar el vocabulario para poder facilitar la comprensión de parte de los niños?
4. ¿El tamaño del pasaje es apropiado para su edad y para el tiempo disponible en clase?

D. Reconocer la habilidad del niño

Los más pequeños (4 y 5 años de edad) todavía no saben leer. Por lo tanto, la mejor idea es enseñarles una porción significante de un versículo bíblico que exprese solamente una idea. Una manera de expandir su capacidad para retener el pasaje es usar dibujos que ilustren el significado del versículo. Los dibujos deben ser sencillos, grandes y sin palabras. No es necesario que los niños memoricen la cita. Por ejemplo, al tratar con el tema de nuestro prójimo, pueden memorizar uno de los siguientes textos: *"Amémonos unos a otros"* (1 Juan 4:7); *"De hacer bien no os olvidéis"* (Hebreos 13:16, NVI); *"Hijos, obedezcan en el Señor a vuestros padres"* (Efesios 6:1).

Los primarios (6 a 8 años de edad) tienen la capacidad para memorizar versículos enteros. Por ejemplo, todo el versículo de Efesios 6:1: *"Hijos, obedeced en el Señor a vuestros padres, porque esto es justo"*, o el Salmo 13:6: *"Cantaré a Jehová, porque me ha hecho bien."*

Algunos de los primarios que son mayores pueden memorizar párrafos que son cortos y fáciles de entender. Por ejemplo, Salmos 1; 8; 23; 100; 150; Juan 14:1-6; 15:12-17.

Los niños intermedios (9-11 años de edad) no sólo pueden retener el texto, sino que pueden memorizar el contexto también. Se pueden escoger los pasajes según su tema. Por ejemplo, el amor (1 Corintios 12); la fe (Hebreos 11); la salvación (Juan 3); los Diez Mandamientos (Éxodo 20); las Bienaventuranzas (Mateo 5:1-12), y el regreso de Cristo (1 Tesalonicenses 4:13-18).

IV. ACTIVIDADES PARA FACILITAR EL APRENDIZAJE

La clave para la memorización eficaz es que la información pase por una serie de diferentes pasos. En la primera etapa, la información debe ser establecida en la memoria del alumno. Este objetivo se puede lograr principalmente por medio de repetición. Hay varias maneras de añadir variedad a la repetición y de combinarla con otras actividades.

Segundo, el alumno debe demostrar conocimiento de lo que se ha fijado en su memoria. Este es el método que usa el maestro para ver si los alumnos de verdad poseen la información y pueden reproducirla correctamente. Sin embargo, solamente demostrar conocimiento del versículo no garantiza que las palabras han sido absorbidas permanentemente.

El tercer paso es entender el versículo. Una vez entiendan el pasaje, los alumnos deben poder decidir el efecto que esa verdad particular tendrá en la vida de ellos. Siempre debemos enseñar con la idea de que, al final, nuestros alumnos aplicarán estas verdades a su vida.

Ahora le ofrecemos unas pocas ideas para ayudar a sus alumnos en cada paso del proceso de memorización.

A. *Establecer información*

(Nota: Use un títere, payaso o personaje para enseñar el versículo que van a memorizar. Siempre que los niños lo vean, sabrán qué hacer.)

Repetición

a. Escriba el versículo en la pizarra y luego bórrelo, palabra por palabra, mientras los niños lo repiten.

b. Si tiene un versículo largo diga un párrafo a la vez. Los niños pueden repetirlo con el maestro.

c. Todos los niños recitan el texto. Dígales de un rasgo específico o de una característica que definirá a los grupos que repetirán un versículo que han memorizado. Por ejemplo, "Todos los que tienen puesto algo rojo, paren y repitan el versículo", o "todas la niñas", o "todos los niños de diez años de edad…" etc.

d. Concursos. Divida a la clase en grupos de niños y niñas, o de rojo y azul, y desafíelos para ver quién recita mejor el texto.

e. Causa y efecto. Algunos versículos se pueden repetir en secuencia o contraste. Por ejemplo, "Porque de tal manera me amó Dios a mí, que ha dado…"

Substitución

a. Adivinanza: escriba los versículos en una pizarra, cartulina o en cualquier otra superficie grande para escribir. Siempre que sea posible, substituya los pronombres y los adjetivos con dibujos.

b. Personalice los versículos usando "yo", "me" y "mi" siempre que sea posible.

Música y gestos

a. Enseñe a los alumnos cómo usar gestos con el texto. Esto hará que los niños se concentren en el significado de las palabras.

b. Ponga música al versículo como actividad en la clase.

c. Use gestos con los cánticos. Además de las melodías que surgen en la clase, hay muchos versículos conocidos en la Biblia que se cantan.

Rompecabezas

Escriba los versículos en una cartulina y córtelos en diferentes formas. Los niños deben armar el rompecabezas primero por la forma de las piezas y luego por el orden de las palabras.

B. *Demostrar conocimiento*

Clasificar y poner en orden

a. Escriba las palabras del versículo en tarjetas separadas y luego mézclelas. Cada niño toma una tarjeta y la pone en el orden correcto.

b. Divida a la clase en dos equipos. Dé a cada niño una tarjeta con una palabra del versículo que se ha de memorizar. Cuando todos oigan la palabra "Ya", los niños de cada equipo deben poner las tarjetas en el orden correcto. El primer equipo en terminar es el que gana.

c. Después de una serie de lecciones, escriba las palabras del versículo en tarjetas separadas de cartón, una palabra por tarjeta, recortadas en la misma forma geométrica (círculo, cuadrado, triángulo) o del mismo color. Haga lo mismo con los otros versículos, asignando diferentes formas o colores. Mezcle todas las tarjetas de la serie. Los niños deben mostrar su conocimiento de los versículos primero separando las tarjetas y luego poniéndolas en el orden correcto.

d. Búsqueda #1. Escriba el versículo en la pizarra, o en un pedazo grande de papel, dejando espacios en blanco que correspondan a las palabras clave. Escriba las palabras en pedazos de cartón y escóndalos en diferentes lugares por toda el aula. También escriba unas pocas palabras que no son del versículo para memorizar. Los niños sólo deben tomar las palabras clave del versículo que están memorizando; las otras palabras se deben dejar en el mismo lugar donde se encontraron. Cada palabra correcta vale un punto; si un niño selecciona una palabra incorrecta, se quita un punto.

e. Búsqueda #2. Escriba las palabras del texto en pedazos de papel y escóndalos en el aula. Los niños deben buscarlos y colocarlos en el orden correcto.

Descifrar y escribir

a. Escrituras en clave. Escriba el versículo, pero reemplace las palabras con números, letras u otros símbolos, como si fuera una clave que los niños deben descifrar.

b. Crucigrama. Use las palabras del versículo en un crucigrama.

c. Escribir al revés. Haga una ayuda visual con el versículo escrito al revés. Los niños deben leerlo y adivinar qué es. Por ejemplo: "y la vida la verdad el camino soy yo" (Juan 14:6).

d. Escritura monástica. Cuando los monjes de antaño copiaban las Escrituras, no dejaban especio entre las palabras. Escriba el versículo que se ha de memorizar de esta manera y diga a los niños que separen las palabras con una línea horizontal. Por ejemplo: "ereslibredetuenfermedad" ("eres libre de tu enfermedad").

e. Palabras en orden. Escriba las palabras del versículo alternando su orden. Pida a los niños que lo vuelvan a escribir poniendo las palabras en el orden correcto.

Recitar

a. La papa caliente. Pase alrededor una bola u otro objeto similar que es la "papa caliente". Cuando el maestro dice "¡Paren!" el que tenga el objeto en la mano debe decir el versículo del día.

b. El cubo. Va a necesitar un cubo plástico y seis distintos versículos. Escoja una palabra clave de cada versículo y escríbala en un pedazo de papel. Con un pedazo de cinta adhesiva, pegue una palabra a cada lado del cubo. Pida a los niños que se sienten formando un círculo. Mientras escuchan la música que está tocando, el que tiene el cubo debe leer la palabra que está en la parte de arriba del cubo y recitar el versículo correspondiente. Si no lo recuerda, debe salir del juego. El juego sigue hasta que sólo quede un jugador, o hasta que todos hayan recitado los seis versículos.

c. El susurro. Diga a los niños que se sienten formando un semicírculo. Susurre el versículo al oído de la primera persona y sigan así hasta completar el círculo. Compare lo que dijo el primer niño con lo que dice el último.

d. Baloncesto de la Biblia. Necesitará una pelota después de haber enseñado el versículo que se ha de memorizar, tire la pelota a uno de los niños. El que tenga la pelota tiene que ponerse en pie y recitar de memoria el versículo. Si lo hace correctamente, recibe un punto. Además, se gana la oportunidad de pasar al frente de la clase y tirar la pelota en la canasta. Si lo logra, recibe otro punto. Pueden formar juegos de niños contra niñas. El equipo con los más puntos es el que gana.

e. Errores. Cometa un error a propósito mientras recita el versículo y deje que los alumnos lo corrijan.

f. Escuchen un canto o himno grabado y hable a los niños algo sobre el versículo que lo inspiró. Por ejemplo, el "Mesías" de Handel (Isaías 53:1-6).

C. Demostrar comprensión

1. **Preguntas y respuestas.** Hable a los alumnos sobre lo que el versículo significa para ellos. Haga preguntas y deje que ellos también las hagan.

2. **Investigación.** Enumere las palabras que no son conocidas en el versículo o pasaje. Diga a los alumnos que busquen las definiciones de las palabras en un diccionario y que escriban los sinónimos frente a cada palabra. Por ejemplo: transgresión – desobediencia.

3. **Dibujos.** Pida a los niños que dibujen el significado de un versículo.

4. **Parafrasear.** Después que los alumnon hayan mostrado que han memorizado el versículo del día, pídales que lo escriban en sus propias palabras.

D. Aplicación y seguimiento

Incorpore a los padres en los deberes para hacer en casa sobre las ideas que fueron expresadas en los versículos memorizados. Mande a casa con los niños una copia de su trabajo de memorización con una hoja de sugerencias para los padres en la que usted explica la importancia del programa.

El versículo o pasaje que se ha de memorizar ilustra varios aspectos en la vida del niño. Después de haber memorizado una idea bíblica, el niño debe poder aplicarla en relación a los demás: su familia, sus amigos, sus compañeros de escuela, sus maestros, y otras figuras de autoridad. El maestro podría hacer una lista del comportamiento que espera ver en sus alumnos y el grado hasta el que se puede ver en cada niño.

CONCLUSIÓN

Memorizar partes de la Biblia puede ser algo emocionante y gratificante. Si el niño logra usar su memoria de largo tiempo para guardar en su corazón las Escrituras, las recordará cuando sea adulto y el mensaje será de gran valor cuando las recite en los momentos de solaz y dificultad.

APÉNDICE

USE TÍTERES PARA ENSEÑAR EL VERSÍCULO PARA MEMORIZAR

EL LORO PEDRO APRENDE EL SALMO 51:10

"Crea en mí, oh Dios, un corazón limpio, y renueva un espíritu recto dentro de mí" (Salmo 51:10).

Maestra: *(Entra con su títere, el Loro Pedro, en el brazo.)* ¡Buenos días, niños! Quiero presentarles a mi amigo Loro Pedro. Cuando lo compré, me dijeron que era un pájaro muy inteligente y que podía aprender a repetir las cosas. ¿Por qué no tratamos de enseñarle nuestro versículo para memorizar de hoy, el Salmo 51:10?

Pedro: Quiero aprender, quiero aprender, quiero aprender…

Maestra: ¡Ya! Pedro, repite lo que yo diga…

Pedro: Repite lo que yo diga…

Maestra: No, no, no…

Pedro: No, no, no…

Maestra: ¡Esto no va a resultar!

Pedro: No va a resultar, no va a resultar, no va a resultar, no, no, no…

Maestra: *(En un susurro a los alumnos.)* Creo que voy a comenzar con el versículo y a ver qué pasa. *(Habla en voz normal.)* Crea en mí…

Pedro: Crema en mí, crema en mí, crema en mí…

Maestra: No, Pedro, cremar quiere decir quemar algo…

Pedro: No me queme, no me queme… ¡No quiero ser loro frito!

Maestra: La palabra es crea. Crea en mí. Queremos que Dios haga una obra en nosotros.

Pedro: Obra en mí, obra en mí. *(Comienza a cantar.)* Todavía obra en mí…

Maestra: Bueno, Pedro, así es… Pero la frase es "Crea en mí". Repítelo conmigo…

Pedro: Repítelo conmigo… Crea en mí, crea en mí, crea en mí…

Maestra: ¡Un corazón limpio!

Pedro: Un corazón.

Maestra: No, queremos un corazón limpio; crea en mí un corazón limpio…

Pedro: Crea en mí un corazón limpio, crea en mí un corazón limpio…

Maestra: Oh Dios…

Pedro: ¿Qué pasa? ¿Necesita ayuda? ¡Oh, Dios, ayúdale! ¡Dios ayúdale!

Maestra: No, Pedro, queremos que Dios nos ayude dándonos un corazón limpio. Repite conmigo, Crea en mí un corazón limpio, oh Dios…

Pedro: Repite conmigo: Crea en mí un corazón limpio, oh Dios… Repite conmigo: Crea en mí un corazón limpio, oh Dios…

Maestra: Y renueva…

Pedro: ¡Jesús le ayude!

Maestra:	¿Por qué dijiste eso?
Pedro:	¡Por que estornudó!
Maestra:	No, no estornudé. Yo dije "y renueva". Crea en mí un corazón limpio, oh Dios, y renueva.
Pedro:	Crea en mí un corazón limpio, oh Dios, y renueva. Crea en mí un corazón limpio, oh Dios, y renueva.
Maestra:	Un espíritu recto... un espíritu recto
Pedro:	Un espíritu recto… un espíritu recto… ¡¡¡Viva el equipo, a la bin, a la ban!!!
Maestra:	¿Qué estás haciendo?
Pedro:	Metiéndome en el espíritu… ¡Animando al equipo! ¡Viva el equipo, viva!
Maestra:	No… ¡Queremos que Dios ponga en nosotros la actitud correcta! Es "Crea en mí un corazón limpio, oh Dios, y renueva un espíritu recto dentro de mí".
Pedro:	"Crea en mí un corazón limpio, oh Dios, y renueva un espíritu recto dentro de mí."
Maestra:	Salmo 51:10.
Pedro:	¿Cuánto cuesta?
Maestra:	No, el versículo se encuentra en el libro de los Salmos. Ese es el libro de cantos, capítulo 51, versículo 10, pero solamente decimos Salmo 51:10.
Pedro:	Salmo 51:10… Salmo 51:10.
Maestra:	¡Muy bien, Pedro!
Pedro:	¡Muy bien, Pedro…muy bien, Pedro!
Maestra:	*(Tapándole la boca a Pedro con la mano.)* Creo que ya eso es suficiente, Pedro. Veamos si los niños pueden decir el versículo. Te apuesto que lo pueden hacer mejor que tú. *(Deja que digan el versículo varias veces.)*
Pedro:	¡Muy bien niños… muy bien! Adiós, adiós, adiós, adiós.

BIBLIOGRAFÍA

Clark, Robert; Joann Brubaker; Roy Zucker. *Childhood Education in the Church*. Chicago: Moody Press, 1990, 388-393.

Glessinger, Marjorie. *"Make Memory Work Challengin, Enjoyable!"* Church Teachers. Septiembre-octubre, 1974.

Stuart, Sally. *"Methods for Teaching Children How to Memorize Scripture."* Teaching and Reaching, Warner Press.

The World Book Encyclopedia. Chicago: Field Enterprises Educational Corporation, 1968. Sv. *"Memory and Memorization"*.

LA MEMORIZACIÓN

- Importancia del tema
- Objetivos
- I. Introducción
- II. Importancia de la memorización
  - A. Tipos de memoria
  - B. Factores que impiden la retención
  - C. Factores que facilitan la retención
- III. Memorización de las Escrituras
  - A. Principios para memorizar las Escrituras
  - B. Pasos para lograr memorización
  - C. Selección de la Escritura para memorizar
  - D. Reconocer la habilidad del niño
- IV. Actividades para facilitar el aprendizaje
  - A. Establecer información
  - B. Demostrar conocimiento
  - C. Demonstrar comprensión
  - D. Aplicación y seguimiento
- Conclución
- Apéndice
- Bibliografía

Capítulo 19

TEMA: La música en el ministerio a los niños

ESCRITORA: Wendy Deken

IMPORTANCIA DEL TEMA

En todas las esferas de la vida la música es un vehículo probado para comunicar un mensaje y prolongar el efecto de ese mensaje. El vasto potencial de la música como un medio agradable y eficaz la hace indispensable para los obreros en todas las áreas del ministerio a los niños. Sin música, alcanzar y enseñar a los niños es algo incompleto.

EJEMPLO

Un típico, travieso niño de 10 años de edad llamado Isaías se sintió fascinado por toda la alegre música durante un campamento de verano para hijos de ministros. También se sintió profundamente conmovido durante los momentos de alabanza y adoración al Señor. Durante uno de esos momentos –un momento de alabanza espontánea antes de comenzar la sesión de la noche – Isaías recibió el bautismo en el Espíritu Santo mientras oraba con otros compañeros de campamento.

Su amor por la música aumentó desde ese momento en adelante, y comenzó lecciones de piano y de trompeta. Quería ministrar a los demás por medio de la música. Progresó rápidamente y pronto estaba tocando el piano en las actividades del ministerio para los niños. Su objetivo en tocar y cantar siempre era ayudar a los niños acercarse más a Dios.

Un desafortunado accidente automovilístico tomó la vida de este joven a la edad de 12 años. Su dedicación y su testimonio personal hicieron que su abuelo, el día del funeral, se arrepintiera y reconciliara su vida con Dios. Una vez más, la influencia de la música había dejado su poderoso impacto en la vida tanto de jóvenes como de ancianos.

OBJETIVOS

1. El obrero deseará cumplir con el potencial de la música en su ministerio a los niños.
2. El obrero entenderá los diferentes usos de la música y sus beneficios en el ministerio a los niños.
3. El obrero podrá dirigir adoración significativa para los niños por medio de la música.
4. El obrero sabrá cuál es el propósito y los pasos básicos para organizar y conducir un coro de niños.

I. INTRODUCCIÓN

Nuestro Dios es creativo. Formó la tierra y todo lo que hay en ella. Colosenses 1:16 declara: *"Porque en él fueron creadas todas las cosas… todo fue creado por medio de él y para él."* Porque Él ha creado todas las cosas para sí, se puede considerar que la música es un medio creado por Dios y designado para llevar a cabo sus propósitos. La música es una fuerza poderosa. Aunque es algo destructivo en manos del enemigo, la música en manos de los creyentes es un instrumento para alabar a Dios y para edificar su reino.

El poder de la música está demostrado claramente cuando el adulto refleja sobre su niñez. Fácilmente se puede recordar rimas que fueron puestas a música. Aunque se aprendieron a temprana edad, las palabras y la música están grabadas en la mente para siempre.

La música no sólo graba mensajes mentales, sino que también influencia las emociones. Las madres y los padres por todo el mundo usan el poder calmante de la música cuando le cantan canciones de cuna a su bebé. El rey Saúl pidió a sus criados que buscaran a alguien para que le tocara el arpa cuando se sentía atormentado por los malos espíritus. Mientras David tocaba su harpa, *"Saúl sentía alivio y estaba mejor, y el espíritu malo se apartaba de él"* (1 Samuel 16:23).

John F. Wilson, en su ponencia, "Using Music With Children" ("Usando la música con los niños"), enfatiza que la música es una de las mayores influencias para formar el comportamiento moral entre los niños y los jóvenes. La música es un medio con el que todo obrero en el ministerio a los niños debe estar preparado. La música trae deleite y contentamiento a la vida del niño. Sin embargo, su valor no sólo se relaciona al gozo que el niño encuentra a través de la música, sino también en el mensaje que penetra su mente y su vida. Los cantos llenos de la Escritura y principios bíblicos ayudan a establecer un firme fundamento para que los niños lleguen a ser creyentes fuertes.

El propósito fundamental de usar música en el ministerio a los niños es elevar alabanzas a Dios el Padre. Jesucristo, citando del libro de los Salmos, recordó a los sacerdotes principales que de la boca de los niños y de los bebés Dios ha perfeccionado la alabanza (Mateo 21:16). Los niños, cautivados por la música y enamorados de su Creador, expresarán por medio de sus cantos la alabanza que agrada al Padre. Por lo tanto, el ministerio a los niños se hace completo con el uso de la música.

II. USOS DE LA MÚSICA PARA ENSEÑAR A LOS NIÑOS

La fascinación natural del niño con la música hace de su uso un éxito inmediato en el ministerio a los niños, incluso la Escuela Dominical, los cultos para niños, los Exploradores del Rey, las Misioneritas, y las acitividades evangelísticas. Al usar la música en su ministerio, es importante que comprenda que los individuos –incluso usted– han recibido la capacidad para expresarse a través de la música. Así como en la parábola de los talentos, no todos tienen la misma cantidad de talento, pero cada uno recibe una medida del don. Es nuestra responsabilidad usar lo que se nos ha dado. Quizás usted no cante como un artista reconocido, ¡pero no tenga miedo de usar su voz! Los niños no buscan cantantes superestrellas, sino más bien líderes que los dirijan en alabanza y adoración. No deje la música fuera de su plan.

Una sabia inversión de su tiempo sería aprender a tocar un instrumento musical. Richard Malm, autor de *Perfected Praise* (Alabanza perfeccionada), dijo que dentro de nueve meses una persona sin ninguna habilidad musical anterior puede aprender a tocar guitarra lo suficientemente bien como para dirigir los cultos de alabanza para niños. Hasta que se sienta lo suficientemente cómodo para hacerlo, enliste a un guitarrista o a un pianista para que le ayude.

Ahora que ya está convencido de la necesidad de incluir música en su trabajo como obrero de niños, ¿cómo la usará? Los usos de la música son innumerables, pero sus principales beneficios se pueden notar en el control del aula, la enseñanza más eficiente, la adoración más significativa, y los mejores resultados evangelísticos.

A. *Para el control del aula*

Con frecuencia al comienzo de clase, los niños estarán inquietos y ruidosos debido a su alto nivel de energía. El maestro sabio usará la música para recobrar el control cantando para comenzar la lección. Esto enfoca la atención de los alumnos en el dirigente. La música aquieta la palabrería y une a los alumnos. Los cantos con ademanes son un medio para desatar la energía física, para que en el momento de la historia los alumnos estén listos para poner atención. Después, si hay caos en el aula, un canto es una manera segura de volver a captar la atención de los niños.

B. *Como una ayuda didáctica*

La música es un poderoso medio de comunicación. Sus contagiosas rimas y palabras con melodías y ritmos son una manera segura, pero fácil, de inculcar mensajes en el corazón y la mente de los niños. Cantar es una experiencia placentera que aumenta su eficacia como una ayuda para enseñar. Cuando algo es divertido, aprender se hace mucho más fácil, la retención es mayor y el mensaje es más apto a ser comprendido.

Memorización de la Escritura

Una idea para usar música como un medio didáctico es enseñar el versículo para memorizar. Podría crear una melodía o elegir una ya conocida, luego ponga las palabras del versículo a la música. Cuando los alumnos canten el versículo, pronto memorizarán la Palabra de Dios con poco esfuerzo. Las palabras de un versículo también se pueden hablar al compás de un rap o de palmadas.

Introducción y refuerzo del tema de la lección

Una canción bien elegida puede también servir para introducir o enfatizar el tema de la lección. Seleccione la canción de acuerdo al tema, y luego enséñela como introducción de su lección. Al final de la clase repita la canción para que al marcharse los alumnos el mensaje resuene en las mentos de ellos.

El propósito principal del ministerio a los niños es enseñarles la Palabra de Dios para que cada uno de ellos pueda conocer a Jesucristo como Salvador y mantener luego una relación con El. Un planeado programa de música a cargo de líderes entusiastas y capaces, puede contribuir enormemente a la realización de este objetivo.

III. ADORACIÓN SIGNIFICATIVA PARA LOS NIÑOS A TRAVÉS DE LA MÚSICA

La adoración a veces es considerada como una actividad en la que sólo los adultos (o los espiritualmente maduros) pueden participar. La Palabra de Dios muestra que esta idea es falsa. En 1 Samuel, la oración de Ana pidiendo un hijo fue contestada cuando nació Samuel. Su oración incluía un voto de dedicar el niño al Señor todos los días de su vida. Tan pronto como Samuel fue lo suficientemente mayor (probablemente entre 3 y 7 años de edad), Ana lo llevó a vivir en el templo. Primera de Samuel 1:28 dice: *"Y (el niño Samuel) adoró allí a Jehová."* Jesús dijo: *"Dejad a los niños venir a mí, y no se lo impidáis; porque de los tales es el reino de Dios"* (Lucas 18:16). Debemos dar a los niños la oportunidad y el derecho de alabar al Señor.

A. Definición y objetivos

El diccionario define la palabra adoración como: "Sentir o rendir adoradora reverencia o consideración por cualquier persona o cosa." *Alabanza* se define como el acto de expresar aprobación o admiración. El objetivo de un culto de adoración con los niños es estimularlos a expresar reverencia y amor a Dios por quién Él es y expresar su admiración de su valor por lo que Él ha hecho.

La música en sí no es adoración, pero es un medio por el cual los adultos y los niños por igual pueden enfocar su atención en Dios, antes que en sí mismos. La belleza de unir melodía y palabras permite una expresión de sentimientos que no siempre es posible de otra manera.

Dios mostró la importancia que Él da a la música cuando incluyó un himnario en la Biblia. Los salmos continuamente nos animan a adorar y alabar al Señor con la música, a cantar un cántico nuevo al Señor (Salmo 33:3), a cantar continuamente de las misericordias del Señor (Salmo 89:1), y a venir ante su presencia con regocijo (Salmo 100:2).

Lucas 4:8 dice: *"Al Señor tu Dios adorarás, y a él solo servirás."* Salmo 95:6 nos pide: *"Venid, adoremos y postrémonos… delante de Jehová nuestro Hacedor."* La adoración el algo que se espera de los creyentes, jóvenes y ancianos, y la música es un medio creado por Dios para pasar a esa comunión con Él.

B. Pasos prácticos

La adoración es un acto espiritual que exige de unos pocos pasos sencillos y prácticos. Primero, recuerde que los niños con los que trabaja son sólo eso: niños. Su lapso de atención es corto, y su capacidad para imaginarse lo abstracto es difícil.

Las emociones de los niños son su fuente principal de control. En ciertos días pasarán fácilmente a un momento de adoración o de gozosa alabanza, mientras que en otros días no serán influenciados tan fácilmente. El maestro debe continuamente ofrecer la oportunidad de adorar y animar a los niños a pasar tiempo en comunión con el Señor.

Una lista completa de cantos debe incluir una variedad de los siguientes tipos de cantos:

- Cantos de apertura – Estos cantos por lo regular incluyen gestos y accitones. No tienen que ser profundos en sentido espiritual, pero son un medio de unir al grupo, de comenzar la adoración a tiempo y de enfocar la atención en el que dirige. También usan algo del exceso de energía, lo que hace más fácil que los niños pasen a la adoración.

- Cantos de hermandad – Estos cantos permiten que el maestro salude personalmente a las visitas y a los asistentes regulares, como también que los niños se saluden unos a otros con un apretón de manos o con un abrazo.

- Cantos para enseñar – Estos cantos están diseñados para enseñar un versículo bíblico específico o una doctrina. Muchos himnos son valiosos para la instrucción de la doctrina y de los fundamentos bíblicos de la Iglesia. Los himnos no se deben ignorar en el ministerio a los niños.

- Cantos de alabanza y de testimonio – Éstos hablan de la bondad y la fidelidad de Dios. Úselos para comunicar su agradecimiento por todo lo que Él hace y para testificar a los demás de su grandeza. Estos cantos tienden a ser avivados, pero no se limitan a un ritmo rápido.

- Cantos de adoración – Éstos declaran el valor de Dios, no por lo que ha hecho, sino por quién es. Con estos cantos los niños dicen a Dios, "Te amo."

- Cantos de invitación – Estos cantos deben mezclarse con el objetivo de la lección y motivar una respuesta de parte de los niños en relación con el énfasis de la sesión. Su propósito es llevar al niño a dejar que el Señor ministre a las necesidades en su vida e inspirarlo hacia una dedicación al Señor más profunda.

Preparación para adorar

La clave para un momento musical de éxito y adoración es la preparación. No se puede dirigir la adoración significativa sin un plan. Dios tiene un propósito específico para cada momento de adoración, por tanto comience con oración. Algunos no se preparan para dar al Espíritu libertad de moverse; no obstante, el Espíritu Santo que se mueve sobre los adoradores durante el culto es el mismo Espíritu Santo que le ayudará a planea su tiempo de adoración. Una vez haya obtenido la dirección de Dios, elija cantos que correspondan con el tema o énfasis.

En este estudio la palabra canto se refiere tanto a coros como a himnos. Use ambos con los niños, manteniendo un balance. No cante siempre los mismos cantos. Introduzca nuevos. Manteniendo en mente su tema, escoja un canto de apertura, un canto de hermandad, varios cantos de enseñanza, y siempre de alabanza y adoración.

Después de seleccionar los cantos para la actividad, haga las siguientes preguntas:

a. ¿Cada uno de los cantos logra el propósito que deseo lograr?

b. ¿Las palabras comunican claramente el mensaje?

c. ¿Las palabras son consistentes con la Escritura?

d. ¿Las palabras y los patrones musicales son apropiados para la edad?

e. ¿Hay cantos que los niños quizás no sepan? (Si así es, escriba las palabras en cartulina o en la pizarra.)

f. ¿La lista fluye en una secuencia lógica? (Cantos con ritmos similares agrupados, cantos con ciertos temas agrupados.)

g. ¿Se usarán instrumentos? Si así es:

- Comparta la lista con los músicos; practiquen juntos antes si es posible.
- Ya sea usted o los acompañantes, determinen antes de la clase la clave correcta para cada canto, una en la que los niños puedan cantar cómodamente.
- Use cambios de clave que sean fáciles de encontrar y de seguir.

Dirigir la alabanza

Llega el momento de poner an acción todo lo que ha preparado. Primero, recuerde su propósito para adorar. Niéguese a permitir que la distracción estorbe la experiencia de venir ante la presencia del Señor. Al dirigir, recuerde que se dirige mejor con el ejemplo. Relájese y adore mientras canta al Señor. Cuando usted alaba al Señor genuinamente, los niños lo seguirán. Sea flexible. Usted tiene un plan, pero hay veces cuando la sesión no resultará como se planeó. Richard Malm explica que los niños son criaturas emocionales y que el líder debe permanecer a tono con el ambiente emocional. Habrá momentos cuando es imposible dirigir a los niños en una experiencia de adoración significativa. En momentos así quizá sea mejor simplemente tener un momento de cantos alegres. Después de cantar los cantos de apertura y de hermandad, y de que los niños comiencen a pasar a la alabanza, no es necesario que usted hable entre cada canto. Los comentarios podrían distraer de la oración. Más bien deje que los cantos fluyan uno tras otro. Lea un versículo bíblico cuando sea apropiado, pero mantenga las instrucciones al mínimo.

Involucrar a los niños

Aún con sus mejores esfuerzos y una revelación de la presencia de Dios, algunos niños quizás no estén prontos a participar en la adoración. Esos niños no deben ser ignorados ni catigados, sino más bien se les debe dar un lugar para participar. Se puede designar a uno o a dos para que dirijan la alabanza cada vez que se reúnen. Pueden ponerse de pie frente al que dirige para cantar y dirigir con los ademanes. Otro niño puede ayudar sosteniendo en alto la letra de un nuevo canto.

Para involucrar a los niños y hacer que se sientan especiales, deje que usen instrumentos de ritmo sencillos como panderetas, maracas, bloques de madera o palos. Esos instrumentos se pueden hacer fácilmente y sin mucho gasto. Por ejemplo: palos de madera (como palos de escoba) se pueden cortar en pedazos de 20 cm. de largo que los niños pueden sostener uno en cada mano y golpearlos al ritmo de la música. También puede hacer maracas sencillas al poner un poco de arroz, maíz u otros granos en un vaso pequeño de cartón o en una lata pequeña y luego pegar con cinta adhesiva otro vaso o lata (con las dos aperturas juntas). A los niños les gusta sacudir esto. De vez en cuando deje que uno de los niños cante o que toque un instrumento para el grupo. Dé a los niños toda oportunidad para usar sus talentos para el Señor.

IV. EL MINISTERIO DEL CORO DE NIÑOS

Todos se deleitan al ver y oír un coro de niños;

especialmente si los niños están preparados y presentan un programa interesante y desafiante. Aunque juntar todos los detalles no es un trabajo fácil, el resultado final es casi siempre una experiencia positiva. Tener un coro de niños definitivamente vale la pena.

A. Propósitos

¿Por qué tener un coro de niños? Porque es un valor para cualquier ministerio. La participación de los niños en los programas musicales y en los ministerios evangelísticos tiene valor.

1. Evangelismo. Primero, el coro de niños es un medio para evangelizar. Un culto que presenta al coro atraerá a muchos de fuera de la iglesia. Quizás los amigos del niño que no son salvos asistirán por un interés en la música, lo que lleva a oportunidades para recibir salvación. Un alcance en la comunidad podría incluir cantar en la plaza o parque central, en un hogar para ancianos o en un orfanatorio.

2. Enriquecimiento musical y formación de carácter. El ministerio de un coro de niños alcanza no sólo a los que no son salvos, sino también a los participantes en el coro. El estímulo musical añade a su desarrollo mental y emocional. A medida que aumenta la capacidad del niño en su habilidad musical, su confianza y estimación de sí mismo sube a un nivel más alto.

El niño quizás no sea un vocalista talentoso, pero al cantar en el coro puede satisfacer su necesidad de lograr éxito y de tomar parte en crear algo que agrada a los demás. Además los cantos con su letra llena de significado fomentarán el crecimiento espiritual. La repetición durante los ensayos refuerza el mensaje en la mente de los cantantes.

Ser parte de un coro de niños también da a los niños la oportunidad de experimentar el servicio cristiano. Cuando el coro participa en los cultos y en los ministerios de evangelismo, descubrirán que pueden ministrar al Señor. El director debe enfatizar que Jesús dio un ejemplo para sus seguidores, cuando vino *"no para ser servido, sino para servir"* (Marcos 10:45). Una experiencia positiva a temprana edad fomentará toda una vida de servicio cristiano.

B. Cómo comenzar un coro de niños

1. **Escoger a los obreros.** Se debe enlistar a un director y a uno o más ayudantes. El director debe tener una fuerte relación con el Señor y también poseer capacidad musical adecuada. No es necesario que el director toque un instrumento musical. Por lo regular se puede encontrar un acompañante. Si el coro usará mayormente música grabada, todavía sería de ayuda tener un músico durante los ensayos. El director debe dedicarse al coro. Los niños perciben el nivel de dedicación de su director y la dedicación de ellos con el coro será igual.

2. **Seleccionar a los participantes.** Después de establecer quién dirigirá y quién acompañará, el director debe estructurar el coro. Debe decidir cómo determinar quiénes serán los participantes. ¿Todos los de cierta edad automáticamente serán parte del coro? ¿Sería mejor que se permita participar sólo a los niños que están sinceramente interesados? ¿Se debe hacer la selección a base de habilidad musical? No hay una sola respuesta correcta a estas preguntas. Tome sus decisiones en oración y según las necesidades del ministerio en particular.

3. **Otros detalles.** Seleccione la música que se ha de presentar. Escoja música con un mensaje espiritual, quizás concentrándose en un tema específico por un mes o para cierta presentación. Use música con palabras y música que se repiten, especialmente para los niños más pequeños. Use un himnario, o escuche grabaciones cristianas, ya sea que estén diseñadas para niños o no. Hasta puede escribir su propia música. El director sabio selecciona y prepara música no sólo para la primera presentación, sino también para una o dos veces más en el futuro.

C. Pautas para los ensayos

Los ensayos son momentos en los que se pueden poner en práctica muchos principios que se enseñan en otras áreas del ministerio a los niños. Ore pidiendo la presencia y la bendición del Señor en lo que se haga. El control de sí mismo y el trabajo en cooperación son esenciales. Las reglas son necesarias en los ensayos. Establezca reglas, informe a los niños, luego con la ayuda de los ayudantes, enforce las reglas. La presencia de voluntarios responsables fomenta mejor comportamiento. A los niños mayores se les puede dar la responsabilidad de mantener orden en una fila de niños más pequeños. El promedio ideal es un ayudante para cada diez niños. Los ayudantes también pueden distribuir la música y ayudar de otras maneras.

Para los mejores resultados separe a los coros y los ensayos para las edades de 3-6 y para las edades de 7-12. Los niños en ambos grupos cantarán en clave y aprenderán a cantar las palabras correctamente. Confíe en los niños y en su habilidad, y ellos por lo regular harán lo que usted espera que hagan. Algunos consejos beneficiales son:

- Comiencen cantando un canto conocido para calentar la voz.
- Nunca pida a los niños que canten lo más alto que sea posible. Si lo hace, muchos gritarán, lo que lastima las cuerdas vocales y produce malos hábitos y sonidos desagradables.
- Presente un canto nuevo con un versículo bíblico o hablando del mensaje del canto. Escriba la letra en una pizarra o distribuya copias. Si hay palabras desconocidas, identifíquelas y dé las definiciones. Para enseñar el ritmo del canto, hable las palabras mientras da palmadas marcando el compás de cada nota. Luego tararee o toque la melodía. Luego cante el canto completo. Lo próximo es dirigir a los niños en cantarlo, deteniéndose cuando sea necesario para repetir las partes difíciles. Por lo regular tres o cuatro veces es suficiente para practicar un canto nuevo durante un ensayo. Demasiada repetición es aburrido y los niños perderán interés. (Según la habilidad musical del director y del coro, enseñar también puede incluir leer las notas y descifrar el ritmo.) Practique otros cantos, luego repita el nuevo canto antes de terminar.
- Para mejorar la presentación, añada a la música gestos o coreografía, manteniendo los movimiento sencillos y significantes.
- Use decoraciones para el escenario y uniformes que sean atractivos y de bajo costo cuando sea posible, algo que a los niños les guste usar o llevar puesto.
- Tenga en mente la fecha de la presentación y haga preparativos para que el coro esté listo para esa fecha. Permita varias semanas para ensayar para una presentación.

El propósito del coro es ministrar. Uno podría desear perfección de parte de los niños en el coro, pero esto no es posible. El ministerio que emana del corazón llegará al corazón de los oyentes y también bendecirá a los participantes.

CONCLUSIÓN

La música es un instrumento que ayuda a desarrollar al niño completo. Es una fuente de gozo y una expresión de adoración a Dios. Si la música todavía no es una parte integral de un ministerio para niños establecido, comience a desarrollar esta área ahora. Si la música ya se incluye, trate de desarrollarla hasta su mayor potencial. El éxito de un programa de música totalmente desarrollado no siempre se verá inmediatamente, pero con el tiempo los niños comenzarán a cultivar un corazón que canta. El Salmo 147:1 nos recuerda: *"Alabad a JAH, porque es bueno cantar salmos a nuestro Dios; porque suave y hermosa es la alabanza."* Acepte de nuevo hoy la creación de Dios de la música y su poder como un medio probado, eficaz en el ministerio a los niños. Úsela para su gloria y para edificar su Reino.

REPASO

1. Mencione por lo menos tres usos de la música en el ministerio a los niños. ¿Puede añadir otros de su propia experiencia?
2. ¿Puede recordar una experiencia de su propia niñez en la que la música le ayudó a aprender algo?
3. Si alguien le dijera que los niños no pueden adorar con el canto, ¿cómo respondería usted?
4. ¿Cuáles son las mejores maneras de lograr la participación de los niños por medio de la música?
5. ¿Qué beneficios resultan de un coro de niños?
6. Haga una lista de los pasos básicos para comenzar un coro de niños.

BIBLIOGRAFÍA

Call, Gail. Entrevista personal. 19 de febrero de 1992.

Malm, Richard. *Perfected Praise*. Shippensburg, PA: Destiny Image Publishers, 1988.

Wilson, John F. *"Using Music With Children", Childhood Education in the Church*. Chicago, IL: The Moody Bible Institute, 1986.

BOSQUEJO

LA MÚSICA EN EL MINISTERIO A LOS NIÑOS

- **Importancia del tema**
- **Ejemplo**
- **Objetivos**
- **I. Introducción**
- **II. Usos de la música para enseñar a los niños**
    - A. Para el control del aula
    - B. Como un medio didáctico
- **III. Adoración significativa para los niños a través de la música**
    - A. Definición y objetivos
    - B. Pasos prácticos
- **IV. El ministerio del coro de niños**
    - A. Propósitos
    - B. Cómo comenzar un coro de niños
    - C. Pautas para los ensayos
- **Conclusión**
- **Repaso**
- **Bibliografía**

Capítulo 20

TEMA: Pantomima

ESCRITORES: Abby Acevedo y José Ruiz

IMPORTANCIA DEL TEMA

La pantomima es una representación dramática de emociones y situaciones por medio del arte de la mímica. Ésta consiste de imitación o expresión propia por medio de gestos y acciones. Constituye un aspecto importante del evangelismo de niños por las siguientes razones:

1. Es un método estructurado y dinámico.
2. Es otro recurso educacional y pedagógico para dar variedad a la instrucción sobre el evangelio.
3. Es una forma eficaz de integrar a muchos cristianos a temprana edad en el esfuerzo evangelístico de la iglesia.

EJEMPLO

Andrea, una niña costarricense de 12 años de edad, pudo entender el plan de salvación por primera vez después de ver el mensaje sin palabras a través de los gestos y las expresiones de los mimos. La lección visualizada de la Biblia tocó el corazón de Andrea hasta el punto en que ella entregó su vida a Cristo. Una vez más los actores dieron testimonio del milagro de salvación a través del ministerio de la pantomima. Los niños y jóvenes pueden enterarse del mensaje de salvación sin palabras.

OBJETIVOS

1. Aprender las ventajas que ofrece la pantomima para evangelizar a los niños y a los jóvenes.
2. Saber los principios básicos y el uso correcto de la pantomima para la instrucción cristiana de los niños.
3. Apreciar y usar otro método pedagógico.
4. Comenzar o mejorar el uso de la pantomima en su ministerio a los niños.

I. INTRODUCCIÓN

En años recientes enseñar las verdades espirituales usando nuevos métodos ha acelerado en las comunidades evangélicas. La pantomima es un método que ha probado ser eficaz, especialmente en la presentación del mensaje de salvación.

Es necesario definir desde el principio los términos principales relacionados con este ministerio y también aclarar que su uso varía de país a país.

Pantomima: Actuación por la presentación de figuras y gestos sin la intervención de palabras.

Mímica: El arte, método o proceso de imitar, representar o expresar por medio de gestos, actos o actitudes.

Mimo: Un actor de naturaleza cómica, talentoso en el uso de gestos e imitación; la persona que actúa.

Guión: El bosquejo breve y ordenado con instrucciones que guía a los actores hacia un objetivo en una pantomima.

La mímica como arte y como un método innovador, tiene valor. No obstante, la anterior falta de educación artística con frecuencia ha producido conceptos negativos. Esta manera impide la introducción y aplicación de nuevos medios que pueden iniciar cambio dentro del corazón y la vida del espectador.

Nuestro objetivo es animar a todo obrero que ministra a los niños para que use esta estrategia de evangelismo. De esta manera divertida, interesante, activa e impresiva las buenas nuevas del Señor se pueden presentar a gente de toda edad (Marcos 16:15).

El desafío de alcanzar a la Generación XXI para Cristo es grande. Entre más nos preparemos, mejores serán los resultados. Sin duda, la pantomima tiene un fundamento de imaginación y creatividad. Y qué mejor manera de canalizar estos elementos que en la demostración de la Palabra de Dios.

II. LA PANTOMIMA COMO UN MEDIO PARA EVANGELIZAR

Por medio de la pantomima podemos enseñar y comunicar las verdades bíblicas, transmitirlas eficazmente a la imaginación del espectador. Permita que la pantomima sea un instrumento en las manos de Dios. La pantomima se debe usar como un medio para evangelizar. No se debe usar como un objetivo sino como un medio para lograr nuestro objetivo básico: ¡Ganar almas para Cristo!

A. Mensaje cristocéntrico

Toda actuación de pantomima debe enfatizar que Cristo no sólo ofreció ayuda, sino que Él es la solución a toda necesidad de todo hombre, mujer, joven, y niño.

El guión debe contener las tres etapas características del drama:

1. Ofrecer un ejemplo de la vida cotidiana que se relaciona a la vida espiritual.
2. Presentar un conflicto.
3. Dar una solución al conflicto.

En todas las pantomimas nuestro deseo es mostrar a Jesús como la solución a todo conflicto.

B. Ventajas y desventajas

Hay muchas ventajas y pocas desventajas en la pantomima como un medio para evangelizar. ¿Por qué la pantomima ha probado ser tan útil en la presentación del mensaje de salvación? He aquí una cuantas ventajas:

1. El silencio capta la atención.
2. La pantomima está llena de ideas y acción.
3. La pantomima habla a los ojos, despertando los otros sentidos.
4. La pantomima es un método rico en valores artísticos.
5. La pantomima alimenta la imaginación y la creatividad.
6. La pantomima confronta al público con su propia realidad.
7. La pantomima comunica verdades bíblicas sin ninguna expresión oral.
8. La pantomima se presta para la dramatización de las parábolas y otros temas bíblicos.
9. La pantomima se adapta a todos los públicos todo el año.
10. La pantomima exige de poca inversión de dinero.
11. La pantomima se presta para todas las edades.
12. La pantomima atraviesa las barreras culturales.
13. La pantomima se adapta a cualquier escenario.
14. La pantomima se puede preparar con mucho o poco personal.
15. La pantomima usa la Biblia como su fuente principal.
16. La pantomima puede combinarse con otras ayudas visuales.
17. La pantomima va bien con la música.
18. Se puede usar un narrador con presentaciones más complejas o con pocos niños.

A veces se escuchan ciertos comentarios negativos acerca de la pantomima, sobre todo cuando no existe una visión clara de sus propósitos y metas. Otro caso podría ser la falta de responsabilidad y compromiso del grupo de los mimos. Se pueden presentar obstáculos culturales o prejuicios.

III. DESARROLLO DEL MINISTERIO DE LOS MIMOS

A. Formación de un grupo de mimos

El obrero cristiano que se asocia con el ministerio de la pantomima debe entregar sus talentos a Dios, permitiendo que el Espíritu Santo dirija. El actor es un siervo de Dios que comparte el evangelio de una manera que es diferente de lo ordinario. Él comunica en silencio la voz del Señor con gestos y movimientos de las manos, despertando en los espectadores un interés y un deseo de oír su voz.

Los siguientes pasos pueden servir como guía para formar un grupo de pantomima (o de teatro). Este material es sólo una sugerencia que le ayudará a dirigir sus propósitos y objetivos.

1. El pastor y los líderes de la iglesia deben seleccionar a un director (o directores) que estará a cargo del ministerio evangelístico de pantomima.
2. El pastor y el director (o directores) pueden escoger a los que formarán el grupo de pantomima, tomando en cuenta los talentos y la devoción de las personas involucradas.
3. El pastor y el director (o directores) definen

los objetivos y las estrategias del ministerio. Estos aspectos se deben escribir.

4. Cada persona que forma parte del grupo tiene un alto grado de responsabilidad con su iglesia local y más que todo con Dios.

5. Los seccionados para el grupo de mimos deben recibir por escrito una descripción de los papeles asignados. Por ejemplo, debe haber alguien a cargo de maquillaje, otros a cargo de disfraces, música, luces, escenario o guión.

6. Debe haber reglas internas, aprobadas por la iglesia. Esto mostrará al grupo la seriedad de su ministerio.

7. El director (o directores) debe ofrecer clases elementales a los actores principiantes; esto asegurará una buena preparación desde el comienzo. También ofrecerán instrucción en la pantomima a posibles actores para mantener un grupo de actores disponibles. La dirección de las clases de preparación y las nuevas técnicas ayudarán a que todos den lo mejor que puedan en este ministerio.

8. El grupo entrega sus informes a los directores correspondientes y hace un calendario de las actividades y estrategias a seguir.

El grupo debe cumplir con los propósitos y objetivos de su ministerio, mientras trabaja para lograr los objetivos definidos y las estrategias que han sido designados por la iglesia. Cada individuo del grupo tiene una responsabilidad asignada. Sin perder vista de su deber asignado, también puede participar en otros trabajos al mismo tiempo.

B. Pautas para actuar

La regla principal del mimo es no hablar. Se recomienda grabar la narración del programa entero, la música o los efectos especiales. Esta grabación ayudará a que el actor represente su papel al paso y a tiempo. Considere las siguientes pautas para actuar:

Actuación

a. "Viva" el personaje que está representando.
b. Represente el drama a los espectadores correctamente (ensáyelo antes).
c. Dé cien por ciento de concentración.
d. Hágalo todo para Dios.
e. Preséntese bien (maquillaje y disfraces).
f. Use energía, imaginación, creatividad, y talentos para la actuación.
g. Exagere todos los movimientos e imagine cada objeto en su mente para que pueda ser percibido como algo real.
h. Sea original.
i. Nunca dé la espalda a los espectadores durante la actuación. Dar la espalda quiere decir estar fuera del escenario.
j. No se aplique ni se quite el maquillaje frente a los niños; esto degradará lo místico de los personajes.
k. Siempre anime la participación de los niños.
l. Si es necesario, tenga una narración grabada.
m. Gánese el derecho de ser visto y oído.

Disfraces

a. Un disfraz de color oscuro, por lo regular negro, es el traje regular de los mimos.
b. Una camisa de manga larga (sudadera, camiseta o playera) y pantalones negros hacen un buen disfraz para mimo. (Use la ropa más cómoda y más económica, dando consideración a la decencia y a los gustos personales. Se puede usar un sombrero, tirantes u otros accesorios.)
c. Guantes blancos y zapatos negros o blancos son necesarios. El factor importante no es el estilo sino la comodidad.

Materiales de trabajo sugeridos

a. Maquillaje blanco
b. Espejo
c. Talcos
d. Lápiz labial rojo o negro
e. Delineador rojo
f. Delineador nego
g. Delineador líquido negro
h. Removedor de maquillade a base de aceite, pañuelos desechables o algodón
i. Toalla pequeña y jabón
j. Papel, cartón o cartulina, tijeras, marcadores, y cinta adhesiva

Maquillaje

Los actores deben aplicarse una base de maquillaje blanco con detalle negro y labios rojos o negros. Para evitar manchas, póngase el disfraz y arréglese el pelo antes de aplicarse el maquillaje.

Cómo hacer su propio maquillaje blanco.

Va a necesitar:

- 2 onzas de vaselina de petróleo (líquido o en gel)
- 2 onzas de óxido de zinc
- 2 onzas de mantequilla de cacao blanca
- talco

Preparación:

a. Mezcle 2 onzas de vaselina con 2 onzas de óxido de zinc. Amase bien con los dedos hasta que la mezcla esté completamente suave.

b. Derrita la mantequilla de cacao y añádale la mezcla. Amase con los dedos hasta que esté suave.

c. Añada 20 o más cucharaditas de talco y mezcle.

d. Manténgalo refrigerado.

Aplicación:

a. Prepare la cara del mimo aplicando una capa ligera de crema para limpiar o de aceite para bebés. Esto protege la piel y luego ayudará a remover fácilmente el maquillaje.

b. Con los dedos aplique una capa de maquillaje blanco, evitando cubrir los labios y el área alrededor de los ojos. La capa debe ser fina, uniforme y en forma ovalada. No lo aplique ni en las orejas ni en la garganta.

c. Después, aplique talcos usando un calcetín (media) lleno de talcos y golpeando ligeramente la cara para ayudar a fijar el maquillaje. Luego cepille ligeramente el exceso de talcos. Este proceso es especialmente importante en los climas calurosos, durante las presentaciones largas y en situaciones tensas cuando la perspiración disuelve el maquillaje.

d. Con una pluma negra o con un delineador negro, trace líneas alrededor de los ojos en la forma que se desee. Se puede trazar un cuadro encima y debajo de los ojos para darles expresión. También se puede trazar una línea para enmarcar la máscara blanca.

e. Trace los labios y píntelos con lápiz labial.

f. Se puede dibujar otros detalles en las mejillas, como estrellas o un corazón. El detalle debe representar algo relacionado con el guión.

Limpiezal:

a. Aplique crema limpiadora o aceite en la cara.

b. Limpie el maquillaje y la crema con un pañuelo desechable o con un trapo de algodón.

c. Lave la cara con jabón y agua.

Ensayo y ejercicios:

Un actor de pantomima expresa su mensaje por medio de movimientos del cuerpo y gestos. Éstos definen su papel en cada escena del drama.

Cada participante debe ensayar o practicar para perfeccionar el personaje que desea imitar. Las debidas expresiones del rostro y del cuerpo dan vida y encanto al drama y ayudan al actor a perder temor o nerviosidad frente a los espectadores. En otras palabras, el propósito de ensayar es dar libertad a los movimientos, reconocer límites especiales, familiarizarse con su propio cuerpo, y calmar los nervios.

Los gestos y las acciones físicas deben ser exagerados. Con un gesto exagerado el rostro puede reflejar cualquier emoción. Las manos deben hacer movimientos firmes y precisos. Por ejemplo, para empujar o levantar una caja invisible, los movimientos deben ser precisos y deben mostrar lo que el actor está haciendo.

Los pies también deben tener movimientos precisos. Las acciones demuestran diferentes situaciones. Por ejemplo, caminar en la luz (obras cristianas) exige una acción diferente de la necesaria para caminar en las tinieblas (obras malas).

Ejercicios para la puesta en escena:

Estatuas: Los actores adoptan diferentes tipos de expresiones corporales mientras el director les muestra los movimientos. Permanecen en esta posición hasta el momento exacto en que se sorprenden. La señal, por ejemplo, podría ser un toque o un silbido. El objetivo de este ejercicio es que el actor aprenda a congelar sus movimientos en el escenario.

Carrera en moción lenta: En una carrera de moción lenta, el que gana es el que llega por último. Las zacadas deben ser largas pero lo más lentas posible.

Gusano de seda: Mientras están de pie en silencio, los actores sienten la sensación de que son gusanos de seda, y con movimientos lentos deben producir del cuerpo hilos finos, invisibles.

Ejercicios para expresiones faciales:

Use expresiones faciales para mostrar emociones.

a. Enojo
b. Tristeza
c. Frustración
d. Estar enamorado
e. Felicidad
f. Diálogo/Monólogo
g. Idea
h. Amor
i. Dar un regalo
j. Bajar gradas

Ejercicios para expresiones corporales:

Secretamente, el director asigna una acción específica a cada actor, mientras los otros la adivinan.

a. Una persona importante
b. No quiere oír (brazos cruzados)
c. Enojado (frunce las cejas)
d. Se queda solo (busca alrededor)
e. Tener miedo (le tiemblan las piernas)
f. Preocupado (impaciente)
g. Se topa con una puerta de vidrio
h. Abre y cierra la puerta (la puerta de la cocina)
i. Toma una bebida en la mano y una botella de agua, bebe el agua lentamente y con calma y pone el vaso a un lado
j. Sale de la cocina
k. Se sienta en la sala

Ejercicios de improvisación:

El director pide a los actores que improvisen brevemente según un tema seleccionado. Divida al grupo en dos. De esta manera, mientras un grupo actúa, el otro observa. Al final, el grupo entero hará una evaluación general, subrayando los momentos buenos y malos, criticando de una manera amistosa, respetuosa y sincera.

C. Ayudas visuales

Las ayudas visuales se usan para clarificar las acciones del grupo de mimos para que el mensaje de Cristo sea comunicado claramente. Por ejemplo, en un drama usamos corazones de cartón o de tela con un lado negro y el otro blanco, para diferenciar en la pantomima entre los creyentes y los que no son creyentes.

Otras ayudas podrían incluir: letras, globos, gradas, cajas, cajas de regalo, y bolas. Todas las ayudas visuales deben cumplir con los siguientes criterios:

a. Tener una relación directa con el tema
b. Ser grandes y de colores llamativos
c. Ser interesantes para los niños

IV. ESCRITURA DEL GUIÓN

A. Recomendaciones generales

El objetivo del ministerio de pantomima es evangelizar almas por medio del arte de la mímica. Una fuente básica para guiones son las parábolas. Otros pasajes bíblicos también se pueden adaptar fácilmente para la pantomima. Los guiones, ya sea que se compren o que el grupo los prepare, deben presentar temas y lecciones de beneficio para nuestros objetivos de servicio cristiano y la expansión del evangelio.

B. Pasos específicos

1. Tenga un tema específico.
2. Escoja un texto bíblico apropiado y estudie todos sus aspectos. Use diferentes versiones de la Biblia y comentarios.
3. Establezca el tema central y las verdades del texto que se presentará.
4. Escoja los puntos importantes a los que es necesario dirigirse, tomando en cuenta el fondo cultural, las normas, y las costumbres, y aplicándolas a los métodos de la pantomima que se ha de presentar.
5. Escoja buena música de fondo, con o sin letra. Para mejores resultados:
   a. Escuche la música e imagínese las escenas y los personajes que la acompañarán.
   b. Combine los movimientos del mimo con el ritmo de la música.
6. Escriba el guión, incluso las secciones para la música, y haga copias para el grupo y para los archivos personales.

Recuerde que la pantomima debe ser una lección espiritual interesante con mucha acción y humor saludable. *(Vea el apéndice: Tres guiones para pantomima.)*

V. PRESENTACIÓN

Toda presentación de pantomima debe tener como objetivo comunicar un mensaje claro y poderoso de las verdades bíblicas. Las siguientes características le ayudarán a lograr estos objetivos:

1. El escenario debe depender del ambiente y la localidad (la iglesia, la calle, la plaza, un auditorio o una escuela) como también el propósito (que casi siempre será evangélico, pero también podría ser la falta de valores morales o la formación de carácter cristiano). La historia podría ser sencilla o elaborada con luces, paredes y plataformas, según el ambiente y la localidad ya mencionados y el presupuesto del grupo.

2. La pantomima se debe ensayar bien para transmitir eficazmente el mensaje deseado. Los actores deben poseer total comprensión y conocimiento de lo que están presentando.

3. Adaptar las verdades que se presentan al interés y nivel de los niños. Si es necesario usar narración grabada también se debe adaptar el vocabulario.

4. Varíe la duración según la edad y el número de espectadores:

   Preescolares: (4 a 5 años de edad) La pantomima no debe durar más de 7 minutos.

   Primarios: (6 a 8 años de edad) Dos o tres pantomimas (no una tras otra, para poder evitar confusión del mensaje), con una duración de 10 minutos cada una.

   Intermedios: (9 a 10 años de edad) Las pantomimas pueden ser obras completas de hasta media hora de duración.

5. Se debe tener un narrador si es necesario con el objetivo de mejorar la comunicación, especialmente con los niños pequeños.

6. La pantomima y la música se complementan una a otra, especialmente la música instrumental. Podría ser música de fondo incorporada en la presentación.

Recuerde que cada pantomima debe dirigir al espectador hacia una verdad bíblica, a un encuentro personal con Cristo y a fortalecer el carácter cristiano. Por lo tanto, toda presentación debe contener estos objetivos.

CONCLUSIÓN

El ministerio por medio de la pantomima es una estrategia que da buenos resultados en los cultos para niños y para evangelizar en lugares como calles, parques y plazas. Incluye lecciones espirituales y pide a los espectadores, especialmente a los que no son creyentes, que tomen una decisión.

Muchas iglesias evangélicas no tienen un programa definido de evangelismo. Sin temor de equivocarnos, declaramos que las quejas principales de los líderes radican en la falta de interés y responsabilidad de los miembros de su iglesia cuando se les llama a desempeñar un trabajo.

La pantomima podría servir para evangelizar de una manera sistemática y eficaz.

Aunque el ministerio por medio de la pantomima no se menciona en la Biblia, hay varios textos que nos aconsejan: *"El fruto del justo es árbol de vida; y el que gana almas es sabio"* (Proverbios 11:30). *"Bendice, alma mía, a Jehová, y bendiga todo mi ser su santo nombre"* (Salmo 103:1). *"Y todo lo que hacéis, sea de palabra o de hecho, hacedlo todo en nombre del Señor Jesús, dando gracias a Dios Padre por medio de él"* (Colosenses 3:17). *"Me es necesario hacer las obras del que me envió, entre tanto que el día dura; la noche viene, cuando nadie puede trabajar"* (Juan 9:4).

Esta breve introducción a la pantomima como un ministerio es para guiar y motivar al lector a probar un nuevo método, estructurado, dinámico y creativo. Con la ayuda de Dios usted puede ganar para Cristo nuevos discípulos de la Generación XXI.

APÉNDICE

Tres guiones para pantomima

1. "Una carga pesada" (para dos actores)

Un actor con un corazón negro (sucio) entra al escenario donde se encuentra una maleta con la palabra "problema" escrita en ambos lados. Por un momento se queda parado contemplando esta palabra. (Las expresiones son de pensamiento y meditación.) Por fin decide levantar la maleta, creyendo que será fácil moverla. Se da cuenta de que es inmovible. (Es importante simular que trata con gran esfuerzo de levantar la maleta, pero sin moverla.) El actor trata varias veces, cada más con vez más fuerza, con frustración, enojo y fracaso reflejados en su rostro.

Luego el otro personaje con un corazón blanco (limpio) que, después de observar al primer actor, levanta la maleta sin ningún esfuerzo, la lleva a un lado del escenario, la pone en el suelo, y sale. El primer actor trata otra vez de levantar la maleta. Simula tratar de moverla con un lazo, una pata de cabra y otros medios, pero sin ningún éxito.

Luego el actor con el corazón limpio vuelve a entrar. El otro actor le pregunta (con gestos) cómo movió la maleta e ilustra todo lo que él ha hecho sin resultado. El actor con el corazón limpio responde moviendo la cabeza y pidiendo al otro que espere. Sale apresurado y vuelve con una Biblia grande (ayuda visual). Luego con gestos, el actor explica al otro el evangelio. Por ejemplo, que Cristo murió por nosotros y desea perdonar nuestros pecados. El actor con el corazón negro, por medio del arrepentimiento y la oración, recibe un corazón limpio. Luego levanta fácilmente la maleta y sale.

2. **"Una carga pesada"** (para un grupo)

Un actor con un corazón limpio entra al escenario cargando con facilidad una maleta. La deja y sale. Otros actores (con corazones sucios) entran como pandilla. Uno tras otro tratan de levantar la maleta pero fracasan. Cuando vuelve el dueño de la maleta, se tropiezan y se topan unos con otros tratando de huir. El dueño los llama con un tono amistoso y ellos vuelven, se le acercan y forman un semicírculo alrededor de la maleta, dando el frente a los espectadores.

El dueño de la maleta la levanta con facilidad ante el asombro de los demás. Luego los otros le preguntan con gestos cómo lo hizo. El dueño les explica el evangelio y los invita a orar. Todos hacen gestos de oración, y cuando abren los ojos, todos tienen el rostro alegre; tienen un corazón limpio. Dos actores levantan la maleta mientras los otros levantan al dueño de la maleta y salen contentos y sonrientes.

3. **"Todo lo puedo en Cristo"** (para un actor)

Esta sencilla presentación enseña a los niños un mensaje que se encuentra en Filipenses 4:13. Un actor (como levantador de pesas) entra al escenario, mira las pesas, y enseña sus músculos a los niños. Hace alarde de su fuerza y se pone en posición para comenzar a levantar las pesas. Pide silencio, se concentra, trata de levantarlas, y no puede. Insiste en hacer alarde y mostrar su fuerza, vuelve a tratar otra vez y fracasa. ¿Por qué? Con gestos comunica que se olvidó de orar. Ora. Se prepara otra vez, trata de levantar las pesas, y lo logra. Pide aplauso, haciendo señas que no es para él sino para Dios. Les muestra a los niños un texto bíblico visualizado/ilustrado y con gestos les dice que lo lean en voz alta.

(Nota: Para la ayuda visual, puede usar pesas de verdad o hacerlas de cartón. Un narrador debe explicar la pantomima y luego hacer preguntas al actor y a los niños. El narrador sirve como intérprete entre las preguntas verbalizadas de los niños y las respuestas sin palabras del mimo. El actor nunca debe usar la voz. Sólo puede expresarse con gestos y movimientos exagerados.)

REPASO

1. ¿Cuál es la diferencia principal entre la pantomima y el drama?
2. ¿Cómo comunica el actor su mensaje?
3. Mencione dos etapas del drama que se deben incluir en un guión de pantomima. ¿Cómo se relaciona la etapa final con presentar el evangelio?
4. ¿Cuál es el propósito del actor cuando se dibuja un detalle particular en el maquillaje del rostro?
5. ¿Qué clase y qué color de disfraz lleva puesto el actor?
6. ¿Cómo se debe formar un guión?
7. ¿Qué ingredientes usa el actor para el maquillaje?

BIBLIOGRAFÍA

"Christ in the World." Folleto de un taller de drama y pantomima.

Molina, Hebert. *Manual de drama y mimos*. El Salvador: Castillo del Rey, 1991.

Owensby, Garland. Conferencia: *"Evangelismo infanto-juvenil."* El Salvador: Congreso Centroamericano, 1991.

Rosende, María José. *Diálogos y dramas evangélicos*. Miami, Florida; Editorial Vida, 1988.

"Teatro cristiano: conociendo el arte del teatro dramático." Castillo del Rey. Folleto.

"T.N.T. Dinamita." Folleto.

PANTOMIMA

- Importancia del tema
- Ejemplo
- Objetivos
- I. Introducción
- II. La pantomima como una herramienta para evangelizar
    - A. Mensaje cristocéntrico
    - B. Ventajas y desventajas
- III. Desarrollo del ministerio de los mimos
    - A. Formación de un grupo de mimos
    - B. Pautas para actuar
    - C. Ayudas visuales
- IV. Escritura del guión
    - A. Recomendaciones generales
    - B. Pasos específicos
- V. Presentación
- Conclusión
- Apéndice
- Repaso
- Bibliografía

Capítulo 21

TEMA: Títeres

IMPORTANCIA DEL TEMA

Los títeres atraen la atención, estimulan la imaginación y son una excelente técnica didáctica. Una manera adaptable, divertida de ministrar, los títeres se pueden usar en una variedad de lugares incluso campamentos, clases de Escuela Dominical, cultos de adoración, y hasta en reuniones en las calles. Adaptable para usar tanto adentro como afuera, los títeres son un medio de ministerio eficaz que se puede usar para atraer espectadores, presentar el evangelio, y enseñar verdades vitales.

OBJETIVOS

1. Dar al obrero un entendimiento más amplio del uso de títeres en el ministerio.
2. Presentar los puntos básicos del uso de títeres.
3. Dar a conocer al obrero cristiano las maneras prácticas de incorporar títeres en las presentaciones en el aula.
4. Proveer al obrero cristiano los recursos para formar un grupo de títeres.

EJEMPLO

Una niña de 8 años de edad que vivía en una pequeña casa en la montaña fue a ver una presentación de títeres en un campo a la orilla del pueblo. Acompañada por su madre y su hermanito de 4 años, gozó de la música y escuchó con atención la historia que presentaron los títeres. Oyeron la invitación que hizo el adulto que trabajaba con el grupo de titereteros y juntos los tres aceptaron a Jesucristo en su corazón y en su hogar. El pastor de esa pequeña iglesia ha testificado que la familia entera ha llegado al Señor como resultado de esa reunión.

El Espíritu Santo también obraba detrás del escenario ese día, pues la vida de otra persona comenzó a cambiar. Una joven de 14 años de edad que había estado ministrando con los títeres se dio cuenta de que aunque era muy tímida para hablar abiertamente de su fe en Cristo, ella podía cómoda y eficazmente compartir a Cristo por medio del ministerio de títeres. Hoy esta adolescente está activa en su iglesia, participando fielmente con el grupo de títeres.

INTRODUCCIÓN

Los títeres captan muy bien la atención de los niños al cantar, enseñar, y jugar. Esto los hace un medio eficaz que se puede usar en el ministerio a los niños para enseñar y reforzar principios cristianos. Se puede sembrar la semilla del evangelio en los tiernos corazones cuando los niños oyen la presentación de títeres. Este capítulo ofrece consejos prácticos en el uso de títeres y su lugar en el ministerio, y sugiere recursos para materiales e instrucciones adicionales sobre los títeres.

I. PUNTOS BÁSICOS DEL USO DE TÍTERES

A. Seleccionar los títeres

Para comenzar un ministerio de títeres, defina los propósitos y objetivos de su ministerio y las características de sus espectadores. Haga una lista de los materiales que va a necesitar para comenzar su ministerio: un escenario para títeres, títeres, avíos, grabadora, sistema de sonido, etc. Hay un amplio surtido de títeres a la venta, o puede optar por fabricar los títeres usted mismo. Los tipos de títeres incluyen los que son complejos y de cuerpo entero, con boca, brazos y cabeza móviles, como también títeres sencillos hechos de objetos comunes en el hogar. Al seleccionar los títeres, evalúe la edad y las necesidades de sus espectadores. Por ejemplo, los preescolares tienden a tener miedo a los títeres grandes; por lo tanto, use un títere más pequeño cuando trabaje con esta edad.

B. Desarrollar el personaje

Una personalidad singular se debe desarrollar para cada títere. La personalidad incluye todo lo siguiente: tono de voz, dicción, apariencia y movimientos del cuerpo. Se puede representar un títere como villano, héroe, víctima, matón, buen samaritano, miembro de la familia, etc. Todo desde el nombre del títere hasta los manerismo y el vestido apoyan la personalidad.

Es muy útil desarrollar un perfil de personaje para cada títere. Tenga un sistema de archivo que esté acequible, para que a medida que se unen nuevos titereteros al ministerio, ellos puedan tener un entendimiento del papel de cada títere. El perfil debe incluir lo siguiente:

- Nombre del títere
- Vestido
- Características de la voz
- Expresiones que el títere usa con frecuencia

C. Desarrollar la voz

La personalidad del títere se determina grandemente por la voz. Una buena voz da vida y animación al títere, haciendo el personaje singular y reconocible. Al escoger una voz para el títere primero analice su propia voz. ¿Es de tono alto o bajo? ¿Por lo regular usted habla rápida o lentamente?

Después de analizar el tono y la velocidad de su voz, practique proyectar su propia voz. Proyecte su voz usando correctamente sus músculos abdominales y el diafragma y evite gritar, que es algo que daña las cuerdas vocales.

Use una grabadora para grabar su voz natural expresando diferentes emociones. Exprese enojo, tristeza, emoción, y sorpresa. ¿Cómo cambió la velocidad, el tono y la sonoridad para cada expresión?

Después de estudiar las capacidades de su voz y las diferentes maneras en que se expresan las emociones, comience a crear diferentes voces. Una manera de hacer esto es cambiar el tono de voz, lo que se puede hacer practicando la escala musical (do, re, mi, fa, so, la, si, do), y poniendo la voz dentro de cierto alcance. Otra manera de crear una voz es cambiando la cantidad y dirección del flujo de aire. Una voz nasal resulta al exhalar el aire por la nariz. Una voz honda resulta cuando aire de más pasa por la boca. Al cambiar el acento de la voz, se puede invertir un personaje de otra parte del mundo.

Hay unas cuantas voces que se deben usar con cuidado. Limite el uso de una voz garrasposa, áspera, porque el uso prolongado de esta voz causa dolor de garganta y puede dañar las cuerdas vocales. Tenga cuidado con las voces altas, porque el tono de la voz se hace más alto con la nerviosidad, y considere que una voz baja puede ser difícil de proyectar.

La voz que usted ha inventado se puede recordar mejor al desarrollar una palabra o frase que mejor identifique al personaje. Durante los ensayos trate de expresar sonidos de animales, como "muuu" o "baaaa", con la voz que ha creado antes de cada una de sus líneas. Esos sonidos sencillos y prolongados son buena práctica para mantener las características que distinguen la voz.

Cerciórese de que los espectadores puedan oír claramente la presentación. Hable lentamente y con fuerza o use un micrófono si tiene disponible un sistema de sonido. Pronuncie las palabras claramente, de una manera un poco exagerada. Mantenga la misma voz y personalidad para el títere durante toda la presentación; sin embargo, si usa el mismo títere para presentar dos personajes diferentes, recuerde cambiarles la voz y también la apariencia. Los niños van a recordar a cada títere por su nombre aunque el titeretero se olvide.

D. Desarrollar la habilidad para manipular

Al incorporar el uso de títeres en el ministerio a los niños, es mejor comenzar sencillamente. A medida que aumentan la confianza y la habilidad del titeretero, se puede añadir más variedad a la presentación de títeres.

1. **El títere entra y sale del escenario caminando.** El títere no debe aparecer de repente en el escenario a menos que su papel lo exija. Debe aparecer poco a poco a un lado, entrando como si estuvier subiendo gradas hasta llegar a su lugar en la escena. Debe salir de la misma manera por el lado opuesto.

2. **El títere habla moviendo la quijada inferior, no la superior.** En este movimiento estamos diciendo al títere que imite la manera en que hablan los humanos. Si nos observamos hablar a nosotros mismos, veremos que no movemos la quijada superior. ¡Es imposible! Movemos la quijada inferior. Aunque es

difícil, un ejercicio que se puede practicar es levantar el brazo en una posición vertical, doblar la muñeca y poner la mano en una posición horizontal, y en esa posición mover el pulgar para arriba y para abajo sin mover el resto de la mano ni la muñeca. La práctica hará los músculos más fuertes, haciendo más fácil el ejercicio. Una manera de practicar que podría ayudar es sostener un libro encima de la mano en esa posición horizontal y mover el pulgar lo más posible, sin mover el libro. El titiritero también puede tratar de cruzar el dedo índice debajo del dedo del medio. Esto ayudará a que la mano permanezca quieta mientras se mueve el pulgar.

3. **El títere abre la boca en cada vocal.** Tome su títere y practique la frase "escuela dominical". Si usted cierra la boca del títere cuando pronuncia una vocal, parecerá que, en vez de pronunciar, el títere está "mordiendo" sus palabras o "cazando moscas". Abra la boca del títere por cada vocal. Usted puede practicar esta técnica sin el títere en la mano. Diga lentamente: ma-me-mi-mo-mu, asegurándose de que su mano esté cerrada cuando pronuncie la "m" y que esté abierta cuando pronuncie la vocal.

4. **El títere mira a la otra persona o al otro títere con quien él está hablando.** El títere debe mirar a la persona con la que está hablando. Si se trata de títeres grandes, como los que se manipulan con una varilla y con la mano, el titiritero debe doblar la muñeca, y dirigir la punta de sus dedos hacia la persona con la que el títere está conversando (vea el punto 2 sobre el movimiento de la boca). Si el títere tiene que levantar algún objeto, primero debe mirarlo y luego tomarlo, para que el movimiento se vea real.

5. **El títere debe mirar al otro títere o a la persona que está hablando a él.** Con sus acciones, el títere debe indicar a quién está escuchando. Debe mirar a la persona o al títere que le esté hablando.

6. **El títere debe mantener una buena postura.** Esta parece ser la destreza más difícil de adquirir. El brazo se cansa fácilmente. Por otra parte, es difícil saber si el títere está recostado en el escenario o si tiene una posición inclinada. Este problema se presenta con frecuencia, especialmente cuando se graba la presentación y el titiritero sin que pueda ver trata de leer el guión y manejar el títere. Durante la práctica, alguien que sepa manejar títeres puede hacer sugerencias y corregir los errores desde la posición del auditorio.

E. Utilería y escenarios

Un escenario es la parte de la utilería que aumenta la eficacia de una presentación de títeres. Al momento de decidir el estilo del escenario, considere el tipo y tamaño de los títeres, el espacio disponible, cuán portátil es, y el costo.

Por ejemplo, si el estilo de su ministerio le exige caminar frente al auditorio, use un escenario portátil. Esto puede ser tan sencillo como usar un delantal o colgarse en el cuello una caja de cartón. (Véase los siguientes ejemplos de escenarios.)

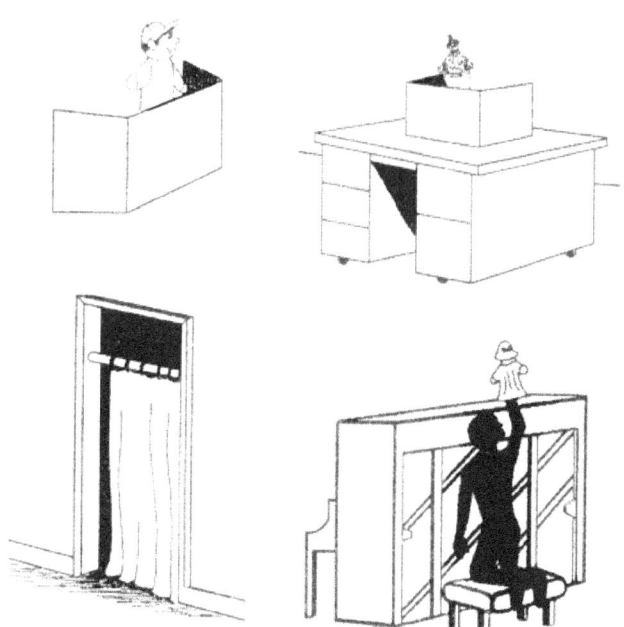

Ejemplos de escenarios

Los títeres pueden presentarse sin escenario. Objetos ordinarios pueden hacer las veces de escenario: una caja de cartón, la parte posterior de un piano, una mesa de lado, o una cortina temporal. Algunos ministerios de títeres pueden construir un marco liviano con tubos de PVC, un sistema de cortinas, y una maleta para cargarlo. Trate otras ideas para escenarios según sus circunstancias y lugares de presentación; sea flexible y creativo.

Durante una presentación de títeres se pueden

usar muchos vestuarios, telones, y utilerías. Elabore accesorios creativos para añadir dimensión al número teatral, o compre artículos para títeres en compañías que producen materiales del género.

F. Obtención y uso de los guiones

Sea que esté contemplando la idea de usar títeres en un presente ministerio a los niños, o que esté considerando crear un equipo de títeres, lo que más debe tener en cuenta es cómo comunicar eficazmente el mensaje del evangelio mediante el guión del número con los títeres. El equipo de titiriteros y su líder pueden decidir si escribirán sus propios guiones sobre la base de un tema determinado, o si comprarán cintas auditivas para títeres, guiones a la venta en librerías, etcétera.

Un guión debe tener un mensaje simple, claro, con un solo tema principal y un posible tema secundario. Use palabras sencillas que un público joven pueda entender fácilmente. Es bueno concentrarse en las áreas prácticas del ministerio cristiano: el fruto del Espíritu, los Diez Mandamientos, la testificación, etcétera. Si la presentación ilustra de manera indirecta un principio bíblico, cerciórese de esclarecer el punto central y haga que los niños participen varias veces con lectura del versículo o el tema central. La razón principal de todo este ministerio dramatizado es claramente comunicar un mensaje, de modo que asegúrese de que cada guión cumpla este propósito.

II. FORMACIÓN DE UN EQUIPO DE TÍTERES

Los números de títeres ofrecen a gente de todas las edades una maravillosa oportunidad de compartir la Palabra de Dios. Adultos, jóvenes, y niños pueden participar en un mismo equipo de títeres, lo que ofrece a familias enteras la oportunidad de trabajar en el mismo ministerio.

Al formar o mejorar un equipo de títeres, considere varios factores. El tamaño promedio de un equipo de títeres es de cinco a ocho titiriteros y uno o dos directores adultos. Es mejor comenzar por coordinar un grupo pequeño y dedicado, y luego expandir el grupo de titiriteros cuando prospere el ministerio.

Cada miembro debe ver su participación como un ministerio. Cada uno debe ser un cristiano que desee compartir su experiencia personal con Dios y estar dispuesto a aprender, a crecer, y también a hacer trabajos menores. Motive a todos los miembros a adquirir compromiso y a ser creativos.

A. La función del líder

El líder tiene muchas responsabilidades detalladas. Algunas las puede delegar a varios miembros del equipo, y distribuir así las labores entre ellos. El líder o director tiene la responsabilidad de coordinar y dirigir las sesiones de práctica. También debe reclutar y adiestrar a nuevos miembros, u organizar un comité para este propósito. El líder tiene la responsabilidad de programar las oportunidades del ministerio, supervisar el mantenimiento y almacenaje de los títeres, obtener los guiones, y asignar los papeles. Es importante que el director sea organizado aunque flexible en el cumplimiento de sus deberes.

B. Conducción de las sesiones de práctica

Al planear o dirigir las sesiones de práctica, el director hará bien en tener presente las siguientes sugerencias. Estimule a los titiriteros y recuérdeles sus talentos y habilidades durante la sesión de práctica. Nunca permita que los titiriteros ridiculicen o tomen el pelo de manera sarcástica a otros miembros. Mencione con frecuencia el propósito del equipo de mantener el enfoque del ensayo en los objetivos. Ocasionalmente invite a pastores u otros líderes a que asistan a los ensayos y a las presentaciones.

La sesión de práctica debe comenzar con un breve devocional y una oración. El líder debe motivar a los miembros del equipo a hacer peticiones de oración y a compartir testimonios personales. Después del tiempo de oración, permita que los titiriteros calienten sus manos para la manipulación de los títeres por contar hasta cincuenta o por entonar una canción. Luego presente el tema del guión y su correspondencia con el tema de la lección. Describa el tipo de presentación o suministre información acerca de las escenas. Pida luego que los miembros lean el guión en alta voz y sin usar los títeres. Hable de la canción o del significado y la aplicación de la historia, y defina cualquier palabra que no se entienda claramente. Después de asignar los papeles, haga que el grupo los practique simultáneamente, y que luego practiquen el guión con los títeres. Pida a los miembros que hagan preguntas pertinentes y haga una oración de clausura. Antes de despedir al grupo, que todos ayuden a empacar el equipo.

CONCLUSIÓN

Los títeres son un método de ministerio creativo y emocionante que se puede usar para evangelizar y discipular, como también para instruir y divertir. Es una oportunidad maravillosa para ministrar juntos, o para que los adolescentes desarrollen nuevas habilidades o que descubran nuevas. Los títeres serán una valiosa técnica de ministerio mientras el obrero cristiano la use para comunicar un mensaje positivo. Es importante que el titiritero recuerde los siguientes puntos:

- Los niños van a imitar a los títeres, así que hágalos dignos de ser imitados.
- No haga nada con un títere que sea ofensivo.
- La calidad del títere viene del titiritero.
- El títere no tiene que ser muy elaborado ni costoso para ser eficaz.
- Siempre mantenga a un adulto frente a los espectadores, especialmente si se usa un escenario para títeres.

Cuando use títeres en el ministerio, considere aquello para lo que no se debe usar un títere, ya que es un personaje de la fantasía y no tiene alma. Por ejemplo, en realidad no puede aceptar a Cristo como su Salvador, aunque puede enseñar a los niños cómo hacerlo. De vez en cuando los títeres se pueden usar como un medio didáctico para representar un comportamiento indeseado (como pegarle a otro títere o al no ser justo) si esto se sigue inmediatamente con corrección, arrepentimiento, y la aplicación de un principio bíblico. El obrero que trabaja con niños debe considerar con mucho cuidado la presentación del ministerio, manteniendo en mente el impacto que el comportamiento de los títeres tiene en los niños. Comience ahora a usar títeres para dar interés y emoción a su lección y para presentar la Palabra de Dios de un modo que atraiga.

REPASO

1. Mencione cinco lugares en los que el ministerio de títeres se podría usar eficazmente.
2. ¿Cómo se debe elegir el tipo de títere?
3. Mencione cinco elementos que contribuyen a la identidad del personaje de un títere.
4. ¿Qué es un grupo de ministerio de títeres y cómo se puede usar?
5. ¿Cuál es el objetivo principal de un guión para títeres?

APLICACIÓN

1. ¿Qué tipo de escenario se prestaría mejor a mis necesidades?
2. ¿Cuáles tipos de títeres se pueden usar en un retiro para 100 chicos de quinto grado?
3. Desarrolle un personaje siguiendo las instrucciones en la sección I.B.
4. Haga que un títere diga el Padrenuestro de Mateo 6 moviéndole la boca siguiendo las instrucciones en la sección I.D.
5. Escriba un propósito y haga una lista de objetivos para su ministerio de títeres.

BIBLIOGRAFÍA

Chartier, Tim. *"Open your mind and try."* The Fellowship of Christian Puppeteers Magazine, primavera 1990, p. 12.

Graner, Judy Bartel y Martiza y Sara Segura. *¡Vivan los títeres!* Deerfield, FL: Vida, 1990.

Hayle, Glenda.: *Training Christian Puppeteers*. Vol. 1. SonShine Puppet Co., 1981.

Harp, Grace. *Puppet Stages You Can Make*. Los Gatos, CA: Puppet Pals, 1979.

Fran Rottman. *Easy to Make Puppets and How to use Them*. Publicado por Regal Books, una división de GL Publications Ventura, California 93006, 1978.

Simons, Connie L. *"Team Work: Directing a Church Puppet Team."* Fellowship of Christian Puppeteers Magazine, primavera 1988, pp. 8-9.

VonSeggen, Dale y Liz. *Puppets: Ministry Magic*. Loveland, Colorado: Group, 1990.

Use un títere para…

- saludar individualmente a cada uno de los niños
- saludar a todo el grupo
- dar la bienvenida a las visitas
- ayudar a tomar la asistencia
- celebrar cumpleaños
- ayudar con la ofrenda
- hacer anuncios
- dar instrucciones o repasar reglamentos
- enseñar o repasar un versículo para aprender de memoria
- aclarar el significado de una palabra o una idea
- cantar o tocar música especial
- dirigir los cantos
- enseñar una nueva canción
- introducir la lección
- enseñar una lección ilustrativa o práctica
- narrar o representar una historia
- servir como el interrogador de versículos o de preguntas relacionadas con la lección
- ayudar con un juego
- ofrecer buen humor
- dibujar una figura
- leer de un libro
- entrevistar o ser entrevistado

Nunca use un títere para…

- hacer burla de los dones espirituales ni imitarlos
- mostrar ningún tipo de conducta negativa sin la corrección adecuada
- mostrar violencia extrema
- usar lenguaje inadecuado: jurar, blasfemar, humillar
- presentar actividades sexuales

Dicho sencillamente…

- los niños van a imitar a los títeres, de modo que haga que valgan la pena imitarlos.
- no haga nada con un títere que pueda ofender a los demás.
- la calidad del títere viene del titiritero.
- el títere no tiene que ser muy elaborado ni caro para ser eficaz.

TÍTERES

- **Importancia del tema**
- **Objetivos**
- **Ejemplo**
- **Introducción**
- **I. Púntos básicos del uso de títeres**
    - A. Seleccionar los títeres
    - B. Desarrollar el personaje
    - C. Desarrollar la voz
    - D. Desarrollar la habilidad para manipular
    - E. Utilería y escenarios
    - F. Obtención y uso de los guiones
- **II. Formación de un equipo de títeres**
    - A. La función del líder
    - B. Conducción de las sesiones de práctica
- **Conclusión**
- **Repaso**
- **Aplicación**
- **Bibliografía**

Capítulo 22

TEMA: Historias

ESCRITORA: Kathy Jingling

IMPORTANCIA DEL TEMA

La narración de historias es un medio poderoso para instruir y comunicar un mensaje. Se usa para enseñar a las generaciones más jóvenes las verdades de Dios. Jesús usaba las historias como un método para enseñar; nosotros necesitamos seguir su ejemplo. Los valores son influenciados por medio de las técnicas para relatar historias de los libros que leemos, la televisión y la radio, y hasta las historias de amigos y familiares. Necesitamos mejorar nuestra habilidad para comunicar mejor las verdades del evangelio por medio de las historias bíblicas, las historias contemporáneas, y las historias personales que contamos a los niños.

EJEMPLOS

La abuelita estaba triste por no poder hacer más para el Señor. Con frecuencia observaba a los jóvenes que se apresuraban para trabajar en la iglesia y para participar en la evangelización de la comunidad. Recordaba los días cuando ella participaba. Ahora, el único ministerio que tenía era su clase de Escuela Dominical para niños de tercer grado. Todos los domingos ella les contaba las historias de la Palabra de Dios. Hasta los niños más rebeldes y mal portados se sentaban quietos para escuchar sus palabras y efectos de sonido. Ella los hacía sentir como si estuvieran en el lugar donde se desarrollaba la acción de la historia.

La abuela de 88 años de edad ha partido para estar con el Señor, pero los efectos de su ministerio de narrar historias permanecen todavía. Hoy muchos adultos están activos en el ministerio y en el servicio al Señor gracias al ministerio de esta buena narradora de historias que compartía la Palabra de Dios desde lo más profundo de su corazón. Esta larga lista incluye a la autora de este artículo. Sí, ella me hacía sentir como si estuviera en medio de un episodio bíblico.

OBJETIVOS

1. El obrero podrá escoger una historia apropiada.
2. El obrero sabrá cuáles son las partes básicas de una historia.
3. El obrero recibirá consejos para prepararse para narrar una historia.
4. El obrero podrá narrar una historia usando todos los secretos de un buen narrador de historias.

I. INTRODUCCIÓN

Podemos alcanzar a los niños por medio de una historia bien narrada. Ellos pueden captar la verdad y ser transformados. Tenemos la historia más grande que jamás se ha narrado, y es digna de nuestra mejor presentación. Considere el valor de la historia que usted narra y el propósito de narrar esa historia.

A. Valor de la historia

1. La historia, que es un cuadro presentado al ojo de la mente para estimular el interés y el sentimiento del oyente, tiene el poder de penetrar el corazón.
2. Mientras el niño escucha la historia, inconscientemente está aprendiendo a evaluar y a establecer normas para toda la vida.
3. Las historias de la Biblia hacen reales para el niño las verdades de la Biblia; llega a ver a Cristo como el único a quien debe seguir; aprende a valorar la verdad, la humildad, la bondad; se le ayuda a corregir hábitos negativos como el egoísmo y la avaricia.

B. Propósito de la historia

1. En el ministerio cristiano no hay justificación

de narrar una historia sólo para entretener o para pasar tiempo.

2. Un sólo propósito específico debe ser el enfoque de toda historia que se narra.

   El objetivo específico puede:
   - Llevar a una decisión respecto la salvación.
   - Inspirar consagración y servicio.
   - Estimular adoración.
   - Corregir mala conducta e inspirar carácter cristiano.
   - Crear interés en la gente de otras tierras con el objeto de suscitar preocupación por su alma.

II. ESCOGER UNA HISTORIA

Hay muchas maneras de conseguir historias para usar en el ministerio. Las siguientes pautas pueden ayudar en la selección de una historia. Luego evalúe su selección para ver si es apropiada para la ocasión.

A. Comenzar la selección

1. Una buena historia debe tener un buen comienzo.
   - Un buen comienzo produce interés.
   - Presenta a los personajes, el lugar y el tiempo donde se dearrolla.
   - Da una idea del tipo de problema que surgirá en la historia.

2. Una buena historia está bien desarrollada.
   - El desarrollo es una sucesión de sucesos ordenados y completos; una serie de cuadros conectados.
   - Cada cuadro añade al interés del próximo hasta que todos culminan en un clímax.
   - El desarrollo de la historia debe intensificar el conflicto; el esfuerzo de dos fuerzas para vencerse una a la otra debe suscitar la simpatía de los oyentes.

3. No es difícil encontrar una buena historia.
   - La Biblia contiene las historias más grandes de toda la literatura. Tiene historias para todas las edades.
   - La biografía es uno de los recursos de inspiración más grandes de la literatura. Grandes hombres de Dios han llevado una vida que excede toda ficción.
   - Muchos libros cristianos de ficción, historias de los campos misioneros, etc. se pueden preparar fácilmente para narrar por partes *(éstas gustan a los niños de los grados mayores de primaria)*.
   - Las historias en las revistas cristianas y en los papeles de la Escuela Dominical se pueden recortar y archivar para usarlas después.
   - Las historias que contienen ayudas visuales podrían ser eficaces si es que la historia se prepara correctamente.
   - Las historias que nacen de su propia experiencia contienen realidad. (Los niños que usted conoce, las experiencias de su niñez, y las historias originales que otros niños le han contado son buenos ejemplos.)
   - Las historias que nacen de la observación, que son sugeridas por las ilustraciones en revistas, por escenas e incidentes de la vida cotidiana, artículos sobre estudios de la naturaleza, narrativas, poemas, relatos de fías festivos que se observan, etc.
   - Se deben estudiar y añadir a su propia colección libros de historias para narrar.

B. Evaluar la selección

1. A usted debe gustarle la historia. Los niños pueden sentir su actitud y saber si a usted le agrada la historia y si la encuentra interesante e importante. Es necesario que el narrador identifique por qué la historia tiene significado para su propia vida personal y por qué es importante compartirla.

2. Sepa cómo la historia se relaciona con el concepto clave de la lección de ese día. Para que la historia pueda ser útil para enseñar, es necesario que sus conceptos se conecten con la estrategia.

3. Vea que la historia tenga relación con principios bíblicos. Si usa una historia bíblica, considere sus verdades acerca de Dios y cómo se relaciona con el tema de la lección.

4. La duración de la historia debe ser apropiada. Una historia larga exige que usted recuerde los sucesos en el debido orden y que mantenga el mismo entusiasmo durante toda la narración. Los niños más pequeños por lo

regular no pueden mantener el interés ni seguir los detalles en las historias largas.

5. Las buenas historias utilizan palabras descriptivas y se mueven a un buen paso. Pinte cuadros con palabras que involucren a los oyentes. Usar un amplio alcance de verbos y adjetivos permitirá una variedad de velocidades para mantener el interés. Usar diferentes tonos de voz también dará variedad.

6. Conozca la edad general de los oyentes y seleccione historias apropiadas. Evalúe cada historia para ver si sería sabio usarla con el grupo. Revise el vocabulario y los conceptos que se presentarán, como también las experiencias y situaciones de las que proceden los oyentes.

7. Considere las necesidades a las que se responderán por medio de esta historia.

    Algunas necesidades surgen específicamente debido a la edad de los niños:

    - Los niños pequeños necesitan historias sobre niños, animales y familias.
    - Los de tercer y cuarto grado comienzan a tener un sentido del mundo más amplio. Ellos pueden manejar la historia, lo que ha sucedido en el pasado.
    - Los niños mayores están interesados en otros países. Se comienzan a interesar por la sociedad, los problemas sociales, y las relaciones de la familia.

    Los expertos en la pedagogía mencionan las siguientes como necesidades generales de todos los niños:

    - La necesidad de bienestar físico
    - La necesidad de amar y ser amado
    - La necesidad de lograr algo
    - La necesidad de cambio
    - La necesidad de saber
    - La necesidad de belleza y orden

III. LAS PARTES DE LA HISTORIA

Toda buena historia tiene cuatro partes básicas. Cada parte ayuda a que la historia causa y mantenga interés, da forma a la historia, y juntas forman el mejor criterio para evaluar la historia.

A. Comienzo

Éste puede ser corto. Su propósito principal es captar la atención del oyente al crear en su mente una pregunta que la historia puede contestar.

B. Parte principal

Esta parte de la historia desarrolla a los personajes y nos conduce por una serie de sucesos que culminan en el clímax. Controle la duración y complejidad de esta parte de la historia según el interés de sus oyentes.

C. Clímax

Este es el punto focal de la historia que contesta las preguntas que se han desarrollado, donde se encuentra la solución, donde se resuelve el misterio o donde se resuelve el problema. La historia entera se desarrolla hasta este punto.

D. Conclusión

Concluya rápidamente. Ate los "cabos sueltos" y pase a la próxima parte de su programa.

IV. PREPARARSE PARA CONTAR LA HISTORIA

Siga estos pasos para preparar la historia:

- Lea la historia varias veces. Esto le ayudará a entender el fluir de los sucesos y comprender a los personajes y el mensaje general.
- Identifique las cuatro partes de la historia. Decida el comienzo, la parte principal, el clímax, y la conclusión.
- Divida la historia en bloques de sucesos para poder recordar. Recuerde la historia completa a medida que conecta mentalmente cada bloque.
- No trate de memorizar la historia palabra por palabra. Trate de narrar la historia como usted la recuerda.
- Cierre los ojos y nárrese la historia a usted mismo. Esto le ayudará a ver cuáles partes de la historia recuerda y también le ayudará a usar palabras descriptivas para expresar lo que usted ve en su mente.
- Si es posible busque más información sobre las costumbres, los personajes, la época, y el lugar de la historia.
- Piense cómo sus oyentes relacionarán la

historia. Recuerde otra vez el propósito de usar esta historia.

- Escriba o grabe la historia para oírla. Vea si está incluyendo las cuatro partes de una buena historia.
- Narre la historia en voz alta. Revise para ver si ha incluído palabras descriptivas, pausas, tono, vocabulario, y el fluir de la historia.
- Identifique lo que necesita mejorar. Haga una lista de los puntos débiles en su primera narración oral de repaso.
- Repetidamente narre la historia en voz alta hasta que esté satisfecho. Esto le ayudará a llegar a narrarla con una soltura natural.
- No use sus notas. No usará notas para narrar la historia para que pueda mantener contacto visual.
- Narre la historia a otra persona antes de narrarla al grupo de niños. Otra persona podría ayudarle a clarificar las partes de la historia que están claras.

V. SECRETOS DE LA NARRACIÓN DE HISTORIAS

Hay varios consejos que añadirán más lustre a su narración de historias:

- Estudie muchos tipos de historias.
- Busque material de fondo sobre su historia.
- Conozca a sus oyentes.
- Practique usar detalles y palabras descriptivas para detalles de la vida cotidiana.
- Estudie diferentes tipos de voces y practique repetirlas.
- Use diálogo como una manera de captar atención.
- Analice cuidadosamente su historia.
- Mantenga contacto visual.
- Pinte cuadros con palabras para sus oyentes.
- Use efectos de sonido, tono, y pausa con variedad.
- Use repetición para dar énfasis.
- Entreteja el mensaje a través de toda la historia, no sólo al final.
- Hable a los niños con respeto y amor y no condescendientemente.
- Evite gestos innecesarios que pueden distraer.

CONCLUSIÓN

La narración de historias es un arte maravilloso que puede eficazmente comunicar a los niños principios bíblicos. Seleccionar una historia apropiada y luego prepararse para usar esa historia será algo crucial en el desarrollo del ministerio de narrar historias. Trate de usar historias como lo hizo nuestro Señor para presentar su mensaje. Pida al Espíritu Santo que le ayude a recordar la historia, que le dé el énfasis correcto, y que prepare los corazones de los oyentes para recibir su verdad.

REPASO

1. ¿Cuáles son las cuatro partes básicas de una historia?
2. ¿Cuáles son varias buenas fuentes de historias?
3. ¿Quiénes son sus oyentes?
4. ¿Cómo afectan los oyentes la historia que usted usa?
5. ¿Puede imitar la voz de un niño, una niña, una abuela, un rey, un gigante o un burro?
6. ¿Cuáles son tres sencillos consejos que harán que su narración de historias cobre vida?

HISTORIAS

- **Importancia del tema**
- **Ejemplos**
- **Objetivos**
- **I. Introducción**
    - A. Valor de la historia
    - B. Propósito de la historia
- **II. Escoger la historia**
    - A. Comenzar la selección
    - B. Evaluar la selección
- **III. Las partes de la historia**
    - A. Comienzo
    - B. Parte principal
    - C. Clímax
    - D. Conclusión
- **IV. Prepararse para contar la historia**
- **V. Secretos de la narración de historias**
- **Conclusión**
- **Repaso**

Capítulo 23

TEMA: Ventriloquía

ESCRITOR: Ralph W. Hiatt

IMPORTANCIA DEL TEMA

Estas pautas serán útiles al obrero cristiano para entender los conceptos básicos de la ventriloquía y su utilidad en el manejo de los títeres.

OBJETIVOS

1. El obrero podrá definir lo que es la ventriloquía.

2. El obrero entenderá cuál es el propósito básico de la ventriloquía en el ministerio.

3. El obrero leerá sobre los varios tipos de títeres e ideas para el uso de la ventriloquía.

4. El obrero considerará nueve puntos básicos sobre la ventriloquía.

5. El obrero apreciará la actitud necesaria para usar con éxito la ventriloquía en el ministerio.

I. DEFINICIÓN E INTRODUCCIÓN

La ventriloquía es el uso de títeres sin una cortina. Esta técnica, como lo dijo Dan Ritchard, "es el arte de hablar sin mover los labios ni la quijada, en la que movimientos adicionales de la lengua toman el lugar de todos los movimientos visibles de la lengua y de la mandíbula", dando así la apariencia de que el sonido emana de otra parte.

Cualquier persona que puede hablar, que ama a los niños, y que tiene imaginación puede practicar la ventriloquía. No se necesita ninguna habilidad especial con la voz para comenzar, y el resultado de la práctica es la perfección. Considere lo siguiente como aspectos del ministerio en el que se usa la ventriloquía.

II. EL PROPÓSITO DE LA VENTRILOQUÍA

A. Reunir a un grupo para hablar de Cristo

Cualquier uso de títeres, cuando se hace bien, atrae tanto a los jóvenes como a los mayores. Presente un títere en un parque o en un bus o tren, e inmediatamente éste tendrá la atención de los que lo rodean. Si el titiritero mantiene su atención, aún después de haber terminado la presentación, seguirán poniendo atención.

B. Divertir brevemente

En la Escuela Dominical o en los cultos para niños queremos que los niños se diviertan. Los títeres los harán volver. Por tanto, cierto grado de diversión está en orden. No debemos reducir la sesión entera a una de diversión, sino que debemos tratar con seriedad el asunto de presentar al Señor Jesucristo.

C. Lograr victoria al derribar barreras

Cuando un líder visita por primera vez a una familia puede que haya ciertas barreras religiosas y de prejuicio. Si hay niños en la familia, y si el visitante tiene un títere en el bolsillo, de repente todos están intrigados y la risa llena el cuarto donde sólo unos minutos antes reinaba la tensión. Cuando se presta atención a los niños, los padres estarán más prontos a recibir las visitas.

D. Enseñar una verdad

Un rasgo notable de usar títeres es que los niños recuerdan lo que se dijo. Yo he vuelto a un lugar años después de una sola presentación y los niños me han citado todo lo que mi títere Felipe dijo. Esto puede inculcar la verdad en los niños.

E. Suscitar el deseo de aprender más

Un gran incentivo para motivar a los niños para que vuelvan al siguiente día es un anuncio: "Mañana Felipe va a salir de su valija otra vez." Los niños volverán e invitarán a sus amigos también.

III. ESCOGER O HACER SU TÍTERE

A. Sencillo

Su títere puede ser tan sencillo como un calcetín (media) con ojos de botones y una boca grande y visible que se abre ampliamente. Añada cartón para la boca, felpa roja para la lengua, lana para el pelo y el bigote, y ropa para muñecas.

B. Comprado

Si se compra un títere para ventriloquía, debe poder abrir ampliamente la boca y mover la cabeza. Si el presupuesto lo permite, compre uno que mueva los ojos de lado a lado, que guiñe un ojo, que dé patadas, etc. Haga o compre una peluca, un bigote, ropa, y otros accesorios para el vestuario del títere.

C. Talleres

Tenga talleres para hacer títeres sencillos para usar en los cursos principiantes sobre la ventriloquía. Use un calcetín y dos botones para formar un títere sencillo. Luego los participantes pueden estudiar los puntos básicos sobre la ventriloquía y practicar frente a un espejo.

IV. EL ARTE DE LA VENTRILOQUÍA

A. Pronunciación

Ciertos sonidos normalmente se producen juntando los labios, como el sonido de la letra "p". Siendo que estos sonidos exigen del movimiento de los labios, es necesario dominar una nueva manera de producirlos para poder ser un ventrílocuo eficaz.

Repase todo el alfabeto repitiendo varias veces cada sonido. Ahora colóquese los dedos sobre los labios y observe cuánto se le mueven los labios al pronunciar estos sonidos. Pronto usted habrá aislado los sonidos problemáticos. Éstos son: b, v, m, p, w, f, y varios otros.

Una forma para que el principiante maneje esto es substituyendo el sonido deseado con otro. La "b" o la "v" se pueden reemplazar con una "d". Cuando se toma en contexto la diferencia es casi imperceptible. Al mismo tiempo es necesario que el títere junte los labios al sonido de la "b". Trate de decir "vamos bien". Puede reemplazar la "v" y la "b" con una "d". Se puede reemplazar la "p" con una "t", como en la frase "Pedro ha pelado las papas". La "m" se puede reemplazar con el sonido nasal de la "n".

Igual que el que levanta pesas y hace ejercicio para fortalecer los músculos del cuerpo, así el ventílucuo debe ejercitar el músculo importante que tiene en la boca – la lengua. Un buen ejercicio es sostener un lápiz o palito entre los dientes para mantener la boca y los labios en una sola posición, mientras se pronuncian palabras que hagan que la lengua se mueva hacia el cielo de la boca, detrás de los dientes, o hacia la parte de atrás de la boca. Después de repetida práctica de listas de palabras, debe quitarse el palo y practicarlas ventílucuamente.

El ventrílocuo debe tener un amigo que lo escuche practicar el diálogo y que vea si mantiene los dos tonos de voz; del titiritero y del títere, y si no mueve los labios, y también para que vea si coordina los movimientos con la voz durante la conversación.

Comience a dar presentaciones en público después de haber practicado un poco. Cometerá errores. Algunas de las oraciones que diga el títere quizás algunos entre los oyentes no podrán entender. Simplemente repita lo que el títere está tratando de decir. "¿Dijiste que Pedro ha pelado las papas?" Siempre que hable el ventrílucuo (y no el títere), debe exagerar los movimientos labiales. De ese modo se acentuará la ilusión de un diálogo. La boca del titiritero se mueve mucho y pronuncia las palabras claramente cuando habla. Por otro lado, cuando el títere habla, la boca del hablante se mueve muy poco, usa un tono diferente y pronuncia sonidos limitados, mientras que el títere se mueve mucho.

B. Coordinación del sonido con el movimiento

Para crear una ilusión de sonido con el movimiento, aprenda a mover el títere con precisión. Manténgalo en movimiento, pero el movimiento debe ser sincronizado. Haga que se mueva como se movería una persona al conversar. Haga que mire al que le habla o que mire al niño a quien habla.

Coordine los movimientos de la boca. En los sonidos de las vocales la boca debe abrirse ampliamente. Muchas consonantes significa cerrar la boca para ese movimiento sincronizado. Esfuércese para perfeccionar la sincronización. Practique frente al espejo. Si domina esta parte, los espectadores no mirarán los labios del titiritero, sino más bien al títere. El sonido parecerá venir de la boca abierta del títere.

C. Voz y personalidad

Asigne al títere una voz y una personalidad y luego manténgalas. Un títere probablemente se usará exclusivamente más que otros. Vea que tenga una personalidad agradable. Debe gustarle casi toda la gente. Podría burlarse de algún adulto, pero nunca debe burlarse de los niños ni avergonzarlos. Tenga cuidado con lo que el títere hace.

D. Pautas para el diálogo

Escoja un tema y siga refiriéndose a éste. Use oraciones cortas. Interrúmpanse el uno al otro con frecuencia. Si el títere habla demasiado, la atención de los niños se volverá a los labios del ventrílucuo. Use humor con tacto. Vuelva al tema con frecuencia, hablando de vez en cuando a uno de los niños.

Títere: "¿Ves esa niñita graciosa que está ahí con el vestido rojo?" (Cerciórese de que ella sepa y que todos los demás sepan de quién habla el títere.) "Hola. ¿Cómo te llamas?"

E. Hacer que el títere cobre vida

Mantenga el títere en movimiento. Aún cuando no le esté hablando, él no debe estar quieto. Cuando el ventrílucuo se olvida que tiene un títere en la mano y se interesa en lo que está diciendo o en lo que está sucediendo a su alrededor, su títere se le morirá en las manos. Haga que reaccione normalmente a lo que se desarrolla a su alrededor

F. Aprovechar las interrupciones

Si un perro entra durante la presentación, cerciórese de que el títere lo note. El títere también puede saludar a los individuos. No obstante, no anime a los niños bulliciosos poniéndoles atención. Si esto sucede, el ruido y el problema de la distracción aumentará al darle reconocimiento.

G. Limitaciones de tiempo

Mantenga cortas las presentaciones. Los títeres pueden aburrir si el acto dura mucho. Termine al tiempo debido para dejar a los espectadores deseando más. Establezca la expectativa para mañana.

H. Guardar los títeres

Haga que el títere parezca tener vida hasta que haya desaparecido de vista. Algunos opinan que es mejor no hacer que chille ni que se queje por ser puesto en su valija o caja. Una opción podría ser tener una caja suave y que parezca protectora para guardar al títere en ella.

CONCLUSIÓN

A. Posibles usos de la ventriloquía

Puede enseñar y repasar versículos de la Biblia. El títere también puede ser útil para contar historias, hacer anuncios, dar la bienvenida a las visitas o cantar.

B. Actitud para lograr éxito

El ventrílucuo debe amar a los niños. Usar títeres le permite mostrar atención especial a distintos niños. Es importante tener momentos divertidos como también momentos serios. Los títeres divierten y por lo general tienden a ser chistosos. Si las visitas son bobas la mayoría del tiempo, equivale a ir en contra del propósito. La seriedad tiene limitaciones con los títeres. Llega el momento cuando se debe guardar y pasar a los asuntos serios. Mantenga enfocado el propósito del ministerio. La mayoría de los niños pueden separar el mundo de verdad de la fantasía, pero siempre es necesario ejercer sabiduría al usar títeres en nuestro ministerio.

LA TÉCNICA AVANZADA DE LA VENTRILOQUÍA

La ventriloquía no es hacer que la voz le salga del estómago, como sugiere el nombre. Sólo las cuerdas vocales, la garganta, la boca, la lengua, y los labios forman palabras. Es más bien la creación de una ilusión, hacer que la voz parezca venir de otra parte. Una manera de lograr la ilusión es escoger un tono de voz totalmente distinto del suyo. No escoja uno que le haga esforzar la voz o con el que no se siente cómodo. Podría tener que usar mucho esta segunda voz.

La voz es un instrumento maravilloso. El ventrílucuo entiende cómo producir sonidos y cambios en la voz. Estudie esto usando una linterna y un espejo. Con la boca abierta, pronuncie "ah". Usted verá el arco en la parte de atrás de la boca, llamado arco palentino, con un pequeño músculo colgando en el centro, llamado úvula. Usted verá que la úvula se mueve hacia arriba cuando pronuncia ciertos sonidos, permitiendo que pase el aire para llenar el pasaje más amplio posible. Ahora pronuncie "o" y note el cambio en la posición de la úvula. Pruebe con cada vocal para ver los cambios que hace la boca. El aliento por lo general le sale de la boca. Para practicar ventriloquía tendrá que hacer que el sonido y el aire le salga mayormente por la boca. Para colocar la voz correctamente, puede ponerse la mano bajo la nariz y sentir la mayoría del aire que le sale por la nariz y un poco por la boca.

Para la ventriloquía es esencial encontrar el lugar correcto en la garganta y en la cabeza para hablar. Practique cada vocal y luego comience a ver lo que hace la boca con los sonidos de las consonantes. Pruebe con la palabra "nono". Puede sentir que la lengua toca el cielo de la boca y que el aire es forzado a salirle por la nariz. Ahora diga la palabra "singing". Repita y sostenga el sonido "ng". Puede sentir una vibración, y la parte de enmedio de la lengua tocará el cielo de la boca. Ahora diga "ah" y tóquese la garganta para sentir la vibración. Esto quiere decir que usted está hablando con la garganta abierta. Ahora diga "shey" y tóquese la garganta para sentir la vibración, pero luego comience a decirlo por la nariz por donde pronuncia los sonidos de "n" y "ng". Eleve el tono hasta que ya no lo sienta en la garganta, sino sólo una vibración en la nariz. Practique hasta que sienta la vibración en la nariz, en un tono más alto que su voz natural, y luego usted estará "hablando en la nariz". El secreto para la ventriloquía correcta es la colocación de la voz. La palabra "shey" es una que querrá practicar y usar para corroborar periódicamente su nueva habilidad.

Póngase los dedos sobre la garganta, haga el sonido de "zzzz" (zumbido) y sentirá el movimiento de las cuerdas vocales. La laringe es el órgano dentro de la garganta que produce la voz. Los pulmones expelen aire por la garganta para vibrar las cuerdas vocales y producir sonido. La úvula en la parte de atrás de la garganta tiene la función de un portón que fuerza que el aire y el sonido salgan por la nariz para ciertos sonidos. Haga el zumbido otra vez y sentirá la vibración en la nariz. A medida que practique con tonos aún más altos, sentirá la vibración hasta la frente. Hay huecos llenos de aire en la cara, en la nariz, y en la cabeza que dan aire de más, permitiendo que el sonido rebote en las partes huesudas de la cara y de la cabeza. Esto permite que la voz vaya más lejos. Practique el zumbido para sentir la vibración correcta, luego use la palabra "shey" para seguir practicando el sentir la misma vibración. Practicar le ayudará a expandir a muchas palabras y sonidos mientras mantiene la correcta colocación de la voz.

Mientras desarrolla la vibración correcta del sonido, mantenga la boca en una posición cómoda sin mover los labios. La dificultad de la ventriloquía aumenta con los sonidos adicionales necesarios para las consonantes. Practicar frente al espejo, junto con la substitución de ciertas letras, será necesario para comenzar a formar un buen vocabulario y diálogos.

Comience a preparar diálogos para sus presentaciones. Mantenga en curso el diálogo, cambiando repetidamtne entre esta nueva voz y su voz natural. Al principio esto parece difícil, pero pronto apenas notará que lo hace

SONIDO:	SUBSTITUCÍON:
"b" o "v"	"d"
"f" o "v"	"z" (española)
"p"	"t"
"m"	"ng"

REPASO

1. ¿Qué es ventriloquía?
2. ¿Cuáles son los principios básicos de la ventriloquía?
3. ¿Cómo se podría usar la ventriloquía en ministerio de su iglesia?
4. ¿Hay otras maneras de usar este ministerio en su comunidad?

BIBLIOGRAFÍA

Detweiler, Clinton. *Ventriloquism in a Nutshell*. Littleton, Colorado: Maher Ventriloquist Studios, 1979.

Everett, Paul. *Ventriloquism: Plain & Simple*. Salem, Oregon: House of Humor Unlimited, 1987.

Houlden, Douglas. *Ventriloquism for Beginners*. Cranbury, New Jersey: A.S. Barnes and Co., 1973.

Ritchard, Dan. *Ventriloquism for the Total Dummy*. New York, New York: Random House, Inc., 1987.

Taylor, Cliff. *How To Vent Your Expressions*. Littleton, Colorado: Maher Studios, 1989.

Van Rensselaer, Alexander. *Fun With Ventriloquism*. New York, New York: Garden City Books, 1955

NOTAS

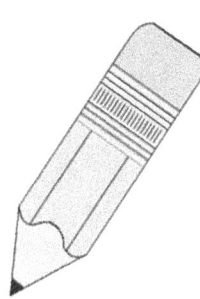

VENTRILOQUÍA

- **Importancia del tema**
- **Objetivos**
- **I. Definición e introducción**
- **II. El propósito de la ventriloquía**
    - A. Reunir a un grupo para hablar de Cristo
    - B. Diversión breve
    - C. Lograr victoria al derribar barreras
    - D. Enseñar una verdad
    - E. Suscitar el deseo de aprender más
- **III. Escoger o haer su títere**
    - A. Sencillo
    - B. Comprado
    - C. Talleres
- **IV. El arte de la ventriloquía**
    - A. Pronunciación
    - B. Coordinación del sonido con el movimiento
    - C. Voz y personalidad
    - D. Pautas para el diálogo
    - E. Hacer que el títere cobre vida
    - F. Aprovechar las interrupciones
    - G. Limitaciones de tiempo
    - H. Guardar los títeres
- **Conclusión**
    - A. Posibles usos de la ventriloquía
    - B. Actitud para lograr éxito
- **La tecnología avanzada de la ventriloquía**
- **Repaso**
- **Bibliografía**

Capítulo 24

TEMA: Charlas con tiza

Charla con tiza: *Una charla o ponencia en la que el discursante ilustra el mensaje por medio de dibujos con un final inesperado.*

OBJETIVOS

1. Identificar los materiales necesarios para una charla con tiza.
2. Sugerir ayudas para prepararse para presentar una charla con tiza.
3. Ilustrar y explicar muestras de charlas con tiza.

INTRODUCCIÓN

Una de las maneras más adaptables y eficaces de difundir el evangelio y la verdad bíblica es el uso de dibujos con un final inesperado. A estos dibujos con frecuencia se llaman *charlas con tiza*. Las presentaciones de charlas con tiza tienen mucha atracción y fácilmente pueden mantener la atención de los espectadores. Toda charla se presenta en dos "escenas" o pasos. El presentador dibuja parte de la ilustración mientras habla, y luego, poco después, añade las líneas necesarias para completar el dibujo y llevar la escena a su clímax. Siempre es interesante e intrigante ver algo que es creado ante los ojos. Las charlas con tiza son sencillas pero eficaces. Son un medio muy útil para evangelizar tanto a niños como a adultos.

Antes que la radio y la televisión fueran algo común, los artistas de charlas con tiza hacían presentaciones en vivo. El artista rápidamente dibujaba una caricatura, añadía unas cuantas líneas más, y le daba vuelta para revelar un dibujo totalmente diferente. Con frecuencia se les daba el nombre de "Artista Rayo" pues presentaban los dibujos tan rápidamente. Estas charlas con tiza a veces se llamaban dibujos de "Evolución" o de "Dar vuelta". Eso era porque evolucionaban de una cosa a otra y con frecuencia era necesario darles vuelta para ver el dibujo sorpresa. Cuando la diversión en vivo declinó debido a la radio y la televisión, las charlas con tiza casi murieron por completo. Hoy han vuelto principalmente en los ministerios para niños.

I. MATERIALES

Un ministerio de charlas con tiza necesita de pocos materiales de modo que es bastante fácil y barato comenzar.

- Un marcador o tiza. Hoy día las charlas con tiza rara vez se presentan usando tiza. Un marcador de punta de fieltro es más conveniente y más limpio que la tiza. Es bueno escoger una variedad de colores como negro, rojo y azul.
- Una hoja grande de papel blanco o una pizarra. Una superficie de 45x60 cm (18x24 pulgadas) es el tamaño perfecto para la mayoría de los públicos. Trate de evitar el papel que hace correr la tinta fácilmente. El papel bond (de hilo) da buen resultado.
- Sujetapapeles. Va a necesitar sujetapapeles fuertes, tachuelas o algo similar para sostener el papel en su lugar.
- Un buen caballete de pintor y tabla para dibujar. Esto se recomienda, pero no es necesario. Con frecuencia se puede colgar en la pared una tabla para dibujar o simplemente se puede poner frente a un atril, o se puede usar algo para improvisar un caballete de pintor.
- Una pizarra reversible puede servir bien para este propósito. Sostenga con sujetapapeles o tachuelas varias hojas de papel para dibujar en la pizarra.

II. PREPARACIÓN

A. Trazar ligeramente

Uno de los secretos más grandes para presentar charlas con tiza está en la preparación. Si traza el dibujo ligeramente antes de la presentación, usted tendrá guías secretas para seguir. Mientras comunica su mensaje trazará de verdad el dibujo, pero parecerá como si estuviera dibujando espontáneamente. Como puede ver, no necesita de gran habilidad artística.

Trace el contorno con lápiz sobre el papel antes de su presentación. Las líneas del lápiz deben ser lo suficientemente claras para que usted las pueda ver sin dificultad, pero debe aclararlas con un borrador para que el público no las pueda ver. Típicamente, los espectadores no estarán más cerca de 2,4 metros (ocho pies). Mientras habla, usted simplemente sigue estos contornos ligeros de lápiz con su tiza o marcador.

Para repetir el mismo dibujo más tarde, ponga una hoja limpia de papel sobre una "charla de tiza" dibujada anteriormente. Ponga ambas contra una ventana durante el día y ligeramente trace la figura que está debajo sobre la hoja limpia que está encima. Use un lápiz suave para trazar y un borrador maleable para aclarar las líneas.

B. Dibujar la primera escena

Si no se siente cómodo al hablar en público, o si cree que le es difícil coordinar hablar y dibujar al mismo tiempo, antes de la clase dibuje completamente la primera escena de su charla. Luego tápela con una hoja de papel en blanco. Cuando aparezca ante los espectadores, presente su introducción y conduzca a la primera escena. En este punto quite el papel en blanco y muestre su dibujo. Proceda con su charla a la segunda escena y ponga las líneas finales hasta llegar al clímax. Sin embargo, la experiencia da más confianza y muchos preferirán hacer la mayoría del dibujo frente al público.

C. Hacer notas

Haga notas para su charla, como citas bíblicas y bosquejos, en la esquina superior izquierda del papel. Esto pone las notas frente a sus ojos para rápida referencia. Se sentirá más seguro al tener listas las líneas para trazar además de tener notas a la mano como recordatorio para la memoria.

D. Observar la luz disponible

Observe la intensidad de la luz que hay en el salón o lugar antes de la presentación. Si la luz es "demasiado" buena, borre un poco más el dibujo para compensar. En unas pocas situaciones, el caballete quizá tenga que ser movido a un lado para que la luz no alumbre directamente el papel.

III. PRESENTACIÓN

A. Limitar el uso

Use las charlas con tiza frugalmente en su programa. Demasiado de algo bueno puede hacer que pierda algo de su atracción. Dos o cinco dibujos es bueno para la mayoría de ocasiones.

B. Mantenerla corta

Mantenga su presentación corta. No dibuje una charla con tiza para luego explicarla durante 30 minutos. Normalmente la duración de cada charla es como de tres a cinco minutos. Las charlas con tiza Alfapix (Alfadibus) y Fold-in (Dobleces) (vea los ejemplos de charlas con tiza) típicamente serán un poco más largas.

Si deja de hablar justamente cuando el público desea oír más, tiene asegurada su atención para la próxima vez. El objetivo es dejar a los espectadores con un pensamiento completo.

C. No disculparse nunca

No se disculpe nunca por la apariencia de su dibujo ni por su habilidad como artista. Usted es maestro, no artista. No se sienta mal si tiene que dibujar la primera escena de su charla por adelantado, o si su público se da cuenta que usted ha trazado con lápiz el contorno de su charla. Siempre habrá algo nuevo para ellos y resérvelo para el clímax de su charla.

D. Desarrollar un estilo

Evite los manerismos. Cultive su propio estilo de hablar y de trabajar. Substituya sus propias palabras en lugar de cualquier material escrito. Entre más lo haga, más cómodo se sentirá al hablar en público.

E. No hacer bocetos

No dibuje en forma de bocetos. Determine un lugar para comenzar su dibujo y luego use una línea continua, fácil, sin levantar la tiza o el marcador del papel, excepto cuando sea necesario para comenzar en otro lugar.

F. Mantener archivos

Mantenga un archivo de las charlas con tiza que ha presentado. En un libro escriba la fecha y el lugar donde usó cierto dibujo para evitar repetirlo ante el mismo público. Si enseña a niños pequeños (preescolares y más pequeños) puede repetir su charla con tiza muchas veces, ya que a ellos les gusta la repetición.

IV. MUESTRAS DE CHARLAS CON TIZA

A. De manzana a calavera – La paga del pecado – Romanos 6:23

Esta charla con tiza cambia de una manzana a una calavera y huesos cruzados. Comience dibujando (o trazando) la manzana con un marcador rojo. Comience su charla diciendo: "Esta manzana me recuerda el pecado original cometido en el Huerto del Edén, cuando Adán y Eva comieron del fruto prohibido. Este fue un acto de rebelión contra Dios.

Cuando una manzana tiene un gusano adentro, esa manzana se pudre. Cuando nosotros tenemos pecado en nuestra vida también hace que nos pudramos. La Biblia enseña que la paga del pecado es…(dibuje la calavera y los huesos cruzados) …¡MUERTE! (Lea Romanos 6:23 a los espectadores.)

"Pero Dios nos dio una manera de que nuestros pecados fueran perdonados, por medio de confiar en Cristo Jesús. Para recibir ese regalo de la salvación debemos arrepentirnos y confesar nuestros pecados, creer que Jesucristo es el Hijo de Dios resucitado y aceptarlo como nuestro Señor y Salvador. ¿Ustedes se han arrepentido y han sido perdonados de sus pecados?"

Un diálogo corto y claro como el anterior tiene una duración más o menos correcta. Después de la charla, puede dar el dibujo a un niño como premio por poner atención o como refuerzo para que recuerde la lección.

B. Anzuelo para pescar – Jonás en el vientre del pez

Comience dibujando el anzuelo y diga: "Por lo regular un hombre pesca un pez con un anzuelo. Pero hay una historia en la Biblia de un pez que pescó a un hombre.

"Dios le habló a un hombre que se llamaba Jonás y le dijo que fuera a predicar a una ciudad grande y malvada llamada … Miami (primero mencione una ciudad local y luego corríjase). Quise decir, Nínive. Jonás le tenía miedo a la gente mala y no quería hacer lo que Dios le había pedido. Decidió escaparse.

"Se embarcó en un navío y se fue. Se desató una gran tormenta. Era tan grande que los marineros creyeron que todos se ahogarían. Creían que había una maldición a bordo y que si tiraban al mar a Jonás la tormenta pararía.

"Así que echaron a Jonás al mar para que se ahogara, pero Dios tenía un plan mejor. (Dibuje la ballena y hágase a un lado.) Dios mandó una criatura marina gigante como una ballena para que se tragara a Jonás. Jonás permaneció dentro del pez por tres días antes que éste lo escupiera en la playa. Entonces fue a Nínive y predicó.

"Jonás aprendió dos cosas importantes. Primero, uno no puede alejarse de Dios. Él conoce todos nuestros pensamientos y todo lo que hacemos. Segundo, Dios espera que sus mandamientos sean obedecidos."

C. Alfapix: Salvo

Un tipo diferente de charla con tiza en el que se usan objetos que se parecen a las letras del alfabeto se llama un alfapix (alfadibu). Hay dos tipos de alfapix.

   a. El alfapix común comienza con dibujos de objetos y cuando está terminado los dibujos deletrean el tema de la charla.

   b. Un alfapix al revés comienza con una palabra y las letras cambian a objetos.

El primer ejemplo de un alfapix es "SALVO". La siguiente charla está abreviada, así que expándala un poco según su público (vea el capítulo "Narración de historias" para más información sobre qué considerar respecto al público). Dibuje la escalera y diga: "Esta escalera representa cómo la gente trata muchas maneras para llegar al cielo." Dibuje la Biblia abierta y diga: "La Biblia habla de la verdadera manera de ser salvos por medio de confiar en Jesucristo." Dibuje el candado e indique: "Ya no tenemos que ser esclavos de nuestros pecados." Luego dibuje la culebra y diga: "El diablo no quiere que seamos salvos." Finalmente dibuje el arpa y explique: "Los que confían en Jesucristo serán parte de coros celestiales y compartirán de la rica bendición de Dios de la salvación." Indique la palabra S-A-L-V-O y pregunte, "¿Ustedes han confiado en el Salvador, han sido salvos?""

D. Alfapix al revés: Jesús

La charla con tiza de "Jesús" es un ejemplo de un alfapix al revés. El esbozo para su diálogo está a continuación. Escriba con letras de molde la palabra "JESÚS" y pregunte: "¿Quién es Jesús? La Biblia claramente nos dice la respuesta a esa pregunta."

Cambie la "J" a un anzuelo y lea Mateo 4:19. Convierta la "E" en una puerta y luego lea Juan 10:9. Dibuje la vid de la primera "S", luego lea Juan 15:1. Cambie la "U" a una vela (candela) y lea Mateo 5:15-16. Haga un jarro de la última "S" y lea Juan 4:14.

"Jesús es todas estas cosas y mucho más. Él es el Hijo de Dios. Él es el Salvador del mundo. ¿Lo han recibido en su corazón?"

E. Caricaturas

Las caricaturas de niños siempre agradan a los espectadores. Éstos son dibujos muy rápidos (30 segundos) y sencillos al estilo de tirillas cómicas que representan a niños. Pueden trazarse en hojas de papel tamaño carta o en globos redondos grandes.
Añada unos cuantos rasgos como estilo del pelo, un diente que falta, pecas y características similares para personalizar cada caricatura. Añada el nombre del niño y una cita bíblica.

F. Garabatos del evangelio

Los garabatos del evangelio son una manera divertida de añadir un énfasis visual a una lección bíblica. Después de dibujar un garabato, dé a los espectadores unos pocos minutos para que adivinen qué es y luego dé la respuesta.

G. Acertijos de himnos

Los acertijos de himnos se dibujan en papel grande. El título de un himno se representa usando letras y dibujos. Se puede dibujar el acertijo de himnos como una manera de presentar el próximo himno que se va a cantar.

H. Pintar la cara

Los tatuajes y pintar la cara son bien recibidos por los niños. Escoja dibujos cristianos o sanos como cruces, corazones, cielo, etc. en vez de calaveras o arte de la Nueva Era. Use lápices o crayones solubles en agua que puedan ser fácilmente removidos de la piel. No use pinturas de óleo ni marcadores permanentes.

CONCLUSIÓN

Las charlas con tiza captan la imaginación y la atención de los niños. Los niños se hacen parte de la historia y se olvidan de lo que los rodea. Aunque la charla con tiza divierte, su imagen y el mensaje espiritual que la acompaña dejan una impresión indeleble en la mente de los niños.

Las charlas con tiza apelan a dos sentidos: el oído y la vista. Por tanto la técnica se presta para dos tipos de estilos de aprendizaje: auditorio y visual *(vea el capítulo "Desarrollo del niño")*. Los que aprenden visualmente se benefician especialmente de esta técnica ya que asociar los datos y conceptos con los dibujos es su método natural para aprender.

Cualquiera puede usar la técnica de charlas con tiza. No es necesario tener habilidad artística desarrollada. Trazar un dibujo ligeramente delineado o dibujar completamente la primera escena de antemano no debe ser causa para avergonzarse. ¡Las charlas con tiza son para los maestros, no para los artistas!

Las charlas con tiza son otra técnica de ministerio a la disposición de todo el que desea usarla. Aunque en un tiempo las charlas con tiza se estaban extinguiendo, hoy un pedazo de tiza o un marcador, una hoja limpia de papel y una voz clara se pueden usar eficazmente para atraer a los niños a Cristo.

REPASO

1. ¿Qué materiales se necesitan para presentar una charla con tiza?
2. ¿Cuáles son dos técnicas de preparación útiles que ayudarán durante una presentación?
3. ¿Cuál es la máxima duración de una presentación de charla con tiza?

APLICACIÓN

1. Busque una hoja de papel transparente. Colóquela sobre los dibujos de muestra en las charlas con tiza de este capítulo. Practique trazar los dibujos.
2. Escoja una de las charlas con tiza de este capítulo. Practique dibujarla y narrar la "charla" o historia antes de presentarla en clase.
3. Dé un ejemplo de cómo las caricaturas o garabatos del evangelio se podrían incorporar en una lección regular.

NOTA DE PIE

[1]Webster's Encyclopedic Unabridged Dictionary, rev. ed. (1989), s.v. "Chalk talk."

RECURSOS

Dewey, Ralph. Dewey's Easy *Gospel Chalk Talks*. Deer Park, TX: Dewey, 1983.

Dewey, Ralph. *Dewey's Gospel Cartoon Chalk Talks*. Deer Park, TX: Dewey, 1979.

Videos
Smith, Bron. *Crayon Jungle*. Ventura, CA: Gospel Light Video.

Smith, Bron. *Doodle Lagoon*. Ventura, CA: Gospel Light Video.

Compañías de recursos
Ralph Dewey
1202 Wildwood Drive
Deer Park, TX 77536

CHARLAS CON TIZA

BOSQUEJO

- Objetivos
- Introducción
- I. Materiales
- II. Preparación
    - A. Trazar ligeramente
    - B. Dibujar la primera escena
    - C. Hacer notas
    - D. Observar la luz disponible
- III. Presentación
    - A. Limitar el uso
    - B. Mantenerla corta
    - C. No disculparse nunca
    - D. Desarrollar un estilo
    - E. No hacer bocetos
    - F. Mantener archivos
- IV. Muestras de charlas con tiza
    - A. De manzana a calavera – La paga del pecado – Romanos 6:23
    - B. Anzuelo para pescar – Jonás en el vientre del pez
    - C. Alfapix: Salvo
    - D. Alfapix al revés: Jesús
    - E. Caricaturas
    - F. Garabatos del evangelio
    - G. Acertijos de himnos
    - H. Pintar la cara
- Conclusión
- Repaso
- Aplicación

Capítulo 25

TEMA: Aprendizaje práctico

TESTIMONIO

Piense en lo que recuerda de la escuela primaria. ¿Qué es lo que recuerda? Yo recuerdo:

- Poder quedarme en el aula durante el recreo para limpiar el acuario.
- Una amiga que me dejó jugar con sus imanes de perritos escoceses.
- Un día que vomité en el comedor.
- Recitar la promesa a la bandera sin mis dos dientes del frente.
- Perder mi dinero para la leche y la vergüenza al llorar cuando la Sra. Finley me regañó públicamente.
- Sentir entre los dedos el papel deshecho cuando hice las montañas de los Andes en el gran mapa de relieve de Suramérica.
- Mi trabajo exhibido en el tablero de noticias.
- Jugar a la rayuela y canturriar mientras saltábamos cuerda.
- Poder resolver bien los problemas de palabras en la clase de matemáticas.

La mayoría de nosotros recordamos las experiencias que fueron significativas o vergonzosas para nosotros, cómo era nuestra aula o dónde nos sentábamos, y algunas de las personas con las que nos encontramos. Nadie recuerda mucho de lo que se dijo, a pesar del hecho de que pasamos cientos de horas oyendo hablar a nuestros maestros. Esto solamente es nuestra mejor defensa para invertir tiempo en planear, diseñar e implementar las experiencias prácticas de aprendizaje para nuestros alumnos.

OBJETIVOS

1. Saber cómo desarrollar, estructurar, y organizar centros didácticos para ayudar a los alumnos a descubrir las verdades bíblicas.
2. Entender cómo preparar y usar trabajos manuales para reforzar conceptos bíblicos y acomodar las diferencias individuales.
3. Explorar el uso de juegos en el proceso de enseñanza y aprendizaje dentro de la iglesia.
4. Entender cómo usar la representación dramática para clarificar el contenido de la lección, para ayudar a los alumnos a entender por qué la gente se comporta como lo hace, y para estimular la discusión en el aula.
5. Reconocer el valor de la simulación bíblica para ayudar a los alumnos a recordar y comprender las historias bíblicas.
6. Conocer los beneficios de (y algunos consejos) seleccionar objetos para desarrollar demostraciones prácticas a las que los alumnos puedan volver a hacer referencia para obtener ayuda en su vida cotidiana.

I. INTRODUCCIÓN: HACER SUPOSICIONES BÁSICAS

Toda clase tiene uno o más maestros, uno o más alumnos, y un lugar que se define como el aula. Lo que sucede durante el proceso de enseñanza y aprendizaje está determinado hasta cierto punto por todos estos elementos. Los maestros generalmente son los que determinan las técnicas o métodos que se emplearán para comunicar el contenido de la lección. Sin embargo, todo el que ha enseñado alguna vez sabe que el método debe ser alterado si el número de alumnos – demasiados o muy pocos – hace inoperable el método planeado o si el aula no facilitará el método. En este capítulo nos concentraremos en las técnicas o métodos que están disponibles para hacer que el contenido de la lección sea experimental o de "manos a la práctica" para los niños.

Pero antes de proceder, veamos varios principios de enseñanza y aprendizaje que tienen aplicación a este método de "manos a la práctica":

1. **La lección comienza en el umbral del aula**

   Los niños siempre están aprendiendo, aún cuando el maestro no está impartiendo una lección. Los maestros principiantes a veces creen que la "lección" es el momento cuando están narrando la historia bíblica. Pero los niños están aprendiendo desde el momento en que llegan al aula hasta que salen. Están aprendiendo sobre sí mismos cuando ven a los ojos del maestro y se dan cuenta que de verdad le agradan. Aprenden cuando se relacionan con sus compañeros y hacen amigos. También responden a su salón; ¡Las personas de esta iglesia me cosideran importante! Están aprendiendo lo que la maestra valora, qué comportamientos son apropiados para el aula, todo sobre sus compañeros, sobre sí mismos, y un sin fin de otras lecciones, además de las que los maestros han preparado para que aprendan.

2. **Las actividades prácticas se prestan para todos los estilos de aprendizaje**

   Los niños tienen diferentes "estilos de aprendizaje". Los que estudian las maneras en que los niños aprenden en años recientes han definido varios estilos de aprender. Se pueden clasificar en tres categorías: el aprendiz visual: el que aprende mejor por la vista; el aprendiz auditorio: el que aprende mejor por el oído; y el aprendiz cinestético: el que aprende mejor por el tacto y el movimiento. Los mencionamos aquí por su relación al método práctica. Todas estas modalidades se realzan con las técnicas prácticas. Ver, oír y tocar son todos importantes para aprender por medio de la experiencia. Mientras sus manos están ocupadas sus oídos no lo están, así que el maestro tiene una oportunidad de entretejer las verdades bíblicas por medio del uso de conversación dirigida mientras el niño trabaja. Además, hay mucho que ver y tocar en un aula diseñada para aprender prácticamente. *(Vea el capítulo "Desarrollo del niño".)*

3. **Las buenas relaciones hacen eficaz la enseñanza**

   Al enseñar a los niños la relación entre el alumno y el maestro es especialmente crítica para el proceso de enseñanza y aprendizaje. Los niños tienen la necesidad de sentir que sus maestros se interesan por ellos. Cuando el tiempo para la clase está lleno de actividade dirigidas por el maestro, como relatar, explicar, hacer preguntas, y repasar es difícil cultivar la relación de alumno/maestro que es necesaria para poder aprender. Las técnicas de aprendizaje práctico ofrecen ricas oportunidades para establecer relaciones con los alumnos y por lo tanto aumentan la eficacia general del maestro.

4. **Jugar hace divertido aprender**

   El observador casual podría suponer que los niños están "jugando" en vez de aprender cuando se utilizan técnicas prácticas. Seguramente, si estuvieran aprendiendo de verdad, no estarían divirtiéndose tanto es la crítica de algunos adultos acerca del método práctico. ¿Y quién ha dicho que aprender tiene que ser aburrido? Hasta podríamos llamar lo que hacemos "juego con un propósito". No es "juego libre" sino actividades diácticas cuidadosamente diseñadas que usamos para presentar o reforzar algún aspecto de la lección bíblica.

5. **La participación asegura la atención**

   Entre más participen los niños en el proceso de aprendizaje más largo será su lapso de atención. Algunos pedagogos dicen que el lapso de atención promedio de los niños en minutos es el número que se correlaciona con su edad más uno. Pero no se toma mucho tiempo en el aula donde se usa el método práctico antes de que uno descubra que eso es un mito. El único momento que contiene cierta verdad es cuando los maestros hacen todo el trabajo y cuando se espera que los niños permanezcan sentados escuchando. Cuando a los niños se les dan actividades apropiadas a su edad es obvio que su lapso de atención es considerablemente más largo.

6. **Poder escoger ayuda la motivación**

   Cuando a los niños se les permite escoger entre una variedad de actividades didácticas, éstos muestran mayor interés y por lo regular permanecen ocupados por más tiempo. Cuando la elección se deja fuera del aprendizaje práctico hay mayor posibilidad de que disminuirá la motivación. Algunos maestros exigen que todos los niños participen en todas las actividades que han estructurado para una lección. Con frecuencia emplean una técnica llamada "horario modular" que tiene que ver con dividir a los niños en grupos y luego rotar a los maestros o a los grupos para que cada niño participe en cada actividad. La alternativa es ofrecer actividades para escoger dentro de un tiempo limitado, a veces llamado "tiempo para escoger", y permitir que los niños experimenten tantas de las actividades como deseen. El último método permite más adaptación a las necesidades individuales y se dirige más a los alumnos que a los maestros. Cuando el maestro observa que un niño no está participando en una actividad debe acercarse a él y animarlo a que escoja. Con este método es también aparente que los niños gravitan hacia el maestro que más les gusta, y es útil hacer que los maestros como también los niños se muevan de un centro a otro cada semana para que los niños que siguen a ciertos maestros sean expuestos a una variedad de actividades didácticas.

7. **El aula para los niños más pequeños debe parecerse al hogar**

    Entre más pequeño sea el niño más largo será el tiempo que debe participar en las actividades didácticas prácticas. Los bebés, los de 1 a 3 años, y los niños pequeños que todavía no han comenzado su preparación académica formal necesitan un método menos formal para aprender. Algunos aconsejan que las aulas de la iglesia para estos niños deben parecer hogares más que escuelas. Esto se debe balancear con el consejo de que las aulas deben parecer lugares donde se aprende. Entonces usted irá en camino hacia estructurar ambientes didácticos para estas edades.

II. CENTROS DIDÁCTICOS

A. Definición

Las técnicas de aprendizaje práctico se pueden incorporar en el aula por medio de la creación de centros para aprender especializados. Éstos son áreas separadas, equipadas con diferentes actividades, diseñadas para la interacción individual o de grupos pequeños. Cada centro tiene un grupo de maestros para dirigir la conversación y la actividad hacia los mismos objetivos de la lección.

1. **Centros didácticos para preescolares**

    En el aula preescolar se debe permitir que los niños escojan entre las actividades didácticas que se ofrecen dentro de un tiempo específico. Ellos deciden dónde participarán y cuánto tiempo permanecerán en cada centro. No importa cuál actividad escoja el niño, siempre tendrá la oportunidad de aprender los mismos conceptos bíblicos básicos. Esto permite que el niño establezca relaciones con tantos de los maestros como desee y que aprenda de una variedad de experiencias prácticas. Si el niño no puede escoger o si se niega a escoger una actividad, puede observar en silencio a los niños que están trabajando en los centros de aprendizaje. No puede tomar parte en una actividad disruptiva ni se le permite interrumpir a los que están participando en las actividades didácticas. El niño que observa también estará aprendiendo, y cuando el maestro respete su necesidad de no participar el respeto del niño para sus maestros aumentará. Nadie debe insistir que trabaje pero todos deben tomar toda oportunidad para sonreírle e invitarlo a que trabaje. Con el tiempo se sentirá cómodo en el ambiente didáctico preparado y trabajará.

2. **Centros didácticos para los niños de primaria**

    A los niños de primaria se les debe exigir que escojan y que permanezcan con la actividad que han escogido durante todo el tiempo para ese centro. El número de niños a los que se les permite participar en cada actividad podría ser limitado por el número de sillas que hay en ese centro.

B. Implementación de centros didácticos

1. **Obreros**

    Los centros didácticos funcionan mejor con un método cooperativo antes que con un solo individuo. El grupo por lo regular se compone de un maestro principal, que conoce las técnicas didácticas prácticas, y uno o más asistentes, voluntarios o padres de familia. Es bueno que participen tanto hombres como mujeres como obreros con los niños. ¡Se escogen a los hombres, no para que sean disciplinarios, sino para ayudar a los niños a comprender que la iglesia también es para los hombres! Es admirable ver quiénes son los que siguen a los hombres por todos lados; a veces son las niñitas. Escoja a hombres tiernos, sensibles, no a los que son ásperos o que harán que los niños se pongan demasiado activos. Los abuelos por lo regular trabajan maravillosamente con los niños.

El número de personas necesarias para el grupo depende del número de niños matriculados o de la asistencia promedio por clase. Se debe hacer el esfuerzo por lograr una adecuada proporción de maestro por alumno: para los bebés y niños pequeños, un maestro para cada tres niños; para preescolares, uno por cada cinco; y para los niños de primaria, uno por ocho.

2. **Tamaño de la clase**

   El tamaño de la clase también se debe considerar. En general la iglesia debe esforzarse por mantener pautas de requisito para los centros de puericultura y las escuelas. Éstos varían de un lugar a otro, pero para propósitos generales, es mejor limitar el aula para bebés y niños pequeños a 8-12 niños; para los de dos años, 16 niños; y para los niños de primaria, 25-30 niños.

3. **Cómo formar centros didácticos**

   Al tomar decisiones sobre cuáles centros de aprendizaje se deben formar, el maestro principal debe considerar las clases de actividades y los niños que participararán. Las opciones para ofrecer un ambiente didáctico preparado para los preescolares son diversas. La mayoría de los currículos de educación cristiana ofrecen ideas para usar el centro de bloques, el centro de libros, el centro de arte, el centro de rompecabezas y manipulativos, las maravillas de Dios (centro de la naturaleza), el centro de hogar y a veces el centro de destreza muscular. El momento de adoración por lo regular incluye participación en la música como grupo grande, y también el momento de la historia; por lo tanto, la mayoría de las iglesias no forman centros para adoración, para los cantos ni para la historia bíblica siendo que estas actividades no se consideran opcionales o "de escoger".

4. **El ambiente en el aula**

   El aula para niños de primaria que ya han aprendido a leer será muy distinta a la diseñada para preescolares. Los niños de primaria pueden buscar en la Biblia las respuestas a las preguntas, escribir una columna para un periódico de los tiempos bíblicos, hacer un reportaje con una grabadora, debatir, parafrasear las citas bíblicas, y participar en competencias sobre conocimiento de la Biblia en el centro de libros. Pueden hacer dioramas, collages, montajes, esculturas, y otras formas artísticas en el centro de arte. Pueden escribir sus propios raps o cantos, representar con drama, participar en simulacros bíblicos, títeres, mímica, y otras numerosas actividades prácticas en otros centros. Estas actividades exigen una variedad de recursos y equipo pero por lo regular no se ofrecen permanentemente para el aula como lo serían en el aula para niños más pequeños. El aula primaria está estructurada para actividades de grupos pequeños con mesas y sillas. Los recursos para cada uno de los centros de aprendizaje podrían sacarse cada semana de un centro de recursos central que esté disponible a todos los maestros. Sólo lo que se usa cada semana se ofrece para el aula.

5. **Horario de las actividades del centro de aprendizaje**

   Si la mayoría de los niños llega a tiempo para la clase el maestro puede comenzar con cantos, adoración, y la historia bíblica. El aprendizaje práctico seguiría y se usaría para reforzar los conceptos bíblicos que se presentaron en la historia bíblica. Sin embargo, si los niños llegan a distintos momentos, sin importar la hora oficial para comenzar, es mejor involucrar a los niños en los centros de aprendizaje según vayan llegando y dejar para después el tiempo para adorar y para la historia bíblica cuando todos estén presentes. Cuando se usan de esta manera, las actividades prácticas sirven para presentar a los niños los conceptos bíblicos que se ilustrarán después en la historia bíblica. Es importante instruir a los ayudantes, voluntarios, y padres que prestan servicio en el aula a que se alegren de ver a los niños (y a los padres) siempre que lleguen y que no se ofendan personalmente por los que llegan tarde. Con la ayuda de Dios habrá suficientes momentos para enseñar dentro del tiempo que los niños estén bajo su cuido

C. Centros de aprendizaje para preescolares

1. El centro de libros

Objectivos:

a. Presentar o reforzar la verdad de la lección por medio de historias, dibujos y conversación.

b. Permitir que los niños pequeños toquen la Biblia, que aprendan la manera correcta de manejarla, y admirar las ilustraciones que contiene de las historias bíblicas conocidas.

c. Ofrecer un lugar de descanso en un ambiente activo.

d. Ofrecer un lugar seguro para el niño tímido o retraído.

e. Estimular el pensamiento individual y la imaginación.

f. Ayudar a que el niño aprenda a amar libros y a deleitarse con los libros en la iglesia.

g. Desarrollar relaciones entre los alumnos y el maestro

Equipo y recursos:

Según su gusto o su presupuesto, su centro de libros puede ser sencillo o elaborado. Puede ser un centro de libros con 6-8 libros y una alfombra pequeña o unas cuantas almohadas mullidas en una esquina con una repisa baja. Quizás podría ser un centro para aprender como una bañera antigua de cuatro patas con los lados pintados con un diseño atractivo, llena de almohadas mullidas y una tabla con libros dentro del alcance de los niños que estén en la bañera. Algunos prefieren un estilo alfombrado y apartado con una repisa a un extremo. Otros optan por mesas y sillas pequeñas y un estante para libros.

Escoja una sección del aula que esté bien alumbrada cerca de las actividades quietas como las manipulativas y los rompecabezas, y aparte del tráfico pesado o de las actividades que producen ruido, como el centro de bloques y el de hogar. Exhiba los libros de modo que se vean las cubiertas. Rote los libros que exhiba para coordinar con el tema de la unidad del currículo de educación cristiana.

2. El centro de hogar

Objectivos:

a. Ayudar al niño a relacionar la verdad bíblica a las experiencias de la vida cotidiana.

b. Permitir que el niño haga el papel de los miembros de su familia para que pueda entender mejor el lugar de cada uno y el plan de Dios para la familia.

c. Ayudar al desarrollo social de cada niño y en la formación de relaciones con sus compañeros.

d. Enseñar responsabilidad para mantener orden y limpieza en la iglesia.

e. Ayudar al maestro a comprender la cosomovisión del niño.

f. Identificarse con la vida de Jesús cuando Él era niño.

Equipo y recursos:

Este centro puede comenzar con unas cuantas piezas de ropa elegante y un espejo irrompible, o puede estructurarse con una combinación de lavabo, estufa y alacena, y una mesa y sillas pequeñas. Debe incluir uno o dos muñecos, frazadas, y ropa para muñecos. Alimentos de mentira, trastes, cacerolas y utensilios para cocinar también extenderán el valor de este centro. Cerciórese de que la ropa, los alimentos y los utensilios sean apropiados según la cultura.

3. El centro de bloques

Objetivos:

a. Ayudar al niño a contar la lección bíblica. Los bloques le ayudan a recrear el ambiente de la lección de una forma concreta.

b. Estimular la imaginación creativa.

c. Desarrollar un espíritu de cooperación y una disposición a compartir.

d. Ofrecer oportunidades para resolver problemas.

e. Enseñar responsabilidad para el orden en la iglesia.

f. Ayudar al personal a comprender al niño.

g. Desarrollar las habilidades motoras finas

Equipo y recursos:

A los niños de dos años les gusta tumbar los bloques que arrimeran. Debido a su juego agresivo, se deben conseguir bloques de cartón o de esponja.

Los niños de tres, cuatro, y cinco años se benefician de jugar con bloques de madera. Aunque son caros como inversión inicial, no se gastarán y ofrecerán deleite por muchos años.

Consiga un estante o una carreta para bloques para guardarlos. No use una caja para juguetes ni una caja de madera ya que los niños tenderán a tirar los bloques en el receptáculo, dañando así los bloques y golpeando a los niños que estén cerca.

Añada animales de goma, vehículos fuertes de transporte como automóviles, camiones o motocicletas, y dibujos laminados para enseñar de casas e iglesias para estimularlos a que jueguen con los bloques.

4. **Centro de las maravillas de Dios**

    Objectivos:

    a. Ayudar al niño a relacionar la verdad de la lección con las cosas que le son conocidas de la naturaleza. Éstas también pueden servir para recordarle las verdades bíblicas durante la semana.

    b. Desarrollar sentimientos de maravilla, alabanza, y aprecio por las cosas que Dios creó.

    c. Desarrollar conciencia del orden y del plan de Dios en la Creación.

    d. Asociar a Dios con poder, sabiduría, y misterios.

    e. Enseñar al niño la responsabilidad de cuidar del mundo de Dios.

    Equipo y recursos:

    "Porque las cosas invisibles de él, su eterno poder y deidad, se hacen claramente visibles . . . siendo entendidas por medio de las cosas hechas…" (Romanos 1:20).

    Piedras, cristales, fósiles, conchas del mar, vainas de semillas, insectos atrapados en botes de vidrio, y plantas que no sean tóxicas, son ejemplos de las cosas de la naturaleza que interesan a los niños. Escoja cosas que lo fascinan o que lo deleitan a usted para que de verdad pueda expresar su gozo en las maravillas de Dios en este centro. Experimentos científicos sencillos usando imanes, agua o aire también se pueden usar de vez en cuando. Algunos maestros invitan a niños que tienen animalitos pequeños que los traigan a visitar. Un acuario vacío con tapadera puede ofrecer un bonito lugar para observar un cangrejo hermitaño, un gerbo, una tortuga, o cualquier otro animal que no pose peligro.

5. **Centro de rompecabezas y manipulativos**

    Objectivos:

    a. Desarrollar en el niño buena coordinación entre los ojos y las manos.

    b. Fortalecer los músculos pequeños en los dedos del niño y ayudar al control de motricidad fina.

    c. Estimular la capacidad del niño para reconocer y clasificar formas.

    d. Aumentar el lapso de atención del niño.

    e. Dar al niño sentimientos de éxito al aprender en la iglesia.

    f. Ofrecer oportunidad para reforzar la verdad de la lección de una nueva forma.

    Equipo y recursos:

    Los rompecabezas y objetos manipulativos son necesarios para este centro; otras cosas son opcionales. Pueden exhibirse y trabajar con ellos en el suelo, sobre pedazos pequeños de alfombra, o sobre una mesa. Un estante bajo y abierto facilitará la organización del aula y ayudará a que el niño aprenda la responsabilidad de guardar su trabajo.

    Los rompecabezas con perillas pequeñas ayudan a fortalecer los músculos en los dedos del niño y a refinar el control motor.

    Los manipulativos como *Legos* grandes, bloques de parqué con tarjetas de patrón, tarjetas para coser, ensartes de cuentas, animales y gente de juguete, y aparatos plásticos ofrecen al niño pequeño trabajo interesante. Guarde cada juego de manipulativos en una bandeja o canasta portátil. Limite el uso de cada manipulativo a uno o dos niños ya que los niños pequeños tienden a negarse a guardar el trabajo que comparten. Se debe tener cuidado de ver que los manipulativos sean apropiados para la edad ya que los niños más pequeños podrían tragarse piezas o asfixiarse con piezas muy pequeñas en este centro.

6. **Centro de arte**

    Objectivos:

a. Ofrecer una variedad de medios para expresar la verdad de la lección en los recordatorios para llevar a casa.
b. Dar oportunidad para expresar alabanza, gozo, y agradecimiento con el arte.
c. Permitir que el niño desarrolle creatividad y un sentido de capacidad.
d. Alargar el lapso de atención del niño al ofrecerle actividades en las que puede absorberse.
e. Desarrollar la coordinación de los músculos grandes y de los músculos pequeños.

Equipo y recursos:

El equipo básico necesario para un centro de arte son una mesa y sillas de tamaño para niños. Si no hay sillas disponibles, se pueden usar mesas pequeñas con patas de 4-6 pulgadas y los niños se pueden sentar directamente en el suelo.

Los recursos podrían variar, pero pueden incluir papel de periódico, papel de construcción (cartulina), revistas viejas, platos de papel, crayones, marcadores de acuarela, tijeras sin punta, pegamento, plastilina o arcilla para moldear, plantillas o esténciles, un caballete de mesa o de suelo, acuarelas, y delantales.

7. **Centro de músculos grandes**
Objectivos:
a. Aliviar de tensión y fatiga los músculos grandes y ofrecer recreo adentro.
b. Ayudar en el desarrollo de la coordinación de los músculos grandes.
c. Ofrecer oportunidad para el juego en cooperación.
d. Ofrecer salida para las emociones.
e. Ofrecer una buena imagen del cuerpo.

Equipo y recursos:

Una combinación de gimnasio para subir y deslizadero es ideal para el aula donde los niños están confinados por dos o más horas. También permitirá juego para los músculos grandes a media que el niño lo necesite sin involucrar a todos. El maestro debe supervisar este equipo tan pronto como el niño lo escoja.

Si no tiene ningún equipo disponible, los cantos con acción o ejercicios calisténicos pueden ayudar a disminuir la inquietud. Sin embargo, si se usan demasiado, podrían estimular de más a los niños.

D. *Arreglo de los centros en el aula*
1. **Espacio**

Arregle los centros con actividades ruidosas: bloques, músculos grandes y vida en el hogar cerca de cada uno, y los de actividades más quietas: libros, rompecabezas y manipulativos, y arte agrupados juntos.

Ponga estantes para dividir el espacio en el aula y para ofrecer nichos que se sientan más pequeños en el ambiente de aprendizaje. Los maestros sin experiencia tienden a poner los centros alrededor de las paredes dejando libre el espacio del centro del cuarto. En un cuarto grande este arreglo forma un área para correr y ofrece demasiada distracción.

Trate de imaginarse el aula como varios cuartos pequeños, sin paredes ni puertas, y diseñe el fluir del tráfico de modo que facilite el trabajo en los centros. Es útil se se arrodille en cada área para ver lo que los niños ven.

¿Los recursos están organizados bien y exhibidos de modo que el niño se sienta atraído a ellos? Debe ser fácil para los adultos ver todas las áreas del cuarto para poder supervisar a los niños. Siendo que los preescolares son más bajos, tendrán menos visibilidad, menos distracciones, y un mayor sentido de seguridad. El único espacio libre debe ser un área diseñada para los momentos en círculo o para las actividades del grupo entero.

Si el área que está diseñando es pequeña, habrá menos centros y la organización será crítica. Los gabinetes colgados en la pared fuera del alcance de los niños son útiles para guardar materiales y cambiar actividades en los centros durante la sesión de clase. Permiten que los maestros ofrezcan una rica variedad de actividades a pesar de la falta de espacio.

2. **Volver a evaluar las actividades**

¿Cómo determina el maestro cuánto tiempo debe estar una actividad en el aula? La regla general es: si nadie escoje la actividad, ya no subsana las necesidades didácticas de nadie, o es muy difícil y los niños no están listos para ella. Podría añadir algo para hacerla más desafiante o atractiva, o podría quitarla y volver a introducirla después.

3. **Planear**

A los maestros, ayudantes, voluntarios, y padres de familia que están en el horario para trabajar en el aula se les debe pedir que asistan a las reuniones mensuales de planificación del personal. Vea que el personal sepa con anticipación cuándo sera la reunión para que puedan hacer planes para asistir. Las reuniones de planificación mensuales generalmente incluyen tres elementos:

a. Un repaso de los niños: quién es nuevo, quién está listo para promoción, qué contactos fuera de clase se han hecho, maneras de disciplinar o de manejar el comportamiento disruptivo recurrente, etc.

b. Un repaso del personal: quién es nuevo, una copia del horario de trabajo, ajuste del horario de trabajo, oración por las necesidades de cada uno.

c. Un tiempo de preparación dentro del ambiente diáctico: limpiar/sanitizar; rotar las actividades de libros, rompecabezas, aprendizaje y cambiar la decoración según la temporada.

Las reuniones mensuales del personal por lo regular se concentran en planear las lecciones para cada una de las próximas 4-5 semanas. Todos leen las actividades sugeridas en el currículo para cada uno de los centros. Luego se asignan a los centros los obreros/maestros. Luego todas las ayudas visuales, las actividades manuales y los papeles para llevar a casa se ordenan en grupos y se distribuyen a los obreros o se archivan en la iglesia para que estén fácilmente disponibles para todos. Se hace una lista de corroboración de los recursos necesarios; al obrero asignado al centro se le da la responsabilidad de buscar o traer los recusos apropiados para el centro, a menos que sea algo que incluya gasto. El maestro principal por lo regular es el encargado de comprar y mantener los artículos de gasto para el aula. A veces se le da una tablilla para hacer el pedido de los artículos necesarios con un lugar para anotar la fecha en que se necesitan.

Se pueden dirigir a otros asuntos de "administración del hogar". A veces los centros para aprender en el aula se vuelven a arreglar cuando los obreros se ponen de acuerdo en que funcionarían mejor con un cambio. De vez en cuando se ajusta el horario de clase, especialmente para los días feriados, o para los tiempos de práctica especial cuando los niños han de dar una presentación en un culto de la iglesia. Reunir al grupo para planear, trabajar y oran juntos hace que ser parte del grupo sea una bendición y facilita la comunicación para todos.

E. *Horario para usar los centros en un período de clase*

1. **Llegada**

Los maestros llegan 30 minutos antes (o no menos de 15 minutos antes del comienzo de la clase) para orar juntos y preparar los centros de aprendizaje.

2. **Escoger (30 minutos)**

Tan pronto como llegue el primer niño, se le pide que escoja una actividad en uno de los centros. El maestro asignado a ese centro inmediatamente se concentra en el niño y comienza el proceso de dirigir la conversación hacia los objetivos de la lección. A medida que siguen llegando los niños, los maestros los invitan a trabajar en los centros. El maestro principal por lo regular permanece cerca de la puerta para recibir y saludar a los niños y a los padres y contestar preguntas. Es mejor si los padres y otros hermanos no entran al aula ya que esto interrumpe. Si muchos niños llegan al mismo tiempo, podría ser necesario que otro maestro esté cerca para recibir a los niños y ayudar a que se dirijan hacia los centros. El secretario del departamento debe tener un escritorio fuera de la puerta para tomar la asistencia y apuntar a los niños nuevos en la clase, obtener la información necesaria, y darles rótulos con su nombre. Se debe decir a los padres, o a los hermanos a cargo del niño, que vengan a buscar al niño tan pronto como termine el culto. No se debe dejar salir a los preescolares para que vayan a "buscar" a sus padres o al encargado, debido a los peligros que esto posa.

Se debe permitir que los niños trabajen en los centro durante el *Tiempo para escoger* durante los primeros 30 minutos de la sesión de clase.

3. **Limpieza (5 minutos)**

Siga el primer *Tiempo para escoger* con un *Tiempo para limpiar*. Los niños deben ayudar a ordenar el aula. Tan pronto como sea posible, los niños serán acompañados al área de adoración donde tienen lugar las actividades en círculo. Si es difícil para el maestro hacer que el niño pase hacia el centro de adoración, le debe explicar con una voz amistosa pero firme: "Nuestro reloj dice que ya se acabó el Tiempo para escoger. Todos deben pasar al centro de adoración, ahora." Esto por lo regular es todo lo que el niño necesita para dirigirse en esa dirección.

4. **Alabanza (10 minutos)**

    Todos los maestros/obreros deben tomar parte en el *Tiempo de alabanza* junto con los niños, aunque no dirijan la actividad. Son asignados para ver los problemas, separar a los niños que se están distrayendo, o ayudar a los que se les hace difícil permanecer quietos. Es mejor no permitir que los maestros saquen a los niños que deciden no querer estar ahí. Esto les enseñará que no serán tratados de manera diferente si causan disturbio. El obrero debe explicar suavemente al niño que esta actividad no durará mucho y preguntar si lo puede sentar en su falda. Está bien si el niño llora, eso se permite. No se permite salir. Si se sigue esta práctica, los niños pronto aprenderán que usted toma en serio la participación de todos en la alabanza y hasta la encontrarán placentera.

    El *Tiempo de alabanza* consiste de cantar (cánticos que se relacionan con la lección del día o con el concepto bíblico), orar, bendecir la ofrenda, y cualquier actividad del currículo para preparar a los niños para la historia bíblica. Esto puede ser dirigido por el maestro principal o por otros maestros de la clase designados.

5. **Historia bíblica (10 mintuso)**

    El *Tiempo de alabanza* es seguido por el *Tiempo de la historia bíblica*. Esto puede conducirse como una actividad del grupo grande en el mismo lugar del *Tiempo de alabanza*. Esto es necesario si sólo hay un expositor para el maestro, un franelógrafo, y un conjunto de ayudas visuales para enseñar la lección. Sin embargo, si cada maestro tiene un expositor para el maestro, una tabla para franelas y un conjunto de ayudas visuales, es más eficaz contar la historia en grupos pequeños. Cada maestro debe estudiar la lección durante la semana y durante el tiempo para la historia bíblica debe tomar a un grupo pequeño de 5-7 niños a una mesa o a un rincón del aula y contar la historia en voz suave. Cuando se habla suavemente, los niños pequeños creen que se les está contando un secreto y tienden a prestar más atención. Cada maestro debe sostener una Biblia en la mano para que los niños sepan que la historia es de la Biblia y debe relatar la historia de memoria. Los maestros no deben leérsela a los niños del expositor para el maestro sino deben preparar tarjetas con notas. Los niños se pueden sentar cerca de las ayudas visuales y oír a su maestro favorito contar la historia bíblica. Recuerde, la historia bíblica y su lección es la razón detrás de todo lo demás que sucederá en el aula. Los maestros deben limitar la historia a aproximadamente 5 minutos y seguirla con preguntas que provoquen pensar, una respuesta espiritual, y el versículo para memorizar; 10 minutos en total.

6. **Tiempo para escoger (40 minutos)**

    El *Tiempo para la historia bíblica* va seguido por otro *Tiempo para escoger* que durará 40 minutos. Los niños pueden escoger tener algo de comer o escoger una actividad en los centros de aprendizaje. No permita que el niño escoja una galleta o dos y que luego proceda a los centros de aprendizaje. Si escoge comer, debe permanecer en ese círculo hasta que termine. Esto evita que los niños se atoren o que coman mucho (porque la mayoría de los niños se cansarán de permanecer ahí) y mantiene limpio el suelo del aula. Si el currículo incluye trabajo manual o página para llevar a casa, se puede añadir al centro de arte como una actividad opcional en este momento.

7. **Limpieza (10 minutos)**

    Lo siguiente es el *Tiempo para limpiar*. Haga que los niños ayuden a lavar la pintura y los cepillos, a limpiar las mesas con esponjas humedecidas y a revisar el suelo para ver que no haya pedazos de plastilina. Los obreros deben recoger todas las piezas de los rompecabezas y deben buscar las piezas perdidas. Todos los manipulativos deben ser devueltos a sus bandejas o canastas. Las unidades de bloques deben arrimerarse ordenadamente y todos los vehículos de transportación y animales de goma deben ser puestos en su lugar. Los obreros pueden dirigir a los niños a cantar "Así es como limpiamos la iglesia…" con la música de algún cántico conocido. Cuando todos los centros estén limpios los obreros y los niños deben pasar al área de alabanza.

8. **Alabanza (10-15 minutos)**

   Durante el segundo *Tiempo de alabanza* canten los cánticos favoritos de los niños. Esto resulta bien con acompañamiento de guitarra, con cintas grabadas o con discos compactos. Este debe ser un momento alegre en el que la persona que dirige muestra gozo, entusiasmo y genuina adoración. Incluya sus cantos de saltar durante este segundo *Tiempo de alabanza*. En ocasión se puede enseñar cantos nuevos y se puede incorporar instrumentos de ritmo para ofrecer nuevas experiencias en la alabanza

9. **Aplicación a la vida (10 minutos)**

   El próximo período debe usarse para presentar la verdad bíblica como aplicación a la vida. Pida a su mejor narrador de historia que presente una historia de aplicación a la vida de la actualidad, o tenga una función de títeres que refuerce la verdad bíblica, o use una lección práctica.

10. **Repaso o descanso (10 minutos)**

    Siga con un *Tiempo para repasar* o para descansar; esto puede ser repaso del versículo para memorizar o simulación bíblica usando a los niños para representar a los personajes bíblicos de la historia de hoy. Con los niños de dos o tres años de edad podría ofrecer un *Tiempo para descansar* durante el cual se les pide a los niños que se acuesten y descansen mientras se llevan a grupos pequeños de niños al servicio (baño) y se les pide que se laven las manos en preparación para irse a casa.

11. **Concluir (10 minutos)**

    Pasen los últimos minutos entregando papeles, recogiendo proyectos de arte, abrigos y pertenencias. Los niños deben ser despedidos cuando lleguen los padres a llevarlos a casa. Tenga en mente algunas actividades que podría hacer en caso de que se extienda el culto de los adultos. Tenga disponibles bolsitas llenas de granos o burbujas o una campana (o recursos de su elección) para hacer divertida la espera. Lance una bolsita llena de granos a un niño para escogerlo para que recite el versículo para memorizar, o dé una a cada niño para que se la coloque sobre la cabeza y que camine lentamente alrededor del círculo. Sople burbujas y deje que los niños las revienten. O, si necesita llenar mucho tiempo tengan un juego como el del siguiente ejemplo. Un niño se sienta en medio del círculo, los ojos vendados, con una campana detrás de la espalda. Sin hablar, la maestra escoge a alguien que camine en silencio hacia el niño y que tome la campana. Este niño vuelve a su lugar en el círculo y pone la campana en el suelo detrás de él. En este punto, quite la venda de los ojos del niño que está en el medio del círculo y vean si puede adivinar quién tomó la campana. Este es un buen juego para ayudar a que los niños aprendan control de sí mismos y puede continuar a medida que los niños van saliendo al llegar los padres.

El horario anterior se ofrece sólo como un ejemplo, no como una prescripción para usar centros de aprendizaje. Debe ser claro que el "juego libre" no es parte del aprendizaje práctico, sino que es "juego con un propósito" dirigido por maestros que están dedicados a enseñar conceptos bíblicos específicos e historias bíblicas a los niños de la manera en que éstos aprenden mejor. Con la ayuda del Espíritu Santo el personal ministrará a la necesidades físicas, emocionales, sociales, intelectuales, y espirituales de cada niño en el nombre de Jesucristo.

III. MANUALIDADES

A. *Definición*

Las manualidades son actividades de arte que el maestro de educación cristiana usa para involucrar a los niños en producir un recordatorio para llevar a casa de la verdad bíblica, de la historia bíblica, o del versículo para memorizar que se presentó durante la sesión de clase. La manualidad por lo regular está diseñada para involucrar a los niños en una o más actividades prácticas como recortar, pegar, pintar, escribir en letra de molde, o colorear. Porque los niños están activos cuando están haciendo manualidades, este tiempo es útil para ministrar al aprendiz cinestético que necesita tocar y moverse durante el proceso de aprendizaje. Las manualidades también son muy eficaces para ayudar al aprendiz visual recordar la verdad bíblica.

1. **Recursos**

   Las manualidades pueden ser creativamente diseñadas por el maestro, o muy bien podría encontrar ideas en libros de manualidades o en revistas de educación cristiana que coordinen con los objetivos bíblicos para aprender. Los currículos de educación cristiana para niños de primaria y para jóvenes con frecuencia contienen ideas para manualidades. Los maestros por lo regular están limitados por los recursos que hay disponibles más que por una falta de ideas.

2. **Tiempo**

   Antes de la clase el maestro debe decidir cuánto tiempo durante la sesión de clase va a dedicar a hacer la manualidad. Esto determinará cuánto del trabajo será necesario hacer fuera de clase y cuánto tiempo será necesario para que los alumnos terminen la manualidad en clase. Al hacer un modelo de la manualidad, el maestro tendrá una idea realística de la cantidad de tiempo necesario para la actividad. Esto también hará aparente si la manualidad es apropiada para la edad de los alumnos. En algunas clases el maestro tendrá que hacer todas las partes y traerlas al aula para que los niños las junten. Por lo regular se les muestra a los niños un modelo de la manualidad terminada y luego se les pide que hagan algo similar usando los útiles disponibles. Entre más tiempo se aparte para las manualidades más trabajo podrán hacer los alumnos. También será necesario cierto tiempo para organizar a los niños en las mesas, para explicar la manualidad, para entregar materiales, y para limpiar después de hacer la manualidad. Mientras los niños trabajan con las manos los maestros tienen la oportunidad de reforzar las verdades bíblicas y su aplicación a la vida de los niños.

3. **Combinar manualidades con otras actividades**

   Debido a que el interés y las capacidades de los alumnos varían respecto a las manualidades, se aconseja tener otra actividad para los que terminan pronto. Libros para leer o un acróstico son buenos extendedores para el tiempo de la manualidad. Tenga una actividad que no sea artística y que involucre otras habilidades o intereses. Esto dará más tiempo a los que se deleitan con la manualidad para que la terminen a su satisfacción sin tener que apresurarse, pero también involucrar a los han terminado su manualidad en una actividad adicional relacionada con la lección. Es una buena técnica didáctica decir a los alumnos antes de comenzar cuánto tiempo se ha apartado para esta actvidad y luego avisarles cada 5 minutos cuántos minutos les quedan para la manualidad.

4. **Limpieza**

   Se debe tener cuidado de proteger la ropa de los niños si la actividad tiene que ver con procesos que pudieran ensuciar. Las camisas viejas con lo de atrás para adelante dan buen resultado si no se usa mucho líquido, como pintura, o si los niños están de pie durante la actividad. Si es necesaria una cubierta a prueba de agua se deben tener batas cortas de vinilo o de plástico. Se pueden usar bolsas plásticas de tamaño grande como batas cortas desechables al cortar dos pulgadas alrededor de la apertura de la bolsa para obtener un cinto y hacer rajaduras para la cabeza y los brazos al lado cerrado.

   Evite tener que limpiar por largo tiempo al proteger las mesas en las actividades que pudieran ensuciar mucho. Cúbralas con papel periódico o con vinilo o tenga mantelitos de vinilo individuales para el trabajo de cada niño. Si el aula no tiene un lavabo, tenga un balde de agua tibia jabonosa para lavarse las manos y para lavar las superficies lavables.

5. **Ánimo**

   Anime a los niños a medida que trabajan, especialmente en la manera en que están trabajando, por ejemplo: "Me gusta como Amanda atrapa las gotas en la orilla del bote de pintura y cómo mantiene la mesa limpia". Otros niños oirán su comentario y ajustarán su comportamiento. Evite hacer comentarios negativos sobre el trabjo del niño y protejálo de los comentarios de los otros niños, como: "Miguel no está garabateando; está haciendo un diseño. Tú estás haciendo un diseño con figuras de palitos. Cuando tú tenías dos años tú también hacías diseños ondulados". Cerciórese de que los niños sepan que no hay maneras correctas o incorrectas de hacer las actividades y que su modelo sirve sólo como una manera de hacer la actividad.

B. Muestras de manualidades

A continuación hay ejemplos de manualidades que sirven como recordatorios para llevar a casa de una verdad bíblica, de una historia bíblica, o de un versículo para memorizar:

1. **Verdad bíblica**

    Debemos reunirnos (en la iglesia) para adorar a Dios.

    - Tipo de manualidad: un calco de crayones
    - Edad: niños de tres a cuatro años de edad
    - Materiales:
        ✓ cartulina
        ✓ pegamento
        ✓ crayones
        ✓ papel blanco
        ✓ cinta adhesiva

Antes de la clase

Recorte dos rectángulos de cartulina del mismo tamaño del papel blanco. De un rectángulo recorte una figura sencilla de una iglesia, de un niño y de una niña. Pegue las figuras en el otro rectángulo de cartulina. Si la manualidad se ha de hacer en un centro de aprendizaje sólo se necesitará un patrón; si no, tenga un patrón para cada mesa o para cada cinco niños.

Durante la clase

Con la cinta adhesiva fije el patrón a la mesa. Invite a un niño (o a un grupo pequeño de niños) a participar en la actividad. Tome una hoja de papel y cubra el patrón. Fije el papel con cinta adhesiva en las cuatro esquinas. Escoja un crayón al que se le haya quitado todo el papel. Frótelo por todo el papel para revelar parte del patrón que está debajo. Cambie colores y sigua frotando. Cuando aparezca el patrón entero quite el papel del patrón e invite al niño a que haga la actividad. Cuando haya terminado, escriba una capción sobre el calco: "¡Me encanta ir a la iglesia!" Ayude al niño a escribir la capción en su papel también.

2. **Historia bíblica**

    Lucas 8:5-8, 11-15 La parábola del sembrador

    - Edad: niños de 4 – 10 años de edad
    - Materiales:
        ✓ vasos desechables pequeños o cartoncitos de leche vacíos y limpios
        ✓ semillas de frijoles (habichuelas)
        ✓ tierra para sembrar
        ✓ marcador

Antes de la clase

Una o dos semanas antes de la sesión de clase siembre dos frijoles en un vaso. Escriba su nombre en el vaso, riegue las semillas, y colóquelas en un lugar soleado para que crezcan. Revise con frecuencia para ver si sus plantas necesitan agua. Tráigalas a clase el día asignado.

Durante la clase

Cubra la mesa con papel periódico o con vinilo. Dé a cada niño un vaso o cartoncito de leche que se ha recortado a un tamaño manejable. Decórelos y escriba el nombre de cada niño en su vaso. Deje que los niños lo llenen con tierra para sembrar dejando media pulgada sin llenar. Pídales que hagan dos hoyos en la tierra metiendo el dedo hasta el primer nudillo. Deles dos frijoles a cada uno para que los entierren en los hoyos. Los niños deben aplastar suavemente la tierra para tapar los frijoles y regarla con dos cucharadas de agua. Repase el significado de la parábola mientras los niños trabajan. Ore con los niños que la Palabra de Dios dé fruto en la vida de ellos.

3. **Versículo para memorizar**

    "Como yo os he amado, que también os améis unos a otros." Juan 13:34

    - Edad: niños de 8-12 años de edad
    - Materiales:
        ✓ cuchillos con filo, uno para cada niño
        ✓ papas (patatas), una para cada niño
        ✓ pintura roja a base de agua
        ✓ esponja
        ✓ bandeja pequeña
        ✓ papel blanco
        ✓ lápices o marcadores

Antes de la clase

Haga una muestra de la actividad para que sirva como modelo a los niños. Ajuste el horario de clase para que la manualidad tenga tiempo de secarse antes de la hora de ir a casa.

Durante la clase

Cubra la mesa con papel o vinilo. Los niños deben copiar el versículo para memorizar y la cita bíblica en su papel. Pídales que piensen en las personas a las que se les hace difícil amar, como también en sus mejores amigos. Deben escribir en su papel los nombres de las personas a las que saben que deben amar y luego deben poner a un lado el papel. Muestre cómo cortar la punta de la papa y cómo dibujar un corazón con el cuchillo afilado. (Si desea puede traer a la clase las estampas de corazón de papa ya cortadas.) Ponga la esponja en la bandeja y derrame una pequeña cantidad de pintura sobre la esponja. Presione un corazón de papa sobre la esponja y haga una impresión en el papel. Deje que los niños hagan estampas de corazón de papa y que decoren su página del versículo para memorizar. Mientras trabajan hable de las palabras de Jesús y de la importancia de obedecer su mandamiento.

C. Recetas

1. **Arcilla para jugar**

    Echar en una cacerola grande:

    2 tazas de harina

    1 taza de sal

    4 cucharaditas de crema tártara

    2 tazas de agua

    2 cucharadas de aceite vegetal

    1 paquete de Kool Aid sin azúcar

    (Si no hay Kool Aid disponible, añadir media cucharadita de color para alimentos y media cucharadita de aceite de gaulteria.)

    Cocinar la mezcla a fuego bajo o mediano, revolviendo constantemente hasta que se forme una bola y hasta que no esté pegajoso. Guardar en un recipiente herméticamente cerrado. (Nota: esta arcilla no se endurece y no se presta para hacer adornos de Navidad. Es útil como una arcilla creativa y para usarla una y otra vez para hacer representaciones de objetos conocidos.)

2. **Pegamento de masa**

    ¾ taza de harina, y un poco más para la superficie donde se trabajará

    ¼ taza de pegamento blanco

    ¼ taza de champú barato

    Mezclar todos los ingredientes y amasar como masa para pan. Guardar en un recipiente herméticamente cerrado hasta el momento de clase. Estirar a un grosor de ¼ pulgada, recortar en formas, y colocar sobre papel encerado para secar. Esta masa se endurece en pocos días y no se parte fácilmente. Puede pintarse o decorarse después de secar.

3. **Pasta de almidón**

    Echar en una cacerola mediana:

    2 cucharadas de almidón de maíz

    Añadir suficiente agua fría para hacer una pasta suave. Añadir agua hirviendo hasta que la mezcla se vuelva clara. Cocinar hasta que espese. Quitar del fuego. Se espesará a medida que se enfríe y puede hacerse más rala con agua fría. Guardar en un recipiente herméticamente cerrado. Usar dentro de tres semanas si la mezcla no se puede refrigerar.

4. **Pasta de papel para pared**

    1 taza de pasta de papel para pared

    agua

    aceite de gaulteria

    Mezclar la pasta y el agua hasta obtener la deseada consistencia. Añadir unas cuantas gotas de aceite de gaulteria para evitar que la pasta se agrie.

5. **Pasta para el aula**

    Echar en una cacerola mediana:

    1 taza de harina

    1 taza de azúcar

    1 taza de agua fría

    4 tazas de agua hirviendo

    1 cucharada de alumbre en polvo

    cucharadita de aceite de gaulteria (opcional)

    Mezclar la harina y el azúcar. Lentamente añadir el agua fría para formar una pasta. Lentamente añadir el agua hirviendo batiendo vigorosamente para evitar que se formen grumos. Llevar la mezcla a ebullición, batiendo constantemente, hasta que esté espesa y clara. Quitar del fuego y añadir el alumbre. Revolver hasta que esté bien mezclada. Añadir el aceite de gaulteria si la pasta no se va a usar dentro de pocos días. (Nota: La pasta se cuaja al enfriarse y se obtienen 1 ½ cuartos. Da buen resultado como pasta para proyectos de papel maché y como una pasta multipropósito. Guardar en un recipiente herméticamente cerrado.)

6. **Pintura de leche en polvo**

Para ¾ taza de pintura:

½ taza de leche en polvo sin grasa

½ taza de agua

pintura en polvo

Mezclar la leche con el agua, y revuelva hasta que se disuelva. Añadir el pigmento seco a la leche o mezclar una pequeña cantidad de la leche con el pigmento de pintura en una paleta pequeña. Esta pintura se seca rápidamente y forma un acabado opaco brillante. Se adhiere bien al papel y no se descantilla como la mayoría de las pinturas para carteles. Guardarla en botes herméticamente cerrados en el refrigerador.

7. **Pintura al temple**

5 cucharadas de temple

5 cucharadas de agua

almidón líquido o detergente líquido

Mezclar el temple con el agua. Añadir el almidón o detergente líquido a la pintura para hacerla cremosa y más fácil de limpiar.

8. **Palitos de carbón**

Recoger palos. Quitar las ramitas de los palos y luego cortar los palos al tamaño deseado, aproximadamente 8 pulgadas de largo. Quemar una punta de cada uno de los palos. Meter en agua para apagar el fuego. Dejar secar. Incluir los palos en el centro de arte para dibujar. Volver a quemar los palos cuando todas las superficies chamuscadas se hayan gastado.

9. **Tiza**

2 cucharadas de temple en polvo

½ taza de agua

un vaso de papel pequeño

3 cucharadas de yeso blanco

una cuchara plástica o palito de chupete

Mezclar la pintura y el agua en el vaso. Lentamente añadir el yeso blanco, revolviendo con la cuchara o con un palo hasta que la mezcla esté cremosa. Poner a un lado el vaso y dejar que la mezcla se endurezca. Cuando la mezcla se endurezca pele el vaso para revelar un palo grande de tiza para usar adentro o afuera. (Nota: para evitar que la tiza se desprenda del papel fácilmente y se pegue a la ropa del niño, tenga un vaso pequeño con agua en la que ha disuelto una cucharada de azúcar. El niño debe sumergir la punta de la tiza en el agua antes de marcar su papel. Cuando el dibujo de tiza se seque, no se manchará ni se desprenderá fácilmente del dibujo.)

10. **Tinte para sellos de goma**

tinte en polvo para ropa, cualquier color

¼ cucharadita de alcohol

5 cucharadas de glicerina

Mezclar el tinte con el alcohol hasta lograr una consistencia de crema suave, fina. Añadir la glicerina. Revolver hasta que esté mezclado. Derramar sobre el sello de goma o sobre una esponja de grano fino recortada para que quepa en una caja plástica pequeña. Cuando no se use mantener herméticamente cerrada. Esta tinta es a prueba de agua. Cuando se use con los niños, se debe tener cuidado de proteger la ropa y las superficies del aula.

11. **Burbujas de jabón**

2 tazas de agua

2 onzas de glicerina

2 cucharadas de detergente para máquinas lavaplatos

Mix the ingredients. To make simple bubble pipes turn Styrofoam cups upside down and insert a straw one inch from the bottom of the cup. Dip the rim of the cup in the bubble solution—do not turn the cup right-side up, but leave in the up-side down position so the bubble solution will not get in your eyes if the bubble pops. Blow through the straw. The pipe will make very large bubbles!

IV. JUEGOS

A. *Propósito de los juegos*

Los juegos ofrecen experiencias prácticas que hacen divertido aprender en la iglesia. Algunos juegos aumentan el conocimiento, desarrollan vocabulario, y estimulan a pensar con creatividad. Se pueden usar juegos para generar interés, ofrecer ejercicio, fomentar la coodinación entre los ojos y las manos, ayudar a que los niños se relajen, y promover tomar turnos y hacer amigos. En la educación cristiana los juegos se pueden usar para repasar, para presentar nueva información, o para reforzar conceptos bíblicos.

Es mejor evitar los juegos competitivos en los que se lleva la cuenta de los puntos y se gana, que es algo que puede aumentar los sentimientos de inseguridad en los alumnos. Las técnicas de aprendizaje en cooperación que hacen al grupo de niños responsable de dar una respuesta del grupo son buenos para elevar los niveles de conocimiento de todos los alumnos y tienen congruencia con la misión de la iglesia. Enseñe a los niños cómo ser bondadosos unos con otros y a animarse mutuamente. Nunca ignore las "humillaciones" ni las expresiones degradantes; pare el juego, pida disculpa en nombre del ofensor a la persona a la que se dirigieron las palabras dañinas y suavemente recuerde a todos los niños que el amor es bondadoso, y que las palabras hirientes no son apropiadas. Si el niño sigue degradando a los demás, sin mucho alarde sáquelo del juego y ayúdele a recuperar control.

B. Reglas generales para escoger juegos

1. El juego debe tener un objetivo claro, como llevar la bola más allá de la línea final, o adivinar la clave.
2. Las reglas deben ser claras. Los niños deben entender qué es lo que se espera y cuándo hacerlo.
3. El juego debe mantener a los niños interesados hasta que termine pero no debe ser tan estimulante que usted pierda control del grupo.
4. El juego debe dar a todos un sentido de participación.
5. Debe haber suficientes niños para jugar. Si el grupo es grande divídalo y tenga varios juegos al mismo tiempo, cada uno con un líder adulto asignado.
6. Elija juegos para los que tiene todo el equipo necesario.
7. Elija juegos que se presten para la cantidad de espacio disponible.
8. Elija juegos que se presten para el espacio disponible. Los juegos al aire libre generalmente no se prestan para el espacio interior y pueden resultar en daño o destrucción de propiedad.
9. Tenga listo un botiquín de primeros auxilios para tratar los daños menores que pudieran ocurrir durante los juegos activos. Tenga un plan para tratar los daños mayores y ofrezca clases básicas de primeros auxilios a los maestros adultos, a obreros, y a ayudantes.
10. Considere el nivel de actividad del juego y cuánto ruido se generará al jugarlo.
11. ¡Nunca remplace una historia bíblica con un juego!

C. Mantener archivos de los juegos nuevos

Haga un archivo de tarjetas de los juegos para el aula. Escriba en las tarjetas las maneras en que los juegos se pueden adaptar a medida que descubre nuevas variaciones o que trata nuevas maneras que los niños sugieran. Mantenga el equipo para los juegos favoritos en un lugar acequible al aula. Los juegos son un medio excelente de extender el tiempo de la clase cuando los cultos para adultos duran más de lo común y pueden ayudar a los obreros a involucrar a los niños en actividades didácticas positivas hasta que el último niño se haya ido.

Esté alerta a los juegos nuevos mientras observa jugar a los niños. Pregúnteles cómo se juegan y cuáles son las reglas. Adáptelos para crear nuevos juegos para aprender la Biblia, si es posible. Esté alerta a los juegos que se encuentran en las revistas profesionales para maestros y revistas sobre acampar. Repase los juegos que se explican al final de este capítulo.

D. Adaptar juegos tradicionales

Se puede enlistar a los niños mayores que conocen las historias bíblicas y la investigación bíblica para desarrollar juegos. Intercambie ideas con ellos y luego deles los recursos para desarrollar materiales. Ellos tienen la capacidad de investigar las preguntas que se harán en los juegos como Baloncesto de la Biblia, en el que los alumnos que juegan en equipos opuestos avanzan a bases al contestar preguntas sobre la Biblia. Las preguntas más difíciles podrían tener valor doble, triple, y de jonrón. Las respuestas incorrectas son outs. Algunos alumnos podrían tener la capacidad de diseñar juegos de mesa según los juegos fabricados populares, como Monopolio. Finalmente, enliste la ayuda de los niños para desarrollar juegos que tienen que ver con opiniones, sentimientos, y experiencias que no tienen respuestas correctas ni incorrectas. Estos juegos pueden ayudar a los maestros a medir desarrollo espiritual y las respuestas de los alumnos sobre la aplicación a la vida de los conceptos que se les enseña.

E. Tipos de juegos

Si se planea una serie de juegos es mejor comenzar con un juego moderadamente activo, no amenazante, para todo el grupo. Esta clase de juego es controlado por un maestro y no exige de toque físico. Luego pase a un juego altamente activo estructurado en grupos pequeños. Luego escoja un juego quieto. Finalmente, escoja juegos que involucran interacción o toque físico, v.g. tomarse de las manos. La mayoría de los niños de primaria se negarían a cooperar si usted les pide que se tomen de la mano al principio de la serie de juegos.

1. **Juegos en grupo**

   Los juegos en grupo son los que involucran al grupo entero de niños, a veces comenzando con grupos pequeños y acabando con el grupo entero. Con frecuencia se usan como rompehielo, para ayudar a los niños a conocerse y conocer al personal. También se pueden usar para presentar una historia bíblica o para repaso.

   Ejemplo: Pato, pato, ganso

   Los niños de sientan en un círculo. Enséñeles cómo se juega. Primero usted debe ser el que "la lleva". Camine alrededor del círculo, tocando ligeramente la cabeza de cada niño y diciendo: "Pato, pato, pato, pato", hasta que llegue al niño que desea escoger. Al tocarle la cabeza diga: "¡Ganso!" Dígale que corra detrás de usted y que trate de volver a su puesto en el círculo antes que usted. Si usted llega al puesto primero, siéntese y él será el que "la lleva". Anime a los niños a ser "buenos prójimos" y que escojan a los que no han sido escogidos todavía. Espere ser escogido muchas veces porque ellos quieren verlo a usted, su maestro, seguirlos a ellos, ¡especialmente si usted se ve chistoso al correr! Eso está bien, no obstante, porque usted será el que "la lleva" con frecuencia y así tendrá la oportunidad de escoger a los que no han sido escogidos antes.

2. **Juegos en equipo**

   Los juegos en equipo son los que dividen a los niños en grupos más pequeños y utilizan estrategias competitivas o no competitivas para dar emoción y un espíritu de equipo. El tamaño de los equipos puede variar desde dos niños hasta la clase entera dividida en dos equipos. Los equipos pueden usar técnicas didácticas cooperativas que animan al equipo a dar "su respuesta" antes que probar el conocimiento de un solo niño y arriesgar que sus compañeros lo rechacen si contesta erróneamente.

   Ejemplo: Veinte preguntas

   Antes de la clase escriba en tiras de papel que se puedan doblar los nombres de personajes, lugares, y sucesos bíblicos. Ponga las tiras de papel en una canasta o jarro. Tenga pizarra y tiza para escribir los puntos.

   Durante la clase divida a los niños en dos o más equipos. Explique cómo jugarán: En estas tiras de papel están escritos los nombres de personajes, lugares o sucesos bíblicos. Saquen una tira de papel. Cuando se menciona su equipo pueden hacerme una sola pregunta. Me pueden preguntar si es una persona, un lugar o un suceso. La persona que tiene la respuesta sólo puede contestar una pregunta a la vez con un "sí" o con un "no". Cada equipo debe consultar y decidir qué pregunta hacer y designar a una persona para que haga la pregunta por el equipo. Su equipo puede hacer una pregunta o puede tratar de adivinar el nombre de la persona, lugar o suceso. Las respuestas erróneas se contarán como una pregunta. Solamente se pueden hacer veinte preguntas. Si ninguno de los equipos adivina la respuesta correcta, la persona que sacó el papel recibirá un punto. Pero, si un equipo adivina lo que está escrito en el papel, ese equipo recibirá un punto. (Nota: Si veinte preguntas son muchas, puede cambiar el juego a "Diez preguntas".)

3. **Juegos de emparejar**

   En los juegos de emparejar los niños deben emparejar ilustraciones y mantener en la memoria los lugares donde se encuentran las tarjetas hasta que les llegue su turno.

   Ejemplo: Juego de memoria o concentración

   Haga dos barajas que contengan ilustraciones iguales de escenas de historias bíblicas o de objetos que se relacionan con las historias. Las pequeñas ilustraciones de los papeles para llevar a casa contienen excelentes ilustraciones. La parte de atrás de las tarjetas debe ser idéntica en todas. Lamine las tarjetas para que las ilustraciones permanezcan pegadas, para poder revolverlas, y para que duren. Ponga todas las tarjetas boca abajo. Invite a un niño que levante una tarjeta, luego otra, y vea si emparejan. Si no emparejan, se deben devolver a su lugar original. El segundo niño escoge una tarjeta; si su tarjeta empareja con cualquiera de las primeras dos tarjetas, él debe tratar de recordar dónde está la tarjeta que empareja y debe escogerla. Si la escoge correctamente "se queda" con el par y trata de conseguir otro par. Su turno se acaba tan pronto como toma una tarjeta que no empareja. La persona con más pares es la que gana. (Nota: Designe a los ganadores como "primer ganador", "segundo ganador", etc.)

4. **Juegos de tiro al blanco**

   Los juegos de tiro al blanco por lo regular invitan a los niños a lanzar un objeto sobre, en o a través de un blanco para recibir puntos. Sin embargo, podrían ser más sútiles como el ejemplo siguiente.

   Ejemplo: Pegar la cola al león

   (Use la historia bíblica de Daniel en el foso de los leones.)

   Haga un dibujo grande de un león. Decórelo con crayones, marcadores de acuarela o pinturas. No recorte el león; el niño sabrá dónde pegar la cola tocando la forma del león. Recorte suficientes colas de león para que cada niño tenga una. (Las colas deben ser lo suficientemente grandes para poder escribir en ellas el nombre de los niños.)

   Fije el león en la pared a una altura apropiada para la estatura de los niños que participan en el juego. Dé a cada niño una cola de león y dígales que escriban su nombre en ella. Uno por uno invítelos a jugar. Ponga un pedazo redondo de cinta adhesiva en la parte de atrás de la cola del león (que el niño la sostenga de modo que el nombre le quede al frente y la cinta quede frente al león), véndele los ojos al niño, dele tres vueltas y diríjalo hacia el león. (El niño podría poner la otra mano detrás de la espalda.) Al final del juego dé a todos galletas en formas de animales.

5. **Juegos de detectives**

   Los juegos de detectives exigen que los jugadores resuelvan un problema al analizar huellas o al seguir pistas para poder encontrar algo que ha sido escondido.

   Ejemplo: Caliente o frío

   (Úselo junto con la parábola de la moneda perdida.)

   Antes de la hora de clase: Consiga o haga tres monedas para ilustrar su historia. Puede recortar círculos de cartón y cubrirlos con papel de aluminio, duplicar patrones de monedas en papel gris, o usar monedas de verdad. Esconda una moneda en el aula de modo que quede visible.

   Durante la hora de clase: Cuente la historia de la moneda perdida. Cuente sus monedas. Explique que le falta una. Diga a los niños que está a plena vista, que no tendrán que usar nada más que los ojos para encontrarla. Invítelos a comenzar a caminar lentamente por el aula y que la busquen. Indique por nombre si están "fríos" (no cerca), "tibios" *(cerca)*, "calientes" (muy cerca) o "quemándose" *(muy, muy cerca)* de la moneda. Cuando hayan encontrado la moneda, celebre, dé vivas o exprese gozo por haberla encontrado. Si quieren jugar otra vez lleve a los niños a un lugar donde no puedan ver dónde se esconde la moneda y vuelva a esconderla.

6. **Juegos de actividad**

   Los juegos que exigen de capacidad física se concentran en una habilidad física como fuerza, destreza o velocidad para ganarlos. Pueden ser deportes conocidos, como baloncesto, béisbol, hockey o juegos de relevo.

   Ejemplo: Relevo de marshmallows (alteas)

   (Se puede usar con la ascensión/segunda venida de Cristo.)

   Materiales: cinta adhesiva, dos tazones vacíos, dos tazones de marshmallows (los dos con el mismo número de éstos) y dos tenacillas. Comience haciendo una línea que designe el lugar detrás del que se deben parar los niños mientras esperan su turno. Divida a la clase en dos equipos con una distribución lo más igual posible de habilidad y número de niños, v.g., de 6, 8, 10 años de edad en el primer equipo; y de 7, 9, 11 años de edad en segundo equipo. Para preparar el lugar del juego ponga los dos tazones vacíos en una mesa frente a las líneas de partida a 20 pies de distancia de los dos tazones que contienen los marshmallows. Para jugar, los dos equipos deben formar una cola detrás de las líneas de partida. Cuando usted diga "Ya" la primera persona de cada equipo toma las tenacillas y las usa para tomar un marshmallow y luego corre hacia los tazones vacíos. Si el jugador deja caer un marshmallow debe detenerse y recogerlo con las tenacillas – no con los dedos – y seguir hacia el tazón vacío. El equipo que pasa todos los marshmallows al tazón vacío primero es el que "gana". (Después del juego los niños deben descansar y hablar de cuán emocionados nos sentiremos todos al ver a Jesús cuando vuelva otra vez en las nubes. ¡Más emocionados de lo que estábamos hoy al pasar los marshmallows de un tazón a otro!

7. **Juegos de memorización**

   Los juegos en los que se debe memorizar información son los que se concentran en la capacidad de memorizar por corto o largo tiempo para ganar el juego. Pueden enfocarse en datos de la Biblia o en algo tan sencillo como los nombres de los niños.

   Ejemplo: ¿Quién falta?

   (Este juego da mejor resultado con diez o más niños que saben los nombres de cada uno.)

   Los niños se sientan en el suelo formando un círculo. Elija a un niño para que "la lleve". Véndele los ojos. Señale a otro niño para que se esconda en un lugar designado, como detrás de la puerta del aula. Cuando el niño esté escondido, pida al que "la lleva" que se quite la venda de los ojos. Diga: "¡Adivina quién falta!" Cuando el niño haya adivinado, escoja a otro niño para que "la lleve" y comience el juego otra vez. Ayude indirectamente al niño si se le hace difícil adivinar. (Nota: los niños mayores se deleitarán con el desafío de que los niños que permanecen en el círculo cambien de lugar para que no sea tan obvio quién falta por el lugar que queda vacío.)

8. **Juegos de aplicación a la vida**

   Los juegos que fomentan la expresión de opiniones o de sentimientos son juegos que piden una respuesta sincera. Los niños mayores se deleitan con las preguntas de estilo de ética de situación como: "¿Qué harías si vieras a un alumno copiándose de tu examen?" o "¿Qué harías si tus padres dejaran de permitirte venir a la iglesia?" A los niños más pequeños simplemente se les podría pedir una expresión de alabanza como en el siguiente juego.

   Ejemplo: Gracias, Dios, por…

   Los niños deben pararse formando un círculo. Anuncie que este es un juego de "Gracias, Dios". Cuando señale a cada persona ésta debe decirle algo por lo que está agradecido que su cuerpo puede hacer. Comience la actividad diciendo: "Gracias, Dios, por las manos que aplaudan. Uno-dos-tres-cuatro-cinco". (Aplauda mientras cuenta.) "Gracias, Dios, por los pies que saltan. Uno-dos-tres-cuatro-cinco". (Salte mientras cuenta.) Señale al primer niño que va a comenzar. Si el primer niño tiene dificultad, usted puede comenzar un movimiento que él pueda copiar mientras usted le ayuda a decir la alabanza de "gracias". Siga con la actividad y siga contando con otras sugerencias como: rodillas que se doblan, dedos que se mueven, ojos que parpadean, pies que marchan, cintura que se dobla, pies que patinan, caras que sonríen, manos que sacuden, dedos de los pies que se empinan, etc.

9. **Juegos de pruebas**

   Los juegos de pruebas sobre la Biblia son los que repasan el conocimiento de la Biblia. También se pueden usar para repasar preguntas que se encuentran en tarjetas de pruebas como las de los Guardianes del Tesoro.

   Ejemplo: Prueba de la Biblia de ta, te, ti

   Materiales: libros de preguntas, tiza, borrador, y pizarra. Para jugar, divida al grupo en dos equipos, las "X" y las "O". Dibuje en la pizarra una cuadrícula. Alternen entre los dos equipos, dando a cada uno la oportunidad de contestar una pregunta. Si la contestan correctamente, el equipo puede poner una X o una O en el cuadro que deseen en la cuadrícula. Se determina quién gana de la misma manera que el que gana en ta, te, ti.

F. Juegos apropiados para niños pequeños

1. **¿Adivina quién?**

   Siéntense en un círculo en el suelo. Dé las siguientes instrucciones: "Oigan bien lo que yo digo. Usen los ojos para buscar a la persona de la que estoy hablando. Si crees que eres tú, ponte de pie." Comience el juego describiendo a alguien. Por ejemplo: "Estoy pensando en una persona que Dios hizo y que hoy lleva puestos pantalones vaqueros y camisa verde, y que tiene pelo rizo color café. Esta persona debe ponerse de pie." Siga con el juego hasta incluir a todos los niños. Si su grupo es pequeño, después de dar descripciones de la apariencia física, haga más personales sus descripciones, como: "Estoy pensando en una persona que Dios hizo cuya mamá se llama María y cuyo papá se llama Andrés. Esta persona debe ponerse de pie"

2. **Juego de mandato**

   Los niños se sientan en un círculo. Dígales que va a llamar a cada uno por su nombre y que les va a pedir que hagan algo. Anímelos a que pongan atención, ya que usted les va a decir solamente una vez lo que van a hacer. Comience el juego; v.g. "Mateo (él debe mirarlo a usted), por favor tráeme dos bloques". Mateo debe salir del círculo y obedecer el mandato. Cuando regrese diga: "Veamos lo que has traído. Uno, dos bloques. ¡Muy bien!" Todos deben aplaudirle por su triunfo. *(Nota: Cerciórese de escoger a todos y de que los mandatos estén dentro de la capacidad de los niños.)*

3. **Te ruedo la bola**

    Los niños se sientan en el suelo formando un círculo con los pies separados. Deben tocar los pies de los niños que están a su lado para que la bola esté "cercada". Comience la actividad diciendo: "Dios nos ha dado los unos a los otros. Podemos aprender a llevarnos bien al compartir esta bola. Va a ser necesario que cada persona espere con paciencia hasta que la bola le llegue rodando. Comencemos. Yo le estoy rodando la bola a mi amiga Sara." Ruede la bola hacia Sara. Ahora diga a Sara que escoja a un amigo y que le ruede la bola a él. Sigan con el juego hasta que todos hayan tenido la oportunidad de rodar y de atraparla.

V. DRAMATIZACIÓN

A. *Representar un papel*

¿Cómo puede el maestro involucrar activamente a los niños en pensar sobre un elemento de la historia bíblica antes de pasar a la lección? ¿O cómo puede dirigirlos a hacer una aplicación del concepto bíblico a su vida cotidiana que recuerden una vez estén fuera de la iglesia? Una manera es por medio del uso eficaz de la representación dramática. Representar un papel es una forma de drama puesto en el tiempo presente que se desarrolla alrededor de un conflicto. El maestro describe el ambiente general y pide a alumnos específicos que respondan espontáneamente, como creen que responderían sus personajes en esa situación. Cuando expresan los sentimientos, el comportamiento y las palabras de las personas que se están caracterizando, los alumnos pueden ver y sentir el conflicto que hay en las relaciones humanas y pueden comprender por qué las personas reaccionan como lo hacen. Esto permite al maestro, dentro del ambiente de la iglesia, ayudar a los niños a ver cómo las enseñanzas de la Palabra de Dios se aplican a su vida cotidiana. Algunos ejemplos de posibles conflictos para dramatizar son: traicionar la confianza de un amigo que te ha contado un secreto, recibir a una persona nueva dentro de un grupo que ya ha desarrollado amistades íntimas y copiar las respuestas de la tarea (o deber) de otra persona.

Al igual que otras técnicas didácticas prácticas, hay pasos que se deben seguir para que la dramatización sea eficaz.

1. **Elegir una situación con conflicto**

    Escoja un conflicto pertinente a la edad de los alumnos, uno que les sea conocido a ellos o que hayan experimentado. Trate de escoger uno que les ayude a identificarse con los personajes de la historia bíblica que se presentará durante la clase.

2. **Asignar los papeles**

    El maestro podría pedir voluntarios para desempeñar el papel de cada personaje, o podría asignarlos a alumnos específicos. Al pedir voluntarios el maestro debe animar a algunos de los alumnos más callados a que participen y debe evitar escoger sólo a los más dispuestos. El maestro describe el conflicto de cada personaje, permitiendo que los demás escuchen. No se ofrece ningún guión. Cada personaje debe pensar sobre cómo se sentirá, cómo actuará, y lo que dirá a los otros personajes que participan en la presentación.

3. **Dramatizar el conflicto**

    El maestro comienza describiendo la primera escena y designa a una persona para que comience el diálogo. El maestro puede dar fin al drama tan pronto como se hayan establecido los sentimientos y las reacciones de cada uno de los actores. No siempre es necesario que los actores hayan resuelto el conflicto.

4. **Entrevistar a los actores por medio del diálogo abierto**

    Pida a los actores que expresen cómo se sintieron en las varias etapas del conflicto y que expliquen por qué respondieron como lo hicieron. Dirija a la clase a hablar sobre sus reacciones a las actitudes, acciones y palabras de los personajes. Hablen sobre soluciones alternativas para el conflicto.

5. **Hacer una aplicación**

    Relacione las reacciones de los alumnos a una verdad bíblica que se aplique a los objetivos para la sesión.

B. Simulación bíblica

Otra forma de dramatización espontánea que es bastante parecida a representar un papel es la simulación bíblica. A diferencia de la representación de un papel que se sitúa en el presente, la simulación bíblica se sitúa en el pasado. Los maestros pueden usar esta técnica práctica para que los niños comprendan los conflictos, los problemas y las experiencias transformadoras que se les presentaban a los personajes bíblicos miles de años atrás. Hasta los niños más pequeños se deleitan con esta actividad cuando hace uso de su tendencia natural a simular. Avíos y disfraces sencillos añaden emoción e interés a los actores y a los espectadores, pero no son necesarios para comunicar el mensaje. El maestro hasta podría mover a los actores y decir a cada uno lo que tiene que decir para que ellos repitan después del maestro si no conocen la historia bíblica que se está dramatizando. Los niños mayores con frecuencia podrán representar la situación hasta su conclusión sin ninguna dirección del maestro.

La simulación bíblica es eficaz como un puente para presentar un concepto bíblico y para repasar los sucesos en una historia bíblica. ¡Imagínese la eficacia de ayudar a los niñosa comprender la importancia de obedecer el primer mandamiento dirigiéndolos primero en representar la historia de Daniel en el foso de los leones! Aquí se podría usar simulación bíblica como puente para presentar un concepto bíblico. Cuando se usa después de la lección como una técnica de repaso, los niños deben representar la historia una y otra vez, cada vez con nuevos actores para que todos puedan recordar lo que sucedió después.

CONCLUSIÓN

Con las técnicas didácticas de aplicación práctica el alumno es un participante activo en el aula. Ya sea que escoja actividades en los centros didácticos, que haga manualidades, que participe en juegos, o que participe en representar un papel o en simulaciones bíblicas, el niño total toma parte en el proceso didáctico. La investigación pedagógica y la práctica han validado la eficacia de estas estrategias de enseñanza y aprendizaje.

Le toca al maestro emplear las técnicas o los métodos que mejor comuniquen al niño la información de la historia bíblica, no sólo a sus oídos, sino a su corazón, su alma y su mente. Conforme el maestro busca la ayuda del Espíritu Santo, Él obra para abrir la comprensión de los aprendices, revelando verdades espirituales, y obrando cambios duraderos en las tiernas vidas.

ACTIVIDADES DE APLICACIÓN

1. Escoja una historia bíblica favorita. Diseñe tres actividades para centros didácticos que se podrían usar para presentar o reforzar esta historia con niños de 3 y 4 años de edad.
2. Desarrollar tres historias bíblicas con una actividad de manualidad, un juego, y una representación que atraería a niños de 11 y 12 años de edad.
3. Haga un archivo de tarjetas de por lo menos 15 de sus juegos favoritos. Archívelos según tipo de juegos, usando tarjetas índice para dividir los varios tipos.
4. Repase las suposiciones básicas que se encuentran al comienzo del capítulo. Escoja una con la que usted está de acuerdo o que desafía su modo de pensar sobre la manera en que los niños aprenden y escriba una composición de investigación para apoyar o desafiar el punto de vista expresado por el escritor. Haga una lista de referencias.

BIBLIOGRAFÍA

Askew, Sandy. *A Handbook for Guiding the Preschool Child*. Springfield, MO: Gospel Publishing House, 1976.

Askew, Sandy y Glenda Hoyle. *Rainbow Manual for Leaders*, 48 Family Night Programs for 3's and 4's. Springfield, MO: Gospel Publishing House, 1979.

Beechick, Ruth. *Teaching Preschooler*. Denver, CO: Accent Books, 1979.

Pinkerton, Todd. *Breaking Communication Barriers with Roleplay*. Atlanta, GA: John Knox Press, 1976, p. 11.

Roehlkepartain, Jolen L. *Children's Ministry That Works*. Loveland, CO: Group Books, 1991, p. 71.

Sattler, Helen Roney. *Recipes for Art and Craft Materials*. New York: Lothrop, Lee & Shepard Company, 1973, p. 19, 105.

RECURSOS

Beechick, Ruth. Teaching Preschooler. Denver, CO: Accent Books, 1980.

Ellard, Sharon. Focus on Early Childhood, A

Handbook for Teachers. Springfield, MO: Gospel Publishing House, 1993.

Lay-Dopyera, Margaret & John Dopyera. Becoming a Teacher for Young Children, Fourth Edition. New York: McGraw-Hill Publishing Company, 1990.

Owens, Joanne. The Official Sunday School Teachers Handbook. Colorado Springs, CO: Meriwether Publishing, Ltd, 1987.

Shalaway, Linda. Learning to Teach…Not Just for Beginners. New York: Scholastic, Inc., 1989.

Capítulo 25 Transparencia 1

APRENDIZAJE PRÁCTICO

BOSQUEJO

- **Testimonio**
- **Objetivos**
- **I. Introducción: Hacer suposiciones básicas**
- **II. Centros didácticos**
  - A. Definición
  - B. Implementación de centros didácticos
  - C. Centros de aprendizaje para preescolares
  - D. Arreglo de los centros en el aula
  - E. Horario para usar los centros en un período de clase
- **III. Manualidades**
  - A. Definición
  - B. Muestras de manualidades
  - C. Recetas
- **IV. Juegos**
  - A. Propósito de los juejgos
  - B. Reglas generales para escoger juegos
  - C. Mantener archivos de juegos nuevos
  - D. Adaptar juegos tradicionales
  - E. Tipos de juegos
  - F. Juegos apropiados para niños pequeños
- **V. Dramatización**
  - A. Representar un papel
  - B. Simulación bíblica
- **Conclusión**
- **Actividades de aplicación**
- **Bibliografía**
- **Recursos**

Capítulo 26

TEMA: Payasos cristianos

ESCRITORA: Gloria Montúfar

IMPORTANCIA DEL TEMA

En la Década de la Cosecha todo cristiano fue desafiado a penetrar barreras y presentar a Cristo mediante el uso de métodos claros y atractivos. La Palabra de Dios describe los diversos métodos que Dios usaba para enseñar lecciones importantes. También nosotros podemos usar nuestra imaginación y nuestro sentido del buen humor para expresar el amor y el gozo de Jesús.

La Biblia dice: *"El corazón alegre hermosea el rostro"* (Proverbios 15:13). El payaso simboliza la alegría y puede atraer a la gente de todas las edades y niveles sociales. Los payasos cristianos puede alcanzar a todas las edades por la sencillez de su lenguaje. Hasta los niños pueden comprender de un modo agradable.

EJEMPLOS

Cuando el elenco artístico de "Lugar Secreto" se presentó en Guatemala, enseñó a más de cincuenta payasos, jóvenes y adultos.

Los niños instintivamente se sienten atraídos a los payasos. Por ejemplo, cuando se distribuyeron hojas sueltas por las calles principales de la Ciudad de Guatemala, miles se sintieron cautivados por la apariencia de los payasos y los anuncios. En el aereopuerto de la ciudad otros miles de niños esperaban la llegada de Bobo el payaso. Los payasos dieron la bienvenida y acomodaron a los niños para la presentación.

OBJETIVOS

1. El obrero verá el arte de los payasos como un medio excelente para evangelizar a los niños.

2. El obrero aprenderá cómo crear el personaje de un payaso para ministrar.

I. INTRODUCCIÓN

"¡Hermana Gloria, no vinieron los payasos para la presentación que hemos anunciado! ¿Podría usted ayudar?" Yo nunca había sido payaso. Casi no tuve tiempo para pensar si lo haría o no porque oí la voz de la directora: "Aquí está su traje y su maquillaje. Usted será el payaso desorganizado y desobediente, y yo le voy a hablar del amor de Jesús. Ah... y tiene que aplicarse el maquillaje de modo que no la puedan reconocer." Esa fue mi primera experiencia como payaso, ¡pero no fue la última! Descubrí que ser payaso es una bella manera de atraer la atención de la gente y presentarles a Cristo.

II. IMPORTANCIA DE LOS PAYASOS

Un grupo de hombres llegó a Morazán, cerca de la frontera de Guatemala, para trabajar en la campaña para niños. Se sorprendieron al ver que el programa no había sido anunciado. De hecho, sólo unos pocos niños asistieron. Los hombres decidieron vestirse de payasos y anunciar el programa por todo el pueblo. Un grupo de payasos conducía un automóvil anunciando la campaña. La gente salía corriendo de las casas, dejaban sus negocios y sus quehaceres para ver cuál era la causa de tanta conmoción. Todos decían: "¿Qué sucede? ¡Son payasos! ¡Vengan aquí para poderlos ver! Chsst...cállense, oigan lo que dicen... ¿Cuándo? ¿Dónde? ¿A qué hora? ¡Oigan!"

Esa noche, el pastor y toda la iglesia se sorprendieron al ver el gran número de niños y adultos que respondieron a la invitación de los payasos. Un payaso hace el ambiente emocionante con su disfraz de colores, su gracioso maquillaje, y sus expresiones exageradas.

A. Atraen multitudes

No importa la edad, el sexo, o el nivel social de un payaso. Donde hay payasos, ahí hay gente. Su presencia es como un grano de azúcar o una gota de miel que atrae a un grupo de hormigas.

El disfraz y el maquillaje del payaso atrae la atención de la gente. Los exagerados rasgos y expresiones despiertan el interés. Al ver a un payaso actuar, nadie puede permanecer sin expresión.

B. Derrumban barreras

El payaso casi siempre es bienvenido en los parques, las escuelas, y las instituciones sin lucro. Su disfraz le da la oportunidad de ir a casi cualquier lugar.

Un ministerio de payasos cristianos es útil para presentar el evangelio a personas de todas las edades. El payaso puede: 1) enseñar verdad bíblica; 2) dar ejemplos del buen comportamiento; 3) dramatizar la tristeza de vivir en pecado; y 4) expresar el gozo de vivir en Cristo Jesús. Aprovéchese de este ministerio eficaz para atraer a las personas que no conocen a Cristo y para enseñarles el evangelio.

III. PESONALIDAD Y MINISTERIO

La esposa de un pastor en la ciudad capital de Guatemala dio las gracias a un grupo de payasos que habían ministrado, con estas palabras: "Muchas gracias por la presentación del jueves. Que Dios los bendiga. Yo no estuve presente, pero mi sobrinita me contó todo lo que ustedes hicieron: la lección, los cantos y los dramas. Ella lo recuerda todo. Espero que vengan más payasos cristianos para compartir las verdades de Jesús."

No es difícil ponerse un disfraz, asumir una personalidad, y maquillarse. Es algo divertido y fácil hacer reír a los espectadores. La buena preparación ayuda al payaso a presentarse con confianza y convicción. No obstante, esta habilidad no es lo único que el payaso debe saber. A todo el que le gusta ser payaso debe saber que un payaso cristiano tiene una personalidad y un ministerio distinto del de otros payasos. En otras palabras, toda presentación de payasos debe dejar a los espectadores con una idea clara de lo que es la salvación, el discipulado o la verdad cristiana. La presentación bíblica visual debe dejar una imagen inolvidable en la mente de los espectadores para que para siempre ellos puedan afianzarse de las verdades que vieron representadas. Dios desea usar a los payasos que tienen una relación personal con Él.

A. Cualidades de un buen payaso

Características de un buen payaso::

1. Tener amor, alegría, fe, y esperanza
2. Ser bondadoso y gentil
3. Ser original y creativo
4. Exagerar mucho
5. Expresar vívidamente todas las emociones
6. Tener compromiso para prestar servicio
7. Promover los valores cristianos
8. Mostrar y deleitarse en un espíritu libre al llevar el estilo del "nuevo hombre" (su traje). Sus movimientos no tienen límite.

B. Reglas para el payaso cristiano

Los payasos deben evitar que se deteriore su personaje y para lograrlo deben conocer y aplicar ciertas reglas.

1. Nunca haga chistes cuando se trate de versículos o verdades de la Biblia, sino presente respetuosamente la Palabra de Dios.
2. No haga gestos ambiguos que podrían ser mal interpretados.
3. Nunca haga gestos divertidos cuando ministre.
4. No asuma una expresión triste como parte de su maquillaje facial cuando su intención sea hacer reír a la gente.
5. Permanezca activo frente a los espectadores.
6. No avergüence a nadie.
7. Toda presentación debe llevar un mensaje.
8. Toda presentación debe ser clara y sencilla, y tener un final feliz.
9. No haga invitación para conocer a Cristo

ni para orar por los niños, sino permita que un ministro con ropa regular haga esto. (La decisión de los niños es lo más importante. Ellos deben sentir que es un momento solemne.)

10. Durante la invitación, los payasos no deben estar frente a los niños.

11. Si un niño llora al ver al payaso, el payaso debe cubrirse la cara y salir inmediatamente; no debe tratar de calmar al niño.

C. Ministerio del payaso cristiano

El payaso es bien recibido en casi todas partes. Cuando se anuncian los payasos, los asistentes aumentan. A los payasos nunca les falta trabajo.

El ministerio de los payasos podría incluir:

1. Desfiles y distribución de hojas sueltas en las calles anunciando las actividades.
2. Presentar dramatizaciones.
3. Enseñar oraciones.
4. Narrar historias.
5. Hacer preguntas y adivinanzas.
6. Dar la bienvenida a los niños y a los adultos.
7. Ayudar a los niños a encontrar asiento.
8. Regalar globos.
9. Visitar lugares como orfanatorios, hogares para ancianos, hospitales, centros de puericultura, escuelas, e instituciones que tienen niños inválidos, retardados mentales o sordos.

IV. DIFERENTES TIPOS DE PAYASOS

"¿Qué es un payaso? ¿Quieres conocerlo? Es la persona que está rodeada de mucha gente. ¡Mira, ahí está! Es el que tiene el pelo anaranjado, los pantalones anchos con rayas, los zapatos de colores, la corbata grande, y la camisa de muchos colores. ¡Ah, sí, ahora lo veo!"

La mayoría conoce el personaje del payaso, pero cada uno es diferente. Todos llevan zapatos, maquillaje y disfraces que reflejan el propósito de su presentación. Los payasos representan muchos papeles y propósitos: los payasos de circo y los payasos de las calles actúan y ganan dinero, los payasos de las tiendas anuncian productos al público, y los payasos de funciones especiales son contratados para ocasiones especiales.

Hay muchas categorías de payasos según el trabajo que hacen, pero existen tres prototipos, según la publicación *El payaso cristiano* de Phillip Jiménez. Estudie cada uno para descubrir su personaje y su disfraz

A. Cara Blanca

1. **Personalidad.** El payaso Cara Blanca goza del mayor respeto entre los payasos. Sus rasgos son limpios, un reflejo de su mensaje. Predica el amor al prójimo, observa los valores cristianos, y promueve la paz. Este payaso siempre dirige la acción y domina el escenario.

2. **Disfraz.** El payaso Cara Blanca es elegante y llamativo. Lleva una camisa tradicional de una pieza, con pantalones y un chaleco. Esto se puede mezclar con otros estilos. Siempre lleva cubierto el cuello con una corbata o un cuello con paletones para que no se le vea la piel.

3. **Maquillaje.** El payaso Cara Blanca se cubre el cuello y las cejas con crema blanca. La boca y la nariz son rojas o negras. Su peluca es de colores llamativos.

B. *Augusto*

1. **Personalidad.** El payaso Augusto es un personaje busco, inconsistente, con una personalidad rústica, no refinada. Cuando actúa con Cara Blanca, Augusto es el chistoso; cuando está con Vagabundo, Augusto domina el escenario.

2. **Disfraz.** El payaso Augusto lleva un traje de dos piezas que no hacen juego. Los pantalones son largos y el chaleco y la corbata son pequeños.

3. **Maquillaje.** La base para el payaso Augusto es color de piel, rosado o café. Sus rasgos son exagerados y de color rojo o negro.

C. *Vagabundo*

1. **Personalidad.** El Vagabundo es un romántico melancólico. Por lo regular está indiferente a las actividades que lo rodean. Cuando está con Augusto, Vagabundo es siempre la víctima. Es un personaje excelente para personificar el pecado.

2. **Disfraz.** El payaso Vagabundo lleva un traje oscuro bastante gastado con agujeros y parches. Su traje es digno del nombre Vagabundo. A veces se le llama el payaso golfo.

3. **Maquillaje.** La base cosmética del payaso Vagabundo puede ser blanca o del color de la piel. Se le aplica negro al cuello y a la barba. La boca se le delinea de blanco. Los ojos se le pueden pintar según el gusto del actor. Sus rasgos deben ser tristes, ya que su personalidad es triste.

V. DETALLES DE LOS DISFRACES

He aquí algunas ideas para buscar buenos disfraces sin gastar mucho.

A. *Colores*

La apariencia del disfraz del payaso declara su profesionalismo. Los colores sólidos vívidos con la posible combinación de uno o dos cuadriculados, lunares o rayas siempre deben formar el disfraz básico. Los buenos disfraces tienen decoraciones contrastantes que atraen la vista de los espectadores hacia los movimientos del payaso. Los diseños complicados o pequeños no son apropiados.

B. *Trajes*

Según su papel, se podría poner un par de pantalones cortos con calcetines de colores llamativos, ya sean de rayas o de lunares, o un par de pantalones flojos con una camisa que haga juego.

C. *Pelucas*

Una peluca de color es ideal. Siendo que las pelucas de color no siempre se pueden conseguir, es posible:

1. Usar hilos gruesos de lana, trapos teñidos, o un trapeador cosido a un sombrero de lana que se pueda ajustar a la cabeza del payaso.

2. Recortar una bola plástica del mismo tamaño de la cabeza y luego pegarle tres tiras de papel de celofán (papel transparente de varios colores) con pegamento de buena calidad. Las tiras pueden ser tan gruesas y largas como se desee.

D. Narices

Hay muchos tipos de narices para payasos. Hay muchas narices plásticas y narices de esponja que permanecerán pegadas por sí solas. Si una nariz comprada le queda bien en la nariz del payaso y cree que permanecerá en su lugar, úsela. Para asegurar la nariz, podría comprar una goma especial en las tiendas donde venden artículos para payasos. Si no tiene estos productos, puede pintarse la nariz con maquillaje para payaso.

E. Guantes

Se recomienda que todos los payasos se pongan guantes. El payaso está supuesto a cubrirse de pies a cabeza con maquillaje o con ropa. Los guantes se pueden usar para cubrir las manos y las muñecas. Éstos pueden ser de cualquier color, preferiblemente uno que complemente el traje básico del payaso.

F. Corbatas

El payaso necesita cubrirse el cuello. Una corbata larga, gruesa de colores alegres, una corbata corta, y los corbatines son excelentes accesorios que pueden desempeñar un doble propósito. Primero, la corbata de un toque especial al traje del payaso, y segundo, la corbata le cubre el cuello al payaso.

G. Zapatos

Ponga atención a este detalle. El payaso debe realzar su traje con sus zapatos.

1. Los zapatos se pueden comprar en tiendas especiales para payasos.
2. Si no se pueden encontrar zapatos para payasos o si son muy caros, hágalos pintando un par de zapatos en diferentes colores.
3. Mande a hacer un par de zapatos. El zapatero puede usar material que le sobre.
4. Pida a alguien que le teja un par de zapatos grandes para payasos, y póngale suela de un par de zapatos viejos.

H. Avíos

Los payasos actúan con avíos interesantes para ilustrar las lecciones. Es deseable que la lección se enseñe con cada avío. Por ejemplo, un pito puede alertar la atención de la gente, un pañuelo puede secar lágrimas, un reloj grande puede indicar que se está haciendo tarde. En otras palabras, se pueden usar avíos específicos para ciertas acciones.

Recuerde, su disfraz y su maquillaje deben ser determinados por las necesidades de la presentación. El traje siempre debe estar limpio y el disfraz debe ser conforme el clima del lugar de la presentación.

VI. MAQUILLAJE

El maquillaje es la marca que distingue al payaso. La regla para el maquillaje es la exageración. Cada rasgo del rostro debe ser exagerado. Cualquiera que sea el tipo de maquillaje, los factores importantes en su uso son la buena apariencia y las líneas de los rasgos bien delineadas. Entre más se practica aplicarse el maquillaje, más experiencia y confianza se logrará.

Cada payaso tiene sus rasgos únicos. Cada payaso debe decidir enfatizar sus rasgos más útiles para su presentación. La práctica en usar los rasgos es importante. Entre más practique, más fácil le será usar esos rasgos para su ventaja. Recuerde que el propósito del payaso cristiano es comunicar el mensaje de salvación a niños y a adultos.

A. Cómo hacer su propio maquillaje

Va a necesitar:

1. Vaselina, sin color ni perfume, o aceite mineral
2. Óxido de zinc
3. Pintura en polvo para pared en los colores básicos
4. Delineador de ojos negro y rojo
5. Brochas
6. Esponjas pequeñas para maquillaje
7. Talcos blancos
8. Colador
9. Botellas pequeñas para poner el maquillaje coloreado

Preparación:

1. 1. Cuele el óxido de zinc (polvo blanco) para estar seguro de que el polvo esté fino y limpio.
2. Mezcle la cantidad deseada de óxido de zinc con vaselina o aceite mineral hasta formar una crema que se pueda aplicar al rostro. (No debe ser ni gruesa ni rala.)
3. Para poder hacer crema de otros colores,

mezcle el polvo de color con la vaselina o el aceite mineral hasta obtener una crema con la consistencia correcta.

Hay otras maneras de preparar el maquillaje. Si usted sabe de otro método, por favor compártalo con nosotros escribiendo a RDM, 1722 S. Glenston, W-163, Springfield, MO 65804, E.U.A.

B. Cómo aplicarse el maquillaje

El siguiente procedimiento es para el rostro del payaso Cara Blanca:

1. Lavarse la cara antes de aplicar el maquillaje.
2. Aplicarse a la cara crema limpiadora.
3. Con lápiz de labio o con un delineador dibujar las líneas de los rasgos alrededor de los ojos, la boca y la nariz.
4. Fuera de estas líneas, aplicar la base blanca. Hacer esto con los dedos, con un cepillo o con una esponja. Toda la cara debe ser blanca, incluso el cuello, menos las líneas de los rasgos.
5. Tomar un calcetín y poner un poco de talcos blancos para la cara o almidón dentro de éste. Hacer un nudo en la apertura del calcetín. Aplicar los talcos en toda la cara para ayudar a fijar el maquillaje. Esto se hace antes de pintar dentro las líneas de rasgos. Si no se tiene disponible un calcetín, aplicar los talcos con una mota. Remover el esceso de talcos con una brocha.
6. Trazar las líneas de los rasgos de la boca, los ojos y la nariz. No es necesario pintar la nariz si se ha comprado una. El diseño y color de cada rasgo queda a la discreción del payaso.
7. Aplicar más talcos ligeramente en la cara y remover el exceso con una brocha.
8. Delinear los rasgos otra vez trazando las líneas con el delineador o lápiz de labios, o para acentuarlos.

Las características de Vagabundo y de Augusto se pueden crear con unos pocos cambios al anterior procedimiento para Cara Blanca. Vagabundo usa maquillaje color piel en la parte superior de la cara y se pinta con crema negra la parte de la barba. La expresión de los ojos y de la boca es triste. El maquillaje de Augusto es parecido al de Cara Blanca, con la excepción de que Augusto usa maquillaje color piel en vez de crema blanca. Se aplica maquillaje blanco alrededor de los ojos y de la boca y dentro de las líneas faciales.

C. Cómo limpiarse el maquillaje

1. Para quitarse el maquillaje, debe obtener aceite y removedor de maquillaje.
2. Al quitarse el maquillaje, se debe ver en un espejo para estar seguro de que no quede nada de éste en la cara.

D. Accesorios de trabajo

1. Debe tener una caja que se preste para guardar todo en orden.
    - Un espejo
    - Jarros especiales para guardar el maquillaje
    - Talco en polvo
    - Una toalla o toallitas desechables para quitarse el maquillaje
    - Brochas y esponjas
    - Delineador de ojos
    - Sacapuntas (para el delineador)
    - Crema limpiadora
2. Debe tener una bolsa grande para guardar el disfraz y los accesorios. (Todo lo que usa debe estar en la bolsa. El payaso es organizado.)
    - Nariz plástica
    - Peluca
    - Zapatos
    - Avíos
    - Caja con el maquillaje
    - Guiones

CONCLUSIÓN

En Brasil conocí a Dorival, un joven que trabajaba como payaso en uno de los mejores circos de Suramérica. Llegó a Cristo y dejó el circo. Se sorprendió cuando se le dijo que su conocimiento del arte de los payasos podría servir para evangelizar a los niños. Nunca había pensado en usar su profesión para la gloria de Dios.

Si como Dorival usted tiene el deseo de evangelizar a los niños, le invito a que se una al ejército de siervos que cumplen con el mandato de Dios de predicar y enseñar a niños y a adultos para el reino de Él.

El Señor quiere usarle para ministrar a otros sirviéndolo a Él. El mundo oye lo que provoca curiosidad. Verdaderamente, el mundo corre tras ello. El payaso cristiano puede ser usado por Dios. Los payasos pueden mostrar que hay felicidad verdadera (no temporal) en Jesús y pueden mostrar la tristeza de vivir en pecado.

Los payasos cristianos pueden dar a todos esta oportunidad para lograr la felicidad. Busque a los que verán y oirán el mensaje del evangelio y así encontrarán verdadera felicidad en Jesucristo.

El Espíritu Santo habla claramente a la vida de los espectadores de las presentaciones de payasos cuando se proclama la verdad de la Palabra de Dios. Cada presentación tiene la posibilidad de cambiar la vida de la gente ya sea inmediatamente por la convicción de la Palabra o después por el crecimiento de la semilla que se sembró.

El objetivo de los payasos cristianos es ministrar no divertir. Es importante planear cada presentación para que sea de beneficio y no de estorbo a la proclamación de la Palabra.

REPASO

1. ¿Por qué cree que es importante usar payasos? Dé dos razones.
2. ¿A quién atraen los payasos?
3. Mencione cuatro tipos de enseñanza que puede dar un payaso.
4. ¿Qué es imprescindible para ser parte de un ministerio de payasos?
5. ¿A qué clase de payasos desea Dios usar?
6. Mencione por lo menos tres cualidades que ayudan al payaso a mejorar su personaje.
7. Escriba algunas áreas de ministerio en las que puede servir un payaso.
8. Mencione tres prototipos de payaso.
9. ¿Cuál personaje de payaso le gustaría representar? ¿Por qué?
10. ¿Cómo debería usted responder a alguien que dice que un ministerio de payasos cristianos cuesta demasiado?

NOTAS

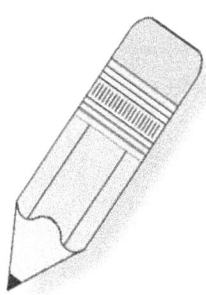

DIFERENTES RASGOS DE MAQUILLAJE

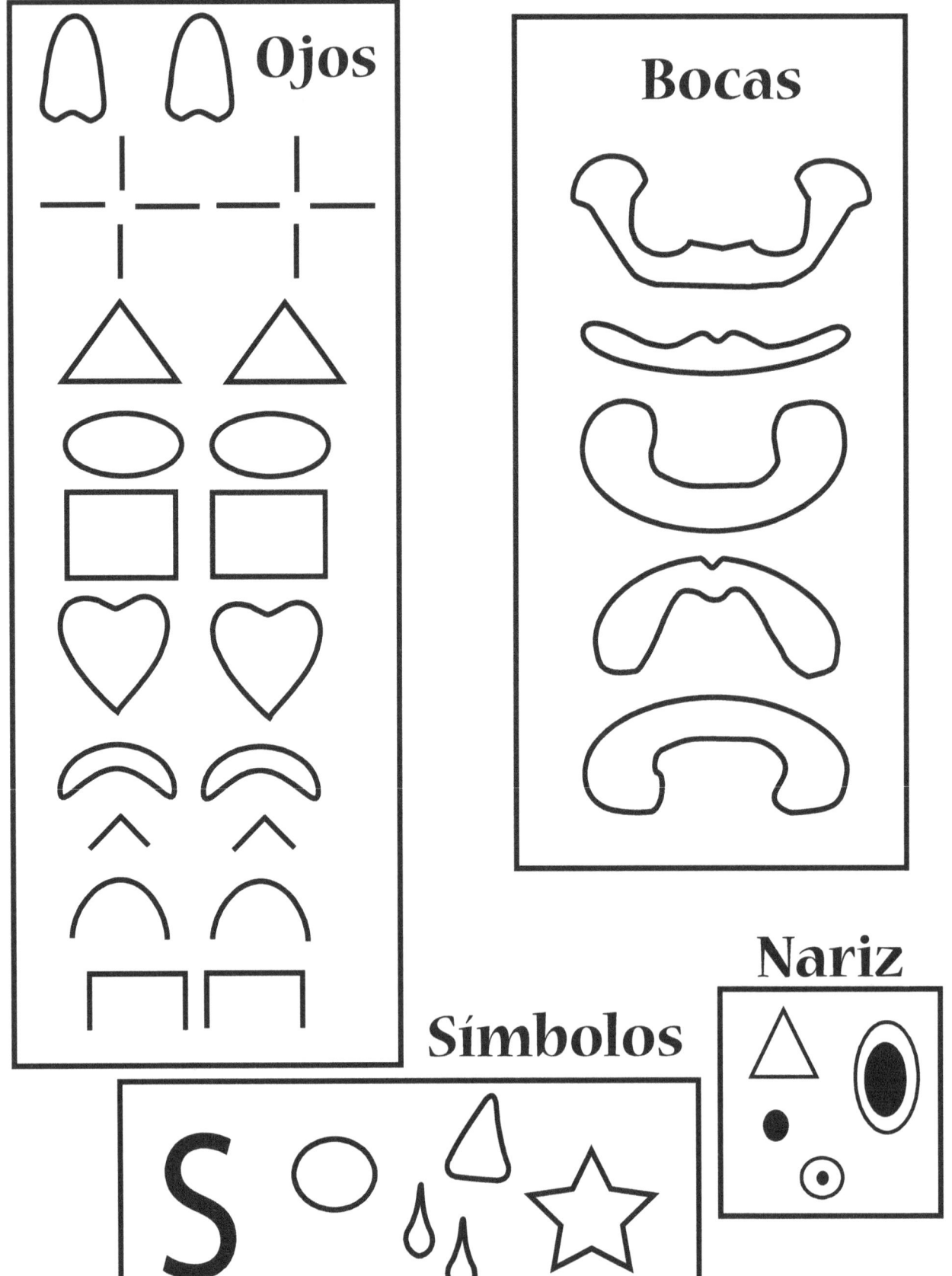

CINCO DRAMAS

1. A UNO DE ESTOS PEQUEÑITOS

Podría parecer extraño hablar de abandono y soledad en la Navidad, pero ambas condiciones eran parte de la familia en la que Jesús nació. Dos payasos, que en este drama están celebrando juntos la Navidad, nos muestran cómo se cuidan y comparten dos personas de la calle.

Personajes:
- Vagabundo
- Cara Blanca

Materiales:
- Una caja grande de cartón
- Una bolsa vieja de tela
- Un juguete de trapo (atado con una cuerda deshilachada)
- Decoraciones de Navidad
- Frazada raída

Drama:

Como parte del escenario, ponga una caja grande de cartón en un lugar visible. Mientras se comienza a tocar música suave, Vagabundo entra lentamente a su cuarto, llevando consigo una bolsa vieja de tela y un juguete de trapo atado a la bolsa con una cuerda deshilachada. Vagabundo se escabulle hacia la caja de cartón, dejando la bolsa en el suelo. Al ver a su mascota, le da un abrazo apretado y amarra la cuerda a la caja. Después vuelve a apresurarse hacia la caja y saca una lata de sardinas. Cuando se sienta cómodamente a comer, enfoca su atención en su mascota. Con ademanes hace como que trata de comer varias veces, pero por fin comparte las sardinas con su mascota.

Vagabundo luego saca de su bolsa vieja un calcetín viejo y lo pone en la parte abierta de la caja. También saca de la bolsa otras decoraciones de Navidad y pedazos de periódico para decorar su pequeño lugar. Finalmente, saca una frazada vieja y raída, se mete en la caja, se tapa con la frazada, abraza a su mascota, y se duerme.

Cara Blance se aparece también cargando una bolsa vieja mientras Vagabundo duerme. Cara Blanca mira adentro de la caja de cartón, ve la mascota de Vagabundo y toma la lata de sardinas vacía. Saca de su bolsa una lata o una caja de comida para mascotas, la amarra con un pedazo de lazo para que parezca un regalo, y la deja en el suelo junto a la caja en la que duerme Vagabundo. Cara Blanca saca de su bolsa un calcetín nuevo y reemplaza con él el calcetín viejo. Finalmente, dobla la bolsa y la pone a un lado. Se sienta en un lugar visible y comienza a tiritar como si tuviera frío.

Vagabundo despierta de un salto y ve que Cara Blanca está tiritando de frío. También ve el calcetín nuevo y la comida para mascotas. Lentamente se quita la frazada que le cubría el cuerpo y la pone sobre los hombros de Cara Blanca. Vagabundo toma su mascota en los brazos y los dos payasos salen del escenario.

2. LA CRUZ FEA

La mayoría de las cruces modernas son bellas y decorativas. Pero la cruz que los cristianos deben cargar simboliza dolor y sufrimiento. Este drama muestra el contraste entre diferentes cruces cuando los payasos distribuyen cruces feas.

Personajes:
- Tres o más payasos

Materiales:
- 1 rama de 6 pulgadas de largo
- 1 rama de 3 pulgadas de largo
- Un pedazo de cuerda de 12 pulgadas de largo
- (Guarde estos avíos en sobres)

El drama:

Prepare un juego de avíos para cada payaso. Los payasos entran llevando diferentes cruces. Una cruz podría ser dorada, otras de colores llamativos, y otras de material fino. Cada payaso lleva su cruz, la inclina, y luego la pone en el altar o en una mesa.

Otro payaso entra arrastrando una rama grande de pino. Los otros payasos se burlan de él. El payaso que acaba de llegar corta los palitos más pequeños de su rama, dejando un tronco pelado. Luego comienza a cortar la rama en dos pedazos y los amarra en forma de cruz.

Coloca la cruz cerca de la caja que contiene los sobres. Cada payaso toma un sobre y con los materiales que hay adentro hace una cruz. Cuando terminan, todos sostienen en alto la cruz mientras salen del escenario.

3. SERVIR NO ES UNA OPCIÓN

La "toalla de servicio" es un símbolo importante para los cristianos, aunque no la veamos con frecuencia. En este drama sólo el payaso que entra con la toalla y que muestra una disposición para servir a los demás puede adorar a Dios.

Personajes:
- Tres o más payasos

Materiales:
- Una lata de pintura a base de agua o una tetera cubierta de tizne.
- Un sándwich de mostaza (opcional)
- Un balde de agua
- Una toalla grande
- Toallas pequeñas (de 6x6 pulgadas) o toallas desechables

El drama:

Los payasos entran con algo que les ensucia las manos. Por ejemplo, un sándwich de mostaza, una lata de pintura a base de agua o una tetera cubierta de tizne. Todos los payasos tratan de arrodillarse con reverencia frenta a una cruz o un altar, pero no pueden doblar las rodillas.

Luego entra otro payaso con un balde agua y una toalla. Se arrodilla, humedece la toalla y se limpia reverentemente las manos, y les limpia las manos a los otros payasos. Con manos limpias los otros se pueden arrodillar también.

El payaso que les lavó las manos a todos sostiene en alto la toalla para que los espectadores la puedan ver. Los otros payasos distribuyen toallas pequeñas (de 6x6 pulgadas) o toallas desechables a todos los presentes para que cada uno le limpie las manos a su amigo. Después de esto, los payasos salen.

4. TODOS SABRÁN

Hechos 2 describe cómo gente de muchas partes del mundo oyó la Palabra de Dios en su propio idioma. Este drama muestra que el mensaje del evangelio llega a todos los pueblos del mundo. Los payasos muestran tarjetas con el mismo mensaje escrito en diferentes idiomas. El propósito es enseñar que el amor de Dios une a todos los países aunque no hablen el mismo idioma.

Personajes:
- Cinco o más payasos

Materiales:
- Cartulina
- Marcadores mágicos

Con los marcadores escriba en la cartulina el mensaje "Te amo" en varios idiomas. Al otro lado de la cartulina escriba "Te amo" en el idioma de los espectadores. En la siguiente página se dan varias traducciones.

El drama:

Los payasos entran uno por uno. Todos llevan un cartel con el mensaje escrito en los idiomas desconocidos. Caminan de un lado a otro, topándose unos con otros y mostrando los carteles para mostrar que no se comprenden. De repente, oyen un ruido, como el sonido de un órgano o de una puerta que se cierra de golpe. Todos permanecen quietos. Uno por uno, comienzan a dar vuelta a los carteles y leen el mensaje. Muestran que ahora pueden entenderse unos a otros y comienzan a abrazarse con gran gozo. Luego los payasos muestran el mensaje en el idioma conocido a los espectadores y los abrazan también.

5. EL LUGAR DE MAMÁ

Personajes:
- Un "payaso niño" y cuatro payasos

Materiales:
- Varios sombreros, avíos y carteles
- Un pastel y un cuchillo
- Una tripoide o un pedestal

El objetivo de este drama es afirmar que las madres son personas ocupadas que cumplen con muchas obligaciones. Un día el "payaso niño" va a comprender todos los sombreros (las funciones) que su madre se pone en un día. El drama termina con el humor característico de los payasos.

El drama:

Se necesita la tripoide o pedestal para colocar un cartel. Consiga o haga algunos sombreros que muestren los distintas funciones que desempeña una madre.

Un payaso, vestido como niño, lucha por poner en el pedestal un cartel de una madre. Después presenta a su madre. Otro payaso vestido de mamá entra y se sienta en una silla que simula un trono. El niño muestra otro cartel que dice: "Los papeles que desempeña mamá".

En este momento, se puede invitar a los espectadores que participen. Los niños, o el mismo payaso, ponen rótulos que describen los trabajos que hace una madre. Después de esto, el payaso niño se dirige hacia su madre, le pone en la cabeza el sombrero correspondiente y le da algunos utensilios que se relacionan con la función en cuestión. A medida que el niño le pone a su madre más y más sombreros, se los debe poner uno encima del otro y poner los otros objetos en el suelo donde todos los puedan ver. La siguiente lista incluye algunas ideas para los sombreros y avíos que se podrían usar en este drama.

Cocinera: Un sombrero de chef y unas cuantas cosas de la cocina, como cuchara, cacerola y rodillo para amasar.

Árbitro: Una vicera y un pito. La madre puede intervenir en una disputa entre dos payasos o entre los niños.

Enfermera: Un toca de enfermera y una venda para poner en el brazo de uno de los payasos o de uno de los niños.

Trabajadora: Un casco y algunas herramientas. El payaso mamá debe hacer como que está reparando un mueble en la sala.

Ama de casa: Un pañuelo para cubrirse el pelo y un bolígrafo. La madre debe hacer como que está sacudiendo los muebles.

Maestra: Un sombrero de viejecita, un palo largo, anteojos, y algunos libros. La madre debe imitar a una maestra que está indicando algo en la pizarra.

Finalmente, el niño coloca el último cartel que dice "Los papeles que desempeña mamá". La madre saca un lápiz del bolsillo y pone una X sobre la palabra *papeles* y escribe encima la palabra *pasteles*. Luego parte un pedazo de pastel para cada personaje en el drama y distribuye los pedazos entre ellos. Salen riendo y celebrando.

TRADUCCIONES

Alemán	Ich Liebe Dich
Chino	Wo Ai Ni
Coreano	Tangsinul Sarang Ha Yo
Francés	Je t'aime
Hebreo	Ani Ohev Otakh
Inglés	I love you
Japonés	Watakushi-Wa Anata-Wo Aishimasu
Swahili	Nikupenda
Tailandés	Chan Rate Khun
Vietnamés	Toi Yeu Em

NOTAS

PAYASOS CRISTIANOS

- Importancia del tema
- Ejemplos
- Objetivos
- I. Introducción
- II. Importancia de los payasos
   - A. Atraen multitudes
   - B. Derrumban barreras
- III. Personalidad y ministerio
   - A. Cualidades de un buen payaso
   - B. Reglas para el payaso cristiano
   - C. Ministerio del payaso cristiano
- IV. Diferentes tipos de payasos
   - A. Cara Blanca
   - B. Augusto
   - C. Vagabundo
- V. Detalles de los disfraces
- VI. Maquillaje
   - A. Cómo hacer su propio maquillaje
   - B. Cómo aplicarse el maquillaje
   - C. Cómo limpiarse el maquillaje
   - D. Accesorios de trabajo
- Conclusión
- Repaso
- Diferentes rasgos de maquillaje
- Cinco dramas

Capítulo 27

TEMA: Drama y escritura de guiones

ESCRITORES: John Taylor, June Creel, Mark Sims, Kathy Jingling

IMPORTANCIA DEL TEMA

Ya sea que trabajemos con niños o con adultos, uno de los medios más eficaces y emocionantes de evangelismo es el drama cristiano, un nuevo medio que en realidad no es nuevo en absoluto. El profeta Ezequiel fue uno de los primeros en usar drama para comunicar su mensaje. Dios dijo a Ezequiel que usara cuatro dramas cortos (Ezequiel 4-5) para atraer la atención de los que lo rodeaban. Una vez tuvo su atención, entregó un poderoso mensaje de parte de Dios. Y así nació el primer ministerio de drama. En su ministerio terrenal nuestro Señor con frecuencia usaba ilustraciones para presentar su mensaje a sus oyentes.

El drama cristiano es un valioso medio para contar la historia más grande que jamás se ha contado. Los niños responden con entusiasmo al evangelio dramatizado ungido por el Espíritu Santo. El drama toca el corazón de las personas de toda edad, dentro y fuera de la iglesia. Las historias bíblicas cobran vida mientras se desenvuelven en el escenario. Aplicaciones de la Palabra de Dios a las situaciones modernas se hacen fácilmente por medio del drama. Un ministerio de drama activo subraya la reputación cristiana activa, inovadora y dedicada de alcanzar a la gente con el evangelio. El desarrollo de este ministerio puede ofrecer una manera nueva y eficaz para alcanzar a los niños con el evangelio y se puede expandir para alcanzar a los adultos también.

OBJETIVOS

1. Se presentará al obrero varios estilos de drama.
2. El obrero sabrá cuáles son los tres puntos esenciales necesarios en el drama.
3. El obrero podrá hacer una lista de los cuatro pasos de desarrollo para escribir drama.
4. El obrero apreciará el drama como un medio para evangelizar y discipular.

I. DEFINICIÓN

El drama se define más fácilmente como una manera de representar una historia o mensaje. Es importante comprender que hay varios propósitos para que los cristianos usen el drama, y que hay varios estilos dramáticos para lograrlo.

A. Propósito

El drama es una poderosa manera de captar la atención de la gente. Esta es una razón por la que el drama puede ser eficaz para comunicar un mensaje. Se debe tener la atención de los espectadores antes de que oigan lo que se diga. Para los niños el drama se puede usar durante la introducción del momento para enseñar o para captar su atención para un mensaje que seguirá.

El drama también puede ser la forma en que se comunica un mensaje. Dramatizar una historia puede dar vida y realidad a los sucesos que se presentan. Los niños pueden ver una presentación de una historia bíblica y comprender mejor lo que tuvo lugar miles de años atrás. Los niños piensan concretamente y el drama puede ayudarles a aceptar lo que podría serles difícil visualizar o captar solamente por medio de la lectura y su habilidad de escuchar.

También se puede usar drama para aplicar una verdad o lección a la vida de los niños. Dramatizar aplicaciones de enseñanzas bíblicas dentro del ambiente de la vida de los niños puede ayudarles a hacer la aplicación personal necesaria para los cambios de carácter. La vida y el testimonio de los héroes de la fe históricos o modernos puede inspirar y enseñar a los niños.

El drama se puede usar con niños, jóvenes o adultos. El drama puede enriquecer muchas formas de ministerio, como evangelismo, y también para enseñar y discipular. Se puede usar en un escenario, en la iglesia o al aire libre. El drama se presta para una variedad de ministerios bajo una variedad de lugares.

Hay numerosos estilos de drama. Escoja un estilo eficaz para su propósito y lugar.

B. Estilos

Así como su propósito para usar drama puede variar, así también hay varios estilos de presentar drama. Considere cinco categorías principales de drama y su uso para ministrar a los niños.

1. **Drama completo.** De dos y media a tres horas es la duración acostumbrada para un drama completo. Este drama involucra varios actos, o subecciones, del drama general y puede incluir varios cambios de escena también. Esto se puede convertir en un trabajo complicado con luz especial, escenario, trajes y efectos especiales. Este estilo de drama generalmente necesita de preparar un escenario, bastante equipo y un extenso guión escrito. Este estilo de drama se puede simplificar, pero por lo regular es mucho trabajo para que los principiantes emprendan y terminen. El drama a este nivel debe hacerse bien y por regular en forma abreviada para mantener el interés de los niños. Esta forma de drama completo generalmente es demasiado sofisticada para usarla con niños pequeños. Ellos no tienen la capacidad ni el lapso de atención para sentarse quietos la duración de un drama largo ni para captar el mensaje entero del drama por un tiempo tan largo. Este estilo completo generalmente es más eficaz para el ministerio a los jóvenes y los adultos.

2. **Drama de un solo acto.** Un drama de un solo acto es lo que el título sugiere. Esta es una presentación dramática que tiene lugar en una sola escena. En una iglesia este es el drama que puede caber dentro del tiempo de un culto normal, por lo regular de 20 a 45 minutos. Con las limitaciones de tiempo, cada línea y acción debe contribuir a la progresión y al cumplimiento del drama. Para usarse con los niños esto es excelente si se presenta la versión más corta que sea posible. Un drama de 20 minutos bien desarrollado y rápido puede ser muy eficaz. Este estilo de drama también necesita del beneficio de un escenario y de cierta luz y apoyo técnico. El drama de un solo acto es un medio excelente para usar en ocasiones especiales, fiestas o programas de evangelismo.

3. **Cuadro suelto.** Un cuadro suelto es una forma simple de drama. Un cuadro suelto por lo regular dura de 3 a 15 minutos. El cuadro suelto es un maravilloso medio para ministrar por corto tiempo. No exige de luz especial, escenario, ni vestuario. Se pueden usar objetos sencillos o porciones de vestuario para presentar una historia bíblica. Ejemplos rápidos de aplicaciones a la vida o de las prácticas de principios bíblicos se pueden presentar en cosa de momentos. Estas características hacen el cuadro suelto flexibe para usarse adentro o afuera y con todas las edades. Un cuadro suelto corto con frecuencia es una manera simple para que los principiantes participen en el uso del drama para ministrar.

4. **Monólogo dramático.** Un monólogo dramático es un drama presentado por una sola persona con mucho interés y habilidad dramática que actúa sola. El monólogo puede ser un medio eficaz de presentar a los espectadores la vida de un solo individuo. Un ejemplo podría ser una visita de Pablo o un evangelista mártir o un misionero que llega a contar sus experiencias en la vida. Este estilo de drama involucra a una sola persona vestida según el personaje y puede presentarse en casi cualquier lugar. La eficacia de este estilo estará en mantener el interés de los espectadores por medio de un actor bien preparado y una corta presentación de 5 a 15 minutos. Entre más pequeños sean los niños, más corto debe ser el drama.

5. **Otros.** Entre otros estilos de drama debemos añadir el uso de lectura dramática, pantomima, y títeres. La lectura dramática puede involucrar a una sola persona o a un grupo. Esta es la práctica de leer un guión preparado ante un público. Los participantes practican leer con emoción enfatizada y coordinación como grupo. El simple uso de una voz y de un guión bien escrito no es suficiente para mantener el interés de los oyentes. Por ejemplo, esto por lo regular no da resultado con niños muy pequeños, pues ellos necesitan de constante acción para mantener el interés. Una lectura dramática resulta bien con niños mayores, jóvenes, y adultos si se mantiene en presentaciones cortas de menos de 15 minutos.

La pantomima es otro estilo dramático que es singular debido a su falta de efectos vocales. Los participantes exageran sus movimientos y acciones para presentar un mensaje sin hablar. La pantomima puede hacer necesario usar maquillaje, vestuario y utilería, o puede consistir de nada más que la habilidad de los actores. La pantomima es una manera eficaz de atraer la atención y por tanto es un medio útil para el evangelismo en las calles.

Los títeres usan drama a su propia singular manera. Se presenta una historia con el uso de títeres. Todos los ingredientes de los guiones de dramas también se aplican a los títeres. Puede haber vestuario especial, utilería, escenario y decoraciones de éste, como también música y luz. El estilo de drama puede ser complejo o tan sencillo como cuando el títere habla al brazo del titeretero. Esta forma de drama resulta muy bien con los niños, sin embargo puede atraer la atención de todas las edades.

Hay otros métodos más sofisticados de categorizar estilos dramáticos, pero éstos son los tipos generales de drama que dan mejor resultado en el ministerio cristiano.

II. DESARROLLO

A. Puntos esenciales

Una vez seleccione el estilo de drama, comience a escribir el drama dando consideración a los siguientes tres elementos esenciales: trama, personajes, y escenificación. Examine la naturaleza de cada uno de estos tres factores en el desarrollo de una presentación dramática.

Trama

En la literatura, la trama con frecuencia es la línea de la historia, pero en el drama es la estructura de la pieza. Una trama bien construída contiene: exposición, conflicto, la pregunta dramática principal, complicaciones, crisis y resolución. Todos estos elementos se deben considerar en cualquier estilo dramático, pero cada uno variará en duración y desarrollo según los espectadores, las limitaciones de tiempo, el lugar, y el propósito.

Para introducir un drama, dé a los espectadores información sobre los sucesos significantes que ocurrieron dentro del tiempo del drama, sobre la presente situación de los personajes o sobre el trasfondo de ellos. Esta introducción explicatoria se llama exposición. A veces un narrador, maestro o líder ofrecerá esta información expositoria antes de comenzar el drama para así desarrollar el embiente del drama en la mente de los espectadores. Un suceso bien activo puede ser una manera rápida de comenzar un drama con la atención inmediata de los espectadores.

El conflicto se debe introducir al comienzo de la trama. El conflicto da fuerza y significado a la pieza. Las simples situaciones sin significado cobran significado cuando se añade conflicto a la trama. Por ejemplo, considere las siguientes situaciones:

a. Un hombre decide hacer un viaje en barco.

b. Una joven esposa se viste elegante para ir a la oficina de su esposo.

c. Una madre teje una canasta.

Al añadir conflicto estas situaciones pueden convertirse en lo siguiente:

a. El hombre en el barco es un fugitivo perseguido por Dios. Es la historia de Jonás.

b. La joven esposa recibirá sentencia de muerte si su esposo, el emperador de Persia, se disgusta con ella. Esta es la historia de Ester.

c. La madre desobedece a Faraón y trata de salvar a su hijo escondiéndolo en una canasta en el río. Esta es la historia de Moisés.

El conflicto en la historia evoca la cuestión dramática principal. Esta cuestión evoca la decisión de que el héroe gane (que se llama tragedia). Esta cuestión introduce suspenso a la trama y mantiene la atención de los espectadores a través de una serie de complicaciones a la crisis principal o clímax.

Las complicaciones son atrasos u obstáculos que surgen para impedir el progreso del héroe hacia su objetivo. Cada complicación es más crítica. Con frecuencia un poco de humor puede permitir a los espectadores alivio a través de la sostenida tensión emocional de esta parte del drama. La risa puede permitir que la gente dé escape a la tensión.

Las complicaciones acrecientan hacia la crisis o el punto más alto del drama. En este momento el héroe logrará su objetivo (en una comedia) o será completamente vencido (en una tragedia).

La conclusión del drama, o el final de la situación de crisis, se llama la resolución. Los hilos sueltos que quedan en la historia se atan y se cortan y se asegura a los espectadores el cumplimiento de la trama de la historia.

Personajes

Los que participan en la trama del drama son los pesonajes. El héroe (técnicamente conocido como el protagonista) es el personaje principal cuya historia es la que se cuenta. Tiene un objetivo que está tratando de alcanzar a pesar del conflicto de su enemigo (técnicamente conocido como el antagonista). Los espectadores deben aprender sobre cada personaje por medio de las cosas que dice, cómo las dice, sus manerismos, su ropa, y cómo reacciona a situaciones. Cada personaje tiene una característica dominante que lo motiva. No obstante, también debe ser creíble como persona y un individuo complejo.

Con frecuencia el drama para niños incluye animales como personajes. Tenga cuidado de no dar por sentado que los niños pueden aprender de un peronajes animal una lección que se pueda aplicar a los humanos. Quizás necesiten ayuda para aplicar una lección presentada de este modo. Con frecuencia usar a personas en el drama, o a niños específicamente, ayudará en este proceso.

En un drama bien escrito los sucesos ocurren debido a los personajes y sus personalidades. Por ejemplo, David luchó contra Goliat porque era un joven de gran fe con una pasión por el honor de Dios. Saúl se acobardó porque, a pesar de su posición real, trataba a la ligera lo que era santo. Investigue cuidadosamente los pesonajes que va a usar en el drama y componga el drama con amplias oportunidades para mostrar la actitud y el carácter interior de estas personas a través de sus palabras y su comportamiento.

Una vez la trama esté establecida en su mente, con el estilo de drama escogido, y el desarrollo de los personajes vaya en camino, considere el lugar de la presentación dramática.

Escenificación

Hay varios aspectos a considerar para el escenario del drama o la escenificación del suceso dramático. Considere el lugar físico del drama, como también el uso de ciertas habilidades para ayudar a crear el ambiente para la trama.

El lugar puede ser un factor determinante en el estilo de drama que use. Si tiene acceso a un escenario, con el espacio y la luz necesarios para una presentación completa, entonces podría decidirse por un drama completo o al menos un drama de un solo acto. Ciertamente tiene más opciones para el estilo, el número de personajes, y los cambios de escenario y utilería. Pero, para su área de ministerio podría considerar una esquina pequeña en el área de minsterio para los niños, un garage en el vecindario, o la esquina de una calle.

Entre más limitado sea su espacio, o si está considerando drama al aire libre, tendrá que recordar que el tiempo acortado, el vestuario y la utilería limitada, y las tramas condensadas serán sumamente importantes. El drama eficaz puede tener lugar en cualquier situación, si se planea bien.

Varias ayudas para la escenificación dramática se pueden encontrar en la habilidad tanto del actor como de los espectadores para aceptar los sucesos simulados del drama como si en realidad estuvieran sucediendo. Puede ser difícil, por ejemplo, representar a Dios en un drama. Pero, con el uso de luz o de una voz fuera del escenario, hasta eso puede encender la imaginación sobre la gloria de Dios. Soliloquio es la técnica en la que el actor se habla a sí mismo, lo que permite que los espectadores sepan lo que está pensando. El "congelo" es cuando el actor permanece inmóvil, mientras otra persona entrega un aparte o información directamente a los espectadores.

B. Adaptación

Podría haber ciertas historias interesantes que usted ha leído que le fueron significativas y que se podrían usar para tocar la vida de otras personas. Es posible tomar una historia bíblica, un testimonio personal, un relato de la vida real, o una historia imaginaria y relatarlos por medio de drama. Este cambio de prosa a una pieza teatral se llama adaptación. Como obrero que trabaja con niños, su primera consideración en la selección de materiales para adptación al drama será la edad y los intereses de sus espectadores. Se deben considerar temas y estilos apropiados, como también el lugar (conocido como habilidad para escenificar) y el propósito para ministrar.

El aspecto más difícil de adaptar material para uso dramático es la habilidad de apartarse de la historia original, al mismo tiempo que se permanece fiel a su intención. Una dificultad más con la adaptación está en el uso de historias bíblicas. Será importante dramatizar sin hacer ningún cambio que cause conflicto con su forma original en la Biblia. Recuerde que los pasajes largos sacados directamente de la Biblia por lo regular no se presentan bien en el escenario.

Para adaptar historias bíblicas, determine cuál es la trama y luego vuelva a escribir la historia en un lenguaje comprensible con acción y emoción. Escribir permite usar descripciones detalladas, que en el drama deben presentarse exclusivamente por medio de acciones y diálogo.

La mayoría de historias se deben condensar para uso dramático y esto podría significar la eliminación de algunos incidentes, subtramas, y hasta personajes de la historia original. Un ejemplo sería la historia de David. Sería prácticamente imposible presentar dramáticamente su juventud como pastor de ovejas, su derrota de Goliat, su ascenso al trono como rey, su pecado, su restauración, etc. en un solo drama. Los problemas técnicos como también los factores de tiempo y de espacio son evidentes. Sin embargo, es posible condensar la historia de David a un solo punto en el tiempo, una crisis en su vida. El drama podría enfocarse en esa crisis que refleja cómo era un hombre según el corazón de Dios, cómo es que era un gran líder y un ejemplo, o hasta cómo se arrepintió al ser confrontado con su propio pecado. Cualquier parte de la vida de David nos puede enseñar cómo Dios se relaciona con el hombre.

C. Desarrollo del guión

Guión: La composición literaria para un drama o para un cuadro suelto que guía a los participantes a ejecutar con éxito el drama. Cuenta la historia de los conflictos y las emociones de los humanos y da una resolución.

Los guiones pueden variar desde breves bosquejos de acción hasta aquellos en que cada acción, gesto e implicación son explícitamente declarados.

Con un poco de imaginación, duro trabajo y oración usted puede crear el mejor guión para su propio ministerio. Los siguientes ingredientes son esenciales: 1) tener un propósito para usar drama, 2) conocer a su público (en este caso niños), 3) escoger un tipo de drama que se preste para su situación, 4) desarrollar el guión de drama, comedia, drama corto o presentación de títeres siguiendo estos pasos: intercambiar ideas, escoger un tema, definir el objetivo para enseñar, bosquejar el guión, escribir el diálogo, y evaluar el guión.

Intercambiar ideas

Intercambiar ideas es una manera de reunir una cantidad sin juzgar la calidad. Al comienzo, haga una lista de posibles temas de interés para los niños o áreas en las que necesitan mejorar. Hable con los niños, observe su comportamiento y oiga sus preguntas para saber los temas que son relevantes para ellos. Si trabaja con adultos o adolescentes, esta actividad puede inspirarlos a participar en los ministerios para niños sin presión.

Tema

Una vez que haya creado una lista de posibles temas, entonces puede trabajar en grupo para borrar los conceptos duplicados o difícil y poner en rango según su prioridad los temas sobre los que todos están de acuerdo. Luego escriba un tema con varias ideas para desarrollar un línea para la historia. Se pueden formar grupos pequeños para escoger el objetivo a enseñar y desarrollar ideas para el comienzo y final de la historia. Ellos desarrollarán un clímax y una resolución al conflicto. En este punto no están escribiendo el diálogo ni el guión con oraciones completas. Simplemente están expresando ideas y pensamientos de los que se desarrollará el drama.

Una queja común de los escritores principiantes de material dramático es la dificultad de conseguir ideas. Algunas fuentes de ideas son:

- Historias o versículos bíblicos
- Ocupaciones
- Pasatiempos y juegos
- Experiencias
- Libros
- Animales
- Objetos interesantes
- Lugares especiales
- Arte y música
- Viajes
- Noticias
- Comportamiento y actitudes

Un problema común al desarrollar material es tratar de enseñar demasiadas ideas en una presentación. Cada suceso dramático debe tener un solo tema sencillo. Determine lo que se propone enseñar con su tema. Decida el propósito u objetivo en desarrollar este tema a través del drama. Puede juzgar esto a base de tres propósitos para enseñar

a. Conocimiento: entender los eventos verdaderos en la historia.

b. Cambio de actitud: desear un cambio de su propia actitud.

c. Respuesta específica: en realidad tendrán un cambio de comportamiento.

He aquí un ejemplo del tema de la bondad de la parábola del buen samaritano:

a. Conocimiento: los espectadores aprenderán que el buen samaritano fue bondadoso.

b. Cambio de actitud: sentirán bondad hacia los necesitados.

c. Respueta específica: se comportarán con bondad con otras personas.

Bosquejo

Todo guión debe tener un comienzo, una parte principal, y un final. Siga anotando sin escribir diálogo. Desarrolle un bosquejo sencillo de la historia, dando consideración a los siguientes tres puntos esenciales: trama, personajes, y escenificación.

1. **Trama**

    Al escribir, la trama es la línea de la historia, pero en el drama es la estructura del drama. Una trama bien construída contiene: exposición, conflicto, la cuestión dramática principal, complicaciones, crisis, y resolución. Cada uno de estos elementos debe ser considerado en cualquier drama, pero cada uno variará en duración y desarrollo según los espectadores, las limitaciones de tiempo, el lugar, y el propósito

    a. Para introducir un drama, informe a los espectadores sobre los sucedos significantes que ocurrieron en los tiempos del drama, sobre la presente situación de los personajes o sobre el trasfondo de ellos. Esta introducción explicatoria se llama una exposición. A veces un narrador, un maestro o uno de los líderes responsables dará esta información expositoria antes de que comience el drama para desarrollar el ambiente en la mente de los espectadores. Un suceso muy activo puede ser una manera rápida de comenzar un drama con la atención inmediata de los espectadores.

    b. El conflicto se debe introducir en los comienzos de la trama para que cada situación cobre signficado. El conflicto da fuerza y significado al drama.

    Considere las siguientes exposiciones.

    - Un hombre decide hacer un viaje en barco.
    - Una joven esposa se viste elegante para ir a la oficina de su esposo.
    - Una madre teje una canasta.

    Al añadir conflicto estas situaciones pueden convertirse en lo siguiente:

    - El hombre en el barco es un fugitivo perseguido por Dios. Es la historia de Jonás.
    - La joven esposa recibirá sentencia de muerte si su esposo, el emperador de Persia, se disgusta con ella. Esta es la historia de Ester.
    - La madre desobedece a Faraón y trata de salvar a su hijo escondiéndolo en una canasta en el río. Esta es la historia de Moisés.

    c. El conflicto en la historia evoca la cuestión dramática principal. Esta cuestión evoca la decisión de que el héroe gane (lo que se llama comedia) o que el héroe pierda (lo que se llama tragedia). Esta cuestión introduce suspenso a la trama y mantiene la atención de los espectadores a través de una serie de complicaciones que llevan a la crisis principal o el clímax.

    d. Las complicaciones son atrasos u obstáculos que surgen para impedir el progreso del héroe hacia su objetivo. Cada complicación es más crítica. Con frecuencia un poco de humor puede permitir a los espectadores alivio de la sostenida tensión emocional de esta parte del drama. La risa puede permitir que la gente dé escape a la tensión.

    e. Las complicaciones acrecientan hacia la crisis o el punto más alto del drama. En este momento el héroe logrará su objetivo (en una comedia) o será completamente vencido (en una tragedia).

    f. La conclusión del drama, o el final de la situación de crisis, se llama resolución. Los hilos sueltos que quedan en la historia se atan y se cortan y se asegura a los espectadores el cumplimiento de la trama de la historia.

2. **Personajes**

    Los que participan en la trama del drama son los pesonajes. El héroe (técnicamente conocido como el protagonista) es el personaje principal cuya historia es la que se cuenta. Tiene un objetivo que está tratando de alcanzar a pesar del conflicto de su enemigo (técnicamente conocido como el antagonista).

    Los espectadores deben aprender sobre cada personaje por medio de las cosas que dice, cómo las dice, sus manerismos, su ropa, y cómo reacciona a situaciones. Cada personaje tiene una característica dominante que lo motiva. No obstante, también debe ser creíble como persona y un individuo complejo.

Con frecuencia el drama para niños incluye animales como personajes. Tenga cuidado de no dar por sentado que los niños pueden aprender de un peronajes animal una lección que se pueda aplicar a los humanos. Quizás necesiten ayuda para aplicar una lección presentada de este modo. Con frecuencia usar a personas en el drama, o a niños específicamente, ayudará en este proceso.

En un drama bien escrito los sucesos ocurren debido a los personajes y sus personalidades. Por ejemplo, David luchó contra Goliat porque era un joven de gran fe con una pasión por el honor de Dios. Saúl se acobardó porque, a pesar de su posición real, trataba a la ligera lo que era santo. Investigue cuidadosamente los pesonajes que va a usar en el drama y componga el drama con amplias oportunidades para mostrar la actitud y el carácter interior de estas personas a través de sus palabras y su comportamiento.

a. Comienzo:
- Desarrolle una manera de introducir o abrir el drama (exposición).
- Haga una lista de los personajes con una breve descripción de cada uno.
- Anote lo que generalmente necesitará para la escenificación o el vestuario.
- Escriba cómo se podría presentar el conflicto inmediatamente.

b. Parte principal:
- Evalúe lo que se propone enseñar.
- Haga una lista de los sucesos o las complicaciones que servirán para acrecentar el drama.
- Escriba las maneras para clarificar el conflicto, posiblemente usando opuesto.
- Haga una lista de acciones específicas, evite violencia, y disminuya los negativos.
- Escriba los puntos humorísticos en la trama.
- Acreciente los sucesos hacia el clímax.

c. Final:
- Dé resolución al conflicto.
- Escriba el versículo bíblico o el principio bíblico que resuelve el conflicto.
- Dé claramente la aplicación a la vida.
- Escoja una manera de terminar formalmente la presentación dramática.

Guión

Ahora está usted listo para escribir el guión o diálogo. Usando su bosquejo, desarrolle el drama hasta el punto que lo necesitará según su estilo y ministerio. Se pueden desarrollar rápidas escenas cortas del bosquejo que ahora tiene. Verdaderos dramas y hasta presentaciones de títeres con frecuencia pueden exigir de un verdadero guión con diálogo palabra por palabra para que cada personaje lo memorice. Este tipo de guión posiblemente también incluya notas de producción dando instrucciones para la iluminación, el escenario, el vestuario, y los efectos especiales. A estas alturas usted también querrá escribir el título.

Evalúe el material de su drama escrito según ciertas pautas sencillas. Esté listo para hacer cambios. Elimine palabras de más, escenas que no son necesarias, y todo lo que pueda hacer lento el progreso de la historia o distraer del tema. Mire si el diálogo es claro y si hay acciones suficientes para probarlo. Otra vez, evalúe el contenido, el estilo, y la presentación del material según el propósito de su ministerio y la edad de sus espectadores.

CONCLUSIÓN

El drama puede ser un excelente medio para evangelizar y para el crecimiento cristiano. Es un medio interesante en nuestra sociedad que tanto se orienta a la comunicación y que puede ofrecer oportunidades para ministrar a talentos diversificados. El drama cristiano debe ser interesante y capaz de entretener, pero el propósito es influenciar a las personas hacia Jesucristo. Para que ministre a los niños, el drama debe dirigirse a las necesidades de los niños y ofrecer soluciones bíblicas.

Quizás Dios lo esté llamando a usted a usar el drama en su ministerio o a escribir material para dramas. Considere cómo Dios lo podría estar dirigiendo en esta área de ministerio dramático.

REPASO

1. ¿Qué tipos de drama se presentan en este artículo?
2. Dé los tres elementos esenciales del drama.
3. Dé la definición de "adaptación".
4. ¿Cuáles son los cuatro pasos para escribir material dramático?
5. ¿Cómo puede usted usar el drama en su ministerio?
6. ¿Está Dios llamándolo a escribir guiones dramáticos y a compartirlos con los demás?

Apéndices

"UN POCO ES SUFICIENTE"

Por June Creel y Mark Sims

Notas de producción

Tema: Dios puede usar a cualquiera, hasta a un niño. Lo único que Dios nos pide es que nos pongamos a su disposición para servirlo.

Sinópsis: La continua frustración de un pequeño niño por el rechazo que su familia hacía de sus esfuerzos por ayudar es aliviada por un sueño muy raro. En el sueño un niñito de Galilea le enseña que con Dios "Un poco es suficiente".

Cita bíblica: Mateo 14:15-21; Juan 6:5-14

Aplicación: "Un poco es suficiente" es apropiado para cualquier culto o reunión para niños incluso cruzadas para niños, Escuela Bíblica de vacaciones, asambleas, y programas de Escuela Dominical. También se puede usar en los cultos para adultos en los que se desea un énfasis especial en los niños. La duración y naturaleza del drama se presta muy bien para ilustrar un sermón.

Bosquejos de los Personajes:

Cristóbal: un pequeño niño que quiere ayudar a la gente más que nada en el mundo.

Madre y padre: los padres de Cristóbal lo aman pero reconocen que hay algunas cosas para las que todavía no es suficiente maduro.

Roberto y María: el hermano mayor y la hermana de Cristóbal que no tienen tiempo para hermanos menores.

Niño: casi de la misma edad de Cristóbal, este niño de Galilea se le aparece a Cristóbal en su sueño y le cuenta una historia increíble.

Utilería: No es necesario tener escenarios para este drama; sin embargo, si se desean, consistirían de una escena afuera y en una cocina. Unos pocos trastes, una toalla para secar platos, un azadón, y un juego para niños mayores son lo único que se necesita. Todos los actores visten ropa normal de diario con la excepción del niño de Galilea que viste un sencillo disfraz de los tiempos bíblicos.

Sugerencias: Con menores cambios en el guión el personaje de Cristóbal se podrá cambiar al de una niña. La madre y el padre pueden ser representados por adultos o por niños. La familia de Cristóbal está congelada en el escenario al comenzar el drama. Esto quiere decir que toman su lugar y que no se mueven hasta que reciben su aviso. Una vez terminan de decir su parte, cada miembro de la familia se volverá a congelar.

Cuando comienza el drama los siguientes personajes están congelados en el escenario:

- ✓ La madre secando los platos
- ✓ El padre usando el azadón en el jardín
- ✓ Dos niños mayores jugando

Entra un niño más pequeño, caminando sin dirección como si buscara algo que hacer, obviamente aburrido. En silencio hace cosas como patear un objeto en el suelo, sentarse sólo para volver a levantarse, por un momento hace como que es un avión. Por fin se fija en su madre. Ella se descongela y él la llama.

CRISTÓBAL: Madre. *(Ella está ocupada y no se fija en él. Cristóbal habla un poquito más alto.)* Madre…Madre, óyeme.

MADRE: *(Por fin ve a Cristóbal)* ¿Qué pasa, cariño?

CRISTÓBAL: No tengo nada que hacer.

MADRE: ¿Por qué no sales a jugar? Es un día precioso.

CRISTÓBAL: No, no quiero.

MADRE: Bueno, ¿por qué no juegas con tu pelota?

CRISTÓBAL: Ya jugué.

MADRE: Amor, anda y busca algo que hacer.

En cuanto termine con estos platos, tengo que lavar la ropa.

CRISTÓBAL: *(Ansioso)* Yo te ayudo. Yo puedo secarlos.

MADRE: No gracias. Tienes que ser un poquito más grande antes de aprender a fregar. Me temo que quebrarías algo.

CRISTÓBAL: ¿Quieres que comience a lavar la ropa?

MADRE: Mira, Cristóbal, no creo que eres lo suficientemente grande para fregar, ¿de verdad crees que voy a dejar que laves la ropa?

CRISTÓBAL: Ah, madre, por favor déjame ayudar… estoy cansado de jugar. Quiero hacer algo importante.

MADRE: Si de verdad quieres ayudar, vé y busca a tus hermanos y juega con ellos.

CRISTÓBAL: No me quieren cerca de ellos.

MADRE: Claro que sí; eres su hermano, ¿no?

(La madre ha estado ocupada durante la conversación y se fija qué triste se ve Cristóbal mientras se aleja de ella. Ella vuelve a congelarse y Cristóbal se va hacia los otros niños que cobran vida cuando él se acerca. También están tan ocupados que no se fijan en Cristóbal. Después de observarlos por un momento, les interrumpe su juego.)

CRISTÓBAL: Quiero jugar. *(Se interrumpen el uno al otro al hablar al mismo tiempo.)*

ROBERTO: ¡Vete!

MARÍA: ¡Ahora no, gorgojo!

CRISTÓBAL: Tienen que dejarme jugar. Mamá dijo que sí.

ROBERTO: Tú no puedes jugar este juego; eres muy pequeño.

CRISTÓBAL: ¿Quién está ganando? *(Otra vez se interrumpen.)*

ROBERTO: ¡Yo, por supuesto!

MARÍA: *(Haciendo una mueca a Roberto)* Roberto, por ahora.

CRISTÓBAL: Yo te puedo ayudar a ganar, María.

MARÍA: No necesito ninguna ayuda. Estoy dejando que se sienta bien por unos minutos antes que le demuestre. *(Hace otra mueca a Roberto.)*

ROBERTO: ¡Claro que sí! La verdad es que necesitas toda la ayuda que puedas conseguir.

CRISTÓBAL: ¡Sí! Yo te puedo ayudar.

MARÍA: ¡Tú eres muy pequeño, Cristóbal! ¡Ni siquiera sabes cómo jugar este juego! Ahora vete a molestar a otros por un rato.

CRISTÓBAL: Mamá me dijo que los buscara.

ROBERTO: Quizá sólo para quitarte de encima. Ahora, si insistes en ayudar a alguien, ¿por qué no ayudas a papá? Está trabajando en el jardín.

CRISTÓBAL: ¡Qué gran idea! Yo sé que él me va a dejar ayudarle. ¡Voy a ser el mejor ayudante que ha tenido!

(Roberto y María se miran y animan a Cristóbal a que se vaya. Cuando se va, se vuelven a congelar. Al acercarse Cristóbal a su papá, éste se descongela y se ocupa con el azadón; de hecho, está tan ocupado, que ni siquiera ve a Cristóbal.)

CRISTÓBAL: Papi, aquí estoy.

PAPÁ: *(Sin detenerse.)* Así veo... ten cuidado de no pisar las plantas. *(Cristóbal mira donde está parado y rápidamente se aparta como si hubiera estado pisando una planta.)*

CRISTÓBAL: ¿Dónde hay otro azadón, papá?

PAPÁ: ¿Otro azadón? ¿Por qué debe haber otro azadón?

CRISTÓBAL: Para que yo trabaje en el jardín. ¡Quiero ayudarte!

PAPÁ: Ay, Cristóbal, ni siquiera puedes distinguir entre una planta y una mala hierba. Si te doy un azadón, no nos quedará nada en el jardín.

CRISTÓBAL: Sí, quedará. Por favor, papito, quiero ayudarte.

PAPÁ: Quizás el año que viene, hijo, cuando seas mayor... Ya veremos...

CRISTÓBAL: *(Tristemente)* Por favor, papito. Si ya soy grande.

PAPÁ: *(Sigue con su trabajo)* No tengo tiempo para discutir contigo, Cristóbal. Quiero terminar esto antes que oscurezca. Ahora corre y vete a jugar como un buen niño. *(Cristóbal se aleja desalentado y el papá se congela otra vez. Cristóbal se va hacia un punto en el escenario lejos de los otros actores y se sienta, está triste.)*

CRISTÓBAL: *(Murmurando a sí mismo)* Todos creen que soy un bebé... ¡No puedo ayudar a nadie! ¡No puedo hacer nada! Soy muy pequeño hasta para jugar con Roberto y María... ¡Odio ser tan pequeño! *(Permanece sentado por un momento, luego comienza a cabecear, bosteza, se estira, etc. Por fin se acuesta como si se ha quedado dormido. Una vez Cristóbal está dormido, un niño, vestido con sencilla ropa de los tiempos bíblicos, entra y comienza a caminar por el escenario. Al pasar cerca de Cristóbal, se detiene y lo despierta.)*

NIÑO: Oye, despierta. ¿Qué hacer durmiendo en pleno día?

CRISTÓBAL: *(Adormitado, confuso)* ¿Qué? ¿Durmiendo? No estoy durmiendo. *(Hace una pausa mientras mira más de cerca al niño.)* ¿Quién eres? No recuerdo haberte visto por aquí antes. *(Se fija en la ropa.)* ¿Por qué llevas ropa tan rara?

NIÑO: *(Confuso)* ¿Qué tiene de raro mi ropa? Todos los niños en Galilea se visten así. ¿Por qué duermes en pleno día? ¿No tienes nada que hacer?

Drama y escritura de guiones | 255

CRISTÓBAL: *(Disgustado)* No, soy muy pequeño, no puedo hacer nada. Mi familia cree que soy un bebé. Nunca me deja ayudar. ¿Tu familia te trata a ti así?

NIÑO: *(Con importancia)* Antes sí, pero ya no.

CRISTÓBAL: ¿De verdad? ¿Qué hiciste para hacer cambiar su modo de pensar?

NIÑO: Bueno, en realidad no fui yo el que cambié su modo de pensar. Fue Jesús.

CRISTÓBAL: ¿Jesús? ¿Quieres decir el Jesús del que leemos en la Biblia?

NIÑO: *(Confuso)* Quiero decir Jesús de Nazaret.

CRISTÓBAL: *(Con impaciencia)* Apresúrate y cuéntamelo. ¿Qué hizo Jesús?

NIÑO: Todos querían ver a Jesús. Los hombres se admiraban de lo sabio que era y de la autoridad con que hablaba. *(Con entusiasmo)* Si hubieras visto cómo hablaba a los fariseos. *(Pausa)* Un día se supo en mi pueblo que Jesús estaba cerca con sus discípulos.

CRISTÓBAL: Apuesto a que toda la gente quería ir.

NIÑO: Todos, y yo también.

CRISTÓBAL: *(Como si ya lo supiera)* Y tu mamá no te dejó ir porque eras muy pequeño, ¿no?

NIÑO: No... mamá dijo que podía ir. Creo que quería deshacerse de mí por un rato, porque decía que yo siempre estaba en medio de todo, queriendo ayudar.

CRISTÓBAL: *(Acalorado)* ¡Yo sé lo que es eso!

NIÑO: (Ignorando a Cristóbal) Así que me preparó un almuerzo – cinco panes de cebada y dos pescaditos – y me mandó de camino.

CRISTÓBAL: *(Admirado)* ¡No solo!

NIÑO: No. Otros del pueblo también iban.

CRISTÓBAL: ¿Qué pasó?

NIÑO: Cuando llegamos Jesús estaba leyendo. Todos se amontonaban alrededor, tratando de acercarse a Él lo más posible, esperando verlo hacer un milagro. Tú sabes que era famoso por eso. Él habló por mucho, mucho tiempo y la gente comenzó a cansarse y a sentir hambre.

CRISTÓBAL: ¿Y qué hizo Jesús? ¿Fueron a un restaurante?

NIÑO: No, Jesús preguntó a sus discípulos algo sobre comprar pan para dar de comer a toda la gente. Pero ellos dijeron que no podían comprarlo; que no tenían suficiente dinero.

CRISTÓBAL: *(Interrumpiendo)* Así que mandó a todos a casa.

NIÑO: No... Uno de los discípulos, que se llamaba Andrés, le dijo a Jesús de mí.

CRISTÓBAL: ¿De ti? ¿Por qué hizo eso? ¿Fue porque eras muy pequeño para estar ahí sin tus padres?

NIÑO: Porque yo tenía un almuerzo, ¿recuerdas? Cinco panes de cebada y dos pescados.

CRISTÓBAL: Oooo... *(Ansiosamente)* Y luego, ¿qué pasó?

NIÑO: ¡Andrés dijo que en realidad mi almuerzo no importaba porque no era suficiente para dar de comer a cinco mil personas!

CRISTÓBAL: ¡Cinco mil personas! ¡Tenía razón!

NIÑO: Era imposible, ¡pero Jesús lo hizo! ¿No es ese un milagro maravilloso? Y lo mejor es que fue por mi almuerzo. Mira, ese día yo ayudé a Jesús. ¿Qué hubiera hecho Él sin mi almuerzo?

CRISTÓBAL: *(Con comprensión reflejada en el rostro)* Veo lo que quieres decir. Dios pudo usarte porque tú estabas dispuesto a Jesús y le diste todo lo que tenías.

NIÑO: Así es. Es que con Jesús un poco es mucho, ¡ya sea comida o una persona que cree que nunca puede ayudar a nadie!

FIN

Según el lugar donde se presente este drama y en qué punto aparezca en el programa, puede ser seguido por música apropiada o un llamado al altar.

Si se usa como una ilustración para el sermón podría presentarse antes, durante o después del mensaje.

"ERES ESPECIAL"

POR June Creel y Mark Sims

Notas de producción

Tema: El maravilloso amor de Dios por sus hijos. Jesús vino a buscar y a salvar a los perdidos.

Sinópsis: Las propias parábolas de Jesús forman la base para este drama corto que usa las palabras de Jesús para ilustrar el gran amor e interés de Dios por cada persona. Cuando el obrero de niños trata de decir a sus oyentes cuán especial es cada uno de ellos para Dios, ellos ven su amor ilustrado por medio de un pequeño pastor en busca de su oveja y de una anciana que ha perdido una moneda de plata.

Cita bíblica: Lucas 15:3-10

Aplicación: "Eres especial" es apropiado para cualquier culto o reunión para niños, incluso cruzadas para niños, escuela bíblica de vacaciones, asambleas, y programas de Escuela dominical. Es lo suficientemente breve para incluirlo en los cultos para adultos cuando se necesita incorporar algo especial para los niños. Este drama también es ideal para ilustrar un sermón sobre el amor de Dios y su interés por los perdidos.

Personajes:

Obrero: un obrero cristiano que habla a los niños alegremente, con entusiasmo y cariño de Alguien que los ama muchísimo más que cualquier otra persona en el mundo entero.

Pastor: en intensa búsqueda de su ovejita, Algodón, que se ha perdido.

Anciana: se llena de gozo cuando encuentra su moneda de plata perdida después de buscarla intensamente.

Utilería: Debido a la brevedad del drama no se necesita de un escenario. Los disfraces bíblicos son opcionales para el pastor y para la anciana. El pastor necesita un bastón que se puede hacer de un palo de escoba o de una rama. Se puede usar papel o papel de aluminio y cinta adhesiva para formar la curva. La anciana necesita una moneda de plata, una escoba y una linterna o una vela (candela).

Sugerencias: El obrero cristiano y el pastor pueden ser varones o mujeres con correcciones menores al guión. El niño pastor y la anciana pueden ser representados por niños. El obrero cristiano lleva ropa moderna. El pastor y la anciana tienen la opción de vestir ropa moderna o de los tiempos bíblicos. Aunque el pastor y la anciana ignoran a los espectadores, es importante que el obrero cristiano, por medio de contacto visual y hablándoles directamente, haga que los espectadores sientan que son parte del drama.

Un obrero de niños habla a los niños de cuánto Dios los ama. Mientras habla un pastorcillo entra buscando una ovejita perdida. Busca en todas partes durante el monólogo del obrero de niños. Cuando éste se acerca al final de su última línea, el pastor comienza a llamar a su ovejita.

OBRERO: Hola, niños. Hoy me siento muy emocionado. Tengo algo muy importante que decirles. *(Pausa. Señala a un niño mientras habla)* ¡Tú eres especial! *(Señalando a otros niños)* Y también tú...y tú...y tú. ¡De verdad que lo son! Todos ustedes...*(Pausa)* ¿No los hace sentirse muy bien saber que alguien cree que ustedes son especiales? Todos nosotros, no importa si somos pequeños o grandes, queremos ser amados. ¿Ustedes quieren ser amados? ¡Por supuesto que sí! Bueno, tengo unas noticias maravillosas que contarles. Hay Alguien que los ama más que cualquier otra persona. ¡Así es! Y Él los ama en todo momento; cuando se portan bien y hasta cuando se portan mal, aunque Él quiere que se porten bien. ¿Saben quién es? *(El actor tiene la opción de pedir a los niños que adivinen quién es o de darles sus propias sugerencias.)* ¿De quién creen que hablo? *(Pausa)* ¿De su mamá o su papá? ¿O quizás de una abuela o de un hermano o hermana o de su mejor amigo? Bueno, esas son algunas de las personas que de verdad aman a los niños. Pero hablo de Jesucristo, el Hijo de Dios. Él los ama de verdad. ¿Pueden adivinar cuánto?

PASTOR: *(Interrumpiendo)* Algodón...ven, Algodón...*(Pausa y sigue buscando. El obrero lo mira sorprendido, el pastor está preocupado)* Algodón, ¿dónde estás? *(Con impaciencia)* ¡Ven! Deja de jugar al escondite. Ya no es nada gracioso. Estás comenzando a preocuparme. *(El pastor, con la espalda al obrero mientras busca, se topa con él. El obrero le pone las manos en los hombros al pastor para evitar que éste se caiga.)*

PASTOR: *(Sorprendido, se vuelve rápidamente para ver con quién se topó.)* ¡Oh! ¡Disculpe!

OBRERO: Pon atención adónde vas, amigo, ¡o te vas a romper la nuca!

PASTOR: *(Distraído)* Sí, señor... lo siento... no lo hice adrede.

OBRERO: ¿Estás buscando tu gato?

PASTOR: No, busco mi ovejita, Algodón. Usted no ha visto una ovejita corriendo por aquí, ¿no?

OBRERO: *(Buscando alrededor mientras habla)* No, no puedo decir que la he visto. *(Se vuelve a los espectadores y les pregunta)* ¿Han visto una ovejita? *(Pausa)* Lo siento. Eso es algo muy duro, perder así tu ovejita mascota.

PASTOR: Oh, no es una mascota. Tengo 99 más en el pasto.

OBRERO: *(Admirado)* ¡Tienes 99 más! ¡Qué cosa! Esta ovejita debe ser muy especial para que dejes todas las otras sólo para buscarla!

PASTOR: Es la única Algodón que tengo. *(Pausa)* Caballero, no quiero ser rudo, pero no tengo tiempo para hablar en este momento. ¡Tengo que buscar a mi oveja! *(Sale rápidamente)* Algodón… ven, Algodón… ven, Algodón…

OBRERO: *(Mirando al pastor que sale, luego habla a los espectadores)* ¡Bendito! Espero que encuentre pronto a Alagodón, ¿y ustedes? *(Pausa, pensativo)* Él de verdad ama a esa ovejita, ¿no? Ahora, ¿qué les estaba diciendo? Ah, sí, ya recuerdo. ¿Saben cuánto los ama Jesucristo?

(Cuando el obrero dice su última línea, entra una anciana con una lámpara y una escoba. Pone la lámpara en el suelo y comienza a barrer. Después de dar un par de escobazos se detiene, se pone de rodillas y comienza a buscar algo. Parece muy preocupada mientras busca cuidadosamente.)

OBRERO: *(Susurra a los espectadores)* ¡Oigan, miren esto! ¿Quién será… y qué estará buscando? Vamos a averiguarlo. *(Se acerca a la anciana).* Disculpe…*(La anciana no le hace caso y sigue buscando. El obrero habla más fuerte)* Disculpe…*(Ella lo mira, pero no deja de buscar)* ¿Se le ha perdido algo, señora?

ANCIANA: Sí, he perdido algo. ¡Es terrible! No sé qué voy a hacer. *(La anciana busca mientras habla)*

OBRERO: Dígame lo que ha perdido. Quizás yo le pueda ayudar a buscarlo.

ANCIANA: Oh, ¿me puedes ayudar, hijo? Que Dios te bendiga. Es una moneda de plata.

OBRERO: Una moneda de plata. Ay, qué lástima. Lo siento mucho. *(A los espectadores)* Apuesto a que es la única moneda que tiene.

ANCIANA: Oh, no, tengo nueve más.

OBRERO: *(Buscando la moneda mientras habla)* Me parece que ya ha buscado en todas partes. Creo que yo me daría por vencido si yo fuera usted y me alegraría de que todavía me quedan nueve monedas.

ANCIANA: ¡Ay, no! *(Todavía buscando)* No, no puedo hacer eso. *(Sigue buscando hasta que de repente encuentra la moneda)* ¡Ay, Señor mío! ¡Aquí está! ¡La encontré! *(Recoje una moneda del suelo)* ¡Gloria al Señor! ¡Qué maravilloso! ¡Es lo más emocionante del mundo! ¡He encontrado mi moneda!

OBRERO: *(Emocionado por ella)* ¡Es estupendo! Me alegro mucho por usted.

ANCIANA: Discúlpame, querido, pero tengo que irme. ¡Tengo que contárselo a mis amigos y vecinos para que se puedan regocijar conmigo! *(Rápidamente toma su lámpara y sale diciendo alegremente mientras se aleja)* ¡Miren, todos, he encontrado mi moneda! ¡Qué maravilloso! ¡La encontré!

OBRERO: *(Sonriendo y mirándola salir. Habla a los espectadores)* Eso es magnífico, ¿no? ¡Está tan contenta! ¡No me sorprendería si ella y sus amigos tienen una fiesta para celebrar! *(Pausa, se ve confuso)* He olvidado lo que estaba diciendo, ¡otra vez! Ahora, a ver… lo siento, pero hemos tenido tantas interrupciones… *(De repente recuerda)* ¡Ah, ahora recuerdo! Les iba a decir cuánto los ama Jesús a ustedes. Él los ama tanto como ese pastor ama a su ovejita, Algodón. Y Él se interesa por ustedes tanto como esa ancianita se interesó por su moneda de plata. ¡Así es! ¡Él los ama así de mucho! ¡Para Jesucristo ustedes son muy especiales!

El obrero de niños pasa a hacer un llamado al altar mientras el Espíritu Santo dirije a los niños hacia la salvación y a una dedicación a Cristo más profunda.

Los anteriores dos dramas se pueden usar para ministrar o pueden servir como muestras para usted cuando comience a escribir su propio material de drama cristiano. Agradecemos la generosidad del ministerio *Drama for the Harvest* de compartir estos materiales. Derecho de autor, 1992.

Drama for the Harvest
924 Frontier Drive
Pelham, AL 35124

Drama for the Harvest da permiso a las Misiones Mundiales de las Asambleas de Dios para usar este drama para preparar a obreros de niños en el exterior.

DRAMA Y GUIONES

- **Importancia del tema**
- **Objetivos**
- **I. Definición**
    - A. Propósito
    - B. Estilos
- **II. Desarrollo**
    - A. Puntos esenciales
    - B. Adaptación
    - C. Desarrollo del guión
- **Conclusión**
- **Repaso**
- **Apéndices**
    - "Un poco es suficiente"
    - "Tú eres especial"

BLOQUE 4: Ministerios especializados

Capítulo 28

Células para niños 263

Capítulo 29

Niños abusados 271

Capítulo 30

Campamentos bíblicos 279

Capítulo 31

Cultos para niños 291

Capítulo 32

Cruzadas para niños 303

Capítulo 33

Anexos para niños 313

Capítulo 34

Ministerio a los hijos de ministros 319

Capítulo 35

Ministerio a los infantes y a los párvulos 329

Capítulo 36

El Ministerio al niño preescolar 339

Capítulo 37

Desfiles 351

Capítulo 38

Niños de la calle: ¿basura…o tesoros? 357

Capítulo 28

TEMA: Células para niños

ESCRITORA: Hope Brooke

IMPORTANCIA DEL TEMA

El estudio del Nuevo Testamento muestra que el ministerio de Cristo estaba basado principalmente en el contacto personal. La primera iglesia cosechó la ventaja de enseñar a grupos pequeños. Una célula para niños es una manera eficaz de compartir las verdades de la Biblia por medio de correlaciones.

OBJETIVOS

1. El obrero podrá hacer una lista de los tres tipos básicos de células bíblicas para niños.
2. El obrero podrá planear y organizar una célula bíblica básica.
3. El obrero podrá explicar las responsabilidades del coordinador, de los obreros, y del anfitrión.

I. INTRODUCCIÓN

Cristo llamó, enseñó y comisionó a 12 hombres. Aunque Él predicó a multitudes de miles varias veces, estudios del Nuevo Testamento muestran que el ministerio de Cristo estaba basado principalmente en el contacto personal. Los grupos pequeños ofrecen oportunidades para compartir verdades bíblicas a través de correlaciones. La primera iglesia cosechó la ventaja de enseñar a grupos pequeños. Los edificios y las iglesias grandes no eran característicos de la primera iglesia. Grupos pequeños se reunían en las casas y *"el Señor añadía cada día a la iglesia los que habían de ser salvos"*.

En seis semanas, cada iglesia de las Asambleas de Dios puede duplicar su asistencia al adoptar un ministerio de células, especialmente uno para niños. El propósito de un ministerio de células para niños es ganar a los niños para Cristo, dirigirlos hacia el crecimiento cristiano, formar el carácter cristiano, dirigirlos hacia la plenitud del Espíritu, y ayudarles a ganar a otros niños por su testimonio.

II. CÉLULA PARA NIÑOS

A. ¿Qué es?

1. Un clase bíblica
2. Dirigida una vez por semana
3. Una célula en un vecindario para grupos pequeños de niños
4. Se enseña a los niños usando literatura bíblica en un momento apropiado para cada edad.

Este es un ministerio en el que obreros preparados tienen una célula bíblica por una hora en la que se enseña la Palabra de Dios en los hogares. Cada célula bíblica necesita de tres personas: una anfitriona, un obrero, y un ayudante. Escoja cuidadosamente el hogar y a las tres personas para cada célula. Prepare folletos y hojas sueltas explicando lo que ofrece la célula bíblica. Extienda invitaciones a los niños y también a los padres en el vecindario inmediato del lugar donde será la célula bíblica. Explique claramente que la célula bíblica es para los niños, pero que los padres están invitados a venir y ver de qué se trata.

La mayoría de los padres se sorprenden y se agradan de que alguien se interese lo suficiente en sus hijos para ofrecerles clases. Muchas madres dejarán que sus hijos asitan, sólo para quitárselos de encima por una hora. Este plan también ofrece un ahorro a las familias al no tener que dar transportación a sus hijos para que vayan a una iglesia. La iglesia también no tiene que construir ni alquilar más salones.

Generalmente los vecinos no se opondrán a que sus hijos vayan al hogar anfitrión si la familia tiene buena reputación. Se debe invitar a todos los niños.

Con frecuencia las madres visitarán las células bíblicas y por medio de las enseñanzas reciben a Cristo como Salvador. El tipo y la hora de la célula bíblica puede ser por las mañanas, después de la escuela, o cuando sea conveniente.

B. Beneficios

1. Para el que no es salvo.
   a. Conveniencia: la iglesia lleva el evangelio al niño.
   b. Cómodo: menos aprensivo ir a la casa del vecino que a una iglesia.
   c. Vienen como estén: no tienen que vestirse con ropa de calle.
2. Para el creyente.
   a. Ofrece una hora adicional de estudio bíblico cada semana.
   b. Da a cada niño la oportunidad de traer a sus amigos no salvos.
   c. Los maestros practican y experimentan crecimiento espiritual.
   d. Crecimiento de la iglesia y de la escuela dominical.
   e. Muchas iglesias han comenzado como clases bíblicas para niños.
   f. Los padres son evangelizados por sus hijos que asisten a la célula bíblica.
   g. Lleva a Dios y su Palabra a los hogares.
   h. Ayuda a los niños en su andar cristiano y a formar carácter cristiano.

C. Literatura

La literatura que se use debe ser doctrinalmente sana, atractiva, y tener actividades para niños. Se puede usar la literatura para escuela bíblica de vacaciones (RDM 1722 S. Glenstone W-163, Springfield, MO 65804), material para evangelismo para niños, y GPH (Gospel Publishing House, 1445 N. Boonville Ave., Springfield, MO 65802).

III. TIPOS DE CÉLULAS

A. La célula familiar

Todo hogar cristiano debe tener tiempo devocional con toda la familia. Este momento de adoración con la familia variará según las edades de los niños y según el tamaño de la familia; pero todo hogar debe tener una hora fija para acercarse a Dios.

La madre, el padre o el hijo mayor puede dirigir a la familia en las devociones diarias y en el estudio bíblico semanal. Se debe leer la historia bíblica en un libro que sea fácil de entender por los niños pequeños. Fije una hora y un día para el tiempoo de la historia bíblica.

Después de pensarlo, de mucha oración y hablarlo, la familia puede adoptar espiritualmente a los niños del vecindario. Los niños que se elijan serán luego incluídos en el timepo de la historia bíblica de la familia. Esta familia debe orar todos los días por los niños adoptados y ayudarles a crecer espiritualmente.

Los niños del vecindario que la familia decida invitar (o adoptar) deben ser de la edad de los niños en el hogar. El número de niños que se invite no debe pasar del número total de los niños en el hogar, con no más de 10 ó 12 por todos.

Durante la célula bíblica familiar, canten un cántico, lea o narre una historia bíblica, y oren. Luego hablen de la historia bíblica para que los niños puedan dar ideas sobre cómo esa lección se relaciona a su propia vida. Busque la participación de cada niño. Anime a los niños a que narren la historia bíblica en sus hogares. Podría abrir puertas para el ministerio personal entre los adultos.

B. Células para preescolares

Antes de la edad de seis años, los niños forman conceptos que permanecerán con ellos por el resto de su vida. Es imperativo presentar a los preescolares el amor de Dios y los héroes de la Biblia.

Porque hay niños pequeños en el vecindario, tenga la célula bíblica para ellos mientras los niños mayores están en la escuela. Al escoger una hora, tome en cuenta cuántos niños asisten a un preescolar o kindergarten. Una hora temprano por la tarde sería mejor.

A esta edad les encanta la repetición, por tanto, use en la célula bíblica la misma literatura de Escuela dominical que se está usando en la iglesia. Lo sobresaliente de la celula bíblica para preescolares es que ellos dramatizan las lecciones bíblicas. Cuando dramatizan la lección, interpretan la vida y el comportamiento de los personajes bíblicos. Inconscientemente comenzarán a adoptar para sí mismos las normas bíblicas. Aprenden verdades espirituales mientras se divierten dramatizando las lecciones bíblicas. Cada niño debe turnarse para hacer el papel del personaje sobresaliente de la lección.

La célula bíblica se planea alrededor de un tema por sesión y su horario es bastante parecido al de la sesión de los niños escolares. La mayor diferencia es que en la célula bíblica para preescolares ellos siempre dramatizan la lección. Al amarrar un delantal alrededor de la cabeza, éste se convierte en un pastorcillo. Para simular que tiene un bebé en los brazos, enrrolle una toalla. Cosas pequeñas pueden encender la imaginación de los preescolares. Cuando los niños dramatizan la lección, repiten el versículo bíblico y así lo retendrán en la memoria.

C. Células para primarios

Considere el horario de clases en las escuelas cuando vaya a escoger la hora para tener una célula bíblica para los niños escolares. Podría ser necesario tener la célula los sábados o en una hora después de la escuela. Conduzca un censo en el vecindario para establecer el horario.

Células evangelísticas

El propósito de esta célula es que todo niño pueda ser salvo. Muchos niños nunca irían a una iglesia evangélica, pero sí irán al hogar de un vecino amistoso.

Los cánticos, los versículos para memorizar, y las lecciones bíblicas se planean alrededor de un tema, la salvación que Dios ofrece a través de su amor. Se dirige a cada niño hacia Cristo y su salvación. Cuando los niños se convierten a Cristo, aprenden a orar por sus amigos y a testificar a otros para que ellos también puedan ser salvos.

Células para desarrollar carácter cristiano

El niño que ha aceptado a Cristo como su Salvador necesita de cuidado amoroso y tierno. Necesita ser alimentado y aprender cómo alimentarse por sí solo con la Palabra de Dios. Se le debe enseñar cómo sostenerse sobre sus propios pies espirituales y seguir el andar cristiano. Mateo 28:19 nos insta a *hacer discípulos*. Llevar a la persona a Jesús no es suficiente; debemos alimentarla.

Dé a cada niño una porción de la Escritura. Enséñele cómo estudiarla.

Anime a los niños a que asistan a la iglesia más cercana que tenga doctrina sana. Se debe visitar a los recién convertidos y darles atención personal con el estudio bíblico, para ayudarles a encontrar respuestas bíblicas a sus preguntas.

Cada converso debe ser presentado a la iglesia para que se sienta parte de ella. Informe al pastor sobre cada converso, para hacer más fácil el trabajo del pastor de involucrar al recién convertido en la Escuela Dominical y en la iglesia.

Enseñe al niño cómo orar por otra persona y llevarla a Cristo. El niño desarrollará carácter cristiano y crecerá en el Señor por medio de la célula bíblica.

Otra célula se podría dedicar para enseñar quién es el Espíritu Santo y qué es lo que hace. Ore con los niños que no han recibido el bautismo en el Espíritu Santo.

IV. ORGANIZACIÓN

A. Cómo comenzar

1. Ore.
2. Elija un día y una hora que sea conveniente para la anfitriona, para los niños, y para el coordinador del ministerio.
3. Elija a un maestro y a un ayudante para cada célula.
4. Invite a los niños.

Cualquier mes es bueno para comenzar una célula, pero las vacaciones son ideales. Si los niños están en vacaciones, llévelos en excursiones al zoológico, a un parque o a un museo, pero mantenga las lecciones bíblicas.

El superintendente de la Escuela Dominical y el comité nombran a una persona para coordinar los ministerios de células. El pastor y la junta de diáconos y ancianos deben aprobar a la persona que se escoja. La persona que toma el puesto de coordinador será elegida cada año.

El coordinador debe amar a los niños y ver el potencial de dicho ministerio. Éste debe aprovecharse de toda oportunidad que Evangelismo de Niños y otras organizaciones ofrecen para preparación y experiencia.

El coordinador se reunirá semanalmente con los que trabajan con la célula, que serán nombrados por un tiempo indefinido, según su éxito en este ministerio. Las reuniones se compondrán de:

——Un devocional

——Oración

——Presentación de nuevos métodos didácticos

―――Presentación de nueva literatura

―――Talleres para preparar visuales

―――Informes de conversiones, sanidades, y bautismos en el Espíritu Santo

Lor archivos que se mantengan en cada célula serán similares a los que se mantienen en la Escuela Dominical. Toda persona que trabaja en la célula debe llenar una hoja de informe como lo hacen los maestros de Escuela Dominical. Los archivos de la iglesia sobre el ministerio de células para niños deben mantenerse con los de la Escuela Dominical, pero la asistencia no se debe incluir en la cuenta total de la Escuela Dominical.

B. Requisitos del hogar

1. Debe ser un hogar cristiano.
2. Debe tener buena reputación en el vecindario.
3. Limpio, pero la anfitriona no debe ser muy exigente ni puntillosa.
4. La anfitriona debe ser una persona de oración y una sierva del Señor.
5. Un lugar donde los niños son amados y donde pueden entender que están perdidos sin Cristo.

C. Antes de la reunión

1. Los obreros deben orar juntos.
2. Arreglar los muebles o hacer otras preparaciones necesarias antes que lleguen los niños.
3. Mientras los niños van llegando, use esos primeros momentos para:
   a. Tomar asistencia apuntando la llegada de cada niño en un cuaderno de asistencia.
   b. Formar amistad con cada niño.
   c. Revisar el trabajo de memorización y la tarea (los deberes) asignada.
   d. Dejar que el niño vuelva a contar la historia de la semana anterior usando las visuales de esa semana.
   e. Conversar con los niños. Deje que cuenten sus experiencias y cómo han relacionado las enseñanzas bíblicas a su vida.

D. Célula en sesión

¿Qué humor o actitud tienen los niños hoy? ¿Están inquietos? ¿Quietos? ¿Reverentes? Si están inquietos y contentos al llegar, la clase debe comenzar con un canto alegre, rápido, acompañado de ademanes. Ese canto debe ser seguido por uno lento, hasta que los niños hayan sido dirigidos a una actitud de adoración para prepararlos para orar y luego escuchar la enseñanza. Canten uno o dos cantos antes de enseñar el versículo para memorizar. Siempre canten el canto tema del día antes de la lección bíblica.

Cada actividad se relaciona y se conecta con la otra. Después de cada lección dé tiempo para que los niños acepten a Cristo o para que apliquen la verdad del día a su vida.

Cada canto, texto, y partes importantes de la lección deben ser ilustrados con un tablero de franela, tarjetas, películas, objetos, una mesa de arena, cajas para espiar, u otro visual. Los cantos se ilustran mejor con un proyector, un tablero de franela, tarjetas, y carteles. Los colores llamativos y atractivos ayudan. Cerciórese de que los niños entiendan el significado de las palabras de los cantos y del versículo para memorizar.

E. Después de decir "adiós"

Devuelva todo a su lugar. El salón debe verse exactamente como lo tenía la dueña de la casa antes de la célula.

Haga un informe escrito de todo lo que haya sucedido con los niños. Anote cualquier problema para poder pedir apoyo en oración de la congregación.

Haga planes para visitar los hogares de los niños del vecindario. Las visitas se pueden dividir entre el maestro y el ayudante, o podrían visitar a los niños juntos.

V. UNIFORMIDAD

Las actividades de las células deben ser uniformes en propósito. Todo lo que se haga en un aula debe enseñar la misma verdad o doctrina.

Busque la dirección de Dios para incluir el evangelio en toda actividad durante la célula. Escoja cantos que refuercen las mismas verdades fundamentales. Usted enseñará una verdad durante toda la hora. Cada actividad – música, oración, tiempo de enseñanza, repaso de la lección anterior, versículo para memorizar, asignación de trabajos –

debe enseñar una verdad o doctrina específica. Cada actividad se convierte en un medio didáctico que el Espíritu Santo puede usar para transformar vidas.

Sea uniforme en planear cada célula bíblica para que cuando el niño se vaya a casa tenga una verdad específica en su mente.

VI. RESPONSABILIDADES DE LOS OBREROS

A. El maestro

1. Asistir a las reuniones designadas con el director del ministerio de célula para niños.
2. Llegar por lo menos 15 minutos antes de comenzar la clase.
3. Orar con el anfitrión y el ayudante.
4. Arreglar los muebles para que haya suficientes asientos para los niños, con suficiente espacio para moverse. Si el suelo está alfombrado, los niños se pueden sentar allí (especialmente si son preescolares).
5. Buscar a dos cristianos (preferiblemente vecinos) que orarán en su casa durante la célula.
6. Limpiar después de la reunión.
7. Expresar agradecimiento al anfitrión por abrir su hogar para la célula.
8. Desarrollar una relación de compañero de oración con el anfitrión para orar por los niños del club.

B. El ayudante

1. Invitar a los niños. Al comenzar la clase, apuntar la asistencia. Ayudar con el versículo para memorizar. También ayudar a visitar los hogares de los niños.
2. Apagar el radio o la televisión.
3. Contesta el teléfono y la puerta durante la clase.
4. Invitar a las visitas a que escuchen la clase en vez de conversar con ellas.
5. Dirigir la clase mientras el maestro habla con los niños que desean aceptar a Cristo como su Salvador. El ayudante puede hablar con los niños mientras el maestro termina la clase.
6. Ayudar al maestro a limpiar.

C. El anfitrión

1. Durante la semana
   a. Formar amistades y ganarse el respeto de los vecinos. Luego invitar a los hijos de éstos a la célula.
   b. Orar por cada niño, mencionando su nombre.
   c. Instruir a sus propios hijos que sean un buen ejemplo en el vecindario y en la clase.
2. Antes de la clase
   a. Orar con el maestro y con el ayudante cuando éstos lleguen.
   b. Al llegar los niños, oírlos decir el versículo para memorizar.
3. Durante la clase
   a. Si llegan visitas, invitarlas a sentarse para oír la clase o pedirles que vuelvan más tarde.
   b. Apagar el radio o la televisión.
   c. Poner atención a la lección.
4. Después de la clase
   a. Cuando sea necesario, continuar la clase para que el maestro y el ayudante puedan tratar personalmente con cada niño que desee aceptar a Cristo.
   b. Ser amistoso con los niños cuando se despidan.

D. Responsabilidades combinadas

1. Hacerse amigos de los niños.
2. Ayudarles con sus problemas.
3. Llevarlos a la Escuela Dominical.
4. Establecer amistad con los padres.

CONCLUSIÓN

Las células bíblicas son uno de los medios más eficaces y no amenazantes del evangelismo personal. Todo hogar cristiano se convierte en el vehículo para ganarse al vecindario para Cristo.

Muchas células han comenzado simultáneamente con grupos de células para adultos, aprovechándose de la oportunidad para ministrar a los niños que acompañan a sus padres.

Con los costos de transporte y de construcción de edificios para iglesias en aumento, las células ofrecen una manera eficaz de discipular a los niños de hoy: la Generación XXI.

REPASO

1. ¿Cuáles son los tres tipos básicos de células bíblicas para niños?
2. ¿Cuáles son las responsabilidades básicas del coordinador y de los obreros de la célula?
3. ¿Cómo pueden las células contribuir a un mayor alcance de la iglesia local?
4. ¿Cuáles son las varias ventajas que las células ofrecen a la iglesia y a los padres?
5. ¿Cuáles son las actividades básicas en la celula?

NOTAS

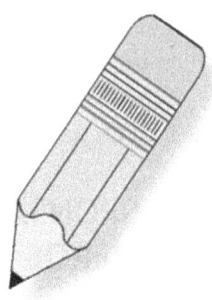

BOSQUEJO

CÉLULAS PARA NIÑOS

- **Importancia del tema**
- **Objetivos**
- **I. Introducción**
- **II. Célula para niños**
    - A. ¿Qué es?
    - B. Beneficios
    - C. Literatura
- **III. Tipos de células**
    - A. La célula familiar
    - B. Células para preescolares
    - C. Células para primarios
- **IV. Organización**
    - A. Cómo comenzar
    - B. Requisitos del hogar
    - C. Antes de la reunión
    - D. Célula en sesión
    - E. Después de decir "adiós"
- **V. Uniformidad**
- **VI. Responsabilidades de los obreros**
    - A. El maestro
    - B. El ayudante
    - C. El anfitrión
    - D. Responsabilidades combinadas
- **Conclusión**
- **Repaso**

Capítulo 29

TEMA: Niños abusados

ESCRITORES: Steven M. Bartel, Julie Bergstrue, Bob y Sandy Friesen

IMPORTANCIA DEL TEMA

Cierto conocimiento del abuso a los niños y conocer algunas de la técnicas básicas para aconsejar al niño abusado es algo necesario para el obrero cristiano de hoy, porque con frecuencia él es el único adulto responsable en una posición de ser confiado por el niño. La mayoría de los niños pueden trascender una experiencia o situación de abuso si tan siquiera un solo amigo cristiano adulto sustentador está presente para ayudar.

En la mente del niño, con frecuencia los obreros cristianos se igualan con Dios, y esto les da una singular oportunidad para ayudar. Los lazos de confianza entre los niños y los obreros ofrecen un ambiente saludable para dirigir a los niños abusados hacia comprender su confusión e ira. El obrero preparado que comparte el sanador amor de Dios da consuelo y ayuda a aliviar mucho del dolor.

EJEMPLOS

Un maestro de Escuela Dominical escribió: "Los niños hoy no sólo temen la oscuridad y las criaturas espantosas de su imaginación; también temen una de las realidades de la vida cotidiana: las personas que abusan física y sexualmente de los niños. Cuando yo me incliné a ayudar a una niñita que se había caído afuera de mi clase, ella me empujó y gritó: '¡No! ¡No! No me toque.' Yo no supe qué hacer, aunque sospechaba que podría ser víctima de abuso."

Un ministro escribió: "Yo fui abusado sexualmente por un extraño cuando tenía 12 años de edad. Por años yo nunca se lo dije a nadie. ¿Por qué? Porque tenía vergüenza y me sentía sucio. Yo creía que Dios me odiaba. Creía que de alguna manera yo debí haberle dado fin, aunque mi vida estaba en peligro. Por años yo me odiaba a mí mismo y mantuve el secreto, un secreto que casi me destruyó. Si hubiera tenido siquiera un solo adulto interesado con quien hablar, podría haber encontrado sanidad. Varios años después, cuando entregué mi vida a Cristo, encontré perdón y por fin pude perdonar a mi atacador porque Dios mandó a personas que me amaran, me aceptaran, y me ayudaran a encontrar libertad de la pesadilla que había estado viviendo."

OBJETIVOS

1. El obrero obtendrá una comprensión general del abuso a los niños según le es pertinente como un consejero no profesional.

2. El obrero podrá reconocer los síntomas básicos y las señales de comportamiento del posible abuso a los niños.

3. El obrero podrá aplicar los pasos de remedio que se sugieren al aconsejar a los niños abusados.

4. El obrero sentirá su responsabilidad ante Dios para trabajar con los niños abusados con los que se encuentre en su ministerio.

5. El obrero deseará hacer su parte para ayudar a los niños a prevenir en lo posible el abuso.

I. INTRODUCCIÓN

Estudiar el abuso de niños nunca es una experiencia agradable, pero es algo crucial para el obrero cristiano de niños. Sólo recientemente este tema ha sido reconocido en los círculos cristianos como algo pertinente a los obreros de niños. Anteriormente muy reconocido mayormente en los círculos académicos entre profesionales como psicólogos, maestros y enfermeros, ahora se considera necesario a todos los niveles.

Hoy, con el aumento en informes de casos de abuso a los niños, la Iglesia ya no puede ignorar el problema. Más bien, los cristianos – especialmente los que tratan con niños regularmente dentro de la iglesia y en los ministerios relacionados – necestian reconocer las situaciones de posible abuso y estar lo suficientemente preparados para reaccionar debidamente.

Los cristianos no pueden ignorar el abuso de niños como un problema que sólo se encuentra fuera de las paredes de la iglesia. La incidencia de casos va en aumento en todos los niveles de la sociedad, incluso en la familia cristiana y en la iglesia. Estar conscientes del abuso a los niños y conocer ciertas técnicas básicas para aconsejar es algo muy importante para el obrero cristiano. Con frecuencia él podría ser el único adulto responsable que está en una posición de ser confiado por el niño. .

II. ORÍGENES DEL ABUSO DE NIÑOS

El abuso de niños se deriva de varias situaciones. Cada situación será única, pero ciertos factores contribuyentes y las personas más cercanas al niño por lo regular están involucrados. ¿De quién y de qué influencias viene el abuso de niños?

Los padres llevan mucha de la responsabilidad. Muchos de ellos fueron abusados cuando eran niños y no saben cómo criar y disciplinar correctamente a sus propios hijos. Expectaciones no realísticas, frustración, y necesidades no subsanadas son otros factores contribuyentes.

Sin embargo, el abuso proviene de otros individuos también. Los adultos de confianza como abuelos, tíos, tías, amigos íntimos de la familia, niñeras, y hasta hermanos mayores con frecuencia son los ofensores.

Muchos casos de abuso a los niños son resultado directo del alcohol y del abuso de drogas de parte del perpetrador.

La influencia detrimental de la pornografía no se puede enfatizar demasiado. Produce indecible miseria, especialmente para los niños que se convierten en víctimas de su efecto. La lujuria por la experiencia sexual pervertida no sólo incita a los adultos a cometer crímenes sexuales, sino que también tuerce las percepciones del niño de la sexualidad como Dios la diseñó. Muchos abusadores de niños admiten imitar el comportamiento sexual que han visto en la pornografía. Las revistas, películas o fotografías pornográficas casi siempre se encuentran en posesión de los que abusan sexualmente a los niños.

III. DEFINICIONES RELACIONADAS AL ABUSO DE NIÑOS

El abuso de niños toma muchas formas:

A. Abuso emocional

Abuso emocional se define como cualquier cosa que hace que el niño se sienta muy mal todo el tiempo. Con frecuencia se ejercita por medio de amenazas verbales. Otras formas de abuso emocional son no verbales. Los siguientes son ejemplos comunes: 1) fastidio continuo; 2) castigo excesivo; 3) inestibilidad de diferentes "padres" en el hogar; 4) pasar de una familia a otra. Los niños necesitan consistencia aún más que los adultos, pero con frecuencia su mundo es uno de constante cambio emocional.

B. Abuso físico

Abuso físico es todo lo que se hace a propósito para causar enfermedad, daño o muerte. Abarca todo el espectro desde descuido hasta asesinato.

El descuido ocurre cuando los adultos no dan a los menores las cosas que éstos necesitan para sobrevivir y crecer. Puede derivarse de depresión, alcoholismo, dependencia de drogas, o deliberada falta de responsabilidad de parte de los padres o de los encargados. Esos comportarmientos obligan al niño a cuidarse de sí mismo y de otros hermanos. El descuido con frecuencia engendra desesperanza, que con frecuencia precede a otros tipos de abuso.

C. Abuso sexual

Abuso sexual es la explotación de un niño (una persona bajo la edad de 18 años) para la gratificación sexual de un adulto o de una persona significativamente mayor (4 años o más). Explotación implica desigualdad de poder entre el niño y el perpetrador a base de edad, tamaño, y la naturaleza de la relación emocional. El contacto físico incluye la boca, los senos, los genitales, y el ano.

Este es un ataque contra los niños en todas partes que aumenta cada vez más. El abuso sexual de los niños incluye una variedad de comportamiento, desde no tocar y no violento (exhibicionismo) hasta de asalto y violento (violación).

El abuso sexual de los niños por lo regular no va acompañado de abuso físico ni violencia. Al contrario, el ofensor usa su lugar de amistad y autoridad para aprovecharse de la confianza o dependencia del niño. Los abusadores sexuales tienden a lavar el cerebro de los niños para hacerlos cree que lo que les está sucediendo es normal y que no deben decírselo a nadie. *(Para una lista de amenzas comunes de parte del abusador, vea el Apéndice al final de este capítulo.)*

El abuso sexual ocurre dentro de todos los grupos socioeconómicos y raciales. Sus devastadores resultados son muchos, incluso:

- pérdida de esitma de sí mismo
- depresión o temor
- falta de confianza en otros e inhabilidad para formar relaciones interpersonales saludables
- confusión sobre su propia sexualidad
- patrones de comportamiento dañinos o destructivos para sí mismo
- y un sentido distorsionado de la responsabilidad para con los demás

Generalmente, todo abuso de niños produce efectos que duran toda la vida. Los niños se las arreglan con el abuso de muchas maneras. Algunos pueden desarrollar mecanismos de defensa que les ayudan a arreglárselas; otros sufren continuamente. Sin embargo, ningún niño experimenta abuso sin ser dañado de alguna manera. Para muchos, sin una obra mayor de restauración, el daño es irremediable.

IV. SEÑALES DE POSIBLE ABUSO DEL NIÑO

El obrero cristiano que se interesa puede reconocer casos de abuso si está alerta a una variedad de síntomas y comportamientos que con frecuencia el niño exhibe. Algunas características son obvias, mientras que otras son más difíciles de detectar. La siguiente lista de señales podría indicar situaciones de posible abuso al niño, pero no se debe considerar como evidencia conclusa en todos los casos:

El niño

- Tiene moretes en el cuerpo. Su explicación del origen es difícil de creer, o sus explicaciones varían de persona a persona y de ocasión en ocasión.
- Se niega a quitarse exceso de ropa en tiempo de calor.
- Está desordenado, sin bañarse, huele a orines, tiene deficiente higiene oral, o está infestado de piojos.

El comportamiento

- Consistentemente declina sus invitaciones de visitarlo en el hogar.
- Sus estados de humor cambian erráticamente. A veces está contento, de repente triste, deprimido, o llora por ninguna razón aparente. Con frecuencia se apega a una figura de autoridad; otras veces podría tratar de aislarse o llorar, encogido en una posición fetal.
- Se preocupa demasiado por recibir la aprobación o cualquier clase de atención de los adultos, aunque sea de naturaleza negativa.
- Es intensamente fiel a cualquier persona que genuinamente le ofrece amistad y con frecuencia trata de impedir que esa persona establezca relaciones con otras.
- Se pone muy defensivo, especialmente de su familia. Pele fácilmente con los otros niños, con sus hermanos, o con sus padres.
- Habla de sí mismo o juega en un mundo de fantasía mucho más que otros niños. Podría compartir con una figura de autoridad un sueño extravagante, que con frecuencia tiene que ver con monstruos o con situaciones peligrosas. Las conclusiones o son tristes o no se resuelven.
- Se jacta demasiado de sí mismo y lo que puede hacer.
- Participa de comportamiento raro:
  — ya sea temeroso (como esconderse detrás de la puerta cuando entra un adulto)
  — repetitivo (como cantarse suavemente para sí el mismo canto una y otra vez)
  — violento (como romper juguetes,

especialmente muñecos)

— maligno (como escoger a un niño específico para atormentar, por lo regular menor que él)

- Sus dibujos muestran tristeza o son coloreados principalmente en tonos oscuros, como negro, café o azul.
- Se critica demasiado, siente que no puede hacer nada bien.
- Se culpa por las faltas de su familia, vive sintiéndose constantemente culpable, y cree que todo estaría bien si solamente él fuera mejor.
- Amenaza suicidarse o se hace daño deliberadamente

La familia
- Él es objeto de profundo odio o resentimiento de uno de los padres. Con frecuencia el niño podría recibir la fuerza de la ira de uno de los padres por la ausencia del otro o por percibirlo como representante del otro cónyuge.
- Su padres fueron abusados cuando eran niños.
- Su familia tiene una historia de alcoholismo o de abuso de drogas.
- Su familia se muda frecuentemente o corta la amistad cuando las personas se acercan mucho.
- Su familia evita buscar atención médica, en los casos mayores como en los menores.

V. PASOS DE REMEDIO CUANDO SE SOSPECHA ABUSO

Es responsabilidad del cristiano prevenir y aliviar el abuso al niño cuando está en su poder hacerlo. Dios se duele por la injusticia cuando tiene que ver con los que no se pueden defender. Su Palabra revela la compasión que los creyentes deben mostrar hacia los indefensos (Job 31:16-23; Mateo 9:36; Hebreos 13:3).

Los cristianos con frecuencia gozan de alta estima por los niños que viven en un mundo de abuso. El pastor, el maestro de Escuela Dominical, o el vecino cristiano podría ser el único adulto de quien el niño puede recibir ayuda. Podría ser el único recurso que tiene el niño descuidado o abusado.

Dios quiere que los niños abusados, su familia y los abusadores sean restaurados. Los cristianos pueden ser y deben ser parte del proceso de restauración, especialmente si el niño abusado o la familia es parte de la familia de Dios. Las siguientes sugerencias ayudarán al obrero cristiano que trabajo con niños a tratar con casos de sospechado abuso:

A. Reconocimiento

1. **Sospecha de abuso.** El abuso sospechado es exactamente eso: sospecha. No esté pronto a juzgar ni a considerarse un expecto en detectar casos así. Muchas características de abuso sospechado pueden ser causadas por circunstancias temporales en la vida del niño y no tienen nada que ver con abuso ni descuido. A menos que el niño esté en peligro físico inmediato que amenaza su seguridad personal, es sabio mantener el supuesto abuso en la lista de sospecha.

2. **Algo confidencial.** El abuso y descuido es algo confidencial. Se debe notificar y/o involucrar a las menos personas que sea posible en el tratamiento de cualquier caso específico. Traicionar la confianza de la víctima al exponer sin necesidad el problema puede causar daño irreparable.

B. Acción

1. **No actúe usted solo.** Si el niño comparte un daño confidencial con usted, pídale permiso de compartir lo que usted ha oído con un líder cristiano responsible, como el pastor o un consejero (asesor) cristiano. Tenga en mente que cualquier acción iniciada por un ministerio cristiano para niños tendrá implicaciones directas en la iglesia local. El pastor debe estar al tanto de la situación. Demore cualquier decisión o acciones hasta que se pueda lograr una imagen completa de la situación con la ayuda de un profesional, si es posible.

2. **Busque apoyo.** Es una tendencia natural que algunos padres quieran mantenerlo dentro de la familia y depender solamente el uno del otro. Debido a las diferencias en la manera de criar a los hijos respecto a la sexualidad, muchas personas se sienten muy incómodas al hablar del abuso sexual experimentado por su hijo. Busque el consejo de los que Dios ha llamado a ser maestros y ayudantes para la familia entera.

3. **Responda con esmero**. Si está en una situación donde no hay obligación legal y en la que no hay ninguna ayuda profesional, siga las siguientes sugerencias:

   a. Haga lo que pueda para proteger al niño contra el abusador. Asesore sus necesidades de seguridad y déjele saber que tiene el derecho de estar seguro.

   b. Permanezca calmado y demuestre su sincero amor y deseo de ayudar.

   c. Ayude al niño a entender que el abusador es el que ha hecho algo malo, no el niño.

   d. Responda con palabras que el niño entienda. Quizás él use lenguaje gráfico callejero que podría avergonzarlo a usted o quizás use abstracciones (como "eso" o "cosa"). Trate de clarificar, lo más suave y amorosamente que pueda, la información importante que pueda parecer confusa.

   e. Escuche con atención diciendo en sus propias palabras lo que cree que el niño le ha dicho. (Por ejemplo: "Me suena como que esa fue para ti una situación muy temerosa." O "¿Me estás diciendo que tu mamá quizás no comprenda?"

   f. Deje que el niño exprese su dolor emocional, y su tristeza. Llorar, hablar y preguntar son todos parte del proceso de sanidad. A medida que el niño crece y experimenta diferentes etapas en la vida, es probable que haya una necesidad de tratar con una variedad de problemas recurrentes.

C. Apoyo

1. **Sea un amigo**. Esté disponible para ellos. Oiga con cuidado lo que dice el niño. Al hacerlo así, usted muestra que lo que le dice es importante. Evite hacer declaraciones de negación o de arreglos rápidos.

2. **Crea al niño**. La experiencia ha mostrado que los niños raramente mienten sobre el abuso sexual. Con frecuencia están bajo amenaza de retaliación si dicen algo (vea la página del Apéndice) y quizás no se arriesguen al volver a contar la historia.

3. **Responda y no defienda**. No defienda al abusador con comentarios como: "Ese es tu abuelo, no digas esas cosas." En vez de eso, diga: "Eso es algo muy malo (o erróneo) para que él lo haga."

4. **Escuche**. Al oír al niño relatar su abuso, trate de ser lo más informal que pueda. No muestre choque, disgusto, enojo, temor, ni ninguna emoción extrema. El niño podría creer que la emoción va dirigida a él. Él revelará información hasta el punto en que usted no lo rechace como resultado.

5. **Asegure**. Es importante asegurar al niño de que él no tiene la culpa del abuso y que no hizo nada malo al ser la víctima o al informar del abuso. Asegúrelo y refuerce este concepto con las palabras "No es culpa tuya".

D. Consejo

1. **Ayuda**. Las confrontaciones y acusaciones por lo regular sólo sirven para empeorar la situación y aumentar el dolor. El propósito principal deber ser ayudar al niño.

2. **Preguntas**. Es importante ayudar al niño a comprender la razón del abuso, ya que el problema está en el abusador, no el abusado.

3. **Perdonar**. Recuerde que la sanidad nunca puede ser completa sin el perdón. Es la llave que abre la prisión de oscuridad en la mente. El genuino perdón – aceptado de Dios y ofrecido por el niño (en su corazón, no siempre directamente) a los que lo han dañado y abusado – puede romper el ciclo de depresión y desesperanza. Una actitud y un espíritu que no perdona afectará la personalidad del niño, su relación con los demás, y su relación con Dios. Es importante que el niño comprenda que perdonar a otros no quiere decir asumir responsabilidad de cambiar el comportamiento de ellos.

VI. EDUCACIÓN PARA LA PREVENCIÓN DEL ABUSO DE NIÑOS

El obrero cristiano de niños querrá hacer su parte al enseñar de vez en cuando a los pequeñitos que están bajo su cuido sobre el posible abuso. Esto no debe convertirse en un tema frecuente, pero tampoco debe ser ignorado. Varias historias bíblicas se prestan fácilmente para servir de trampolín para enseñar conceptos básicos de protección de sí mismos. Por ejemplo, la historia de David como un pequeño pastor o la historia de Ester como una joven reina podrían ofrecer verdades fundamentales para depender de Dios y para hacer lo que sabemos para protegernos a nosotros mismos.

No asuste a los niños con historias desagradables. Los niños necesitan comprender que no siempre pueden escapar del daño y del abuso (y que cuando no pueden, no es culpa de ellos), pero que a veces sí pueden.

Aquí sigue una lista de información que se debe enfatizar al enseñar a los niños a protegerse tanto como puedan de las situaciones abusivas:

ENSEÑAR AL NIÑO CÓMO PROTEGERSE

1. Explicar la diferencia entre sorpresas y secretos. Una sorpresa pueden saberla todos, no hay nada que esconder con las sorpresas.
2. Enseñar la diferencia entre sobornos y regaloss. Un regalo se recibe sin la presión de devolver algo por él; un soborno sirve para inducir o influenciar.
3. Hablar del toque bueno y del toque malo; ayudarles a entender la diferencia.
   El contacto físico tiene sus límites; una palmadita en la cabeza o en el hombro y un abrazo de vez encuando está bien.
4. Explicar que todo niño tiene un derecho básico de privacidad de su cuerpo.
   Aparte de los exámenes médicos, cuando uno de los padres, la enfermera o un ayudante acompaña al doctor, nadie tiene el derecho de exponer o tocar las partes privadas del niño.
5. Enfatizar la seguridad que hay en los números y la importancia de permanecer en grupos tanto como sea posible.
   Los niños deben evitar quedarse solos con un niño mayor o con un adulto, especialmente si esa persona es extraña.
6. Promover habilidad y patrones de pensar positivamente que ayudarán a escapar de una situación potencialmente abusiva.
   Los niños pueden pensar, cuando están asustados o incómodos. Pueden decir "no" firmemente y tratar de escapar. Deben gritar pidiendo ayuda y pedir a Dios ayuda.
7. Enseñarles a siempre contar a alguien en quien confían lo que sucedió.
   Deben ir a un adulto responsable, maestro de la escuela o de la Escuela Dominical, pariente o consejero. A veces los padres no son de confianza cuando los niños son golpeados o emocionalmente abusados en el hogar.

CONCLUSIÓN

El abuso y el descuido de los niños es una tragedia, pero puede ser invertida. Ore fervientemente por los niños entre los que usted ministra, no importa cuán temporalmente o transitorio sea su contacto con ellos. Sus oraciones formarán la base de una actitud sincera hacia ellos que se relacionará directamente a la profundidad de relación que usted puede esperar establecer. Su lugar ministerial directamente depende del grado de confianza que ellos le tienen a usted, y eso exige de genuina amistad.

Como obrero de niños usted ahora debe estar más conciente de los orígenes del abuso y debe saber cómo definir las diferentes áreas. Estar conciente de las señales de posible abuso le ayudará a seguir los pasos de remedio necesarios para tratar con los casos en los que se sospecha abuso al niño. Quizás usted sienta una necesidad de enseñar de vez en cuando algunas sugerencias para ayudar a los niños dentro del alcance de su ministerio a evitar el abuso que este mundo pudiera imponerles.

Esté dispuesto a ayudar a los niños abusados que están bajo su cuido, pidiendo al Señor que le dé sabiduría y fortaleza para ayudarles debidamente. ¡Sea positivo! La mayoría de personas sin esperanza quieren que otros también sufran, tanto para justificar su condición como también su lástima de sí mismos. No permita ser parte del problema. Haga énfasis en la fortaleza de Dios para vencer todos los malos sentimientos. Enfatice el deseo de Dios de que tengan una vida de gozo, victoriosa en Él.

Recuerde que los que abusan a los niños fueron clasificados por Cristo como candidatos para llevar una piedra de molino al cuello y ser ahogados en lo profundo del mar (Mateo 18:6). ¿Creeremos que Dios sanará a los pequeñitos abusados como también que dará verdadero arrepentimiento y liberación a los que son culpables de abusarlos?

Dios podría estar llamándolo a usted a honrarlo por medio de restaurar la vida y el espíritu de los niños que sufren. Usted podría impactar a familias enteras y (si el Señor se tarda) a futuras generaciones también. Pida al Señor que lo dirija… luego no dude en involucrarse.

REPASO

1. ¿Qué personas más comúnmente abusan de los niños?

2. ¿Cómo contestaría usted a alguien que dice que la pornografía es solamente una diversión inocente?

3. Mencione y dé la definición de tres clases de abuso al que los niños pueden ser sometidos.

4. ¿Algunas de las señales de posible abuso a los niños lo hizo pensar en una situación con la que usted ha tratado personalmente? ¿Cree que respondió debidamente? ¿Qué haría diferente ahora?

5. ¿Cuáles consejos para ayudar a prevenir tanto abuso a los niños como sea posible ve usted como el más importante? ¿Por qué?

¿En qué otros pueden pensar?

APÉNDICE

AMENAZAS COMUNES DE ABUSO

1. Voy a decirles a tus padres que tú lo pediste.
2. Voy a matar a tus padres, a tus amigos, a tus hermanos, a tus animalitos, etc.
3. Fue culpa tuya.
4. Yo sabía que tú querías que sucediera esto.
5. Tengo fotos y se lo voy a decir a todos.
6. Te voy a matar o lo voy a hacer otra vez.
7. Esto es lo que la gente hace para mostrar amor.
8. Este es nuestro juego secreto.
9. Nadie más debe saberlo.
10. Les dije a tus padres y a ellos no les importa.

BIBLIOGRAFÍA

Davis, Joan. *"Teacher, I'm Scared."* Sunday School Counselor, marzo 1991.

Harper, Carol J. *What Every Christian Should Know About Sexual Abuse*. Kansas City, Missouri: Hope for Children, Inc., 1985.

Reid, Greg. *"A Boy's Secret Shame."* Jr. High Ministry, noviembre/diciembre 1991.

Wixtrom, Arleen. *"The Long-Lasting Effects of Child Abuse."* Pentecostal Evangel, 15 de marzo 1992.

Wooden, Ken. *Child Lures: A Guide for the Prevention of Molestation and Abduction*. Shelburne, Vermont: Por el autor, 4345 Shelburn Road, 1984.

NOTAS

BOSQUEJO

NIÑOS ABUSADOS

- Importancia del tema
- Ejemplos
- Objetivos
- I. Introducción
- II. Orígenes del abuso de niños
- III. Definiciones relacionadas al abuso de niños
    - A. Abuso emocional
    - B. Abuso físico
    - C. Abuso sexual
- IV. Señales de posibles abuso del niño
- V. Pasos de remedio cuando se sospecha abuso
    - A. Reconocimiento
    - B. Acción
    - C. Apoyo
    - D. Consejo
- VI. Educación para la previsión del abuso de niños
- Conclusión
- Repaso
- Apéndice
- Bibliografía

Capítulo 30

TEMA: Campamentos bíblicos

ESCRITORA: Bienvenida Columna

IMPORTANCIA DEL TEMA

Con cuánta frecuencia, como maestros de niños y jóvenes, nos hemos lamentado que el tiempo que tenemos para pasar con nuestros alumnos no es suficiente. En la Escuela Dominical estamos bajo la presión de un horario estricto, teniendo que cumplir con una variedad de tareas y actividades en un tiempo muy limitado. Simplemente no hay suficientes minutos para desarrollar amistades fuertes. También, las cuatro paredes del aula tienden a restringir la clase de comunicación que es posible tener.

Los campamentos bíblicos, junto con satisfacer la necesidad de horas extensas de instrucción bíblica, ofrecen a los niños y a los jóvenes muchas oportunidades excelentes para orientación en la vida cristiana y para forjar amistades. Los campistas viven aventuras inolvidables que con frecuencia los influenciarán el resto de su vida.

EJEMPLO

Cuando Carolina tenía 9 años asistió a un Campamento bíblico por primera vez. Gozó de estar con otros niños durante las actividades y las clases. Las fogatas, los cantos, nadar, y tejer canastas fueron algunas de sus actividades favoritas mientras estuvo ahí.

Carolina recuerda una gran bendición que recibió después de una lección sobre el Salmo 91. El consejero leyó el versículo 4: *"Con su plumas te cubrirá, y debajo de sus alas estarás seguro."* El líder hizo énfasis en la importancia de vivir lo más cerca de Cristo como sea posible. Se instó a los campistas a entregar al Señor su deseo más profundo para que pudieran acercarse más a Él. Luego se les dijo que fueran al dormitorio a orar.

Carolina se arrodilló junto a su catre y alabó a Dios, diciéndole que ella quería apegarse a Él y estar segura bajo sus alas. Ella estaba alabando al Señor con tanto gozo que no se daba cuenta de que estaba hablando en lenguas. Una de las consejeras se fijó en Carolina y dijo: "¡Miren, está recibiendo el bautismo en el Espíritu Santo!"

Treintiséis años después, Carolina aprecia la dedicación y el ejemplo de los consejeros que fueron instrumentos en las manos de Dios. Estas personas y otros tocaron a muchas vidas al ministrar en un campamento bíblico.

Muchos cristianos, como Carolina, pueden testificar que recibieron el bautismo en el Espíritu Santo o que aceptaron a Jesucristo en un campamento bíblico. La inversión en los campamentos bíblicos para niños y jóvenes vale la pena toda la coordinación y preparación.

OBJETIVOS

1. Familiarizarse con el ministerio y la estructura de un campamento bíblico.

2. Enfatizar la importancia espiritual de los campamentos bíblicos para niños y adultos.

3. Organizar un campamento bíblico eficaz para niños.

I. INTRODUCCIÓN

"Mamá, ¿cuándo vamos a tener una reunión de niños?", preguntó un niño de seis años a su madre. El niñito preguntó esto porque nunca podía participar en las actividades de los demás, como las convenciones de jóvenes, los retiros de damas, y las reuniones de ministros. Los padres del niño eran pastores que con frecuencia iban a conferencias en la ciudad capital.

Los campamentos bíblicos subsanan una gran necesidad espiritual y social en los niños y jóvenes. Está más allá de la percepción del líder poder ver el impacto que tendrá un campamento bíblico en la vida de sus campistas. Un ministerio así tiene un potencial sin límite.

II. ¿QUÉ ES UN CAMPAMENTO BÍBLICO?

A. Un esfuerzo concentrado para evangelizar

Una razón importante para organizar campamentos es para que los niños y jóvenes puedan tener un encuentro personal con el Señor Jesucristo. Posiblemente, muchos de ellos no han comprendido que la salvación es algo que deben experimentar personalmente, aunque asistan a la iglesia o vivan en un hogar cristiano.

Es bueno alejarse de vez en cuando de las influencias y presiones cotidianas. En un ambiente espiritual concentrado, como el de un campamento bíblico, uno tiene una oportunidad ideal de tomar la decisión importante de hacerse discípulo de Cristo y fortalecer su comunión con Dios.

B. Un esfuerzo concentrado para discipular

Además de animar aceptación de la salvación, los niños deben aprender los principios bíblicos que gobernarán su relación con Dios y con sus semejantes. Por medio del estudio bíblico, ejemplos santos, y alentadora instrucción, los niños pueden convertirse en discípulos de Jesucristo.

Hay muchas maneras positivas de influenciar el crecimiento espiritual del niño. Un método es modelar realísticamente una vida cristiana en todo momento –en palabras, acciones y apariencia– porque los niños naturalmente copian lo que observan.

Las reglas son una parte necesaria de la vida sin importar el lugar, el tiempo o la situación. Son pautas que deben observarse y obedecerse. La obediencia y la sumisión a las reglas de Dios son principios fundamentales de la vida cristiana. Algunas reglas deben ser impuestas durante una sesión de campamento para que los niños reconozcan aspectos del carácter cristiano y respeto para su templo, su creación y sus mandamientos. Por ejemplo, limpieza, cortesía, consideración y aprecio son valores muy importantes que se aprenden.

Se puede esperar que el campista mantenga su cabaña limpia como también su cuerpo. Puede mostrar amistad y consideración hacia los otros campistas y los líderes. Al cuidar y preservar la naturaleza, puede mostrar aprecio por la creación de Dios.

C. Adoración

Muchos niños y jóvenes no han podido comprender el valor de la adoración en la vida cristiana. Sus necesidades y dones no han sido estimados lo suficiente. Con demasiada frecuenica la adoración congregacional en la iglesia ha sido dirigida solamente hacia los adultos.

El campamento es una buena oportunidad para mostrar a los niños la importancia de adorar a Dios por medio de la Palabra, las lecciones bíblicas, y los ejemplos de los líderes cristianos. Además, es un buen tiempo para dirigir la adoración de tal manera que los niños expresen en sus propias palabras su amor al Señor. El campamento debe ser un tiempo cuando los jóvenes puedan expresar su adoración a Dios sin sentir la mirada inquisitiva de los adultos.

D. Educación intensiva

El campamento puede ser muy divertido y recreacional, pero es más importantemente una oportunidad para dar instrucción bíblica a un nivel que los niños puedan comprender. Los niños podrían tener preguntas doctrinales que se avergüenzan de hacer a sus padres o a sus maestros. El campamento puede ser el momento cuando los niños se sientan lo suficientemente seguros como para inquirir sobre las verdades que quizás no comprendan. Por lo general se dedica tiempo diálogo y preguntas tres veces al día en devocionales, clases bíblicas, y tiempo para aconsejar. Es posible que el niño haga preguntas aparte de estos momentos, de modo que el líder debe ser muy observador y flexible para subsanar las necesidades espirituales de sus campistas.

E. Reuniones y actividades especiales

Las cuatro paredes del aula con frecuencia confinan la actividad y la creatividad de los niños. Ir más allá de estos límites estimula la mente y el corazón de los niños. El tiempo y el espacio a veces estorban el aprendizaje variado y enriquecido. El campamento cristiano complementa la instrucción en el aula al ofrecer una oportunidad para que los niños sean desafiados por sus compañeros cristianos, para que sean responsables de su propio comportamiento, para absorbese en la naturaleza de Dios, para encontrar nuevas amistades, y para explorar lugares desconocidos. Emprender actividades nuevas e inolvidables son experiencias valiosas para los jóvenes, desde barrer con ramas de árboles y comenzar un fuego, hasta aprender verdades bíblicas al buscar ejemplos expresados en la naturaleza.

III. ¿POR QUÉ TENER UN CAMPAMENTO BÍBLICO?

A. Más instrucción bíblica

Algunas estadísticas sobre el tiempo de instrucción religiosa que reciben anualmente los niños están representadas por las siguientes cifras:

judíos: 325 horas

católicos: 200 horas

evangélicos: 52 horas

Las iglesias evangélicas apartan solamente una hora por semana para la instrucción religiosa de sus niños y jóvenes. Esta hora generalmente corresponde al tiempo que pasan en la Escuela Dominical. Esta chocante cifra debe motivar a los líderes a aprovechar toda oportunidad para aumentar el tiempo invertido en instrucción bíblica (Proverbios 22:6).

B. Evangelismo y discipulado de la iglesia

La ugencia de evangelizar a nuestros niños es un mandato divino. La Gran Comisión de ninguna manera excluye a los niños (Marcos 16:15). Los niños necesitan a Jesús tanto como los adultos. ¿Por qué esperar hasta el momento de la muerte para presentar a Cristo a la persona cuando la niñez es el mejor momento para alcanzarla? ¡Puede comenzar a tener total comunión con Dios ahora!

Las iglesias que activamente desean alcanzar a los niños y jóvenes con el evangelio de Jesucristo y discipular a los que ya han aceptado la salvación fomentan el ministerio de los campamentos bíblicos. El campamento no puede ser una bendición solamente para la vida de los campistas y del personal, sino también para la expansión de la Iglesia y su misión.

C. Aprovechar las vacaciones

La palabra clave en esta declaración es "aprovechar". En otras palabras, dé un propósito a las vacaciones. Antes que termine el año escolar, pregunte a los niños, a los padres, a los maestros, y a los líderes de la iglesia: "¿Qué van a hacer durante las vacaciones?"

La gran pregunta por lo regular no recibe respuesta. Las vaciones pueden considerarse como un recreo relajante, indiferente, sin estructura. No obstante, Proverbios nos instruye a mantenernos ocupados y a ser productivos (Proverbios 10:4; 19:15). Y Hebreos 6:12 nos amonesta a no hacernos *"perezosos, sino imitadores de aquellos que por la fe y la paciencia heredan las promesas"*. Las vacaciones pueden ser divertidas y relajantes como también productivas y satisfactorias.

D. Forjar amistades

Así como la aprobación de los padres es vital para un niñito, la aceptación social por los compañeros es una necesidad esencial entre los niños mayores y los adolescentes. El campamento bíblico es una espléndida oportunidad para establecer amistades positivas que pueden durar toda una vida. Estas relaciones fortalecen el carácter del niño y su madurez social. Las relaciones que desafían a la persona a tener una relación más profunda con Dios son críticas para la salud espiritual.

IV. ¿QUIÉNES DEBEN ASISTIR AL CAMPAMENTO BÍBLICO?

A. Todos los niños

Los niños y los jóvenes salvos y no salvos por igual deben asistir al campamento bíblico. ¿Por qué se permite que los niños no salvos asistan? ¡Porque ellos son precisamente los que más necesitan experimentar el mensaje de salvación que cambia la vida! Al considedrar la misión de evangelizar del campamento bíblico, se debe considerar a todas las personas jóvenes, sin importar su religión o trasfondo, para asistencia. El ambiente espiritual tendrá en ellos una impresión duradera. En un campamento así, los participantes son atraídos a Jesús por el Espíritu Santo cuando se proclama y practica la Palabra de Dios entre ellos.

B. Edades específicas

Los campamentos bíblicos se pueden dividir en grupos por edad específica. Por ejemplo, los niños más pequeños, de 6 a 11 años de edad, pueden asistir a un campamento mientras los niños mayores, de 12-17 años de edad, asisten a otro camapamento diseñado para sus intereses y necesidades. La inclusión de los niños más pequeños se debe deliberar cuidadosamente, considerando el local y la condición del sitio del campamento, la cantidad de supervisión, y la complejidad de las lecciones que se aplicarán.

V. CÓMO ORGANIZAR UN CAMPAMENTO BÍBLICO

A. Enlistar y preparar personal

Manteniendo en mente los propósitos expresados, con mucha oración y cuidado enliste y prepare al personal para que las lecciones y actividades se puedan planear con antelación. Los que de verdad ven el potencial y el valor del campamento bíblico son valiosos para el éxito del campamento.

¿Dónde se puede enlistar el personal? Las oficinas nacionales, los departamentos de Escuela Dominical, iglesias, escuelas cristianas, e instituciones bíblicas son excelentes lugares para comenzar a buscar la administración y el personal del campamento.

¿Cómo se debe preparar al personal? La oficina nacional y el personal tienen la responsabilidad de ofrecer clases de preparación y orientación en las áreas de metodología y aplicación que los obreros pudieran necesitar para ministrar a los niños. Por ejemplo, Preparación de la lección bíblica, Cómo llevar al niño a Cristo, y El niño y su ministerio pueden ser unas pocas clases disponibles. Características de las edades y etapas de la niñez, Las necesidades e intereses de los niños, y Psicología de los niños podrían otras cuántas clases. Estas clases las deben enseñar pastores, líderes de escuela, directores de campamentos con experiencia, psicólogos cristianos, o médicos cristianos, según su campo de pericia. Es importante tener un personal bien preparado que constituya un grupo capaz y listo.

El grupo entero trabaja junto para el beneficio de los niños y su relación con Dios. Cada persona en su área de talento y capacidad tiene un puesto específico. Su deber y responsabilidad es cumplir con su papel designado para la salud espiritual de los niños.

1. **Director.** Este administrador debe ser un cristiando de madurez, que se sacrifique, que ame a los niños, que esté consciente de sus deberes administrativos, responsable, y lleno del Espíritu Santo.

    Las responsabilidades del director incluyen organizar el campamento, enlistar al personal, delegar las obligaciones, dirigir y preparar a los consejeros, escoger el lugar del campamento, y recaudar el dinero necesario. Además, el director, junto con el personal, escoge el tema general y los materiales que se usarán en el campamento. El director proporciona los materiales a sus asistentes y ora constantemente por el campamento.

2. **Secretario.** Este organizador trabaja con el director en mantener los archivos, la correspondencia y los horarios. En caso de una falta de personal, el secretario está también a cargo de las finanzas.

3. **Director de finanzas.** Trabajando con el director del campamento, este líder maneja todo el dinero en efectivo que entra y que sale y los pagos correspondientes. Mantiene informado al director de los asuntos de dinero. Durante la temporada de campamento el director de finanzas administra los pagos de los campistas junto con sus otras obligaciones. Al final del campamento, da recibos a cada campista y maestro.

4. **Capellán o Pastor** Este líder espiritual y modelo está a cargo de todos los asuntos espirituales del campamento, incluso los cultos, las lecciones bíblicas, los devocionales, y los momentos de adoración. Preferiblemente, el individuo que se escoja tendrá una disposición juvenil y de compasión y debe relacionarse bien con los niños. También es necesario que sea una persona que modela una profunda vida espiritual y ferviente adoración de Dios. Esta persona podría ser el predicador en los cultos del campamento. Sin embargo, se podrían invitar a otros que trabajan en el ministerio a los niños. Los mensajes se deben preparar con los oyentes en mente. El pastor debe adaptar sus mensajes según la edad de los campistas, y deben ser breves, precisos e ilustrados. Los niños necesitan entender y aplicar la verdad de Dios que se presenta.

5. **Consejeros.** Los objetivos del campamento bíblico se logran principalmente por medio del ministerio de consejeros cristianos de madurez. Es necesario que los consejeros:

    a. Tengan una vida cristiana establecida y de experiencia.

    b. Trabajen o que hayan trabajado recientemente con niños.

    c. Sean o que hayan sido maestros de Escuela Dominical.

    d. Tengan por lo menos 18 años de edad.

e. Amen sinceramente a los niños.

f. Sean recomendados por un pastor.

g. Sean llenos del Espíritu Santo.

h. Sean hombres y mujeres de oración.

Las tareas de los consejeros cristianos son muchas y variadas. Deben dedicar a los niños todo su tiempo durante el campamento. En otras palabras, tienen que pasar 24 horas al día con su grupo de campistas designado. ¿Por qué? El consejero es la persona responsable de cada niño o joven en su grupo. El consejero es de hecho responsable de todo lo que tiene que ver con el niño durante la semana de campamento. Los padres han confiado en el campamento para el cuido de sus hijos, que ningún infortunio físico les suceda. El consejero es responsable ante los padres por la ropa y otra propiedad personal que los niños pequeños pudieran haber llevado al campamento. Además, el consejero debe cuidar de la higiene personal y la dieta de los niños pequeños. El dinero que el niño pequeño haya traído para su uso personal puede ser administrado por el consejero. Los consejeros deben estar alerta al estado de ánimo de los niños, la tristeza, las lágrimas, y los problemas para ajustarse al campamento, al grupo y a la comida.

Lo más importante, el consejero debe observar y ser sensible a las necesidades espirituales del niño. El consejero debe estar atento a los cambios en la relación de su campista con Dios y al toque del Espíritu Santo. El consejero debe siempre estar listo para dirigir al niño que desea recibir a Jesucristo como su Salvador. El consejero debe conducirse de una manera cristiana en todo momento, sabiendo que toda palabra y actitud influenciará al grupo de niños. Todos los consejeros deben orar, planear y trabajar en cooperación con aspiraciones y objetivos similares para el campamento.

Sería ideal usar a los mismos consejeros como maestros en las clases de Biblia. Unas pocas de las ventajas de esta estrategia son:

a. Los consejeros conocen mejor a su grupo.

b. Las clases pequeñas aumentan el aprendizaje.

c. Los consejeros saben cómo animar la participación de sus alumnos.

d. Los consejeros pueden planear objetivos específicos de corto plazo.

e. Menos costo.

En algunos campamentos es posible tener maestros aparte de los consejeros, según el personal, los recursos de dinero, y el lugar del campamento. Esta idea es opcional, y cualquiera que esté interesado en este concepto debe determinar cómo adaptarlo mejor.

(Nota: El trabajo que hacen los consejeros, un ministerio muy especial, no cesa al final del campamento. La amistad e influencia que hayan tenido en la vida de los campistas continúan.)

6. **Personal de recreación y manualidades.** Estos obreros deben ser cristianos de madurez con experiencia en el ministerio a los niños y recomendación de su pastor. Deben ser aprobados y respetados por los otros miembros del personal que reconocen los talentos y las habilidades de este puesto. Estos líderes planean y presentan actividades en sus respectivas áreas. Tanto las actividades recreacionales y de manualidades deben ser apropiadas para niños y niñas.

7. **Personal médico.** Una enfermera con un buen botiquín de medicinas debe ser parte del personal durante la duración del campamento para tratar heridas y saber cuándo llamar a un médico. Las copias de las solicitudes de los niños se deben archivar con la enfermera para referencia. La enfermera también necesita saber cuáles niños y jóvenes toman medicina diaria y los que tienen otros problemas médicos. Es aconsejable, siempre que sea posible, tener en el campamento a un médico o a un estudiante que esté por terminar su preparación médica. Por lo regular, hay alguien que desea ayudar en esta capacidad.

8. **Personal de cocina.** Este aspecto del campamento es muy importante. Escoja bien a los cocineros. Algunos campamentos tienen que alquilar espacio y contratar al personal de cocina. El personal de cocina debe ser capaz en su tarea y poseer un corazón de siervo. También deben ser personas amistosas, pacientes y consideradas.

9. **Seguridad.** Una gran necesidad para la protección de los campistas y del campamento son los que tienen la

responsabilidad de la seguridad. Además, si los campistas van a nadar en una piscina o un río, será necesario tener entre el personal a un salvavidas calificado en técnicas de rescate.

B. Seleccionar y preparar el lugar para el campamento

1. **Escoja un lugar adecuado,** ventilado, para los cultos y las reuniones, preferiblemente con un techo.
2. **Tenga cerca facilidades** recreacionales como piscina, cancha de voliból, etc. Una buena consideración es tener áreas para caminatas en la naturaleza.
3. **Acceso a una clínica médica y hospital es necesario.** Debemos pensar en posibles circunstancias impredecibles. Por ejemplo, uno de los niños podría caerse, herirse, y necesitar puntos. O durante la noche, uno de los niños podría tener un ataque de asma. Debemos orar primero, pero también debemos saber dónde está la clínica médica o el hospital más cercano al campamento.

   (Nota: cada campista debe llenar una "hoja de inscripción" que incluye preguntas sobre su condición física. Esta hoja la han de firmar los padres o los encargados del niño. Vea el Apéndice.)

C. Coordinar y planear los detalles por adelantado

1. **El dinero:** ¿Cómo se ha de obtener? ¿Dónde se ha de encontrar? ¿Quién tiene la responsabilidad de éste? Recuerde, los niños no tienen mucho dinero propio. ¡Ayúdeles!
   a. Todo campista paga sus gastos de vivienda y transportación.
   b. El comité del campamento debe informar a los padres del costo del campamento bastante por adelantado para que puedan hacer planes y apartar dinero para mandar a sus hijos.
   c. Los comités de la iglesia podrían organizar actividades como cenas, películas cristianas, y conciertos para recaudar dinero para mandar a los niños al campamento. Algunos niños podrían solicitar becas o patrocinadores entre los hermanos de la iglesia.
   d. Solicite ayuda del Concilio General o a través del departamento que patrocina el campamento para niños.

2. **El programa y los horarios:** "¡Guau, qué gran campamento! ¿Cuándo vamos a tener otro? "Ah, yo no quiero regresar a ese campamento. ¡Fue muy aburrido!"

   ¿Cuál de estos comentarios harán los niños de su campamento bíblico para describir su experiencia? Los líderes deben tomar tiempo para planear un programa dinámico y formar horarios diarios, bien distribuidos, que sean de bendición a los participantes *(vea el Apéndice)*.

   a. Lo primero que se debe hacer es orar, pidiendo al Espíritu Santo que dirija la planificación y que esté presente en todas las actividades.
   b. Planear clases de Biblia que no pasen de 50 minutos de duración. Se debe estar seguro que las clases estén bien preparadas, que consistan de una variedad de métodos didácticos y actividades de aprendizaje, no sólo de discursos.
   c. Las clases de manualidades de 50 a 60 minutos deben corresponder a la capacidad y a los intereses de cada grupo por edad.
   d. Las actividades recreacionales y los concursos deben ser variados. Se deben planear actividades adentro en anticipación a días lluviosos.
   e. Los cultos deben tomar en cuenta las diferentes edades. Deben ser sinceros, con música que concuerde con el objetivo del culto, permitiendo que los niños se expresen libremente a Dios. Los mensajes deben ser sin coacción; deben ser breves, precisos, claros, y bendecidos por la gracia de Dios.

   Cada día termina con un culto. Debe ser una inspiración para el enfoque del día siguiente. Dios atraerá a los niños hacia Él. Mientras tanto, el personal necesita ORAR, ORAR y ORAR para poder dirigir a los campistas. Planee bien, pero sea flexible para que el Espíritu Santo haga su obra. Él sabe cómo encargarse de las necesidades de todos.

   La duración de los cultos no debe pasar

de 1 hora y 15 minutos. Siempre deje tiempo para la obra del Espíritu Santo.

f. Tenga evaluaciones al final del campamento (para el personal y los campistas). Esto ayuda a organizar mejores campamentos en el futuro *(vea el Apéndice)*.

CONCLUSIÓN

¿Todo esto sucede en un campamento? Ciertamente, y vale la pena. El gozo de trabajar con los niños es suficiente para que olvidemos toda la presión y el dolor (Filipenses 3:14).

El proceso de coordinar, planear, y organizar un campamento bíblico es largo, tedioso, y exige de mucho esfuerzo. Con esta breve sinópsis y otras ayudas de libros, artículos, videos y seminarios, podemos comenzar en el ministerio de los campamentos para niños y jóvenes.

Los resultados del tiempo y la energía que se invierten en los campamentos son maravillosos y el trabajo nunca es en vano (1 Corintios 15:58). Los niños y los jóvenes son como barro y nosotros como los alfareros. Podemos moldear estas vidas para la gloria de nuestro Señor, quien nos ha encargado esta bella tarea de aumentar el número de miembros en su reino. ¡Es el momento de comenzar! Juntos cumpliremos fielmente con el mandato divino de "id por todo el mundo y predicad el evangelio a toda criatura".

REPASO

1. ¿Qué oportunidades ofrecen a la iglesia los campamentos bíblicos?
2. ¿Cuáles son los objetivos de la instrucción de un campamento bíblico?
3. ¿Qué beneficios sociales ofrece el campamento bíblico?
4. ¿Por qué es importante que campistas cristianos y no cristianos asistan al campamento?
5. ¿Quiénes son las personas clave para lograr los objetivos del campamento? Explique.
6. ¿Cuáles son las características básicas del campamento ideal?
7. ¿Cuáles son dos factores que se deben preveer que podrían influenciar el éxtio del campamento?

NOTAS

Hoja de inscripción

Fecha _____

Nombre _____

Dirección _____

Ciudad _____

Teléfono _____

Sexo _____

Fecha de nacimiento _____

Nombre de los padres o encargados _____

Dirección _____

Ciudad _____

¿Tienes alguna enfermedad crónica? ____ ¿Fiebre? _____ ¿Molestias del estómago? _____
¿Asma? _____

¿Tomas medicina diaria? _____ ¿Dosis? _____

Otros (explica) _____

¿Eres alérgico(a) a alguna medicina o a algún alimento? _____

¿Qué clase?_____

¿Alguna vez has tenido varicela _____ , paperas _____ , o sarampión?_____

¿En caso de emergencia, ¿a quién debemos llamar?_____

Nombre _____ Teléfono _____

Dirección _____ Ciudad _____

Relación _____

Prometo respetar todas las reglas del campamento.

_____
Firma del niño

_____
Firma del padre(madre)

Por la presente declaro que con este documento doy permiso para que el firmador anterior asista al campamento para niños del Departamento de la Escuela Dominical de las Asambleas de Dios.

_____
Firma del pastor

Adjunta a esta solicitud está la cantidad de $ _____

Tengo entendido que no será devuelta si no voy al campamento.

Horario

6:00	Despertar
6:15-6:35	Ejercicios
6:35-7:15	Asearse
7:15-8:00	Desayuno
8:00-8:15	Izar la bandera
8:15-9:00	Devocional
9:00-9:45	Recreo y merienda (refrigerio)
9:45-11:00	Clases de la Biblia
11:00-11:45	Caminata: recitando versículos Programa: conciertos; charla sobre problemas sociales, moralidad, noviazgos; presentación de títeres,...
11:45-12:00	Preparación para el almuerzo
12:00-1:00	Almuerzo
1:00-2:00	Descanso
2:00-3:00	Manualidades
3:00-5:00	Recreo, deportes, natación
5:00-6:00	Asearse
6:00-6:45	Tiempo para que el consejero ore, ayude, comparta con el grupo, y conozca al grupo. Es muy importante tomar este tiempo para ministrar a los niños.
6:45-7:30	Cena
7:30-8:40	Culto de adoración
8:40-9:20	Descanso
9:20	A la cama

Evaluación

Con el objetivo de mejorar la organización de futuros campamentos, por favor dé sus impresiones poniendo una "X" en el paréntesis.

1. El lugar:

    ( ) muy bueno   ( ) bueno   ( ) corriente   ( ) malo

2. Los temas:

    ( ) muy buenos   ( ) buenos   ( ) corrientes   ( ) malos

3. La comida:

    ( ) muy buena   ( ) buena   ( ) corriente   ( ) mala

4. La organización:

    ( ) muy buena   ( ) buena   ( ) corriente   ( ) mala

5. La participación de mi grupo

    ( ) muy buena   ( ) buena   ( ) corriente   ( ) mala

6. Comentarios y sugerencias:

_____
_____
_____
_____
_____
_____
_____
_____

BOSQUEJO

CAMPAMENTOS BÍBLICOS

- **Importancia del tema**
- **Ejemplo**
- **Objetivos**
- **I. Introducción**
- **II. ¿Qué es un campamento bíblico?**
    - A. Un esfuerzo concentrado para evangelizar
    - B. Un esfuerzo concentrado para discipular
    - C. Adoración
    - D. Educación intensiva
    - E. Reuniones y actividades especiales
- **III. ¿Por qué tener un campamento bíblico?**
    - A. Más instrucción bíblica
    - B. Evangelismo y discupulado de la iglesia
    - C. Aprovechar las vacaciones
    - D. Forjar amistades
- **IV. ¿Quiénes deben asistir a un campamento bíblico?**
    - A. Todos los niños
    - B. Edades específicas
- **V. ¿Cómo organizar un campammmento bíblico**
    - A. Enlistar y preparar personal
    - B. Selecionar y preparar el lugar para el campamento
    - C. Coordinar y planear los detalles por adelantado
- **Conclusión**
- **Repaso**
- **Hoja de inscripción**
- **Horario**
- **Evaluación**

Capítulo 31

TEMA: Cultos para niños

ESCRITORES: *Gloria Montúfar, Miguel García Frias, y Ángel López Martínez*

IMPORTANCIA DEL TEMA

Con frecuencia los creyentes adultos preguntan por qué tantos niños dejan la iglesia cuando llegan a la adolescencia, por qué se duermen durante el culto de adoración, y por qué tantos distraen a los padres estorbándolos para que no escuchen. Estas preguntas deben hacernos reflexionar sobre la necesidad de dar a los niños una actividad espiritual apropiada para su edad y habilidad.

El culto para los niños se define como una congregación formada por niños de 3 a 11 años de edad que se reúnen una o dos veces a la semana para tener una reunión de adoración en un lugar adecuado. No es una organización aparte de la igleisa, sino más bien, una rama de ella. Su objetivo principal es dar a los niños apropiada atención y prepararlos con los medios eficaces para luchar contra los elementos destructivos que tratan de confundir su vida durante el tiempo de su desarrollo intelectual, físico, y emocional. La Iglesia del futuro se forja en las experiencias de la niñez de hoy.

Los obreros critianos que ministran a los niños deben estar convencidos de la necesidad de tener cultos para niños. Los niños y jóvenes están continuamente bajo el ataque de sectas falsas y extrañas filosofías. El discipulado que tiene lugar en el culto para niños no sólo neutraliza estas influencias negativas, sino que también ayuda a los niños a desarrollarse en maduros siervos de Dios.

EJEMPLOS

Un líder de la iglesia relata dos experiencias que lo han influenciado para formar cultos para niños. Vio en la reacción y confusión de los niños una necesidad de enseñarles con simples palabras e ideas.

Cuando Migder Enoc, de siete años de edad, oyó al predicador describir ejemplos del crimen y del pecado en su sermón, el niño dejó de prestar atención por la perplejidad del tema. En medio de este sermón, el joven Migder se dirigió caminando hasta el predicador y le dijo: "¿Por qué no habla de otra cosa? Yo no entiendo lo que usted está diciendo."

Varios meses después, otro suceso reveló la misma necesidad de tener un ministerio para niños que estuviera a su nivel mental y emocional. Después de haber estudiado en la iglesia una serie sobre las fuerzas de las tinieblas, varios niños comenzaron a padecer de miedo e insomnio.

Después de considerar estas situaciones, la iglesia concluyó que la instrucción diseñada para los adultos a veces confunde a los niños. Sus tiernas mentes no están listas para las verdades complejas, estructuradas.

Después de seis años de ministerio con cultos para niños, esta iglesia se regocija por los que han crecido bajo el cuidado pastoral de los cultos de niños y que ahora en su adolescencia están sirviendo al Señor. Necesitamos predicadores con el talento y la aptitud que les permitan dar a los niños mensajes apropiados.

OBJETIVOS

1. Poner atención a los niños y permitirles que participen.
2. Organizar cultos para niños.
3. Diseñar un programa de preparación para niños.
4. Preparar a obreros para que ministren a los niños.
5. Administrar el ministerio a los niños con dedicación, amor, y consagración.
6. Tener un deseo de pastorear a los niños.
7. Considerar las diferentes edades y habilidades de los niños al preparar la lección.

I. INTRODUCCIÓN

Gloria Montúfar describe un programa especial para niños cuando la iglesia estaba llena de niños, y los adultos tenían que sentarse en las últimas bancas. Los rostros de los niños reflejaban su alegría. Había llegado el día que todos esperaban ansiosos: el aniversario del culto para niños. Con excepción de la apertura, que la hacía el pastor, el culto entero era dirigido por los niños. Ella notó que los niños ya conocían a los presentes, que eran los otros niños del pueblo junto con los estudiantes de varias escuelas que habían sido invitados.

Gloria era la predicadora en ese aniversario. Ella recuerda: "Me gocé maravillosamente. Nunca lo olvidaré porque fueron los niños los que ministraron. En esa iglesia de las Asambleas de Dios en Guatemala, la congregación ama a los niños, se interesa por ellos y los apoya."

Los niños son una parte importante de la Iglesia. Es necesario que comprendamos que son parte de la familia de Dios. Ellos necesitan atención especial y apropiada instrucción cristiana.

II. PROPÓSITO DEL CULTO PARA NIÑOS

El culto para niños debe funcionar principalmente para alcanzar a los niños con el evangelio a su nivel de comprensión y darles las oportunidades necesarias para su desarrollo espiritual.

A. Evangelizar

Se han hecho estudios que muestran que 85 por ciento de los cristianos aceptan a Cristo entre las edades de 4 y 14 años; 10 por ciento acepta a Cristo después de la edad de 30 años. Esto es evidencia abrumante de la validez de evangelizar a los niños.

"Hay algo sobre el desarrollo cognitivo, físico y espiritual de los niños entre las edades de 5 y 9 años que los hace extremadamente sensibles a recibir a Cristo como Salvador. Satanás ciertamente no espera hasta que los niños sean adolescentes o adultos o que lleguen a 'la edad de responsabilidad' (cualquiera que sea el significado de eso) para comenzar sus planes destructivos contra la vida de ellos."

B. Preparar

Se puede enseñar al niño a oír la voz de Dios, a poner las manos en otros niños para que reciban el bautismo en el Espíritu Santo, y a orar por los enfermos. Su sencilla fe cree que Dios hará lo que dice su Palabra. No teme pedir. Como niño, todavía no duda ni se muestra escéptico. Simplemente cree y recibe.

1. **Para luchar**

   Todo niño necesita un encuentro con Cristo y con el Espíritu Santo. Una vez que el niño se enlista en el ejército de Dios cuando le pide a Jesús que sea su Salvador y Señor, necesita comprender la necesidad de prepararse con toda la armadura de Dios (Efesios 6:10-18) y cómo luchar eficazmente contra el enemigo (Satanás).

2. **Para tener poder**

   Necesita el poder del Espíritu Santo y que se le enseñe el valor de orar en el Espíritu. La disposición e inocencia del niño lo hace receptivo al Espíritu. Luego desea que otros también lo reciban. Es necesario que comprenda que el Espíritu Santo quiere un vaso disponible, como lo son los niños, para fluir a través de él.

3. **Para orar**

   Los niños aprenden a orar eficazmente. Enséñeles a interceder los unos por los otros (Santiago 5:16-18; Marcos 11:24) usando métodos como listas de peticiones o fotos de otros niños por quienes pueden orar. Necesitan ver que Dios contesta sus oraciones. Use muchos métodos concretos para hacer real la oración a los niños (vea los capítulos "La oración y los niños" y "Cómo discipular a los niños"). Cuando ven que sus oraciones son contestadas, ¡se dan cuenta de que Dios puede hacer cualquier cosa!

C. Enseñar

Después que los niños están preparados espiritualmente, se les puede enseñar a participar y a dirigir los cultos para niños y otras áreas de ministerio. No tema soltarlos para que se muevan en el Espíritu, usando los talentos y dones que Dios les ha dado. El culto de niños es el ambiente perfecto para enseñarles.

Con supervisión e instrucción, anímelos a que dirijan la alabanza, que usen títeres, que actúen en dramas, que recojan la ofrenda, que dirijan en oración, que oren por los enfermos, y que canten números especiales. A medida que observe su crecimiento espiritual, confíe en ellos y deles más responsabilidades.

III. LA NECESIDADE DE TENER CULTOS DE NIÑOS

"¡Vamos a la iglesia, niños!" es el llamado común de la madre cristiana antes del culto en la iglesia. Los niños van a la iglesia con sus padres y participan en los cantos y otras actividades, pero cuando llega el momento de la enseñanza o del mensaje, su actitud cambia. Algunos salen del santuario para ir a jugar, otros comienzan a hablar, estorbando a los que están cerca, mientras que otros se sientan en silencio, esperando que termine.

Algunas iglesias separan a los niños de los adultos para que éstos puedan oír el sermón. En su mayoría, los cultos para niños son improvisados y se designa a algún hermano o hermana para conducirlos. El programa consiste de unos cuantos cantos, una lectura bíblica, y un juego para concluir. El objetivo de muchos de estos grupos separados es "entretener" a los niños hasta que termine el sermón.

Los líderes de la iglesia deben estar concientes del hecho de que está compuesta de niños y adultos. Dios quiere que se cuide de todas las edades. Cuando leemos *"Dejad a los niños venir a mí"* (Marcos 10:14), nos comprometemos a reconocer que los niños son parte de la Iglesia.

A. Atención especial

"¡Chsst, chsst! ¡Pongan atención cuando se les habla! ¡Silencio!" Estas son algunas de las expresiones que se usan para atraerle la atención a uno. Los niños se sienten insignificantes cuando sólo a los adultos se permite hablar y participar.

Jesús prestó atención especial a los niños. Cuando los discípulos, bajo presión por la inmensa multitud que deseaba acercarse a Jesús, no dejaron que los niños se acercaran de Él, Jesús los invitó. Mostró a todos que se interesaba por los pequeñitos.

¿Cuál debe ser la actitud de la Iglesia: la de los discípulos o la de Jesús? La Iglesia es una expresión del amor y la gracia de Dios a la humanidad. Es maravilloso ver que él se interesa por la salvación de las almas. Los niños también son almas que necesitan salvación. ¿Cómo debemos cuidar de ellos?

El culto de niños es un momento cuando los niños pueden reunirse para oír la Palabra de Dios, aprender cómo adorar y servir al Señor, y mostrar completo crecimiento, "en sabiduría y estatura, y en gracia para con Dios y los hombres".

En casi todos los programas para niños, el maestro domina la mayoría de las actividades. Los maestros son instrumentos de Dios para instruir a los demás en su Palabra; sin embargo, en los cultos para niños, los niños necesitan ser participantes activos. Ellos pueden participar en los cantos, en presentaciones dramáticas, sosteniendo ayudas visuales, en concursos, en mensajes, en caminatas, en juegos, en lecturas, en festivales, etc. Para que los niños participen activamente es necesario que en el aprendizaje pasen de la memoria temporal a la memoria permanente. Los niños aprenden al hacer.

B. Los niños necesitan sentirse parte de algo

Los niños tienen amigos de su edad porque buscan ser aceptados por un grupo de compañeros. Todo país tiene pandillas compuestas de adolescentes y jóvenes. Algunos de los miembros de la pandilla han experimentado rechazo, otros han experimentado separación de la familia, malentendimiento, y abandono.

Todo joven tiene su propia historia, pero cada uno ha llegado al mismo punto de querer se aceptado como parte de un grupo. Este grupo, o "pandilla", oye los planes de cada persona, aplaude sus logros, y la hace sentirse importante. Con frecuencia el niño buscará ser aceptado por sus amigos porque nunca ha sentido amor, interés, o aprobación en el hogar.

Algunos de estos jóvenes tienen talentos y habilidades que han usado con propósitos destructivos. Como resultado, su dañina conducta es rechazada por la sociedad. ¿Qué debe hacer la iglesia para que otros niños y adultos no sigan este ejemplo?

Es necesario que pensemos al nivel de nuestros niños y que nos preguntemos cuáles son sus actividades favoritas y en qué programa les gustaría participar. La responsabilidad de los líderes es ofrecerles un programa que se preste a sus necesidades y preguntas. Por ejemplo, el culto de niños tiene el potencial de ser una actividad en la que los niños participen activamente. En realidad, los niños son la inspiración para el programa.

Toda actividad es una oportunidad para apoyar a los niños con aplausos, felicitaciones privadas o públicas, o premios. La iglesia debe mostrar su aprobación de los niños mediante su apoyo. A medida que la iglesia muestra a los niños el verdadero amor de Jesús y subsana sus necesidades, pocos son los que se unirán a una pandilla destructiva.

IV. TIPOS DE CULTOS PARA NIÑOS

El tipo de cultos para niños que usted tenga muy bien puede ser determinado por la visión o el concepto del pastor principal de lo que es el ministerio para niños. Hable con su pastor, pídale que comparta con usted su filosofía de ministerio, especialmente de los ministerios para niños. Note su experiencia y conocimiento de los ministerios para niños. Luego comparta su propia visión, experiencia y conocimiento de este ministerio. Aunque la visión suya no esté en línea con la visión de él, respete su posición como pastor y trabaje dentro del marco que él fije. Anime al pastor que visite los programas para niños. Infórmelo sobre las conferencias y los materiales que están disponibles en su área.

A. Culto dividido

Un *culto para niños dividido* es básicamente un culto de adoración de dos partes. Los niños se reúnen con los adultos en el santuario principal para la alabanza y adoración, y luego son despedidos a un lugar separado para su propio culto.

Porque participan en el culto de alabanza y adoración, los niños se sienten parte del cuerpo de la iglesia. Otro elemento positivo de este modelo es que la adoración con la familia se modela regularmente ante los niños.

Este formato tiene una desventaja: los niños deben levantarse y salir durante el culto. Podría haber unos momentos de interrupción o distracción en el culto de los adultos cuando los niños son despedidos del santuario.

B. Unidad contenida

Un culto para niños que opera como una unidad contenida es cuando todas las fases del culto se llevan a cabo independientemente del culto para los adultos. Los niños pasan de la escuela dominical a un lugar designado para su culto y no al santuario principal.

La ventaja principal de este arreglo tiene que ver con el tiempo. Porque el culto entero está dirigido a los niños, se utiliza más tiempo para ministrar al nivel de la edad de los niños y se dirije hacia sus necesidades. También hay más tiempo y oportunidad para que los niños participen en el programa.

Un culto para niños que contenga todas las fases puede exigir de más personal (por ejemplo, la alabanza y adoración puede hacer necesario tener más personas en el grupo) y podría exigir de una organización más restringida que la de un culto dividido. Otra desventaja es que los niños que asisten a un culto exclusivo para ellos no participan en ni son expuestos a la adoración con los adultos. Se pierden las experiencias y los ejemplos que podrían ser muy valiosos.

C. La clase prolongada

Un culto para niños de clase prolongada es diferente a los dos modelos anteriores en que los niños permanecen en sus clases según su edad en vez de reunirse en un grupo entero. Estas clases siguen estudiando el mismo tema de la escuela dominical.

Este modelo es, en ciertas maneras, fácil de implementar. Los niños ya están divididos y se asigna el espacio del aula. Los niños no se desorientan por el cambio de lugar. Los grupos más pequeños permiten el ministerio de uno a uno, los centros didácticos, y las actividades para aprender la Biblia.

La misma naturaleza de este modelo crea una desventaja: la repetición del tema que se estudia durante toda la mañana y la falta de variedad en el lugar podría resultar en aburrimiento para los niños. También, los niños en estos grupos pequeños nunca tienen la experiencia de la adoración corporativa, ni con los adultos ni con otros niños. Este modelo también podría exigir de más personal que los modelos mencionados anteriormente, según el número de clases que se necesiten.

D. Cultos sabatinos para niños

Un *culto para niños el día sábado* considera la situación desde una perspectiva diferente. Este programa está dirigido específicamente a los niños que no asisten a ninguna iglesia, especialmente a los niños del ministerio de buses. Combina elementos de una cruzada extensa para niños y de una extensión. Se enfatiza el evangelismo antes que el discipulado. A medida que los niños maduran a través de este programa, se aprestan para paticipar en los cultos más tradicionales de los domingos.

Debido a las necesidades y experiencias de los niños que participan, el culto para niños sabatino se enfoca en presentar conceptos espirituales básicos a los niños que han tenido poco o ningún fundamento espiritual.

Los niños tienen tiempo para aprender conceptos y terminología y para hacer preguntas sin sentirse desventajados. Los niños también tienen la oportunidad de aprender conducta apropiada y disciplina de sí mismos dentro de la iglesia, lo que los prepara para participar en cultos futuros.

Formar cultos sabatinos podría presentar varios problemas. Pueden surgir dificultades para encontrar el personal que se preste y esté dispuesto a dar de su tiempo. La disciplina podría ser más desafiante debido a la naturaleza de los niños que se buscan en este programa, un problema que también podría afectar poder conseguir personal.

Estos no son los únicos posibles modelos para los cultos para niños, y también se pueden usar en variadas combinaciones.

V. CÓMO ORGANIZAR UN CULTO DE NIÑOS

"Y Jesús crecía en sabiduría, en estatura y en gracia para con Dios y los hombres" (Lucas 2:52). Según las leyes de la naturaleza los niños crecen y desarrollan en parte según como se alimenten. La Biblia dice que Jesús crecía en tamaño físico, pero al mismo tiempo también crecía espiritualmente.

Jesús es un ejemplo de lo que Dios desea que sea cada niño. La responsabilidad de los padres no es sólo dar de comer, vestir, y educar a sus hijos, sino también instruirlos en la Palabra de Dios.

En el Antiguo Testamento, Dios da a los padres la responsabilidad de enseñar a sus hijos (Deuteronomio 6:6-9). Desafortunadamente, muchos hogares no consideran esta obligación. Muchos padres no enseñan a sus hijos porque ellos mismos no conocen a Dios. Otros padres que son cristianos quizás descuiden este deber por falta de conocimiento bíblico o tiempo. Muchos delegan su responsabilidad a la iglesia. La iglesia y los padres han de trabajar juntos para el bienestar espiritual del niño.

A. El elemento humano

La iglesia busca a personas calificadas que estén llamadas a ministrar a los niños. El llamado se debe demostrar con amor a los niños y pasión para llevar a otros a Jesucristo. Estos obreros también deben tener un limpio testimonio cristiano, que se pueda ver en paciencia, imparcialidad, y sabiduría cuando surgen situaciones difíciles.

Los niños son muy sensibles para detectar discriminación y rechazo. Reconocen y aprecian la aceptación. Aunque no se dan mucha cuenta de las normas morales de su maestro, los niños imitarán las actitudes y el comportamiento que observan. El maestro instruye más con su comportamiento que con sus palabras.

Además de tener un claro entendimiento de la fe en Cristo, es importante que los obreros de niños sean llenos del Espíritu Santo. Los niños necesitan la dirección del Espíritu mediante el consejo de sus líderes. Esta tarea de ministrar a los niños es demasiado grande para el maestro en su propia fortaleza. Debe permitir que el Espíritu Santo le ayude a ser observador y sensible a los intereses y las necesidades de sus alumnos. Debe escuchar a los niños y orar con ellos. El Espíritu mismo debe mover a los obreros para luchar por los intereses de los niños, siendo que muchos de los derechos de ellos se han ignorado.

La importancia de este ministerio hace necesario que los obreros vean sus propias limitaciones y que entreguen sus talentos y habilidades en las manos del Señor, reconociendo que si Él no cosecha hoy, lo hará mañana.

En un ministerio de cultos para niños hay muchas responsabilidades, como dirigir la alabanza, las visitas, y seguir el contacto. Otras tareas, como música, mímica, y títeres exigen preparación específica. Un ministerio eficaz prepara a un personal de competentes obreros. Esto es indispensable, ya que es difícil lograr los objetivos mediante los esfuerzos de un solo adulto.

Porque trabajar con niños puede ser muy exigente, podría ser difícil encontrar obreros que estén dispuestos a ayudar en un culto para niños. Una solución podría ser dirigirse a los adolescentes de la iglesia. Su ayuda ofrece varias ventajas que no se encuentran con los obreros adultos. En primer lugar, la mayoría de los adolescentes no tienen la responsabilidad de sostener a una familia, ni tampoco por lo regular trabajan todo el día. Por lo tanto, sus horarios son flexibles. Segundo, tienen mucha energía, lo que les hace posible seguir el ritmo vertiginoso que exigen los niños. Además, es normal que los niños más pequeños admiren a los adolescentes y que traten de imitarlos. Los jóvenes por lo general está dispuestos a aprender, una cualidad no muy común en los adultos.

Una vez se haya seleccionado el personal, hay muchas maneras de comenzar el adiestramiento.

1. **Un taller local para los obreros de niños.** Con la ayuda de un pastor, planee esta

actividad unos pocos meses por adelantado. Invite a un especialista que tenga vasta experiencia en ministrar a los niños. Otra posibilidad es que usted mismo imparta el curso y que comparta su propia experiencia.

2. **Congresos regionales o nacionales.** En la conclusión de un congreso, cada representante debe volver a su iglesia con el propósito de compartir los principios que ha aprendido. Se espera que en los próximos años cada iglesia tenga su propio congreso para preparar y adiestrar a sus obreros.

3. **Práctica.** Una de las maneras más eficaces de preparar a los obreros es dejarlos que trabajen y aprendan por experiencia. Este objetivo se puede lograr con los siguientes pasos:

    a. Invite al candidato a observar un culto para niños para que pueda ver los métodos y las actividades que se usan para ministrar.

    b. Formalmente invítelo a participar con usted en el ministerio.

    c. A medida que aprende por observación, permítale que aplique y que ponga en práctica.

    d. Dele consejo.

B. Un local adecuado

La iglesia que ha decidido autorizar un culto de adoración para niños, debe considerar buscar y preparar un local adecuado para los cultos. El local debe estar aparte del lugar donde se reúnen los adultos. El salón debe tener suficiente espacio ventilado para acomodar a todos los niños, pero no deber ser tan grande que haga difícil la supervisión. Decórelo con los niños en mente; use colores vivos y dibujos atractivos. Esta clase de culto debe tener sus propias bancas o sillas, platos para la ofrenda, hojas de inscripción para los miembros y los convertidos, y su propia estructura de líderes.

C. Opciones de horarios para los cultos

Hay dos momentos en los que se pueden celebrar los cultos para niños:

1. **Paralelo con el culto para adultos.** Mientras los adultos se están gozando en su culto, los niños podrían tener su propio culto.

2. **Semanalmente.** El culto para niños podría tener su propio horario y días de actividad. En este caso, las reuniones no deben pasar de 90 minutos y deben celebrarse a una hora que sea conveniente para los padres y los niños. No se recomienda que haya un culto todos los días.

D. Planificación de los cultos

Los adultos y los niños deben saber que hay un plan de trabajo basado en concretos objetivos, blancos, y tareas. Este plan debe ser preparado por personas clave, con visión e interés en este ministerio. La relación inmediata de este objetivo será con los directores de Escuela Dominical u otros ministerios para niños (Misioneritas, Exploradores del Rey, etc.).

Al transmitir principios cristianos a los niños, se deben incorporar elementos como adoración, disciplina, y evangelismo. Considere:

1. El culto de niños debe ser un lugar para adorar. Algunos dudan de la importancia de la adoración en el ministerio a los niños. Se debe dirigir a los niños mediante enseñanza y ejemplo. ¿En qué otro lugar se presentarán a los niños las importanes lecciones que necesitan aprender?

2. El culto de niños debe ser un lugar para discipular. Los niños deben saber lo que significa comprometerse con el proceso de entregar su corazón a Cristo. También deben saber cuán importante es la oración y aprender a descubrir las verdades bíblicas.

3. El culto de niños debe ser un lugar para evangelizar. Todo culto debe concluir con un claro llamado al altar. Todo niño debe aprender a compartir el evangelio con sus amigos y su familia. Hay varias consideraciones importantes que se deben presentar en la etapa de planeación. Recuerde que estamos tratando con un grupo de niños que tienen mucha energía y una limitada habilidad para concentrarse. El culto de niños debe ser:

    - Interesante. No aburra a los niños. Muéstreles que es divertido ir a la iglesia.

    - Dinámico. Todas las partes de la reunión deben ser cortas y avivadas.

    - Creativo. No use el mismo formato todo el tiempo simplemente porque le dio buen resultado en el pasado. Use variedad y siempre busque nuevas ideas.

- Preparatorio. Haga el culto para niños similar a los cultos de adoración de los adultos al incluir algunos de los mismos componentes, como cantos, ofrenda, alabanza, testimonios, y predicación.

La etapa de planificación debe considerar la selección del currículo. La correcta decisión en esta área podría asegurar el éxito de este ministerio. Los niños necesitan variedad en sus programas de aprendizaje. El propósito bádico del departamento de currículo para niños es escribir y desarrollar materiales para preparar a los maestros y ganar a los niños. Adapte lecciones y enseñanzas bíblicas según las edades que hay en el grupo.

Otra posibilidad es que el maestro desarrolle su propio material. Adapte los devocionales para que sean significantes mensajes para los niños.

E. Programa del culto para niños

Los cultos para niños se deben planear cuidadosamente para que no se desvíen de sus propósitos principales y para animar la participación de los niños. A continuación vea la muestra de un programa.

1. **Introducción.** Esta porción es una transición de la Escuela Dominical al culto de adoración para niños.

   Comience el culto de niños presentando el tema, la idea central, o el concepto que el culto enfatizará. Durante el programa, todo lo que los niños vean, oigan, y hagan debe revolverse alrededor del tema central. Decore el salón según el tema del día. Escoja cantos y coros que hagan referencia al tema. Los títeres, los payasos, los dramas, o cualquier otra presentación especial deben tener el mismo propósito.

   También es importante que el obrero diga a los niños su nombre para que lo sepa cualquiera que esté allí por primera vez.

   (Tiempo: 5 minutos)

2. **Explicación de las reglas.** No olvide recordar a los niños las reglas que deben seguir. Dígales que usted los ama pero que no tolerará el mal comportamiento. Incluya las siguientes reglas que se deben observar cuando alguien esté hablando:

   - No hablar.
   - No caminar.
   - Ser amable y considerado con los demás.

   Después de explicar cada regla, pida que los niños la repitan. Ningún niño debe tener la excusa de que no sabe las reglas.

   (Tiempo: 5 minutos)

3. **Adoración y alabanza.** Es posible que la verdadera adoración sea una nueva experiencia para la mayoría de los niños. Por esta razón necesitan aprender los principios bíblicos de la adoración.

   Una manera de hacer esto es mediante los cantos. Comience con varios cantos animados, y luego poco a poco introduzca cantos que los lleven hacia la adoración. Para evitar cantar los mismos coros una y otra vez, enseñe a los niños nuevos cantos regularmente. También se pueden usar los cantos como transición entre diferentes actividades.

   (Tiempo: 18 minutos)

4. **Oración.** Después de leer algunos versículos de la Biblia sobre la oración, anime a los niños a practicar lo que han oído. Comience dirigiendo una sencilla oración. Luego, después de haberla oído, pídales que repitan partes de su oración. Otra buena idea es hacer que los niños repitan oraciones de la Biblia. Los salmos se prestan muy bien para este propósito.

   Cuando llegue el momento de orar por las necesidades específicas, motive a los niños para que oren unos por los otros. Podrían tomarse de las manos en un círculo o en grupos pequeños, o ponerse de pie alrededor de los que piden oración y así participar en la imposición de manos. Permita que Dios ministre de manera especial durante este momento.

   (Tiempo: 10 minutos)

5. **Dar la bienvenida a los que visitan.** Considere las siguientes recomendaciones:

   a. Los niños en la congregación que han estado asistiendo a clase por más tiempo deben recibir a los nuevos. Deben ser amistosos y sentarse con los niños durante el culto.

   b. Pida a cada niño nuevo que se ponga de pie y que diga su nombre y su edad. Si el niño está nervioso, lo presentará otro niño que ha sido asignado para eso. Los otros responderán con un aplauso.

   c. Dé reconocimiento al niño que invitó a la visita.

d. Lleve a todas las reuniones porciones de tratados bíblicos, y cualquier otra literatura que explique lo que es un culto para niños y sus propósitos.

   e. Uno de los niños mayores debe apuntar los nombres de las visitas.

   (Tiempo: 5 minutos)

6. **Anuncios.** Este es el momento de anunciar las actividades y ocasiones especiales, como los temas para sermones futuros. También mencione los varios ministerios de la iglesia: Misioneritas, Exploradores del Rey, Escuela Dominical, etc.

   (Tiempo: 2 minutos)

7. **Ofrenda.** Este es un momento importante en el culto. Siempre es bueno explicar que la razón por la que recogemos ofrendas es adorar al Señor. Las ofrendas también sirven para cubrir los gastos del culto de los niños.

   Designe a dos niños que recojan la ofrenda. Esta forma de servir al Señor debe ser un privilegio para los niños que se porten mejor.

   (Tiempo: 5 minutos)

8. **El sermón.** Cuando anuncie su mensaje use la palabra "sermón". Así como sus padres escuchan el sermón del pastor, así los niños deben respetar el momento en el que se predica la Palabra de Dios.

   a. Los niños deben ver el sermón; el mensaje debe ser visual.

   b. Los niños deben oír el sermón. El predicador debe usar palabras que los niños puedan entender.

   c. Los niños deben recordar el sermón. Deben memorizarse el tema del mensaje y aplicarlo a su vida.

   Recuerde que el culto de niños no es para predicar a los adultos. El sermón entero no es un discurso. Integre otras actividades, como títeres, payasos, y dramas.

   (Tiempo: 20 minutos)

9. **Llamado al altar.** El llamado al altar no es algo opcional. El programa entero debe culminar en el llamado al altar. Siempre extienda una invitación a los que deseen aceptar a Jesús como su Salvador personal. Pídales que pasen al frente para que los ayudantes puedan orar con ellos. Al orar, use palabras sencillas que los niños puedan repetir. Hay muchos modelos de oración, pero todos deben ser parecidos al siguiente:

   "Padre celestial, confieso que soy pecador. Te he ofendido al desobedecer tu Palabra. Lo siento. Gracias por tu Hijo Jesús, que murió en la cruz para que mis pecados fueran perdonados. Perdóname y ven a mi corazón hoy. Quiero vivir para ti todos los días de mi vida. Quiero servirte, amarte, y obedecerte. En este momento, acepto a Cristo como mi Salvador personal. En el nombre de Jesús. Amén."

   El llamado al altar también puede tener otros propósitos, como sanidad, consagración, bautismo en el Espíritu Santo, etc.

   (Tiempo: 10 minutos)

10. **Juegos y actividades de clausura.** Estas actividades también pueden servir para reforzar el tema y el mensaje del culto. Escoja juegos que repasen el tema del día. Úselos también para reforzar el versículo clave de la lección.

    Otras actividades de clausura dan la oportunidad para que los niños compartan lo que Cristo significa en su vida. Cantos especiales, testimonios, dramas, y la lectura de pasajes bíblicos favoritos son sólo unos pocos ejemplos de cómo los niños pueden participar voluntariamente.

    (Tiempo: 10 minutos)

VI. LOS MINISTROS EN LOS CULTOS DE NIÑOS

A. Obreros y asistentes

Todos los ministros, ya sean niños, jóvenes o adultos, tienen responsabilidades antes, durante y después del culto. También pueden tener responsabilidades de largo plazo en el programa.

1. **Antes del culto**
   - preparar copias para las actividades
   - preparar el lugar del culto arreglando las mesas, las sillas, y el equipo

2. **Durante el culto**
   - controlar los pasillos o la entrada para ayudar a los niños que piden ayuda
   - distribuir la merienda
   - operar el equipo audiovisual
   - participar en una ilustración del sermón

o en un método didáctico como manejar títeres, sostener ayudas visuales, borrar la pizarra o voltear las páginas de un rotafolio

3. **Después del culto**
   - limpiar el cuarto o lugar
   - guardar el equipo, los instrumentos, o cualquier otro material que se necesite para la próxima reunión
   - guardar cualquier pertenencia o trabajo manual que los asistentes hayan dejado olvidado para devolverlo en el próximo culto
   - limpiar los servicios (baños)

4. **Ayuda de largo plazo**

A medida que el niño madura y cumple satisfactoriamente con sus responsabilidades, se le pueden dar más responsabilidades.

B. *Los niños como ministros*

1. **Descripción de los niños como ministros**

   Los adultos podrían creer que los niños son muy pequeños como para entender lo que significa ministrar, pero cualquiera, sin importar la edad, puede participar en el servicio al Señor.

2. **El propósito de los niños como ministros**
   - Animar a los niños más pequeños y a sus compañeros que ministren (1 Corintios 11:1; 1 Timoteo 4:12)
   - Ser ejemplo de Cristo a los familiares sin salvación (1 Timoteo 4:12)
   - Preparar a los niños para servir (Proverbios 22:6)
   - Discipular a los niños para que sigan el ejemplo de Cristo (Mateo 20:25-28)

   Al leer la Biblia, observar a los cristianos, asistir a la iglesia, y oír la dirección del Espíritu Santo, los niños maduran espiritualmente. La experiencia en el ministerio les permite desarrollar espiritualmente en las siguientes maneras: los niños aprenden lo que significa el ministerio, entienden quiénes son en Cristo (Efesios 1-2), se concentran menos en sí mismos y más en Cristo.

   Los niños pueden experimentar la dirección, el poder, y la convicción del Espíritu Santo. "Los niños no tienen una versión 'para bebés' del Espíritu Santo. Él tiene la misma edad en ellos como la tiene en los cristianos adultos. Aunque son jóvenes, inmaduros y sin experiencia, el Espíritu Santo de Dios que obra en ellos es el poder de Dios."

   Cuando a los niños se les dan oportunidades para ministrar, ellos practican conocimiento de la fe, fortaleciendo así creencias y convicciones.

   Al servir a los demás, dar testimonios de oraciones contestadas, cantar del amor de Cristo, y leer la Escritura audiblemente los niños se preparan para evangelizar en la vida cotidiana.

3. **El descubrimiento de talento en los niños ministros**

   a. **Potencial.** Reconocer que a los niños han sido dados talentos, habilidades que no han aprendido disponibles para el servicio a Dios. Los niños tienen el potencial para desarrollar capacidades al aprender y practicar.

   b. **Interés.** Haga una encuesta entre los niños para descubrir las áreas de ministerio que les interesan. Considere incluir en la encuesta los ministerios en la iglesia, la familia, y la comunidad.

   c. **Aptitud.** Exigirles responsabilidad más allá de su capacidad es frustrante para los niños. En contraste, exigirles responsabilidad dentro de su capacidad los inspira.

   Si consideran las capacidades de los niños, los líderes pueden guiarlos mejor hacia un lugar de ministerio. Por ejemplo, un niño de siete años de edad podría sentirse frustrado si se le pide que haga una lectura bíblica durante el culto, pero se sentiría privilegiado al arreglar las sillas antes del culto.

   d. **Creatividad.** Extraer la creatividad que hay en el individuo es un desafío que va más allá de las habilidades de nuestros métodos y equipo más finos. Cuando somos creativos modelamos la creatividad que deseamos en nuestros alumnos. Ellos son individuos únicos creados a la imagen de su creativo Creador, por tanto son creativos por naturaleza. Necesitan usar esta habilidad creativa en el ministerio.

C. *Participación de los padres*

No importa cuánto el niño desee y tenga la intención de servir, él depende del apoyo de sus padres, quizás incluso sus provisiones de transportación y dinero. El padre de familia debe comprometerse con la participación de su hijo en el ministerio para que el niño crezca y logre éxito.

El niño que se cría en un ambiente favorable con un buen ejemplo de servicio cristiano desarrolla una actitud positiva hacia la iglesia. Está preparado para participar en las actividades de la iglesia a temprana edad.

- Mensualmente, o por lo menos trimestralmente, mande a los padres una carta con los temas de los cultos para niños. Incluya los versículos para memorizar que refuerzan cada tema. Sugiera maneras en que los padres pueden ayudar a su hijo a lograr éxito en el programa de cultos para niños.
- Anuncios. Dé a los padres un horario de actividades, cultos y proyectos especiales.
- Sugiera maneras en que los padres pueden ayudar en los cultos de niños o en los proyectos especiales (como transportar a los niños a la iglesia, traer merienda, sentarse con los niños inquietos durante el culto, construir un escencario para títeres, controlar la entrada y la salida durante los cultos, etc.).
- Organice una noche para que los padres vean a sus hijos en acción. Deje que los niños compartan algo de su trabajo de memoria y sus logros. Los niños pueden presentar un programa corto, un drama o un número con títeres.
- Tenga una "sala abierta" para dar a los padres la oportunidad de conocerse unos a otros y a los maestros de sus hijos.
- Prepare una presentación de diapositivas o exhibición de fotos de las actividades del año.

D. Ayudantes jóvenes y adultos

Además del líder adulto de los cultos para niños, incluya a adultos para que modelen la adoración, compartan testimonios, cuenten historias, escriban dramas para títeres, etc. Siempre tenga aprecio por el valor de incluir a jóvenes y adultos en los ministerios para niños.

Incluya a adultos y jóvenes en la preparación de los cultos para niños. Defina las responsabilidades para cada persona. La visión del ayudante adulto para los ministerios de niños se expande con el conocimiento y la experiencia. A medida que su corazón, sus habilidades, y su responsabilidad se desarrollan hacia el ministerio para niños, pueden tomar el lugar del maestro o del director en caso de ausencia o pueden enseñar en otro programa para niños.

VII. RESULTADOS DEL CULTO DE NIÑOS

Cuando el Espíritu Santo toque el corazón de los niños en los cultos, ellos:

1. Sabrán que son importantes.
2. Se sentirán aceptados y amados en su iglesia.
3. Se desarrollarán espiritualmente en un ambiente cristiano disciplinado.
4. Desarrollarán sus talentos para Dios.
5. Apreciarán las cargas y responsabilidades de la iglesia.
6. Aprenderán a volverse a Dios y servirlo desde temprana edad.
7. Estarán concientes de la seriedad de las cosas de Dios.
8. Tendrán propósitos desde temprana edad que serán de beneficio para la obra de Dios.
9. Serán cristianos responsables, que conocen la Palabra, y que están dispuestos a servir a Dios.
10. Se convertirán en un ejército de buenos líderes, misioneros, predicadores, y diáconos.

Es importante permitir que los niños se acerquen más a Jesús. Los líderes pueden ayudarles con disposición, amor, e interés. Quizás algún día Dios permitirá a cada maestro ver a un niño rebelde ser transformado y llamado a predicar la Palabra de Dios.

CONCLUSIÓN

Cada minuto que pasa sin un plan eficaz para los niños, sin líderes que son llamados a educarlos con la Palabra es un minuto más cerca de la perdición eterna. La Iglesia no puede esperar más; ahora es el momento para que los cristianos oigan y respondan al llamado del ministerio a los niños. *"Dejad a los niños venir a mí, y no se lo impidáis"* (Marcos 10:14). ¡Qué mandamiento tan grande nos da Jesús!

Es el momento de unirnos y organizar los cultos para niños. Dios dirigirá nuestros planes y nos dará todo lo que sea necesario. Un día, veremos adultos cuya vida cambió para siempre por lo que se hizo en los cultos de niños. Se cosecha lo que se siembra (Gálatas 6:7).

REPASO

1. ¿Cuáles son dos razones para desarrollar cultos de niños?
2. ¿Cuáles son algunas de las razones por las que muchos niños y jóvenes dejan la iglesia?
3. ¿Cuál es la principal recompensa en la obra de Dios?
4. Describa varios resultados de los cultos de niños.
5. ¿Qué se necesita para comenzar cultos para niños?
6. ¿Qué clase de personas deben trabajar en un culto de niños?
7. Dé varias ideas para animar a los niños a que participen.
8. Mencione algunos de los componentes del culto de niños.
9. ¿Cómo motivaría usted a los niños para que participen en el culto de niños?

CULTOS PARA NIÑOS

- Importancia del tema
- Ejemplos
- Objetivos
- I. Introducción
- II. Propósito del culto para niños
    - A. Evangelizar
    - B. Preparar
    - C. Enseñar
- III. La necesidad de tener cultos de niños
    - A. Atención especial
    - B. Los niños necesitan sentirse parte de algo
- IV. Tipos de cultos para niños
- V. Cómo organizar un culto de niños
    - A. El elemento humano
    - B. Un local adecuado
    - C. Opciones de horarios para los cultos
    - D. Planificación de los cultos
    - E. Programa del culto para niños
- VI. Los ministros en los cultos de niños
- VII. Resultados del culto de niños
- Conclusión
- Repaso

Capítulo 32

TEMA: Cruzadas para niños

ESCRITORES: *Bruce y Karen Braithwaite*

IMPORTANCIA DEL TEMA

La iglesia no debe esperar que los niños entren por sus puertas; debe tenderles la mano dondequiera que estén. Además de los programas para niños en la iglesia, también debe haber ministerios diseñados para ganar a los niños en la comunidad. A los niños les gustan las actividades divertidas y bien planeadas. Esto hace de la cruzada un métodos eficaz para evngelizar. Los obreros cristianos que participan en la cruzada podrían continuar el contacto con los niños al integrarlos en la Escuela Dominical y otros programas de la iglesia.

OBJETIVOS

1. Comprender la necesidad de planear una cruzada para niños como un esfuerzo evangelístico.
2. Formular objetivos para una cruzada en una ciudad o iglesia.
3. Desarrollar un programa considerando los importantes pasos necesarios para organizar una cruzada.
4. Organizar las actividades diarias de la cruzada.
5. Seleccionar obreros para participar en los diferentes aspectos de la cruzada.

I. INTRODUCCIÓN

La iglesia necesita evangelizar y crecer hasta cumplir con la Gran Comisión. Un gran porcentaje de la población tiene menos de 15 años de edad y exige de un esfuerzo evangelístico de igual intensidad del que es necesario para los adultos. Las cruzadas para niños son un medio con el que la iglesia y la comunidad pueden redimir a sus niños. Algunas iglesias podrían escoger planear sus cruzadas con obreros locales, otras podrían traer a alguien de fuera de la iglesia local para que les organice la cruzada.

Los cultos deben ser inspirados por el Espíritu Santo con un tema dinámico y edificante. El momento óptimo para celebrarlos es cuando sea posible contar con una gran asistencia de niños. Use cultos por la noche o un horario diurno durante las vacaciones. El lugar de reunión podría ser un local alquilado, una tienda, la iglesia, o algún lugar al aire libre.

Este artículo describe los varios pasos necesarios para una cruzada de éxito. La metódica planificación, junto con la oración, tendrán como recompensa los muchos niños que responderán al mensaje del evangelio.

II. RAZONES PARA ORGANIZAR UNA CRUZADA PARA NIÑOS

A continuación le sugerimos una lista de razones para organizar una cruzada. Se podrían añadir a la lista otros motivos para ganar a ciertos grupos de niños en el área.

Luego que la lista exprese los objetivos de la iglesia podría servir como el fundamento para desarrollar futuros programas y organizar actividades. También debe servir como una guía para orar. Comparta este propósito con todos los obreros de niños que van a tomar parte en la cruzada como también con los que están orando por este ministerio.

1. Motivar a la iglesia a pensar en el valor de llevar a los niños a Cristo.
2. Enseñar sobre la fe a los niños que nunca han oído el evangelio.
3. Cutivar el crecimiento espiritual en armonía con el desarrollo físico e intelectual, y dar a los niños la oportunidad de convertirse en ciudadanos del cielo además de ser personas productivas aquí en la tierra.
4. Poner en alerta a los padres respecto a la

necesidad de conocer a Dios y su Palabra, y crear en la familia un ambiente basado en amor y valores bíblicos.

5. Dar a saber a la comunidad que la iglesia se interesa por la vida de sus niños.

III. CÓMO PLANEAR UNA CRUZADA

Es importante desde el principio tener en mente que el enfoque principal o básico de una cruzada para niños es la salvación. El evangelio se debe presentar de un modo que atraiga no sólo a los niños de la iglesia, sino también a los que por lo regular no asisten a la iglesia.

A. Oración

Se cumplirán de los objetivos de la cruzada éstos sólo hasta el grado en que sean apoyados por la oración de parte de los obreros, los niños, y los hermanos de la iglesia. Las reuniones de oración se deben organizar de la misma forma en que se organizan las sesiones para planear, para orar por los objetivos de la cruzada, por los obreros, y por los niños que van a participar. También se deben tomar en cuenta las fuerzas espirituales contra las que debemos luchar. Satanás odia todos los ministerios que tienen que ver con los niños. Detesta pensar que tan solo una persona que se entregue al Señor a temprana edad puede frustrar años de su obra destructiva.

B. El director de la cruzada

El segundo paso en el proceso de planear es escoger a la persona que dirigirá la cruzada. Se podría invitar a un evangelista de niños o a un estudiante de un instituto bíblico. Si no se puede establecer contacto con nadie dentro de estas categorías, forme un grupo de personas de la iglesia que estén dispuestas a trabajar y planear cuidadosamente. Este es el momento de buscar los dones que Dios ha dado a la iglesia.

C. El personal

Para los propósitos de una cruzada, no será necesario tener maestros para clases separadas, pero sí será necesario tener ayuda de adultos. Los adultos deben tener un alto nivel de integridad y madurez espiritual. Muchas veces la iglesia escoge a creyentes que están más preparados para ministrar a jóvenes y adultos y da menos atención e importancia a los líderes de los programas para niños.

Después de orar y de escoger al personal, ofrezca preparación general sobre cómo trabajar en una cruzada para niños. El personal necesita saber cómo mantener bajo control a un grupo grande de niños curiosos y juguetones. Dé a los obreros unas cuantas reglas para seguir cuando se encuentren en momentos tensos. Oriente al personal sobre el horario de cada noche. Delegue responsabilidades como construir el escenario y dirigir los cantos.

Los obreros adultos deben escribir el nombre y la dirección de cada niño. El elemento más importante es preparar con mucho cuidado a los líderes que ministrarán en el altar. Cerciórese de que sepan cómo llevar al niño a Cristo.

D. Currículo

La cruzada debe tener un tema. Todos los días el énfasis se derivará de diferentes ángulos. Puede ser un tema corriente o un principio bíblico. En cualquier caso, cerciórese de presentarlo a los niños de una forma divertida y atractiva.

La predicación y otras partes del culto deben complementar el currículo que se ha escogido. Todos los aspectos del programa se basarán en un mensaje evangelístico común. Hay varios programas que ya se han publicado que podrían ser de ayuda en una curzada para niños. Si la iglesia no tiene acceso a esta clase de material, sea creativo. Los materiales publicados nunca deben substituir el trabajo y la creatividad. Son medios y patrones que se han de adaptar para la comunidad de cada iglesia y sus necesidades.

La música y la adoración tienen una parte importante en la cruzada. Escoja la música con cuidado, incluyendo cantos que expresen el tema básico que se ha escogido. Todos los programas musicales de las cruzadas para niños deben incluir cantos tanto divertidos como de adoración. Los cantos alegres deben, por lo general, incluir movimientos de las manos y palmadas, los cuales mantienen el interés de los niños. Está bien permitir que los niños se rían y se diviertan durante estos cantos. No obstante, los cantos de adoración deben ser más lentos para ayudar a los niños a pasar a un ambiente que les haga más fácil recibir la predicación del evangelio.

Para presentar el tema, use diferentes actividades, como títeres, payasos, personas con disfraces, cantos con movimientos, historias, dramas, juegos, concursos, videos, o películas cristianas.

Es imposible incluir todas estas actividades en cada culto, pero use una gran variedad, enfocándose en un solo tema. Divida las actividades entre los obreros según los talentos de éstos.

E. Horario

El horario de la cruzada es muy importante. Las reuniones se pueden celebrar por la noche, los fines de semana, en días feriados, o durante las vacaciones. Considere el horario que sea mejor para la iglesia y el vecindario. Además, tome en cuenta el horario de los niños, la cooperación de los padres, y la disponibilidad de los obreros de niños.

Otros factores que pueden influenciar un programa son el tiempo, la seguridad del local, y el horario general de las familias de los niños.

Una vez se haya decidido la fecha y el horario para la cruzada, determine la duración de las reuniones. Recuerde que los niños no pueden estar quietos por mucho tiempo. Por tanto el programa debe durar una hora o una hora y media y debe tener suficientes oportunidades para que ellos se muevan y participen activamente.

IV. FASES DE LA CRUZADA

A. Publicidad

Haga hojas sueltas, carteles, y rótulos para anunciar la cruzada a la comunidad. Organice un desfile con los niños y use todos los recursos que tenga disponibles, como payasos, títeres, y personas disfrazadas para atraer la atención de los niños del vecindario. Todo el material que se imprima debe incluir el lugar de la reunión, la fecha, la hora, los que lo presentan, un número de teléfono, y una declaración de que es "gratis". También se pueden organizar visitas a los hogares para invitar a la gente en persona. Una vez que comience la cruzada la noticia se difundirá de boca en boca.

B. El programa

La primera noche de la cruzada pone a prueba toda la preparación. Si todo se ha basado en oración y si los obreros están bien preparados, será una actividad emocionante.

Todos saben que los niños tienen una abundancia de energía. Tome en cuenta esto cuando planee la apertura de cada culto. Planee reuniones, funciones, y otras actividades, como payasos o dramas, que enfoquen la atención de los niños al frente. Después, presente el mensaje de salvación de un modo que sea poderoso, breve, y fácil de entender.

La persona que esté ministrando debe hacer un llamado al altar cuando esté lista para concluir el mensaje. De esta manera los niños tendrán la oportunidad de aceptar a Jesucristo como su Señor y Salvador. Algunos de los niños que asistan a la cruzada quizás nunca vuelvan a oír el mensaje de salvación. Por esta razón, es imperativo que se dé al llamado al altar la debida prioridad espiritual. Los obreros deben ser sensibles al Espíritu Santo y pasar rápidamente hacia los niños que vayan al altar. Los obreros también deben saber cómo orar por los niños y cómo responder a las preocupaciones que los niños pudieran tener. Los obreros que ministran en el altar tienen la responsabilidad de escribir en una "tarjeta de decisión" toda la información sobre los niños. Esta tarjeta muestra que el niño ha aceptado a Cristo y ofrece la información necesaria para seguir el contacto con él.

Los ujieres deben ser adultos responsables de guardar orden y mantener el buen ambiente que es necesario para ayudar a los niños a responder al llamado de salvación.

C. Evaluación y seguimiento

El trabajo del personal no termina con el último culto de la cruzada. El discipulado es tan importante como la decisión inical de los niños de volverse a Cristo. Se puede visitar al niño en su casa si se mantiene un registro que refleje correctamente la información de las tarjetas de decisión. Las visitas a la casa con frecuencia ofrecen la oportunidad de acercarse también a los padres y a la familia del niño. Una vez que se haya establecido una relación personal, invite al niño a la Escuela Dominical en la iglesia local para que pueda ser discipulado y recibir la ayuda y el apoyo que necesita.

Las cruzadas de niños ofrecen una inovadora alternativa a la evangelización de los niños de una comunidad. Si se planea y se presenta con la ayuda de la oración, duro trabajo, y un grupo dirigido por el Espíritu Santo, la cruzada será un éxito.

V. COMITÉS

Ya se ha mencionado anteriormente la necesidad de nombrar a un director y a un personal de obreros. El buen éxito del proyecto dependerá en gran parte de definir claramente las funciones de cada persona.

Es importante que una persona coordine la cruzada para niños. Este coordinador o director es responsable al pastor y a los otros líderes de la iglesia. Se debe mantener buena comunicación con los que están a cargo de los diferentes proyectos o comités para evaluar el progreso y evitar problemas o retrasos. La comunicación depende mayormente del líder. El director debe dar ejemplo de la urgencia de la tarea de llevar a los niños a Cristo y la fortaleza necesaria para llegar a ellos. Es esta persona la que debe dirigir las reuniones periódicas con los obreros.

Muchas de las responsabilidades de una cruzada se pueden delegar entre el personal de la cruzada para niños. El coordinador debe tomar en cuenta las habilidades y los talentos de cada persona. Todo coordinador debe adaptar la siguiente lista de comités según sus necesidades. En algunos casos, los comités podrían combinar o modificar estas responsabilidades según el número de obreros, el horario, y los días de la cruzada. Los obreros han de cumplir con funciones definidas, pero también deben estar listos a colaborar en otras, especialmente en la de llevar a los niños a Cristo.

1. **El comité de oración.** Todos los obreros deben considerarse a sí mismos parte de este comité.

2. **El comité de publicidad** cuelga carteles y anuncios en lugares estratégicos en el área, hace anuncios pertinentes en la iglesia y los medios públicos, y anuncia la cruzada en el vecindario de la iglesia.

3. **El comité de recursos** hace copias de las hojas de cantos para los coros, ilustra los versículos para memorizar, obtiene o hace títeres, prepara las ayudas visuales, y desarrolla otras ilustraciones y recursos según sean necesarios.

4. **El comité de distribución** supervisa la composición y distribución de literatura (tratados, Nuevos Testamentos, Biblias) y otros artículos como dulces (caramelos) y premios.

5. **El comité de música** consiste de los músicos para la cruzada que ayudan a dirigir el culto de alabanza y adoración de los niños.

6. **El comité de mantenimiento** instala y desconecta los sistemas de sonido y alumbrado, prepara y desmantela el escenario y los avíos. También está a cargo de mantener limpios el lugar de la reunión y los baños (servicios).

7. **El comité de recepción** da la bienvenida a los niños en la entrada del salón y diseña un sistema, como rótulos para prender en la camisa, para identificar a todos.

8. **El comité de continuación** (o seguimiento) prepara el material que los niños podrán llevar a casa, está a cargo del registro de tarjetas de decisión y otra información para seguir el contacto, diseña y prepara a los grupos que harán visitas, invita a los que están en las reuniones de niños en la iglesia (Misioneritas, Exploradores del Rey, cultos para niños), y desarrolla actividades para seguir el contacto que incluyen a los padres, para que ellos también tengan la oportunidad de oír el mensaje del evangelio.

CONCLUSIÓN

Muchas iglesias no se sienten capaces de ir más allá de lo que los obreros locales pueden dar, y al mismo tiempo se niegan a considerar el participar en los ministerios fuera de la iglesia local. Otros aciertan que la iglesia ya tiene suficientes niños y que no necesitan extenderse a nadie más. Hay también los que arguyen que la iglesia es "muy pequeña" y que no es posible atraer a más niños. Hay muchas excusas para no tener una cruzada para niños, pero mientras haya inconversos en nuestras comunidades, debemos buscar maneras creativas de presentarles a Cristo. Una cruzada para niños es una manera eficaz de alcanzar a los niños que no conocen al Señor. Además de ministrar a los niños, la cruzada para niños ofrece la posibilidad de influenciar también a los padres inconversos.

REPASO

1. ¿Por qué debemos tener una cruzada para niños?
2. ¿Por qué debemos planear este esfuerzo?
3. ¿Qué factores se deben tomar en cuenta en la etapa de planificación?
4. ¿Cuáles son algunos de los posibles comités o las responsabilidades que se deben delegar a los obreros?
5. Mencione varios posibles temas para la cruzada.

APÉNDICES

A. Disciplina

Dr. James Dobson dice:

"Cuando no hay disciplina, el caos que resulta en un insulto a Dios y al significado de la adoración. No se puede lograr ningún objetivo a un nivel educado en un ambiente de caos y confusión. Es imposible enseñar cuando los estudiantes no quieren escuchar. Los niños deben asumir la responsabilidad por su comportamiento. Es importante establecer pautas y comunicarlas a los niños de antemano. Todo obrero siempre debe dar un buen ejemplo a los niños con respecto a las pautas. Los padres y los maestros deben cooperar en el área de la disciplina."[1]

Debemos aprovechar lo más posible del tiempo que pasamos en una cruzada para el benficio de todos los niños. El grupo que organiza la cruzada debe planear un programa que mantenga el interés y la atención del oyente. Ocurren muchos problemas por falta de interés. No obstante, aunque tengamos el mejor de los programas, siempre habrá problemas con la disciplina. Debemos confrontar esta clase de situaciones. Este trabajo pertenece a los ujieres, que deben ser personas con una carga para trabajar con los niños en esta área. El ambiente en el que los niños reciben el mensaje es tan importante como el mensaje mismo.

La responsabilidad de los ujieres es:

1. Hacer que los niños se sientan bienvenidos. Ver que cada niño encuentre un lugar para sentarse. Dar la bienvenida a los que visitan y presentarlos al resto del grupo.

2. Ver que el lugar de la reunión esté bien ventilado. Si hay ventiladores (abanicos eléctricos), deben encenderlos.

3. Prevenir o neutralizar cualquier distracción. Reducir el número de interrupciones.

4. Ver que los niños respeten las reglas como "no hablar" y "no salirse de la reunión sin propósito".

    a. No hablar. Durante el culto, habrá momentos en los que el obrero querrá que los niños respondan, canten, testifiquen, presenten peticiones de oración, interaccionen con los títeres, y citen la Escritura. Los obreros deben saber cuándo es necesario que los niños respondan. No obstante, durante una historia, un drama, o la lección se debe guardar reverencia.

    b. No salirse de la reunión sin propósito. Nadie debe divagar por el área de la reunión excepto en caso de emergencia. No permita que ninguna situación interrumpa el culto.

[1] (Daniel Rector. Minneapolis, Minnesota: North Central Bible University.)

B. Desarrollo de un drama bíblico

Haga un bosquejo de la lección usando oraciones (frases) cortas para establecer la secuencia de los sucesos clave de la historia. El bosquejo debe tener cuatro partes:

- Comienzo
- Trama
- Clímax
- Conclusión

1. El comienzo introduce el fondo de la historia. Toda historia tiene un conflicto que debe ser resuelto. Úselo para despertar el interés de los niños en el clímax o la resolución del drama.

    a. Capte la atención de los niños.
    b. Mire que sea breve.
    c. Llénelo de sorpresas y haga que los niños participen.

2. La trama consiste del desarrollo de las escenas, las circunstancias, o la secuencia de los sucesos. Establezca la conexión entre las actitudes y el comportamiento de los personajes de la Biblia y el público. Algunas ideas clave que se deben enfatizar en la trama son:

    a. El amor de Dios
    b. Jesús es el Hijo de Dios y la suprema expresión del amor divino.
    c. Cristo
    d. La necesidad de salvación y el hecho de que la salvación es un don de Dios.

3. El clímax es el punto culminante o decisivo de la historia en el que la historia se resuelve.

    Establezca un ambiente de suspenso que culmine con el clímax mediante expresiones faciales; entonaciones que expresen miedo, misterio, y entusiasmo; movimientos del cuerpo o expresiones; y pausas.

4. La conclusión lleva la historia a su fin. Hace un resumen del tema de la historia.

    a. Debe ser rápida y ofrecer una transición con fluidez al llamado al altar.
    b. Debe enfatizar que la salvación es un don necesario para la vida eterna.

C. Ejemplo del horario de un día

1. Desarrollo del tema: La historia del ciego

Bartimeo es una de las historias bíblicas que se ha de desarrollar como parte del tema de la cruzada "Jesús, la luz del mundo".

2. Lectura bíblica: Marcos 10:46-52; Lucas 18:35-43; Juan 8:12.

3. Versículo para memorizar: "Otra vez Jesús les habló, diciendo: Yo soy la luz del mundo; el que me sigue, no andará en tinieblas, sino que tendrá la luz de la vida" (Juan 8:12).

4. Cómo captar la atención de los niños: Encienda y apague una lámpara varias veces para mostrar la diferencia entre la luz (los que son salvos) y la oscuridad (los que están perdidos).

Pregunte a los niños si les gustaría permanecer en oscuridad. Apague las luces del salón para que puedan ver lo que es ser ciego. Haga énfasis en el hecho de que el hombre está lejos de Dios y también ciego espiritualmente.

El narrador: cuenta la historia

- Hace muchos años, había un mendigo, un hombre muy pobre..."
- El drama comienza: Entran los personajes...
- Conclusión: Entra el narrador y concluye la historia.

Haga un llamado al altar corto y personal, enfatizando el hecho de que Jesús es el Salvador que murió para que todo niño pueda tener vida eterna. Repita que toda persona necesita recibirlo como su Salvador personal y ser parte de la familia de Dios.

Espere que respondan, por ejemplo: "Si nunca han aceptado a Jesús como su Salvador, y desean hacerlo ahora, levanten la mano".

Cerciórese de que los niños reconozcan a Jesús como la "Luz de la vida" y que sepan cómo aceptarlo como el Señor de su vida.

5. Juegos bíblicos: Escoja a participantes de entre los presentes. Los juegos bíblicos también se pueden tener antes de la historia para poder mostrar cuán difícil es caminar en la oscuridad.

D. El drama: "La sanidad del ciego Bartimeo"

Narrador: Narrador: Hace muchos años, vivía un mendigo, un hombre muy pobre que se llamaba Bartimeo, que se sentaba a la puerta de la ciudad de Jericó. Pedía limosna a los que pasaban. ¿Saben por qué? Porque era ciego. No podía ver la belleza del mundo que Dios ha creado, ni a sus padres, ni a sus amigos. Tampoco podía trabajar. Lo único que podía hacer era sentarse al lado del camino y esperar que la gente le diera comida y dinero.

(Entra Bartimeo, con un bastón y una capa sobre los hombros. Viene hablando solo.)

Bartimeo: ¡Ay, un día más! Hoy me siento bien... tengo ganas de saltar muy alto *(Bartimeo salta en medio de los niños como si fuera a caerles encima. Después de jugar un poco con los niños, se dirige hacia el frente del escenario.)* ¡Déjenme sentarme aquí, antes que otro ciego me quite el puesto!

(Entra Ana con una canasta de pan.)

Ana: ¡Buenos días, Bartimeo!

Bartimeo: Buenos días. Ay, el olor de pan fresco me dice que Ana trae comida deliciosa para los pobres como yo.

Ana: ¡Así es, Bartimeo! Hoy me desperté con mucha energía. Es un día precioso. El cielo está azul, y los árboles están llenándose más de hojas cada día. ¡Qué bueno es Dios! El nos da todo gratis.

Bartimeo: Ay, cuánto me gustaría tener el privilegio de ver todas esas cosas: el cielo azul, el verde de las hojas en los árboles. He sido ciego desde que nací. Sólo un milagro podría hacer que vea las cosas que Dios ha creado.

Ana: ¡Tenga fe en Dios, mi buen amigo! Todas las mañanas le traeré pan fresco hasta que por fin usted pueda ver. ¡Tenga ánimo! ¡Adiós!

(Bartimeo comienza a comer pan. Entran dos niños silenciosamente, con la intención de hacer alguna travesura. Tratan de robarle el bastón a Bartimeo, pero uno de ellos estornuda. Bartimeo habla en alta voz.)

Bartimeo:	Tal como pensé, ustedes se traen alguna travesura en mano otra vez. Pero no crean que me pueden engañar. Sé que quieren robarme el bastón.
Marcos:	¡Oh, no! Hoy casi lo conseguimos, pero tú *(dirigiéndose al otro niño)* no pudiste controlar el estornudo.
Timoteo:	¡Qué dices, Marcos! No tuve la culpa. Ayer tú querías jugar pelota cuando estaba lloviendo. Ah... creo que... *(parece como que va a estornudar otra vez)* que... *(se pone el dedo bajo la nariz para detener el estornudo. Con una expresión de alivio dice)* ¡Tengo uno de esos ca... (estornuda)... tarros terribles!
Bartimeo:	Niños, ¿saben que ustedes han recibido un regalo maravilloso? *(Los niños lo miran desconcertados.)*
Marcos y Timoteo:	¿Ah... un regalo?
Bartimeo:	Han tenido el privilegio de correr, jugar pelota, y ver cómo cae la lluvia. ¿Sabían eso? Mi manto siempre está sucio aunque lo mantengo sobre la grama para que la lluvia lo limpie.
Timoteo:	Tiene razón. Necesita que le laven el manto. Creo que está supuesto a ser rojo, pero se ve marrón por la suciedad. En caso que no llueva, me lo voy a llevar a mi casa para lavarlo. Mi mamá pue... ah... ahh... *(comienza a estornudar otra vez. Luego resume la conversación)*... puede lavarlo.
Bartimeo:	Gracias, Timoteo. Pero no te preocupes por mí. Ahora eres tú el que necesita ayuda. Vete a casa y dile a tu madre que te dé medicina para ese catarro que tienes.
Marcos:	Sí, Timoteo. Bartimeo tiene razón. Si no te curas de ese catarro, no vamos a poder jugar pelota este fin de semana. *(Timoteo comienza a estornudar, y los niños salen del escenario. Bartimeo sigue comiendo pan, pero José lo interrumpe al entrar, gritando.)*
José:	¡Bartimeo, Bartimeo!
Bartimeo:	Aquí estoy, José. ¿Por qué gritas? ¿Qué pasa?
José:	¿No sabes lo que está pasando? Jesús de Nazaret está en Jericó. Miles de personas han venido sólo para verlo.
Bartimeo:	Muchos me han dicho que Jesús hace milagros, y que es una buena persona.
José:	Es cierto. Habla de Dios. Lo que dice nos hace sentir como nuevas personas. Cuando oímos y creemos sus palabras, somos cambiados. Ya no somos los mismos. ¡Él es maravilloso! y sana a los enfermos.
Bartimeo:	Me pregunto si Jesús podría... *(Bartimeo parece dudar.)* No, no, soy muy pobre, soy solo un mendigo al lado del camino. ¡Él ni siquiera se fijaría en mí!
José:	Pero este hombre es Jesús. Él lo sabe todo. Él sabe que tú eres ciego y pobre. Sabe hasta tu nombre.
Bartimeo:	¿Sin siquiera hablarme?
José:	*(Con mucho entusiasmo)* ¡Por supuesto que sí! Jesús lo sabe todo. ¡Él es el Hijo de Dios!
	(En este momento entran Ana, los dos niños, y otras personas que rodean a Jesús. Comienzan a pasarle al lado a Bartimeo que no se puede levantar para ir al Señor. José sigue al grupo.)
Bartimeo:	¡Por favor, por favor! Quiero hablar con Jesús. ¡Jesús, Jesús, ten misericordia de mí!
Jesús:	¿Quién me llama?
José:	¡Bartimeo, el ciego!
Jesús:	Llámenlo. *(Los dos niños ayudan al ciego a ponerse de pie y caminar hacia Jesús.)* ¿Qué quieres que haga por ti?
Bartimeo:	¡Oh, Señor, quiero ver! *(Jesús le pone la mano en los ojos a Bartimeo.)*
Jesús:	Vete, tu fe te ha salvado.

Bartimeo: ¡Puedo ver! *(Le da las gracias a Jesús y comienza a saltar, a gritar, y a cantar.)* ¡Puedo ver! Tú eres Ana. Ahora te puedo ayudar a hacer el pan todos los días. Niños, vamos a jugar pelota en la lluvia. ¡Sol *(mira al cielo)*, nubes, hojas en los árboles, gente... puedo ver! ¡Qué bello es el mundo! Dios nos dio todas estas cosas para que no olvidemos quién Él es. Dios nos ama. *(Todos permanecen en el escenario, inmóviles. Entra el narrador.)*

Narrador: Desde entonces, Bartimeo ya no tuvo que sentarse al lado del camino. Pudo seguir a Jesús. Les decía a todos lo que Jesús había hecho por él. Su vida había sido tan oscura y sucia como su manto. Pero cuando llegó a conocer a Jesús, él vio "la luz". No sólo recobró la vista, sino que encontró a un nuevo Amigo, Jesús. Su vida cambió.

Después de sanar y enseñar a muchos, Jesús murió en la cruz. ¿Saben por qué? Por que Él nos ama y quería pagar por nuestros pecados. Su sangre nos limpia de mentiras, ira, malas palabras, desobediencia, envidia, y chismes. La sangre de Cristo nos lava de todo esto y mucho más.

Bartimeo era un nuevo hombre porque creyó en Jesús. Vivía de tal manera que su vida agradaba a Dios. Hoy Bartimeo está en el cielo con Jesús. ¿Les gustaría vivir con Cristo algún día? El cielo es la casa de Dios, y ahí no puede entrar ninguna maldad. Todo el que tiene cualquier pecado en su vida no puede entrar al cielo. ¿Les gustaría que Jesús sea su mejor amigo y que su sangre limpie su vida? ¿Les gustaría ira al cielo como Bartimeo?

Si quieren, hablemos con Jesús. Cierren los ojos y oren conmigo:

"Señor Jesús, sé que he cometido muchos pecados, pero me gustaría que vengas a mi vida y me limpies de todas las cosas malas que he hecho. Quiero vivir para agradarte a ti y un día estar contigo en el cielo. Gracias, Jesús. Amén."

BOSQUEJO

CRUZADAS PARA NIÑOS

- **Importancia del tema**
- **Objetivos**
- **I.   Introducción**
- **II. Razones para organizar una cruzada para niños**
- **III. Cómo planear una cruzada**
    - A. Oración
    - B. El director de la cruzada
    - C. El personal
    - D. Currículo
    - E. Horario
- **IV. Fases de la cruzada**
    - A. Publicidad
    - B. El programa
    - C. Evaluación y seguimiento
- **V. Comités**
- **Conclusión**
- **Repaso**
- **Apéndices**
    - A. Disciplina
    - B. Desarrollo de un drama bíblico
    - C. Ejemplo del horario de un día
    - D. El drama: "La sanidad del ciego Bartimeo"

Capítulo 33

TEMA: Anexos para niños

ESCRITORES: Dionisio Medina y Gloria Montúfar

IMPORTANCIA DEL TEMA

Poco se ha hecho fuera de los confines del edificio de la iglesia para alcanzar a los niños con el evangelio. Los anexos generalmente han dirigido sus esfuerzos hacia alcanzar a los jóvenes y adultos de la comunidad. Debido al hecho de que un segmento tan grande de la población cuenta con menos de quince años de edad, es imperativo que los evangelistas de niños estén preparados y que sean enviados a establecer anexos para niños. Es necesario que la iglesia nacional, como también los institutos bíblicos y seminarios, promuevan este vital ministerio. ¿Quién ha de decir que no se puede establecer una iglesia nueva allegándonos primero a los niños de la comunidad?

EJEMPLOS

Dionisio Medina escribe: "En mi ministerio, he dado gran importancia a la evangelización de los niños. Como resultado de muchos anexos en Montevideo, hemos establecido seis iglesias de las Asambleas de Dios, cada una con su propio pastor. Estas iglesias son congregaciones autónomas que se valen por sí mismas y que están en el proceso de expandirse."

Gloria Montúfar recuerda contar, "Trescientos sesenta y siete, trescientos sesenta y ocho. ¡Aleluya!" Esta fue una exclamación de asombro al ver cuánto había crecido el anexo para niños. El gobierno había construido viviendas de emergencia para todas las familias desamparadas. Cerca de estos refugios temporales, los niños se agrupaban en una zona libre.

"La iglesia comenzó a ministrar a los niños y a los jóvenes que jugaban en la calle. Muchos de ellos recibieron a Jesús y luego volvieron al anexo con sus familiares. Valía mucho la pena trabajar con ellos en este anexo. En mi país de Guatemala, muchas de las iglesias están ahora comenzando a establecer anexos de evangelización para niños porque hemos hecho de estos niños una prioridad."

OBJETIVOS

1. Aprender cómo llevar a los niños y a las familias a Cristo.
2. Cultivar un espíritu dispuesto que esté paralizado por temor a no trabajar con niños fuera de la iglesia.
3. Descentralizar las actividades de la iglesia al llevar el mensaje del evangelio directamente a los niños.
4. Reconocer la inclusión de los niños en la Gran Comisión.

I. INTRODUCCIÓN

El método evangelístico de los anexos para niños es muy eficaz para alcanzar a los niños y familias para el reino del cielo. Este concepto consiste de llevar el mensaje del evangelio fuera del edificio de la iglesia directamente a los niños, con el propósito de llevarlos a Cristo y formarlos espiritualmente.

II. ORGANIZACIÓN

Un anexo para niños es un método de evangelismo muy positivo que se usa en muchos países no sólo para evangelizar a los niños, sino también para ganar a su familia. Los niños pueden llevar el evangelio a sus padres, y de esta manera las Buenas Nuevas llegan hasta la familia nuclear. Además, este sistema ha sido usado eficazmente por Dios para formar iglesias. ¿Cómo se hace?

A. Visión

1. **Visión individual.** La obra de un ministerio de anexos lo pueden llevar a cabo jóvenes o adultos cristianos. El requisito más importante es que los obreros tengan el deseo, el llamado, o la carga de evangelizar a los niños.

2. **Visión de los niños.** Otro factor a considerar es que los jóvenes y los adultos no son los únicos que ministran en un grupo anexo. Los niños de la iglesia también deben participar. Hace varios años las Misioneritas de San Gerónomo, un vecindario en la Ciudad de Guatemala, sintieron una carga por una zona. Decidieron comenzar un grupo anexo ahí. Gracias al amor y la persistencia de las Misioneritas, se comenzó una gran obra.

3. **Dedicación.** No es un trabajo fácil; siendo que los anexos se establecen fuera de los confines de la iglesia, con frecuencia en las calles, al aire libre, o donde podría ser peligroso, la gente debe estar conciente de la dedicación que exige su tarea. La misión exige sacrificio, visión, valentía, paciencia, perseverancia, y mucho más. Se necesitan obreros consagrados que de verdad aman a los niños.

B. *Preparación*

1. **Preparación de los maestros.** Todo maestro y obrero debe pasar por un programa de preparación fundamental para poder enseñar. Un curso sobre la educación de los niños, métodos didácticos, y doctrinas bíblicas es esencial para todo obrero que desea evangelizar a los niños mediante los anexos.

2. **Preparación de la lección.** Las lecciones deben comenzar con medios evangelísticos, como el Libro sin palabras *(vea el capítulo "Cómo llevar a los niños a Cristo")*. Las parábolas de Jesús, como la oveja perdida y el hijo pródigo, e historias evangelísticas como "Un nuevo yo" *(vea el capítulo "Cómo llevar a los niños a Cristo" y "Drama", por ejemplo).*

   Las lecciones pueden continuar con un libro para niños (nuevo o usado). Las lecciones y otros recursos se pueden adaptar para los anexos.

   La reunión en sí puede comenzar con una oración, seguida de un tiempo de alabanza y adoración. Se puede recoger una ofrenda para mostrar el privilegio de dar con alegría a la obra de Dios. Para los niños, las lecciones tendrán más eficacia si van acompañadas de mucha actividad. Los tableros de franela, títeres, películas, y filmillas por lo regular son populares. Se pueden preparar estos métodos y pedir la unción de Dios para crear un ambiente de entusiasmo y gozo en el que los niños puedan conocer al Señor.

3. **Tamaño de la clase.** Al comenzar un anexo, se recomienda tener sólo una clase, y luego según el crecimiento, dividir a la clase en grupos por edad. Los niños asimilarán mejor la información al estar en grupos pequeños.

4. **Promedio de maestro.** El número de maestros para cada anexo debe ser de dos o más. Es difícil para un solo maestro ministrar y dirigir a un grupo de 20 ó 30 niños. Aun cuando los alumnos se portan bien, siempre habrá alguna inesperada interrupción o problema. El número de maestros debe ser en proporción al número de niños.

5. **Ayudantes.** A algunos obreros no les agrada la idea de enseñar, pero son excelentes para enlistar, dirigir, y supervisar a los niños.

6. **La iglesia madre.** La supervisión de la iglesia madre es crítica para que el programa de anexos logre sus propósitos. Por esta razón, organice reuniones semanales para todos los obreros del anexo. Recibirán consejo, dirección, educación, y ánimo los unos de los otros como también de la iglesia madre.

C. *Llenos del Espíritu Santo*

1. **Madurez.** Los maestros deben ser firmes en sus convicciones espirituales; deben dar buen testimonio, ser llenos de fe, entusiastas, y bautizados en el Espíritu Santo.

2. **Vasos para servir.** Todo culto, sin importar cuán pequeño sea, debe ser administrado por hombres y mujeres que sean llenos de fuego espiritual. Sólo pueden evangelizar a los niños en la medida que el Espíritu Santo ministre a través de ellos.

D. *Responsibiidad*

1. **Puntualidad.** Es necesario que los maestros sean puntuales. Siempre deben comenzar a la hora establecida. Desde muy temprana edad, los niños aprenden hábitos para toda la vida y ven a sus maestros como un ejemplo. Por tanto, los maestros deben ser consistentes y dedicados para cumplir con

sus responsabilidades.

2. **Pastorear.** El maestro que dirige un anexo no sólo debe instruir a un grupo de niños, sino que también considerarse como el pastor de ellos. Debe interesarse por el crecimiento espiritual de los niños y que asistan fielmente a las reuniones.

3. **Visitar.** Es una buena idea visitar los hogares de los niños para observar la clase de ambiente en el que viven. También se debe establecer contacto con los padres durante la visita, lo que podría abrir la oportunidad de llevarlos a ellos a Cristo también.

   Cuando un niño esté ausente del anexo o cuando esté enfermo, los obreros deben visitarlo y orar por él para que experimente tanto el poder sanador de Jesús como también el amor cristiano.

4. **Extender el evangelismo.** Los padres que permiten que sus hijos vayan a un anexo generalmente están dispuestos a recibir el evangelio. A los padres les gusta saber adónde van sus hijos. Si permiten a sus hijos ir a un anexo, podrían desear que sus hijos aprendan principios cristianos y moralidad. Algunos quizás tengan una buena idea de lo que significa el evangelio. Un maestro diligente usará todos los medios necesarios para ganarse a las familias de sus alumnos para el reino de los cielos.

   Siempre recuerde que un niño evangelizado es un posible miembro de la iglesia que podría llevar al Señor a su familia. Si el niño no vive en un ambiente favorable, será difícil que asista regularmente al anexo. Por esta razón, los obreros del anexo siempre deben incluir a los miembros de la familia del niño.

III. LUGARES

¿Qué lugares son mejor para tener anexos para niños? ¿Hay un lugar preferido?

A. *Jesús como nuestro modelo*

Nuestro mayor ejemplo es nuestro Señor Jesucristo. ¿Dónde evangelizaba el Señor? ¿Tenía un lugar preferido para proclamar las Buenas Nuevas? No, Jesús predicaba el evangelio en todo lugar; en el templo, en la sinagoga, en el monte, en la calle, en el estanque de Betesda, desde un bote, en hogares privados. En breve, dondequiera que había gente y dondequiera que había necesidad, Jesús estaba ahí, listo para predicar y enseñar sobre el reino de los cielos.

¿Qué hacen las iglesias de hoy para evangelizar a los perdidos? Muchos cristianos permanecen cómodos en sus edificios esperando que los pecadores lleguen a ellos. Por esta razón, por ejemplo, es que hay tan pocas conversiones.

El gran mandato de Cristo es: *"Por tanto, id... a todas las naciones"* (Mateo 28:19). Las iglesias que crecen más son las que salen de las cuatro paredes de sus edificios para invadir el mundo con su mensaje de esperanza.

Jesús iba a y se movía entre la gente. Fue acusado de pasar tiempo entre pecadores y prostitutas. Sin embargo, lo que motivaba a Jesús a andar entre ellos era su deseo de llevarlos al reino de los cielos.

B. *Descentralización*

El secreto del sorprendente crecimiento de muchas iglesias es que no concentran su trabajo en un solo lugar, sino que salen de la iglesia y están entre los pecadores, los enfermos, los que tienen necesidades físicas, y en los lugares donde los peces "pican". Ahí es donde la gente ha abierto su corazón para recibir el mensaje de salvación. De este modo, las iglesias en crecimiento desarrollan ministerios y métodos para proclamar el evangelio.

La evangelización de los niños mediante los anexos es un poderoso método descentralizado que lleva el evangelio a los lugares donde se encuentra la gente.

1. **Lugar.** ¿Dónde se deben establecer anexos para niños? En cualquier lugar donde los niños se encuentren: en parques, plazas, debajo de árboles, edificios abandonados, hogares privados, salas, campos de deportes, campamentos; en cualquier lugar donde los niños se puedan reunir para oír la Palabra de Dios.

2. **Ventajas.**

   a. Curiosidad: Es más fácil reunir a un grupo de niños que a un grupo de adultos. Por ejemplo, cuando se toca acordión, guitarra, u otro instrumento en un parque, por lo regular aparece un grupo de niños sonrientes y curiosos que quieren oír.

   b. Educación: Educar a un niño es mucho más fácil que educar a un adulto. Los niños son más sencillos, sinceros, y saludables que los adultos. Se les puede educar y moldear. No están tan contaminados ni deformados por sus pecados.

   c. Prevención: Es más difícil rehabilitar a un drogadicto o a un delincuente que evangelizar a un niño. Obviamente, la iglesia no debe perder vista de la importancia de los niños. Se debe invertir tiempo, dinero, y esfuerzo para llevarles el evangelio.

3. **Expansión.** Si la Iglesia desea comunicar a Cristo al mundo, debe ampliar su esfera de acción. La iglesia local debe ser un centro de educación, una barraca donde los soldados se entrenan para la batalla. El campo de batalla es el mundo. Es ahí donde se encuentra a los niños para evangelizarlos.

4. **Negligencia.** Muchas iglesias están perdiendo magníficas oportunidades para crecer al no poner atención a los niños. Hay vecindarios con una abundancia de niños, muchos de los cuales están solos, abandonados, y andan por las calles sin esperanza. Si los cristianos no les llevan el evangelio, serán fácil presa del diablo y se transformarán en delincuentes. ¡Cuán enorme es la responsabilidad!

   Bienvenida Columna dice: "Tenemos la responsabilidad de redimir a nuestros jóvenes de las dogras y otros vicios, a los que podríamos haber liberado si los hubiéramos evangelizado antes. Esos jóvenes que tienen una vida de crimen podrían haber sido líderes de la iglesia hoy. Es por eso que estamos convencidos de la urgente necesidad de evangelizar a los niños."[1]

5. **La esperanza del mañana.** Los niños son la esperanza de la nación. Existe un gran potencial dentro de ellos. Con frecuencia los partidos políticos ponen mucha atención a los niños. Porque los niños son los futuros votantes, tratan de educarlos a temprana edad.

   Si la Iglesia evangeliza a los niños, el futuro será muy prometedor. Por tanto es urgente que los cristianos dejen el edificio de la iglesia y vayan donde viven los niños.

IV. HORARIO

El evangelismo de los niños mediante anexos siempre es apropiado. El diablo usa sus tácticas todos los días. Él tiene centros de corrupción abiertos las veinticuatro horas del día, y nunca descansa.

En lo que toca a los niños, todos los días son excelentes para enseñar el evangelio. Hoy es el día de comenzar a evangelizar a los niños mediante los anexos. No esperemos más. Los campos están listos para la cosecha.

Es importante tener en mente que cuando el anexo se celebra en un hogar privado, la hora de la reunión dependerá de los dueños del hogar. Si el anexo es en un parque o en una plaza pública, se deben considerar otros factores, como la luz del día y el clima. Reconozca la rutina de la comunidad y planee el ministerio del anexo a una hora conveniente cuando la mayoría pueda asistir.

Durante el año escolar, un tiempo ideal para ministrar es durante un tiempo de vacaciones de los niños o después de las clases. Identifique las características y peculiaridades de cada lugar para que el anexo pueda ministrar eficazmente. En muchos lugares el fin de semana es quizás el tiempo más apropiado para el ministerio de anexos, pero todos los días son buenos para enseñar el evangelio. Los apóstoles tenían el hábito de enseñar el evangelio todos los días: *"Y todos los días, en el templo y por las casas, no cesaban de enseñar y predicar a Jesucristo"* (Hechos 5:42).

A veces es ventajoso arreglar un "circuito de anexos" en el que grupos de obreros ponen en horario dos o tres anexos consecutivos el mismo día, en distintos lugares, y a distintas horas. Este método permite que un mayor número de niños reciba una bendición del tiempo y esfuerzo que el grupo de ministerio ha pasado preparándose para la reunión.

Judy Graner, una misionera en Colombia, dice: "Satanás ha lanzado un fuerte ataque como parte de su estrategia para destruir áreas de la sociedad en las que los niños se desarrollan: la familia, la iglesia, la escuela, el gobierno, el arte, los medios de comunicación, y los negocios. Él sabe bien que si destruye o contamina estas áreas de influencia, dominará al país. Estadísticamente, se cree que dos de cada tres familias terminan en divorcio, separación, o infidelidad que a su vez causan daño a los niños."[2]

Es absolutamente urgente que los niños conozcan a Cristo hoy. *"He aquí ahora el tiempo aceptable; he aquí ahora el día de salvación"* (2 Corintios 6:2).

CONCLUSIÓN

Los anexos para niños son uno de los métodos evangelísticos más eficaces para la iglesia que quiere llevar el evangelio fuera de sus puertas.

- Es un medio muy eficaz de cumplir con la Gran Comisión.
- Ayuda a descentralizar las actividades de la iglesia, cuando lleva el evangelio a lugares donde se encuentran los que necesitan el poder transformador de Dios.
- Es un instrumento ideal para preparar líderes, ya que los obreros de los anexos tienen la oportunidad de desarrollar ministerio y adquirir experiencia, confianza en sí mismos, y agilidad para presentar el evangelio.
- Es una manera eficaz de establecer nuevas iglesias. Muchas congregaciones comenzaron humildemente como un grupo de niños que creció hasta ser una iglesia.
- Es un medio evangelístico muy eficaz, ya que la "inocencia" y sencillez de la niñez abre la de fe los niños para crecer hasta aceptar y conocer a Cristo.

Dios quiere que los cristianos tengan su misma visión y deseo respecto a los niños. "*¿Cómo, pues, invocarán a aquel en el cual no han creído? ¿Y cómo oirán sin haber quien les predique?*" (Romanos 10:14). Aprovéche hoy del privilegio que Dios nos ha dado.

REPASO

1. ¿Cuáles son lugar apropiados para establecer anexos para niños?
2. ¿Dónde predicaba Jesús?
3. ¿Qué es la descentralización?
4. ¿Por qué es más fácil evangelizar a un niño que rehabilitar a un delincuente?
5. ¿Qué hacen varios partidos políticos para asegurarse de futuros votantes? ¿Qué debe hacer la Iglesia?
6. ¿Qué clase de preparación es necesaria de parte del obrero que desea participar en los anexos para niños?
7. ¿Por qué el maestro debe estar lleno del Espíritu Santo?
8. ¿Por qué debe ser puntual y responsable?
9. Aparte de enseñar la lección, ¿qué otra obligación tiene el maestro?
10. ¿Cómo se conduce una reunión en un anexo para niños?
11. ¿Cuáles son las mejores maneras de organizar los anexos para niños?
12. ¿Qué debe usted tomar en cuenta durante el año escolar para que los anexos den resultado?
13. ¿Qué factores debe usted considerar al abrir un anexo en la casa de una familia?
14. ¿Por qué es urgente llevar el evangelio a los niños?

NOTAS FINALES

[1]Bienvenida Columna. *Avance*. (Springfield, Missouri: Resource and Development Ministries) 2 (1990): 10.

[2]Judy Graner. *Conozca*. (Hollywood, Florida: CTN) 4 (1991): 7.

ANEXOS PARA NIÑOS

- **Importancia del tema**
- **Ejemplos**
- **Objetivos**
- **I. Introducción**
- **II. Organización**
   - A. Visión
   - B. Preparación
   - C. Llenos del Espíritu Santo
   - D. Responsibilidad
- **III. Lugares**
   - A. Jesús como nuestro modelo
   - B. Descentralización
- **IV. Horario**
- **Conclusión**
- **Repaso**
- **Notas finales**

Capítulo 34

TEMA: Ministerio a los hijos de ministros

ESCRITORES: Rodys Cruz, Wm. Nelson Sachs, y Carolyn Hittenberger

IMPORTANCIA DEL TEMA

Los que trabajan con hijos de ministros primero deben comprender las singulares tensiones en la vida de una familia que está involucrada en el ministerio. Es necesario que el hijo del ministro se dé cuenta del privilegio que Dios le ha dado. Al mismo tiempo, no se le debe hacer sentir que está en exhibición o que tiene más responsabilidad de vivir de cierta manera que cualquier otro niño. La conducta ejemplar que podría mostrar no se debe al hecho de que es hijo de un ministro, sino porque es hijo de Dios. Dios quiere que su vida refleje a Cristo para bendecir a los demás, no sólo para que sus padres queden bien ante los demás.

EJEMPLO

Un testimonio personal de la hija de un ministro:

Se me enseñó a ser un ejemplo en la iglesia. La familia de la iglesia creía que tenía el derecho de corregirme. Mis padres permanecían en silencio porque se consideraba que era lo que debían hacer. Otros niños podían correr y hacer lo que quisieran, pero la hija del pastor tenía que dar un buen ejemplo.

Yo buscaba a Dios con fervor y trataba de imitar a mi padre en todo lo que se relacionaba al ministerio. Al crecer, las cosas cambiaron. Yo me pregunté: "¿Por qué tengo que dar buen ejemplo? ¿Por qué mis padres decidieron ser pastores?"

Estas son preguntas que la mayoría de los hijos de pastores se hacen. Por la mayor parte son simplemente pensamientos, hasta el día en que los niños ya no pueden lidiar con la presión de otros cristianos o de sus padres. Muchos se rebelan y algunos hasta dejan la iglesia.

Al ser mayor, cada vez que alguien me hablaba del ministerio, yo rechazaba la idea. Porque yo sentía el llamado de Dios en mi vida, vivía en constante lucha. Sin embargo, el Espíritu Santo obró hasta el punto en que me cambió y me liberó de los prejuicios. Comencé a ver las cosas bajo nueva luz. Sentí la responsabilidad de servir al Señor y dije: *"Aquí estoy, Señor."*

He tenido bellas experiencias en el ministerio. Me he interesado en los hijos de otros pastores. Con otros, he conducido un estudio que nos ha permitido ver que la mayoría de los hijos de pastores pasan por situaciones similares. Esto nos ha llevado a formar una Asociación Nacional de Hijos de Pastores en mi país. Hemos gozado de maravillosos testimonios de cómo Dios ha devuelto al redil a muchos hijos de pastores, y de cómo otros se han puesto en sus manos para que los vuelva a usar.

Dios también ha tocado a los padres/pastores y les ha mostrado que sus hijos son personas que necesitan de su atención.

OBJETIVOS

1. Identificar los singulares conflictos de los hijos de los ministros.
2. Mostrar la necesidad de dar un concepto claro y positivo del ministerio de una familia y de la dedicación personal a Cristo de parte de los hijos.
3. Presentar estrategias para ministrar a las necesidades espirituales y emocionales del hijo del ministro.

I. INTRODUCCIÓN

Pocos lugares exigen más de un niño que ser hijo de un ministro evangélico. El hijo o la hija de un médico, abogado o zapatero generalmente vive libre de la presión de dañar la imagen profesional de su padre.

Quizás esta diferencia se deba al hecho de que el ministerio no es una profesión sino un llamado. La personalidad y la vida del que recibe este llamado tiene que concordar con lo que exige la Escritura. Pablo declara claramente las cualificaciones del ministro respecto a su familia. Debe ser *"...irreprensible, marido de una sola mujer... que tenga a sus hijos en sujeción con toda honestidad"* (1 Timoteo 3:1-6). La presión que esto pone en los hijos de ese hogar con frecuencia causa amargura y hasta rebelión. La comprensión y la afirmación de alguien aparte de los padres puede ser el factor clave en cómo los hijos responderán.

II. CONFLICTOS DEL HIJO DEL MINISTRO

El hijo del ministro, como con cualquier otro niño, debe hacer frente a los problemas de su edad. Además debe llegar a cuentas con las dificultades causadas por el lugar de la familia en la iglesia. Los problemas a los que deben hacer frente se deben en parte a la "imagen" que debe proyectar el hijo del ministro.

A. La imagen

Al hijo del ministro se le enseña a conducirse de tal modo que cumpla con las exigencias de todos en la iglesia. ¿Qué se espera de él? ¿Un ministro en miniatura? ¿Un santo niño? Sin su participación en la decisión, la fuerte responsabilidad de ser líder le cae en sus hombros.

El hijo del ministro debe ser un líder. Debe hablar, vestirse, cantar, contestar, y hasta saludar a la gente. Imitar al padre cuando es muy pequeño podría ser divertido, pero una continua expectativa de que uno sea un clon puede llegar a ser un problema muy serio en los años adolescentes.

Las experiencias en el ministerio no siempre son agradables. Ser "parte del ministerio" desde edad muy temprana quizás no sea una vocación de ofrece satisfacción, sino una imposición que puede ocasionar frustración. El llamado al ministerio es algo personal. No es hereditario.

B. La realidad

Los niños necesitan atención. Las exigencias del tiempo y la energía del ministro son tales que el hijo podría sentirse menos importante que aquellos a quienes sus padres ministran. El problema de balancear y dar prioridades debe ser confrontado por la familia entera. Inevitablemente, ya sea en actualidad o percepción, el niño a veces se sentirá abandonado.

Su necesidad normal y su deseo de recibir atención podría expresarse en comportamiento negativo. Necesita de alguien que comprenda su comportamiento y sus sentimientos y que le ayude a ajustar sus emociones. Su falta de respeto causa sentimientos de culpabilidad, lo que si no se trata debidamente, puede causar un sentido de fracaso total. Creer que no puede posiblemente vivir según las expectativas de los padres y de la iglesia, daña su concepto de sí mismo y de Dios.

III. NECESIDADES DEL HIJO DEL MINISTRO

A. Concepto de la familia

El obrero que contribuye positivamente a la vida del hijo del ministro ve la importancia de llevar al niño a un concepto positivo de su familia. La importancia del ministerio de los padres a los demás debe ser enfatizada, teniendo cuidado de enfatizar que él no es menos importante que los otros necesitados. Si logra ver que lo que hacen emana de un corazón de amor, que no es solamente "un trabajo", podrá mejor aceptar su lugar.

Habrá momentos cuando oirá crítica dirigida a sus padres. Es raro el ministro del que nunca se hablará. En respuesta a esto, el obrero de niños tiene un lugar importante. Sin ser crítico de los que han dicho cosas hirientes, el obrero necesita reforzar la confianza del niño en sus padres. No es fácil ayudar a un niño entender las debilidades de un adulto cristiano y resolver la posible amargura.

También es importante que el hijo del ministro comprenda el concepto de "familia extensa" dentro del contexto de la iglesia. Si se siente amado por la congregación, es menos probable que resienta lo que de otra manera podría interpretar como sus constantes intrusiones en su familia inmediata.

Aunque nadie puede tomar el lugar de los padres, a veces cuando los padres ministros no pueden estar disponibles para alguna ocasión especial, es importante que alguien que ama al niño esté con él. Ese alguien puede ser el obrero de niños, o ese obrero debe ver que alguien esté presente para lo que es importante para el niño.

B. Compromiso personal

Ser hijo de un ministro es un privilegio. Sin embargo, hay una relación más importante que es necesario aclarar. Estar en la familia del ministro no quiere decir que el niño tiene un entendimiento adecuado de su necesidad de aceptar a Cristo como Salvador personal. El obrero de niños no debe señalar al niño ni avergonzarlo, sino llevarlo a Jesús, tal como llevaría a cualquier otro niño que esté en su esfera de influencia.

Al tratar con el hijo del ministro, el obrero debe verlo como un pequeñito que necesita alimento espiritual. Quiénes son sus padres no tiene relevancia en el reino espiritual. Lo que necesita es ser amado y dirigido como cualquier otro niño. El obrero debe desafiarlo a que agrade a Dios en sus actitudes y comportamiento porque eso es lo que Dios exige, no porque sus padres están en el ministerio.

En el análisis final, lo único que le permitirá aceptar su lugar como un niño de ministerio es lo mismo que le dará satisfacción en todo lo que haga en su vida. Lo más importante que un obrero de niños puede hacer para el hijo de un ministro es llevarlo a aceptar y seguir fielmente a Jesús.

IV. SUBSANAR SUS NECESIDADES

Así como se tienen seminarios y reuniones al nivel ejecutivo, así también se pueden planear actividades parecidas para los hijos de ministros. Los niños necesitan tiempo exclusivo para fraternizar, para hablar de problemas, y para que se les muestre amor y para renovar su compromiso con el Señor.

A. Estrategia para trabajar con hijos de ministros.

Desarrolle un plan de trabajo anual que defina:

1. **La estructura.** Todo cuerpo ejecutivo debe dedicar parte de su estructura a incluir a un grupo encargado con subsanar las necesidades de los hijos de los ministros. Este grupo debe se incluído en el cuadro de organización.

2. **Los objetivos.** Después de evaluar las necesidades observadas de los hijos de los ministros, se deben formar los objetivos basados en estas necesidades:

   a. Formar amistad entre los hijos de ministros.

   b. Ayudar a los hijos de ministros a llegar a Cristo.

   c. Orientar a los hijos de ministros hacia una vida cristiana.

   d. Ayudar a los hijos de ministros a responder al llamado de Dios.

   e. Ayudar en la unión de la familia ministerial por medio de la influencia de los hijos.

   La persona a cargo del grupo de hijos de ministros podría ser un pastor que siente la necesidad de avanzar su ministerio. Quizás podría compartir la responsabilidad con su esposa. Este grupo podría estar a cargo del proyecto y podría asignar responsabilidades.

3. **Los trabajos.** El grupo o persona responsable debe definir los trabajos que juzga necesarios para lograr los objetivos generales. Por ejemplo:

   a. Crear y mantener al día los archivos con la información sobre cada niño: nombre, edad, nombre del padre/la madre, ministerio del padre/la madre, iglesia donde asisten/ministran, número de hermanos, etc.

   b. Hacer una lista de las necesidades básicas de los hijos de ministros. Obtener esta información por medio de entrevistas, cartas, y discusiones.

   c. Planear actividades para los niños y las familias de ministros. Organizar momentos solamente para los niños y otros para los padres y los niños.

   d. Preparar a un grupo para este ministerio. La cooperación de otros será necesaria, aparte de los que organizan el programa. Éstos podrían ayudar durante los retiros y campamentos. Deben ser personas que comprenden la necesidad de este ministerio, como hijos de pastores que llevan una vida cristiana estable.

4. **Asambleas.** Las asambleas dan oportunidades para que los niños y jóvenes conozcan a otros y trabajen para lograr objetivos. Estas

asambleas podrían incluir: retiros, reuniones periódicas de hijos de ministros, reuniones para las familias, y tardes dedicadas a los deportes.

Las actividades deben ser variadas y cumplir con los objetivos generales de:

a. Integración y socialización

b. Consejos y orientación

c. Desafíos e inspiración

Podrían hablar sobre temas relevantes y aconsejar, orientar, inspirar y desafiar. Algunos temas relacionados con los objetivos se incluyen en este artículo bajo el título de "Cómo descubrir el plan de Dios" *(vea la caja en el fin del capítulo)*. Los temas también se deben ventilar con la participación de los padres.

B. Pasos para organizar un retiro para hijos de ministros.

Nombre un comité para que determine las preparaciones para el retiro. Escoja la fecha, el lugar, y a los predicadores, consejeros, cocineros y a cualquier otro personal.

Lugar y fecha:

La fecha debe ser conveniente para todos y debe incluirse en el calendario de la iglesia. Escoja la fecha y el lugar con bastante antelación y haga los anuncios necesarios.

Un fin de semana podría ser ideal para un retiro. Lleguen al sitio el viernes por la tarde y vuelvan a casa el sábado o el domingo por la tarde.

El lugar debe tener acceso fácil, con facilidades para alojarse y cocinar. También debe tener una sala para reuniones.

Dinero:

Lo ideal sería que los niños se reúnan sin tener que pagar por transporte ni alojamiento. Las iglesias pueden costearlo ya sea dando dinero o donaciones de lo necesario.

Cada persona debe llevar sus propias cosas personales, como cepillo y pasta de dientes, jabón, toallas, sábanas, etc.

Límite de edad:

Establezca un límite de edad que corresponda al grupo al que se va a ministrar.

Apuntarse:

Mande una carta anunciando el retiro a todas las familias de ministros. Mencione específicamente la hora, el lugar, el límite de edad, y las cosas que cada participante debe llevar.

Se debe incluir una hoja de inscripción para cada niño. Ésta debe contener nombre, dirección, edad, grado, sexo, y otra información necesaria *(vea el Apéndice A: Inscripción)*.

El número de participantes determinará el número de trabajadores, el espacio, y la comida necesarios.

Comité de bienvenida:

Una vez que lleguen al lugar de reunión, los niños deben recibir la bienvenida y se debe revisar su hoja de inscripción. Tenga su nombre, dirección, edad, y cómo comunicarse con los padres en caso de emergencia. Además, esta información debe servir para componer una lista de participantes en el retiro.

Cada persona debe recibir un rótulo con su nombre. Luego los participantes son agrupados según grado escolar y sexo. Nombre a un consejero para cada grupo de 8 a 10 niños. *(Si las hojas se envían con antelación, le darían una idea del número de consejeros que necesita.)*

Requisitos para los consejeros:

Los consejeros deben poder comunicarse con hijos de ministros. Deben ser lo suficientemente maduros y responsables para dar un ejemplo. La edad ideal para los consejeros es de 20 a 30 años.

Si es posible, los padres no deben trabajar como consejeros si sus hijos están presentes. El niño o joven podría no sentirse libre para expresar sus problemas.

Los consejeros y los niños pueden llevar ropa cómoda.

Enliste a suficientes supervisores para que haya supervisión adecuada. Los cocineros deben preparar comidas completas y servirlas a tiempo.

¿Cómo debe funcionar el retiro?

Los predicadores, cuando sea posible, deben ser personas que provienen de familias de ministros.

Los cultos deben incluir cantos, oración, y un mensaje. Llame a los niños al altar para orar después del sermón.

En sesiones especiales, consejeros preparados podrían dar a los niños pautas sobre cómo hacer frente a los problemas en el hogar.

Un líder ejecutivo y su esposa podrían dirigir el retiro. Los niños deben sentir el calor y la comprensión de parte de los líderes.

La amistad entre jóvenes de ambos sexos debe contar con vigilancia de los supervisores. Los niños no deben dejar el retiro sin la autorización del director o de sus asistentes *(vea el Apéndice C: Horario de actividades)*.

La discreción es indispensable:

Los consejeros deben ser discretos. Los jóvenes comunicarán sus problemas confidencialmente a los consejeros. El propósito del consejero es crear un ambiente de familia en su grupo. Debe planear actividades que establezcan un ambiente acogedor.

Hoja de evaluación:

Antes de concluir el retiro, cada participante debe recibir una hoja de evaluación *(vea el Apéndice B: Evaluación)*. El objetivo es ver si se cumplieron las expectativas de cada persona y recibir sugerencias para el próximo retiro.

CONCLUSIÓN

Un pastor se sorprendió cuando oyó decir a su hija, casada y madre de dos niños: "Papá, tú nunca estabas presente cuando yo te necesitaba." Con estas palabras ella hizo sentir a su padre responsable por los problemas que tuvo que enfrentar en su vida de adulta.

No podemos volver al pasado para repararlo. Los niños se hacen adultos y la vida debe seguir, aprovechándose de la oportunidad de comenzar una nueva relación con su padre y con Dios. Esto es lo que todo hijo de ministro debe entender.

CÓMO DESCUBRIR EL PLAN DE DIOS

1. Perdón
2. Familia
3. Nuestra vida
4. Fortaleza
5. Iglesia
6. El plan del país
7. Esperanza
8. Comunicación
9. Amor
10. Salud
11. Paz
12. Mundo

REPASO

1. Además de los problemas presentados en el primer punto, ¿qué otras situaciones de conflicto ha notado usted en sus tratos con los hijos de ministros?
2. Consierando su experiencia, ¿podría mencionar otras necesidades que podrían tener los hijos de ministros?
3. ¿Cómo desarrollaría usted un programa que funcione?

APÉNDICE A

INSCRIPCIÓN

Nombre: _____

Dirección: _____

Grado: _____

Sexo: _____

Fecha de nacimiento: _____

¿Eres salvo? _____

¿Has recibido el bautismo en el Espíritu Santo? _____

Iglesia a la que asisites: _____

Nombre de los padres: _____

Teléfono y dirección: _____

En caso de emergencia, entiendo que los directores del retiro harán todo lo posible por ponerme en alerta. Por la presente autorizo a quien interese que hospitalice y/o administre tratamiento médico adecuado al participante mencionado arriba.

Firma del padre: _____

Fecha: _____

(Para uso de oficina solamente)
Fecha recibida: _____
Consejero: _____

APÉNDICE B

Consejero ☐　　　　　　　　　　　　　　　　　　　　**Participante** ☐

HOJA DE EVALUACIÓN

Ha sido un placer gozar de comunión con el Señor y con cada uno de ustedes. Nos gustaría que volvieran a casa renovados por el amor y las bendiciones de Dios.

Para planear mejor el próximo retiro para hijos de ministros, por favor contesta las siguientes preguntas y escribe tus sugerencias. No es necesario que des tu nombre.

1. ¿Preferirías que el retiro fuera en otra fecha durante el año (por favor indica el mes)? _____
   _____

2. ¿Qué tema específico te gustaría oír? _____
   _____

3. ¿En qué actividad o deporte te gustaría participar? _____
   _____

4. ¿Qué te gustó más del retiro? _____
   _____

5. ¿Qué te gustó menos del retiro? _____
   _____

Comentarios y sugerencias: _____
_____
_____

APÉNDICE C

Horario de actividades

Viernes

1:00 p.m.	Registro
2:15 p.m.	Orientación
2:30 p.m.	Deportes
5:30 p.m.	Cena
6:30 p.m.	Presentación del personal
7:00 p.m.	Música
7:30 p.m.	Culto

Recreación y refrigerio después del culto

Sábado

9:00 a.m.	Desayuno
10:00 a.m.	Culto
12:30 p.m.	Almuerzo

Deportes de la tarde

5:30 p.m.	Cena
7:00 p.m.	Música
7:30 p.m.	Culto

Recreación y refrigerio después del culto

Domingo

9:30 a.m.	Desayuno
10:30 a.m.	Culto
12:15 a.m.	Almuerzo

¡Feliz retorno!

MINISTERIO A LOS HIJOS DE MINISTROS

- **Importancia del tema**
- **Ejemplo**
- **Objetivos**
- **I. Introducción**
- **II. Conflictos del hijo del ministro**
    - A. La imagen
    - B. La realidad
- **III. Necesidades del hijo del ministro**
    - A. Concepto de la familia
    - B. Compromiso personal
- **IV. Subsanar sus necesidades**
    - A. Estrategia para trabajar con hijos de ministros
    - B. Pasos para organizar un retiro para hijos de ministros
- **Conclusión**
- **Cómo descubrir el plan de Dios**
- **Repaso**
- **Apéndice A: Inscripción**
- **Apéndice B: Hoja de evaluación**
- **Apéndice C: Horario de actividades**

Capítulo 35

TEMA: Ministerio a los infantes y a los párvulos

IMPORTANCIA DEL TEMA

El nacimiento de un niño ofrece a su iglesia una ventana de oportunidad para el ministerio. ¿Cómo sabemos esto? Según *Religion in America 1992-1993*, entre 73 y 78 por ciento de los padres en los Estados Unidos quieren que sus hijos reciban preparación religiosa. Y según una encuesta de *USA Today*, 40 por ciento de todos los estadounidenses asisten a una iglesia más regularmente después que tienen hijos.

¿Por qué es que el ser padres conlleva tanta influencia en la vida espiritual? Los nuevos padres quieren que sus pequeñitos tengan la mejor vida posible. Así que, aunque de adultos jóvenes ellos se hayan alejado de la iglesia, muchos están listos a volver a la iglesia por sus propios hijos, para que aprendan un buen modo de vivir desde el comienzo de su vida. Esperan que la temprana preparación bíblica ayudará a sus hijos a desarrollarse en personas amorosas, solícitas. También pueda que estén buscando ayuda para ser buenos padres de familia, especialmente si se criaron en familias sufridas. Los padres que fueron hijos de divorcio o que padecieron de abuso físico o sexual podrían desar detener ese ciclo antes que afecte a sus propios hijos. Por lo regular, necesitarán ayuda para saber lo que es criar bien a los hijos. Con frecuencia buscan ayuda en la iglesia.

Aunque las intenciones de los nuevos padres sean buenas, preparar a un bebé para ir a la iglesia los domingos por la mañana exige de mucho esfuerzo. ¿Qué hace que valga la pena levantarse temprano el domingo e ir a la iglesia? Si las iglesias ministran a los bebés con amoroso cuidado si enseñan primero ideas sobre el amor de Dios para los bebés, y si ofrecen apoyo y enseñanza bíblica a los nuevos padres de familia, entonces vale la pena prepararse para ir a la iglesia.

OBJETIVOS

1. Examinar la base bíblica para enseñar a los pequeñitos.

2. Describir los rasgos de los infantes y de los niños pequeños y cómo se relacionan con el aprendizaje.

3. Describir que la Biblia enseña estrategias que caben en la manera en que aprenden los bebés y los niños pequeños.

4. Hacer una lista de actividades para enseñar a los bebés y a los niños pequeños.

I. INTRODUCCIÓN

Bebés. Son dulces. Son inexpertos. Son regalos de Dios. Pero en realidad, ¿qué pueden aprender en la casa de Dios? Siendo que todavía no pueden hablar, ¿cómo podemos saber lo que pueden oír, ver o comprender en la iglesia?

Este capítulo sobre el ministerio a los bebés y a los niños pequeños describe: cómo hacer de la sala-cuna de su iglesia un lugar amistoso para los bebés; cómo hacer que su iglesia cobre significancia para los padres jóvenes; y cómo ayudar a los bebés y a los niños pequeños a amar la casa de Dios desde el comienzo de su vida.

II. DIOS DISEÑÓ BIEN A LOS PEQUEÑITOS

A. Diseño de Dios en el momento de nacer

En décadas recientes, los investigadores han puesto más atención en la infancia y en el desarrollo desde el nacimiento. Sus estudios revelan algo del diseño de Dios que permite que el bebé se desarrolle bien. Por ejemplo, ahora sabemos que los ojos del recién nacido se enfocan mejor cuando un objeto está de 20 a 27,5 cm (8-11 pulgadas) de distancia de su rostro. Esa es exactamente la distancia de los ojos del bebé a los hijos del adulto que lo arrulla en los brazos. De modo que el bebé se puede enfocar en el rostro de sus padres desde el momento de nacer y ver las expresiones amorosas y las sonrisas de los padres al comtemplar a su recién nacido.

También sabemos que los bebés se deleitan

en contemplar ciertos objetos más que otros. De todos los objetos mostrados a los bebés, les gusta contemplar por más tiempo el rostro humano.

Otros estudios indican que el bebé probablemente reconoce la voz de su madre en el momento de nacer. En la sala de partos, si la madre habla, el recién nacido vuelve la cabeza en la dirección de su voz. La voz de su madre es la que el niño ha oído desde casi el quinto mes de embarazo. Su voz le es conocida.

¿Es este conjunto de rasgos una coincidencia? No. Yo creo que Dios puso estos rasgos en los infantes para permitirles ver y oír el amor de sus padres desde el comienzo de su vida. A los niños que se sienten bien amados por sus padres terrenales les será más fácil sentirse amados también por un Padre celestial.

B. Diseño de Dios durante los primeros tres años de vida

Los primeros tres años de vida es un período de rápido crecimiento en muchas áreas de la vida del bebé: física, mental, emocional, social y espiritual *(también vea el capítulo "Desarrollo del niño")*.

Durante los primeros doce meses de vida el peso del bebé se triplica y su longitud aumenta 150 por ciento. Si ese promedio de crecimiento continuara, seríamos como Goliat. También las capacidades físicas surgen. Un infante progresa de mover las manos sin propósito alguno hasta alcanzar intencionalmente durante el primer año de vida. Antes de cumplir un año de vida el niño puede alcanzar objetos, soltarlos, y probablemente hasta arrimerar dos o tres de ellos.

El crecimiento mental es rápido también. Ya para cuando el niño se acerca a los 36 meses de edad ha pasado de completa dependencia a relativa independencia. Puede hablar en oraciones completas, comer solo, parcialmente vestirse solo y encargarse de sus necesidades en el baño. Los niños aprenden al explorar el mundo que los rodea y al verificar con los adultos amorosos que les ayudan a entender lo que han descubierto. Los bebés y los niños pequeños también aprenden al imitar. Se iclinan a comenzar a hacer lo que ven y oyen hacer a otros.

Emocionalmente y socialmente se desarrollan actitudes que afectan al niño por toda su vida. Durante el primer año de vida, por ejemplo, los niños aprenden a confiar o a desconfiar de la gente y a sentirse o amados o no amados. Los niños que reciben a tiempo cuidado amoroso llegan a confiar en que sus padres o sus abuelos subsanarán sus necesidades. Cuando su llanto se encuentra con cuidado que no es consistente, cuando son ignorados por mucho tiempo, o cuando regularmente ocasionan respuestas iracundas, los pequeñitos o se retraen emocionalmente o se llenan de ira. Aprenden a desconfiar de los que están más cerca de ellos.

Durante el segundo año los niños comienzan a sentirse capaces o incapaces. Este es un año de exploración y descubrimiento. Si el niño recibe elogios por sus esfuerzos para aprender como también por sus logros, comienza a sentirse capaz. Si sus primeros intentos de caminar, comer solo o usar el inodoro le ocasionan ridículo, él comienza a creerse inadecuado o incompetente.

Álex sólo tenía seis meses de edad. Su madre tenía 17 años y era soltera. Su mamá quería quedarse con Álex, pero su propia niñez de abuso y su dependencia en las drogas le evitaban cuidar consistentemente de Álex. Después de seis meses de tratar de ser madre, ofreció su bebé a una familia cristiana para ser adoptada.

A los seis meses la mayoría de los bebés responden a los adultos con grandes sonrisas. Mueven los brazos y las piernas para saludar al adulto que se acerca. Álex no. Álex fijaba sus ojos vacíos en el espacio. Si la persona se le ponía en su campo de visión, ella volvía la cabeza y fijaba los ojos en otra dirección. A los seis meses Álex ni siquiera podía beber 84 gramos (3 onzas) de líquido de una sola vez. No pesaba lo suficiente. Luchaba desesperadamente si algo le llegaba cerca de la cara. Los primeros seis meses de vida habían dejado a Álex retraída y desconfiada.

La nueva familia de Álex la llevó al doctor y comenzó una rutina de cuidado tierno y amoroso. La bañaban, le daban de comer, le hablaban, la amaban, y oraban por ella. Los hermanos de la iglesia también recibieron a Álex con cariño. Le sonreían y le hablaban en todos los cultos. Jugaban con ella y la cuidaban en la guardería de los niños. Ya cuando tenía 12 meses Álex prosperaba. Cuando alguien de la familia o de la iglesia se le acercaba, sonreía y daba los brazos, deseando que la tomaran. Los segundos seis meses de vida cambiaron a Álex. Se convirtió en una niña que confiaba y amaba, llena de confianza.

Dios se llama nuestro Padre celestial. Para el niño pequeño que aprende a amar y a confiar en sus padres y en los que lo cuidan durante los primeros años de vida será más fácil amar y confiar en su Padre celestial después. Las personas que el niño ve pueden llegar a ser, en la mente del niño, reflejos de un Dios a quien no pueden ver. El cuido consistente, amoroso en el hogar y en la iglesia forma un cimiento para la fe espiritual más tarde.

Ministerio a los infantes y a los párvulos | 331

III. DIOS TIENE PLANES PARA LOS PEQUEÑOS

La Biblia nos dice que Dios está con nosotros desde el momento en que somos concebidos. *"Mis huesos no te fueron desconocidos cuando en lo más recóndito era yo formado, cuando en lo más profundo de la tierra era yo entretejido. Tus ojos vieron mi cuerpo en gestación: todo estaba ya escrito en tu libro; todos mis días se estaban diseñando, aunque no existía uno solo de ellos"* (Salmo 139:15-16, NVI). Dios tiene planes para cada bebé. Antes que el niño respire por primera vez, Dios ya sabe cómo será su vida.

La investigación reciente concuerda con la Palabra de Dios cuando indica que los cimientos que se establecen en la infancia afectan a la persona durante toda su vida.

- Amor. Como ya hemos visto, uno de estos cimientos es la capacidad de amar. (Los dos mandamientos más importantes de la Biblia se enfocan en el amor.) Los investigadores creen que la capacidad de amar comienza con la unión que tiene lugar entre el infante y los que se encargan mayormente de su cuido: madre, padre, hermano, hermana, abuelos, etc.

- Confianza. Otro cimiento básico es la capacidad de confiar. *(Proverbios 3 dice a los niños que confíen en Dios de todo corazón.)* Los investigadores sostienen que el cuido consistente y amoroso durante la infancia establece el cimiento para la confianza.

- Obediencia. Un tercer cimiento es la disposición a obedecer. (La Biblia frecuentemente empareja *"confiar y obedecer"*. La manera de agradar a Dios es obedecerle. Confiar en la bondad de Dios y en su amor nos prepara para obedecer a Dios.) Amor, confianza, obediencia: tres cimientos espirituales importantes que pueden ser fomentados en los bebés y en los niños pequeños.

En Proverbios 22:6 Dios dice: *"Instruye al niño en su camino, y aun cuando fuere viejo no se apartará de él."* El amor, la confianza y la obediencia que el niño aprende en los primeros años de su vida ayudan a dirigirlo toda su vida. Muchos especialistas creen que nuestra personalidad básica ya está 85 por ciento formada a los seis años de edad. El Dr. Burton White todavía va más allá y sostiene que las actitudes básicas del niño ya están formadas durante los primeros tres años de vida. Los rasgos de personalidad que se observan en un niño de tres años de edad también se observarán cuando el niño tenga seis, diez y así por el estilo. La investigación de White concuerda con Proverbios. Dios dice que los primeros años fijan la dirección para el resto de la vida.

IV. LO QUE LOS BEBÉS QUIEREN QUE LOS ADULTOS SEPAN

Con tanto desarrollo que ocurre durante los primeros tres años de vida, se hace importante que la enseñanza bíblica también comience durante ese período. Enseñar a un bebé es muy distinto a enseñar a un niño mayor. Algunos que aprenden sobre la significancia de los años de la infancia quieren sentar a los pequeñitos frente a tarjetas y meterle en la cabeza al niño nombres y hasta conceptos de matemática. Dios ha diseñado a los bebés para que aprendan rápidamente pero que aprendan mientras se mueven por medio de exploración, no al estar sentados y observar.

Si los bebés y los niños pequeños pudieran hablar, probablemente dirían a los adultos ciertos puntos básicos sobre las buenas maneras de enseñar.

A. Antes de poder aprender, necesitamos sentirnos descansados, alimentados, y cómodos

El buen cuido físico es el primer interés en la guardería de la iglesia. Un bebé con hambre o cansado no puede concentrarse en nada excepto en satisfacer sus necesidades físicas. Así que dejamos la lección hasta después que todos los niños hayan comido, y estén alertas y satisfechos.

B. Ser bebé puede ser peligroso para nuestra salud; por favor maténgannos seguros

En la guardería de la iglesia, la seguridad es una prioridad. Vea que no haya mota ni objetos pequeños en el suelo con los que los bebés se podrían ahogar. Tenga juguetes que sean seguros para los niños menores de tres años. Tenga juguetes que se puedan lavar bien. Cuando un niño se pone el juguete en la boca, apártelo hasta que pueda ser lavado. Tire o repare los juguetes rotos. Proteja a los niños los unos de los otros; un niño pequeño no comprende que al sentarse encima de otro bebé podría dañarlo.

C. Entre más estamos con la misma persona, más nos gusta la casa de Dios

Los niños pequeños se sienten más alegres de venir a la casa de Dios si conocen y aman a sus maestros de la iglesia. Si usted quiere que los bebés se sientan seguros y contentos en la casa de Dios, trate de retener a un grupo central de maestros que estén dispuesto a ministrar consistentemente. Con el grupo central en su lugar, se podrían añadir ayudantes rotantes que ministran de vez en cuando. Cerciórese de que los maestros centrales comprendan cuánta influencia tendrá el ministerio de ellos durante toda la vida de sus alumnos.

D. Las rutinas nos ayudan a sentirnos como en casa en la casa de Dios

Un bebé no sabe por qué duerme sobre el estómago en su casa pero que en la iglesia lo acuestan sobre la espalda. Sólo sabe que no se siente contento cuando está acostado de espalda. Las tarjetas con instrucciones sobre el cuido, escritas por los padres y pegadas a la bolsa de pañales, permiten a los maestros de la guardería de la iglesia prodigar cuido a los bebés en maneras similares al que están acostumbrados a recibir en casa. Este cuidado similar ayuda a que los pequeñitos se sientan "en casa en la iglesia". Las guarderías de la iglesia pueden formar estrategias para prodigar cuido consistente de un culto a otro.

E. El cuido tierno y amoroso nos ayuda a aprender a confiar en el pueblo de Dios

Los niños pequeños con frecuencia comunican sus necesidades con el llanto. Cuando su llanto les resulta en cuido tierno y a tiempo, ellos comienzan a confiar en que las personas que los rodean los aman y los cuidan. Cuando los bebés aprenden a confiar en el pueblo de Dios dentro de la casa de Dios, se les hace más fácil aprender a confiar en Dios también.

F. Aprendemos por medio de nuestros sentidos: la vista, el oído, el tacto, el gusto y el olfato

Los maestros de la iglesia pueden tener dibujos de Jesús para que los niños vean, cantos sobre Jesús para que los niños oigan, matraquitas para que los niños las sacudan; y olores de la creación para que los niños los huelan. Los niños pequeños también pueden comenzar a probar los alimentos que Dios hizo. Entre más de sus sentidos usen para aprender del amor y del mundo de Dios, más recordarán.

G. Aún antes de poder comprender sus palabras, nos gusta oírlos hablar

Un bebé descansado mira, oye y responde al adulto que le habla, especialmente si el bebé puede ver el rostro del adulto. A los bebés les gusta oír el ritmo y el sonido de las palabras. Los bebés comienzan a entender las palabras antes de poder decirlas. Algunos pedagogos creen que antes que el niño pueda decir una palabra, puede entender cien. Con el tiempo, los bebés comienzan a imitar los sonidos que oyen con frecuencia: *dada, baba, mama*. ¿No sería maravilloso si algunas de las primeras palabras del bebé también incluyeran *Biblia, Jesús e iglesia*?

H. Al principio no nos podemos mover por sí solos, pero nos gusta ir a lugares

Imagínese cómo sería sentarse en un lugar hasta que alguien llegara a moverlo. Hasta que los bebés aprendan a moverse por sí solos, los maestros deben cambiarlos de posición regularmente. Los bebés pueden acostarse en el suelo sobre una frazada, sentarse en un asiento especial o en un mecedor, descansar en una cuna, o ser cargados en los brazos. Los bebés dependen de los adultos para cambiar de lugar.

I. Sólo podemos poner atención unos pocos momentos a la vez

Los maestros de la guardería de la iglesia tienen sólo un momento o dos para atraer y mantener la atención del bebé en el dibujo de Jesús o en una bola o en un libro. De modo que los maestros deben preparar varias actividades breves que refuercen las primeras ideas sobre Dios, Jesús y la Biblia.

J. Ansiedad ante los desconocidos es señal de inteligencia

Varias veces durante los primeros tres años de vida es probable que el niño llore cuando se queda con personas "desconocidas". Esto se llama "ansiedad ante los desconocidos". Las lágrimas del niño son su manera de decir: "Yo sé a quién amo. Yo sé quién se encarga de mí por lo regular. Yo sé que usted no es esa persona." Una de las mejores maneras de ayudar al bebé a sentirse cómodo con los "desconocidos" es distraerlo con una actividad interesante. Cuando el niño comienza a sacudir la matraca o a hacer que habla por teléfono, se olvida de su inseguridad. Poco a poco, el "desconocido" que le da actividades interesantes se convierte en un "amigo".

K. Lo que no podemos ver no está ahí

Hasta que el niño tiene como un año de edad, fuera de vista quiere decir fuera de mente. Si la bola se va rodando fuera de su vista, por ejemplo, la mayoría de los niños de menos de un año se olvidan de la bola y buscan otro juguete. Se han hecho muchos experimentos con tapar un objeto con un paño pequeño frente al bebé. Generalmente, el bebé no levanta el paño para tomar el juguete.

Esta es la razón por la que la mayoría de los bebés deja de llorar después que los padres se van. Es también la razón por la que a los bebés les gusta jugar al escondite y por la que los maestros de la guardería pueden crear actividades para aprender al tapar y destapar ilustraciones de Jesús, una Biblia u otros objetos relacionados con la lección.

L. De verdad nos gusta la repetición; nos ayuda a aprender más

Los maestros de Escuela Dominical por lo regular enseñan una historia nueva cada semana. Los niños de menos de tres años aprenden más si los maestros repiten la misma historia bíblica y las mismas actividades en cada culto durante un mes. Cuando a los bebés se les presenta por primera vez una actividad, quizás observen más de lo que participen. Al repetir esa actividad, los niños comienzan a imitar lo que ven. Al principio son participantes pasivos, observando pero no tomando parte activa. La repetición da tiempo a los niños para llegar a ser participantes activos: ver y hacer. Los niños mayores se aburren con la mucha repetición, pero los bebés y los niños pequeños prosperan con hacer las mismas actividades de aprendizaje.

Para implementar esta idea, use una sencilla estrategia que permite a todos los ministros de la guardería conocer las historias y actividades. Cada mes alguien prepara de tres a cinco actividades relacionadas con la lección. Instrucciones sencillas y todo lo necesario se ponen en una bolsa y se guardan en la guardería. Durante los cultos, cuando los bebés están cuidados y contentos, cualquier adulto puede tomar la bolsa de la lección, leer las breves instrucciones, y usar el contendio para enseñar una lección a varios bebés. El contenido se limpia, se devuelve a la bolsa, y se guarda para la próxima oportunidad de enseñar a los pequeñitos. Es una manera sencilla, fácil y eficaz de presentar a los bebés las primeras ideas sobre Dios.

M. Por favor tomen nota, nos comunicamos con el lenguaje del cuerpo

Los bebés y los niños pequeños son buenos comunicadores, aun antes de aprender a usar palabras. El llanto de un recién nacido trae el auxilio de los padres o del maestro. Ya para cuando el bebé tiene varios meses de edad, los que lo cuidan comienzan a distinguir entre el llanto que dice "Tengo hambre" y el lloriqueo que dice "Estoy aburrido". El bebé que está cansado de una actividad con frecuencia vuelve la cabeza o aleja el objeto empujándolo. Cuando el pequeño está interesado, observa intensamente o se afianza del objeto con ambas manos.

Los maestros de la guardería de la iglesia que se hacen diestros en interpretar el lenguaje corporal de los bebés saben cuándo continuar una actividad para aprender y cuándo dejarla para otra ocasión. Ponen en la guardería materiales para enseñar seguros para captar el interés de los bebés. Cuando los maestros ven a uno o más bebés ineresados, interactúan con los niños para conectar la actividad con una idea bíblica. Cuando el bebé pierde el interés, el maestro permite que éste deje la actividad o que se aleje. Mucha de la enseñanza que tiene lugar en la guardería de la iglesia es muy breve. Con muchas repeticiones a lo largo de varias semanas, los bebés comienzan a recordar estas breves lecciones bíblicas.

V. MANERAS DE ENSEÑAR A LOS PEQUEÑOS

Los maestros de la guardería pueden planear sencillas actividades para la lección y que se basan en los rasgos normales de los bebés y de los niños pequeños. Toda clase de actividad parece juego normal para los bebés. Toda actividad es de interés para los niños pequeños. Lo que el maestro dice sobre la actividad lo conecta a una primera idea sobre Dios, el Hijo de Dios, la Palabra de Dios o la casa de Dios. Al repetir cada actividad por varias semanas los bebés tienen tiempo para "dominar" la actividad y la idea bíblica que enseña.

A. Dibujos de Jesús

Los bebés pueden aprender a reconocer dibujos de Jesús. Cuando los maestros señalan y tocan ligeramente los dibujos y cantan cánticos sencillos como "Cristo me ama", los bebés aprenden a conectar la ilustración con el nombre de Jesús y comienzan a querer a Jesús. Cuando los niños pequeños llevan en la mano ilustraciones de Jesús, se apegan a un amigo que tendrán para siempre.

1. **Exhiba ilustraciones de Jesús**
   - Ponga un dibujo de Jesús en el lugar donde se cambian los pañales. Cuando está cambiando el pañal, toque el dibujo y cante algo que repita el nombre de *Jesús*.
   - Cuelgue un dibujo de Jesús a cada lado de las cunas. Cuando los recién nacidos estén acostados en las cunas, generalmente voltearán la cabeza hacia un lado. A ellos les gusta ver el rostro

humano y a una distancia donde puedan enfocarse bien. Que uno de los primeros rostros que vean sea el de Jesús.

2. **Deles dibujos de Jesús para que los sostengan en las manos**

   Siendo que casi todo a lo que los bebés hechan mano se lo llevan a la boca, haga los dibujos durables y a prueba de agua montándolos en mantelitos plásticos individuales y forrándolos con plástico adhesivo transparente (hay una marca que se llama *ConTact*). Muchas tiendas venden esta clase de cubierta en rollos. El *ConTact* hace posible limpiar bien los dibujos para mantenerlos santitarios. También evita que los dibujos se rompan. Después de cubrir el dibujo con *ConTact*, recórtelo, dejando alrededor un margen de 1,25 cm (media pulgada).

3. **Use dibujos en las historias**

   Estos dibujos durables también pueden ser ayudas visuales para historias sencillas sobre Jesús. Mueva las visuales como si caminaran, durmieran, etc. Si tanto usted como los niños sostienen las visuales, los niños comenzarán a imitar sus movimientos. También use dibujos de Jesús para juegos sencillos de esondite al tapar y destapar un dibujo con un paño pequeño.

4. **Cuelgue dibujos en las paredes**

   Cuando los niños comienzan a gatear, a pararse y a caminar, exhiba dibujos de Jesús en las paredes al nivel de los ojos de ellos. Forre estos dibujos con *ConTact*, para que los niños los puedan tocar sin dañarlos y para que usted los pueda limpiar. Considere pedir que alguien pinte un borde de madera de 25 cm (10 pulgadas) y que lo fije permanentemente a la pared al nivel de los ojos de los niños. Use grapas de carpintero para asegurar los dibujos en el borde. Tenga cuidado de que las grapas que se aflojen nunca caigan al suelo.

5. **Use dibujos para juejgos musicales**

   A los niños pequeños les gustan los juegos musicales sencillos con dibujos de Jesús. Comience cantando las siguientes palabras con la música de "Pulgarcito".

   ¿Dónde está?

   ¿Dónde está?

   Busquemos a Cristo. (bis)

   ¡Aquí está! ¡Aquí está!

   Yo sé que te ama.

   Yo sé que te ama.

   Sí lo sé, sí lo sé.

   Al cantar, muévase con los niños ante un dibujo de Jesús. Anímelos a que señalen y toquen el dibujo mientras usted canta. Para añadir todavía más interés, dé a cada niño una linterna encendida. Tenga una linterna usted y alumbre el dibujo de Jesús mientras canta. Después de varias semanas, los niños lo van a imitar alumbrando ellos también el dibujo de Jesús.

B. Biblias

Dé a los bebés Biblias para que las toquen. Al principio puede mover suavemente la mano del bebé sobre la Biblia. Repita frases sencillas cada vez que dé al bebé una Biblia: "Esta es la Biblia". "Amamos la Biblia". "La Biblia dice que Dios nos ama".

Dé a los niños pequeños muchas oportunidades para ver y tocar Biblias y libros ilustrados de la Biblia. Si es posible, compre Nuevos Testamentos miniatura o libros del Evangelio de Juan que parezcan Biblias. Dé uno a cada niño para que lo sostenga y lo mueva mientras usted canta "La B-I-B-L-I-A". Sostenga una Biblia en su mano y muévala al compás de la música. Al final del canto, sostenga en alto la Biblia y grite "¡BIBLIA!". Así la Biblia llega ser una de las primeras palabras de los niños.

Las librerías, los supermcecados y las tiendas de descuento venden muchos tipos de libros de dibujos de la Biblia. Busque libros de cartón o de vinilo que tengan un dibujo sencillo y cerca de cinco palabras en cada página.

Usted puede hacer libros sencillos de dibujos de la Biblia con bolsas de plástico. Arrimere tres o cuatro bolsas juntas y cosa a lo largo de las bolsas. Las bolsas se parecerán a las páginas transparentes de un libro. Ponga dentro de cada bolsa visuales bíblicos reforzados en cartulina y séllelas. Los libros de bolsas son durables y lavables. Usted puede cambiar los dibujos según las diferentes lecciones.

C. Historias bíblicas

Narrar historias bíblicas a los bebés y a los niños pequeños es distinto de narrar historias a los niños mayores. Una historia bíblica para bebés puede consistir de dos o tres oraciones y basarse en uno o más dibujos u objetos.

Ejemplo de una historia para bebés:

*Este es el bebé Jesús.
La Navidad es el cumpleaños de Jesús.
Mira al bebé. Ama al bebé.*

La historia bíblica para el niño pequeño debe ser algo participatorio. En la historia cuando Jesús ayuda a sus amigos a pescar, los niños pueden observar y luego imitar al maestro pegando peces (recortados de mantelitos plásticos individuales) en plasticina, que sirve de agua. Al recoger la plasticina, dé a los niños toallitas de papel. Las toallitas son las "redes" para empujar sobre la mesa cada vez que los amigos de Jesús meten su red al agua durante la historia. El maestro cuenta cómo no entraban los peces en las redes de los amigos. Entonces Jesús dijo: "Tiren las redes al otro lado." La próxima vez que las redes se meten al agua (las toallitas de papel se mueven al otro lado de la mesa), los maestros ponen una o dos galletas con forma de peces en cada "red" de papel. Los niños se comen los peces y dan gracias a Jesús.

La historia entera para los bebés y para los niños pequeños se toma de 30 segundos a 2 minutos. En vez de contar una historia nueva cada semana, se repite la misma historia por un mes. Los bebés pueden observar, oír, y tocar dibujos. Los niños pequeños ponen más atención y recuerdan más cuando participan en la historia imitando los sonidos y ademanes del maestro. Al principio, los niños pequeños quizá sean "participantes pasivos". Quizá sólo participen observando y oyendo.

Cuando la historia se repite semana tras semana, más y más niños comienzan a hacer los movimiento y los sonidos que van con la historia. Al usar cierta clase de merienda como parte de la historia, los pequeños comienzan a participar con más prontitud.

D. Maracas

Sonar una maraca o algo que produce ruido puede ser la primera experiencia del niño en "tocar un instrumento musical" y en hacer ruido alegre al Señor. Una manera económica de tener suficientes maracas para todos los bebés y niños pequeños es hacerlos de envases vacíos de cartón o de plastico.

Los envases plásticos en los que vienen los rollos de película de 35 mm son de un buen tamaño para las manos de los bebés y de los niños pequeños. Ponga unos cuántos pedazos de cereal seco en cada envase. (El cereal es mejor que legumbres secas o arroz porque los niños pueden comérselo sin peligro si el envase se abre accidentalmente.) Use tambien pequeños envases con sal.

Los niños pueden oír el ruido de la sal o del cereal en el envase, como también sentirlo moverse de un lado a otros cuando sacuden el envase. Poco a poco, recoja suficientes envases para cada uno. Mientras canta cánticos sencillos, sacuda la maraca al compás de la música. Practique esto con la música de algún cántico que se preste para la letra y que usted sepa.

*Cristo me ama.
Sacude, sacude, sacude, sacude.
Jesús me ama.
Sacude, sacude, sacude, sacude.
Cristo me ama.
Sé que Jesús me ama.*

A los bebés y a los niños pequeños les gusta la repetición de los cantos como éste. Si usted sacude su envase como lo dice el canto, ellos comenzarán a imitarlo.

Además de producir ruido, estas maracas se pueden arrimerar como bloques. Al principio, usted podría arrimerar los envases, mientras los niños se divierten más derrumbándolos. Ya sea que arrimeren o derrumben la torre usted puede atraer la atención de los niños hacia la actividad. Mientras construyen una torre, cante las siguientes palabras con la música de un canto que se preste para ellas.

*Construye la iglesia.
Construye la iglesia.
Venimos con gozo,
A construir la iglesia.*

La letra presenta al niño la palabra *iglesia*. La actividad también se puede convertir en una de sus primeras experiencias con la cooperación. Al poner su mano sobre la maraca de encima mientras se construye la iglesia, la torre puede subir hasta tres o cuatro maracas antes de derrumbarla. Derrumbar la torre también es algo divertido. Derrumbar la torre se convierte en un primer juego para los bebés y los niños pequeños. Deléitese con ellos.

E. Plasticina

A los niños pequeños les encanta tocar la plasticina. Les gusta meter los dedos en ella, apretarla, dividirla, golpearla con el puño, y a veces probarla. Debido a la última tendencia, la plasticina no se debe usar con los bebés. Si se usa plasticina con los niños pequeños, siempre debe ser bajo intensa supervisión. Si la plasticina se hace en casa *(vea la receta en la página 349)* los ingredientes no son dañinos, pero existe el peligro de que se ahoguen. "No es comida. Sácatela de la boca" es una manera sencilla de enseñar a los niños a manejar, y no comer, la plasticina.

Además de meter los dedos, halar y apretar la plasticina, usted puede enseñar a los niños pequeños otras maneras sencillas de usarla.

- Aplastarla. Enséñeles cómo usar el talón de la mano para aplastar la plasticina. Mientras presiona diga "Empuja, empuja, empuja". Pronto los niños comienzan a imitar esta frase. Al darle vuelta a la plasticina aplastada, los niños tienen una superficie aplanada para usar con recortadores de galletas.
- Figuras con recortadores de galletas. Enséñeles cómo presionar el recortador de galletas en la plasticina aplastada. Mientras empuja el recortador con el dedo índice, diga: "Empuja, empuja, empuja". Los niños reconocen esta palabra e imitan lo que usted hace. Use la punta del dedo índice para levantar el recortador. Los niños se deleitan con ver la figura, pero no espere que quiten el exceso de plasticina de las orillas. Periódicamente dele vuelta a la plasticina para descubrir una superficie recién aplastada.

   Colecte recortadores de galletas en formas de animales, árboles, corazones, etc. Cerca de la Navidad encontrará recortadores en forma de ángeles, estrellas, y pinos. Estos tipos de recortadores se pueden usar todo el año para ayudar a reforzar las historias bíblicas. Cuando los niños usan los recortadores, hable de las formas: "Este es un ángel. Los ángeles dijeron: 'El bebé Jesús nació.'"
- Presione objetos con formas atractivas. Los niños pequeños también se deleitarán al presionar objetos como flores de seda o velitas de cumpleaños en pedazos de plasticina. Si se usan esos objetos, tenga cuidado que los niños no los mastiquen. Antes del culto use un cortador de alambre para reducir los tallos a las flores de seda a 5 cm (2 pulgadas). Presione los tallos en la plasticina y hable de las bellas flores que Dios hizo. Ponga velitas de cumpleaños en la plasticina y cante felíz cumpleaños a Jesús, a Moisés o a uno de los niños. *(Crayones gruesos también se pueden usar como velitas.)*
- Los niños pequeños nunca se cansan de jugar con plasticina. Úsela de muchas maneras para enseñarles. Mientras los maestros supervisen estrictamente su uso y la guarden fuera del alcance de los niños, la plasticina no es peligrosa.

F. Subir y deslizarse

Los bebés y los niños pequeños están desarrollando habilidades con los músculos grandes. Trate de darles almohadas y almohadones para que se suban y gateen. Las cajas de cartón también son divertidas para subirse. Pueden convertirse en barcos, pesebres, o el carapacho de las tortugas que Dios hizo. A los niños les gusta subirse y bajarse en las cajas. Tenga dos o tres cajas para que más de un niño pueda jugar a la vez.

A los niños pequeños les gusta subirse en deslizaderos bajos. Al principio, quizás usted necesite ayudar al niño a poner los pies en las gradas una por una. Al describir lo que el niño está haciendo en el deslizadero, usted le está ayudando a establecer una rutina segura para usarlo. Podría decir: "Julián está subiéndose al deslizadero. Está arriba. Está sentándose. ¡Jesús te ama! ¿Listo? ¡Ya!" Los niños se deleitan con la atención que usted les da. Cuando usted repite la frase cada vez que un niño usa el deslizadero, se convierte en un rito que los niños pueden predecir y seguir. Estos ritos evitan que ellos se encaramen o se paren encima del deslizadero. Al conectar el nombre de Jesús con la actividad, los niños llegan a asociar a Jesús con una actividad que los deleita.

CONCLUSIÓN

Los bebés y los niños pequeños están siempre aprendiendo. A veces aprenden lecciones que no fue nuestra intención que aprendieran. Si los pequeñitos sólo reciben atención en la guardería de la iglesia cuando están irritables, por ejemplo, aprenden a irritar para recibir atención. Si sus llantos son atendidos y si también participan en actividades interesantes cuando están contentos, aprenden a amar la casa de Dios y al pueblo de Dios. Esos son los primeros pasos hacia aprender a amar a Dios.

REPASO

1. ¿En qué maneras apoya la investigación reciente los fundamentos bíblicos para criar a los niños?

2. Describa cómo los que trabajan en la guardería pueden ayudar a desarrollar y reforzar el sentido de confianza del bebé.

3. ¿Por qué es importante enfocarse en los cinco sentidos del bebé cuando se trata de enseñarle?

4. ¿Qué lugar tiene la repetición en enseñar a los bebés y a los niños pequeños comparado con enseñar a los niños mayores?

5. Dé tres ejemplos de actividades que incluyen la participación de los niños.

APLICACIÓN

1. Evaluar la presente guardería de nuestra iglesia. ¿Cómo subsana las necesidades físicas, emocionales e intelectuales de nuestros bebés y niños pequeños? ¿Cómo podría mejorar nuestra guardería?

2. Haga una lista de ejemplos de actividades físicas o juegos que podríamos usar para incorporar la preparación bíblica en el desarrollo físico y social del niño.

3. ¿Qué recursos tenemos disponibles en nuestra guardería para narrar historias bíblicas?

BOSQUEJO

MINISTERIO A LOS INFANTES Y A LOS PÁRVULOS

- **Importancia del tema**
- **Objetivos**
- **I. Introducción**
- **II. Dios diseñó bien a los pequeñitos**
    - A. Diseño de Dios en el momento de nacer
    - B. Diseño de Dios durante los primeros tres años de vida.
- **III. Dios tiene planes para los pequeños**
- **IV. Lo qué los bebés quieren que los adultos sepan**
    - A. Antes de poder aprender, necesitarnos sentirnos descansados, alimentados y cómodos
    - B. Ser bebé puede ser peligroso para nuestra salud; por favor maténgannos seguros
    - C. Entre más estamos con la misma persona, más nos gusta la casa de Dios
    - D. Las rutinas nos ayudan a sentirnos como en casa en la casa de Dios
    - E. El cuido tierno y amoroso nos ayuda a aprender a confiar en el pueblo de Dios
    - F. Aprendemos por medio de nuestros sentidos: la vista, el oído, el tacto, el gusto y el olfato
    - G. Aún antes de poder comprender sus palabras, nos gusta oírlos hablar
    - H. Al principio no nos podemos mover por sí solos, pero nos gusta ir a lugares
    - I. Sólo podemos poner atención unos momentos a la vez
    - J. Ansiedad antes los desconocidos es señal de inteligencia
    - K. Lo que no podemos ver no está ahí
    - L. De verdad nos gusta la repetición; nos ayuda a aprender más
    - M. Por favor tomen nota, nos comunicamos con el lenguaje del cuerpo
- **V. Maneras de enseñar a los pequeños**
    - A. Dibujos de Jesús
    - B. Biblias
    - C. Historias bíblicas
    - D. Maracas
    - E. Plasticina
    - F. Subir y deslizarse
- **Conclusión**
- **Repaso**

Capítulo 36

TEMA: El ministerio al niño preescolar

ESCRITORA: Sharon Ellard

IMPORTANCIA DEL TEMA

Muchas importantes lecciones espirituales ocurren a temprana edad, como aprender a amar, a confiar, y a obedecer. Sin embargo, la mayoría de los líderes de iglesias y maestros recuerdan muy poco de sus propios años preescolares. Por esta razón algunos líderes y maestros ven poca razón para apoyar la educación preescolar.

Tratar inadecuadamente la educación preescolar es un error muy serio, ya que tanto la Biblia como la investigación pedagógica indican el potencial para bien o para mal que las tempranas lecciones pueden tener en las decisiones que afectan toda la vida. Muchos de los problemas que se presentan a jóvenes y a adultos se podrían evitar si los niños pequeños recibieran un buen comienzo en la educación cristiana. Este capítulo explicará por qué la educación cristiana práctica para el preescolar es importante y cómo comenzar a usar lecciones prácticas de la Biblia.

OBJETIVOS

1. Repasar la base bíblica para la educación cristiana preescolar.
2. Repasar los resultados de la investigación sobre el impacto de la educación preescolar en el comportamiento del adolescente y del adulto.
3. Comprender cómo el aprendizaje práctico concuerda con la manera en que el niño preescolar aprende mejor.
4. Conectar las actividades prácticas con el hacer lo que la Biblia dice.
5. Comprender cómo el aprendizaje práctico extiende las lecciones bíblicas de la iglesia a la vida cotidiana.
6. Desarrollar una estrategia para comenzar a usar el aprendizaje práctico.
7. Examinar maneras de ofrecer materiales para el aprendizaje práctico.
8. Examinar una manera de comenzar a usar actividades prácticas.

I. INTRODUCCIÓN

Cuando por primera vez comencé a enseñar en la Escuela Dominical, yo creía que mis alumnos preescolares deberían aprender sobre Dios poniendo atención desde sus asientos a las historias y lecciones bíblicas que yo les contara. Después de todo, cuando yo era alumna de Escuela Dominical, todos mis maestros esperaban que yo estuviera quieta y pusiera atención. También en la escuela, yo me sentaba en un escritorio y ponía atención a mis maestros. Como nueva maestra, no tenía ninguna otra idea de cómo enseñar sobre Dios a los preescolares.

Eso fue hace 30 años. Desde entonces, la preparación pedagógica y la lectura bíblica me han convencido que Dios quiere que los niños pequeños aprendan lecciones bíblicas con actividades prácticas que les permitan vivir para Él todos los días.

II. LA BIBLIA APOYA EL APRENDIZAJE PRÁCTICO

En Deuteronomio 6:5-7, Dios dijo a los israelitas que debían amar a Dios y enseñar a sus hijos a amar a Dios. ¿Cuándo quiere Dios que los padres enseñen a sus hijos sus palabras? *"Y las (sus palabras) repetirás a tus hijos, y hablarás de ellas estando en tu casa, y andando por el camino, y al acostarte, y cuando te levantes"* (Deuteronomio 6:7). Dios sabe que es más probable que los niños conecten su enseñanza con la vida cotidiana cuando aprenden la Palabra de Dios durante las rutinas diarias.

En la iglesia, los maestros de los niños pueden presentar lecciones bíblicas que se asemejan a las rutinas diarias. Por ejemplo, los maestros pueden traer de casa platos y cubiertos y hacer que dan gracias a Dios por los alimentos. Los maestros pueden traer camisas y toallas, y ayudar a los niños a vestirse como personajes bíblicos en las historias sobre Zaqueo, Ester o Moisés. Siendo que a muchos preescolares les agrada disfrazarse para jugar, pueden comenzar a representar historias bíblicas durante la semana con sus compañeros de juego.

A los niños preescolares les encanta simular. Hay muchas maneras de conectar las lecciones bíblicas de la Escuela Dominical a la vida cotidiana. Los maestros que quieren seguir el modelo de Deuterenomio para aprender sobre Dios prepararán aprendizaje práctico para cada lección bíblica.

III. LA INVESTIGACIÓN PEDAGÓGICA APOYA EL APRENDIZAJE PRÁCTICO

Algunos cristianos consideran que ser maestro en la sala cuna de la iglesia o en las clases de preescolares es lo mismo que ser "niñero". (¿Alguna vez ha oído ese comentario?) Esas personas no aprecian lo suficiente el impacto duradero de la educación cristiana preescolar. Sin embargo, dos estudios recientes conectan las relaciones y experiencias de la temprana niñez con el comportamiento adolescente y adulto.

A. Estudio sobre el aprendizaje preescolar

En Syracuse, Nueva York, un grupo de educadores de preescolares impartieron educación preescolar y apoyo a los padres de 108 familias pobres, de los barrios de la ciudad, con un solo padre de familia. A medida que cada niño entraba al primer grado, salía del estudio. No se hizo ningún otro contacto con las familias sino hasta después de 10 años cuando los niños tenían 15 años. El impacto duradero de la educación preescolar se manifestó de modo más impresionante en una comparación de índices de delincuencia juvenil. En el grupo control de niños que no habían recibido intervención preescolar 22% tenían antecedentes criminales. Eso se comparaba con sólo 6% de los niños que recibieron preparación preescolar. La educación preescolar había influenciado una reducción de 66% en el índice de delincuencia juvenil.

El estudio de Syracuse es significativo para la educación cristiana preescolar. Los efectos más duraderos de la ayuda de la educación preescolar en Syracuse resultaron ser en la forma de las decisiones morales que tomaron los adolescentes, ya sea obedecer las leyes de su sociedad o romperlas.

Los obreros de la iglesia que ministran a los preescolares pueden ayudar a desarrollar en ellos una moralidad bíblica que seguirá dirigiéndolos en su adolescencia, cuando se les presenten decisiones capaces de cambiar su vida respecto a los amigos, las drogas, el sexo, y su carrera.

B. Estudio sobre las experiencias preescolares

Otro estudio de investigación muestra el impacto que tienen las experiencias tempranas en el comportamiento adulto. Un estudio durante 30 años de 698 infantes en Hawaii concluyó que los bebés que consistentemente son amados, cuidados, y aceptados en los primeros años de vida pueden desarrollarse bien aun en medio de la pobreza, desintegración de la familia, y otras desventajas durante el resto de su niñez.

Una tercera parte de los niños que se estudiaron en Hawaii creció en estas clases de condiciones adversas. Con todo, 25% de ellos llegaron a ser adultos competentes, llenos de confianza. Según el estudio, cada uno de los adultos resilientes se había beneficiado de por lo menos un cuidador dedicado -padre, abuelo, o hermano- durante el primer año de vida. Este temprano cuido había ayudado a desarrollar en los niños actitudes positivas que permanecieron con ellos a través de la niñez, la adolescencia, y la vida adulta.

La educación cristiana preescolar puede ayudar a los preescolares a desarrollar tempranas actitudes de amor y confianza en Dios que les ayudará a querer obedecer a Dios tanto ahora como en el futuro.

IV. EL APRENDIZAJE PRÁCTICO CONCUERDA CON LA MANERA EN QUE APRENDEN LOS PREESCOLARES

A. Variedad en la repetición

Alguien ha dicho que cuando Dios hizo a los preescolares dijo: "¡Muévanse!" Los maestros de niños pequeños saben que éstos no pueden estar quietos por mucho tiempo. Los niños preescolares aprenden en marcha.

El aprendizaje práctico concuerda con esta

característica normal de los niños pequeños. Siendo que ellos por lo regular no se concentran en ninguna actividad por mucho tiempo, es necesario que los maestros planeen una variedad de actividades que enseñen todas la misma lección de diferentes maneras.

1. **Estilo Barrio Sésamo.** Un programa de televisión de rápido paso para preescolares llamado "Barrio Sésamo" ilustra este estilo de enseñanza. Al final de cada programa, uno de los personajes dice: "Este programa fue patrocinado por la letra 'T' y por el número '5'." A través de cada programa se enseña una letra y un número en muchas interesantes maneras. La repetición ayuda a que los niños dominen el aprendizaje. La variedad mantiene a los niños interesados en la lección.

2. **Refuerzo de la lección.** Los maestros cristianos pueden usar la misma estrategia para enseñar a los niños pequeños en la iglesia. Al enseñar la lección bíblica sobre cómo Dios cuidó al bebé Moisés, el maestro puede usar una variedad de actividades prácticas para reforzar la historia bíblica.

Los niños podrían hacer "canastas" de arcilla de moldear. Podrían ayudar a dibujar o colorear un dibujo grande de un río y juncos. Este dibujo podría usarse como fondo para representar la historia bíblica. Los niños podrían experimentar con un pequeño balde de agua para ver qué clase de objetos flotan o se hunden en el agua. El maestro y los niños podrían representar actividades cotidianas que asustan a los niños pequeños hoy y hablar de cómo Dios cuida de nosotros.

B. Aumentar la memoria

Esta variedad de actividades no sólo ayuda a mantener la atención de los niños, sino también aumenta lo que recordarán de la lección, ya que muchas de las actividades tienen que ver con los cinco sentidos de los niños. Dios nos diseñó con cinco sentidos que nos ayudan a aprender.

Entre más de nuestros sentidos participan en el aprendizaje, más recordamos. Los niños que sólo oyen la historia bíblica y ven dibujos relacionados con la historia recordarán 50% después de dos días. Los niños que oyen la historia, que ven visuales relacionados, y que hacen actividades relacionadas recordarán 90% de la lección después de dos días.

Todos los maestros quieren que sus alumnos recuerden tanto de la lección bíblica como sea posible. Siendo que los niños recordarán más cuando más de los sentidos participan, los maestros necesitan planear maneras de involucrar los sentidos del tacto, el gusto, y el olfato como también el oído y la vista. Todas las actividades prácticas de aprendizaje mencionadas antes involucrarán muchos de los sentidos de los niños.

V. EL APRENDIZAJE PRÁCTICO PONE EN PRÁCTICA LAS LECCIONES DE LA BIBLIA

A. Hacedores de la Palabra de Dios

Santiago 1:22 dice, *"Pero sed hacedores de la palabra, y no tan solamente oidores, engañándoos a vosotros mismos."* Según este versículo, la educación cristiana no ha ocurrido si las vidas no han sido cambiadas. ¿Pueden los maestros cristianos realísticamente esperar cambiar la vida de los alumnos preescolares? ¡Sí! ¡Los preescolares pueden aprender a ser hacedores de la Palabra de Dios! Yo he visto a preescolares muy pequeños aprender a ser hacedores de Romanos 12, por ejemplo.

1. **Compartir.** Romanos 12:13 dice: *"compartiendo para las necesidades de los santos"*. El uso de arcilla de moldear está ayudando a los niños de mi iglesia a aprender a compartir. Con frecuencia después que toda la arcilla se ha dividido, otro niño llega y también quiere arcilla. Los maestros han creado una rutina para compartir la arcilla con estos niños. Todos los niños quitan un pedacito de arcilla de su montón. Todos estos pedacitos se unen en un montón para dar al niño que necesita arcilla. Los maestros dicen: "Gracias por compartir. Dios se agrada cuando compartimos."

2. **Consolar.** Romanos 12:15 dice: *"Gozaos con los que se gozan; llorad con los que lloran."* A los tres años de edad, Brandon está comenzando a "hacer" su parte de la Palabra de Dios. Un día mientras Marcos y Brandon jugaban en un deslizadero, Marcos se golpeó la barbilla. Le dolió y Marcos se puso a llorar. Obviamente, sintiendo lástima por su amigo, Brandon siguió a Marcos por varios minutos mientras Marcos seguía llorando. Finalmente Brandon preguntó: "¿Te gustaría sostener my mantita?" Una manera de consolar que se había practicado en la vida de Brandon, se convirtió en un medio por el que él podía poner en práctica la Palabra de Dios y ofrecer consuelo a un amigo triste. Dio resultado. Marcos tomó la manta, dejó de llorar, y preguntó: "¿Puedo llevármela a casa?"

B. Practicar al jugar

La Biblia dice que hemos de oír y hacer la Palabra de Dios. Requiere práctica pasar de saber lo que dice la Palabra de Dios a hacer lo que dice. Para que los niños practiquen "hacer" la Palabra de Dios, los maestros cristianos pueden planear momentos para "practicar" dentro de sus lecciones bíblicas.

A temprana niñez, practicar los principios bíblicos toma la forma de juego. El juego no es un desperdicio del tiempo en la iglesia. Bajo la directiva influencia del maestro, el juego se convierte en práctica.

No podemos esperar que los niños aprendan a nadar si simplemente les describimos lo que es nadar. Si de verdad queremos enseñarles a nadar, debemos llevarlos al agua, meternos en el agua con ellos, y ayudarlos a practicar la natación.

Lo mismo es con vivir según la Biblia. Los maestros que ya saben cómo vivir como manda la Biblia, pueden dirigir el juego en la iglesia para que los niños practiquen hacer lo que dice la Biblia: compartir, consolar, hacer la paz, etc.

Los niños que oyen historias de la Biblia, que cantan cánticos de la Biblia, y que memorizan versículos de la Biblia reciben sólo parte de la lección. Para aprender la lección entera -para cambiar su vida y convertirse en "hacedores"- los preescolares necesitan practicar.

VI. EL APRENDIZAJE PRÁCTICO RELACIONA LAS LECCIONES DE LA BIBLIA CON LA VIDA COTIDIANA

A. Reacción de los padres

Una manera de juzgar si los niños están aprendiendo las lecciones de la Biblia es la frecuencia con que los padres cuentan cómo los niños juegan durante la semana de maneras que se relacionan con sus lecciones de la Biblia.

A una niña que yo conozco le gusta vestirse como la reina Ester. Otro niño insistió que su mamá recortara un anuncio en una revista sobre una figura de Jesús para poder llevar a la iglesia la foto de Jesús y añadir a la colección del aula. Los padres de un niño de un año de edad preguntaron si usábamos música para enseñar la clase de los pequeños. Su hijo todavía no hablaba, pero había estado "cantando" toda la semana.

B. Preguntas de los padres

A veces los padres hacen preguntas en vez de contar historias. Una madre quería saber por qué su hija tomó una linterna de pilas llevándola por todo el patio diciendo: "¿Jesús? ¿Jesús?" Yo le expliqué que usamos las linternas en clase para jugar "Busquemos a Jesús".

Cada niño llevaba una linterna hacia ilustraciones de Jesús para hacer brillar la luz en Jesús mientras la maestra cantaba: "¿Dónde está Jesús? Busquemos a Jesús. Aquí está. Aquí está. Yo sé que Jesús te ama a ti. Yo sé que Jesús te ama a ti. Sí, te ama. Sí, te ama" (Con la música de Pulgarcito).

Dios quiere que las lecciones bíblicas afecten la vida cotidiana. Cuando en la iglesia usamos actividades prácticas que concuerdan con los sucesos cotidianos del hogar, los maestros ayudan a los niños a conectar la Palabra de Dios con los sucesos normales de su vida.

VII. ACTIVIDADES PRÁCTICAS QUE NO CUESTAN MUCHO

Hay cientos de métodos que los maestros pueden usar para el aprendizaje práctico. Los maestros pueden buscar libros con ideas prácticas en las bibliotecas, librerías, y catálogos pedagógicos. Para ayudar a los maestros a comenzar con el modelo de Deuteronomio para el aprendizaje práctico, considere los siguientes métodos que se pueden usar en lecciones bíblicas.

A. Cómo enseñar con arcilla de moldear

1. **Uso.** A los preescolares de cualquier edad les gusta la arcilla de moldear. Los niños siempre se muestran ansiosos para usarla otra vez. La arcilla menos cara es la que se hace en casa. La arcilla hecha en casa se siente más suave que la comercial, como la de marca Play-Dough®, y es más fácil de moldear repetidamente.

   La arcilla de moldear es fácil de hacer, y, siendo que se hace con harina y sal, no es tóxica para los preescolares que con frecuencia prueban todo lo que sus dedos encuentran. Siendo que los preescolares se pueden ahogar con la arcilla de moldear, el maestro siempre debe supervisar su uso.

2. **Receta.** Si nunca antes ha hecho arcilla de moldear, pruebe mi receta favorita *(vea la página 349)*.

3. **Aplicación.** Probablemente encontrará muchas maneras de relacionar la arcilla con las lecciones bíblicas, pero aquí se le ofrecen algunas sugerencias para ayudarle a comenzar.

   - Recorte formas de animales para poner en una "arca" o en un "establo" de cartón.
   - Use "piedras" de todos los niños para formar un rebaño de las ovejas del Buen Pastor.
   - Ponga pedazos pequeños de arcilla por toda la mesa como maná. Recojan el maná en canastas hechas con arcilla para moldear.
   - Pida a cada niño que haga una parte de una escena, como flores y animales en un jardín.
   - Dé a cada niño un artículo que sirva de plato. Asigne un alimento diferente a cada uno, como papas (patatas), maíz, fruta, o pan. Cada niño debe moldear suficente de su alimento asignado para poner en todos los platos.
   - Asigne a cada niño un fondo o personaje que debe hacer para volver a contar la historia bíblica, como estrellas, piedras, una escalera, ángeles, y un hombre para la historia de la escalera de Jacob.
   - Dé a cada niño un montoncito de arcilla y un palito para que lo use como cuchillo. Deje que corten pedazos de su "barra de pan" para dar a otros niños en la clase.
   - Use un poco de arcilla de moldear como la base para un ramo de flores. Corte el tallo de cada flor de sólo 5-8 cm (2-3 pulg.) de largo.
   - Ponga monedas, conchas de mar, joyas viejas, etc. apretándolas en la arcilla para formar interesantes diseños.
   - Decore un poco de arcilla como una tarta de cumpleaños para el Niñito Jesús o para los niños en la clase. Canten "Feliz cumpleaños".

B. Cómo enseñar con drama

1. **Convertirnos en el pueblo de Dios.** El drama da vida a la historia. Cuando los niños sólo oyen las historias bíblicas, aprenden sobre el pueblo de Dios. Cuando dramatizan las historias bíblicas, se "convierten" en el pueblo de Dios en acción. Con el drama los niños también pueden identificar mejor cómo se sentía el pueblo de Dios durante los sucesos bíblicos.

   Los drama de aplicación a la vida ayudan a

los niños a experimentar con las reacciones a los sucesos cotidianos. Con la dirección del maestro pueden comenzar a decidir cuáles reacciones fingidas agradarían a Dios si se usaran en la vida real. Muchos preescolares son muy buenos con el drama de aplicación a la vida porque su juego de fingir es una versión de drama a temprana edad.

2. **Habilidad según la edad.** Las edades de los estudiantes influencian la manera en que participan en los dramas. Para los que comienzan a andar, el drama toma la forma de imitar específicas acciones o expresiones.

   a. 1 año: un niño de un año hace que habla por un teléfono imaginario, por ejemplo, o imita la expresión triste de su maestra sólo por diversión. El mismo niño también puede imitar la manera en que su maestra mueve un títere de palitos o un automóvil de juguete.

   b. 2 1/2 años: cuando los niños alcanzan esta edad, muchos pueden usar la imitación para representar historias enteras. Sin embargo, a esta edad todos los niños quieren ser todos los personajes. De modo que en un drama como el de Jonás, tanto las niñas como los niños querrán hacer el papel de Jonás.

   c. 3, 4 y 5 años: los preescolares de esta edad están listos para comenzar a usar el drama en maneras más esperadas. Todavía todos querrán participar, pero los maestros pueden pedir voluntarios para los diversos papeles. Mientras el maestro vuelve a contar la historia, los niños podrán dramatizar las acciones de su personaje.

C. Dejar que los niños usen su imaginación

Los preescolares estarán muy dispuestos a usar su imaginación para volver las cosas cotidianas en accesorios para un drama. Una caja de cartón, por ejemplo, puede convertirse en un pesebre para el Niñito Jesús, un trono para Ester, un bus para ir a la iglesia, o una casa para una muñeca. Una sábana puede convertirse en ropa para un ángel, una tienda para Abraham, el muro de Jericó, o un mar para alzar vela. Las siguientes ideas sugieren maneras específicas para animar a los preescolares a usar su imaginación en dramas relacionados con la lección.

- Recorte papel en siluetas o contornos de objetos. Deje que los niños coloreen los detalles. En las siluetas de peces los niños pueden dibujar ojos, escamas, y aletas. Use las figuras terminadas para representar una historia bíblica, como cuando Jesús ayudó a pescar un pez.

- Tenga una hoja grande de papel. Pida a los niños que pinten la cortina de fondo para representar una historia.

- Permita que los niños coloreen o decoren títeres de bolsa o de palitos para usar en varios dramas, como ovejas con el Buen Pastor, plantas en la parábola del sembrador, barcos batidos por el viento en la historia de Jonás, etc.

- Haga un contorno grande de un camello para los Reyes Magos, un enorme elefante para el arca de Noé, un león grande para Sansón, o un establo para el Niñito Jesús. Deje que los niños trabajen juntos para colorear o añadir rasgos al dibujo grande antes de presentar el drama.

- Traiga camisas y toallas de casa para usarlas en los dramas bíblicos. Use círculos de elástico para sujetar las toallas en la cabeza.

- Compre o dibuje máscaras para usar en varios dramas.

- Dibuje en cartulina el cuerpo o la ropa de los personajes. Pida a los niños que los sostengan mientras representan el drama.

- Dé a cada niño un pedazo de papel para que lo sacuda suavemente al principio como olas pequeñas, luego fuerte y rápidamente como las olas batidas por el viento en una historia.

- Arregle las sillas del aula para usarlas en varios dramas como en la forma del arca de Noé, los muros de Jericó, asientos en un bus, o camas.

- Ayude a los niños a diseñar una escena en arena. Usen gente de juguete, bloques, o animales de peluche para dramatizar una historia.

D. Cómo enseñar con rompecabezas

1. **Habilidad según la edad.** Hasta los niños de un año pueden disfrutar de emparejar dibujos y figuras en un rompecabeza. Por supuesto que la habilidad de los niños con los rompecabezas será diferente según las variadas edades.

a. 4-5 años: los preescolares de esta edad probablemente querrán trabajar en un rompecabeza por sí solos. Algunos niños de kindergarten quizás puedan juntar un rompecabeza de 50 piezas. En estos casos el maestro puede usar la conversación para relatar los rompecabezas con el aprendizaje bíblico. El maestro también puede ayudar a los preescolares a turnarse con los rompecabezas.

b. Los que acaban de comenzar a andar y los de 2 años: por otro lado, se deleitarán más con los rompecabezas si los maestros trabajan con ellos para juntarlos, dándoles tanta o tan poca ayuda como sea necesaria. A corta edad, juntar un rompecabeza en grupo puede ayudar a que todos los niños sientan que han triunfado con la actividad.

En este caso el maestro puede dar a cada niño una pieza del rompecabeza. Cada niño puede turnarse para colocar su pieza en el rompecabeza. Según sea necesario, el maestro puede indicar el lugar corre.

2. **Aplicación.** Si un grupo de pequeñitos está trabajando en un rompecabeza de animales, el maestro puede decir: "¿Quién tiene la pieza del animal que dice *muu-uu*? Veamos quién tiene el pedazo de la vaca. Amanda, la pieza de la vaca va aquí. Dios hizo la vaca. Todos, digamos *muu-uu* como las vacas que hizo Dios."

La conversación del maestro no sólo ayuda a los niños a juntar el rompecabeza sino también ayuda a conectar la actividad con lo que se aprendió de la Biblia ese día. El mismo rompecabeza de animal se podría usar en lecciones bíblicas sobre el arca de Noé, los animales de Abraham, los animales en el establo cuando nació Jesús, etc. Trate de pensar en una variedad de maneras de incorporar los varios rompecabezas en lecciones bíblicas.

3. **Desarrollo.**

a. Costo: los rompecabezas se pueden comprar o hacerse. Los rompecabezas para preescolares producidos comercialmente tienden a ser caros.

Siendo que el número de piezas por rompecabeza para preescolares varía 1 a 50, los maestros deben considerar los niveles de habilidad de sus alumnos.

b. Versatilidad: otra consideración es la versatilidad del rompecabeza. ¿A cuántas lecciones se puede adaptar el rompecabeza? Las siguientes clases de rompecabezas tienden a ser versátiles en el aula de la iglesia: animales, alimentos, ayudantes en la comunidad, miembros de la familia, ilustraciones de Jesús, vehículos, y formas geométricas.

c. Uso: los maestros pueden hacer rompecabezas baratos, que se relacionen con la lección. Con rompecabezas hechos a mano, los niños podrán emparejar una pieza del rompecabeza con un dibujo idéntico, en vez de hacer caber las piezas en un espacio de forma idéntica.

d. Cómo hacer un rompecabeza: para hacer un rompecabezas para emparejar es necesario tener 2 juegos de dibujos idénticos, que podrían ser pegatinas o fotos de revistas, por ejemplo.

Arregle un juego de los dibujos en una superficie plana. Si lo desea, sostenga los dibujos en su lugar con un pedazo de cinta adhesiva enrrollado o con una gotita de goma para pegar. Arregle el otro juego de dibujos en una segunda superficie plana. Recorte los dibujos individuales de esta segunda superficie para hacer las piezas del rompecabeza.

Los niños emparejarán los dibujos recortados con los dibujos en la superficie sin recortar. Mientras los niños juntan estos rompecabezas para emparejar, los maestros pueden usar conversación, cantos, y juegos para reforzar la lección bíblica de maneras interesantes.

E. *Cómo enseñar con arte*

1. **"Colorear en garabatos."** Los primeros intentos con el arte de los niños consisten de "colorear en garabatos". Algunos niños habrán "terminado" después de hacer uno o dos garabatos. Otros enérgicamente harán garabatos en ambos lados del papel. Los maestros que hacen comentarios positivos sobre "colorear en garabatos" afirman la confianza de los niños en sus propias habilidades. A medida que los niños se hacen mayores, su habilidad para colorear mejora. Pero con todo, algunos querrán colorear los rostros en verde y el pelo morado. Permita a

los niños esta expresión de creatividad.

2. **Materiales disponibles.** La mayoría de los niños se deleita en colorear. No obstante, después de un rato, los niños se aburren de una sola actividad. Se pueden añadir otras actividades de arte para renovar interés y reforzar lo que se aprende.

Como con la arcilla de moldear y los rompecabezas, los maestros pueden ofrecer una variedad de actividades de arte para las que se utilizan materiales disponibles, como: bolsas del supermercado, dibujos de revistas, tarjetas usadas y papel para envolver regalos, cajas, sobrantes de tela, hilo de lana, y cinta; esponjas baratas; pasta de colores, arroz, frijoles (habichuelas), granos de maíz, o sal; semillas, arena, y piedritas. Los maestros alertas apartarán los materiales disponibles o sobrantes para usar en las actividades de arte en la iglesia.

F. Cómo hacer pinturas de acuarela

Pintar es una bonita alternativa a los crayones o lápices para colorear. Sue Thurston, que ministra a los niños pequeños en Nueva York, compartió la siguiente manera barata de hacer pinturas de acuarela.

1. **Materiales**
   — Colorante de comida en varios colores
   — Pedacitos de esponja
   — Pequeños recipientes

2. **Direcciones.** Para cada color, corte una esponja delgada de modo que quepa en el fondo de un bote o lata pequeño. Añada a la esponja varias gotas de color para alimentos o tinte. Moje la esponja lo suficiente como para humedecerla sin hacer un charco en el recipiente. Presione la esponja con una brocha para acuarelas para mezclar el color con el agua. Entre clases, guarde los botes de pintura de acuarela sin taparlos. Se secarán, pero no se enmohecerán. La próxima vez que se necesiten las pinturas, sólo añada agua a las esponjas. Cuando el color comience a desvanecerse, añada unas pocas gotas de color para alimentos o tinte.

Para evitar manchas, antes que los niños pinten deben ponerse delantales o camisas viejas con los botones atrás. Los niños pueden pintar en papeles en una mesa o en el suelo. Si pintan en un objeto que sirva de caballete, como un árbol o una pared, se evitará que los brazos tengan contacto con la pintura fresca.

3. **Aplicación.** A continuación hay varias maneras de conectar la actividad de pintar con las lecciones bíblicas.
   - Los niños pueden pintar un dibujo para llevar a casa.
   - Los niños trabajan juntos para pintar un dibujo GRANDE para el aula, anexo, o desfile.
   - Los niños pueden pintar dibujos de cosas que se relacionan con la historia bíblica, como plantas antes y después de una sequía, pescados del almuerzo del niño, animales en el pesebre, etc.
   - Los niños pueden pintar los detalles en figuras de papel que se relacionan con la lección, como un jarro para Rebeca o un manto para José.
   - En vez de usar una brocha, los niños pueden pintar llamativos diseños con esponjas, utensilios para majar papas (patatas), carrizos, hojas, etc. Después que se sequen los diseños, úsenlos para papel de regalo o como fondos para collages, o versículos bíblicos pintados.

G. Actividades con goma de pegar

1. **Método.** Los niños pequeños se deleitan con la intriga de hacer que un artículo se pegue a otro. El arte que se pueda pegar se puede mandar a casa como recordatorios de la lección. No obstante, no se sorprenda si los preescolares parecen olvidar los proyectos de arte tan pronto como los terminen.

Durante los años preescolares, el proceso de practicar el arte es mucho más deleitoso para los niños que el producto acabado. No obstante, pegar cosas ofrece interesantes maneras de reforzar lo que se aprende de la Biblia. Un collage puede incluir muchas partes de la creación, o se pueden usar los títeres que hagan los niños para contar una historia de la Biblia.

2. **Preparación.** Engomar puede ser una actividad bastante sucia para los niños pequeños, pero no tiene que ser así. Organizar los proyectos es una clave para reducir la falta de nitidez. Al sacar las cosas necesarias para un proyecto, saque la goma

para pegar por último. Cuando se hayan distribuido todos los demás artículos, dé un palito a cada niño para untar con goma el proyecto. Luego ponga un poquito de goma del tamaño de una moneda en un plato de papel o en un recipiente pequeño. Muestre cómo usar el palito para untar con goma el proyecto. También tenga lista una toalla húmeda para limpiar los dedos pegajosos y las mesas después de terminar el proyecto. Este método controlado reduce el desorden.

3. **Aplicación.** He aquí unas pocas actividades con goma para pegar para conectar con las lecciones:

    - Preparar proyectos apropiados para los niños pequeños, como poner estrellas engomado sobre papel azul, ovejas en una pradera, fruta en un árbol, o dibujos de alimentos sobre papel grueso.

    - Recorte dibujos de revistas para que los niños los peguen en un collage relacionado con la lección, para temas como personas a las que Dios ama, cosas que Dios hizo, medios de transporte para ir a la iglesia, alimentos por los que damos gracias a Dios, ropa que nos protege.

    - Añadir textura a los dibujos. (Esto se puede hacer untando goma en el dibujo; luego se le da vuelta al dibujo y se pone con el lado engomado hacia abajo sobre el recipiente que contiene el material de textura como arena o sal. Con las texturas planas, como tela, los niños pueden untar goma en cualquiera de las dos superficies. Con texturas de tres dimensiones, como pasta o piedritas, los niños pueden meterlas en la goma para pegar y luego colocarlas en el dibujo.)

    - Recortar figuras geométricas para que los niños las arreglen y las peguen en un fondo. (Algunas posibilidades incluyen: un cuadrado colocado para que parezca una casa; un triángulo y un medio círculo para la vela y el cuerpo de un bote de vela; ojos, boca, y nariz, para colocar en un rostro; pétalos para colocar en el tallo de una flor.)

    - Enseñar a los niños cómo pegar tiras de papel para formar una cadena entrelazada. Trabajar en el proyecto como grupo para hacer una cadena muy larga.

VIII. CÓMO COMENZAR A ENSEÑAR CON ACTIVIDADES PRÁCTICAS

A. Implementación gradual

Si usted y sus alumnos preescolares no han usado actividades prácticas, piense en presentar esta clase de proyectos de aprendizaje práctico uno por uno. Como maestro, usted necesitará tiempo para aprender a organizar las actividades prácticas para obtener la mejor cooperación de los niños. También va a necesitar tiempo para desarrollar gradualmente habilidades para enseñar con actividades prácticas, como hacer rompecabezas, usar títeres, o preparar arcilla de moldear.

Los alumnos también van a necesitar tiempo para pasar de lecciones en las que se sientan y oyen a las actividades prácticas. Los preescolares necesitan aprender rutinas para pegar, para usar arcilla de moldear, para pasar de una actividad a la próxima, y así por el estilo. Los niños pequeños también necesitan aprender que durante algunas partes de cada lección ellos pueden escoger lo que quieren hacer, pero que durante otros momentos deben hacer lo que el maestro dice.

1. **Para un aula pequeña.**

    a. Actividades en la mesa: si usted enseña en un espacio pequeño, comience usando las actividades prácticas una por una con el grupo entero. Si la mesa toma casi todo el espacio en su aula, planee actividades de mesa. Cuando los niños terminen con una actividad, quite todo de la mesa y saque y disponga los materiales para la próxima.

    b. Primera presentación: para los primeros meses, probablemente debe planear sólo dos o tres actividades prácticas por lección: usar arcilla de moldear, dramatizar las historias, juntar rompecabezas, y crear arte.

    Al principio, planee mostrar a los niños las rutinas que deben seguir para cada actividad. Por ejemplo, con la arcilla de moldear enséñeles cómo dividir la arcilla entre todos los niños. Muestre cómo dar forma a la arcilla. Enseñe cómo usar la arcilla para cada lección específica.

    c. Actividades divididas: a medida que los niños desarrollan destreza con los diferentes métodos prácticos, considere usar dos actividades a la vez. Para hacer esto use cinta adhesiva para divir la mesa en dos centros de actividad. Siendo que los niños tienen diferentes intereses y estilos para aprender, escoger entre las actividades les permite concordar la manera en que aprenden sobre la Biblia con su estilo personal. Generalmente, cuando se les permite escoger los niños están más dispuestos a cooperar.

De pie cerca de la mesa, el maestro enseña cómo usar los materiales, ayuda a los niños a compartir materiales, llama atención al buen trabajo, ayuda a los niños a cambiar de lugar al terminar cada proyecto, y usa la conversación para conectar las actividades con la lección bíblica.

d. Actividades numerosas: con el tiempo, se pueden usar varias actividades prácticas de mesa al mismo tiempo. Sólo use cinta adhesiva para dividir la mesa en tantas áreas como haya actividades. Los niños que llegan primero escogen su actividad primero. Cuando el niño termine en una área de la mesa, ayúdele a cambiar lugar con un niño de otra área. Con conversación, conecte cada actividad con lo que se aprendió de la Biblia ese día.

2. **Para una aula grande.** En un aula más grande, los niños y la maestra tienen la libertad de moverse y usar todavía más actividades prácticas. Pero aun con más espacio, si sólo una maestra trabaja con toda la clase, es mejor presentar las actividades prácticas una por una.

Los niños todavía van a necesitar aprender cómo hacer las actividades. Además, será necesario que la maestra decida dónde hacer las actividades: dónde construir con bloques, dónde tener actividades de arte, dónde usar la arcilla de moldear, etc. Luego, será necesario que la maestra instruya a los alumnos sobre el uso de los diferentes centros de maneras específicas. Todo esto se puede hacer con menos confusión al tener una actividad a la vez.

B. Aplicación

Durante los primeros meses de usar actividades pedagógicas prácticas, la maestra debe llegar lo suficientemente temprano para orar y arreglar las diferentes actividades prácticas en las varias partes del aula. Al llegar el primer niño, la maestra comenzará una actividad práctica. A medida que llegan otros niños, la maestra puede invitarlos a unirse a la actividad que ya está en progreso. Cuando la mayoría de los niños haya terminado la primera actividad, el grupo puede pasar al lugar de la segunda actividad.

CONCLUSIÓN

Al usar actividades pedagógicas prácticas para enseñar en cruzadas, escuela bíblica de vacaciones, Escuela Dominical, cultos para niños, anexos, campamentos bíblicos, células, y los programas de Arco Iris de Misioneritas, usted puede ayudar a que los niños pequeños comiencen un aprendizaje de la Biblia para toda la vida que cambiará su vivir cotidiano.

Considere la historia de Lucas. Un domingo por la mañana los padres de Lucas sonreían al traer a su hijo de un año a la Escuela Dominical. ¿Por qué? Aunque Lucas todavía no podía hablar, él les había comunicado que se alegraba mucho de ir a la casa de Dios. ¿Cómo? Al ver la cúpula de la iglesia, Lucas comenzó a señalar y a aplaudir.

Esa es la reacción al aprendizaje de la Biblia que Dios quiere que ocurra en la vida de todos. Aprender prácticamente ayudará a que los niños se agraden de ir a la iglesia y se alegren de hablar de Dios durante la semana.

*Partes de este artículo han sido adaptadas de *Focus on Early Childhood*, (Springfield, Missouri: Gospel Publishing House) 1993. Usado con permiso.

Arcilla de moldear

En una cacelora mediana mezcle:

2 tazas de harina

1 taza de sal

4 cucharaditas de crema tártara

2 tazas de agua

2 cucharadas de aceite

colorante para alimentos

extracto para hornear (opcional para dar olor)

Cocine la mezcla a fuego mediano, meneándola, volteándola, y amasándola con una cuchara grande hasta que se forme la masa. Corrobore si ya está cocinada apretándola con una dedo. Si la masa se siente pegajosa, cocínela un poquito más. Guárdela en una bolsa plástica cerrada o en un recipiente herméticamente cerrado.

Esta receta rinde suficiente arcilla para seis a ocho niños.

NOTAS

EL MINISTERIO AL NIÑO PREESCOLAR

- Importancia del tema
- Objetivos
- I. Introducción
- II. La Biblia apoya el aprendizaje práctico
- III. La investigación pedagógica apoya el aprendizaje práctico
  - A. Estudio sobre el aprendizaje preescolar
  - B. Estudio sobre las experiencias preescolares
- IV. El aprendizaje práctico concuerda con la manera en que aprenden los preescolares
  - A. Variedad en la repetición
  - B. Aumentar la memoria
- V. El aprendizaje práctico pone en práctica las lecciones de la Biblia
  - A. Hacedores de la Palabra de Dios
  - B. Practicar al jugar
- VI. El aprendizaje práctico relaciona las lecciones de la Biblia con la vida cotidiana
  - A. Reacción de los padres
  - B. Preguntas de los padres
- VII. Actividades prácticas que no cuestan mucho
  - A. Cómo enseñar con arcilla de moldear
  - B. Cómo enseñar con drama
  - C. Dejar que los niños usen su imaginación
  - D. Cómo enseñar con rompecabezas
  - E. Cómo enseñar con arte
  - F. Cómo hacer pinturas de acuarela
  - G. Actividades con goma de pegar
- VIII. Cómo comenzar a enseñar con actividades prácticas
  - A. Implementación gradual
  - B. Aplicación
- **Conclusión**

Capítulo 37

TEMA: Desfiles

ESCRITORES: Steve Hill, Edwin Alvarez, y Ruth Pérez

IMPORTANCIA DEL TEMA

Un desfile es un execelente medio de promoción para atraer la atención de la comunidad a una actividad. La celebración acentúa la curiosidad de los espectadores.

EJEMPLOS

Ejemplo 1

En la ciudad de Nequén, en Argentina, los desfiles, que incluyen a niños y adultos, se celebran regularmente. Los niños siempre están dispuestos a ayudar con los títeres, a cantar, o a disfrazarse. Los maestros los supervisan muy de cerca, evalúan sus talentos, y dirigen su participación.

Por algún tiempo han trabajado de esta manera y han gozado de tremendos resultados. Los niños tienden a ser los que más se emocionan con el éxito del desfile. Su fuerza, entusiasmo, y constancia lo hace todo posible.

Ejemplo 2

En Panamá, la Comunidad Misionera Hosanna se ha dedicado a seguir una tradición similar. De hecho, ya tienen más de seis años de experiencia con el desfile anual que atraviesa varias de las avenidas principales de la ciudad capital. Los resultados siempre han sido tan positivos que han decidido seguir presentando el desfile todos los años como testimonio de lo que Dios ha hecho en la vida de ellos.

OBJETIVOS

1. Valorar los desfiles como un excelente método para fortalecer la unidad de la iglesia.
2. Considerar los desfiles como una manera de atraer la atención de la comunidad.
3. Familiarizarse con varios pasos necesarios para organizar desfiles.
4. Usar los desfiles para dar promoción a los programas de la iglesia en la comunidad.

I. INTRODUCCIÓN

En muchos países los desfiles son asunto de rutina para la iglesia. Se acostumbra que un grupo de hombres y mujeres cante y proclame el mensaje del evangelio en las calles todos los domingos. A través de los años, su eficacia ha sido evidente en la receptividad de la comunidad, la publicidad local, y amplia evangelización. La comunidad se da cuenta de que hay grupos de personas que tienen una viva experiencia de la Verdad.

El propósito principal del desfile es tener un impacto en la comunidad. El tema, los rótulos, los colores, y el ambiente general del desfile se combinan para fijar un determinado mensaje en la mente de los espectadores. Como iglesia, esta técnica se emplea para comunicar el evangelio a los que no son salvos e informarles sobre los programas de la iglesia.

II. LOS DESFILES COMO UN MEDIO

A. Desfiles en la Biblia

Hay muchas maneras en las que el pueblo de Dios exalta y maginifca el poder, la gloria, y el señorío de Jesucristo. En varias ocasiones, la Biblia registra, o hace alusión a momentos en los que las obras extraordinarias del Creador hicieron que el pueblo marchara en genuina demostración de alabanza a Dios.

Después del glorioso milagro de atravesar el Mar Rojo en tierra seca, Éxodo 15 dice que Moisés y los hijos de Israel emprendieron una marcha de júbilo en adoración al Señor. Entre otras cosas exclamaban: *"Cantaré yo a Jehová, porque se ha magnificado grandemente; ha echado en el mar al caballo y al jinete. Jehová es mi fortaleza y mi cántico, y ha sido mi salvación. Este es mi Dios, y lo alabaré; Dios de mi padre, y lo enalteceré. Jehová es varón de guerra; Jehová es su nombre"* (Exodo 15:1-3).

En el capítulo 6 de Josué, leemos que el pueblo de Israel caminó alrededor de la ciudad de Jericó creyendo en las divinas promesas de que tomarían la ciudad para la gloria de Dios.

Otro pasaje, 2 Crónicas 20, dice que el rey Josafat y todo el pueblo de Judea marcharon a pesar de la amenaza de ser invadidos por tres ejércitos enemigos. En ese momento el pueblo caminó en fe. Estaban llenos de gozo, alabanza, y adoración para el Rey de reyes y Señor de señores, anticipando la victoria sobre sus enemigos que había sido anunciada por el profeta Jahaziel.

Un día el pueblo que ha sido redimido por la sangre de Cristo, según Apocalipsis 7, proclamará alabanzas de gozo y victoria en la Nueva Jerusalén ante el trono del Todopoderoso.

B. Desfiles en la iglesia

1. **Evangelización.** El evangelismo es la razón más común para organizar un desfile. El objetivo es dar a conocer a Jesús como el Salvador por los pecados de la humanidad. Los desfiles no constituyen una actividad independiente en sí. Los desfiles son un medio para traer a la gente de la comunidad a un lugar donde se puedan sentar y oír un mensaje.

2. **Promoción e invitación.** Los desfiles pueden ser un medio eficaz para estimular el interés de la comunidad por la iglesia y sus programas. Por lo general, son el comienzo o la culminación de una actividad. El grupo marcha gozoso a un punto determinado. Este destino podría ser adentro o afuera; en un estadio, gimnasio, templo, teatro, o plaza. Por ejemplo, un desfile podría culminar un mes de énfasis misionero en la Escuela Dominical, Misioneritas, o Exploradores del Rey.

III. LA ORGANIZACIÓN DE UN DESFILE

Se deben fijar propósitos definidos al organizar un desfile. Los interesados en trabajar deben reunirse para hablar de los objetivos y para nombrar a un coordinador.

A. Coordinación

1. **Horario.** Se debe fijar la hora y fecha apropiados para el desfile, tomando en cuenta el tiempo libre de los niños. Todos los organizadores y trabajadores deben estar presentes el día del desfile con los niños.

2. **Lugar.** Se deben buscar los lugares para comenzar y terminar el desfile. Una visita a los diferentes lugares será necesaria al considerar los siguientes requisitos:

    a. espacio para acomodar el número de participantes que se espera

    b. accesibilidad para el equipo de música, sonido, y quizás luces

    c. visibilidad y accesibilidad del lugar para la comunidad

    Algunos gobiernos locales exigen permisos o tienen pautas especiales para conducir desfiles. Esté al tanto de los procedimientos locales antes de planear la actividad.

B. Materiales

Una persona designada prepara una lista de los materiales necesarios para hacer rótulos, hojas de cánticos, banderines, etc.

La lista se debe distribuir entre los participantes y los que prestan apoyo varios días antes de necesitar los materiales para que se puedan ofrecer a aportarlos. Algunos podrían contribuir con las herramientas y los aparatos que se usarán.

Los siguientes materiales podrían ser necesarios:

- Marcadores de colores
- Goma para pegar
- Tela (para los banderines)
- Cartulina (para los rótulos)
- Pedazos de madera
- Globos (para decorar los vehículos)
- Papel de colores
- Guirnalda
- Papel blanco (para las hojas con cantos)

C. Comités

Comité de logística. Los miembros de este comité

deben mantener al corriente a los participantes sobre la ruta acordada con las autoridades. Para distinguirlos de los expectadores, los participantes deben llevar un rótulo o emblema, como un pañuelo de un color predeterminado, un disfraz, un emblema, o una banda en el brazo.

Comité de decoración. Este comité hace los rótulos, banderines, disfraces, y decoraciones con un tema asignado que promueva el tema del desfile.

Comité de música y sonido. Debe haber un equipo para coordinar las canciones de alabanza y los instrumentos. Una de las responsabilidades puede ser el de proveer una lista de las canciones seleccionadas de acuerdo al tema del desfile.

Comité de publicidad. La visibilidad del desfile se deriva principalmente de su publicidad. Por esta razón, el comité debe asegurarse de que todas las iglesias participantes reciban la información promocional con antelación. Si la actividad es a nivel local, la congregación debe ser constantemente motivada para que apoye a los que tomarán parte en el desfile.

Comité de transporte. La coordinación del transporte al punto de partida del desfile es especialmente importante cuando dos iglesias o más están participando.

IV. SUGERENCIAS

Las siguientes son unas pocas ideas sobre cómo organizar un desfile.

Desfile 1

- ❏ Propósito: invitación y evangelismo
- ❏ Antes de comenzar un estudio del tema "¿Quién es Jesús?", se organizará un desfile para invitar a los niños a la Escuela Dominical o a la escuela bíblica de vacaciones.
- ❏ Al terminar el estudio de "¿Quién es Jesús?", se organizará un desfile para que los niños de la comunidad puedan ver lo que se aprendió.
- ❏ Fecha: el día de apertura o de clausura del tiempo de estudio "¿Quién es Jesús?"
- ❏ Lugar de reunión: la plaza o un espacio al aire libre cerca de la iglesia para el desfile de invitación, y la iglesia para el desfile de clausura.
- ❏ Areas para incluir: las calles o caminos que llevan a la iglesia.

Comités:

1. **Logística.** Varios trabajadores, en proporción al número de niños, mantienen el orden y motivan a los niños para que canten y repitan lemas y versículos bíblicos escogidos de antemano.

2. **Decoración.** Siendo que el desfile de invitación debe familiarizar a los niños con "¿Quién es Jesús?", se necesitan rótulos y banderines. "¿Quién es Jesús?" se puede diseñar sobre un banderín grande que se puede llevar al frente del desfile. Jesús es la luz del mundo, Jesús es la verdad, Jesús es la puerta, Jesús es el Buen Pastor, y Jesús es la resurrección y la vida son ejemplos de otros posibles banderines.

   Todos los materiales que se distribuyan deben despertar interés entre los niños del vecindario para que se unan a los niños del desfile en la gran aventura de saber "¿Quién es Jesús?".

   Durante el estudio, los niños aprenderán las verdades que podrían compartirse durante el desfile de clausura.

   En el desfile de clausura, se podría usar los colores del "Libro sin palabras" (amarillo, negro o gris, rojo, blanco, y verde) (vea el capítulo "Cómo traer niños a Cristo"). Todos los niños, después del estudio, podrán explicar el significado de estos colores.

   El culto debe ser evangelístico. Se deben considerar todas las posibles técnicas para atraer la atención de los espectadores (títeres, payasos, pantomima, etc.).

3. **Música y sonido.** Lo ideal sería tener un sistema de sonido portátil. Si esto no es posible, un megáfono sería muy útil.

   Se debe escribir los cánticos que se canten durante el estudio y deben estar disponibles para distribución. Saque copias para usarlas en las clases como también para distribuir entre los espectadores el día del desfile de clausura.

   Los obreros deben practicar los cánticos, memorizar las palabras, y saber la melodía antes de enseñárselos a los niños.

4. **Publicidad.** Aproximadamente dos meses antes de comenzar la serie de lecciones, pida a los adultos y a los jóvenes de la iglesia que

oren para que los niños lleguen a conocer al Señor. Es necesario que los adultos y los jóvenes estén listos para cooperar y que sean flexibles en el servicio de este ministerio.

Desfile 2

- ❏ Propósito: promover el programa de Misioneritas de la iglesia local.
- ❏ El desfile servirá como una actividad del programa de Misioneritas. Su objetivo será captar la atención de las niñas del vecindario e invitarlas a participar en el programa en la iglesia.
- ❏ Fecha: un día fijado para celebrar una sección o distrito del programa de Misioneritas.
- ❏ Lugar de reunión: si varios grupos piensan participar, cada uno puede incorporarse al desfile en diferentes lugares. Todos los participantes deben entonces reunirse en la designación del desfile.
- ❏ Areas para incluir: las líderes de Misioneritas deben reunirse con antelación para estudiar un mapa del vecindario, y decidir un punto conveniente para la incorporación de cada grupo al desfile.

Comités:

1. **Logística.** Los que supervisan la logística tienen la responsabilidad de ver que las niñas lleven puesto el uniforme de Misioneritas y que todas muestren una conducta ejemplar durante el desfile.
2. **Decoración.** Los rótulos y banderines deben ser de cartón o de tela con los colores que caracterizan al programa de Misioneritas (azul y blanco que simbolizan pureza y lealtad). Un grupo puede llevar rótulos y banderines que corresponden a las insignias de actividad, otro grupo podría llevar los símbolos de las gradas de la escalera a las estrellas, etc. Mientras el desfile está en progreso, unas cuantas niñas podrían distribuir hojas sueltas, preferiblemente a las niñas de la edad en que pueden unirse al grupo.
3. **Música y sonido.** Cada grupo debe incluir a alguien que toque un instrumento portátil, como guitarra, para acompañar a las niñas cuando canten los cánticos.

Desfile 3

- ❏ Propósito: culminar un programa de estudio sobre misiones.
- ❏ La Escuela Dominical podría dedicar un mes a temas sobre las misiones y comenzar o clausurar con un desfile misionero.
- ❏ Fecha: el día de apertura o de clausura de un estudio sobre las misiones.
- ❏ Lugar de reunión: una plaza o un espacio al aire libre cerca de la iglesia para el desfile de invitación, y la iglesia para el desfile de clausura.
- ❏ Areas para incluir: las calles o caminos que llevan a la iglesia o a una plaza cercana.

Comités:

1. **Logística.** Los maestros o jóvenes de la iglesia deben mantener el orden y ayudar a los niños a cruzar la calle.
2. **Decoración.** Los niños deben vestir trajes típicos de las naciones del mundo. También pueden sostener banderas. Los rótulos podrían mostrar estadísticas sobre la necesidad de tener la Palabra de Dios, alimentos, albergue, ropa, y misioneros en países específicos, regiones, o continentes. Otros rótulos podrían incluir mapas de países mostrando la población, el idioma, la religión, la tasa de alfabetismo, etc.
3. **Música y sonido.** Quizá sea necesario un sistema de sonido portátil para la actividad al aire libre. Se deben imprimir hojas con los cánticos y se deben tener ensayos con el coro.

CONCLUSIÓN

Aunque el desfile no salga en la primera página de los periódicos, más de una comunidad sabrá que hay niños que aman a Dios y que desean darle alabanza. Los niños se motivarán mucho más para servir a Dios.

EJEMPLOS DE RÓTULOS

Jesús es el camino, la verdad, y la vida.

Jesús es la luz del

Jesús es la resurrección y la vida

Jesús es la vid verdadera

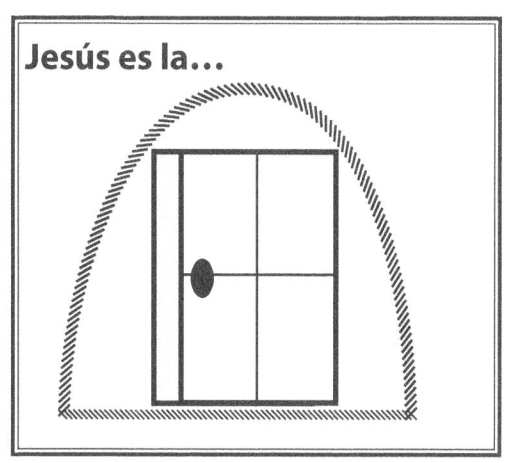

Jesús es la...

Jesús es el Buen Pastor

BOSQUEJO

DESFILES

- **Importancia del tema**
- **Ejemplos**
- **Objetivos**
- **I. Introducción**
- **II. Los desfiles como un medio**
    - A. Desfiles en la Biblia
    - B. Desfiles en la iglesia
- **III. La organización de un desfile**
    - A. Coordinación
    - B. Materiales
    - C. Comités
- **IV. Sugerencias**
- **Conclusión**
- **Ejemplos de rótulos**

Capítulo 38

TEMA: Niños de la calle: ¿basura o...tesoros?

Escritor: Steven M. Bartel

IMPORTANCIA DEL TEMA

La iglesia es la única institución que tiene el poder para hacer la diferencia en la vida de los niños de la calle. Cuando la iglesia sigue los ejemplos bíblicos, la vida de los niños puede ser cambiada y redimida.

Primero, Dios muestra su interés por estos niños. Jesús quiere que los niños vengan a Él (Mateo 19:14). Ellos son nuestro ejemplo de carácter (Mateo 18:3,4). No hemos de impedíselo, ya sea activa o pasivamente, por falta de estrategia para alcanzarlos (Marcos 10:14). Nuestros hijos e hijas gozarán de la presencia del Espíritu del Señor en ellos. Sus palabras estarán en la boca de ellos (Isaías 59:21); profetizarán (Joel 2:28); son ordenados para la alabanza cuando el Señor manda huir al enemigo (Salmo 8:2).

El Señor también ve con favor a los pobres. Su bondad está preparada para ellos (Salmo 68:10). Él defiende a la viuda y al huérfano (Salmo 68:5) y recompensa a los que los ayudan (Proverbios 19:17; Isaías 58:8-12). La amorosa misericordia es un requisito de Dios tanto como lo es la justicia o el andar en humildad con Él (Miqueas 6:8). De hecho, ayudar a los oprimidos es un mandamiento al pueblo de Dios (Isaías 1:17) con consecuencias para los que no lo hacen (Job 31:16-23). Dios será glorificado por su provisión para los pobres (Isaías 41:17-20). ¿Cuánto más se interesa el Señor por los niños que son pobres? De hecho, la Biblia menciona a los niños que desmayan de hambre en las calles, con un mandamiento de que debemos interceder por ellos (Lamentaciones 2:11,19).

Segundo, la iglesia evangélica tradicionalmente ha sido vista como un movimiento proselitador, en vez de una fuerza vibrante, transformadora que produce cambio en el individuo por medio de una regeneración espiritual y social. Nosotros, como la Iglesia, debemos dirigirnos tanto a la predicación como al servicio (1 Pedro 4:11, NVI). Note que la Primera Iglesia tuvo que nombrar diáconos para que los ancianos pudieran orar y los diáconos pudieran servir en las mesas (Hechos 6:1-4). Las obras iniciadas por la iglesia evangélica entre las clases más descuidadas de la sociedad dará credibilidad a su mensaje.

Tercero, los niños de la calle que sean redimidos serán unos de los mejores ministros del evangelio; a los que mucho se perdona, aman mucho. En la persecución, ¿quiénes pueden soportar mejor la prisión, el hambre, y los golpes que los que ya han experimentado la gracia de Dios?

EJEMPLOS

Una niña y su madre

Temiendo por su vida, Sandra Patricia había dejado a su madre alcohólica y a sus abuelos cuando tenía 10 años de edad. A los 12, pudo escaparse del hombre que la había recogido y la había llevado por todo Colombia como su diversión privada. Ahora estaba en la calle, vestida de niño, inhalando pegamento, con una pequeña pandilla, añorando tener un hogar y esperanza.

¿Qué estaba diciendo esa señora que parecía una abuela? Los amigos de Sandra estaban con ella en un parque, acostados en la grama, mirando a esa señora que dijo que era cristiana. La goma que Sandra estaba inhalando era muy fuerte; ella simplemente no parecía comprender...

De repente, todo se aclaró. La señora leía los Salmos. "¡Yo sé algunos Salmos! Mi mamá me los leía, aun cuando estaba borracha. Señora, yo puedo citarle el Salmo 91 y el Salmo 121. Son lo que me ha sostenido los últimos dos años. ¿Quiere oírlos?"

Con eso Sandra Patricia comenzó su nueva vida. Temblaba cuando la llevamos de regreso al barrio y fuimos de cantina en cantina buscando a su mamá. Cuando la encontramos, su mamá dio un grito de alegría; Sandra quedó tiesa como una estatua.

Fuimos al cuartito que era su hogar y encontramos la cama de Sandra arreglada, sus libros en un nítido rimero, su muñeca lista para recibir los abrazos que había necesitado desde mucho tiempo, y la Biblia bajo la almohada. Cuando leímos el Salmo 127, a la mamá se le aclaró la mente. Nos dijo que el padre de Sandra le había dicho dos años atrás que él había visto cuando un automóvil la había atropellado y la había matado. La mamá nunca le creyó; de hecho, anoche había vuelto los ojos a Dios diciéndole: "¡Dios, si Tú puedes oír a una mujer borracha, devuélveme a mi hija… o déjame morir!"

Dios oyó. Por medio de cristianos que fueron dirigidos por el Señor a una niña en un parque, dos vidas fueron añadidas al reino de Dios esa noche.

La observación de un niño

Un niño de la calle compartió lo siguiente conmigo: "¿Sabe por qué no voy a la iglesia? Se lo diré. Cuando entro, nadie me dice 'hola'. Todos como que me pasan por alto, como si yo no estuviera ahí. Aun cuando me siento en la banca de atrás, el pastor frunce el cejo y las señoras con las cadenas de oro y perfumadas que estaban en la banca se pasan a otra banca y comienzan a hablar en voz baja. ¿Sabe una cosa? ¡Todos son un atajo de hipócritas! ¡Por eso es que no voy a la iglesia!"

Pregúntese usted: ¿Cómo reaccionaría yo si estuviera sentado en la banca de atrás al entrar él? ¿Me molestaría el mal olor, o las pulgas, o sus enfermedades que quizá sean contagiosas, o el hecho de que sus ojos, empañados por la droga que usa, se cerraron de sueño antes que terminara el sermón? ¿Vería que mi billetera esté lo más hondo que fuera posible en mi bolsillo, o que mi cartera estuviera herméticamente cerrada? Y si él pasara al altar, ¿me preguntaría cuáles son sus intenciones?

OBJETIVOS

1. El obrero comprenderá mejor y apreciará el valor de los niños de la calle.
2. El obrero aprenderá a analizar las condiciones ambientales para ministrar a los niños de la calle.
3. El obrero podrá compartir con los demás la visión de trabajar con los niños de la calle.
4. El obrero podrá ayudar a la persona que desea ministrar a los niños de la calle a desarrollar una estrategia para la rehabilitación de éstos.

I. INTRODUCCIÓN

Este tema no se enseña a fondo dentro de los círculos evangélicos porque los niños de la calle son atípicos para los ministerios tradicionales para niños. Los niños de la calle raramente son aceptados en las Escuelas Dominicales. Por lo general no son huérfanos ni físicamente ni mentalmente incapacitados, pero sí requieren trato especial que no ha sido tratado extensivamente ni seriamente por la iglesia evangélica.

La mayoría de los pastores creen que los niños de la calle requieren de un ministerio especializado que es imposible lograr en la iglesia local. Quizás resienten la incursión de los pobres en sus congregaciones. Como resultado de estas mentalidades, se ha hecho muy poco para evangelizar y discipular eficazmente a los niños de la calle. Sin embargo, recientes conferencias han sentido la responsabilidad de confrontar este problema. El número de personas que asiste a estas conferencias ha incrementado continuamente. El enfoque es que debemos y podemos honrar al Señor al restaurar la vida de los niños que la sociedad consiera ser la basura de las ciudades.

Los niños de la calle son inteligentes, ingeniosos, y leales. Tienen gran potencial para ser ejemplos cristianos. Sin embargo, con frecuencia son generalizados e incomprendidos. Como resultado, su valor para el Señor y la Iglesia es subestimado por muchos líderes cristianos y con frecuencia son ignorados.

Jesús dijo: *"Dejad a los niños venir a mí, y no se lo impidáis; porque de los tales es el reino de Dios"* (Marcos 10:14). Su petición incluye a los niños de la calle. Sí, hasta los niños pueden ser un modelo para los que desean entrar al reino de los cielos. Pero les estamos impidiendo que lleguen al Señor. ¿Por qué? Prejuicio, incomprensión, y temores con frecuencia son parte del problema, pero lo peor es simplemente ignorar nuestra responsabilidad de alcanzarlos con el evangelio.

II. ANÁLISIS SITUACIONAL

Para comenzar un ministerio a los niños de la calle, esté conciente de los niños en su zona, el ambiente en que viven, el presente ministerio que hay para ellos, y los posibles medio por los que pueden ser alcanzados. Identifique las formas correctas de acción o ministerio que serán más eficaces. Este paso también ayudará a fijar reglas y programas eficaces, reduciendo el desperdicio de recursos y el fracaso. Comprender los problemas y las dificultades dará una base para futura evaluación.

A. Definición del problema

Definir o entender claramente el problema y la situación de los niños de la calle en su comunidad incluirá tres áreas específicas.

- *Naturaleza del problema*. ¿Cuál es el problema exacto o la situación exacta que se presenta a los niños en el grupo prioritario? ¿Cómo afecta esta situación la vida de ellos? ¿Cuáles son sus necesidades básicas?
- *Extención del problema* ¿Cuántos niños están en esta situación y dónde se encuentran? ¿Cuál es la distribución de su edad y su sexo? ¿Cuáles son las tendencias generales del problema?
- *Contexto familiar y social del problema*. ¿Cuáles son las características culturales y socioeconómicas de los niños? ¿Cuál es su ambiente familiar, comunitario, e institucional?

B. Evaluación

Después de definir el problema al reunir información del área, la comunidad, o el país en específico donde piensa ministrar, siga evaluando cuáles son las necesidades y cómo se pueden subsanar mejor. Parte del proceso de análisis también involucra un estudio de cualquier programa o ministerio que ya pudiera existir en la zona. Determine si cualquier otra agencia o iglesia ya tiene una obra ahí y vea si pueden combinar esfuerzos con ellas. Si se está comenzando una nueva obra, muy bien pudieran haber otras iglesias o grupos que pueden apoyar y participar en este plan de ministerio.

C. Grupos prioritarios

Reunir información sobre menores de edad podría ser difícil, ya que la mayoría de los datos del gobierno sólo evalúan a los niños que viven dentro de una familia, datos de salud, y estadísticas escolares. Los niños de la calle, siendo que no están unidos a ninguna familia, no están incluidos en los censos de población ni en las encuestas de hogares. Hasta las estadísticas de salud tienden a ser tomadas de hospitales y clínicas a los que los niños pobres, que trabajan, o de la calle no pueden, por razones de costo, asistir.

Hay seis grupos prioritarios que han sido identificados por la mayoría de las agencias gubernamentales e internacionales. Considere cada una de estas categorías y determine a cuáles tipos de niños se dirigirá el nuevo ministerio.

— Niños que trabajan
— Niños de la calle
— Niños abusados o descuidados
— Niños institucionalizados
— Niños en conflicto armado
— Niños en desastres

Podría haber un grupo mayor de niños en necesidad de ayuda en su zona o una combinación de varias necesidades. Otra manera de categorizar a los niños en necesidad es un estudio de niños abandonados. Eso podría incluir: abandonados por el gobierno, la sociedad, la familia, el sistema educacional, o porque el niño mismo ha abandonado su hogar. Hay varias maneras de categorizar a los niños necesitados y los que son abandonados, pero este informe se concentrará en los niños de la calle.

III. TIPOS DE NIÑOS DE LA CALLE

¿Cuál es el típico niño de la calle? Para este estudio se dividen en dos grupos:

Niños:

1. Trabajador urbano
2. Trabajador rural
3. Migrante que cruza la frontera
4. Migrante regional
5. Migrante en otro país
6. Vive en zona de guerra o de conflicto
7. Minoría étnica
8. Vive o trabaja en zona turística
9. Vive en puertos marítimos
10. Soldados
11. Reformatorios
12. Detenido en cárceles de adultos
13. Refugiados
14. Vagabundos o niños de la calle
15. Homosexuales
16. Drogadictos
17. Ladrones

> **Niñas:**
> 1. Trabajan en las calles
> 2. Criadas o trabajadoras domésticas
> 3. Prostitutas: calle, casa, cantinas
> 4. Trabajadora rural
> 5. Vive con una pandilla
> 6. Trabajo doméstico; cuidar niños

A. El niño en la calle

El niño en la calle todavía tiene cierto contacto con su hogar, quizás duerme ahí o come una comida ahí. Quizás hasta va a la escuela, pero no pasa más tiempo de lo necesario en casa. Quizás su familia es muy pobre, y le toca a él ayudar a traer dinero para la comida. Quizás hay abuso físico o emocional en el hogar. Quizás hay un nuevo hombre en la casa y se niega a sostener al hijo de otro hombre. O quizás el niño simplemente está aburrido y quiere buscar aventuras. Pasa su tiempo libre en la calle.

Las actividades de la calle incluirían mendigar, conocer a otros niños de la calle, y trabajar en lavar las ventanas de los automóviles cuando el indefenso conductor está parado ante la luz roja del semáforo. Si es muy joven puede ganar mucho más dinero de mendigar que los niños mayores, así que compartirá lo que reciba con los niños mayores a cambio de protección. Al hacerse mayor, sus amigos serán sus compañeros en robar y usar drogas. Poco a poco, sus lazos con el hogar son reemplazados por su nueva familia: la cultura de la calle.

B. El niño de la calle

Un niño de la calle no tiene lazos significativos con el hogar. Depende de la calle para todo. Duerme en los portales, debajo de los puentes, o a veces en los resumideros. Come sobrantes de restaurantes, rebusca en los basureros, o compra comida con dinero robado o mendigado.

Evita toda autoridad, sin tener que dar cuenta a padres, maestros, policía, o con frecuencia ni a su conciencia. Se hace muy ingenioso, vivamente conciente de todo lo que lo rodea, pues su supervivencia depende de conocer y manipular su ambiente.

Aprende a depender de otras personas de la calle. Es más fácil robar con un compañero, hay protección en los números; debe tener una red informacional. Sus relaciones se hacen intensas, y la lealtad a su pandilla rivalizaría a la de una familia.

Las niñas están incluidas en las anteriores descripciones, aunque ellas se tiran a la calle en menores números y por lo regular a una edad mayor. Deben decidir temprano en su vida en la calle si es que van a ser fuertes y duras, luchando físicamente para exigir respeto sexual, o si es que deben someterse a ser propiedad sexual de una pandilla. Las niñas de menos edad que son nuevas en la calle podrían vestirse como niños, pero pueden esperar ser madres a temprana adolescencia. Muchas se meten en la prostitución para escaparse de las calles. Las que se quedan en la calle pronto se hacen ferozmente independientes o emocionalmente desespenrazadas y vacías.

Los bebés nacen en la calle. La mayoría recibe cuido mientras son de beneficio para la madre, pero muchos padecen de mala nutrición, falta de estímulo, enfermedades, mala higiene, y desórdenes relacionados con las drogas. Los gobiernos con frecuencia han intervenido y han quitado a estos niños de los padres.

El abuso de drogas y alcohol, la promiscuidad, la homosexualidad, el agobio por la policía y la sociedad, un amplia gama de enfermedades, violencia, y muerte a una edad muy joven tienen algo que ver con la vida en la calle. Si fuéramos a tomar el tiempo para comprender a estos niños de la calle, nos daríamos cuenta de que sienten, sufren, y tienen esperanzas. Tienen un alma eterna que es valiosa para Dios.

IV. MINISTERIO

Los niños de la calle tienen tremendo potencial para Dios. Después de evaluar las necesidades, definir los problemas, y elegir el grupo de niños al que se va a ministrar, entonces comience a planear el alcance. Luego considere los motivos y planee su estrategia, estando conciente de que se podrían encontrar con retrasos.

A. Motivación

Muchos cristianos quieren ministrar a los niños necesitados por las necesidades de esos niños. Pero la lástima y la compasión deben ser motivos secundarios; el principal motivo del cristiano debe ser honrar y glorificar a Dios. Para el cristiano, ningún otro motivo soportará la prueba de las dificultades que trabajar con los niños de la calle ocasionará.

Ezequiel 36 menciona una lista de objetivos que

caben a los niños de la calle. Al restaurar a su pueblo, Dios promete:

— llevarlos a su propia tierra
— limpiarlos
— darles un nuevo corazón: un corazón de carne en el lugar de un corazón de piedra
— poner un nuevo espíritu dentro de ellos
— hacerlos caminar en sus estatutos y guardar sus juicios
— ser su Dios, como ellos serán su pueblo
— proveer una abundancia de alimento
— hacer que odien su pecado pasado

El motivo para ministrar a los niños de la calle es importante. Algunas personas se sienten satisfechas y necesitadas al ayudar a los que están en necesidad. Muchos no ministran mucho tiempo cuando sus esfuerzos no son apreciado ni aplaudidos por los niños que reciben su ayuda. La mayoría de los que ministran a los niños necesitados lo hacen por compasión hacia las necesidades inmediatas de esos niños. Las necesidades pueden ser tan abrumadoras que la persona pasa todo su tiempo subsanando sólo las necesidades materiales. Debe aprender a decir que "no" hasta a las necesidades más desesperantes, si no se agotará pronto.

Para el cristiano con buenas intenciones, que se orienta a las necesidades, el ministerio a los niños necesitados puede ser frustrante. Añora ver que los niños vengan al Señor, restaurados y discipulados, que lleven a otros al Señor también. Pero por el contrario, se siente manipulado cuando no ve los resultados que había esperado ver.

B. Retrasos

Aquí hay dos ejemplos de los retrasos que se pueden encontrar en el ministerio a los niños necesitados. El grupo de ministerio tendrá que realísticamente hacer frente a ciertos obstáculos, dificultades, y retrasos, pero los resultados finales de ministrar en el nombre de Jesús y de ganar vidas para el Reino recompensarán los esfuerzos que se hacen.

Ejemplo 1

Cuando comenzamos a trabajar por primera vez con los pobres, my esposa Evie estaba a cargo de prodigar la ayuda médica a los que venían a nuestra puerta. Teníamos algunas medicinas a mano, pero con frecuencia necesitábamos dinero para pagar por las medicinas poco comunes o para una visita ocasional al hospital local. Este dinero salía de los bolsillos del grupo. Contribuíamos al principio de cada mes, esperando que durara todo el mes.

Un día, hacia el fin del mes, vino un hombre de la comunidad de chabolas a la orilla del monte cerca de nuestra casa, insistiendo que necesitaba cierta medicina. Su necesidad parecía de verdad, así que Evie se la compró con el dinero que quedaba.

El próximo día, una joven madre vino a nuestra puerta con un bebé desesperadamente enfermo en sus brazos. Como enfermera graduada, Evie pudo ver que el bebé estaba al borde de la muerte. Necesitaba ser hospitalizado inmediatamente. Los hospitales locales pedían algo de pago antes de comenzar tratamiento, así que Evie se las arregló para conseguir algún dinero. No había nada en el fondo de contribuciones. En la casa nadie tenía nada de dinero. El saldo en la cuenta del banco era cero.

Cuando la madre oyó que no podíamos ayudar, no se lo creyó a Evie. Pensó que Evie le estaba mintiendo, y la decepción en su rostro era evidente antes de volverse y correr por la calle buscando alguna otra ayuda. Aún meses después, la madre cruzaba la calle para evitar pasar cerca de Evie si ambas iban por la misma acera. Evie pronto aprendió a no dejarse llevar por la necesidad de la gente, sino preguntar a Dios cuál era su voluntad.

Las decisiones basadas en lo que honraría a Dios nos exigen tener íntima comunión con el Señor. Con frecuencia eso quiere decir esperar a oír lo que es su voluntad. Cuando nos preguntamos: "¿Honraría esto al Señor?" nos vemos obligados a ver las implicaciones de largo alcance de una decisión, y con frecuencia debemos declinar ayudar en cierta necesidad. Nada puede tomar el lugar de la seguridad que da el Señor cuando se toma una decisión en oración con los motivos correctos. Podemos estar tranquilos cuando las necesidades que nos rodean parecen abrumantes. Podemos decir que "no" a una necesidad sin dudas ni culpabilidad recurrentes. Otros cristianos apoyarán la decisión que se toma en oración. Finalmente, los niños a los que estamos tratando de ayudar no deben tener que pagar por una decisión a la ligera que no fue dirigida por el Espíritu Santo.

Ejemplo 2

Nelson tenía diez años cuando lo conocimos por primera vez. Tenía un tumor del tamaño de una pelota de tenis a un lado del cuello, y un hermano de nuestro equipo, Juan, preguntó si se podía quedar con nosotros por un tiempo mientras se recuperaba. Dijimos que sí.

Su último recuerdo de familia había sido cuando tenía cuatro años. Recordaba estar en un bus con una tía en Medellín. Ella lo abandonó ahí cuando él se durmió. El final de la ruta del bus fue el comienzo de su vida en la calle.

Su rápida sonrisa nos atrajo a todos, aunque teníamos recelos de dejarlo solo con nuestras hijas. Parecía poder leer un poco, y en cierto modo no se comportaba como si hubiera estado en la calle por seis años. Un día fue a dar una vuelta en la bicicleta de nuestro hijo y nunca regresó. ¡Entonces sí que tuvimos ciertas dudas sobre su pasado!

Los periódicos de Bogotá no nos cobraron por sacar su foto pidiendo que cualquiera que lo conociera nos llamara por teléfono. Esa noche llamó una monja. Nelson se había escapado de su programa varios meses atrás. Su familia era de clase media. Su padre cuidaba de él, pero su madrastra prefería no tenerlo en casa. Nelson era llevado a casa cada seis meses, se quedaba por unas pocas semanas, y se volvía a escapar.

Visitamos el hogar de Nelson y arreglamos un plan con sus padres. Poco a poco íbamos a devolver a Nelson a su hogar. Iba a vivir con nosotros y estudiaría en una escuela cristiana que ya lo había aceptado. Una semana iría al parque con su papá; en aproximadamente un mes iría a casa por una noche; en aproximadamente tres meses estaría iyendo a casa cada fin de semana. Mientras tanto, testificábamos del Señor a los padres.

Todo iba muy bien los primeros tres meses, pero un viernes Nelson salió para la escuela y nunca volvió. Juan lo vio varias veces y nos informó que Nelson no estaba lo suficientemente cansado de su vida en la calle como para hacer frente a la disciplina de la escuela y de su hogar. Nelson nos enseñó varias cosas: 1) uno debe conocer al niño lo más posible; 2) uno no puede ayudarle a alguien que en realidad prefiere no ser ayudado; y 3) es fácil sacar al niño de la calle, pero es difícil sacar la calle del niño.

C. Estrategia

No queriendo desanimar al que no tenga los recursos para un programa de escala total pero que siente una carga por los niños de la calle, ofrecemos a continuación una lista de los varios pasos que pueden identificar, señalar, probar, y restaurar a un niño de la calle.

1. La base debe ser en oración
   -- Reúnase con otros cristianos para tener momentos de intercesión específicamente por los niños de la calle.
   -- Mantenga las prioridades en Dios, y no en la necesidad.
   -- Esté conciente de que las calles en el corazón las ciudades han sido territorio de Satanás por años, y que la iglesia no puede ir ahí sin el temor del Señor y el poder del Espíritu Santo para pelear la batalla espiritual.
   -- Desarrollen confianza entre sí por medio de la oración. *(Nota: si usted quiere probar los motivos de un nuevo voluntario, exíjale que venga a varios momentos de intercesión antes de que salga a las calles. Se pondrá impaciente si es que se orienta a la necesidad, pero su carga por los niños se profundizará si es que se orienta a Dios.)*
   -- Tenga la dirección de Dios para saber adónde ir y a quién ir específicamente. Si vamos en nuestro propio poder, podemos esperar un contacto superficial, social. Si vamos en el poder de Dios, podemos esperar milagros.

2. Estudie lo que los niños necesitan. Duplicar esfuerzos de los que otros ya están haciendo es menos eficaz que satisfacer una necesidad a la que nadie se está dirigiendo. Por lo regular las verdaderas necesidades están entre lo que creemos que necesitan y lo que ellos creen que necesitan.

   Una vez durante la Navidad, una organización con buenas intenciones repartió entre la gente de la calle en Bogotá ropa casi nueva, minuciosamente lavada y remendada. La ropa que no se vendió para compar drogas o que no causó peleas con navajas por celos fue usada por los callejeros durante casi dos semanas. Cuando la ropa necesitaba ser lavada la tiraron a la basura. La actitud de la gente decía: "¿Por qué lavarla cuando podemos conseguir ropa limpia de esa organización que tiene buenas intenciones?" Debemos medir las necesidades y cómo ayudar a la gente que no tiene el mismo sistema de valores.

3. Hágase amigo de la gente de la calle. Esto se hace mejor cuando ellos se sienten menos amenazados: en su propio terreno. Vaya a las calles, a los parques, debajo de los puentes,

dondequiere que estén los callejeros. Lleve una jarra de chocolate caliente en noches frías, una bolsa de pan, un botiquín de primeros auxilios, una guitarra, o quizás un juego o dos.

Nosotros compartimos a Jesús con un abrazo, un champú contra piojos, o un versículo de la Biblia. A veces les limpiamos las uñas de los pies, cambiamos los pañales de los bebés, o simplemente oímos sus problemas y oramos con ellos. Sólo pasar tiempo con ellos quiere decir que alguien se interesa. Se comienza a establecer confianza, una confianza que después se convertirá en confianza en su Padre Celestial.

Comenzamos a conocer a cada persona que vemos repetidamente. Averiguamos los antecedentes de un niño, la situación de su familia, y sus mayores necesidades. Quizá nos tenga suficiente confianza como para permitirnos visitar su hogar; y nosotros a la vez lo podríamos invitar a que visite el nuestro.

4. Tenga una casa a la que los niños puedan llegar, a un kilómetro o dos del centro de la ciudad. Los niños que tienen confianza en nostros vendrán para darse una ducha por la mañana, desayunar, lavar ropa, recibir ayuda médica, tener momentos de estudio de la Biblia, y para almorzar.

Los que sólo vienen de vez en cuando o por la comida sólo reciben lo que vienen a buscar. Los que están esperando a la puerta cuando la abrimos, que entregan sus drogas y sus armas sin ninguna queja, que participan en todo el programa, y que tratan de quedarse después de cerrar limpiando el piso o ayudando con los trastes, reciben nuestra atención especial. Algunos ya han hecho a Jesús Señor de su vida.

Comenzamos orando por ellos mencionándolos por nombre. Hacemos citas para pasar más tiempo individualmente con ellos. Si el niño está en una crisis médica o emocional, se puede quedar una semana o dos. Si no, damos pasos para sacarlo de la calle y llevarlo a un hogar de transición.

5. Deles un hogar que sirva como puente de la vida de la calle a una vida total de familia. El niño puede quedarse aquí 24 horas al día, 7 días a la semana. Tiene cama, ropa limpia, y adultos cristianos responsables que lo dirigen a una restauración consigo mismo y con el Señor. Comienza a aprender disciplina. Aprende a vivir con los demás. Comienza a prepararse para asistir a la escuela en el futuro. Debe aprender higiene, cierta lectura básica, un vocabulario más limpio, y saber que alguien de verdad lo ama. La puerta queda sin llave para el niño que quiere volver a la calle. Está libre para irse; es parte de la prueba.

Algunos niños están listos para un hogar familiar dentro de meses. Otros permanecerán en un hogar de transición por un año o dos hasta que estén listos para funcionar en una familia.

6. Restaure al niño dentro de un contexto de familia cristiana. Dios ordenó que la familia fuera la manera mejor, la más apoyadora para que se críen los niños, amando a Dios, a sí mismos, y a los que los rodean. El niño que vive dentro de una familia suplente que es verdaderamente cristiana está protegido espiritualmente. Tiene las mejores oportunidades de conocer a Dios personalmente y de dedicar su vida a honrar a Dios. Quizá sus hermanos se puedan unir a él en el futuro, sin las separaciones artificiales del cuido institucional.

La intimidad de una íntima relación entre los miembros de la familia y el niño de la calle (que está rehabilitándose) puede ocasionar cierta crisis. Es en este contexto que el Señor será honrado y que el niño será restaurado.

Hay un principio clave en esta estrategia. El éxito no depende de la cantidad de niños que se alcancen. La necesidad siempre estará ahí en las calles. En esta estrategia, el éxito depende de encontrar al niño individual que Dios ha designado para restauración y dar a cada uno la mejor calidad posible de crianza dentro de un hogar cristiano.

La belleza de esta estrategia es que un grupo pequeño de personas, centrada alrededor de una familia verdaderamente llamada por Dios y apoyada por las oraciones de otros cristianos, puede cumplir con todos estos pasos en la vida de por lo menos un niño.

V. OTROS PROGRAMAS

Hay muchos diferentes ministros para los niños de la calle en varios países. El ministerio en Colombia que se ha explicado usa a un pequeño grupo de voluntarios en una ciudad específica. Las agencias gubernamentales han creado algunos programas que pueden ser ayudados o enriquecidos por organizaciones religiosas. Con frecuencia el Departamento de Educación, los departamentos de salud, o los programas sociales gubernamentales, junto con agencias internacionales, tendrán estadísticas o información sobre los presentes esfuerzos para tratar con los niños de la calle en su país.

En algunos lugares un esfuerzo combinado por una coalición de grupos de iglesias evangélicas ha creado una red de voluntarios y finanzas para formar un programa de ministerio para niños de la calle a nivel de la ciudad, del distrito, o aún de toda la nación. Un fuerte ejemplo de este estilo de programa existe en México.

Para comenzar a planear su propio programa para un ministerio a los niños de la calle, báselo en oración y con una clara visión de las presentes necesidades en su área.

CONCLUSIÓN

Un compromiso para restaurar la vida destruida de un niño no se puede tomar a la ligera. Exige de sacrificio económico y personal. Con frecuencia es una tarea que llega sin aviso y que no recibe aprecio. Dios ve nuestros esfuerzos, y Dios los recompensará.

"Y quien dé siquiera un vaso de agua fresca a uno de estos pequeños por tratarse de uno de mis discípulos, les aseguro que no perderá su recompensa" (Mateo 10:42, NVI).

El toque a la puerta parecía urgente. Cuando el empleado abrió la puerta, vio a María con el rostro amoratado e hinchado. Sus dos hijos pequeños se escondían con miedo, apenas atisbando detrás de la diminuta figura de su madre. Su padre la había golpeado otra vez. Su esperanza era dejar el barrio, pero parecía que la calle era su única alternativa.

Esta vez vino a vivir a un hogar cristiano. Pronto estaba en el nuestro. Evie había accedido a discipular a María, y nuestros hijos compartían sus dormitorios con dos niños más.

Las primeras semanas fueron un tiempo de gran ajuste. La hija de siete años corría temerosa a esconderse detrás de la puerta siempre que me oía llegar a casa. A veces María nos despertaba en la madrugada, necesitada de intercesión y guerra espiritual para contrarrestar la opresión demoníaca.

No parecía haber esperanza de devolver a la familia al padre. Nuestro compromiso parecía no tener fecha de finalidad, pero teníamos palabra del Señor de que debíamos seguir.

Vivieron con nosotros tres años y medio. Hoy los niños reciben honores en la escuela. La hija es parte de un grupo de ministerio a los niños que viajará internacionalmente llevando el evangelio. María tiene la capacidad de trabajar, su propio pequeño hogar, y un ministerio. Ayuda a dar las clases de estudio bíblico para las damas en la comunidad de viviendas ilegales donde vivía, y es ayudante de maestras en nuestra escuela transicional para los niños de la calle. También es intercesora por las necesidades de los pobres.

Dios recibe honra en la vida de ellos. Eso en sí es la mayor recompensa que cualquier cristiano esperaría ver.

No todas nuestras historias tienen un final feliz. Un joven vivió con nosotros seis meses, dejó nuestro hogar en amargura, y fue acuchillado en la calle. Nos preguntamos si tuvo tiempo de pedir al Señor que lo perdonara antes de morir.

A otros he tenido que despedir por su rebelión. Algunos se han ganado nuestra confianza, sólo para irse cuando el personal está fuera de casa. Se llevan las cosas de valor con las que pueden cargar al irse.

Nuestro grupo ha recibido a niños que no tenían ninguna otra opción. Sabíamos que nuestra responsabilidad podría durar veinte años. Sin embargo, teníamos la palabra del Señor de que podíamos confiar en Él en todo.

"Abundante lluvia esparciste, oh Dios; a tu heredad exhausta tú la reanimaste. Los que son de tu grey han morado en ella; por tu bondad, oh Dios, has provisto al pobre" (Salmo 68:9,10).

"A Jehová presta el que da al pobre, y el bien que se ha hecho, se lo devolverá al pagar" (Proverbios 19:17.

REPASO

1. ¿Por qué tienen valor los niños de la calle?
2. ¿Qué pasos es necesario dar para analizar su situación?
3. ¿Cuál es el enfoque principal de su ministerio en la calle? ¿Cuál es el grupo al que se dirije?
4. ¿Cómo bosquejaría la estrategia de ministerio en su área?

RECURSOS

Puede que el costo sea grande, ¡pero las recompensas son mucho más grandes! Es mi oración que usted, dirigido por Dios, traiga honor al Señor en lo que sea que Él lo llame a hacer. Si ese llamado incluye ministrar de alguna manera a la gente de la calle, por favor siéntase en libertad de ponerse en contacto conmigo:

Steve Bartel

Apdo. Aéreo 91558

Santa Fe de Bogotá 8, Colombia

NIÑOS DE LA CALLE: ¿BASURA O...TESOROS?

- **Importancia del tema**
- **Ejemplos**
- **Objetivos**
- **I. Introducción**
- **II. Analisis situacional**
    - A. Definición del problema
    - B. Evaluación
    - C. Grupos prioritarios
- **III. Tipos de niños de la calle**
    - A. El niño en la calle
    - B. El niño de la calle
- **IV. Ministerio**
    - A. Motivación
    - E. Retrasos
    - F. Estrategia
- **V. Otros programas**
- **Conclusión**
- **Repaso**
- **Recursos**

5

BLOQUE 5: Vida espiritual

Capítulo 39

Cómo llevar niños a Cristo 369

Capítulo 40

Cómo discipular a los niños 391

Capítulo 41

La oración y los niños 401

Capítulo 42

Los niños y el bautismo en el Espíritu Santo 423

Capítulo 39

TEMA: Cómo llevar niños a Cristo

Escritoras: Cindy Lucas y Janet Arancibia

IMPORTANCIA DEL TEMA

El obrero cristiano que ministra a los niños se encuenra con una responsabilidad seria, aunque bella: dirigir a los niños hacia la decisión más crucial y más importante que debe tomar el ser humano, y esa es la de tomar el camino que lleva a la eternidad.

Por mucho tiempo, la misión de los obreros de niños ha sido identificada con la sencilla tarea de dar a los niños un poquito de atención durante un culto o en un campamento de verano. Pensar de esta manera es descuidar el propósito principal de ministrar a los niños: dirigirlos a aceptar la salvación del Hijo de Dios. El niño nunca puede ser demasiado pequeño para ser enseñado y dirigido en las cosas de Dios. No importa cuán importante pueda parecer la agenda, el obrero cristiano no puede estar demasiado ocupado con otros compromisos.

EJEMPLO

"¡Usted es mi última esperanza! ¡Por favor ayude a mi hijo!" rogó la madre de Luzinho al director de una de las escuelas cristianas de las Asambleas de Dios en Porto Velho, Brasil. ¿Podría ser que no hubiera nadie aparte de los maestros cristianos que pudiera ayudar a este muchacho violento y rebelde?

El padre de Luizinho siempre le había enseñado a ser agresivo y a pelear. El muchacho era tan destructivo que había sido expulsado de todas las escuelas a las que había asistido.

Aunque los maestros de la escuela cristiana no estaban seguros de que Luizinho cambiaría, el director sabía que Cristo lo podía transformar. Por esta razón el director admitió a Luizinho como estudiante.

Luizinho rompió muchas ventanas y manchó algunas de las paredes de la escuela. Los padres de los otros estudiantes se quejaron y amenazaron sacar a sus hijos de la escuela si Luizinho no era expulsado.

La maestra del muchacho tenía fe en que Dios lo iba a cambiar. Comenzó a orar por él todos los días. Pronto todos en la escuela estaban orando por Luizinho y su familia.

Pasaron las semanas, la maestra notó un marcado cambio en la actitud de Luizinho. El muchacho estaba más quieto y cooperativo.

Un día la maestra contó a la clase una historia sobre el amor de Jesús. "Jesús quiere que ustedes también lo amen a Él", dijo ella a sus estudiantes. "¿Les gustaría aceptar a Jesús en su vida?"

Luizinho levantó la mano. La maestra llena de gozo lo dirigió en oración.

La madre del muchacho fue a la escuela a dar las gracias a la maestra por todo lo que había hecho. El comportamiento de Luizinho había mejorado drásticamente. La maestra le habló del Único que podía hacer una diferencia en la vida de las personas: Jesucristo. Pronto, la madre de Luizinho también aceptó a Cristo como su Salvador.

Hoy, madre e hijo son cristianos. Juntos con los maestros de la escuela, están orando por la conversión del padre de Luizinho. Creen que un día él también se unirá a la familia de Dios.

OBJETIVOS

1. Poder hablar sobre la salvación al nivel de comprensión de los niños.

2. Llegar a saber los pasos que se deben mencionar al hablar de la salvación con un niño.

3. Comprender la importancia de usar recursos variados para explicar la salvación y el proceso de crecimiento espiritual.

4. Familiarizarse con los varios recursos para usar al hablar de la salvación con los niños.

5. Aprender cómo presentar a los niños el concepto de la salvación

I. INTRODUCCIÓN

Algunos creen que los niños de menos de doce años de edad todavía no han alcanzado la madurez mental, emocional y espiritual necesaria para experimentar un genuino arrepentimiento y entregarse a Cristo, aceptándolo como Salvador y Señor. Otros sostienen que los niños son capaces de entender la importancia de la muerte de Cristo, aceptar la salvación, y desarrollar un andar espiritual con Dios.

Por años este tema ha provocado variadas opiniones. Como obreros cristianos, debemos comprender que los niños son seres humanos con las mismas necesidades básicas que tienen los adultos. Una de esas necesidades es la satisfacción espiritual.

¿Cuándo están listos los niños para recibir salvación?

1. Los niños pueden reconocer su necesidad de salvación cuando puden aceptar a Dios como una persona. Muy temprano en la vida, los niños desarrollan conciencia de sí mismos y de los demás. Se dan cuenta de que son personas y de que otras personas los rodean. De esta manera también pueden entender que existe un Dios personal y están listos para aceptarlo como una persona.

   A la edad de cinco años, ¿quién no se deleitaba con la compañía de un amigo imaginario? Quizás a esa edad había una persona que no se podía ver, pero que siempre estaba a su lado. Esta persona imaginaria era un "amigo" que sabía todos los secretos. Se le hablaba sin sentirse avergonzado, a pesar de que los adultos se reían.

   Durante los primeros años formativos enseñe y fortalezca la sencilla fe del niño en un gran Amigo que, aunque invisible, siempre está presente y siempre se deja sentir.

2. Los niños pueden reconocer su necesidad de salvación cuando pueden distinguir entre el bien y el mal. Desde temprana edad los padres comienzan a enseñar lo que uno debe y no debe hacer. Con estas correcciones los niños aprenden la diferencia entre el mal y el buen comportamiento. También aprenden que ciertos actos agradan a Dios y que algunos actos no lo agradan. A medida que los niños aman y obedecen a sus padres, también aprenden que deben amar y obedecer a su Padre celestial.

3. Los niños pueden reconocer su necesidad de salvación cuando tienen una comprensión básica de Jesús y su sacrificio. La obra de Cristo es la manera en que pueden comenzar una relación de Padre/hijo con Dios.

4. Los niños pueden reconocer su necesidad de salvación cuando tienen la capacidad de escoger racionalmente. Todos los días al niño se le presentan situaciones en las que debe tomar una decisión. Hacer lo bueno o hacer lo malo no es algo que los padres pueden decidir por ellos. Sólo el niño puede decidir. Cuando el niño comprende la importancia de sus decisiones, también sabrá lo que significa escoger obedecer o desobedecer a Dios.

5. Los niños pueden reconocer su necesidad de salvación cuando el Espíritu Santo los llama. Los niños son sensibles a la aprobación de los demás. Se sienten mal cuando decepcionan a sus padres. Así mismo, los niños son sensibles al Espíritu cuando Él les revela su situación pecaminosa y su necesidad de un Salvador.

El obrero que enfatiza el amor de Jesús verá que los niños responden a este amor antes que comportarse motivados por temor a ser castigados. Este énfasis del amor de Dios debe dominar toda enseñanza.

II. EVANGELIZACIÓN DE LOS NIÑOS

El adulto que desea llevar a los niños a una relación personal con Cristo debe ver el mundo desde la perspectiva del niño. Los conceptos se deben explicar tangiblemente a los niños pequeños. Las palabras solamente no son suficiente. Deben ir acompañadas de objetos que estimulan los sentidos. A veces este proceso de aprender se conoce como aprender prácticamente, o con manos a la obra.

El niño es atraído por el color, los sabores, los olores, las texturas, el ruido, etc. Puede recordar con más prontitud un concepto si sus sentidos participan en el aprendizaje.

Este entendimiento del desarrollo conceptual del niño permitirá al obrero de niños compartir una presentación adecuada del evangelio a los niños. Cuando el obrero use su imaginación, descubrirá innumerables métodos para presentar el amor y la verdad de Dios según la capacidad de cada niño.

Una clave que siempre se debe recordar es expresar imaginativamente el evangelio en palabras sencillas, claras. Usar símbolos, analogías, objetos, colores, y títeres ayudará a los niños a recibir esas verdades.

A. *Hablar del mensaje de salvación*

Hablar del mensaje de salvación es muy importante. Se debe dar a los niños la oportunidad de hablar y hacer preguntas. El obrero podría estimular la discusión haciendo dibujos, haciendo analogías, y haciendo preguntas. Siendo que los niños con frecuencia crean ideas que no fue la intención del maestro comunicar, un momento para hablar es una oportunida para que el maestro evalúe la respuesta y acepte preguntas.

Los niños aprenden al participar en las actividades de la clase. El niño puede representar en una dramatización de la historia de la lección o sostener los visuales mientras el maestro cuenta una historia.

Cada obrero debe comprender claramente la importancia de la salvación y darse cuenta de que los niños no la comprenden de la misma manera que los adultos. Los niños comprenden ideas concretas. No pueden definir "bueno" o "malo", pero pueden expresar ejemplos. No pueden articular sobre el pecado de la misma manera que los adultos. Considerando estas características de desarrollo, el mensaje de salvación que se debe compatir con los niños es el mismo que se usa con los adultos, pero es expresado con un vocabulario sencillo y conciso *(vea el cuadro)*.

Por ejemplo:

1. Dios me ama (Juan 3:16).
2. He pecado (hecho cosas malas) (Romanos 3:23).
3. Cristo murió por mí (Romanos 5:8).
4. Me arrepiento de mis pecados y recibo a Cristo (1 Juan 1:9).
5. Soy hijo de Dios (Juan 1:12).

El obrero debe tener cuidado de comprender claramente el significado de esta sección. Los niños deben saber lo que hacen y a lo que se están comprometiendo. Es importante que siempre sepan que el mensaje de salvación se encuentra en las Escrituras. El obrero debe leer los versículos directamente de la Biblia. Si los niños son escolares, deles la oportunidad de leer los versículos por sí mismos.

Los niños no deben sentirse presionados a aceptar a Cristo; su respuesta al mensaje de salvación debe ser totalmente voluntaria. La persona que ministra no se debe sentir mal si no hay una respuesta inmediata, favorable. Debe recordar que la obra es del Espíritu Santo y que las semillas que el maestro siembra darán su fruto cuando sea tiempo.

Otro detalle con el que el obrero debe tener cuidado es ser preciso cuando invite a los niños a recibir a Cristo. La invitación debe ser específicamente para salvación, para consagración, o para sanidad.

La invitación para salvación debe ser personal. La manera de lograr este resultado es dirigirse a los niños informalmente. Los niños sentirán como que el maestro les está hablando personalmente y van a entender que son ellos los responsables de tomar la decisión.

B. *Orar con los niños*

El maestro puede orar con cada niño individualmente o en grupo. La oración debe ser un repaso del tema y se debe usar como apoyo para la decisión.

1. **Oración individual.** Pida a los niños que pasen al frente para que los obreros puedan orar por cada uno. Esto permitirá al obrero tener una breve conversación con cada niño al que ministra.

2. **Oración en grupo.** Si son muchos los niños que responden a la invitación, pídales que pasen al frente, que cierren los ojos y que repitan la oración de arrepentimiento:

   Padre santo (Padre celestial), gracias por mandar a tu Hijo Jesucristo a morir en la cruz por mis pecados. Perdóname por las cosas malas que he hecho. Acepto a Cristo como mi Salvador personal. Ven y vive en mí y sé mi mejor amigo. Te pido estas cosas en el nombre de Jesús. Amén. (Siempre ore a Dios el Padre en el nombre de Jesús.)

C. Aconsejar a los niños

El obrero debe tratar de hablar con los niños inmediatamente después de orar. Tanto el obrero como el niño deben reafirmar el paso que se acaba de dar. Debe hacer preguntas conocidas, como: ¿qué sucedió cuando oramos ahora mismo? (Jesús me perdonó mis pecados.) ¿Dónde está Jesús ahora? (En mi corazón). ¿Quién soy ahora? (Hijo/hija de Dios.)

En este momento, como en el futuro, el obrero debe aconsejar a los niños sobre las experiencias de la vida cristiana. En reuniones con los niños, use palabras que ellos puedan entender; no use palabras elaboradas que los podrían confundir. Trate de sentarse o acurrucarse para estar al mismo nivel de ellos. Busque un lugar abierto (donde otros puedan ver pero no participar en la conversación), como el patio, el jardín, o el salón principal de la iglesia.

Posiblemente hable de:

1. **Incertidumbre.** Satanás va a tratar de hacer que los niños crean que su experiencia de salvación no es de verdad. Esta podría ser una razón para moverlos a que vayan al altar una y otra vez cuando haya un llamado a recibir salvación. Comuníqueles que cualquier pecado que cometan en el futuro no debe hacerlos dudar de su salvación sino que debe servir como una ocasión para pedir perdón.

2. **Agradar a Dios.** El hijo de Dios lleva una vida que agrada a su Padre celestial.

    a. Leer la Biblia: los niños llegarán a saber más de Dios a través de su Palabra. Explíqueles que cuando aceptan al Señor como Salvador, nacen de nuevo. Así como el bebé necesita alimento y leche para crecer físicamente, los cristianos también necesitan alimento de la Palabra de Dios para crecer espiritualmente. Desde este momento el obrero debe motivarlos para todas sus convicciones que tienen que ver con la fe tengan la Escritura como su base. Lograr esto tendrá beneficios que les durarán toda la vida.

    b. Obedecer lo que dice la Palabra de Dios: la lectura diaria de la Biblia debe dar fruto en el creyente. Es importante recordar que la Biblia no es un "libro de cuentos", sino una guía que Dios ha dado para vivir en este mundo. Los que aman a Dios y quieren agradarlo, obedecen lo que declara la Palabra. La obediencia promueve una mejor relación con el Padre santo y con los que nos rodean.

    c. Orar todos los días: junto con la lectura de la Biblia, la oración nos permite comunicarnos con Dios. Los niños deben saber que hay muchas razones para orar. La oración es alabanza y adoración; agradecimiento por sus favores (vida, salud, familia, alimento); intercesión por los inconversos, los enfermos, los necesitados (entre amigos y familiares); petición por necesidades; y el reconocimiento de faltas y de la necesidad de perdón. No es necesario esperar hasta estar en la iglesia para pedir perdón por los pecados. Dios siempre está presente en todo momento y en todo lugar, listo para oír y responder. Al ir a la iglesia, el propósito principal debe ser adorar y alabar a Dios.

    d. Ir a la iglesia: aceptar a Cristo como Salvador es hacerse parte de una familia grande. En la iglesia los cristianos se reúnen con sus hermanos para adorar a Dios. Otra manera de explicar el propósito de la iglesia es decir que es el "Cuerpo de Cristo". Todo cristiano es una parte de este cuerpo y debe dar a otros ayuda mutua. Reunirse es tener comunión con Dios y su familia, los creyentes.

    e. Un testigo de Cristo: el cristiano no debe temer decir a los demás (amigos, familia, compañeros de escuela) que Jesús es el Salvador. Puede expresar el amor de Dios al invitar a otros a conocer a Cristo.

    f. Bautizado en agua: una manera bíblica de testificar de la salvación es por medio del bautismo en agua. Cualquiera, incluso los niños, que puede expresar públicamente su fe en el Señor Jesucristo, puede ser bautizado. Simbólicamente, dirá que está muerto al pecado y vivo para Dios.

3. **Lleno con el Espíritu Santo.** Desde muy temprana edad los niños pueden comenzar a aprender sobre la obra del Espíritu Santo en la vida del creyente. Deben saber que ellos pueden ser bautizados en el Espíritu. Tendrán poder para ser testigos. Sin temor de burla, podrán decir a otros que Dios los ama.

El testimonio del cristiano que está lleno del Espíritu es expresado en palabras y en acción. El Espíritu da poder para vencer el pecado. Cuando se enfrentan con situaciones que exigen tomar una decisión, Él está presente para dar sabiduría.

III. PRESENTAR EL MENSAJE DE SALVACIÓN

Se puede contar sencillamente una historia al enseñar una secuencia de colores. La siguiente es una lista de colores simbólicos y su representación.

Colores	Representan
1. Dorado, amarillo, y/o azul	1. El cielo y el amor de Dios
2. Negro o gris	2. El pecado y la separación
3. Rojo	3. La salvación
4. Blanco	4. Limpieza y pureza
5. Morado	5. Realeza
6. Verde	6. Crecimiento

En algunos países podría ser ofensivo usar el color negro como el símbolo del pecado y por esta razón se da el color gris como una posibilidad. Otra posible solución es hacer una alusión al color negro como pecado pero enfatizar el contraste de luz-tiniebla. Nunca haga referencia a este color como "feo" o en términos que podrían tomarse personalmente.

A través de los años se han desarrollado otras ideas que también usan los colores para enseñar la misma historia. En la siguiente sección se ofrecen varias sugerencias para que los obreros y también los niños puedan hablar de las verdades expresadas en el evangelio.

A. *El Libro sin Palabras*

Uno de los métodos más antiguos para evangelizar a los niños es el "Libro sin Palabras". Es un panorama del mensaje de salvación y del crecimiento espiritual que se ha desarrollado, primero con tres y luego con cinco colores. Con este método sencillo los niños, como también los adultos, han podido hablar del amor de Cristo.

Este método es de gran ayuda porque le permite a uno explicar los principios de la salvación en un leguaje claro y sencillo a niños de diferentes niveles de comprensión. Los niños asociarán cada color con un paso en el plan de Dios, lo que les permitirá recordar el versículo bíblico correspondiente.

Sin duda, este método se convertirá en un favorito de los maestros, ya que su único costo es unas pocas hojas de cartulina en colores, pegamento y el tiempo de preparación. La preparación es tan sencilla que los alumnos podrían hacerla. Se deleitarían y podrían usar este método para evangelizar a sus amigos y familiares.

Materiales

- Cartulina de 10x12,5 cm (4"x5") en verde, amarillo, negro o gris, rojo y blanco.
- Pegamento

Preparación

- Doblar la cartulina de 10x12.5 cm (4"x5") por mitad. Si la cartulina tiene color sólo a un lado, cuide de que el lado de color verde quede hacia afuera. Los otros colores, negro, rojo, blanco y amarillo, deben quedar hacia adentro.
- Cubra la parte hacia afuera del lado derecho de la cartulina negra con una capa ligera de pegamento. Haga lo mismo con la parte hacia afuera de la cartulina roja. Deje secar por unos pocos minutos. Luego únalas y presione con un objeto pesado.
- Mientras tanto, cubra la parte hacia afuera de la cartulina blanca con pegamento. Quite el objeto pesado de las otras hojas. Con el pegamento, cubra la parte de afuera de la cartulina roja que todavía no tiene pegamento. Una los lados con pegamento y ponga encima el objeto pesado.
- Repita el proceso con la cartulina amarilla. Finalmente, una la cubierta verde. Extienda la cartulina con el lado verde hacia abajo. Ponga pegamento en la superficie y deje por varios minutos mientras pone pegamento en los lados de la cartulina negra y de la amarilla que todavía no han sido unidos. Deje por unos minutos.
- Tome el grupo entero de cartulina (negra, roja, blanca y amarilla) y comience a pegar el Libro sin Palabras; cerciórese de pegarlas en línea recta. Luego pegue la cubierta inmediatamente, una por una, teniendo

cuidado de evitar arrugas y burbujas de aire.

- Dibuje un margen de 1/3 cm (1/8") a cada lado abierto del libro y recorte bien con una regla y un cuchillo o con tijeras.

Cómo usar el Libro sin Palabras

1. La lección se debe enseñar en las propias palabras del maestro, usando un versículo bíblico para cada color. Cada página se puede explicar:

   ❖ El amarillo (oro) representa las calles de oro del cielo, el bello lugar adonde Dios va a llevar a los cristianos. Es un lugar que Él, en su amor, ha preparado para nosotros (Juan 14:2). No obstante, hay algo que nos separa de Dios y de su voluntad para nuestra vida.

   ❖ El negro o gris representa el pecado. Habla de la oscuridad que existe en nuestra vida cuando estamos separados de Dios. Dios nos ama y quiere que estemos con Él, pero debemos dejar atrás nuestro pecado (Romanos 3:23).

   ❖ El rojo representa la sangre de Jesús que Él derramó en la cruz cuando murió por nuestros pecados; su sangre nos purifica de todo pecado (1 Juan 1:7).

   ❖ El blanco representa nuestro corazón después que Jesús nos limpia. Si creemos en Jesús, quien murió por nosotros, todos nuestros pecados son perdonados y somos hechos blancos como la nieve (Isaías 1:18).

   ❖ El verde representa el crecimiento espiritual del creyente. Dios nos ha dado su Palabra, la Biblia, que nos enseña cómo hemos de vivir. Necesitamos estar en comunión con Él todos los días, porque este es el alimento espiritual que nos ayudará a crecer (1 Pedro 2:2).

2. Practique la presentación del "libro" hasta que se sienta cómodo. Aprenda de memoria cada versículo bíblico para que lo pueda recitar a la clase y mostrar el color correspondiente al mismo tiempo. Recuerde que debe explicar el significado de cada página sencillamente en palabras que los niños puedan entender.

3. Una vez que se sienta cómodo con la presentación, enseñe a los niños cómo hacer y usar sus propios libros.

Los niños cuentan la historia de la salvación

Dé a los niños una copia del Libro sin Palabras o algo parecido que tenga los mismos colores. Cuando los niños hablen del mensaje de salvación, deben enfatizar que se encuentra en la Biblia, y cada verdad debe ser apoyada con los versículos que han memorizado.

También se puede hacer a mano varios accesorios.

No se olvide de decir a los niños que lo primero que van a usar es su vida. Esto debe ser un reflejo de lo que dirán a sus amigos, a su familia, o a sus compañeros de escuela. El testimonio es lo primero que la gente nota.

El libro sin palabras

Siga las instrucciones que se dan el la sección "materiales." Reduzca el tamaño de los pedazos de cartulina a 7,5x5cm (3x2 in.)

Collar

Materiales

- 1 cuerda de cualquiera de los cinco colores
- 5 cuentas para el collar de los colores del Libro sin Palabras, o:
- 5 fideos de espagueti pintados de los colores del Libro sin Palabras

Brazalete

- Este se puede hacer de la misma manera que el collar, o se puede hacer de tela o en macramé.

Llavero

Materiales

- 5 cuadrados de plástico de los colores usados en el Libro sin Palabras
- 1 llavero

Reemplace la decoración del llavero con los cinco cuadrados.

B. El Guante del Evangelio

Materiales

- Sobrantes de tela o de fieltro en azul, gris, rojo, blanco y morado
- 50 cm (20") de tela verde y 50 cm (20") de tela amarilla para el guante
- Algodón o poliéster para rellenar los dedos

- 10 cm (4") de tira elástica
- Patrón para guante *(vea el Transparencia 1)*

Preparación

- El lado amarillo del guante se usa para hablar de la salvación y el lado verde representa el crecimiento cristiano.
- Corte el patrón siguiendo las instrucciones. Una y extienda los pedazos de tela verde y amarilla sobre una superficie plana y corte las dos piezas del guante. (Cerciórese de incluir las marcas para unir y doblar.)
- Junte las dos partes y únalas con una costura que quede a 0,5 cm (1/4") de la orilla. Tenga cuidado al pasar por las intersecciones de los dedos. Dele vuelta al guante, usando un lápiz dentro de los dedos y luego planche *(vea las ilustraciones 1 y 2)*.

Use algodón o poliéster para rellenar los dedos hasta donde se cruzan con la palma. Llénelos de modo que pueda meter los dedos entre el algodón.

Doble la parte superior del guante a lo largo de la línea quebrada para formar una envoltura o funda. Cosa a lo largo de la línea quebrada a 1,8 cm (3/4") de la orilla de la apertura. Cosa una segunda línea a 0,5 cm (1/4") de la primera costura y a 1 cm (3/8") de la apertura del guante. Deje una pequeña apertura (1 cm o 3/8") en la segunda costura para poder meter el elástico. Mida el tamaño de la muñeca y corte una tira de elástico de esa misma medida. Meta la tira de elástico y junte las puntas con un nudo o con una costura. Cierre la envoltura cosiendo donde metió la tira de elástico *(vea la ilustración 3)*.

Los siguientes son colores y símbolos para los dedos (opcional). De sobrantes de felpa, corte pedazos circulares con un diámetro de 3,75 cm (1 1/2") que simbolizarán la idea del mensaje de salvación. Péguelos en el siguiente orden en el lado amarillo del guante:

Dedo pulgar – azul

Dedo índice – gris

Dedo medio – rojo

Dedo del anillo – blanco

Dedo meñique – morado

También recorte figuras que simbolicen los aspectos del crecimiento cristiano. Péguelas a las puntas de los dedos del guante en el lado verde *(vea la ilustración 4)*.

Dedo pulgar – una Biblia y un par de manos juntas

Dedo índice – reloj, monedas, y notas musicales

Dedo medio – una llama o una paloma

Dedo del anillo – labios

Dedo meñique – un regalo

La historia de salvación

"¿Les gusta mi guante? Es bonito, ¿verdad?

El lado amarillo nos dice que Dios nos ama. Su amor ilumina la vida de las personas y es eso que Dios quiere hacer en nuestra vida. Él siempre ha querido mostrarnos su amor y espera que nosotros lo amemos a Él. El color en cada dedo es pate de la historia. ¿Quién quiere oírla? Mi dedo pulgar es de color azul…

El azul simboliza el cielo. Porque Dios nos ama, Él quiere que vivamos con Él en el lugar que ha

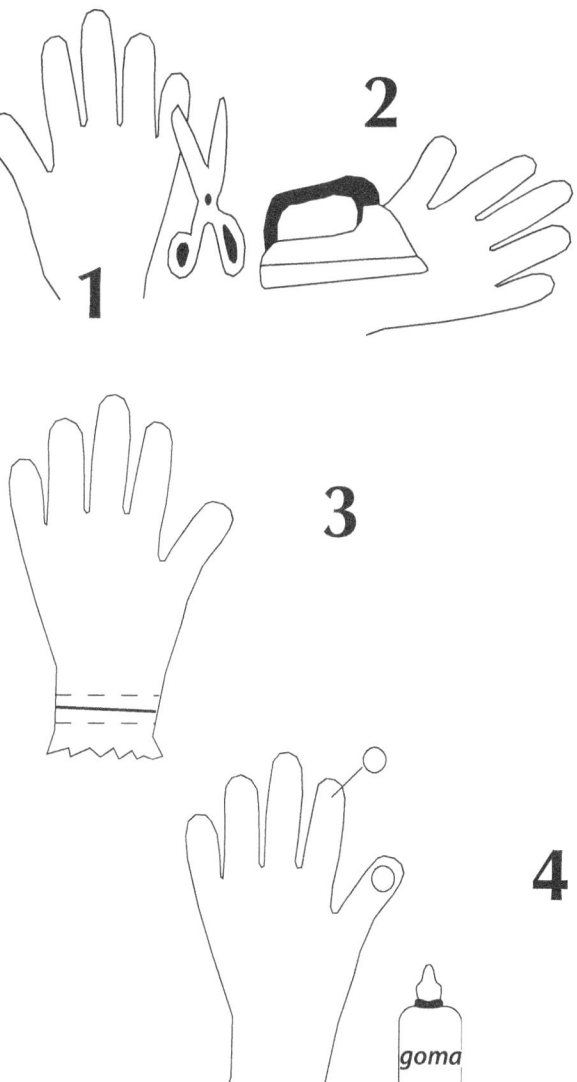

preparado para cada uno de nosotros. Pero hay algo que está estorbando nuestro camino al cielo. Mi dedo índice nos separa de Dios y de alcanzar lo que Él quiere para nosotros.

El gris representa el pecado. Hemos pecado y por lo tanto no podemos entrar al cielo (1 Juan 1:9). Merecemos pagar por las cosas malas que hemos hecho. Pero hay buenas nuevas: Dios nos ama y no quiere castigarnos. Mi dedo medio muestra que…

El rojo es la sangre de Jesús. Jesús tomó el castigo que nosotros merecemos. Él murió en nuestro lugar (1 Juan 1:7). Mi dedo del anillo nos dice lo que podemos hacer.

El blanco representa un corazón limpio. Si confesamos nuestros pecados y pedimos perdón, aceptamos lo que Jesús hizo por nosotros. Él limpió nuestro corazón y lo volverá a hacer (Apocalipsis 3:20). ¿Les gustaría que Jesús limpie su corazón? Si dicen que sí, mi dedo meñique les dice cuál será el resultado.

El morado simboliza realeza. Puedes ser hijo del Rey, parte de la familia de Dios (1 Juan 1:12). ¡Qué maravilloso es ser hijo de Dios!

Crecimiento espiritual

El verde en mi guante simboliza las cosas que crecen. Así como crecemos físicamente, crecemos espiritualmente una vez nos hacemos hijos de Dios. Hay cinco pasos que nos muestran cómo crecer espiritualmente y cómo ser fieles en Cristo.

1. Necesitamos leer su Palabra y hablarle todos los días. Cuando leemos la Biblia, nos alimentamos en la Palabra y así podemos crecer espiritualmente (Salmo 119:11). Jesús es nuestro amigo y para llegar a conocerlo mejor necesitamos pasar tiempo con Él en oración.

2. Necesitamos ofrecer no sólo nuestro dinero sino también nuestro tiempo y nuestras habilidades (Lucas 6:38). Él nos ha dado todo lo que es bueno. Cuando damos una ofrenda y el diezmo, o cuando servimos en la iglesia, mostramos nuestra gratitud a Dios por todo lo que Él nos ha dado.

3. Necesitamos pedir a Jesús que nos llene con su Espíritu Santo (Hechos 1:8). Él nos dio su Espíritu para ser nuestro Amigo y Ayudador. Él nos da poder para testificar, para reprender a Satanás y la tentación, y para ser más como Jesús cada día.

4. Necesitamos hablar de Jesús a nuestros amigos (Lucas 8:39). Debemos compartir el evangelio con los demás para que ellos también vayan al cielo. Pueden usar el Guante del Evangelio, el Libro sin Palabras, o simplemente testificar de su experiencia.

5. Necesitamos entregarnos totalmente a Jesús (Romanos 12:1). Todos los días, debemos entregarle a Él nuestra vida y nuestro futuro. Debemos también orar que Él nos muestre su plan perfecto para nuestra vida.

C. La Bolsa de las Buenas Nuevas

Materiales

- 30 cm (12 pulgadas) de tela de cada uno de los siguientes colores: morado, blanco, rojo, gris, y dorado. El ancho de la tela no tiene importancia; puede ser de 90 ó 150 cm (36 ó 60 pulgadas).
- Hilo dorado
- Tijeras
- Aguja y alfileres
- (Opcional: cremallera e hilo morados)

Preparación

- Corte las piezas. Corte dos piezas de tela a una medida 20 x 30 cm (8 x 12 pulgadas) de cada color: morado, blanco, rojo, y gris. De la tela dorada, corte un pedazo de 20 x 30 cm (8 x 12 pulgadas) y otro pedazo de 24 x 30 cm (9 5/8 x 12 pulgadas). Todos los pedazos deben ser cortados en la medida precisa, con bordes rectos y ángulos definidos.

- Ordene las piezas. Coloque las piezas horizontalmente, una al lado de otra, en dos tiras idénticas en el siguiente orden: dorado, gris, rojo, blanco, morado *(véase la ilustración 1)*.

Cosa las piezas. Cada tira debe coserse por separado. Pegue las piezas de color dorado a las piezas grises, a 1 cm (1/4 pulgada) de distancia del borde. En la tira que lleva la pieza dorada más grande, centre esta pieza de modo que sobre un borde de 2 cm (7/8 pulgada) a cada lado. *(Este sobrante será usado posteriormente para cubrir los bordes y cerrar la bolsa.)*

Cosa las piezas grises a las piezas rojas, a 1,2 cm (3/8 pulgada). Pase la plancha. Cosa las piezas rojas a las blancas a 1,4 cm (1/2 pulgada) del borde, y cosa las piezas blancas a las moradas a 1,6 cm (5/8

Cómo llevar niños a Cristo | 377

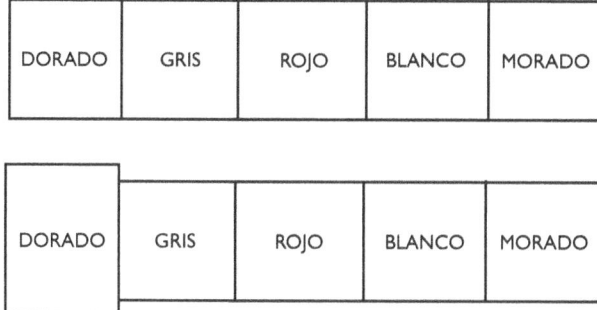

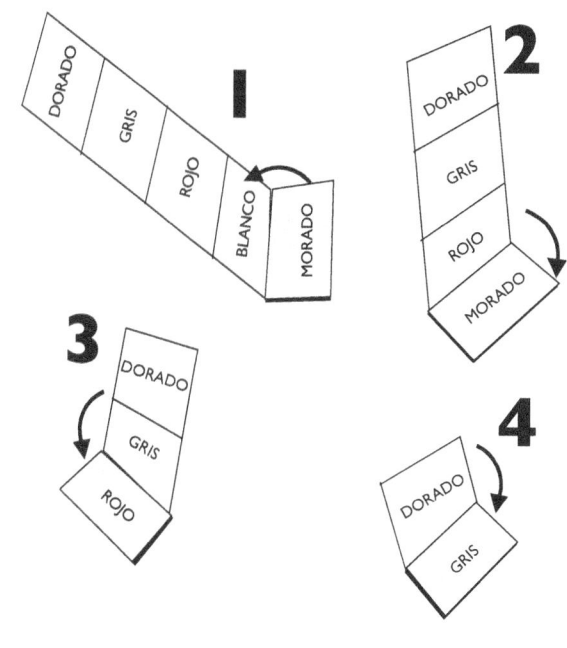

pulgada) del borde. Planche bien. Note que ha ido aumentando la distancia entre la costura y el borde, de modo que las bolsas interiores serán un poco más pequeñas que las exteriores. Esto ayudará a que la bolsa doblada quede plana y no se arrugue.

Ahora debe coser ambas tiras. Una el lado derecho de las tiras (las costuras van hacia afuera), y cósalas de modo que los colores coincidan. Cosa los dos lados dorados y deje un borde de 1 cm (1/4 pulgada). Haga lo mismo con las dos piezas moradas y deje un borde de 1,6 cm (5/8 pulgadas). Planche todas las costuras abiertas *(véase la ilustración 2)*.

Haga el doblez. El siguiente paso requiere un doblez cuidadoso de cada costura. Extienda la tira larga en una superficie plana, con las costuras hacia afuera. Los colores deben coincidir. Doble la pieza morada sobre la sección blanca debajo. Doble la sección roja sobre la morada. Doble la sección gris sobre la roja y la dorada sobre la gris *(véase la ilustración 3)*.

Levante toda la tira doblada entre la palma de la mano y el dedo pulgar, con la sección dorada hacia arriba. Meta el dedo pulgar entre las dos piezas doradas, y con la otra mano dé vuelta a estas piezas. Doble toda la bolsa dentro de las piezas doradas.

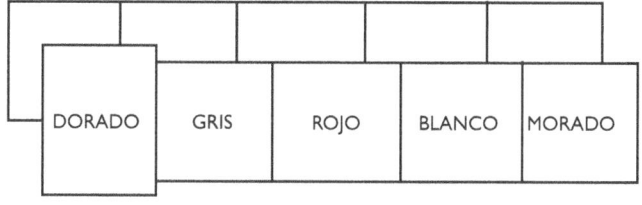

Alinee la bolsa. Ahora todas las costuras deben estar escondidas dentro del doblez. Ponga en la mesa con cuidado las telas dobladas y verifique que todas las costuras estén perfectamente alineadas, una sobre la otra. Junte los lados con alfileres y planche todo el bulto. Cosa con cuidado los bordes, haciendo una costura a través de todas las capas a 1 cm (1/4 pulgada) de distancia del borde.

Termine la bolsa. Ponga el bulto doblado sobre una superficie plana. Con los 2 cm extra (7/8 pulgada) a cada lado de la pieza dorada más grande, forme una funda sobre el interior de las costuras a los lados. En cada lado, doble bajo el interior de la pieza dorada, y doble nuevamente. La bolsa está terminada.

Cómo usar la Bolsa de las Buenas Nuevas

Se comienza con la tela dorada del exterior de la bolsa. Explique que usted tiene una pequeña bolsa de tela con la que puede contar una historia maravillosa. *(Nota: practique primero en casa frente a un espejo o frente a un público hasta que pueda cambiar los colores de la bolsa y contar la historia al mismo tiempo en forma natural.)*

❖ El oro representa el cielo y todo el amor de Dios. Hay algo que no se permite en el cielo, algo que siempre se rechaza: el pecado... (meta la mano dentro de la bolsa, tome el fondo y dele vuelta lentamente al revés para mostrar el color negro. Mientras habla, comience a enderezar la bolsa, manteniendo las dos aperturas alejadas de los espectadores lo más posible.)

❖ El gris o negro representa el pecado... pero Jesús nos amó tanto que no quiso que permaneciéramos en pecado. Hizo un medio para que "cambiáramos". (Meta la mano dentro de la apertura con el forro rojo y cambie la bolsa a rojo.)

- ❖ El rojo nos recuerda el sacrificio de Jesús. Cuando pedimos a Jesús que nos limpie con su sangre y nos lave, lo invitamos a entrar. Hay un "cambio" en nuestra vida. (Cambie la bolsa a blanco.)

- ❖ El blanco representa un corazón limpio. Cuando Jesús nos limpia, somos diferentes. Ya no somos pecadores. Somos "cambiados". (Dé vuelta a la bolsa al color morado.)

- ❖ El morado es símbolo de realeza. Cuando Jesús nos lava el corazón, también nos hace parte de su familia, de su familia real. Nos convertimos en hijos del Rey.

Crecimiento espiritual

Invierta el orden de los colores de la bolsa y hable del crecimiento espiritual que se produce después de la salvación… *(Para más detalles, véase la historia del Guante de las Buenas Nuevas.)*

- ❖ El morado representa la realeza. Jesús hizo una gran obra para que pudiéramos ser parte de su familia. Fue el mayor regalo que jamás haya podido darnos… y nosotros a cambio debemos ofrecerle nuestro ser cada día para que sea Señor de nuestra vida.

- ❖ El blanco es el color de una hermosa paloma. Cuando Jesús fue bautizado, una paloma descendió sobre Él como símbolo de que Dios lo había llenado de su Espíritu Santo para ayudarlo en su ministerio terrenal. Antes de volver al cielo, Jesús nos dijo que enviaría su Espíritu, y éste nos daría poder para testificar. Además nos ayudaría y fortalecería.

- ❖ El color de nuestros labios es rojo. Cuando recibimos el bautismo en el Espíritu Santo, Él nos ayuda a usar nuestros labios para hablar de Jesús y de la sangre que derramó por nosotros para darnos el regalo de la salvación.

- ❖ La cubierta de muchas Biblias es de color negro. Nos recuerda que debemos leer la Palabra de Dios cada día, porque nos ayuda y nos orienta. El color de la tinta de los periódicos, de los carteles, y de los boletines también es negro. Muchos teléfonos son negros. Estos objetos nos recuerdan que debemos comunicarnos con nuestro Salvador. Debemos hablar con Él cada día y escuchar lo que nos dice al corazón.

- ❖ Los grandes tesoros son dorados. Tenemos tesoros que podemos dar a Dios, como nuestros talentos, nuestro tiempo, y nuestros diezmos y ofrendas.

Otros usos de la Bolsa de las Buenas Nuevas

Si reemplaza la secuencia de la bolsa con otros colores, usted podrá contar otras historias. A continuación incluimos las listas de los colores desde afuera hacia adentro.

LA HISTORIA DE NOÉ

- ❖ Marrón—el arca
- ❖ Tela con figuras de animales—los animales entran al arca
- ❖ Azul—el diluvio
- ❖ Tela con los colores del arco iris—la promesa de Dios

LA HISTORIA DE JONÁS

- ❖ Celeste—un mensaje del cielo para Jonás
- ❖ Negro—su tiempo dentro del vientre del pez
- ❖ Gris—su visita a Nínive
- ❖ Rojo—el arrepentimiento del pueblo y el perdón de Dios
- ❖ Dorado—somos un tesoro preciado a los ojos de Dios

LA HISTORIA DE NAVIDAD

- ❖ Tela con adorno navideño—nos recuerda los regalos que tal vez recibiremos
- ❖ Marrón—el mejor regalo de todos, el nacimiento de Jesús en un establo
- ❖ Verde—Jesús vivió en esta tierra para enseñarnos cómo debemos vivir. Él fue nuestro ejemplo aquí en la tierra.
- ❖ Rojo—nos recuerda el alto precio de ese primer regalo de Navidad. Jesús dio su vida por nosotros.
- ❖ Dorado—un día podremos estar con Él en el cielo. Mientras tanto, nosotros podemos decir el mensaje que dieron los ángeles del cielo esa primera Navidad: "Os ha nacido un Salvador… paz en la tierra."

D. Un nuevo Yo: Lección ilustrada

Con un pequeño títere de dedo, la oruga/

mariposa Tito, usted puede narrar la historia de una pequeña oruga que quería ser diferente. Cuando Tito se convirtió en una mariposa, descubrió que desde el principio Dios tenía el plan de convertirlo en una nueva criatura. Los niños también pueden descubrir que Dios ha planeado convertirlos en nueva criatura en Cristo.

Materiales

- 2 retazos de felpa de color oscuro de 10 x 15 cm (4 x 6 pulgadas) para el capullo
- 1 retazo de felpa de color vivo de 12 x 12 cm (4 3/4 x 4 3/4 pulgadas) para las alas
- 1 retazo de felpa 12 x 12 cm (4 3/4 x 4 3/4 pulgadas) para la oruga (de un color que contraste con las alas)
- 6 cm (2 1/2 pulgadas) de tira elástica de 0,5 cm (1/4 pulgada) ó 1 cm (3/8 pulgada) de ancho
- Pegamento para tela
- Aguja, hilo, tijeras
- 2 ojos (puede comprar ojos, o cortarlos de retazos de felpa, o pintarlos)
- Patrón *(véase la página 389)*

Preparación

1. Corte la oruga (A), doble como se indica, y cosa una puntada a 0,3 cm (1/8 pulgada) del extremo curvo hasta formar un tubo. Voltéelo al derecho con cuidado y presione. Ponga ojos cerca del lado curvo *(véase la ilustración 1)*.

2. Corte las dos piezas del capullo (B) y cosa a 0,3 cm (1/8 pulgada) del borde, según se indica en el patrón. Voltéelo con cuidado al derecho y presione *(véase la ilustración 2)*.

3. Corte las alas. Cosa alrededor de los bordes para evitar que se estiren. De los retazos de felpa de otros colores, corte formas pequeñas para pegarlas en las alas, o pinte los diseños. Cosa los dos extremos de la pieza de elástico donde se le indica para formar un círculo detrás de la mariposa *(véase la ilustracion 3)*.

Ponga las alas dentro del capullo para que pueda meter el dedo en el títere de la oruga y deslizar las alas mientras narra la historia.

Practique esto hasta que se sienta seguro al hacerlo. Mantenga las alas escondidas dentro del capullo dentro de su bolsillo o fuera de la vista hasta que los mencione en la historia. También puede guardar la oruga en su bolsillo, y sacarla a tiempo para la historia. Reúna a los niños y diga: "Quiero que conozcan a un amiguito mío, Tito, la pequeña oruga. ¿Les gustaría escuchar una historia sobre mi amiguito?"

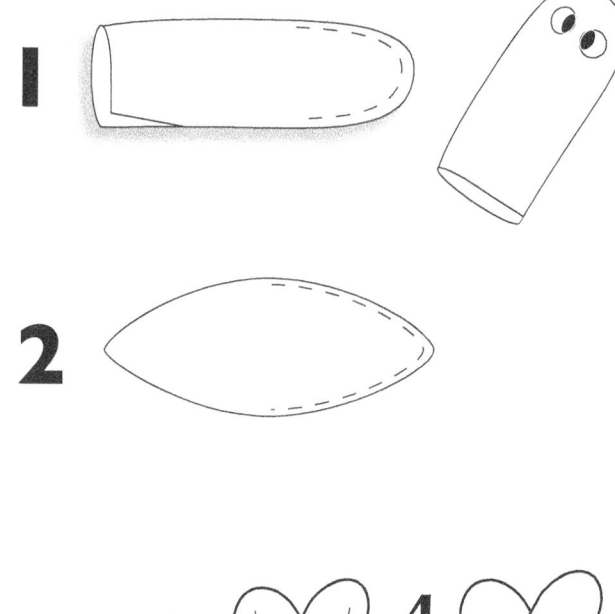

La historia

❖ Tito era una oruga muy pequeña que vivía en un hermoso jardín florido. Cada mañana, pulgada a pulgada, se arrastraba muy despacio para subir a su flor favorita. Pulgada a pulgada, subía cada vez más alto. Finalmente llegó a una hoja que estaba a gran altura del suelo. Mordía un jugoso pedazo de hoja verde y se lo comía. Tito se acostaba allí y comía su desayuno mientras observaba a las hermosas mariposas que volaban de flor en flor.

❖ Todas las mañanas, Tito suspiraba profundamente. Luego decía con tristeza: "Yo no quisiera ser una oruga. Estoy cansado de ser pequeño y lento. Estoy cansado de ser una lombriz fea. Estoy cansado de ser quien soy. ¡Quiero ser algo nuevo!"

❖ Tito no era muy feliz. Estaba cansado de tener que arrastrarse en el polvo. Estaba cansado de arrastrarse lentamente sobre las plantas

- en busca de hojas jugosas. Estaba cansado de tener que esconderse de las aves que querían llevárselo de almuerzo.

- Cada mañana pensaba: "Si sólo pudiera volar como una de esas mariposas. Volaría a gran altura en el cielo. Me elevaría, volaría en picada, y haría círculos en el aire. Visitaría a cada flor del jardín. Tomaría néctar de cada una. Si sólo fuera una mariposa. Estoy cansado de ser una oruga. ¡Quiero ser algo nuevo!"

- Cada mañana parecía ser lo mismo para el pequeño Tito. Todas las mañanas encontraba una hoja nueva para acostarse a observar las mariposas. Cada mañana suspiraba con tristeza y deseaba ser algo diferente. Cada día se iba sintiendo más cansado. También se movía cada vez más despacio.

- Pero un día, Tito notó que las cosas estaban cambiando. El sol ya no era tan caliente. El aire se sentía frío y húmedo. Ya se acercaba el invierno en el jardín. "¡Br-r-r-r!"—pensó Tito— Qué mañana tan maravillosa como para arrastrarme hasta un lugar caliente y oscuro. Qué mañana tan maravillosa para sólo dormir y dormir..."

- Tito comenzó a hacerse una casita llamada capullo. Nadie enseñó a Tito a hacerla. Simplemente sabía hacerla. ¿Ven? Dios fue que hizo a Tito. Él sabía que Tito iba a necesitar un lugar para pasar el invierno. Dios también sabía un secreto maravilloso que había planeado para él.

- Tito trabajó en su capullo todo el día. *(Saque el capullo, y muéstrelo a los niños.)* No dejó de comer hojas. No dejó de observar a las mariposas. Tampoco dejó de desear ser algo nuevo. Finalmente, terminó de hacer su capullo. Estaba muy, muy cansado. Tito se acurrucó dentro de su nuevo capullo y selló la entrada. Pronto se quedó dormido.

- Tito durmió y durmió. Durmió todo el invierno hasta la primavera. Durante la larga siesta de Tito, estaban sucediendo cosas maravillosas. Estaba sucediendo el secreto maravilloso de Dios.

- Una mañana, Tito se despertó. Se sentía muy acalambrado dentro de ese pequeño capullo. Se meneó y mordió el capullo para abrirlo. Muy despacio, Tito comenzó a salir de su casita. Luchó y luchó. Finalmente era libre.

- "Ah-h-h..."—pensó—, "se siente mejor. El sol está caliente otra vez. Creo que estiraré un poco mis alas y..."

- Tito se detuvo, y miró alrededor. ¿Alas? ¿Dijo alas? ¡Su deseo se había hecho realidad! Era algo nuevo. Ya no era una oruga. Era una hermosa mariposa. Con un corazón muy pequeño y feliz, Tito comenzó a volar a gran altura. Se elevaba y bajaba en picada. Volaba en círculos. Voló de flor en flor y tomó del néctar de cada una. No había una pequeña mariposa más feliz que Tito. ¡Dios le había dado un nuevo ser!

- Niñas y niños, ¿saben ustedes que Dios también tiene un plan maravilloso para nosotros? Quiere hacer de nosotros una nueva persona. ¡Quiere que seamos sus hijos!

- Dios observa y mira qué tipo de persona somos. Somos aborrecibles y egoístas. Estamos tristes y somos pecadores. Cuando queremos hacer el bien, terminamos haciendo el mal. Sólo Dios nos puede transformar. Así como transforma las orugas en mariposas, puede transformarnos en una persona amorosa y feliz. Nos puede llenar de gozo y felicidad.

- ¿Cómo hace Dios esto? Cuando le pedimos que nos cambie, su Espíritu entra a morar en nosotros. Limpia nuestra vida y se lleva todo pecado. Viene a morar dentro de nosotros y nos ayuda cada día. La próxima vez que seamos tentados a hacer el mal, ¡Él está dentro de nosotros para ayudarnos a hacer lo recto! La próxima vez que estemos tristes, Él está allí para ayudarnos a ser felices otra vez. La próxima vez que no estemos seguros de lo que debemos hacer, Él está allí para mostrarnos el camino.

- ¿Te gustaría pedir a Dios que entre en tu vida? Puede hacer de ti una nueva persona. *(Ore con los niños que deseen aceptar a Cristo.)*

E. *Un corazón transformado*

Una lección ilustrativa con un mensaje de salvación:

Materiales

Cómo llevar niños a Cristo | 381

- 2 hojas de papel grueso o cartulina marrón, 20 x 30 cm (8 x 12 pulgadas)
- 1 hoja de papel grueso o cartulina roja, 18 x 28 cm (7 1/8 x 11 1/4 pulgadas)
- 1 hoja de papel grueso o cartulina blanca, 17 x 27 cm (6 3/4 x 10 3/8 pulgadas)
- Tijeras
- Marcador o lápiz de cera negro
- Pegamento

Preparación

- Sobre: Corte un hueco grande en forma de corazón en el centro de la primera hoja de papel marrón. En la segunda hoja marrón, aplique una línea fina de pegamento en tres lados; no aplique pegamento en el borde superior. Ponga la primera hoja marrón sobre la segunda, y forme un sobre marrón grande.

  Corazón. Con un marcador o lápiz de cera negro, coloree por el hueco en forma de corazón, hasta que el lado trasero del sobre quede feo y manchado. Cuando el pegamento seque, verifique si la hoja roja y la hoja blanca pueden entrar en el sobre y que el hueco en forma de corazón pueda revelar un corazón blanco o rojo *(véase la ilustración)*.

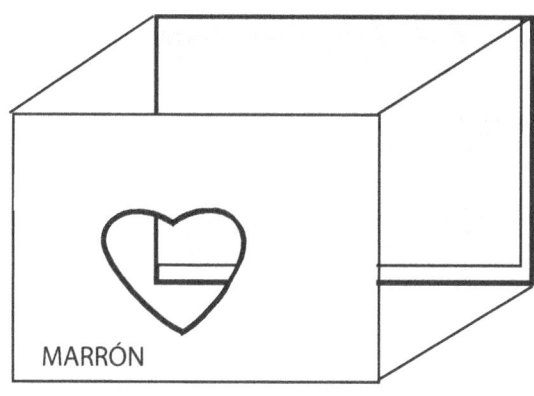

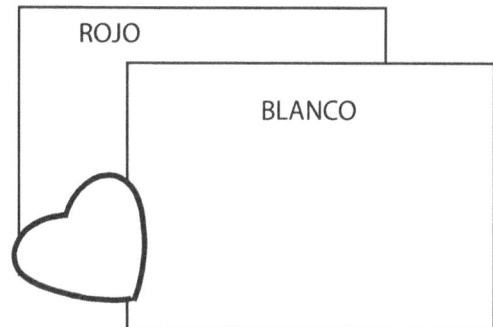

La historia

❖ ¿Cuando miraste el espejo esta mañana, ¿qué viste? Sí, te viste a ti mismo. Viste si tu cara estaba lavada, si estabas bien peinado, y si tu camisa estaba bien abotonada. Si te miraste con detenimiento, te diste cuenta si tenías los dientes limpios. Pero ¿pudiste ver dentro de ti? No. Con rayos X el doctor puede ver algunas cosas dentro de ti, como un hueso fracturado, o una moneda que te tragaste accidentalmente. ¿Puede alguien ver lo profundo de su corazón? No, sólo Dios puede hacerlo. ¿Qué crees que veríamos si pudiéramos ver lo profundo de nuestro corazón como lo hace Dios?

❖ *(Levante el sobre marrón, con el corazón sucio y manchado hacia el frente.)*

❖ Cuando hacemos cosas malas, nuestro corazón se mancha y se ensucia. No importa lo duro que tratemos, no podemos ser buenos por nosotros mismos. La Biblia también nos dice que el castigo por el pecado es la muerte. Nunca podríamos entrar al cielo con un corazón como este. Aunque Dios nos ama, nunca permitiría que el pecado entrara al cielo.

❖ *(Tome la hoja de papel roja, con la hoja blanca bien escondida detrás de esta. No deje que los niños vean la hoja blanca.)*

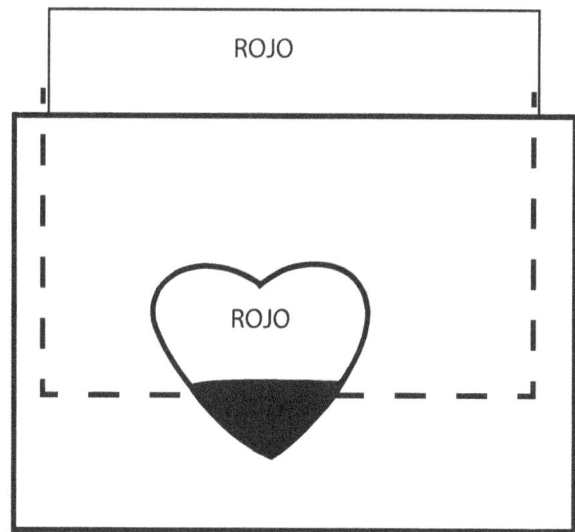

❖ Dios nos amó tanto que envió a su Hijo Jesús a recibir el castigo por nosotros. ¿Puede alguno de ustedes citar un versículo de la Biblia que nos diga esto? *(La respuesta puede ser Juan 3:16 u otro versículo.)* Sí, Jesús vino a dar la solución del problema del pecado en nuestra vida. Cuando Él murió en la cruz, su sangre fue derramada para lavar nuestros pecados. La Biblia nos dice que *"la sangre de Jesucristo nos limpia de todo pecado" (1 Juan 1:7)*. ¿Cómo puede la sangre limpiar nuestro corazón? Invitamos a Jesús a que entre y limpie nuestro corazón.

❖ *(Introduzca la hoja roja, con la blanca detrás de ella. Ahora el corazón debe verse rojo.)*

❖ Cuando invitamos a Jesús a entrar, su sangre lava nuestros pecados. Nos hace una nueva persona: ¡nos hace cristianos! Eso significa que podemos ser como Cristo, porque Él vive dentro de nosotros para ayudarnos. Su sangre produce un cambio en nuestra vida.

❖ *(Quite con cuidado la hoja roja, pero deje la blanca en su lugar. El corazón ahora aparecerá blanco.)*

❖ ¡Él deja nuestro corazón limpio y puro! Algunos de ustedes probablemente estarán pensando: "¡Esto es solo un truco!" Sí, claro que es un truco, pero cuando Jesús viene a nuestro corazón, no se trata de un truco. Lo que Él hace es real y duradero.

❖ ¿Qué ve Dios hoy en nuestro corazón? ¿Qué tipo de corazón encuentra? ¿Ha sido tu corazón lavado con la sangre de Jesús? ¿Ha venido Él a vivir en tu corazón? ¿Lo has invitado? Si no lo has hecho, puedes hacerlo en este momento.

❖ *(Ore con los que desean aceptar a Jesús y orar por la salvación. Estimule a los que ya son cristianos a orar por los que aún no son salvos, y ore que el Señor Jesús les dé la oportunidad de llevar estas Buenas Nuevas a los que no lo conocen.)*

F. Necesito un corazón limpio

Para este drama, usted necesitará:

- 2 personas, una que haga el papel del "necio" y otra que haga el papel del "sabio"
- Jabón, detergente líquido, cepillos, trapos, y esponjas *(Todo debe estar en una bolsa que será usada por el "necio".)*
- 1 trozo de tela blanca de 45 x 90 cm (18 x 36 pulgadas) y 1 metro (40 pulgadas) de una tira de tela

Preparación

- Cubra la mitad del trozo de tela con manchas y la otra mitad debe quedar limpia. Doble la tela por la mitad de modo que la mitad limpia quede en un lado y la otra mitad quede en el otro lado. Cosa a lo largo del borde. Con alfileres, una cada extremo de la tira de tela a las dos esquinas superiores de la pieza de tela. El pecador debe colgarse esta tela en el cuello. El lado sucio debe verse al principio, pero más adelante, cuando se aproxima el final del drama, se verá el lado limpio.

Guión

(El necio entra con la pieza de tela alrededor del cuello, con el lado sucio hacia afuera. También lleva una bolsa con los productos de limpieza. Está triste y no deja de mirar el trapo sucio. Cada vez parece más y más frustrado, y finalmente comienza a llorar.)

Sabio: *(Entra silbando. Se da cuenta de que el "necio" está llorando. El sabio se aproxima al necio, lo abraza, y trata de consolarlo.)* ¡Vamos, vamos, no llores! Estoy seguro de que algo muy triste te está molestando. ¿Por qué no me dices cuál es tu problema? Tal vez yo pueda ayudarte.

Necio: *(Sacude su cabeza de un lado a otro en señal de frustración, pero deja de llorar poco a poco.)* No creo que nadie pueda ayudarme. Mi problema es mi vida. Está arruinada. No tengo esperanza. *(Muestra la bolsa sucia.)*

	He tratado de desprenderme de estas manchas horribles, pero a pesar de todos mis intentos, se pone cada vez peor. Nada puede limpiar mi vida. Estoy tan avergonzado. Quisiera desaparecer...
Sabio:	Permíteme ver lo que llevas en esa bolsa. *(Se mueve para ver la bolsa.)*
Necio:	Compré algunos productos de limpieza. Me costaron una fortuna, y ahora estoy en la ruina. Pero quiero probarlos; son mi última esperanza... *(Busca en su bolsa y saca una botella.)* Este es un "quitamanchas" de acción rápida y fácil de usar. Me lo recomendaron porque es un buen producto. *(Finge echar todo el contenido de la botella sobre la mancha. Entonces comienza a caminar en círculos con una mirada tonta en el rostro. Finalmente observa la tela y ve que las manchas aún están allí. Comienza a malhumorarse otra vez.)*
Sabio:	*(Mete la botella en la bolsa. Trata al "necio" en forma compasiva.)* Un quitamanchas jamás sacará esas manchas. Hay algo que sí puede sacar ese tipo de manchas…
Necio:	*(Interrumpe al sabio y saca una caja de detergente de la bolsa. Hace como que lee la etiqueta.)* Este es un nuevo producto llamado "polvo extra fuerte". Dice aquí que esto hace milagros en manchas difíciles. Lo acabo de comprar. *(Echa un poco de polvo en sus manos y restriega su tela.)* ¡Sí, sí! Esto es lo que necesito, fuerza. Fuerza para decir "no" a las cosas malas. ¡Creo que está trabajando! ¡Me siento fuerte! *(Corre en círculos gritando "NO, NO, NO…" De repente, cae sobre sus rodillas. Observa la tela y ve que las manchas aún están allí, en el mismo lugar. Comienza a llorar otra vez.)*
Sabio:	*(Le quita la caja y la pone de nuevo en la bolsa. Se acerca al "necio" y trata de consolarlo.)* Cálmate. Yo tengo la solución de tu problema.
Necio:	No, no tengo nada con qué pagarte. Además, todavía me queda algo que ya compré. *(Esta vez saca una barra de jabón y un cepillo.)* Nunca he usado este "jabón extra fuerte". Me dijeron que saca las manchas de la ropa y hasta limpia los pisos. *(Comienza a restregar las manchas. Restriega y restriega. Trabaja ansiosamente, hasta que finalmente deja de restregar, y con gran frustración, mete en la bolsa el jabón y el cepillo. Camina hacia el "sabio" con una mirada inquisidora.)* Espera, espera. ¿Alguna vez has tenido manchas como estas?
Sabio:	Sí, las tuve. Igual que tú, fui a los lugares equivocados y perdí todo lo que tenía en productos de limpieza.
Necio:	¿Y qué sucedió? ¿Qué usaste? ¿Por qué es tan obvio que ahora no tienes manchas?
Sabio:	¡Finalmente me vas a dejar hablar! He estado tratando de decirte por largo rato que tu problema tiene solución. No te preocupes. No tienes que comprarlo; es un regalo. Cuando yo lo recibí también estaba en la ruina. Ahora soy una persona diferente.
Necio:	Por favor, ¡dime qué es! ¿Qué usaste? *(Cae de rodillas.)* Estoy desesperado. Intentaré cualquier cosa. No puedo seguir así.
Sabio:	Le pedí a Cristo que viniera a mi vida, me limpiara y me perdonara por el desastre que había hecho de mí mismo. Le pedí que fuera mi Salvador y Señor. ¿Quisieras hacer lo mismo?
Necio:	*(Salta y reacciona con hostilidad.)* ¿Darle mi vida a alguien? ¿No tienes otra cosa que darme? ¡Eso es pedir demasiado!
Sabio:	Nada más. Hay una sola forma de remover esas manchas. Darle tu vida a Cristo es la única forma en que puedes hacerlo. Él te creó y te conoce mejor que nadie. Además, Él tiene planes para tu vida. ¿Por qué no haces la prueba?

Necio: *(Pensando)* ¿Aquí mismo? ¿No tenemos que ir a una gran iglesia para hablar con Jesús?

Sabio: No. Podemos hablar con Él aquí mismo. *(El "necio" se arrodilla, vuelve su espalda al auditorio. Voltea la tela para mostrar el lado limpio. El "sabio" pone sus manos en el hombro del "necio" y ora. Después ayuda al necio a ponerse de pie.)* Ahora, hermano, ¿cómo te sientes?

Necio: *(Se vuelve hacia el auditorio y muestra la tela limpia.)* Me siento limpio, como una nueva persona. ¡Jesús ha limpiado mi vida! Mis pecados se han ido, y ahora tengo a Jesús en mi corazón. ¡Estoy tan feliz! ¿Por qué no me dijeron esto antes? Tengo que contarles a mis amigos lo que me ha sucedido. *(Se dirige al auditorio.)* Y tú, ¿le has pedido a Jesús que limpie tu vida? ¡Es tan fácil! *(Comienza a danzar de gozo, y sale por uno de los lados del escenario.)*

Sabio: *(Se dirige al auditorio.)* Jesús está aquí para limpiar nuestra vida. Lo que acabas de ver es una obra de teatro, pero lo que Cristo hace es real y eficaz. ¿Te gustaría dar tu vida a Cristo? *(Ora con los que quieren que Jesús entre en su vida.)*

CONCLUSIÓN

La Biblia nos manda enseñar el evangelio a cada persona. ¡Este mandato incluye a los niños! Como maestro piadoso, con un claro plan de salvación a mano, persevere en compartir este plan con niños que necesitan conocer a Cristo como Salvador.

Tome en cuenta las necesidades de los niños según la etapa de desarrollo en que se encuentren. Presente el mensaje de salvación con métodos prácticos como enseñar que la salvación es una relación con Jesús, o contar la historia de la salvación con el uso de los colores simbólicos.

Siempre dé a los niños la oportunidad de aceptar a Cristo como Salvador, lo cual incluye una invitación a recibir la salvación al final de cada sesión educativa. Haga la invitación en varias formas. Use el método que sea mejor con sus alumnos y que se ajuste al estilo de enseñanza.

Es de vital importancia aconsejar a los niños que responden a la invitación de aceptar a Cristo durante una sesión. Debe haber consejería inmediata y continua. La consejería es un tiempo importante de evaluación, responder preguntas, y orientar a los niños en su relación con Cristo.

La salvación es un asunto espiritual. Ningún método humano puede asegurar la salvación de un niño. Los métodos que mejor éxito tienen son la oración y la enseñanza de la Palabra. Ore diligentemente por los niños que no son salvos. Guíelos mediante la enseñanza devota y fiel de la Palabra de Dios en su decisión de aceptar a Cristo como su Salvador.

REPASO

1. ¿Cuándo está el niño listo para la salvación?
2. Mencione los cinco elementos que componen el mensaje de salvación.
3. ¿Qué se necesita hacer después que el niño ha orado por salvación?
4. Mencione los colores que se usan para mostrar el mensaje del evangelio y el significado de cada uno.
5. Escriba varias preguntas que usted haría a un niño para reafirmar su decisión de aceptar al Señor como su Salvador.
6. ¿Cuáles son los aspectos del crecimiento espiritual que todo niño debe saber?
7. ¿Sabe usted de otros recursos que se pueden usar para llevar a los niños a Cristo?

BIBLIOGRAFÍA

Gangel, Kenneth y Betty. *"A Child Can Know."* Evangelizing Today's Child.

"How to Lead a Child to Christ," Of Such is the Kingdom, 11993,3.

Laidlaw, Linda. *The Littlest Vandal, Whosoever!* Springfield, Missouri: Assemblies of God, World Missions, 1991.

Jingling, Kathy. *"Leading a Child to Christ."* Special Collections, GU Children's Curriculum.

Moore, Raymond and Dorothy. *Home Style Teaching.* Waco, Texas: Word Books, 1984, p.97.

NOTAS

386 | Capítulo 39 Transparencia 1

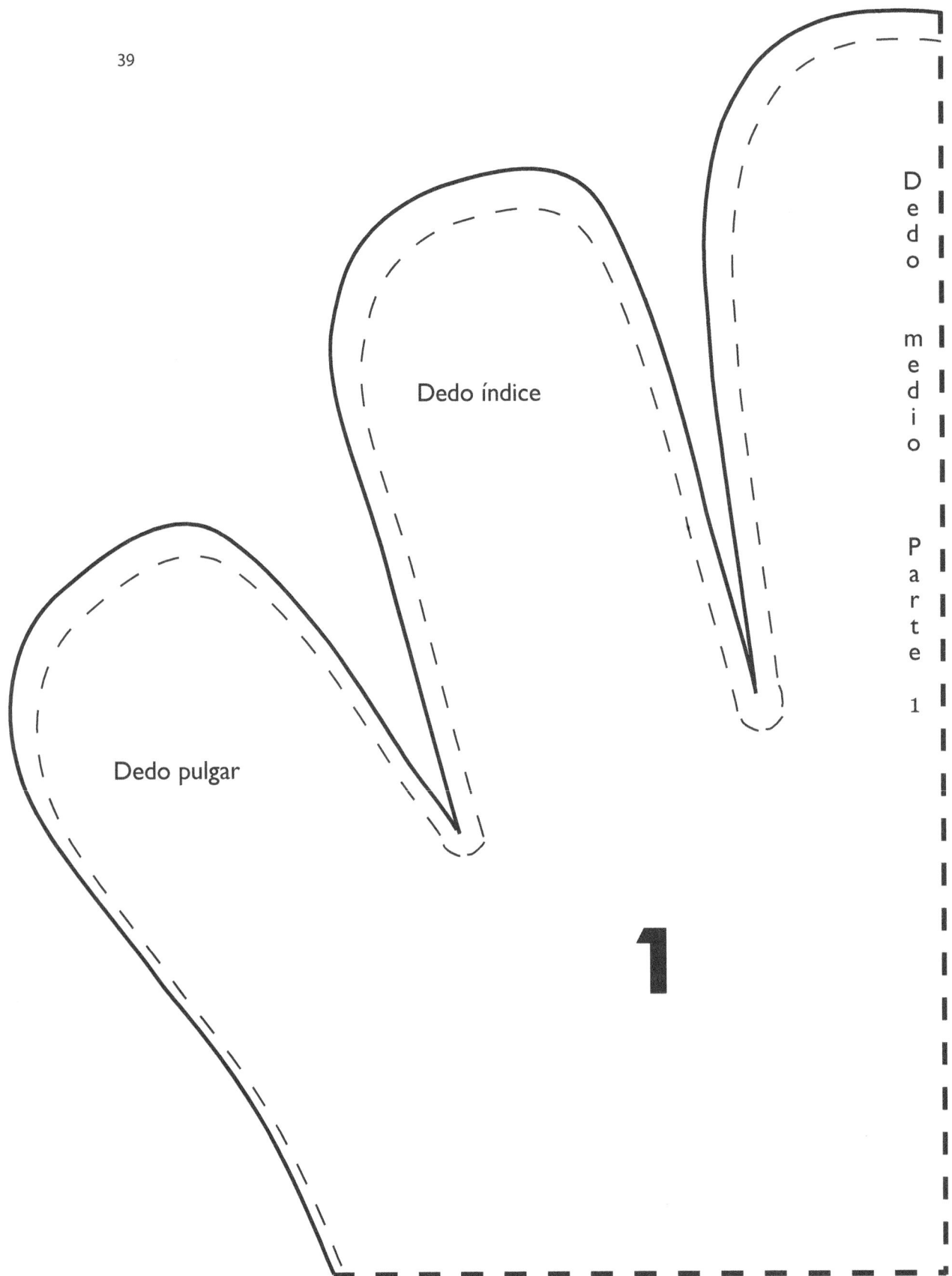

Capítulo 39 Transparencia 2 | 387

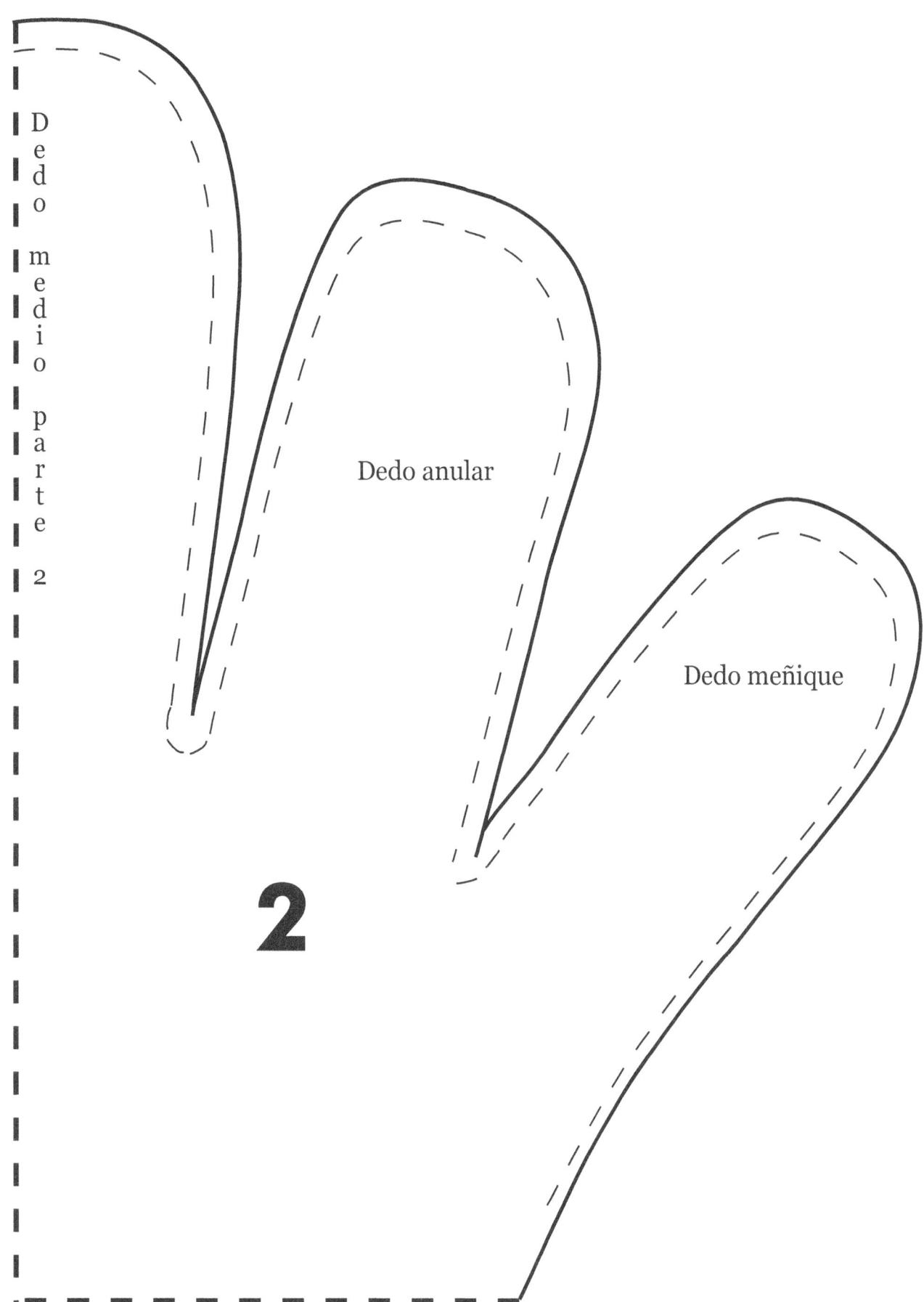

388 | Capítulo 39   Transparencia   3

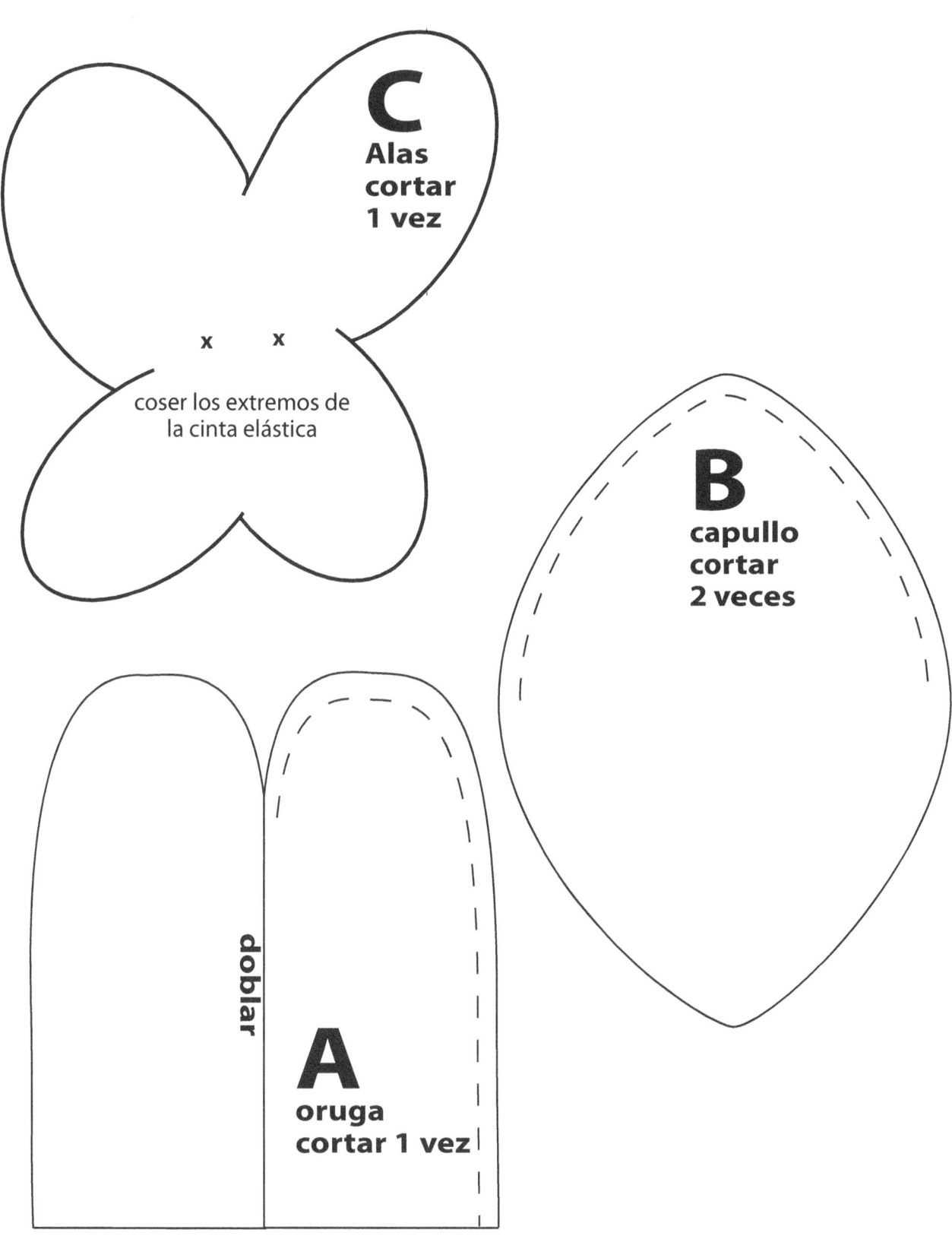

CÓMO LLEVAR NIÑOS A CRISTO

- **Importancia del tema**
- **Ejemplo**
- **Objetivos**
- **I. Introducción**
- **II. Evangelización de los niños**
    - A. Hablar del mensaje de salvación
    - B. Orar con los niños
    - C. Acousejar a los niños
- **III. Presentar el mensaje de salvación**
    - A. El Libro sin palabras
    - B. El guante del evangelio
    - C. La bolsa de las buenas nuevas
    - D. Un nuevo Yo: lección ilustrada
    - E. Un corazón transformado
    - F. Necesito un corazón limpio
- **Conclusión**
- **Repaso**
- **Bibliografía**

Capítulo 40

TEMA: Cómo discpular a los niños

ESCRITORA: Dorothy Cederblom

IMPORTANCIA DEL TEMA

Al cumplir la edad de 18 años, tres cuartas partes de los que dicen haber experimentado la salvación durante la niñez dejan la iglesia. Está claro que no estamos discipulando adecuadamente a estos niños durante sus años formativos.

OBJETIVOS

1. El obrero podrá evaluar lo que se está haciendo para los niños en la iglesia local y los resultados.
2. El obrero podrá hacer una declaración escrita de objetivos inmediatos y de largo plazo.

I. INTRODUCCIÓN

¿Por qué discipular a los niños aparte de los adultos?

Los niños piensan y responden de forma diferente que los adultos. *"Cuando yo era niño, hablaba como niño, pensaba como niño, juzgaba como niño; mas cuando ya fui hombre, dejé lo que era de niño"* (1 Corintios 13:11). Dios espera que los pequeñitos se comporten como niños, porque así los ha creado. Aunque los niños no razonan como adultos, son capaces de aprender verdades espirituales a su nivel intelectual, emocional y social. Es nuestra responsabilidad alcanzarlos a ese nivel.

¿Cómo piensa y razona el niño? Se enfoca en sí mismo y en lo que es importante para él. Aunque esto está distante de lo que llamamos "buen carácter cristiano", el niño piensa como niño, no importa cuánto tratemos de cambiarlo. A medida que el niño se desarrolla lentamente, madura a través de etapas progresivas. Este proceso irregular expande a diario sus habilidades y horizontes.

"El desarrollo no es subir gradualmente y sin problemas de la inmadurez hacia la madurez: es más como una serie de trechos rasos, quizás un poco rocosos, cada uno comenzando y terminando con una transición que con frecuencia es mucho más rocosa. Los padres y los maestros eficaces comprenden el comportamiento y el razonamiento de los niños en términos de estas etapas y anticipan las transiciones a menudo turbulentas de una a la otra."[1]

Algunos podrían razonar que es inútil discipular a los niños hasta que se hagan más maduros y puedan comprender principios espirituales. No obstante, las enseñanzas de Jesús indican la necesidad de comenzar la instrucción espiritual muy temprano en la vida de los niños. Note su admonición en Mateo 18:3: *"De cierto os digo, que si no os volvéis y os hacéis como niños, no entraréis en el reino de los cielos."* Los niños tienen una confianza y fe simple que los adultos harían bien en copiar.

La oportunidad para que el niño aprenda y comprenda principios espirituales es determinada grandemente por los que invierten en dar forma a su vida. Fije expectativas razonables para los niños, considerando sus habilidades.

Piense en lo difícil que es para un niño pequeño adaptarse a un mundo de gente grande. Todos a su alrededor parecen gigantes. No puede ver lo que está encima de la mesa, así que trata de elevarse hasta ella y derriba las cosas en el proceso. Cuando se sienta en una silla, los pies no le llegan al suelo, así que se pone incómodo muy pronto, comienza a morerse inquietamente y se levanta y vuelve a sentarse. Tiene que correr para mantener el paso con el adulto que camina. El mundo parece estar hecho para los mayores.

No fue intención de Dios que los niños fueran discipulados al nivel de los adultos. Debemos ponernos al nivel de su compresión para poder enseñarles y dirigirlos hacia las verdades espirituales.

Todo niño debe experimentar una relación con el Señor por sí mismo. Subsanemos sus necesidades dondequiera que estén.

El verdadero discipulado no es coincidencia. Así como el sacerdote Elí enseñó al pequeño Samuel a reconocer la voz de Dios, el Señor quiere usarnos para dirigir a los niños hacia una profunda y gratificante relación con Él. Es una responsabilidad tremenda e increíble que exige de oración y de la sabiduría de Dios. Jesús habló del honor que es recibir a un niño en su Nombre, pero también nos advirtió de las consecuencias de ofender a un pequeñito o de hacerlo tropezar.

"Y cualquiera que reciba en mi nombre a un niño como este, a mí me recibe. Y cualquiera que haga tropezar a alguno de estos pequeños que creen en mí, mejor le fuera que se lo colgara al cuello una piedra de molino de asno, y que se le hundiese en lo profundo del mar" (Mateo 18:5,6).

El punto de vista de un niño

- Su universo está centrado en sí mismo.
- Sus valores lo satisfacen a sí mismo.
- Ve a los demás como objetos.
- Oye la instrucción moral sólo como mandatos.
- Consiera la moralidad determinada por recompensas y castigos.

El razonamiento de un niño

- Lo que más importa soy yo.
- Lo importante es cómo me afecta a mí.
- Lo que sirve para mí sirve para todos.
- Debo seguir probando los límites para saber cuáles son las reglas. Está bien si no me pillan.[2]

II. ÁREAS QUE FOMENTAN CRECIMIENTO ESPIRITUAL EN LOS NIÑOS

¿Qué áreas necesitan enseñarse y fomentarse en los niños para promover crecimiento espiritual?

A los niños se les debe enseñar quién es Dios, cuáles son sus valores y qué espera Él de sus seguidores. Los conceptos bíblicos que son fundamentales y comprensibles para los niños deben ser enfatizados a su nivel de capacidad para razonar. El discipulado eficaz de estos pequeños es crucial para su destino espiritual y eterno.

A. Quién es Dios

1. **Dios es amor.** La primera necesidad en la vida del niño es ser amado y aceptado. Los estudios demuestran que cuando no se da amor : "Muéstrame que Dios me ama. Yo necesito su amor. ¿Tú me amas?" La mejor manera de mostrar su amor es a través de nuestra vida y de nuestro amor por el niño. Debemos mostrarle que Dios lo ama y lo acepta tal como es.

    El amor es la mismísima esencia de Dios. 1 Juan 4:8 declarara: *"Dios es amor"* y 1 Juan 3:1 dice: *"Mirad cuál amor nos ha dado el Padre, para que seamos llamados hijos de Dios"*. Como maestros, que representamos el amor de Dios, nuestra respuesta es: "¡Sí, te amamos?"

    "…Mostramos el carácter de Dios por la manera en que enseñamos y hablamos y nos comportamos. Nos allegaremos a ti sin importar cómo te vistas ni cómo huelas ni cómo hables… Hemos sido llamados para interesarnos incondicionalmente."

    "…Estudiaremos y enseñaremos creativamente de un modo que nos agradaría si fuéramos (niños) en nuestra clase."

    "…Te presentaremos al Dios que amamos, al Dios que ahora mismo está leyéndote la mente y preparándose para subsanar tus necesidades por medio de nosotros."[3]

    Deje que el amor de Dios fluya a través de usted conciente e inconcientemente, en las actividades planeadas y en los encuentros accidentales. Busque maneras de dar ejemplo del amor de Dios a todos los niños.

2. **Dios es nuestro Padre celestial.** Abundan las oportunidades dentro de la Iglesia, el cuerpo de Cristo, para mostrar aceptación tangiblemente. Todo niño necesita sentirse aceptado. Si el niño no viene de un hogar cristiano, la iglesia tiene una oportunidad ideal y una responsabilidad de abrazarlo dentro de la familia de Dios. "Para desarrollar el sentido de valor e identidad de la persona, nada puede substituir la temprana enseñanza y el ejemplo de los padres."[4]

Muchos preguntan: "¿Quién soy en realidad?" El maestro sensible sonríe, abre la Biblia y dice "Ustedes son hijos de Dios."[5] Cada niño es especial ante los ojos del Señor. Cada uno es hecho singularmente a su imagen. Esta singularidad dada por Dios ayuda a cada uno a comprender que Dios tiene un plan y un lugar para él.

3. **Dios es omnipresente, omnisciente, y omnipotente.** No podemos ver a Dios con nuestros ojos físicos. De modo que debemos enseñar a los niños que Dios es Espíritu y que puede estar en todo lugar al mismo tiempo. Hay momentos cuando sentimos la presencia del Señor en nuestra vida, pero la mayoría de las veces debemos aceptar su presencia por fe. Ya sea que querramos que sea así o no, podemos saber que Dios está con nosotros, que Él nos ve y que Él sabe todo acerca de nosotros. Jesús dice: *"Y he aquí yo estoy con vosotros todos los días, hasta el fin del mundo"* (Mateo 28:20).

"Oh Jehová, tú me has examinado y conocido. Tú has conocido mi sentarme y mi levantarme; has entendido desde lejos mis pensamientos. Has escudriñado mi andar y mi reposo, y todos mis caminos te son conocidos. Pues aún no está la palabra en mi lengua, y he aquí, oh Jehová, tú la sabes toda. Detrás y delante me rodeaste, y sobre mí pusiste tu mano" (Salmo 139:1-5).

Nuestro Dios es asombroso. Él siempre está presente y siempre es poderoso. ¡Qué consuelo es para el niño que experimenta miedo de la oscuridad, de estar solo, o de la muerte de un ser amado!

Siendo que el pequeño razona que lo que hace está bien mientras no sea pillado, la revelación de que no puede engañar al Señor pone su conducta en otra perspectiva. Cuando estamos haciendo lo malo, no podemos encubrirlo, pues Dios lo ve y lo sabe todo. Temprano en la vida el niño necesita aprender que hay cosas que se deben hacer y cosas que no se deben hacer, pero que el mayor motivo para el comportamiento es agradar a Dios.

B. *Valores bíblicos*

Discipular a los niños involucra tanto enseñar estos valores bíblicos como dirigirlos amorosamente mientras toman decisiones. La Palabra de Dios declara sus valores para la humanidad. Él nos dice cuáles sus prioridades para nuestra vida.

La vida está llena de decisiones. Las decisiones cotidianas al parecer insignificantes determinan nuestra perspectiva para las grandes decisiones. Aún ahora estamos fijando el curso para nuestro destino por las decisiones que tomamos. Ward declara: "Parte de crecer es la madurez de la capacidad para hacer juicios morales responsables. El desarrollo de esta capacidad requiere de ayuda externa aunque el proceso básico de cambio hacia la madurez es una parte inherente de ser humanos."[6]

Valores son profundas creencias que son estimadas sobre todos los otros deseos e influencias. Cuando Jesús nos pidió que buscáramos primero el reino de Dios y su justicia, nos estaba demostrando que nuestra profunda necesidad espiritual sólo puede ser subsanada cuando valoramos nuestra relación personal con Cristo sobre todo lo demás.

En el Sermón del Monte en Mateo 5-7 Jesús pasó por encima los asuntos no esenciales y enfatizó los valores verdaderamente importantes. *"Porque donde está vuestro tesoro, allí estará también vuestro corazón"* (Mateo 6:21). Nuestros valores determinan nuestras decisiones. Al niño que no se le inclulcan los valores bíblicos a temprana edad se le hará difícil aprenderlos más tarde en la vida, porque nuestras decisiones revelan nuestros verdaderos valores.

¿Qué valores necesitan aprender los niños?

1. **La unidad de la familia.** La unidad de la familia fue instituída por Dios. Los miembros de una familia se ayudan mutuamente. Se manda a los padres cristianos que hagan discípulos de sus hijos. Cuando estos pequeñitos sienten el amoroso interés de cristianos de madurez, su necesidad de amor y aceptación será subsanada, permitiéndoles establecer sus propios hogares cristianos.

    a. Efesios 6:1-4 dice que los niños han de obedecer y honrar a sus padres y que los padres han de criar a sus hijos.

    b. Dios se llama a sí mismo nuestro Padre y nosotros somos hijos suyos. Él cuida de nosotros y abastece todas nuestras necesidades (Romanos 8:15,16; Gálatas 4:6).

    c. Los cristianos animan y edifican (1 Tesalonicenses 5:11).

    d. Aprendemos de nuestra familia (Proverbios 4:1).

e. La familia es un refugio de respeto mutuo y amor (Proverbios 17:6).

2. **Verdad e integridad.** La verdad y la integridad son cimientos del andar cristiano. Debemos ser verdaderos y sinceros ante Dios. De otra manera, llevaremos culpabilidad, porque mentir y engañar destruyen el carácter y nos separan de Dios.

    a. Jesús dijo que Él es verdad. Él no sólo dice la verdad; Él es la verdad (Juan 14:6).

    b. El Espíritu Santo nos guía a toda verdad (Juan 16:13).

    c. Cuando somos sinceros y decimos la verdad, podemos ir ante el Señor (Salmo 43:3).

    d. Se nos manda llenar nuestra mente con pensamientos verdaderos, rectos, y puros (Filipenses 4:8).

    e. La Palabra de Dios es verdad y nos evitará pecar (Salmo 119:11,105).

3. **Nuestro cuerpo fue hecho formidable y maravillosamente.** Se nos han dado atributos espirituales muy singulares (Salmo 139:14; Génesis 1:27). Nuestro cuerpo fue hecho formidable y maravillosamente por Dios a su propia imagen. Cuando hacemos daño a nuestro cuerpo, deshonramos a Dios.

    a. Siendo que somos hechos a la imagen de Dios, necesitamos conformarnos a esta imagen renovando nuestro conocimiento de Él (Colosenses 3:10).

    b. Somos la casa terrenal del Espíritu Santo (1 Corintios 3:16).

    c. Debemos cuidar y proteger nuestro cuerpo contra el mal porque pertenecemos al Señor (1 Corintios 6:19,20).

    d. El Espíritu de Dios vive en nosotros y debemos honrarlo (2 Corintios 6:16).

4. **Otros valores bíblicos.** Otros valores bíblicos son: la vida humana (Éxodo 20:13), la justicia (Proverbios 21:3), el tiempo (Eclesiastés 3:1-11), la autoridad (Romanos 13), la adoración y la alabanza (Salmo 135:1-3), la música (Efesios 5:19), y el fruto del Espíritu (Gálatas 5:22,23).

    Llamamos estos valores buenos porque Dios dice que son buenos. Si nuestro concepto de Dios es que Él nos ama de verdad, que Él está siempre con nosotros y que nos ayudará, entonces vamos a querer apropiarnos de sus valores en nuestra vida.

C. Lo que Dios espera de sus hijos

"Si alguno me sirve, sígame" (Juan 12:26).

"Mis ovejas oyen mi voz, y yo las conozco, y me siguen" (Juan 10:27).

Jesús llamó a sus discípulos para que lo siguieran. Cuando los llamó, ellos dejaron lo que estaban haciendo. Este sencillo mandamiento tiene la clave para la vida cristiana de éxito. *"Yo soy la luz del mundo; el que me sigue, no andará en tinieblas, sino que tendrá la luz de la vida"* (Juan 8:12). Dios espera que nosotros lo sigamos.

Seguir a Jesús quiere decir obedecerlo a Él. Este es el gran mandamiento que el Señor dio a sus hijos en el Nuevo Testamento. Lo más importante que podemos enseñar a los niños es obediencia. A los que aprenden a obedecer a temprana edad se les hace menos difícil hacer frente a las exigencias de la vida. Su confianza en el Buen Pastor los guía y saber lo que es mejor los guarda de andar en las tinieblas.

Observe cuán pronto los niños responden a la orden de seguir al maestro alrededor del aula. Lo hacen con alegría. Con el maestro dándoles ejemplo y animándolos, ellos aprenden a seguir la orden del Señor de que alaben, canten, den ofrendas, y oren.

La vida es una serie de decisiones. Cuando el niño llega a una edad de responsabilidad, debe decidir por sí mismo aceptar o no a Cristo. Otros le pueden enseñar el camino a Cristo y animarlo, pero la decisión de recibir la salvación le toca a él. Desde el momento en que el niño decide recibir a Cristo como su Salvador y Señor, él sigue guardando ese compromiso por cada una de sus decisiones cotidianas.

El recién convertido debe aprender a leer la Biblia y orar para poder recibir más conocimiento de parte de Dios y para crecer espiritualmente fuerte. Estas son responsabilidades difíciles para el niño y a veces le parecen insignificantes. Explique las Escrituras a la luz de las experiencias del niño. Anímelo a que ore en sus propias palabras al hablar a Jesús como si le hablara a su mejor amigo. Se debe enfatizar la sinceridad ante Dios conforme aprende a ser sincero y espontáneo en la oración.

Enseñe a los niños dos verdades fundamentales del bautismo en agua:

1. Toda persona que cree en Jesucristo como Salvador debe seguir al Señor en obediencia y ser bautizada (Romanos 6:4).
2. El bautismo en agua simboliza muerte al pecado y resurrección a nueva vida en Cristo. Este acto no nos salva (Colosenses 2:12).

Los niños que han nacido de nuevo pueden ser bautizados porque Jesús ordenó a sus discípulos que fueran bautizados en agua. Los niños en Latinoamérica que han aceptado a Cristo a temprana edad (generalmente entre las edades de 8 y 12 años), que han sido enseñados verdades doctrinales, y que han sido bautizados han madurado rápidamente en Cristo.

Se debe dedicar tiempo y oración a cada niño para cerciorarse de que comprende y está listo para el bautismo en agua. Anime al nuevo cristiano que hable en la iglesia, en su vecindario, y en la escuela de su experiencia con el Señor. Su primera reacción quizás sea: "¿Qué puedo decir?" El maestro debe permitirle expresar en sus propias palabras lo que sabe y lo que siente de Jesucristo. El testimonio debe venir del corazón, aunque la terminología no sea exactamente correcta.

Cuando el niño habla a los demás sobre su nueva vida espiritual, se dará cuenta de que necesita más autoridad y poder para comunicar su mensaje. Enséñele sobre el bautismo en el Espíritu Santo.

Seguir a Jesús es una experiencia de día en día, hora en hora. El niño se encontrará con tentaciones y tendrá que tomar decisiones. Algunas decisiones serán fáciles y casi automáticas; otras involucrarán lucha y a veces fracaso. Algunos de los conflictos en la vida del pequeño niño serán la tentación de hacer trampa o mentir para salirse de una situación, robar, airarse, hacer daño a otros física o verbalmente, mirar programas de televisión que son dañinos, desobedecer, o ignorar la tarea de la escuela u otras tareas.

Más y más los niños, y las niñas, son expuestos a drogas, sexo, crimen, y abuso. Anímelos a que hablen de sus victorias y que se regocijen en ellas. Tranquilícelos cuando fracasen y dígales que si confiensan su pecado a Dios, Él los perdonará (vea 1 Juan 1:9). Anime a los niños a que oren los unos por los otros.

III. EL PLAN SISTEMÁTICO DE LA IGLESIA LOCAL PARA DISCIPULAR A LOS NIÑOS

Planee actividades con el propósito de enseñar a grupos o a un nivel experimental. También discipule uno a uno. Estos dos métodos juntos pueden ofrecer la enseñanza y el cuidado personal que los niños necesitan.

A. Actividades planeadas

Evaluación

Evalúe objetivamente lo que está haciendo su iglesia ahora para discipular a los niños. Escriba las observaciones. Haga las siguientes preguntas:

a. ¿Qué porcentaje de los niños que asisten a la iglesia son miembros de la Escuela Dominical?
b. ¿Qué otros programas y actividades tiene la iglesia para los niños (Cultos para niños, EBV, coro, células, Misioneritas, Exploradores del Rey, etc.)?
c. ¿Hay un plan que implementa continuamente a lo que se está enseñando?
d. ¿Cuántas personas participan en el discipulado de los niños?

Objetivos dirigidos por el Espíritu Santo

Fije objetivos inmediatos y de largo alcance para discipular a los niños y permita la dirección del Espíritu Santo.

Planee una estrategia

Forme una estrategia para discipular sistemáticamente a los niños. Planee maneras de enseñar a los niños en sus propios vecindarios. Comience con un proyecto o actividad. Discipular necesita ser en la forma de experiencias más que instrucción formal en el aula.

Enliste obreros

Enliste a suficientes personas de todas las edades. Será necesario un plan continuo para preparar a los asistentes. La preparación se debe concentrar en las necesidades de los niños.

Variedad de participación

a. A los niños les encanta cantar y participar. Se pueden poner de pie y cantar mientras los adultos escuchan. Pueden cantar frente a la congregación desde donde están sentados. Varios niños bien portados pueden pasar al frente y ser reconocidos. Otros podrían presentar música especial, testificar, o citar versículos bíblicos. Se les podría pedir que vayan a una persona anciana y que le den un abrazo.

b. Enliste a niños y niñas como ujieres. También pueden dar la bienvenida, saludando a los niños que van llegando al culto.

c. Planee momentos de 5 ó 10 minutos antes o durante el culto. Éstos podrían incluir pantomima, drama, títeres o lecciones visuales. Por su simple naturaleza, estos segmentos también ministrarán a los adultos que observan.

d. El pastor puede referirse a los niños casualmente. Podría preguntarles cuántos recuerdan cierta historia bíblica. Puede referirse a sucesos en la vida de los niños, como el primer día del año escolar. Esto comunica a los niños que son importantes.

e. Se pueden hacer llamados al altar para los niños para que los padres y maestros puedan orar específicamente con o por ellos.

B. Discipular uno a uno

Los cristianos de toda edad pueden dirigir a los pequeñitos individualmente. El discipulador debe ser sensible a la voz del Espíritu Santo.

"El verdadero crecimiento lleva tiempo, lágrimas, amor, y paciencia. El maestro necesita fe para ver a las personas como Dios espera que sean y como quiere que lleguen a ser. Y hay que tener cierto conocimiento para ayudarlas llegar hasta ahí."[7]

Otras sugerencias son:

- Sonreir y dirigirse al niño por su nombre.
- Invitar al niño a que se siente a su lado en la iglesia.
- Llevar al niño a la iglesia.
- Comprarle al niño un cono de mantecado (helado).
- Escuche. Mire al niño mientras éste habla.
- Diga al niño que lo buscará en el próximo culto y luego hágalo.
- Dele un toque apropiado.
- Inclínese o póngase de rodillas cuando hable con un niño pequeño para estar al nivel de los ojos del niño..

"Los expertos han calculado que tanto como 65 por ciento de toda comunicación es no verbal. De hecho, tan poco como siete por ciento de la comunicación se deriva del contenido en sí de las palabras que decimos. Veintiocho por ciento está en el tono de voz, y el balance de la comunicación está en cosas como expresión facial, gestos, postura, contacto visual, uso del espacio, y toque."[8]

Si el niño es de un hogar no cristiano, invítelo a visitar su hogar. Modele lo que Cristo puede ser en usted. Los ejemplos observables y las experiencias prácticas ayudarán a prepararlo para tomar las debidas decisiones.

REPASO

1. En Mateo 18:5,6, ¿cómo lo desafía a usted personalmente la amonestación de Cristo respecto nuestra actitud hacia los niños?

2. ¿Cuán pronto debemos comenzar a enseñar a los niños en la iglesia?

3. ¿Cómo se pueden utilizar el punto de vista egoísta y la capacidad para razonar del niño para enseñarle verdades espirituales?

4. ¿Cómo se puede satisfacer la necesidad básica que el niño tiene de amor en su aprendizaje del amor que Dios tiene para él?

5. Mencione las maneras tangibles en las que la iglesia puede ayudar a que el niño se sienta aceptado.

6. Explique cómo el estar conciente de la presencia de Dios ayudará al niño a hacer lo debido.

7. En su opinión, ¿qué valor bíblico importante necesita aprender el niño?

8. Al examinar su propio corazón ¿cuáles son sus valores más importantes?

9. ¿Por qué es importante que el niño aprenda a obedecer?

10. ¿Con qué situaciones se encuentran los niños cuando van a la escuela?

11. ¿Cómo mide usted la actitud de su iglesia respecto a los niños?

12. ¿Cuáles son los puntos fuertes y los débiles de lo que ya se está haciendo para los niños?

13. ¿Qué puede hacer usted para que los demás en su iglesia estén concientes de las oportunidades para discipular a los niños?

14. Cite una experiencia reciente en la que lo que se dijo con palabras contradijeron lo que la persona comunicó con su expresión facial, su postura, etc.

15. ¿Cómo este estudio ha desafiado su vida personalmente?
16. ¿Qué pasos dará usted para discipular a dos o tres niños?

RESUMEN

El Señor nos ha mandado a ayudar a que los niños vayan a Él. Siendo que ellos no son sólo pequeños adultos debemos reconocer nuestra responsabilidad para discipularlos a su propio nivel de comprensión espiritual. Es la voluntad de Dios que todos –incluso los niños– los que aceptan a Cristo como Salvador entren al reino de los cielos.

Las necesidades básicas del niño serán satisfechas cuando sea dirigido paso a paso a vivir a la luz de tres grandes verdades bíblicas.

- Dios es amor. Él ama a todos los niños y los acepta dentro de la familia de Dios.
- La presencia de Dios está con él dondequiera que vaya.
- Dios ha declarado en su Palabra valores eternos.

Saber estos valores dirigirá al niño en sus decisiones cotidianas.

Cuando la iglesia discipula a los niños, debe hacerlo a dos niveles. El primero abarca las actividades planeadas, el currículo, y los métodos del cuerpo de la iglesia. El segundo consiste de personas dedicadas llamadas por Dios para ministrar de un modo personal a los niños individualmente. Cuando estos dos fluyen juntos, los niños crecerán para llegar a ser líderes espirituales de madurez.

Jesús dijo: *"Dejad a los niños venir a mí, y no se lo impidáis; porque de los tales es el reino de los cielos"* (Mateo 19:14).

Desafío inspiracional a los lectores

Que el Espíritu Santo impresione en el corazón de todo lector la necesidad de discipular a los niños por medio de enseñanza, la práctica, y el ejemplo. Que los niños vean a Cristo en usted hasta el punto en que usted pueda decir junto con Pablo: *"Sed imitadores de mí, así como yo de Cristo"*.

BIBLIOGRAFÍA

Black, Jan. *Doing What's Right*. T.E. Character Foundation Curriculum. Whittier, California: Association of Christian Schools International, 1985.

Bolton, Barbara y Charles T. Smith. *Bible Learning Activities*. Glendale, G/L Regal Books, 1973.

Creative Bible Learning for Children Grades 1-6. Glendale, California: G/L Regal Books, 1977.

Bubna, Donald. *Encouraging People*. Wheaton, Illinois: Tyndale House Publishers, Inc., 1988.

Coleman, Frank G. *The Romance of Winning Children*. Cleveland, Ohio: Union Gospel Press, 1948.

Davis, Billie. *Teaching to Meet Crisis Needs*. Springfield, Missouri: Gospel Publishing House, 1984.

Dresselhaus, Richard L. *Teaching for Decision*. Springfield, Missouri: Gospel Publishing House, 1973.

Eirms, Leroy. *The Lost Art of Disciple Making*. Grand Rapids, Michigan: Zondervan Publishing House, 1978.

Harrell Donna y Wesley Haystead. *Creative Bible Learning for Young Children*, Birth-5 Years. Glendale, California: G/L Regal Books, 1977.

Larson, Jim, Editor. *Making Learning a Joy*. Glendale, California: G/L Regal Books, 1975.

Ward, Ted. *Values Begin at Home*. Wheaton, Illinois: Victor Books, a Division of SP Publications, Inc., 1989.

NOTAS FINALES

[1]Ted Ward, *Values Begin at Home* (Wheaton, Illinois: Victor Books, a Division of SP Publications, Inc., 1989).

[2]Ibid.

[3]Jan Black, *Doing What is Right* T.E. Character Foundation Curriculum (Whittier, California: Association of Christian Schools International, 1985).

[4]Billie Davis, *Teaching to Meet Crisis Needs* (Springfield, Missouri: Gospel Publishing House, 1984).

[5]Ibid.

[6]Ward, *Values Begin at Home*.

[7]Leroy Eims, *The Lost Art of Disciple Making* (Grand Rapids, Michigan: Zondervan Publishing House, 1978).

[8]Donald Bubna, *Encouraging People* (Wheaton, Illinois: Tyndale House Publishers, Inc., 1988).

NOTAS

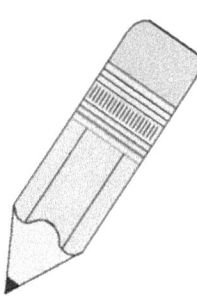

CÓMO DISCPULAR A LOS NIÑOS

- **Importancia del tema**
- **Objetivos**
- **I. Introducción**
- **II. Áreas que fomentan crecimiento espiritual en los niños**
    - A. Quién es Dios
    - B. Valores bíblicos
    - C. Lo que Dios espera de sus hijos
- **III. El plan sistemático de la iglesia local para discipular a los niños**
    - A. Actividades planeadas
    - B. Discipular uno a uno
- **Repaso**
- **Resumen**
- **Bibliografía**

Capítulo 41

TEMA: La oración y los niños

ESCRITORA: Judy Graner

IMPORTANCIA DEL TEMA

La oración es comunión con Dios. A veces el obrero cristiano descuida este privilegio en su vida personal. A veces hasta puede ser un tema de estudio olvidado, especialmente en las clases para niños. La oración debe realizarse como un fundamento en la vida cristiana.

Los discípulos de Cristo deseaban aprender a orar. La oración debe convertirse en una parte sólida de la vida y ministerio del obrero cristiano, como también en un tema clave en la instrucción de los niños. Los niños necesitan desarrollar su conversación con Dios Todopoderoso, para poder desarrollar un corazón agradecido y pelear las batallas espirituales.

OBJETIVOS

1. El obrero podrá definir los varios tipos de oración.
2. El obrero establecerá una vida personal de oración y orará por los niños.
3. El obrero estudiará siete áreas de énfasis en la oración.
4. El obrero aprenderá varias maneras de enseñar la oración a los niños.
5. El obrero entenderá cómo la oración beneficia a los niños.

I. INTRODUCCIÓN

Los obreros de niños pueden orar por los niños como también modelar la oración con su vida y su ministerio. La oración se puede usar en siete áreas de la vida para contrarrestar los ataques del enemigo en los niños de hoy. Se deben desarrollar planes para enseñar a los niños la importancia de la oración y cómo orar. Un propósito principal será el desarrollo de una vida de oración en todo niño que se alcance. De esta manera, la nueva generación de creyentes podrá mantener una línea de comunicación continua y abierta con Dios.

II. DEFINIR LO QUE ES LA ORACIÓN

Los seguidores terrenales de Jesús aprendieron sobre la necesidad de orar. Vieron al Maestro modelar una vida de oración y el añoro de su corazón se convirtió en: *"Enséñanos a orar"* (Lucas 11:1). Esta actitud muestra que comprendían la importancia de la oración. Ese mismo deseo debe estar en el corazón de los obreros de niños, y debe pasarse a los niños.

Simplemente expresado, la oración es conversación con Dios. El énfasis no está en el patrón ni en el estilo de la oración, sino en Aquel a quien oramos. Dios, nuestro Padre Celestial, desea las oraciones de sus hijos. Él quiere que nosotros le hablemos de nuestras necesidades como también de las alegrías de nuestra vida.

Escuchar es también una parte importante de la oración. Dios desea hablar a sus hijos. Nosotros debemos escuchar para oírlo.

La Biblia usa muchos ejemplos para enseñar sobre la oración. La oración se enseña como un momento privado entre una persona con Dios, y también como un momento cuando compañeros o grupos buscan honrar a Dios juntos, unidos ofreciendo sus peticiones o su alabanza. Las oraciones pueden ser para dar alabanzas a Dios por quién Él es, o pueden ser para dar gracias por todo lo que Él ha hecho. Hay oraciones de petición por necesidades personales o para pedir su ayuda y dirección. La oración de intercesión es por los demás. Todo cristiano puede aprender a orar eficazmente por los demás, por los líderes, y por las naciones.

Las oraciones pueden ser sencillas o complejas, cortas o largas, en silencio o vocalizadas. La oración puede ser en muchas posturas. La persona puede orar de rodillas, de pie, en la cama, o caminando por la calle. En todas las formas, estilos, y posturas de oración el deseo de la persona debe ser comunicarse con Dios.

La Biblia instruye al cristiano a estar en una continua actitud de oración y a mantener una sincera comunicación con Dios. Estas instrucciones permiten a la persona andar por el camino y dar gracias a Dios por la luz del sol, pedirle dirección, escuchar su dirección, e interceder por los demás. Desarrollar una vida de oración no es asunto de técnica sino de estilo de vida.

III. LAS RESPONSABILIDADES DEL OBRERO

El obrero de niños tiene varias responsabilidades respecto a la oración y los niños. La primera consideración es la vida de oración personal del obrero y su eficacia. Esto debe ser continuamente modelado ante los niños. Segundo, el obrero de niños debe interceder por ellos.

A. Vida personal de oración

Mantener una fiel vida de oración debe ser el canal de fortaleza y dirección sobre el que se sostiene el ministerio a los niños. El obrero sólo puede ser eficaz en el ministerio cuando se comunica a diario con Cristo.

El Señor desea ministrar al obrero al perdonarlo por gracia, dirigir sus pensamientos a través de su Palabra, y darle el poder de su Espíritu. El obrero que ha conversado con Dios será un vaso listo para ser usado. Será sensible a las necesidades de los niños que lo rodean. Antes de poder enseñar las lecciones a los niños, el maestro primero debe aprenderlas y experimentarlas. Esto es especialmente cierto respecto al tema de la oración.

Hay varios tipos de oración, cada una con un propósito y estilo que se puede integrar en la vida espiritual personal de la persona. Estos tipos pueden incluir: 1) comenzar el día con una oración de gracias por la provisión y una oración de petición por la protección y dirección de Dios; 2) antes de las comidas dar gracias por la provisión de alimento; y 3) terminar el día pidiendo perdón por los errores cometidos, dándole gracias por sus provisiones, y pidiéndole un buen descanso para la noche.

Una actitud de oración genera intercesión por los demás cuando se ve un accidente, cuando se lee el periódico, cuando se oyen las noticias, o cuando se pide consejo. La primera reacción al saber de alguna enfermedad debe ser orar por sanidad.

El abrir la Biblia para leerla y estudiarla impulsa una oración por comprensión y aplicación personal. Dar un paseo afuera puede motivar alabanza a Dios por su creación, por el sol, por la grama, las flores y los árboles, y por la lluvia. Los problemas y las circunstancias difíciles inician una reacción de presentar la necesidad a Dios en oración. Todas estas características deben ser la norma en la vida del cristiano. El obrero de niños debe modelar la oración ante los demás como un estilo de vida.

B. Interceder por los niños

La intercesión, sencillamente expresado, es oración por los demás. Todos los cristianos han de interceder como una parte normal de su vida de oración. La intercesión u oración por los demás es la oración que va más allá de la necesidad propia para pedir a favor de los demás. Esto puede ser interceder por un mundo perdido, que es la carga del corazón de Dios, o ser dirigido por el Espíritu Santo para ayudar a llevar delante de Dios las necesidades de otro creyente.

Algunas de las definiciones comunes en la Biblia para un intercesor son "árbitro, mediador, uno que se pone en la brecha". Dios busca a los que se ponen *"en la brecha"* por los demás (Ezequiel 22:30).

¿Quién puede ser un intercesor? Dios llama a todos los cristianos a llevar delante de Él las necesidades de los demás. ¿Por qué interceder? Dios nos manda a orar, y esto sirve para madurarnos como cristianos. Los cristianos deben ejercer este poderoso privilegio de orar y enseñarlo a la próxima generación.

Un ejemplo bíblico de alguien que se puso en la brecha es Aarón. Dios lo comisionó para llevar los nombres del pueblo de Israel continuamente delante de Jehová. En Éxodo 28 se le instruyó que llevara estos nombres sobre los dos hombros (v. 12), sobre su corazón (v. 29), y sobre la frente (v. 38). ¿Por qué? *"Para que obtengan gracia delante de Jehová"* (v. 38).

Una manera de interpretar este pasaje es que la tarea de orar por las necesidades físicas (representadas por los nombres sobre los hombros), las necesidades mentales y emocionales (representadas por los nombres en la frente), y las necesidades espirituales (representadas por los nombres sobre el corazón) le tocaba a Aarón.

Hoy los cristianos son un *"sacerdocio santo, para ofrecer sacrificios espirituales aceptables a Dios"* (1 Pedro 2:5). Somos el pueblo, como Aarón, que debe llevar los nombres de los demás delante del Señor por medio de la oración intercesoria. Como obreros de niños, debemos llevar los nombres de los niños delante del Señor.

La oración debe incluir intercesión por los niños que "son víctimas de la pobreza y de las crisis económicas, del hambre y de la falta de hogar, de epidemias, del analfabetismo, y del deterioro de su medio ambiente".[1]

También se debe hacer oración intercesoria por los miles de niños que mueren de desnutrición y diversas enfermedades, de SIDA, de falta de agua potable y limpieza adecuada, y del problema de las drogas.[2]

IV. SIETE ÁREAS DE ÉNFASIS PARA LA ORACIÓN

La Biblia nos advierte contra principados y poderes y maldad espiritual en altos lugares. El estudio de la Palabra de Dios es necesario para entender mejor su plan y provisión para los creyentes a los que Él ha dado poder.

El enemigo diseña muchas tácticas contra los niños. Especialmente manipula las siete instituciones culturales principales que influencian a la mayoría de las sociedades. La familia, la educación, la religión, el gobierno, la comunicación, la ciencia y tecnología, y el negocio/comercio son los aspectos que Satanás quiere controlar para lograr acceso y autoridad sobre los individuos, grupos, y naciones.

Naturalmente, Satanás tiene planes para cada área, los cuales son dirigidos contra los adultos; pero es sorprendente notar el progreso del enemigo contra los niños. Estos ataques contra los niños muestran la verdadera naturaleza del enemigo, porque sólo el ser más depravado, más pervertido y malvado deliberadamente dañaría, mutilaría, abusaría, robaría, destruiría, y mataría a los niños (Juan 10:10). Los cristianos deben ser conscientes de estas siete áreas de ataque e interceder por los niños de todas las naciones.

A. *Familia*

1. **Definición.** La familia se puede definir como un grupo de personas que son parientes. Esta puede ser tan pequeña como una familia nuclear (padre, madre, e hijos), o tan grande como una familia extensa (que podría incluir a miembros de varias generaciones y hasta a parientes lejanos). La familia se puede considerar como la unidad que está más cerca del corazón de Dios. Su modelo es su propia relación con el hombre, su creación suprema. Dios puso el orden de autoridad primero dentro de la familia.

2. **La estrategia del enemigo.** El enemigo quiere desmoralizar, abusar, y robar a los niños su derecho de saber cuál es el modelo terrenal para la familia ideal. Este era el modelo que debía representar la relación de Dios con sus hijos. Hoy el enemigo usa el divorcio, los compañeros múltiples, la separación de la familia por pobreza, hambre, desnutrición, y abuso mental, espiritual, y físico. Algunos de los resultados son niños obreros, niños de la calle, y altas tasas de analfabetismo.

3. **Consecuencias para los niños.** Son muchas las consecuencias físicas. Los estudios muestran que la desnutrición causa retardación física y mental que en muchos es irreversible. Las familias disfuncionales o separadas causan trauma en los niños.[3] Como muchos estudios han demostrado, la gama de consecuencias psicológicas para los niños afectados incluye desde disturbios leves hasta atentados de suicidio. Los resultados inevitables son desesperación, soledad, falta de mérito, odio de sí mismo, culpabilidad, amargura, desesperanza, modelos de infidelidad y mentiras, descuido, ira, rencor, sentimientos de abandono, y depresión.

4. **La estrategia del cristiano.** El ideal supremo del cristiano es llegar a ser como Cristo. Todo aspecto del carácter de Dios es un arma contra las actividades destructivas del enemigo. El amor es un aspecto del carácter de Dios que es necesario en la familia. El amor de Dios, filtrado en todos los aspectos de la vida familiar, totalmente volverían al revés las victorias del enemigo. El ejército de intercederos de Dios debe comenzar intercesión específica para las familia.

   - Orar que los padres y los hijos sean llenos del amor de Dios (para Él, para su familia, y para los demás).
   - Orar por fidelidad, control propio, y disciplina de sí mismo.
   - Orar que las familias sean fortalecidas

- por la sólida enseñanza bíblica en nuestras iglesias.
- Orar específicamente por las familias de los niños con los que usted trabaja. Comience a interceder por ellos y a planear seminarios para la familia, centros de asesoramiento para los niños necesitados, y programas de lectura a través de las bibliotecas de las iglesias. La iglesia debe dar a la familia los medios espirituales que puedan fomentar la madurez cristiana.

B. Educación

1. **Definición.** La educación incluye todas las escuelas, instituciones, y sistemas que enseñan y preparan a las personas para conocimiento, habilidades, y carácter. Alguien dijo una vez: "La ignorancia es el parque del diablo." Hoy las escuelas se han convertido en el parque del diablo.

2. **La estrategia del enemigo.** Las estadísticas de las Naciones Unidas dicen que en el presente hay más de 100 millones de niños por todo el mundo que no reciben una básica educación primaria, dos terceras partes son niñas.[4] Todavía más trágico que no recibir ninguna instrucción académica es que los libros de texto y el currículo con frecuencia son manipulados por la estrategia del enemigo para llenarles la mente con mentiras.

   En los sistemas educacionales de nuestras naciones las mentes más jóvenes son moldeadas para creer la contorcionada información de la evolución y del humanismo. El sutil engaño de las filosofías de la Nueva Era es todavía más prevalente. Muchos maestros impíos y muchos cristianos sin discernimiento permiten ser instrumentos para sembrar razonamientos y filosofías rebeldes en los tiernos corazones. Los conceptos del bien y del mal se racionalizan con distorsiones de lo que es "la libertad". Una persona no puede infringir en otra, y todo vale con tal que la persona no sea atrapada. Una educación sin Dios sólo acelera la decadencia moral.

3. **Consecuencias para los niños.** Mediante esta sutil infiltración del sistema educacional, el enemigo siembra en los niños egoísmo, confusión, duda, mentiras, engaño, robo, amor al poder, indiferencia hacia los demás, rebeldía, desobediencia, orgullo, y destrucción. Los niños aprenden a vivir para sí mismos. Tienen poca o ninguna base bíblica para desarrollar su carácter.

4. **La estrategia cristiana.** La santa sabiduría es el aspecto del carácter de Dios que se necesita en los sistemas educacionales. Dios instruye: *"Si alguno de vosotros tiene falta de sabiduría, pídala a Dios. . ."* (Santiago 1:5). Los cristianos deben pedir sabiduría, no sólo para sí mismos, sino también para los niños que están siendo bombardeados por el enemigo en los sistemas educacionales. Sus oraciones deben incluir un deseo de que los niños sientan hambre por la Palabra de Dios y las reglas cristianas en su vida.

   En un tiempo cuando algunas iglesias están cerrando las Escuelas Dominicales por el exceso de trabajo que producen, debemos estar aumentando las oportunidades para enseñar y preparar a los niños en la Palabra de Dios.

   - Ore por los niños cuando van a la escuela todos los días que el Señor los portega del mal y que su Espíritu les dé discernimiento para distinguir entre el bien y el mal.
   - Ore por el sistema educacional, por los maestros cristianos, por los directores de escuelas, y por los que desarrollan el currículo.
   - Ore que las familias cristianas sean una influencia positiva en el sistema.

   La biblioteca de la iglesia debe estar llena de libros excelentes que rechazan las mentiras que se enseñan en los sistemas educacionales. Debemos animar a los niños, a los adolescente, y a los jóvenes de nuestras iglesias que los lean para poder progerlos y prepararlos para la guerra espiritual y mental que se les presenta. Las clases y los cultos en la iglesia deben ofrecer una sólida enseñanza bíblica. Cuando los niños aprenden la Palabra de Dios, desarrollan su carácter y pueden discernir los elementos impíos en su educación.

C. Religión y la Iglesia

1. **Definición.** La religión es un sistema específico de creencia o adoración establecido alrededor de Dios o de dioses, un código de ética, una filosofía de la vida, etc. Hoy los niños están rodeados por muchas formas religiosas.

Algunas formas podrían incluir técnicas de la Nueva Era: control de la mente, imágenes, visualización, y canalización. Otras formas podrían ser horóscopos, tirar cartas, lectura de hojas de té, magia blanca y magia negra, vudú, consultar espíritus, orar a los muertos, adorar a Satanás o a los demonios, sacrificios de sangre, idolatría (iconos, escapularios, ídolos, crucifijos), y muchas otras prácticas.

Las religiones principales proclaman doctrinas que afectan la mente de los niños y el currículo de las escuelas. El islamismo, el budismo, el shintoismo, el hinduismo, y el cristianismo son muy bien conocidos en los libros de texto de historia. Sectas menores como los Testigos de Jehová, los mormones, los hijos de Dios, los gnósticos del mundo, y la nueva revelación también están presentes. Todas las religiones y prácticas que no son bíblicamente acertadas deben ser renunciadas.

Los niños siempre harán frente a las influencias de la religión. No obstante, necesitan aprender que la verdadera Iglesia es la comunidad del pueblo de Dios, redimido por la sangre del Cordero, y que lo sirve a Él aquí en la tierra. También necesitan saber que la Biblia es la única fuente sobre la que todas las religiones deben ser juzgadas.

2. **La estrategia del enemigo.** El enemigo usa el engaño para esparcir la popular mentira de que todos los caminos llevan a Dios. Esta misma mentira desde el Génesis está popular hoy. Todos los niveles de la sociedad están aceptanto la misma mentira: *"Sabe Dios que el día que comáis de él, serán abiertos vuestros ojos, y seréis como Dios, sabiendo el bien y el mal"*.

A los sistemas tradicionales de creencia, se añaden tentadores paquetes con nuevos rótulos, llamados: *Pensamiento positivo*, *Control de la mente Silva*, y *Cibernética*. Las grandes empresas preparan a los empleados en estos programas. Luego animan a los padres que traigan a sus hijos, ya que su mente se moldea fácilmente.

Las técnicas de imágenes y visualización se enseñan a los niños en las escuelas. Algunos métodos comunican la idea de que los estudiantes pueden recibir instrucciones de un amigo imaginario. Este método se llama *canalizar*. Un espíritu guía o amigo imaginario es un comunicador de Satanás disfrazado de "ángel de luz". Este guía o amigo convene a la persona de que todo se puede lograr con pensamientos positivos.

Dichas prácticas son un engaño de Satanás para tentar a los niños a explorar más el ocultismo. Los horóscopos, las tablas de ouija, las sesiones de espíritus, etc., se están convirtiendo en maneras atractivas para que hasta los niños muy pequeños se interesen en lo que puede ofrecer el mundo de los espíritus. Hay una creciente aceptación de la enseñanza de adoración satánica y de los abusos de los ritos que incluye. Los sacrificios de animales y de humanos como también muchos ritos demoníacos han sido factores principales en muchos crímenes.

También hay una creciente aceptación del comportamiento homosexual y de la enseñanza libera que da lugar al egocentrismo, al humanismo, y al materialismo. Muchas escuelas e iglesias han sido confundidas por los proponentes de la Teología de la Liberación, que se han propuesto disciplinar a los niños con cantos y sonsonetes revolucionarios. Substituyen la sencilla fe en Jesucristo con el poder de sí mismo, los derechos, la violencia, y la revolución.

3. **Consecuencias para los niños.** En la religión las consecuencias son temor, cicatrices emocionales, psicológicas y hasta físicas, engaño, posesión demoníaca, síndrome de personalidades múltiples, y culpabilidad.

4. **La estrategia del cristiano.** La verdad es el aspecto del carácter de Dios necesario en la religión. *"Y conoceréis la verdad, y la verdad os hará libres"* (Juan 8:32). La iglesia necesita de la santidad pura para apartar los atentados sutiles y descarados del enemigo para infiltrarse. Satanás, bajo el disfraz de la religión, puede apartar de Dios a los niños.

La primera estrategia para el cristiano es alcanzar y preparar en la Palabra de Dios cuantos niños sea posible. Los niños necesitan que se les enseñe la verdad y las reglas de santidad de las que pueden discernir las tramas del enemigo. Los obreros de niños deben interceder por esta área de influencia del enemigo.

- Ore que su iglesia mantenga normas, enseñanzas, y ejemplo de santidad ante los niños.

- Ore que los niños aprendan a amar al Cuerpo de Cristo, la Iglesia.
- Ore por los líderes de la iglesia y de los ministerios de niños para que tengan influencia en los niños para el Reino de Dios.
- Ore por los que participan en el ocultismo o que practican religiones falsas para que vean la verdad en el único Dios verdadero.
- Ore pidiendo protección para los niños contra las influencias malvadas.
- Ore que Dios ate la obra del enemigo en su comunidad y que enriquezca los esfuerzos por alcanzar a los perdidos para Cristo.

D. Gobierno

1. **Definición.** El gobierno es la regla de autoridad sobre un país, estado, región, o pueblo. La Biblia dice que Dios establece y quita a los gobiernos. Sin embargo, esto no quiere decir que todos los gobiernos operan en santidad, sino que Él los puede usar para sus propósitos. Satanás trata de usarlos para sus propósitos también.

2. **La estrategia del enemigo.**
   a. Factores externos: por medio de la avaricia, falta de integridad económica, y mala administración, los gobiernos pueden adquirir enormes deudas. Estos factores externos dañan a los niños a la larga. Estas deudas resultan en enormes pagos de interés, inflación, pérdida de poder adquisitivo, y reducciones de presupuesto. Las reducciones de presupuesto por lo regular se sienten primero en los servicios sociales para la familia.[5] Los niños también padecen por la falta de provisión pedagógica por parte del gobierno.

   b. Factores internos: los conflictos militares también afectan a los niños. Largos tiempos de dominio militar obligan a poner los programas para la familia, la educación, la ayuda médica, y el bienestar social en último lugar en la lista de prioridad. Esto hace que los niños padezcan.

   Las guerras civiles y la lucha de guerrilla también afectan a los niños. Los adolescentes son obligados a prestar servicio militar o a formar parte de grupos guerrilleros.[6] Los niños en estas situaciones pierden oportunidades educacionales, con frecuencia resultan heridos o muertos, y muchas veces tienen que huir, dejando atrás la estabilidad del hogar y de la familia. Para los que se quedan su instrucción escolar se interrumpe y no reciben el debido cuidado médico. En las zonas de guerra hasta el 80% de los niños no reciben vacunas, y hay sólo un médico para cada 255.000 personas.[7]

   Dentro de las luchas internas los niños son afectados por la corrupción y falta de aplicación de la ley. Los resultados incluyen adopciones ilegales, abuso, prostitución, pornografía, mendigar en las calles, y prácticas laborales injustas. En Perú, de 7.908.391 niños entre las edades de uno y catorce años, 1.100.000 trabajan bajo condiciones de "extrema explotación".[8] Los niños también padecen de problemas por la droga, violencia de la policía, y escuadrones de la muerte, lo que resulta en abuso, secuestro, amenaza, y muerte.

3. **Consecuencias para los niños.** Los niños no confían en la autoridad. Hasta los niños de hogares estables se enfrentan con la amenaza de gobiernos inestables y sienten la amenaza del secuestro y del abuso debido al sistema.

4. **La estrategia del cristiano.** La rectitud es el aspecto necesario del carácter de Dios para esta área de influencia. Los hombres y las mujeres cristianos que ganan acceso a puestos gubernamentales clave necesitan de ferviente intercesión para que puedan tomar decisiones justas que se reflejen positivamente a favor de los niños.

Como intercesores es necesario que oremos específicamente por las influencias gubernamentales que afectan a los niños.

- Ore por los líderes nacionales y gubernamentales, que Dios los dirija y los use para sus propósitos.
- Ore por las agencias gubernamentales formadas en muchas áreas para la ayuda y protección de los niños.
- Ore por las zonas destrozadas por la guerra y los niños afectados.

- Ore por los niños de la calle de las ciudades que son abusados, descuidados, o explotados.
- Ore pidiendo la victoria de Dios sobre los ataques de las drogas, la prostitución, y los incontables males que afectan a los niños en su zona específica.
- Ore que Dios lo haga a usted sensible para ver las necesidades y tener una mano a estos niños perdidos.

E. **Medios publicitarios, artes, y diversión**

1. **Definición.** Los medios publicitarios, el arte, y la diversión se pueden combinar en una sola categoría; comunicación. Los medios publicitarios se pueden definir como un medio de comunicación en masa por medio de vehículos como periódicos, radio, televisión, carteleras, y revistas. El arte y la diversión es comunicación en masa por medio de música, arte, drama, y baile. Quizás estas áreas de influencia sobre la sociedad son las que más se prestan a los descarados ataques del enemigo hacia los niños.

2. **La estrategia del enemigo.** Satanás usa la televisión para mostrar violencia, brujería, e inmoralidad. Los personajes de dibujos animados tienen poderes sobrenaturales, usan símbolos y prácticas del ocultismo, hablan a los espíritus de los muertos, y relatan sinsones mágicos. La vulnerable mente de los niños es abusada por algunos de los conceptos religiosos más mortíferos, el ocultismo, la filosofía y el vocabulario de la Nueva Era, la violencia, y la brujería. Los dibujos animados más violentos entretienen a los niños durante horas con interminables matanzas, mutilaciones, y torturas. También se han desarrollado juegos para continuar este asalto en la mente de los niños, causando pesadillas y comportamiento violento.

   La música es una influencia increíblemente poderosa en la mente de niños, adolescentes, y jóvenes. El arte ha sido distorsionada por el enemigo para incluir revistas pornográficas y carteles, deformando la mente joven sobre la diferencia entre el bien el mal, lo santo y lo perverso. Estas son todas maneras en las que el enemigo influencia las creencias y actitudes de la sociedad hoy.

3. **Consecuencias para los niños.** Estas malvadas influencias endurecen las tiernas conciencias, destruyen la creatividad, traen a sus víctimas maldad, pecado, y muerte. Animan el ocultismo y suplantan a Dios con héroes falsos. Las características que promueven en los niños son burla de lo sagrado, violencia, perversión, ser expuestos a la posesión demoníaca, escapismo, pereza, conceptos falsos, y una conciencia endurecida hacia la muerte, la destrucción, y la lascivia. El suicidio entre los niños y los adolescentes continúa subiendo.

   Un estudio que se llevó a cabo entre 1.420 niños entre las edades de 4 a 12 años concluye que 77% pensaba que la manera de ganar el conflicto era por medio de la fuerza: golpear, balacear, o trucos como los que se usan en la televisión. Setenta por ciento de los niños prefería los programas de televisión sobre guerra y pleitos ante cualquier otro.[9] Los mismos niños tienen sólo 45-60 minutos de Escuela Dominical, si es que son afortunados.

4. **La estrategia del cristiano.** La pureza y la veracidad son los aspectos del carácter de Dios que más se necesitan en los medios publicitarios, las artes, y el entrenimiento. Al orar que éstos se manifiesten en programas específicos, canales, grupos de artistas, etc., estamos conquistando las fortalezas de enemigo.

   También debemos ayudar con programas para despertar conciencia y enseñar seminarios para los padres y los niños. Los obreros de niños necesitan mirar algunos de los programas, tomando notas, para ayudar a enseñar sobre los peligros involucrados en mirar ese tipo de programación.

   La biblioteca de la iglesia o el obrero de niños puede ser una fuente de libros, juegos, música, y videos que ayudarán a formar un carácter cristiano. Es necesario que la iglesia haga promoción a las librerías cristianas locales, a las estaciones cristianas de radio y televisión, y a las actividades cristianas para jóvenes. Como ejemplo a otros creyentes, los pastores, diáconos, y obreros de niños y sus familias deben monitorizar con mucho cuidado lo que entra a sus hogares.

   Como intercesores debemos orar por esta específica área de influencia en nuestros niños.

   - Ore que los padres y los niños entiendan

el uso que hace el enemigo de los medios de comunicación para su malvada influencia.

- Ore por los niños y los jóvenes que se encuentran en la trampa de depresión suicida debido a la música y a la pornografía.
- Ore por los artistas en su área, que puedan ser ganados para el Señor y que influencien grandemente a los demás.
- Ore para que la Iglesia acepte la importancia de ministrar a los niños y que dé alta prioridad a esto.
- Ore por maneras eficaces de enseñar a las familias a estar concientes de todo esto en su área.

F. **Ciencia y tecnología**

1. **Definición.** La ciencia es la organización y clasificación de información y conocimiento adquiridos mediante sistemas de observación, hipótesis, teorías, y leyes. La tecnología es el conjunto de instrumentos o medios que el hombre ha desarrollado para facilitar su trabajo y lograr sus propósitos mucho más rápidamente de lo que podría sin la ayuda de maquinaría, sistemas de comunicación, transportación, arquitectura, equipo de laboratorio, etc.

2. **La estrategia del enemigo.** Desafortunadamente, como con todo lo que tiene que ver con la influencia social, la ciencia y la tecnología se prestan para lo bueno y para lo malo. Las mismas técnicas que desarrollan medicinas para salvar la vida producen drogas destructivas, adictivas.

   Los niños son particularmente vulnerables a los adultos manipuladores que explotan su curiosidad y los inducen a comenzar una vida de adicción a las drogas. Los modos sofisticados de transportación llevan los venenos hasta el último rincón de la tierra. La misma tecnología de comunicación de la edad espacial que reduce la conciencia del mundo de todo lo que contiene, propaga programas de televisión destructivos. Es fácil ver cómo el enemigo ha usado la ciencia y la tecnología como vehículo para dañar a nuestros niños.

3. **Consecuencias para los niños.** Los resultados de la adicción a las drogas son esclavitud, robo, violencia, falta de motivación, y ningún propósito para el futuro.

4. **La estrategia del cristiano.** En esta área de influencia, la integridad y la disciplina de sí mismo son aspectos del carácter de Dios que más se necesitan. Se debe elevar el valor propio de los niños para que no busquen esperanza y escape en las drogas y otras perversiones.

   Estar a todo esto es algo clave para los obreros de niños. Investigue las estadísticas en la ciudad y área para saber cómo advertir a los niños de los peligros. Ayude a que los niños estén concientes de los problemas y de la fortaleza que tienen en Cristo para resisitir cualquier tentación que el enemigo les ofrezca.

Como intercesores, es necesario que oremos específicamente por esta área de influencia.

- Ore por los niños adictos.
- Ore por los oficiales del gobierno que tratan de enforzar las leyes contra las drogas.
- Ore por los que acarrean y venden drogas, que puedan ser ganados para el servicio del Señor.
- Ore por los niños que viven en hogares con padres adictos, por su seguridad, por la salvación y liberación de los padres, y por sanidad en esa familia.
- Ore por los que están en prisión con acusaciones de drogas, que Dios cambie su vida.

G. **Negocio y comercio**

1. **Definición.** El negocio y el comercio se componen de organizaciones que producen y distribuyen materiales o que proveen servicios al público.

2. **La estrategia del enemigo.** La principal incursión que el enemigo tiene en este campo es la explotación del deseo del niño de tener lo que tienen sus amigos. La comercialización de los días festivos y la saturación de anuncios alimentan este deseo.

3. **Consecuencias para los niños.** La mayor consecuencia es inculcar en el niño avaricia,

codicia, y materialismo. Esta influencia produce deseos que nunca se satisfacen.

4. **La estrategia del cristiano.** Aspectos importantes del carácter de Dios que tienen aplicación al negocio y el comercio son honradez e integridad. Podemos orar que los ejecutivos, personas de negocios, y los negocios en su totalidad comiencen a manifestar integridad en todos sus tratos.

Es necesario que enseñemos a los niños a renunciar a sus derechos, a ser generosos con lo que tienen, y a distinguir entre necesidades y deseos. Desde temprana edad los niños necesitan que se les enseñen los principios bíblicos del dinero.

Como intercesores, debemos orar específicamente por esta influencia comercial en los niños.

- Ore por los niños que viven en pobreza.
- Ore que los niños entiendan estas tentaciones y cómo diferenciar entre necesidades y deseos.
- Ore pidiendo maneras para educar bíblicamente a las familias que se encuentran atrapadas en luchas económicas.
- Ore por los negocios locales y los que trabajan en ellos.

Cada una de las siete áreas de influencia social que examinamos anteriormente fue analizada para ayudar a que el obrero de niños esté más conciente del ataque de Satanás en los niños y de la responsabilidad que tienen los intercesores de orar por los niños. Los obreros deben evaluar sus oraciones intercesorias a favor de los niños y dedicar momentos de oración específicos para alcanzar a los niños. Con frecuencia los niños vienen al Señor, pero luego cuando llegan a la adolescencia se apartan de su andar con el Señor.

El llamado a ser obrero de niños involucra duro trabajo, desarrollar programas, y balancear los propósitos del evangelismo y el discipulado. Lo más importante es la responsabilidad de interceder a favor de los niños; sin embargo, esto se pasa por alto como algo que hace una diferencia en la batalla espiritual.

Como obrero cristiano acepte el desafío de comenzar a usar estas claves de intercesión por los niños. Dios nos ha mostrado en su Palabra que debemos ser un pueblo de oración, y Él no limitó esto sólo para los adultos o los obreros de niños *(vea el Apéndice B.)*

Se pueden ganar las batallas espirituales cuando se enseña a los niños a orar. Ellos pueden orar junto con el obrero de niños y también pueden formar un hábito de oración que seguirá dirigiéndolos y fortaleciéndolos personalmente a lo largo de su vida.

V. CÓMO DESARROLLAR UNA VIDA DE ORACIÓN EN LOS NIÑOS

A. Razones para orar

¿Por qué ora la gente? ¿Cuáles son los varios tipos de oración? ¿Cómo pueden los cristianos ayudar a los niños a desarrollar una vida de oración? Hay varias razones para orar:

- Dios nos dice que oremos.
- Él quiere nuestra comunión.
- Aprendemos más de Dios mismo.
- Es el medio de recibir perdón por nuestros pecados y victoria en la tentación.
- Nos mantenemos espiritualmente vivos.
- Está en el centro del crecimiento espiritual.
- Suelta el poder de Dios para trabajar

B. Tipos de oración

En la palabra *oración* están incluidas las variadas maneras en que nos comunicamos con Dios.

- *Adorar:* un momento para reconocer la naturaleza de Dios.
- *Esperar:* en el Señor, entregándonos a Él.
- *Confesar:* un momento para pedirle a Él que nos limpie del pecado.
- *Escritura:* se usa para enriquecer nuestras oraciones.
- *Velar:* una actitud alerta a la dirección del Espíritu.
- *Interceder:* recordar las necesidades de los demás.
- *Pedir:* un momento para presentar nuestras necesidades privadas.
- *Agradecer:* un momento para alabar a Dios por todas las bondades recibidas.
- *Cantar* - una maravillosa manera de magnificar al Señor.
- *Meditar* - un momento para ponderar en las cosas espirituales.

- *Escuchar* - tan importante como las palabras cuando nos comunicamos con Dios *(vea el Apéndice C)*.

C. Ejemplos bíblicos

Los niños pueden llegar a ser guerreros de oración e intercesores una vez se les desafíe a participar en este ministerio. No se les pasó por alto en los cultos y ceremonias de Israel. Cuando Josué leyó la Palabra a la congregación los "niños" estaban presentes (Josué 8:35). Cuando todo Judá vino delante de Jehová, sus niños también estaban ahí (2 Crónicas 20:13). El día en que ofrecieron grandes sacrificios y se alegraron grandemente, los niños también se alegraron (Nehemías 12:43).

El mismo Espíritu Santo que obra a través de los adultos, obra a través de los niños (Él no es una versión infantil de sí mismo). *"Porque para vosotros es la promesa, y para vuestros hijos..."* (Hechos 2:39). La Escritura amonesta: *"Mirad que no menospreciéis a uno de esto pequeños"* (Mateo 18:10).

D. Aprender a orar

A los niños se les puede enseñar varios tipos de oración. Los aprenderán mejor cuando los adultos que los rodean los modelen.

La oración debe comenzar y terminar el día. La oración es una parte especial de las actividades de la iglesia. Puede ser el primer recurso para la enfermedad y un momento de dar gracias antes de cada comida. La oración se hace una parte natural de la vida: una continua conversación con el Padre celestial.

Para comenzar a desarrollar un hábito de oración o una consistente vida de oración, será importante establecer la oración como una actitud continua, un momento fijo para la oración específica, y un continuo deseo de hacer del momento devocional un hábito cotidiano. La oración como una actitud continua se puede desarrollar cuando los niños creen que Dios siempre está con ellos y que se interesa hasta del detalle más pequeño de su vida.

1. **Ventaja de la niñez.** Es posible que la intercesión sea más fácil para los niños que para los adultos. El niño:
   - acepta sin dudar las explicaciones que se le dan.
   - tiene una mente abierta, sin prejuicio para oír la voz del Señor.
   - fácilmente puede aprender las regiones geográficas y los nombres de las personas y lugares por los que debe interceder.
   - ora con fe sencilla.[10]

2. **Repetición.** Los niños aprenden por repetición. Los maestros no deben temer reforzar los pasos una y otra vez. Cada paso, su significado, y cómo desempeñarlo debe repasarse con frecuencia. Cada momento de oración intercesora debe seguir la misma secuencia para dar a los niños un patrón que les sea familiar.

   El maestro o el líder adulto siempre debe estar presente durante los momentos de intercesión en grupo, permitiendo que los niños dirijan la oración por necesidades específicas. Debe ser el sabio consejero al usar el discernimiento espiritual respecto los pequeñitos que necesitan dirección.

3. **Momento de quietud.** Al niño también se le debe enseñar a tener un momento personal de quietud a solas. Esto puede ser 2 ó 3 minutos al día para los niños de 3 y 4 años de edad, añadiendo unos cuantos minutos cada año cronológico. A medida que aprenden a leer y a escribir, los niños pueden mantener un apunte de sus momentos de oración y de la Escritura que han memorizado. La enseñanza de la intercesión debe animarlos a hacer esto parte de su momento de quietud, ya sea todos los días o una vez por semana. Quizás hasta pueda dedicar todo su momento de quietud a la intercesión.

   Se debe animar al niño a que busque un lugar especial que será su lugar para el momento de quietud. Este podría ser cualquier lugar en el que se sienta recluido y en privado por unos pocos minutos, como una esquina en el patio, un cuarto solo, detrás del sofá de la sala, o debajo de la cama.

4. **Diario.** Los niños mayores necesitan que se les anime a usar un mapa para buscar los nombres de países y ciudades. Deben recortar fotos y artículos de periódicos y revistas (con el permiso de los padres), y ponerlos en un cuaderno para orar específicamente por ellos.

   El maestro puede ayudar a los niños a conseguir un cuaderno para escribir sus pensamientos y sus peticiones de oración. Este libro especial se convertirá en el diario de oración del niño. Mantener apuntes de las peticiones y de la fecha en que comenzaron a presentarlas delante del Señor en oración les ayudará a recordar las cosas por las que quieran orar consistentemente. Cuando llegue la respuesta, deben apuntar esa fecha también. Pronto este diario les recordará las respuestas de Dios y se regocijarán en la fidelidad de Dios cuando lean estas respuestas.

5. **Oración en el aula.** Se pueden considerar varias maneras para enseñar a los niños en un grupo cómo comenzar a practicar sistemáticamente la oración intercesora. Hay varios pasos por los que se debe guiar al niño para preparar su corazón para la intercesión y para oír la voz del Señor *(vea el Apéndice A)*. Al seguir los siguientes pasos el obrero puede hacer que los momentos especiales de oración intercesora sean sencillos y comprensibles para los niños.

    a. Los niños pueden entonar un cántico o dos en adoración y preparación para la lección. El maestro puede repasar los varios pasos de la oración con un sencillo diagrama *(vea los Apéndices A-D)*.

    b. Los niños se sientan en círculo acompañados por un líder adulto. Un niño dirige la oración pidiendo corazones limpios y la dirección del Espíritu Santo.

    c. Los niños siguen con los ojos cerrados, sentados en círculo (o pueden darse vuelta y arrodillarse frente a sus sillas), y cantan "Cuán bueno es Dios" o "Te amo, Dios". Luego esperan en silencio que Dios hable a sus corazones o que les traiga a la memoria una necesidad ajena. (Si oran por una necesidad personal, permítales que terminen y luego recuérdeles suavemente que este momento de oración es por los demás.

    d. Anímelos a que hagan oraciones cortas de sólo una frase u oración. Anímelos a que escuchen y apoyen las oraciones de sus compañeros intercesores, haciendo eco a la necesidad y añadiendo sus impresiones respecto esa necesidad. Se toman turnos para orar por cualquier necesidad que les venga a la mente.

    e. Si hay momentos de silencio, deben esperar quietos. Durante este momento se les anima a que sigan con los ojos cerrados, mentalmente preguntando al Señor cuál es lo próximo por lo que deben orar. Cuando el maestro dé la señal, todos se deben poner de pie y deben comenzar a entonar cánticos de alabanza y adoración a Dios quien les ha hablado durante su momento de intercesión.

6. **Modelo de la oración.** Los obreros de niños y los padres son el modelo más eficaz para la oración que tienen los niños. Una manera sencilla de comenzar a enseñar a los niños a participar es formando un grupo de oración intercesora. Las siguientes actividades también se pueden llevar a cabo antes de los momentos de intercesión. *(Se hace referencia a ellos en el Apéndice E: Paso 7 del modelo del Tabernáculo, y Apéndice D: Pasos 3 y 4 del modelo de la Armadura.)*

    a. Responsabilidades bíblicas: repase las responsabilidades bíblicas que tiene todo cristiano en la intercesión *(vea el Apéndice B)*. En una cartulina grande se puede escribir el título de cada responsabilidad principal (como Líderes mundiales, Líderes cristianos, Nuestra ciudad, etc.). Los niños pueden traer fotos (ilustraciones) o artículos para hacer un collage en el resto de la cartulina.

    b. Carteles del alfabeto: cuando oren por las naciones podría desarrollar un Cartel de oración del alfabeto. El maestro titula la página y asigna a los alumnos a varios proyectos: un mapa, una réplica de la bandera, una o dos fotos de los habitantes (recortados de una revista), un breve informe sobre la nación, un informe sobre las necesidades de oración nacionales. (Esto se puede tomar de fuentes como *Operación mundo [Operation World]*. Vea la lista de recursos.) Estos se pegan en la hoja y se repasan al orar por ese país.

    Las embajadas y consulados de los países dan folletos, fotos, e información sobre su país. Las agencias de viaje también tienen folletos gratis. A medida que los niños más pequeños aprenden su letra también aprenden sobre un país cuyo nombre comienza con esa letra y pueden aprender a orar por ese país.

    c. Diario de oración: cada niño debe tener un cuaderno de hojas sueltas para dibujar un mapa del país y la bandera. Puede escribir un resumen de las necesidades nacionales de oración y mantener un apunte de sus momentos de oración por ese país. Esto también puede ser un libro de recuerdos en el que se pueden pegar fotos de los líderes mundiales y de otros en necesidad. También se pueden pegar artículos de periódicos o revistas sobre esa persona o país en particular. Al frente de este librito se pueden usar unas cuantas páginas para escribir la fecha de la petición, la persona o lugar por el que se está orando, y dejar un espacio para escribir la fecha en que la petición fue contestada.

d. Mapamundi: compre un mapamundi en cualquier librería. Debe laminarlo o ponerlo en un marco y colgarlo en la pared del salón que usan los niños para la intercesión. Cuando oren por una ciudad o nación, deben localizarla en el mapa, estudiar su distancia desde su propio país, y leer sobre ella en libros como *Operación mundo* (vea la lista de recursos).

e. Carteles de las siete áreas de influencia en la sociedad: ponga el título en los carteles y arregle en cada uno dibujos relevantes del país. Hable a los niños sobre las diferentes áreas, de lo que está sucediendo en su país, y cómo creen que deben orar por ese aspecto de su sociedad.

f. Banderas: ponga banderas de las naciones. Que los niños las copien y las coloreen en su libro devocional cuando vayan a orar por esa nación.

g. Mapas: los niños pueden trazar o hacer mapas de las naciones por las que oran.

VI. BENEFICIOS PARA LOS NIÑOS

Hay muchos beneficios que los niños recibirán cuando aprendan a orar. Habrá beneficios físicos cuando se les anima a mantener una vida limpia y santa. Habrá beneficios relacionales que reflejarán el desarrollo de carácter cuando los niños aprenden el gozo de la oración intercesora, cuando sientan la responsabilidad de orar por los demás.

- Llegan a conocer a Dios cuando comparten las cargas de Él.
- Adquieren una carga por los perdidos cuando permiten que Dios los inspire en la oración.
- Adquieren una visión mundial cuando oran por las naciones de todo el mundo.
- Aprenden a identificarse con sus hermanos en Cristo de todo el globo.
- Adquieren un entendimiento más profundo del odio y la destrucción del pecado, tanto a nivel individual como corporal.
- Reciben mayor revelación del carácter y de los caminos de Dios cuando experimentan su dirección en oración.
- Reciben una mayor revelación del poder creativo de Dios que apoya las palabras que se expresan en su Nombre y de acuerdo a su voluntad.
- Crecen en humildad y fe, puesto que no pueden orar en su propio poder. Dios les ayuda cuando piden en fe.
- Son protegidos del enemigo cuando aprenden a vivir por los principios de intercesión y así vivir en el centro de la voluntad de Dios (el lugar más seguro donde pueden estar).
- Aprenden a alabar y adorar a Dios cuando llegan a conocerlo.
- Trabajar juntos como compañeros de oración traerá unidad a la clase.
- Crecen en confianza y aprecio de sí mismos cuando llegan a conocer a Dios y cuando se dan cuenta de que en realidad pueden oír su voz y ser compañeros con Él de la manera en que Él añora que lo sean.

CONCLUSIÓN

Considere las dos palabras clave, *oración* y *niños*. El obrero de niños ha sido desafiado a estudiar la oración, aplicarla a su vida personal, y luego interceder por los niños. También se deben considerar maneras específicas de enseñar a los niños sobre la oración y animarlos a que desarrollen una vida consistente de oración. Esta no es una sola lección, sino una serie de enseñanzas y repaso.

La intercesión se debe enseñar constantemente. Debe convertirse en una parte natural del patrón de desarrollo de los niños. De otra manera, si sólo se enseña esporádicamente, el peligro es que el niño sea inmunizado al haber sido expuesto anteriormente, y cuando el tema se vuelva a enseñar dirá: "Oh, hicimos eso una vez y no dio resultado. No sirve para nada." En vez de formar un hábito de buenas prácticas devocionales, se resistirá.

¿Pueden los niños convertirse en poderosos intercedores? ¡Sí! Pero necesitan ejemplo amoroso y dirección para guiarlos en la oración, para desarrollar sus capacidades espirituales, y para ayudarles a formar un hábito para toda la vida. ¿Cuál será el impacto en las iglesias hoy, y en los líderes del mañana si el Señor demora su venida?

REPASO

1. ¿Cuáles son algunos tipos de oración?
2. ¿Cuáles son dos responsabilidades para el obrero de niños en su vida de oración?
3. Mencione las tres áreas de influencia social por las que debemos interceder.
4. ¿Cuál es la importancia de enseñar a los niños sobre la oración?
5. ¿Cuáles son algunos de los beneficios de que los niños participen en la oración?

NOTAS

[1] *"World Summit in Favor of Children,"* (New York: United Nations, Septiembre 30, 1990).

[2] Ibid.

[3] II seminario (1965) UNICEF.

[4] *"World Summit in Favor of children."*

[5] II seminario (1985) UNICEF.

[6] Milagro Melendez, *"Escolares se ven asediados por subversion"* El Peruano (Lima, Perú: May 10, 1991).

[7] *"Los Niños en el Perú están desprotegidos y son vulnerables a todo tipo de males,"* El Peruano, B/12, Diciembre 26, 1990.

[8] *"Obligados a trabajar desde pequeños,"* El Peruano, Diciembre 26, 1990.

[9] *"Los Niños Primero"* UNICEF, 1990.

[10] Judith Graner, *"La Brecha,"* De Los Tales, No. 1 Vol. 1, p.4.

[11] Hollowell, Phyllis. *"Intercessory Prayer for Children"* (notas no publicadas) p.3.

RECURSOS

Recursos que promueven la oración y la intercesión entre los niños:

Johnstone, Patrick. *Operation World*, Inglaterra: STL Books & WEC Pub., 1978.

LA ORACIÓN Y LOS NIÑOS

- **Importancia del tema**
- **Objetivos**
- **I. Introducción**
- **II. Definir lo que es oración**
- **III. Las responsabilidades del obrero**
    - A. Vida personal de oración
    - B. Interceder por los niños
- **IV. Siete áreas de énfasis para la oración**
    - A. Familia
    - B. Educación
    - C. Religión y la Iglesia
    - D. Gobierno
    - E. Medios publicitarios, artes, y diversión
    - F. Ciencia y tecnología
    - G. Negocio y comercio
- **V. Cómo desarrollar una vida de oración en los niños**
    - A. Razones para orar
    - B. Tipos de oración
    - C. Ejemplos bíblicos
    - D. Aprender a orar
- **VI. Beneficios para los niños**
- **Conclusión**
- **Repaso**
- **Notas**
- **Recursos**
- **Apéndices**

A

Apéndice A: Pasos básicos

Los siguientes principios para la intercesión eficaz se incluyen para orientar a los maestros respecto a oír la voz del Señor durante la intercesión. Luego los maestros pueden enseñar gráficamente a los niños estos mismos pasos en una forma simplificada.

1. ¡Venir con alabanza!

    "Entren por sus puertas con acción de gracias; vengan a sus atrios con himnos de alabanza" (Salmo 100:4, NVI).

2. ¡Pedir pureza de corazón! ¡Hacer restitución!

    "Reconcíliate primero con tu hermano, y entonces ven..." (Mateo 5:24, NVR). *"Si en mi corazón hubiese yo mirado a la iniquidad, el Señor no me habría escuchado"* (Salmo 66:18, VVR).

3. ¡Pedir la dirección del Espíritu Santo!

    "Y de igual manera el Espíritu nos ayuda en nuestra debilidad; pues qué hemos de pedir como conviene, no lo sabemos, pero el Espíritu mismo intercede por nosotros... conforme a la voluntad de Dios" (Romanos 8:26,27, VVR).

4. ¡Esperar quietos que Dios hable!

    "Pero cuando venga el Espíritu de la verdad, él los guiará a toda la verdad porque no hablará por su por su propia cuenta sino que dirá sólo lo que oiga" (Juan 16:13, NVI).

5. ¡Orar!

    "Pidan y recibirán, para que su alegría sea completa" (Juan 16:24, NVI).

6. ¡Salir con alabanza!

    "Vale más pasar un día en tus atrios que mil fuera de ellos; prefiero cuidar la entrada de la casa de mi Dios que habitar entre los impíos... Señor Todopoderoso, ¡dichosos los que en ti confían!" (Salmo 84:10,12, NVI).

Adaptado de "Principles for Effective Intercession"
por Joy Dawson

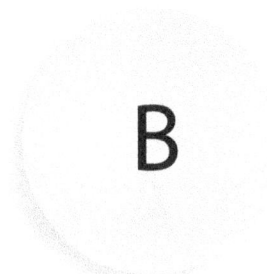

Apéndice B: Resposabilidades bíblicas para la intercesión

La Biblia indica varias áreas y diferentes individuos y grupos de personas por los que hemos de orar. Estos se pueden presentar y explicar a los niños uno por uno a través de varias semanas de intercesión y luego se pueden volver a reciclar.

Las responsabilidades bíblicas de un intercesor:

1. Líderes mundiales (1 Timoteo 2:2)
    a. Líderes del gobierno
    b. Líderes cívicos
2. Líderes espirituales cristianos
    a. Líderes denominacionales
    b. Su pastor y líderes de la iglesia
3. Su ciudad
4. Su nación
5. Su iglesia, congregación, líderes, y misioneros
6. Su familia
    a. La cabeza de su hogar
    b. Miembros individuales de la familia
7. Personas sin salvación que Dios ponga en su camino (1 Timoteo 2:1)
    a. Pida a Dios nombres
    b. Ore por ellos hasta que desaparezca la carga (pueden estar en su lista por muchos años)
    c. Tenga fe en que serán salvos
    d. Espere que Dios le dé una oportunidad para testificarles
8. Recién convertidos y cristianos en necesidad (Marcos 6:55; Santiago 5:14)
9. Su vecindario (Job 42:8)
10. Sus enemigos (Génesis 18:23-32)
11. Por las ciudades y naciones del mundo (Jeremías 5:1; 29:7; Ezequiel 22:30)
    a. Pida al Señor que le indique cuál
    b. Ore por los que están viviendo en situaciones difíciles
    c. Ore por los hermanos cristianos donde el cristianismo no es permitido
    d. Ore especialmente por los judíos, por Jerusalén, e Israel
12. Por los pueblos no evangelizados (incluya a los niños)
13. Ore hasta que el Señor amplíe su visión en general.

Apéndice C: Rueda devocional

Este es un modelo visual para mostrar los 12 pasos de la oración variada que se pueden usar durante un momento devocional en grupo o en privado. Comenzando donde dice COMIENZO, cada paso tiene un título y una base bíblica y se puede practicar mientras el individuo pasa alrededor de la rueda hasta llegar a FIN. Para los jóvenes o adultos una sesión de oración de 60 minutos con 12 pasos de cinco minutos cada uno es una posibilidad. Con los niños más pequeños los pasos se deben combinar y deben ser mucho más cortos. Puede que algunos de los pasos tengan tiempos variados. Este es simplemente un modelo, no un formato estricto que se debe seguir.

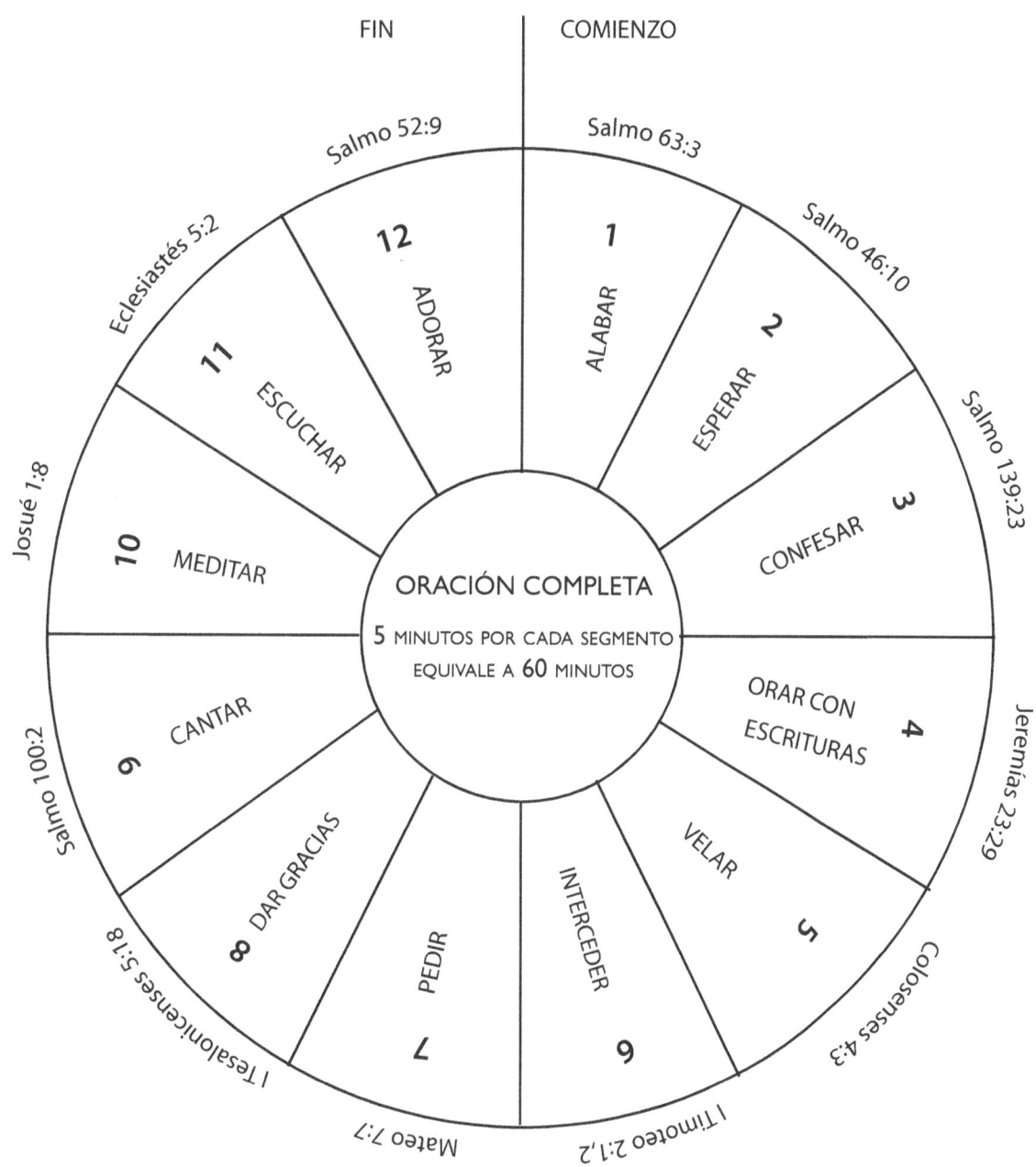

Apéndice D: Modelo de la armadura

Otro medio para reforzar los pasos de la oración intercesora es con la ayuda de un modelo basado en la armadura espiritual que se explica en Efesios 6:10-13.

La importancia de vestirse todos los días de toda la armadura de Dios, o de prepararse espiritualmente a través de la oración (v. 10-13):

1. Ceñidos con la verdad: en un mundo de mentiras hay una gran necesidad de llevar con nosotros la verdad de Dios.

2. Vestidos con la coraza de justicia: en un mundo de perversidad y pecado, debemos conocer la justicia de Dios que Él nos ha dado en el momento de la salvación y protegerla en nuestro corazón.

3. Calzados los pies con el apresto del evangelio de la paz: debemos orar pidiendo oportunidades de ir y compartir el evangelio con los demás.

4. Escudo de la fe para apagar todos los dardos de fuego del enemigo: en un mundo de malignas influencias podremos orar que Dios fortalezca nuestra fe para soportar los ataques del enemigo.

5. Yelmo de la salvación: el mundo tiene muchas maneras de lograr acceso a nuestra mente —por medio de la educación, los medios de comunicación, etc.— sin embargo, por la salvación, los cristianos pueden orar y pedir a Dios que guarde su mente y sus pensamientos.

6. Espada del Espíritu, que es la Palabra de Dios: usar la Palabra de Dios en oración es algo poderoso. Debemos estudiar la Biblia para usarla hábilmente como nuestra espada.

Concluya con un recordatorio de orar en el Espíritu, usando toda clase de oraciones, y permaneciendo alerta a orar sin cesar (Efesios 6:18).

E

Apéndice E: Modelo del tabernáculo

Esta es una manera de reforzar los pasos de la oración intercesora usando el ejemplo del tabernáculo. Esto es útil para repasar si el grupo ha estudiado a fondo el tabernáculo y si está familiarizado con su plan.

En sus notas acerca de la intercesión, Phyllis Hollowell y Fraser Haug dicen:

> Uno de los procesos más básicos de aprendizaje que tiene lugar en el niño es que aprenda a pensar en términos abstractos. En los años anteriores a la adolescencia el niño está formando puentes mentales del mundo concreto al abstracto... De modo que, una de las tareas principales del maestro es presentar al alumno el material necesario para lograr este proceso. Siendo que solamente Dios da sabiduría y entendimiento, el maestro cristiano irá con renovado vigor a la Palabra de Dios para examinar y utilizar todos sus ejemplos concretos para mostrar la verdad abstracta.
>
> Al enseñar los principios de la intercesión eficaz necesitamos un modelo tomado de una situación verdadera de la vida que muestre el concepto de progresión y secuencia en una sola ilustración unificada. Estos pasos de progresión en la intercesión se imitan exactamente en el tabernáculo de Moisés. Tomaremos el mobiliario en la secuencia correcta desde el altar hasta el lugar Santísimo para ilustrar ante el niño los pasos necesarios para allegarse a la persencia de Dios y ejercer nuestros privilegios y nuestro servicio de intercesión.
>
> El maestro debe preparar un tablero de anuncios con un modelo del tabernáculo. Ponga el número (o una frase descriptiva) del paso de intercesión junto a la pieza de mobiliario apropiada... Las instrucciones para cada paso se escriben lo más sencillamente posible para que los niños las entiendan, y deben fijarse en su pieza de mobiliario equivalente. Ya sea que use un tablero de anuncios o el método de tablero de franela, ¡es importante que vaya acompañado de la cita bíblica![1]

Al principio (y periódicamente después) se debe repasar la historia del tabernáculo. Es necesario que los niños recuerden que Dios pidió al pueblo judío que construyera un tabernáculo para que hubiera un lugar visible para encontrarse con un Dios invisible. Hoy podemos reunirnos y orar a Dios en cualquier lugar, pero usamos la ilustración del tabernáculo y su mobiliario como un recordatorio para orar e interceder. De modo que, para comenzar el momento de intercesión, los niños deben acercarse al tabernáculo y entrar con alabanza.

Señale las gradas o una puerta para entrar a los atrios con alabanza. Los alumnos deben entonar cánticos como: *"Entrad por sus puertas con acción de gracias, por sus atrios con alabanza"* y *"Bendeciré al Señor en todo momento, su alabanza estará de continuo en mi boca"*.

1. **Altar del sacrificio.** Consagrarse al Señor, entregarle todos los deseos y pensamientos. *"Os ruego que presentéis vuestros cuerpos en sacrificio vivo, santo, agradable a Dios, que es vuestro culto racional"* (Romanos 12:1).

2. **La fuente para lavarse.** Era de bronce. Contenía el agua con la que el sacerdote se lavaba las manos y los pies antes de entrar al lugar santísimo.

    Pida un corazón limpio. *"Purifícame con hisopo, y quedaré limpio; lávame, y quedaré más blanco que la nieve... Crea en mí, oh Dios, un corazón limpio, y renueva la firmeza de mi espíritu"* (Salmo 51:7,10, NVI). *"Examíname, oh Dios, y conoce mi corazón; pruébame y conoce mis pensamientos; y ve si hay en mí camino de perversidad, y guíame en el camino eterno"* (Salmo 139:23,24).

3. **El candelero de oro.** Este era como una lámpara de aceite con siete mechas. Estas nunca debían apagarse. Jesús dijo: *"Yo soy la luz del mundo"*. Pida que su luz penetre en nuestra mente para que podamos oír su voz y compartir la carga de su corazón por un mundo perdido.

4. **La mesa de los panes de la proposición.** En esta mesa los sacerdotes ponían algunas hogazas de pan que se consideraban santas. Representarían a Jesús, que se llamó a sí mismo el Pan de Vida. Él quiso decir que los que necesitaran ayuda en su vida espiritual podían recibirla de Él. Pida ser lleno con el Espíritu Santo. El Espíritu Santo nunca habla de sí mismo sino que siempre indica el camino a Jesús, el Pan de Vida. Pida que seamos como esa mesa de los panes de la proposición, ofreciendo a Jesús a un mundo con hambre espiritual.

5. **El altar del incienso.** El incienso representaba las oraciones del pueblo que amaba a Dios. Debemos ofrecer alabanza en oración, *"copas de oro llenas de incienso, que son las oraciones de los santos"* (Apocalipsis 5:8).

6. **El velo.** El velo era una cortina pesada que separaba al sacerdote de la santa presencia de Dios. Si hay algo que podría interponerse entre nosotros y Dios, este es momento de arrepentirnos y pedir perdón al Señor. También, al diablo le gustaría poner una barrera entre Dios y nosotros. Podemos decirle que no estorbará nuestro momento de oración. *"Someteos, pues, a Dios; resistid al diablo, y huirá de vosotros"* (Santiago 4:7). *"Hijitos, vosotros sois de Dios, y lo habéis vencido; porque mayor es el que está en vosotros, que el que está en el mundo"* (1 Juan 4:4).

7. **El arca del pacto.** Esta era una caja que contenía objetos como las piedras de los Diez Mandamientos. Cada objeto ayudaba al pueblo a recordar las promesas que Dios les había dado y cómo les habló cuando necesitaban oír su voz. Espere en el Señor y ore según los pensamientos que Él le dé. *"En Dios solamente está acallada mi alma; de él viene mi salvación"* (Salmo 62:1). *"Guarda silencio ante Jehová, y espera en él"* (Salmo 37:7). Luego oren por turno (conversacionalmente con varias oraciones por cada uno, si es posible) a medida que el Señor les muestre en su Palabra, según los sucesos a su alrededor, o conforme una suave, pequeña voz dentro de su mente les indique aquello por lo que deben orar.

Termine con un momento de alabanza al salir de los atrios.

[1] Hollowell, Phyllis. *"Intercessory Prayer for Children"* (notas no publicadas) p.3

Apéndice F: Ejemplos

Ejemplo de un maestro de la oración intercesora

Una mañana, mientras esperaba que Dios nos mostrara por lo que debíamos orar, yo sabía que si se lo pedíamos, Dios nos daría los nombres y las circunstancias por las que debíamos orar.

"Señor Jesús", oré, "¿podrías darnos nombres y circunstancias por las que debemos orar esta mañana?"

"Padre celestial", oró Juan, "por favor ayuda a Hans mientras se encuentra en Michigan. Ha llegado ahí desde los Países Bajos para visitar; es un adolescente y necesita tu ayuda ahora mismo." Juan no sabía ningún otro detalle cuando yo le pregunté. Dios le había dado lo necesario para interceder por un joven en Michigan, que visitaba desde los Países Bajos.

Donna "vio" que muchos adolescentes en Suecia, su país, tomaban drogas. Oró fervorosamente para que dejaran de tomar drogas, y que aceptaran a Jesucristo como su Salvador.

Se podría haber dudado de estos nombres y circunstancias, y podríamos haber pasado el tiempo dudando de que en realidad habíamos oído correctamente lo suficiente como para hacer una diferencia en el destino de la vida de estas personas y circunstancias. Y sin duda, oramos.

Los niños se volvieron muy sensibles al Señor y pronto respondieron a Él.

Una de las partes más difíciles de nuestro plan de paso a paso en la oración intercesora era la alabanza. De alguna manera en la alabanza espontánea. Sin mucho comportamiento que mostraba que estábamos muy concientes de nosotros mismos. Para ayudarnos usamos los Salmos. Cada uno encontró un Salmo en el que se alababa a Dios, y lo leíamos en la primera persona. En el Salmo 95 la primera línea lee: "Venid, aclamemos alegremente a Jehová". Nosotros lo leíamos como sigue: *"Vengo aclamando alegremente a Jehová."* Esto hacía que la alabanza y la adoración se hiciera muy personal.

Conforme esta misma línea de pensamiento, les enseñé a orar mientras leían. Cada niño tenía una copia del libro *Operación Mundo* (vea la lista de recursos). Este libro sobre la oración intercesora contiene información básica sobre la mayoría de los países del mundo. También presenta una sinopsis de la obra cristiana que se está llevando a cabo en cada uno de los países, y contiene una lista de las necesidades de oración de cada nación. La información se convertía en oración.

Un niño, Andrew, tenía un periódico y su libro sobre su escritorio. Leía absorto el periódico.

"Andrew, ¿has terminado de orar?" le pregunté, acercándomele al oído.

"Oh no", me contestó, "encontré algo sobre Polonia aquí en el periódico, y estoy orando mientras leo."

También aprendimos a orar mientras oíamos las noticias, o los problemas de las personas, o a medida que surgían las situaciones.

Mi esperanza era que estos niños pudieran orar en cualquier momento, en cualquier lugar, y que estuvieran siempre constantes en oración; deseaba fijar en ellos un patrón de oración que pudieran seguir el resto de su vida.

Dios enseñó a estos niños que Él respondería con agrado a sus oraciones, no sólo para cambiar el destino de naciones, sino también cambiar sus propios destinos. Una y otra vez Él los instaba suavemente a que fueran más como Jesús. Les pedía que fueran personas de integridad. Y ellos le respondían, arrepintiéndose de los pecados que subían a la superficie, mientras oraban para oír la voz de Dios. Los niños ya no podían seguir defraudando ni mintiendo sin que su corazón fuera herido con el dolor por haberlo hecho. Venían a mí, lo confesaban, y orábamos.

¡Se convirtieron en niños de destino y creo que siempre lo serán!

Ejemplo de una madre de la oración intercesoria

Era "hora de orar" antes de acostarse, cuando su madre pidió al niño de tres años que orara. "Querido Jesús", dijo el niño, "por favor sana a mi misionera Tía Elsie en Africa y a mi prima Janice también."

La mamá estaba perpleja. No sabía que Elsie o Janice estuvieran enfermas, pero no dijo nada. Dos semanas después recibió una carta de Elsie. Elsie y Janice habían estado enfermas de muerte, pero cerca del momento en que el niño de tres años oró, ¡las dos fueron milagrosamente sanadas!

¿Pueden ser intercesores los niños de tres años? Sí, si les enseñamos y les damos la oportunidad.

Capítulo 41

Capítulo 42

TEMA: Los niños y el bautismo en el Espíritu Santo

ESCRITORES: Ed y Sonja Corbin, Ann Niles

IMPORTANCIA DEL TEMA Y SU RELEVANCIA PARA LOS OBREROS

Nuestros niños viven en un mundo muy complejo y hostil. Viven en un mundo de adultos desinteresados que no tienen sentido del valor del niño. Los niños son ciudadanos de segunda o tercera clase, si acaso. La gente perversa y pecaminosa explota a los niños por medio del abuso físico y sexual. Nuestros periódicos están llenos de noticias de secuestros, violaciones, y asesinatos de niños. Parece que el enemigo tiene como blanco la destrucción de los niños.

Hasta la Iglesia ha descuidado el valor del niño. La Biblia menciona la palabra niño o niños más de 2.000 veces, pero parece como que la comunidad cristiana ha cerrado los ojos a estos pasajes. La mayoría de nuestras iglesias no ofrecen ningún ministerio sólido para los niños. Hasta las escuelas dominicales bien administradas son difíciles de encontrar. ¿Cómo sobrevivirán nuestros niños en la antagonística sociedad de hoy?

La única esperanza para nuestros niños es que sean llenos del poder del Espíritu Santo. Debemos enseñarles sobre el Espíritu Santo y crear un ambiente en el que reciban el bautismo en el Espíritu. Esta es su única esperanza. Nuestros niños necesitan poder de lo alto si han de tener una vida victoriosa en Cristo en esta perversa generación.

Para que los niños puedan entender y experimentar el poder y el gozo de una vida llena del Espíritu Santo, es necesario enseñarles sobre la persona y la obra del Espíritu Santo. El obrero pentecostal de niños debe poder explicar la importancia del bautismo en el Espíritu Santo y también aconsejar sobre el bautismo que Dios ha prometido. Este estudio ofrece un sólido cimiento bíblico y lecciones prácticas que ayudarán al obrero a enseñar eficazmente en esta área.

OBJETIVOS PARA EL OBRERO QUE ESTUDIA ESTE CURRÍCULO

1. El obrero aprenderá que los niños pueden comprender a la persona y la obra del Espíritu Santo cuando se enseña a un nivel diseñado para su comprensión.
2. El obrero se convencerá de la necesidad de que los niños sean bautizados en el Espíritu Santo y que lleven una vida llena del Espíritu.
3. El obrero sentirá la urgencia de concentrar su enseñanza para instruir a los niños sobre su necesidad de recibir la plenitud del Espíritu.
4. El obrero podrá explicar al nivel del niño el lugar del Espíritu Santo en la vida del cristiano.
5. El obrero podrá orar con los niños para que reciban el bautismo en el Espíritu Santo.
6. El obrero podrá instruir a otros para que enseñen y oren correctamente con los niños en relación al bautismo en el Espíritu Santo.
7. El obrero podrá hacer una lista y dar un breve resumen de las cinco lecciones que hay en el programa.
8. El obrero podrá explicar las lecciones usando los bosquejos y materiales que se ofrecen.

I. INTRODUCCIÓN

Antes que el obrero pueda comunicarse eficazmente sobre el propósito y el poder del bautismo en el Espíritu Santo con un niño, debe estar completamente convencido de lo siguiente:

El Espíritu Santo es parte de la Trinidad. La obra del Espíritu Santo es necesaria para la salvación: Él convence de pecado, da seguridad de perdón y continuamente ayuda de muchas maneras.

El bautismo del Espíritu Santo es para todos los creyentes en todo lugar. Da poder para gozar de una vida victoriosa y también el denuedo para testificar a los demás.

Ser llenos con el Espíritu Santo nos permite experimentar las maneras más sublimes de adorar y alabar a Dios.

Llevar una vida llena y dirigida por el Espíritu Santo es una realidad probada bíblicamente, y hoy es una posibilidad para todos, incluso los niños que han sido bautizados en el Espíritu Santo.

Los niños necesitan una enseñanza sencilla y clara sobre el Espíritu Santo y su obra en cada persona y necesitan ver a los adultos llenos del Espíritu Santo como ejemplos vivos. La búsqueda del bautismo en el Espíritu Santo no debe ser motivada por la presión, sino más bien debe ser un acto de obediencia y sumisión a todo lo que Dios nos ofrece. Los niños necesitan saber que este don es para ellos.

Los obreros que están llenos del Espíritu Santo deben recordar y enseñar a otros las siguientes pautas sobre cómo ayudar al niño a recibir el bautismo en el Espíritu Santo:

1. Enseñe con la Biblia abierta cuando esté enseñando sobre el Espíritu Santo y siempre, cuando sea posible, deje que el niño lea el pasaje.

2. Enfatice que el bautismo en el Espírit Santo es un don (regalo) para los que han recibido la salvación.

3. Dirija a los niños en un momento de alabanza y adoración, creando así un ambiente de expectación.

4. Enseñe la importancia de orar en voz alta. Cuando el niño sienta que Dios lo está llenando con el Espíritu Santo, debe dejar de hablar en castellano y dejar que Dios dirija los sonidos que le salen de la boca. Cuando el pequeño rinda su lengua y sus labios, comenzará a hablar a través del Espíritu Santo en un idioma nuevo y bello.

5. Ayude a que los niños entiendan que ellos no deben buscar las lenguas, más bien deben buscar expresar su amor a Dios.

6. Una vez hayan hablado en lenguas, anímelos a que oren y adoren a Dios en el Espíritu todos los días. También anímelos a que hablen a los demás de Jesús, que oren por los enfermos, y que vivan en obediencia a la Palabra de Dios.

7. Siga dedicando tiempo a la oración durante su clase o culto, para que los niños busquen las bendiciones y el poder del Señor.

8. Anime a los niños que no reciben inmediatamente el bautismo en el Espíritu Santo para que sigan buscando al Señor, hasta en su casa.

Recuérdeles que son especiales para Dios y cuánto Él desea estar cerca de ellos. Dios tiene un plan para cada uno de ellos. Lo recibirán si siguen buscando a Dios con todo su corazón.

II. EL ESPÍRITU SANTO

El Espíritu Santo es Dios, la tercera Persona de la Trinidad. Aunque la palabra Trinidad no se encuentra en la Biblia, el concepto está ahí. La Trinidad se compone de Dios el Padre, Dios el Hijo y Dios el Espíritu Santo. Cada Persona de la Trinidad tiene una función específica.

Dios el Padre estuvo activo en la creación del mundo. Él hizo el mundo y todo lo que hay en él. Dios el Hijo (Jesús) vino a la tierra a redimir a la humanidad del pecado por medio de su muerte en la cruz y su resurrección. Dios el Espíritu Santo fue enviado a la tierra como el Consolador. Cuando Jesús regresó a su trono celestial los discípulos quedaron solos. El Espíritu Santo fue enviado para ser su Ayudador y Guía especial.

A. *El lugar del Espíritu Santo*

- El Espíritu Santo nos da convicción del pecado. Él nos deja saber cuando hemos desobedecido a Dios haciéndonos sentir una necesidad de perdón (Juan 16:8).

- El Espíritu Santo consuela en momentos de dolor.

- El Espíritu Santo nos guía a través de la vida y nos ayuda a tomar decisiones sabias. Él nos recuerda lo que hemos aprendido y lo que dice la Palabra de Dios (Juan 14:25).

- El Espíritu Santo nos enseña cosas sobre la Palabra de Dios que de otra manera permanecerían un misterio. *"Pero cuando venga el Espíritu de verdad, él os guiará a toda la verdad"* (Juan 16:13).

- El Espíritu Santo nos permite orar en otras lenguas para que podamos tener verdadera comunión con Dios, de espíritu a Espíritu. *"Y de igual manera el Espíritu nos ayuda en nuestra debilidad; pues qué hemos de pedir como conviene, no lo sabemos, pero el Espíritu mismo intercede por nosotros con gemidos indecibles. Mas el que escudriña los corazones sabe cuál es la intención del Espíritu, porque conforme a la voluntad de Dios intercede por los santos"* (Romanos 8:26-27). Muchas veces cuando oramos, no sabemos exactamente cómo orar, o quizás no estamos seguros de cómo quiere Dios que oremos. Durante estos momentos, el Espíritu Santo, que conoce los profundos pensamientos de Dios, toma el mando y comienza a orar exactamente como Dios quiere.

- El Espíritu Santo dará poder para testificar. *"Pero recibiréis poder, cuando haya venido sobre vosotros el Espíritu Santo, y me seréis testigos en Jerusalén, en toda Judea, en Samaria, y hasta lo último de la tierra"* (Hechos 1:8). Cuando el Espíritu Santo da poder, Él da al cristiano un deseo de compartir con otros las nuevas de Jesús.

B. Cómo recibir el bautismo en el Espíritu Santo

Hay tres pasos sencillos para recibir el bautismo en el Espíritu Santo. Primero debemos pedir, luego debemos creer, y tercero debemos hablar.

a. Pedir

Con frecuencia las personas no hacen esto. Pasan al frente para orar y sólo se paran y miran fijamente a los demás. Comienzan a orar o a alabar, pero nunca en realidad le piden a Dios que los llene. Es necesario enseñarles que pidan a Dios que los bautice en el Espíritu Santo con la evidencia física inicial de hablar en otras lenguas.

Lucas 11:11-13 nos dice que pidamos el Espíritu Santo. *"¿Qué padre de vosotros, si su hijo le pide pan, le dará una piedra? ¿o si pescado, en lugar de pescado, le dará una serpiente? ¿O si le pide un huevo, le dará un escorpión? Pues si vosotros, siendo malos, sabéis dar buenas dádivas a vuestros hijos, ¿cuánto más vuestro Padre celestial dará el Espíritu Santo a los que se lo pidan?"*

b. Creer

Marcos 11:24 dice: *"Por tanto, os digo que todo lo que pidiereis orando, creed que lo recibiréis, y os vendrá."*

La clave par usar la fe es creer que se tiene la respuesta a la oración antes de ver la evidencia. Dios prometió que daría el Espíritu Santo a los que lo pidan. Por tanto, uno debe creer que lo ha recibido, tan pronto como lo pida. Si uno cree que lo recibirá, entonces lo recibirá.

Una clave para hacer la oración de fe es creer la Palabra de Dios que vive en el "corazón". La fe debe basarse en el "conocimiento del corazón", no en el "conocimiento de la cabeza". La mente dirá: "No has recibido nada. No hay evidencia." El corazón dirá: "Mi Padre celestial dijo que me daría el Espíritu Santo si lo pido. Lo he pedido, por tanto creo que he recibido el Espíritu Santo, aunque no vea la evidencia física."

Tan pronto como el niño puede creer que ha recibido el Espíritu Santo, debe comenzar a dar gracias a Dios por este don. Se debe alabar a Dios por la oración contestada. La evidencia entonces seguirá. Así funciona la fe. Primero creemos, luego recibimos.

La relación del niño con Dios es de suma importancia al buscar al Espíritu Santo más que la experiencia del bautismo en el Espíritu Santo. *"Acercaos a Dios, y él se acercará a vosotros. Pecadores, limpiad las manos; y vosotros los de dobre ánimo, purificad vuestros corazones"* (Santiago 4:8).

c. Hablar

El obrero debe ser sensible a la percepción del niño de hablar en lenguas. El maestro debe informar al niño sobre cómo el Espíritu Santo obra en nosotros. Hablar en lenguas ocurrirá después que el Espíritu Santo llega a él. Esta será la evidencia inicial del bautismo (Hechos 2:4, 10:44-46, 18:6,7). *"Y fueron todos llenos del Espíritu Santo, y comenzaron a hablar en otras lenguas, según el Espíritu les daba que hablasen"* (Hechos 2:4).

Esta es la parte difícil. Los niños y los adultos tienen dificultad en ejercitar esto. Muchos se niegan a dejar de orar en su propio idioma y dar un paso de fe y comenzar a expresar las palabras que les da el Espíritu Santo. Los niños podrían tener temor de las nuevas palabras.

Explique a los niños que el Espíritu Santo da las nuevas palabras. Los niños siempre están en control de su boca. Ellos pueden decidir no hablar en lenguas.

Es importante que los niños oren en voz alta. Cuando el niño sienta que el Señor lo está llenando, debe dejar de hablar en castellano y permitir que Dios dirija los sonidos que le salen de los labios. Cuando da al Espíritu Santo el control de su lengua, el niño hablará en un bello nuevo idioma. Diga a los niños que hablen audiblemente, orando y dando gracias a Dios. Deben hablar lo suficientemente alto como para oírse a sí mismos. Anímelos a rendirse completamente al Espíritu Santo.

Hablar en otras lenguas es la evidencia física inicial de ser bautizado con el Espíritu. Esta evidencia se ve en Hechos 2, 10, y 19. También habrá muchas más obras del Espíritu en la vida de la persona que ha sido llena. Debemos animar a los niños que están bajo nuestro cuidado que esperen que el Espíritu Santo los use de muchas nuevas y especiales maneras.

III. CÓMO GUIAR AL NIÑO

A. Buscar de Dios

Siga dirigiendo a los niños en adoración y alabanza. Será de gran beneficio espiritual saber que buscar a Dios es más que pedirle por las necesidades.

Si alguno de los niños no habla en lenguas inmediatamente, anímelo a que pase más tiempo en oración en casa. Dios lo puede llenar en cualquier lugar. Asegúrele del amor de Dios y de su deseo de llenarlo.

B. Ánimo

Cuando nosotros como adultos trabajemos con los niños en un altar de oración, nunca debemos ser negativos. Siempre debemos inspirar fe y victoria. Se aconseja imponer las manos como lo hizo Pablo en Hechos 19. Debemos orar en lenguas para que podamos ser oídos.

Debemos dar ánimo verbal. Es correcto animar al niño que pronuncie las palabras. Tan pronto como alguien reciba el bautismo, anúncielo a todos para inspirar su fe. Anime al que acaba de ser lleno que siga hablando en lenguas en vez de en su propio idioma y que permanezca en el altar.

C. Consejo

Como obreros en el altar, no debemos gritar al oído de los niños ni sacudirlos para que el Espíritu Santo entre en ellos. Nunca debemos darnos por vencidos con el niño. Mientras el niño quiera orar, debemos orar con él. Nunca debemos ser negativos.

En ningún momento debemos decir al niño que repita nuestras palabras. No nos toca a nosotros llenarlo; el Espíritu Santo se encarga de eso.

Esté alerta a la posibilidad de que los niños podrían enseñar a otros cómo hablar en lenguas. Este tipo de error no es intencional, ni de naturaleza maliciosa, pero es consecuencia de la curiosidad, y es necesario tratar con él con sólida orientación doctrinal.

CONCLUSIÓN

Es necesario exhortar a los niños a seguir buscando más y más del Espíritu Santo. Hablar en lenguas por primera vez es sólo el comienzo. Explique que para vivir llenos del Espíritu necesitamos orar en lenguas todos los días. El Espíritu Santo es el combustible que hace funcionar nuestro motor espiritual.

Debemos seguir siendo llenos del Espíritu Santo. Efesios 5:18-19 dice: *"…sed llenos del Espíritu, hablando entre vosotros con salmos, con himnos y cánticos espirituales, cantando y alabando al Señor en vuestros corazones."* Anime a los niños que oren en el Espíritu todos los días. El Espíritu Santo orará por medio de ellos cuando no sepan cómo orar y serán edificados en su ser interior.

Aprovéchese de toda oportunidad para dirigir a los niños a aprender más sobre el Espíritu Santo. El fruto del Espíritu se manifestará en la vida del creyente lleno del Espíritu (Gálatas 5:22). Los dones del Espíritu también son revelaciones del Espíritu Santo (1 Corintios 12:7-11; Efesios 4:11-12; Romanos 12:6-8). Muchos aspectos del Espíritu Santo se pueden estudiar con los niños.

Al modelar una vida llena del Espíritu, el obrero de niños puede llevar a los niños hacia un reconocimiento de todo lo que Dios puede hacer en la vida de ellos. Usted puede ser instrumento de Dios para bendecir y ungir a muchos niños. No limite lo que el Espíritu puede hacer. Usted puede ayudarles a pasar a la plenitud del poder de Dios.

CINCO SENCILLAS LECCIONES

Estas cinco lecciones furon diseñadas para ayudar a que los niños comprendan y experimenten el bautismo en el Espíritu Santo, seguido de una vida llena del Espíritu. Deben ser animados a profundizar su relación con Dios por medio de la adoración, la fe, y el bautismo en el Espíritu Santo.

Lección 1 –   Enseña a los niños cómo profundizar su relación con Dios por medio de la adoración. La historia bíblica es:

"Pablo y Silas en la cárcel".

Lección 2 – Enseña cómo crecer en fe y confianza de que Dios desea obrar en la vida de todos. Esto los preparará para que puedan confiar en Dios para llenarlos del Espíritu Santo. La historia bíblica es: "Sadrac, Mesac y Abed-nego en horno de fuego"; "Pedro camina sobre el agua"; y "Jonatán y su escudero".

Lección 3 – Enseña quién es Dios, cómo es, y lo que quiere hacer en nuestra vida. Esta lección estimulará en los niños el deseo de ser llenos del Espíritu Santo. La historia bíblica es: "Jesús promete mandar al Consolador".

Lección 4 – Enseña quién es el Espíritu Santo, lo que desea hacer en nuestra vida, y que da poder, consuelo y mucho más. La historia bíblica es: "El día de Pentecostés".

Lección 5 – Enseña cómo conectar con este poder después de haber sido bautizados en el Espíritu Santo. La historia bíblica es: "Lenguas de fuego".

MATERIALES PARA PRESENTAR LAS LECCIONES

Para presentar las siguientes cinco lecciones va a necesitar ciertos materiales y hará las visuales que le ayudarán a enseñar esta clase. También es bueno reproducir las hojas de repaso o hacer transparencias de ellas para trabajar en grupo si no es posible hacer copias individuales.

Va a necesitar:

1. 10 transparencias para proyector que midan 27,5x22,4 pulgadas (5 transparencias extra si no va a hacer hojas de repaso individuales)
2. Cartulina gruesa de un color llamativo (rojo, azul, amarillo, negro, blanco)
3. 4 hojas de cartulina regular (cualquier color)
4. Marcadores de punta ancha (negro, rojo, azul, verde)
5. Goma (pegamento)
6. Tijeras
7. Crayones o pintura para tela
8. Regla
9. Túnica larga
10. Trompeta
11. Pergamino

En cada lección un hombre vestido con la túnica larga, llevando una trompeta en una mano y sosteniendo el pergamino en la otra, va a leer el pasaje bíblico correspondiente. Prepare el versículo para memorizar en una hoja de papel aparte que pueda pegar en el pergamino. Use cinta adhesiva para poder quitarla después.

LECCIÓN #1

EL PODER DE LA ALABANZA

Versículo para memorizar: *"Alabaré a Jehová con todo el corazón"* (Salmo 111:1).

Nota al maestro:

Todos los niños necesitan aprender cómo adorar a Dios; necesitan saber que Dios se agrada con nuestra adoración. La alabanza con adoración nos lleva a una relación más íntima con el Señor; abre la puerta al poder de un Dios milagroso. Al enseñar a los niños cómo adorar usted los está preparando para que abran su vida a Dios y al Espíritu Santo.

PREPARACIÓN

Va a necesitar:

1. Jarro de agua
2. Vaso
3. Planta
4. Piedra (para la lección objetiva)
5. Actores "Pablo y Silas" (para el drama)
6. Almohadilla de entintar
7. Papel blanco
8. Cartulina en varios colores
9. Marcadores de punta ancha
10. Visual 1
11. Hoja de Repaso 1 *(La encontrará en la sección Transparencia 1. Haga una copia para cada niño. Al final de la lección, entregue una a cada niño y pídales que completen los versículos con las palabras que aparecen en la lista.)*

En las varias hojas de cartulina escriba por separado con letras grandes las palabras del versículo para memorizar. *(Para enseñar el versículo, léalo directamente de la Biblia. Enseñe a los niños que siempre deben usar la Biblia como referencia.)*

Escoja a cinco niños para participar y pídales que se pongan de pie en orden en la plataforma. Cuando digan su frase pídales que levanten en alto la cartulina. La segunda y tercera vez todos los niños deben repetirlo. Podría tener una competencia entre los niños y las niñas para ver quiénes pueden aprender el versículo primero.

(El hombre con la túnica larga, que parece ser un levita, lee la Escritura.)

Versículo bíblico: *"Dios, Dios mío eres tú; de madrugada te buscaré; mi alma tiene sed de ti, mi carne te anhela, en tierra seca y árida donde no hay aguas, para ver tu poder y tu gloria, así como te he mirado en el santuario. Porque mejor es tu misericordia que la vida; mis labios te alabarán. Así te bendeciré en mi vida; en tu nombre alzaré mis manos"* (Salmo 63:1-4).

1. ¿QUÉ ES LA ADORACIÓN?

A. *Gratitud, mostrar amor, y ofrecer honor a alguien que lo merece*

(El levita lee.) *"Entrad por sus puertas con acción de gracias, por su atrios con alabanza; alabadle, bendecid su nombre. Porque Jehová es bueno; para siempre es su misericordia, y su verdad por todas las generaciones"* (Salmo 100:4-5).

Explique a los niños que "alabar" quiere decir ofrecer amor y honor a alguien que lo merece. Este versículo dice que la razón por la que entramos por sus puertas con alabanza es porque el Señor es bueno y su amor durará por siempre. ¡Dios merece ser alabado!

B. *Preguntas*

1. ¿Por qué la gente grita y aplaude en un partido de fútbol? *(Porque está emocionada y quiere expresar alabanza por los goles.)*
2. ¿Por qué la gente da una palmada en la espalda o un choque de manos al que acaba de meter el gol? *(Para expresar su felicidad y alabar a la persona que acaba de meter el gol.)*
3. ¿Por qué abrazamos y besamos a nuestros padres? *(Porque los amamos y queremos expresarles nuestro amor.)*
4. Si alabamos a un equipo, y a un futbolista, y si expresamos amor a nuestro padres por todo lo que han hecho, ¿no creen que debemos agradecer a Dios y adorarlo por todo lo que hace? *(Sí)*
5. ¿Qué podemos decir para expresar alabanza a Dios? *("Te amo, Jesús; gloria a ti, Señor; eres tan bueno, Señor".)*

2. ¿POR QUÉ ADORAMOS A DIOS?

A. *Él merece nuestra alabanza*

(El levita lee.) "Porque Jeshová es bueno; para siempre es su misericordia, y su verdad por todas las generaciones" (Salmo 100:5).

"Dad a Jehová la gloria debida a su nombre; adorad a Jehová en la hermosura de la santidad" (Salmo 29:2).

B. *Continuamente tenemos sed de Él*

"Extendí mis manos a ti, mi alma a ti como la tierra sedienta" (Salmo 143:6).

> **Lección objetiva:**
> - Jarro con agua, vaso, y planta o árbol

Pregunte si alguien tiene sed. Dé a esa persona un vaso de agua y pídale que se la beba. Cuando haya bebido lo suficiente, pregúntele si cree que volverá a tener sed algún día. Compare esto con nuestra sed de Dios. Es posible estar a solas con Dios un día entero, una semana, o hasta un año, pero esto no va a eliminar para siempre nuestra sed de Dios. Tener sed de Dios y beber de su Palabra debe ser algo continuo, de todos los días en nuestra vida.

Levante la planta de modo que todos la puedan ver y pregunte: "Si le echo agua a esta planta solo una vez, ¿puede vivir y crecer?" Haga énfasis en la idea de que necesitamos el agua de vida continuamente durante toda nuestra vida.

C. *Dios lo manda*

"Quiero, pues, que los hombres oren en todo lugar, levantando manos santas" (1 Timoteo 2:8).

> **Lección Objetiva:**
> - Una piedra

Levante la piedra de modo que todos la puedan ver y pregunte: "¿Qué pueden hacer estas piedras? ¿Pueden ir a la iglesia? ¿Pueden leer la Biblia? ¿Pueden adorar al Señor?" Explique que Dios nos manda hacer estas cosas. La Biblia dice que si nosotros no adoramos a Dios, las rocas lo harán por nosotros. Debemos amarlo tanto que le expresemos adoración. (Lea Lucas 19:40.)

D. Acercarse más a Dios

"Señor, abre mis labios, y publicará mi boca tu alabanza" (Salmo 51:15).

3. ¿CUÁNDO DEBEMOS ALABAR A DIOS?

En todo momento. *"Así que, ofrezcamos siempre a Dios, por medio de él, sacrificio de alabanza, es decir, fruto de labios que confiesan su nombre"* (Hebreos 13:15).

"Y mi lengua hablará de tu justicia y de tu alabanza todo el día" (Salmo 35:28).

"Así te bendeciré en mi vida; en tu nombre alzaré mis manos" (Salmo 63:4).

> **Historia bíblica:**
> - Pablo y Silas en la cárcel (drama)

Escoja de antemano a dos adultos o jóvenes que aprendan, preparen, y practiquen este breve drama. Sólo necesita a dos personas: uno para el papel de Pablo y el otro para el de Silas.

Silas está refunfuñando mientras que Pablo está siempre contento. Durante todo el drama, los dos deben mantener los brazos en alto como si estuvieran encadenados a la pared sobre la cabeza.

Silas comienza a quejarse por estar en la cárcel. Pablo está lleno de gozo y sigue cantando alabanzas al Señor. Silas sigue quejándose, pero Pablo insiste en que deben cantar: "Señor, te alabo, Señor, te alabo", o "te adoraré". "Yo no quiero cantar", contesta Silas, así que Pablo canta solo. "Canta conmigo, Silas. Canta al Señor." Por fin, pero con cara triste, Silas decide cantar. Despacio comienza a emocionarse. Mientras cantan el himno por tercera vez los dos comienzan a dar golpecitos ligeros con los pies al ritmo del canto. *(Recuerde que tienen las manos encadenadas y que no las pueden mover.)* Al final hacen movimientos con los pies apuntándolos hacia afuera. ¡Qué divertido!

Explique a los niños que poco tiempo después Dios provocó un terremoto, y Pablo y Silas fueron puestos en libertad. Y testificaron al carcelero principal. Como resultado de todo esto la familia entera del carcelero aceptó al Señor.

Es importante que también recordemos que siempre debemos alabar al Señor porque la adoración puede desatar el poder sobrenatural de Dios.

4. ¿CÓMO ALABAMOS A DIOS?

A. Con nuestra boca

"Y mi lengua hablará de tu justicia y de tu alabanza todo el día" (Salmo 35:28). *(Muestre la Visual 1.)*

"Señor, abre mis labios, y publicará mi boca tu alabanza" (Salmo 51:15).

B. Con nuestras manos

"Alzad vuestras manos al santuario, y bendecid a Jehová" (Salmo 134:2). *"Quiero, pues, que los hombres oren en todo lugar, levantando manos santas, sin ira ni contienda"* (1 Timoteo 2:8).

> **Lección Objetiva:**
> - Huellas digitales

(Va a necesitar una almohadilla de entintar y varias hojas de papel blanco. Si no tiene una almohadilla de entintar use un marcador de punta ancha para tomar las huellas digitales de los niños).

Escoja a unos cuantos niños para que representen al grupo y que pasen al frente. Déjelos que presionen el dedo índice en la almohadilla y luego sobre el papel blanco. Deje que todos los niños vean las diferencias. Explíqueles que no hay dos personas en el mundo con huellas digitales idénticas y que por esta razón se usan para identificar.

Compare la diferencia entre nuestras huellas digitales y adorar al Señor. Todos podemos alabar al Señor de un modo único y especial.

C. Con nuestro espíritu

"Dios es Espíritu; y los que le adoran, en espíritu

y en verdad es necesario que adoren" (Juan 4:24).

"Extendí… mi alma a ti como la tierra sedienta" (Salmo 143:6).

5. ¿QUÉ SUCEDE CUANDO ADORAMOS A DIOS?

Cuando Él recibe y acepta nuestra adoración a) suceden milagros, b) nos acercamos más a Él, c) su poder y su presencia se manifiestan en nosotros y por medio de nosotros, d) así estamos listos para recibir la plenitud del bautismo en el Espíritu Santo, e) y como consecuencia llevar una vida que agrada a Dios.

6. CONCLUSIÓN

Dios se agrada con nuestra adoración. Adoramos a Dios cuando le expresamos amor, honra y gratitud. Le mostramos esto cuando cantamos, oramos y estudiamos su Palabra. Podemos adorar a Dios en todo momento y bajo cualquier circunstancia. ¡Suceden cosas maravillosas cuando adoramos a Dios! Enséñeles el versículo para memorizar. Pida a los cinco niños que lo repitan individualmente y que muestren la cartulina al resto de los niños para que éstos lo aprendan. Entregue la "Hoja de repaso 1" o termínenla todos juntos usando la Transparencia 1.

LECCIÓN #2

ALIMENTAR NUESTRA FE

Versículo para memorizar:

"Porque por gracia sois salvos por medio de la fe" (Efesios 2:8).

Nota al maestro:

Los niños tienen la asombrosa capacidad de creer. Están dispuestos a recibir las enseñanzas de la Palabra de Dios. Esta lección les enseña a poner su fe y su confianza en Dios y en su milagroso poder. Cuando aprendan a confiar en este poder, los niños estarán preparados a creer en el Espíritu Santo y recibir este don de Dios.

(El levita lee la Escritura.)

PREPARACIÓN

Va a necesitar:

1. Tarjetas de cartulina blanca
2. Cinta adhesiva
3. Escudo (hecho de cartulina y cartón)
4. Semillas de diferentes tamaños (manzana, calabaza, ajonjolí, mostaza)
5. Monedas
6. Mantón grande y palo
7. Visual 2 *(La encontrará en la sección titulada "Transparencia 7".)*
8. Hoja de repaso 2 *(La encontrará en la sección titulada "Transparencia 2".)*

Con antelación, escriba con letras de molde una palabra del versículo en cada una de las tarjetas de cartulina. Pegue estas tarjetas debajo de los asientos donde se sentarán los niños. Después de haber repetido el versículo dos veces y que los niños lo hayan repetido dos veces más, dígales que miren debajo de su asiento. Cuando encuentren las tarjetas deben correr al frente y colocarse de modo que los que están sentados puedan leer correctamente el versículo.

Lectura bíblica: *"Y llegando a la casa, vinieron a él los ciegos; y Jesús les dijo: ¿Creéis que puedo hacer esto? Ellos dijeron: Sí, Señor. Entonces les tocó los ojos, diciendo: Conforme a vuestra fe os sea hecho"* (Mateo 9:28-29).

Explique a los niños la importancia de la fe. La Biblia enseña que muchos milagros sucedieron porque había gente que tenía fe y que confiaba en Dios. *(Enséñeles el versículo que necesitan memorizar. Explíqueles que ellos pudieron recibir salvación solamente porque tuvieron fe en la sangre de Jesús. Recibimos la salvación por fe.)*

1. ¿QUÉ ES LA FE?

(El levita lee los versículos después que usted haya leído la declaración.)

A. Creemos que Dios existe y que somos importantes para Él

"Es, pues, la fe la certeza de lo que se espera, la convicción de lo que no se ve" (Hebreos 11:1).

B. Tenemos confianza en que Dios cuidará de nosotros

"Fíate de Jehová de todo tu corazón, y no te apoyes en tu propia prudencia" (Proverbios 3:5).

C. Creemos en la intervención sobrenatural de Dios

"He aquí nuestro Dios a quien servimos puede librarnos del horno de fuego ardiendo; y de tu mano, oh rey, nos librará" (Daniel 3:17).

> *Lección bíblica:*
> - Sadrac, Mesac y Abed-nego

Al leer la historia de Sadrac, Mesac y Abed-nego haga énfasis en los tres aspectos de su fe: 1) Los tres hebreos sabían que Dios existía y que se interesaba por ellos; 2) sabían que Dios cuidaba de ellos; 3) sabían que Dios es todopoderoso y que deseaba intervenir en su favor.

D. Sabemos que la fe es un arma

"Por tanto, tomad toda la armadura de Dios, para que podáis resistir en el día malo, y habiendo acabado todo, estar firmes… Sobre todo, tomad el escudo de la fe, con que podáis apagar todos los dardos de fuego del maligno" (Efesios 6:13, 16).

> *Lección Objetiva:*
> - Escudo

Levante, a vista de todos, un escudo como los que se usaban durante la época de los reyes, hecho de cartulina o comprado. Hable del propósito del escudo durante la batalla. Compárelo con el escudo de la fe. Ayude a los niños a entender que su fe los puede proteger durante los momentos difíciles.

2. LA FE DEBE SER ALIMENTADA

(El levita lee los versículos después que usted haya leído la declaración.)

A. La fe es el resultado de continuo alimento

"Así que la fe es por el oír, y el oír, por la palabra de Dios" (Romanos 10:17).

B. La fe puede y debe crecer

"Dijeron los apóstoles al Señor: Auméntanos la fe" (Lucas 17:5).

> *Ilustración:*
> - Alimenta tu fe

Recuerde a los niños que un bebé necesita ser alimentado (leche o comida) para que pueda crecer. *(Muestre la visual 2.)* Relacione esta verdad con nuestra vida cristiana. Entre más nos alimentemos con la Palabra de Dios, oyendo, leyendo y estudiando, más crecerá nuestra fe. Aumentará, o crecerá, cuando aprendamos lo que Dios promete y lo que ha hecho por otros. Para poder alimentar nuestra fe leemos en la Biblia lo que Dios hizo por otros hombres, mujeres y niños.

3. CÓMO ALIMENTAR LA FE

El levita lee el texto después que usted haya leído la declaración.)

A. Pedir fe

"Dijeron los apóstoles al Señor: Auméntanos la fe" (Lucas 17:5). *"Y si alguno de vosotros tiene falta de sabiduría, pídala a Dios…"* (Santiago 1:5).

B. Estudiar la Biblia y aprender de los héroes de la Biblia

David dijo: *"Jehová, que me ha librado de las garras del león y de las garras del oso, él también me librará de la mano de este filisteo"* (1 Samuel 17:37).

David había visto cómo el Señor lo había usado, así que no dudó que una vez más Dios lo ayudaría. De la misma manera nosotros podemos aprender de las historias de la Biblia y fortalecer nuestra fe. Dios (Jesucristo es Dios) es el mismo.

C. Creer en Dios

> *Historia de la vida:*
> - Un hombre cruza las Cataratas del Niágara

Hay una historia de un hombre que cruzó las inmensas Cataratas del Niágara caminando sobre una cuerda… Cuando terminó preguntó a los espectadores si creían que él podía volver a cruzarlas sobre la misma cuerda, solo que esta vez sin su vara. Todos dijeron que sí. Y eso es exactamente lo que él hizo. Después de lograr algo tan grande hubo muchos aplausos y gritos. Cuando cesó la gritería preguntó si creían que podía (mientras se tapaba los ojos con un pañuelo) hacer lo mismo solo que esta vez con los ojos vendados. A gritos todos contestaron: "¡Sí, creemos que puedes hacerlo!" Así que lo volvió a hacer. ¡Todos aplaudieron mucho! Cuando guardaron silencio él les volvió a preguntar: "¿Creen que puedo cruzar con alguien sobre los hombros?" Todos a una gritaron: "¡Sí, sí, sí!" ¡Creían que podía hacerlo! Así que este valiente hombre pidió un voluntario para cruzar sobre sus hombros las peligrosas y turbulentas aguas. Y ¿saben qué? ¡Nadie se ofreció! Todos dijeron que "creían" en sus habilidades, pero nadie se atrevió a probarlas.

"Al que cree todo le es posible" (Marcos 9:23). La verdadera fe va seguida de los hechos. Los hechos reiteran nuestra fe. Sin hechos no hay fe.

"Así también la fe, si no tiene obras, es muerta en sí misma" (Santiago 2:17).

> **Lección Objetiva:**
> - La silla

Ponga una silla donde todos la puedan ver y explique que se usa para sentarse y también para descansar. Haga como si se va a sentar en ella, pero antes de sentarse, deténgase lentamente y pregunte: "¿Y si la silla se rompe?" Repita esto varias veces para dar la impresión de que no cree que la silla lo sostendrá. Pronto los niños lo van a animar a que se siente porque ellos creen que lo que usted está haciendo es ridículo.

Cuando por fin se siente y vea que la silla lo sostiene, hable con los niños. Compare esto con la "libertad" de nuestra fe en Dios. Tenemos que actuar confiada y ciegamente por fe. Recuerde a los niños que ninguno de ellos revisó antes la silla donde se iban a sentar para ver si estaba rota o no. Simplemente creyeron que la silla los podía sostener. Este es el tipo de fe que debemos tener en Dios. Dios tiene el poder y la voluntad de "sostenernos" en cualquier circunstancia. Tenemos que dar ese paso de fe y confiar en Él.

4. DAR UN PASO DE FE

A. Acción

"Porque de cierto os digo, que si tuviereis fe como un grano de mostaza, diréis a este monte: Pásate de aquí allá, y se pasará" (Mateo 17:20).

> **Lección Objetiva:**
> - Semillas

Antes de la clase busque semillas de diferentes tipos y tamaños para que cuando llegue el momento los adultos las puedan enseñar a los niños. (Use semillas que sean comunes donde vive para enseñar los siguientes conceptos.) Tenga algunas semillas de manzana, de calabaza, de ajonjolí, y sobre todo de mostaza. En una mano tenga monedas de diferentes tamaños para que los niños puedan observar la diferencia entre el tamaño de las semillas y el de las monedas. Explíqueles que el tamaño de la semilla no tiene nada que ver con el tamaño de la planta. (La semilla de calabaza y la fruta son más grandes que la semilla y la fruta de la manzana.)

La analogía (comparación) que Jesús usó cuando habló de que la fe es como una semilla de mostaza nos enseña que lo más importante no es cuánta fe tenemos, sino más bien cómo ponemos en práctica la fe que tenemos. Si ponemos en práctica nuestra fe, Dios "moverá montes" en nuestra vida.

B. Debemos caminar en fe

1. Pensemos en Pedro: *"Entonces le respondió Pedro, y dijo: Señor, si eres tú, manda que yo vaya a ti sobre las aguas. Y él dijo: Ven. Y descendiendo Pedro de la barca, andaba sobre las aguas para ir a Jesús"* (Mateo 14:28-29).

"Mas Pedro dijo: No tengo plata ni oro, pero lo que tengo te doy; en el nombre de Jesucristo de Nazaret, levántate y anda. Y saltando, se puso en pie y anduvo" (Hechos 3:6,8).

Cuando salió de la barca, Pedro mostró su fe. Nunca se hubiera dado cuenta de que las aguas lo podían sostener si no hubiera salido de la barca. Mostramos nuestra fe cuando "salimos". Cuando creemos que Dios nos sana, que cuida de nuestras necesidades económicas y que nos dirige, entonces estamos "dando un paso" de fe. Así es como creemos en los milagros de Dios.

Recibir el bautismo en el Espíritu Santo es también un paso de fe. Creemos que Dios nos dará el don del Espíritu Santo según lo que Él ha prometido.

Porque Pedro "dio un paso de fe" un hombre paralítico recibió sanidad. Vale la pena poner nuestra fe en práctica. *"Dijo, pues, Jonatán a su paje de armas: Ven, pasemos a la guarnición de estos incircuncisos; quizá haga algo Jehová por nosotros, pues no es difícil para Jehová salvar con muchos o con pocos"* (1 Samuel 14:6).

2. Jonatán: "Se lanzó" sobre su fe al creer que Dios proveería la victoria sobre los filisteos. Todo estaba en su contra, pero Jonatán sabía que servía a un Dios muy grande.

Lección bíblica:

- Jonatán y su escudero

(1 Samuel 14) Haga ésta la historia bíblica principal del día. Nos muestra todo lo que esta lección enseña. Jonatán sabía lo que significaba tener fe en Dios. Actuó en el momento preciso y creyó que Dios haría milagros a través de su vida.

Resuma la historia. Incluya los siguientes puntos:

1. Los filisteos superaban en número a los israelitas.
2. Los israelitas no tenían armas.
3. El rey Saúl y sus hombres estaban escondidos.
4. Jonatán decidió que él y su escudero atacarían solos al enemigo.
5. Jonatán creía que Dios le daría la victoria.
6. Jonatán y su escudero tuvieron que subirse a la guarnición mientras los filisteos observaban.
7. Jonatán se subió usando las manos y los pies, y su escudero lo seguía, e inmediatamente mataron a 20 hombres. El resto huyó aterrorizado.
8. Dios hizo que la tierra temblara y esto causó pánico entre todo el ejército filisteo y todos huyeron.

Anime a los niños a dar un "paso de fe".

Recuérdeles que Dios es el mismo ayer, hoy y para siempre. Dios nos ayudará. La fe es muy importante en la vida del creyente.

5. CONCLUSIÓN

Entregue a cada niño la "Hoja de repaso 2". Esta hoja tiene los versículos de la lección de hoy. A cada versículo le faltan unas cuantas palabras. En la misma hoja van a encontrar una lista de las palabras que faltan. Cada niño debe tener una hoja para trabajar. Usted puede formar grupos pequeños de 4 a 5 niños para que puedan trabajar juntos. Deben usar su Biblia para comprobar sus respuestas

LECCIÓN #3

CONOCER AL ESPÍRITU SANTO

Versículo para memorizar:

"Pero recibiréis poder, cuando haya venido sobre vosotros el Espíritu Santo, y me seréis testigos" (Hechos 1:8).

(Nota para el maestro)

Esta lección tiene la intención de clarificar en la mente de los niños quién es el Espíritu Santo. También es necesario que los niños aprendan la importancia del bautismo en el Espíritu. Hoy hay dos problemas grandes en nuestras iglesias. El primero es que muy poco se enseña a los niños sobre el Espíritu Santo y cómo buscarlo. El segundo es que se les enseña muy poco sobre cómo pueden usar el poder del Espíritu. No sentirán la necesidad de ser bautizados en el Espíritu hasta que no entiendan por qué lo necesitan.

En esta lección van a aprender quién es el Espíritu Santo y qué es el bautismo en el Espíritu.

PREPARACIÓN

Va a necesitar:

1. Una tira de papel de 11x40 cm de largo
2. Tijeras
3. Paquete (envuelto primorosamente)
4. Aguacate
5. Hoja de repaso 3 *(La encontrará en la sección "Transparencia 3".)*
6. Visuales 3 y 4 *Pinte el cielo de amarillo y también las flechas que apuntan a la tierra. La flecha que apunta al cielo debe ser roja. En el momento preciso cuelgue la visual 3 sobre la visual 4 para ilustrar la verdad que muestra.)*

Lectura bíblica: *"Pero yo os dijo la verdad: Os conviene que yo me vaya; porque si no me fuere, el Consolador no vendríaa vosotros; mas si me fuere, os lo enviaré. Y cuando él venga, convencerá al mundo de pecado, de justicia y de juicio"* (Juan 16:7, 8).

1. ¿QUIÉN ES EL ESPÍRITU SANTO?

A. *El Espíritu Santo es Dios*

Dios el Espíritu Santo estaba presente durante la Creación. Génesis 1:2 dice que *"la tierra estaba desordenada y vacía, y las tinieblas estaban sobre la faz del abismo, y el Espíritu de Dios se movía sobre la faz de las aguas"*. Otra vez, en Génesis 1:26 Dios dice: *"Hagamos al hombre a nuestra imagen, conforme a nuestra semejanza"* (plural).

B. Él es la tercera persona de la Trinidad

(El levita lee los versículos.) Palabras de Cristo:

"Por tanto, id, y haced discípulos a todas las naciones, bautizándolos en el nombre del Padre, y del Hijo, y del Espíritu Santo" (Mateo 28:19).

El Nuevo Testamento nos revela al Espíritu Santo como la tercera persona de la Trinidad.)

1. Él es una persona distinta y parte del único Dios verdadero. La Trinidad de Dios no es temporal, sino eterna. La separación de Dios el Padre, el Hijo, y el Espíritu Santo no comenzó con el nacimiento del niño Jesús en el pesebre, ni en el día de Pentecostés. Dios ha existido como tres desde la eternidad. Jesús dijo: *"Antes que Abraham fuese, yo soy"* (Juan 8:58). Y Hebreos 9:14 hace referencia al *"Espíritu eterno"*. Es un Dios en tres personas. Todos son iguales y todos son "Dios" (Mateo 28:19). Ninguno de ellos es Dios solo; Dios es Padre, Hijo y Espíritu Santo combinados.

2. Cada una de las tres personas en el único y verdadero Dios tiene diferentes propósitos.

   a. Dios el Padre es nuestro protector. Él nos creó, nos ama y protége. Él hace que las cosas malas resulten para nuestro bien.

   b. El Hijo es nuestro Redentor y Revelador. Él es la expresión de Dios. El Verbo (Juan 1:1). Él tomó en sí nuestros pecados.

   c. El Espíritu Santo es el Ejecutador y el Santificador. Por sus actos recibimos la vida que el Padre planeó y que el Hijo pagó. Él vive en nosotros fortaleciendo nuestra fe. Dios es Espíritu. Por esa razón, Él no tiene un cuerpo como el nuestro ni tiene limitaciones. Él puede estar en todo lugar al mismo tiempo.

Lección Objetiva:

- Tira de papel

(Esta sencilla llección objetiva está diseñada para ayudarle a explicar la Trinidad.)

Antes de la clase prepare una tira de papel blanco de 40x12 cm (16 x 5,5 pulgadas de ancho). Con una regla dibuje dos líneas horizontales de modo que formen dos secciones, cada una de 4 centímetros (1,5 pulgadas) de ancho.

Frente a los niños enséñeles la tira de papel y en la primera sección escriba la palabra Padre, en la segunda, Hijo, y en la tercera, Espíritu Santo.

Póngala sobre la mesa. Los niños deben poder verla claramente... deben poder ver que sólo es un pedazo de papel. Con cinta adhesiva una los dos puntos. Pero para asegurar la eficacia de la lección, sería bueno usar tres pedazos de cinta, una en cada tira.

Cerciórese de que los niños puedan ver bien que es un solo círculo. Enfatice que hay un solo Dios. Mientras habla retuerza la figura dos o tres veces. Al estar retorcida haga un corte con las tijeras en cada línea. Cuando termine de cortar muestre a los niños que hay tres eslabones. Tres en uno... tal como la Trinidad. Hay un solo Dios pero tres personas. Dios es 3 en 1. Uno no funciona sin las otras dos partes.

Ilustración:

- Tres in uno: una descripción de Dios

(Después de usar la Lección Objetiva que se sugiere, el maestro puede usar esta ilustración.)

Use un aguacate para esta lección o haga uno. Si lo pinta con cuidado puede ser muy atractivo y fácil de usar. Córtelo por mitad de modo que se pueda ver la semilla y la pulpa.

Pregunte a los niños si saben que hay un solo Dios verdadero. Dígales que creemos que Dios es una Trinidad o, en otras palabras, "tres en uno". No es fácil entender el concepto de la Trinidad, por eso vamos a usar un aguacate.

El aguacate tiene tres partes: la cáscara, la fruta, y la semilla. Las tres partes forman un solo aguacate. La cáscara es aguacate, no naranja, ni banana, ni tampoco piña. La fruta no es manzana, es aguacate. La semilla no es de sandía ni de limón, sino de un aguacate. Estas tres: cáscara, fruta y semilla no son tres aguacates, sino una fruta.

Las tres personas del único Dios verdadero son todas Dios. Dios el Padre es Dios. Dios el Hijo es Dios. Dios el Espíritu Santo es Dios. Estos tres: Padre, Hijo y Espíritu Santo no son tres dioses, sino un solo Dios.

Las tres partes del aguacate tienen diferentes funciones. La cáscara protege. Mantiene comible al aguacate. La fruta sabe bien. Podemos hacer muchas ricas comidas con la fruta del aguacate. La semilla contiene la fuente de vida que puede producir otros árboles de aguacate. Se puede sembrar la semilla y producirá un árbol que dará cientos de aguacates.

Tal como el aguacate, las tres personas del único Dios verdadero tienen diferentes funciones. Dios el Padre es nuestro protector. Él nos hizo, a ti, a mí, y a todas las personas. Él lo hizo todo y todos los aguacates. Dios el Padre nos ama y nos protege. Él hasta hace que las cosas feas y malas resulten para nuestro bien. Dios el Padre hace que las cosas sigan creciendo para que tengamos comida: vacas, zanahorias, maíz, arroz, habichuelas (frijoles), y hasta aguacates.

A veces hacemos cosas que no agradan a Dios. Dios dijo que tiene que haber un castigo por todas esas cosas. Esto nos haría muy tristes. Dolería mucho, por muchísimo tiempo.

Pero Dios nos amó tanto que mandó a Dios el Hijo a padecer nuestro castigo en nuestro lugar. Su nombre es Jesús. Él era un hombre de verdad. Padeció mucho por ustedes y por mí. Él murió. Enterraron a Jesús así como podemos enterrar la semilla del aguacate en la tierra. Pero Jesús en realidad era el Dios verdadero. De la misma manera que el aguacate echa raíces y brota un tallo y se convierte en un árbol que produce aguacates, Jesús se levantó del sepulcro, de los muertos. El resultado es una bella vida llena de gozo para nosotros. Pero antes de poder tener esta vida bella, maravillosa, y felíz, es necesario que tengamos fe en Jesús.

Nuestro corazón es como la tierra. La semilla de aguacate no se puede sembrar a sí misma en la tierra. Alguien tiene que sembrarla. Nosotros no podemos sembrar la semilla de fe en nuestro propio corazón.

Cuando el árbol de aguacates crece fuerte y saludable, produce mucho fruto. Cuando la fe aumenta de una manera dinámica y poderosa, también produce fruto: gozo, paciencia, bondad, fidelidad, paz, y amor.

Cuando cortamos un aguacate del árbol, sabemos que es un aguacate. Tiene la cáscara de un aguacate, tiene la fruta de un aguacate, y tiene la semilla de un aguacate que puede crecer. Aunque tiene tres partes, sabemos que es un solo aguacate. Si tenemos fe en el único Dios verdadero, creemos en Dios el Padre, Dios el Hijo, y Dios el Espíritu Santo. Son tres personas pero un solo Dios.

Adoramos a Dios porque Él es muy grande y maravilloso. Damos gracias a Dios el Padre porque nos protege; a Dios el Hijo porque murió por nosotros; y a Dios el Espíritu Santo porque nos da la fe para producir nueva vida.

C. *Él nos da convicción de nuestro pecado y dirige nuestra conciencia*

El Espíritu Santo siembra en nuestros corazones la fe en Jesús y el amor de Dios. Nos revela que somos pecadores, pero que Jesús murió por nuestros pecados. Y Él sigue poniendo en nostros convicción del mal y del bien cuando estudiamos la Biblia. Una vez que somos cristianos y hemos aceptado a Cristo como nuestro Salvador personal, el Espíritu Santo ilumina nuestra conciencia y nos hace sentir culpables cuando hacemos cosas malas. Él nos revela nuestros pecados y nos insta a pedir perdón a Dios. No es necesario que volvamos a ser salvos, sino que necesitamos aprender que Dios quiere que hagamos lo recto, y que Él está dispuesto a perdonarnos cuando cometemos pecado.

D. *Él es nuestro Consejero, nuestro Consolador*

"Pero cuando venga el Consolador, a quien yo os enviaré del Padre…" (Juan 15:26).

"Pero yo os digo la verdad: Os conviene que yo me vaya; porque si no me fuere, el Consolador no vendría a vosotros; mas si me fuere, os lo enviaré" (Juan 16:7).

El Espíritu Santo se llama *Consolador* porque Él siempre estará con nosotros en todo momento. Jesús llamó al Espíritu Santo *Consolador* porque no quería que sus discípulos creyeran que los dejaba completamente solos. El Espíritu iba a venir y estaría con ellos tal como Jesús los había acompañado dondequiera que iban. El Espíritu sería su Consejero y su Consolador. Aún hoy, Él no cambia.

E. *El Espíritu Santo es el Ayudador*

1. Él nos ayuda a entender lo que hemos leído en la Biblia.

2. Él nos ayuda a tomar buenas decisiones y a hacer las cosas que agradan a Dios nuestro Padre.

3. Él nos ayuda a ver nuestros errores y a pedir perdón por nuestros pecados.

(Muestre las Visuales 3 y 4.) Lea Juan 16:7-11, 13-14. Enfatice que Jesús, Dios hecho hombre, dijo que tenía que ir al cielo antes de poder mandar al Espíritu Santo. Mientras Jesús estaba aquí en la tierra, Él podía estar en un solo lugar a la vez, pero ahora su Espíritu Santo puede estar con cada uno de nosotros en todo momento y en todo lugar al mismo tiempo.

2. ¿QUÉ ES EL BAUTISMO EN EL ESPÍRITU SANTO?

A. Es el gran derramamiento de Dios

"Y en los postreros días, dice Dios, derramaré de mi Espíritu sobre toda carne" (Hechos 2:17). *"Él os bautizará en Espíritu Santo y fuego"* (Mateo 3:11).

En Hechos 2:17 leemos la profecía de Joel tocante el gran derramamiento del Espíritu de Dios en los últimos días. Es una unción especial de Dios sobre su pueblo en los últimos días, y nosotros estamos viviendo en esos días.

B. Es un don de Dios para los creyentes

"Y estando juntos, les mandó que no se fueran de Jerusalén, sino que esperasen la promesa del Padre, la cual, les dijo, oísteis de mí" (Hechos 1:4).

> **Lección Objetiva:**
> - Un regalo envuelto – Parte 1

Saque del lugar donde la tiene escondida la caja que está envuelta como regalo. Enséñela a los niños. (Antes de la clase ponga un pequeño regalo o una sorpresa dentro de la caja.)

Hable a los niños de "regalos", las cosas que intercambiamos y las que damos a otros y que apreciamos o que nos encantan mucho. A veces nos dan exactamente lo que necesitamos o lo que queremos.

El bautismo en el Espíritu Santo es un regalo de Dios, exactamente lo que necesitamos. Él nos lo da porque nos ama. Él sabe que necesitamos este don, o regalo, para poder llevar una vida cristiana victoriosa. (En la próxima lección vamos a usar el regalo para enfatizar este acto.) Debe guardar el regalo otra vez.

3. CONCLUSIÓN

Hemos aprendido que el Espíritu Santo es Dios, que es la tercera persona de la Trinidad, que nos da convicción de pecado, que es el Consolador, y que es nuestro Ayudador. Somos tan afortunados que Jesús nos lo haya mandado para que podamos ser bautizados en el Espíritu Santo. ¿Ustedes quieren darle gracias en este momento? Enséñeles el versículo para memorizar. Use el sistema de "leer lo invisible" con las tarjetas que representan el texto. Los niños deben sentarse cuando usted les quite las tarjetas.

Entregue la "Hoja de repaso 3" a cada uno para que trabajen en ella.

Con cada lección, sin duda alguna, va a aumentar el deseo de los niños de recibir el bautismo del Espíritu Santo. Van a preguntar para quién es y por qué el bautismo es importante. Mañana usted les hablará de estos temas.

LECCIÓN #4

EL BAUTISMO EN EL ESPÍRITU SANTO

Versículo para memorizar:

"Quedaos vosotros en la ciudad de Jerusalén, hasta que seáis investidos de poder desde lo alto" (Lucas 24:49).

(Nota para el maestro)

Hoy queremos clarificar para quién es el bautismo en el Espíritu Santo y por qué lo necesitamos. Queremos hacer muy claro que este bautismo no se recibe por "mérito", ni tampoco es necesariamente una emoción; más bien es una puerta abierta para el creyente hacia una fuente de poder, consuelo, valentía, entendimiento, y mucho más.

PREPARACIÓN

Va a necesitar:

1. Cartulina (para los rótulos de carreteras)
2. Paquete (envuelto primorosamente)
3. Radio
4. Mapa
5. Visuales 4, 5, 6 y 7.
6. Hoja de repaso 4 *(La encontrará en la sección "Transparencia 4")*

Antes de la clase, con la cartulina haga un rótulo de carretera que diga "Alto", uno que diga "Hasta que", otro con figuras de niños y adultos que representa la palabra "seáis"; un rótulo que diga "investidos", el cartón con ropa debe decir "de", y el último debe tener algo que representa "poder". Escriba la cita del versículo con un color llamativo.

Lectura bíblica: *"Y después de esto derramaré mi Espíritu sobre toda carne, y profetizarán vuestros hijos y vuestras hijas; vuestros ancianos soñarán sueños, y vuestros jóvenes verán visiones. Y también sobre los siervos y sobre las siervas derramaré mi Espíritu en aquellos días"* (Joel 2:28-29).

1. ¿PARA QUIÉN ES EL BAUTISMO EN EL ESPÍRITU SANTO?

A. Para todos los que han aceptado a Cristo

"Porque para vosotros es la promesa, y para vuestros hijos, y para todos los que están lejos; para cuantos el Señor nuestro Dios llamare" (Hechos 2:39).

"Y en los postreros días, dice Dios, derramaré de mi Espíritu sobre toda carne" (Hechos 2:17). *"En verdad comprendo que Dios no hace acepción de personas"* (Hechos 10:34).

Los niños deben reconocer que la promesa de Dios del Espíritu Santo es para todos, sin importar la edad ni el sexo.

Lección Objetiva:
- Un regalo envuelto – Parte 2

Enseñe el regalo otra vez. Diga: "Este regalo es para cualquiera que lo quiera. No tienen que ganárselo, solo tienen que pedirlo." Dígales que usted se lo dará a la primera persona que lo pida. *(Para evitar un revoltijo, trate de no sugerirlo específicamente, a menos que sea necesario.)*

Una vez que uno de los niños haya tomado el regalo, haga una comparación entre el regalo y el bautismo en el Espíritu Santo. El bautismo es para todos, tal como el regalo. Lo único que se necesita hacer es pedírselo a Dios. Dios desea darnos el don del Espíritu Santo, pero Él sólo se lo dará a los que de verdad lo desean.

B. Es un mandato para todos

La Biblia no sólo enseña que el bautismo es para todos los que creen en Jesús, sino también nos manda a ser "llenos del Espíritu Santo".

"Les mandó que no se fueran de Jerusalén, sino esperasen la promesa del Padre, la cual, les dijo, oísteis de mí" (Hechos 1:4). *"Sed llenos del Espíritu"* (Efesios 5:18). *"Quedaos vosotros en la ciudad de Jerusalén, hasta que seáis investidos de poder desde lo alto"* (Lucas 24:49).

2. ¿POR QUE NECESITAMOS EL ESPÍRITU SANTO?

Ilustración:
- El volcán

Haga una comparación entre un volcán y el potencial que cada uno de nosotros poseemos como cristianos. Bajo la superficie de la tierra hay mucho más del volcán que lo que podemos ver sobre la superficie. A veces el magma, o la substancia espesa y gelatinosa que compone la lava y los gases del volcán puede llegar hasta a cien millas de profundidad. Lo que podemos ver del volcán quizás no sea ni siquiera una décima parte de lo que en realidad hay ahí. *(Muestre la Visual 5.)* Hable de la diferencia entre el tamaño de la parte visible del volcán y el hombre a caballo. Explique que el volcán es como el potencial que todos nosotros tenemos cuando aceptamos a Cristo como nuestro Salvador. *(Quite la tapa para revelar el magma.)* Muéstreles el "lago de fuego", o el magma que existe debajo de la tierra. Esto es parecido a nuestro poder que está escondido cuando recibimos el bautismo del Espíritu Santo. Todo este poder está dentro de nosotros.

A. Él nos da poder

(Enséñeles el versículo para memorizar.) Antes de comenzar la clase esconda debajo de los asientos los rótulos y las palabras que preparó en la cartulina. Después de repetir el versículo muchas veces, diga a los niños que busquen los rótulos y que los pongan en orden sobre la plataforma, para que fácilmente el resto del grupo lea el versículo.

"Quedaos vosotros en la ciudad de Jerusalén, hasta que seáis investidos de poder desde lo alto" (Lucas 24:49).

Este gran poder es nuestro cuando recibimos el bautismo en el Espíritu Santo y nos ayuda a vivir la vida cristiana en un mundo hostil. Dios sabía que necesitaríamos este poder para serle fiel.

Lección Objetiva:
- Radio

Traiga a la clase un radio electrónico. No lo enchufe en el tomacorriente. Haga como que no funciona. Dé vuelta a todos los botones tratando de hacer que funcione. Diga a los niños que siendo que no funciona usted va a tener que echarlo a la basura. Déjelos que sugieran que tiene que enchufarlo. ¡Ay, sí funciona! Compare el radio que no funciona sin electricidad con el creyente sin el Espíritu Santo.

(Usted puede presentar esta lección con títeres, si lo desea.)

B. Él nos da valor

"Después que oraron…todos fueron llenos del Espíritu Santo y proclamaban la palabra de Dios con valor" (Hechos 4:31 NVI). Los apóstoles Pablo y Bernabé pasaron allí bastante tiempo, hablando con valor en el nombre del Señor.

Historia bíblica:
- El día de Pentecostés

Narre la historia del día de Pentecostés que se encuentra en Hechos 2. Enfatice el hecho de que sólo unas semanas antes los discípulos se habían escondido porque tenían miedo a los judíos. Pedro había negado a Jesús tres veces.

Ahora hablaban y predicaban de Jesús sin temor, llenos de valentía, donde miles los podían oír, porque estaban llenos del Espíritu Santo. Cuando oyeron la predicación muchos hombres y mujeres aceptaron a Jesús, otros fueron sanados, y muchos fueron bautizados en el Espíritu.

Explique a los niños que los discípulos fueron llenos de valentía cuando recibieron el bautismo en el Espíritu. Dios dará esta misma valentía a todo niño que reciba el bautismo en el Espíritu Santo. Él ayudará a los niños a testificar a sus padres, a sus parientes, y a todos sus amigos.

C. Él nos guía

"Pero cuando venga el Espíritu de verdad, él os guiará a toda la verdad" (Juan 16:13).

El Espíritu Santo nos puede guiar a la verdad cuando leemos la Biblia y oímos a los predicadores. Cuando tenemos que escoger o decidir algo, el Espíritu nos ayuda y nos dirige a hacer lo que es correcto.

Lección Objetiva:
- Un mapa

Sostenga un mapa y pregunte a los niños qué es y para qué es. Un mapa nos dirige hacia donde queremos ir. Evita que nos perdamos y nos ayuda a permanecer en el camino correcto. El Espíritu Santo hará lo mismo en nuestra vida. Él nos ayudará a serguir el camino correcto y a llevar una vida que agrade a Dios

D. Él nos da sabiduría

"Mas el Consolador, el Espíritu Santo, a quien el Padre enviará en mi nombre, él os enseñará todas las cosas" (Juan 14:26).

"Cuando os trajeren a las sinagogas, y ante los magistrados y las autoridades, no os preocupéis por cómo o qué habréis de responder, o qué habréis de decir; porque el Espíritu Santo os enseñará en la misma hora lo que debáis decir" (Lucas 12:11-12).

El Espíritu Santo será nuestro maestro. Él nos puede ayudar a ser cristianos más fuertes y más sabios. A veces no entendemos lo que hemos leído en la Biblia, pero el Espíritu nos ayudará a entender la Palabra de Dios y nos abrirá la mente y el corazón.

E. Él intercede por nosotros

"Y de igual manera el Espíritu nos ayuda en nuestra debilidad; pues qué hemos de pedir como conviene, no lo sabemos, pero el Espíritu mismo intercede con gemidos indecibles" (Romanos 8:26).

A veces no sabemos qué orar, o cómo expresarnos. El Espíritu Santo puede orar a través de nosotros e interceder por nosotros usando el don de lenguas. El Espíritu sabe cuáles son nuestras necesidades porque Él es Dios. El Espíritu Santo puede orar por necesidades que ni siquiera sabemos ni entendemos. Esto es especialmente importante cuando oramos por los enfermos. El Espíritu sabe muy bien de qué la persona necesita ser sanada.

F. Él llena nuestra vida

"Pero vosotros le conocéis, porque mora con vosotros, y estará en vosotros" (Juan 14:17).

Ilustración:

En la Visual 6, la figura de Jesús debe ser la única pintada de amarillo. La Visual 7 debe ser coloreada de modo que cuando la ponga encima del otro los discípulos parezcan estar iluminados por el amarillo. *(Ponga la solapa para #7 en su lugar.)* El amarillo representa al Espíritu Santo. La Visual 6 muestra que el Espíritu Santo estaba con Jesús. La Visual 7 muestra que el Espíritu estaba con los discípulos.

G. Él nos da fortaleza

"Por esta causa doblo mis rodillas ante el Padre de nuestro Señor Jesucristo… para que os dé… el ser fortalecidos con poder en el hombre interior por su Espíritu" (Efesios 3:14,16).

"Pero vosotros, amados, edificándoos sobre vuestra santísima fe, orando en el Espíritu Santo" (Judas 20).

Esté seguro que los niños entiendan que el bautismo en el Espíritu Santo es para todos los creyentes. No tienen que ser "cristianos modelo" para recibirlo. Más bien el Espíritu nos ayuda a ser más y más como Cristo. Porque somos imperfectos, necesitamos el poder del Espíritu Santo en nosotros.

3. CONCLUSIÓN

El Espíritu Santo es para todos los creyentes, para toda persona que ha aceptado a Cristo como su Salvador. Es un don, un regalo, y no lo merecemos. Cristo nos manda a recibir el bautismo para poder darnos poder, valentía, dirección, sabiduría y fortaleza para testificar de Cristo y para llenar nuestra vida con su presencia.

Esperamos que al final de esta lección los niños deseen recibir el bautismo en el Espíritu Santo. Generalmente este deseo aumentará a medida que aprendan más acerca de Él. Van a querer saber cómo recibir el bautismo en el Espíritu. La próxima lección lo explicará.

Entregue la "Hoja de repaso 4" para que la puedan terminar.

LECCIÓN #5
SER LLENOS CON EL ESPÍRITU SANTO

Versículo para memorizar:

"Porque Juan ciertamente bautizó con agua, mas vosotros seréis bautizados con el Espíritu Santo dentro de no muchos días" (Hechos 1:5). *"Pues si vosotros, siendo malos, sabéis dar buenas dádivas a vuestros hijos, ¿cuánto más vuestro Padre celestial dará el Espíritu Santo a los que se lo pidan?"* (Lucas 11:13).

(Nota para el maestro)

Estas lecciones están diseñadas para animar a los niños a ser llenos del Espíritu Santo y a andar en su poder. Hablamos del tema de las lenguas para prevenir temor o falta de entendimiento que los niños pueden tener por lo que sucede cuando reciben el bautismo del Espíritu Santo.

PREPARACIÓN

Va a necesitar:

1. Freno en la boca del caballo
2. Anillo de matrimonio y otros anillos
3. Cartulina (para los rompecabezas del versículo para memorizar)
4. Visual 8
5. Hoja de repaso 5 *(La va a encontrar en la sección "Transparencia 5".)*

Antes de la clase escriba en la cartulina con una variedad de colores y con letras grandes los versículos mencionados a continuación. Después de escribirlos, recórtelos en la forma de un rompecabeza pero no haga las piezas muy pequeñas. Estas le ayudarán a enseñar los versículos que necesitan memorizarse. *(El levita lee los versículos.)*

Lectura bíblica: *"Y estas señales seguirán a los que creen… hablarán nuevas lenguas"* (Marcos 16:17). *"Porque si yo oro en lengua desconocida, mi espíritu ora"* (1 Corintios 14:14). *"Y fueron todos llenos del Espíritu Santo, y comenzaron a hablar en otras lenguas, según el Espíritu les daba que hablasen"* (Hechos 2:4).

1. EL TEMA DE LAS LENGUAS

A. ¿Qué son las lenguas?

"Las lenguas" son una señal para los cristianos. Es la habilidad sobrenatural de hablar en un nuevo lenguaje que no se ha aprendido. Es nuestro espíritu que ora cuando somos llenos del Espíritu Santo. Es la evidencia o señal inicial de haber sido lleno del Espíritu.

B. ¿Por qué escogería Dios "lenguas"?

Dios pudo haber escogido cualquier evidencia o señal que quisiera. Pero al hacerlo así hubiera tenido que cumplir con ciertos requisitos para que fuera eficaz. Por ejemplo:

1. Tendría que ser sobrenatural para que los cristianos supieran que era Dios.
2. Tendría que llamar la atención del mundo. Si no, nadie se daría cuenta de que los cristianos habían sido bautizados.

3. Tendría que ser algo que no era fácil copiar. Si no, gente como Simón el mago lo copiaría para atraer atención.
4. Tendría que ser algo no muy común. Por ejemplo: si caerse fuera la evidencia, entonces siempre que alguien se desamayara creería que había sido bautizado en el Espíritu Santo.
5. Tendría que ser algo muy visible al mundo, pero al mismo tiempo, nada que avergonzara al cristiano. Si hubiera sido una lengua de fuego sobre la cabeza, entonces en la calle el creyente hubiera tenido que andar con un sombrero puesto.
6. Necesitaría de alguna manera ser de beneficio al creyente: mostrar total sumisión a Dios.
7. Tendría que ser algo que durara, que no sólo ocurriera durante el bautismo del Espíritu.
8. Más que ninguna otra cosa tendría que tener la posibilidad de ayudarnos con "nuestra indomable" lengua.

Lección Objetiva:
- Freno y timón

Mencione las verdades que se encuentran en Santiago 3:3-9. Con el freno en la mano, hable de su uso. Explique que cuando se está domando al caballo que es un poco rebelde, se le pone en la boca una bolsita que contiene una substancia amarga para que cada vez que se hala las riendas sale un poquito en la boca. Pronto comienza a aprender a obedecer. Hable de lo que sucede con nuestra lengua cuando nos enojamos, o cuando estamos celosos o agitados. Nuestra lengua es tanto buena como mala, según lo que digamos.

Lección Objetiva:
- La evidencia de Dios

Muestre a los niños una variedad de anillos y pregúnteles qué significa cada uno o qué representa. Por último, presente el anillo de matrimonio y pregunte quién lo puede llevar puesto. El anillo de matrimonio es evidencia de que una pareja se ha casado. De la misma manera, hablar en "lenguas" es la señal que Dios usa para mostrarnos que el hombre, la mujer, el joven, el niño o la niña han sido bautizados en su Santo Espíritu.

La Biblia muestra que otras personas también tuvieron esta experiencia. En el capítulo 10 de Hechos leemos que Pedro ni siquiera sabía si estas personas habían aceptado a Jesús como su Salvador, pero que sí los oyó hablar en lenguas. Esto muestra que ya habían sido salvas porque sólo un creyente en Jesucristo puede ser bautizado en el Espíritu Santo (Hechos 10:19-28).

C. ¿Cuál es el propósito de las lenguas?

"El que habla en lengua extraña, a sí mismo se edifica" (1 Corintios 14:4).

Las lenguas edifican al "hombre interior". Cuando hablamos en lenguas sentimos la presencia de Dios. Esto fortalece nuestra fe. Nos ayuda a percibir la presencia de Dios.

Nos comunicamos con Dios por medio de las lenguas. El Espíritu expresa cosas a Dios que nosotros nunca podríamos expresar. De este modo, oramos por nuestras propias necesidades que ni siquiera conocemos. Así Dios hace provisión para nuestras necesidades aun antes que sepamos que las tenemos.

Ilustración:

(Muestre la Visual 9.) Recuerde a los niños que hay otros idiomas además del nuestro. Aunque las lenguas "suenan raras", las palabras tienen significado. De la misma manera, cuando hablamos en lenguas, no entendemos las palabras pero sabemos que tienen significado.

Antes de mostrar la visual, pregunte si saben leer. Escoja a un voluntario, muéstrele la visual con un mensaje escrito en diferentes idiomas (castellano, inglés, francés, alemán) y pídale que lo les. Obviamente, no podrá leer todas las frases. Diga a los niños que hay muchos idiomas. Trate de pronuniar algunas de las palabras. Clarifique que las palabras "suenan raras" porque no sabemos el idioma. Por esta razón no debemos tener miedo de pronunciar las palabras y los sonidos raros de las "lenguas". Es el idioma que el Espíritu Santo quiere hablar a través de nosotros.

2. ¿CÓMO RECIBIMOS EL BAUTISMO EN EL ESPÍRITU SANTO?

(Enseñe el versículo que necesitan memorizar.)

A. Se lo pedimos a Dios

Es muy importante que los niños sepan que el Espíritu Santo es para ellos y que pueden pedírselo a Dios. Dios desea bautizarlos en el Espíritu Santo.

"Pues si vosotros, siendo malos, sabéis dar buenas dádivas a vuestros hijos, ¿cuánto más vuestro Padre celestial dará el Espíritu Santo a los que se lo pidan?" (Lucas 11:13).

B. Buscamos más de Dios

"Seguid el amor; y procurad los dones espirituales" (1 Corintios 14:1).

Es necesario animar a los niños a que lean la Biblia, para que puedan leer sobre los que han sido bautizados en el Espíritu Santo, y para que puedan pasar tiempo ante la presencia de Dios. Recuerde que para recibir el bautismo no es necesario que busquemos el don sino más bien al Dador del don, a Dios. Debemos buscar cómo llenar más nuestra vida con Dios.

C. Adoramos a Dios en verdad

La Biblia dice que cuando adoramos a Dios, Él se acerca a nosotros. Cuando verdaderamente aprendemos a adorar a Dios, soltamos lo sobrenatural en nuestra vida.

Cuando buscamos el bautismo en el Espíritu Santo debemos comenzar adorando a Dios por quién Él es y por lo que ha hecho. Debemos venir ante su presencia con un corazón abierto.

D. Debemos dedicarnos completamente a Dios

En la adoración buscamos a Dios, no con la idea de lo que podemos sacar de Él, sino con el propósito de rendirnos completamente a Él. Concientemente debemos darlo todo… absolutamente todo: nuestro hogar, nuestros estudios, nuestra reputación, nuestra voluntad, hasta nuestro futuro. Debemos decirle sinceramente que aunque nunca tengamos nada, lo serviremos. Deseamos más que todo lo que Dios tenga para nuestra vida. Él es nuestro todo en todo.

E. Damos un paso de fe y lo recibimos

Repase lo que ha enseñado en la lección 3 sobre Pedro. Él sabía muy bien que Jesús le dijo que saliera de la barca y que anduviera sobre las aguas. Pedro tuvo que levantar las piernas y los pies y abandonar la barca antes que sucediera el milagro que Jesús prometió. De la misma manera, habrá un momento cuando tendremos que dar este paso de fe y pronunciar las palabras que Dios nos dé. Dios nos bautizará en el Espíritu Santo cuando lo busquemos con completa sinceridad y cuando le permitamos dirigirnos.

No tenemos que suplicar y rogar a Dios que nos bautice en el Espíritu Santo. Su Palabra declara que Él tiene ansia de dárnoslo. Lo único que tenemos que hacer es recibir este don de Dios.

3. CONCLUSIÓN

Desafíe a los niños para que busquen más de Dios, de su Espíritu, y de su poder en la vida de ellos. Una vez que hayan recibido el bautismo en el Espíritu Santo, deben usar este poder y esta valentía que les pertenecen. Su vida será diferente y podrán ser de gran influencia en su mundo.

Para enseñar el versículo para memorizar, divida a los participantes en dos grupo. Que cada grupo con su líder repita varias veces uno de los versículos. Cuando lo hayan aprendido, entregue las piezas de los rompecabezas. Dé un fuerte "Viva" para el primer grupo que lo termine correctamente. Luego entregue la "Hoja de repaso 5" para que la terminen.

EPÍLOGO

Estas lecciones le pueden ayudar en su obra de enseñar a los niños que aprendan a llevar una vida llena del Espíritu Santo. No hay nada como un niño lleno de la presencia del Espíritu Santo de Dios y de fe.

Los materiales presentados en este curso han sido diseñados para ayudar a que los niños entiendan mejor al Espíritu Santo y su función en nuestra vida. Las cinco lecciones se pueden presentar en cinco sesiones. Use este recurso en grupos pequeños, en grupos de células para niños, en campamentos, en cultos para niños o durante el momento de clase. Una vez que el niño haya aceptado a Jesucristo como su Salvador personal va a necesitar esta enseñanza. Usted debe planear tiempo para orar con los niños hasta que hayan recibido el bautismo en el Espíritu Santo. Trabajemos y oremos para cumplir con el objetivo de ayudar a la próxima generación para que pueda ser verdaderamente pentecostal.

PREGUNTAS

1. ¿Cuáles son las cinco lecciones básicas presentadas en esta serie?
2. ¿Cuáles son las funciones del Espíritu Santo en la vida del creyente?
3. Haga una lista de las diferentes lecciones objetivas que usó para hablar del Espíritu Santo y el propósito de cada una.
4. ¿Cómo podría aplicar esta serie de lecciones a los niños donde usted se encuentra?
5. ¿Qué plan tiene para promover esta enseñanza en su país?

NOTAS

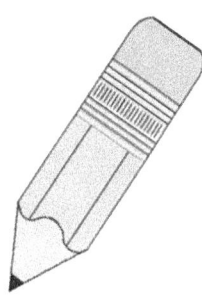

EL PODER DE LA ALABANZA

Hoja de repaso 1

Llena los espacios en blanco con la palabra correcta de la lista al pie de la página. Usa la Biblia como referencia.

1. *"Entrad por sus puertas con acción de gracias, por sus atrios con _____; alabadle, bendecid su nombre. Porque Jehová es bueno; para siempre es su _____"* (Salmo 100:4-5).

2. *"Dad a _____ la _____ debida a su nombre"* (Salmo 29:2).

3. *"Extendí mis _____ a ti; mi _____ a ti como la tierra sedienta"* (Salmo 143:6).

4. *"Así que, ofrezcamos siempre a _____, por medio de él, sacrificio de _____"* (Hebreos 13:15a).

5. *"Y mi _____ hablará de tu _____ y de tu _____ todo el _____"* (Salmo 35:28).

6. *"Así te bendeciré en mi _____; en tu nombre _____ mis manos"* (Salmo 63:4).

7. *"_____ oh Jehová _____ escucha mis _____"* (Salmo 134:1).

8. *"_____ _____ mis manos a ti"* (Salmo 143:6).

9. *"Quiero, pues, que los hombres oren en todo lugar, _____ manos santas, sin ira ni contienda"* (1 Timoteo 2:8).

10. *"Dios es Espíritu; y los que le adoran en espíritu y en verdad es necesario que _____"* (Juan 4:24).

vida	Jehová	manos
misericordia	Alzad	Dios
levantando	alma	alabanza
alabanza	lengua	levantaré
bendecid	justicia	oración
Oye	adoren	ruegos
gloria	día	alabanza

ALIMENTAR NUESTRA FE

Hoja de repaso 2

1. *"Porque por _____ sois salvos por medio de la _____"* (Efesios 2:8).

2. *"Es, pues, la fe la certeza de lo que se _____, la convicción de lo que no se _____"* (Hebreos 11:1).

3. *"Así que la fe es por el _____ y el oír, y el oir, por la palabra de _____"* (Romanos 10:17).

4. *"Dijeron los apóstoles al Señor: _____ la _____"* (Lucas 17:5).

5. *"Y si alguno de _____ tiene falta de sabiduría, _____ a Dios"* (Santiago 1:5).

6. *"Jehová, que me ha librado de las garras del _____ y de las garras del _____, él también me _____ de la mano de este _____"* (1 Samuel 17:37).

7. *"Al que cree _____ le es posible"* (Marcos 9:23).

8. *"Así también la fe, si no tiene _____, es _____ en sí misma"* (Santiago 2:17).

9. *"Porque de cierto os digo, que si tuviereis fe con un grano de _____, diréis a este _____ : Pásate de aquí allá, y se pasará; y nada os será _____"* (Mateo 17:20).

oír	espera	fe
gracia	león	Dios
muerta	Aumentanos	obras
oso	fe	monte
pídala	todo	vosotros
imposible	mostaza	ve
Librará	filisteo	

CONOCER AL ESPÍRITU SANTO

Hoja de repaso 3

1. *"Por tanto, id, y haced discípulos a todas las naciones, bautizándolos en el _____ del _____, y del _____, y del _____ _____"* (Mateo 28:19)

2. *"Pero yo os dijo la verdad: Os conviene que yo me _____; porque si no me fuere, el _____ no vendría a vosotros; mas si me fuere, os lo enviaré"* (Juan 16:7).

3. *"Él os _____ en Espíritu Santo y fuego"* (Mateo 3:11).

4. *"Y estando juntos, les mandó que no se fueran de Jerusalén, sino que _____ la _____ del Padre, la cual, les dijo, oísteis de mí"* (Hechos 1:4).

5. *"Y en los postreros días, dice Dios, derramaré de mi Espíritu sobre toda _____"* (Hechos 2:17).

6. *"Cuando hubieron orado… todos fueron _____ del Espíritu Santo, y hablaban con _____ la palabra de Dios"* (Hechos 4:31).

7. *"Pero cuando venga el Espíritu de _____, él os guiará a toda la _____"* (Juan 16:13).

8. *"Mas el Consolador, el Espíritu Santo, a quien el Padre enviará en mi nombre, él os _____ todas las cosas"* (Juan 14:26).

9. *"Pero vosotros le conocéis, porque mora _____ vosotros, y estará _____ vosotros"* (Juan 14:17).

nombre	bautizará	denuedo
esperasen	vaya	Consolador
carne	Padre	promesa
verdad	bautizará	enseñará
Espíritu Santo	verdad	Hijo
con	en	llenos

EL BAUTISMO EN EL ESPÍRITU SANTO

Hoja de repaso 4

1. *"Y en los postreros _____, dice Dios, derramaré de mi Espíritu sobre _____ _____"* (Hechos 2:17).

2. *"Porque para vosotros es la promesa, y para vuestros _____, y para _____ los que están lejos; para cuantos el Señor nuestro Dios llamare"* (Hechos 2:39).

3. *"Él os _____ en Espíritu Santo y fuego"* (Mateo 3:11).

4. *"Mas el Consolador, el Espíritu Santo, a quien el Padre enviará en mi nombre, él os _____ todo lo que yo os he dicho"* (Juan 14:26).

5. *"Cuando hubieron orado,…. y todos fueron llenos del Espíritu Santo, y hablaban con _____ la palabra de Dios"* (Hechos 4:31).

6. *"Pero cuando venga el Espíritu de _____, él os guiará a toda la _____"* (Juan 16:13).

7. *"Pero vosotros le conocéis, porque mora _____ vosotros, y estará_____ vosotros"* (Juan 14:17).

bautizará	hijos	verdad
días	denuedo	todos
recordará	verdad	en
con	toda	carne

RESPUESTA

¿Cómo nos ayuda el ser llenos del Espíritu Santo?

1.

2.

3.

SER LLENOS CON EL ESPÍRITU SANTO

Hoja de repaso 5

1. *"Y estas señales seguirán a los que creen… hablarán nuevas _____"* (Marcos 16:17).

2. *"Porque si yo oro en _____ desconocida, mi _____ ora"* (1 Corintios 14:14).

3. *"Y fueron todos _____ del Espíritu Santo, y comenzaron a _____ en otras lenguas"* (Hechos 2:4).

4. *"El que habla en lengua extraña, a sí mismo se _____"* (1 Corintios 14:4).

5. *"Porque Juan ciertamente bautizó con _____, mas vosotros seréis bautizados con el _____ _____"* (Hechos 1:5).

6. *"Seguid el _____ y procurad los dones espirituales"* (1 Corintios 14:1).

lenguas	edifica	agua
hablar	llenos	espíritu
Espíritu Santo	lengua	amor

VI. Visuales

Visual 1, Lección 1

El poder de la alabanza

Visual 2, Lección 2

Alimentar tu fe

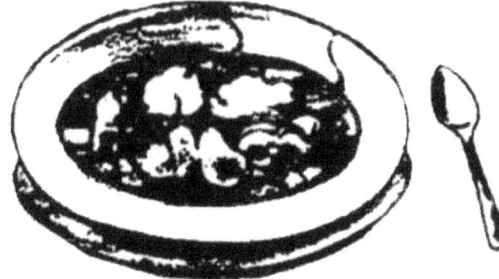

Visual 3, Lección 3

"Os conviene que yo me vaya; porque si no me fuere, el Consolador no vendría a vosotros…"

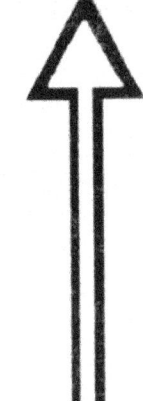

Visual 4, Lección 3

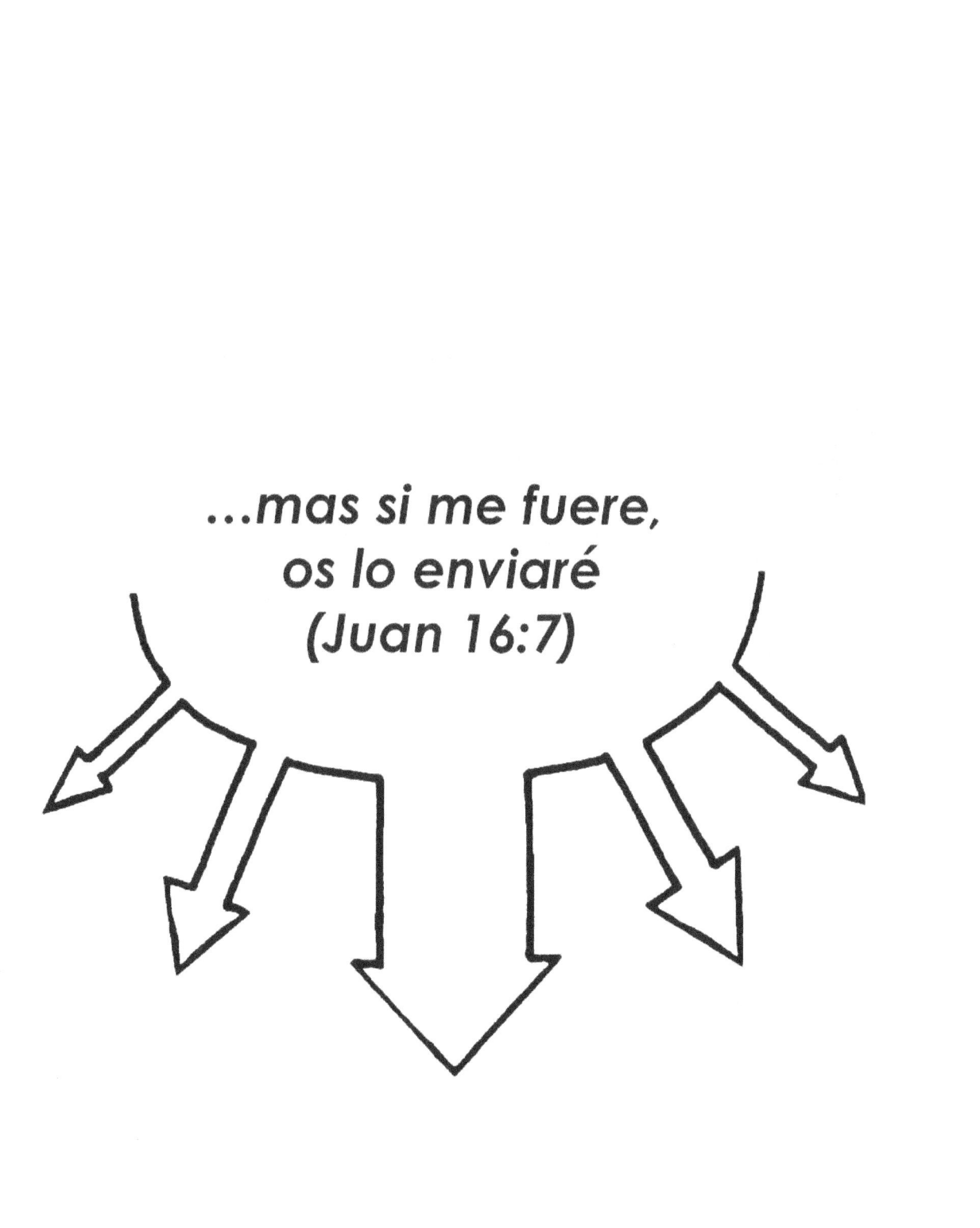

Visual 5, Lección 4

Visual 6, Lección 4

Pero vosotros le conocéis, porque mora con vosotros,

Visual 7, Lección 4

…y estará en vosotros
(Juan 14:17)

Visual 8, Lección 5

El Espíritu Santo nos da fortaleza

Visual 9, Lección 5

Lenguas:

LE BON DIEU AIME LES ENFANTS

GOTT LIEBT DIE KINDER

DIOS AMA A LOS NIÑOS

GOD LOVES THE CHILDREN

님은 어린이를 사랑합니다.

BOSQUEJO

LOS NIÑOS Y EL BAUTISMO EN EL ESPÍRITU SANTO

- **Importancia del tema y su relevancia para los obreros**
- **Objetivos para el obrero que estudia este currículo**
- **I. Introducción**
- **II. El Espíritu Santo**
    - A. El lugar del Espíritu Santo
    - B. Cómo recibir el bautismo en el Espíritu Santo
- **III. Como guiar al niño**
    - A. Buscar de Dios
    - B. Ánimo
    - C. Consejo
- **Conclusión**
- **Cinco sencillas lecciones**
    1. El poder de la alabanza
    2. Alimentar nuestra fe
    3. Conocer al Espíritu Santo
    4. El bautismo en el Espíritu Santo
    5. Ser llenos con el Espíritu Santo
- **Epílogo**
- **Preguntas**
- **Visuales**

RECURSOS EN ESPAÑOL

David Adams, *Las Películas, La Música, La Televisión y Yo* (Loveland, Colorado: Editorial Acción, 1991).

Hayward Armstrong, *Bases para la Educación Cristiana* (El Paso, Texas: Casa Bautista de Publicaciones, 1994).

Thomas Armstrong, Ph.D, *Inteligencias múltiples: Cómo descubrirlas y estimularlas en sus hijos* (Colombia: Grupo Editorial Norma, 2001).

Jay y Janice Ashcraft, *Lecciones Bíblicas Creativas* (Miami, Florida: Editorial Vida, 2000).

George Barna, *Cómo Transformar a los niños en Campeones Espirituales* (Lake Mary, Florida: Publicado por Casa Creación, 2006).

Judy Bartel de Graner y Maritza y Sara Segura, *Vivan los Títeres* (Deerfield, Florida: Editorial Vida, 1990).

Jan Black, *Cuarto Grado - Dispuestos a Esperar* (Guatemala: Sergraficas, S.A., 1999).

Jan Black, *Primero Grado – Haciendo lo Correcto* (Guatemala: Sergraficas, S.A., 1999).

Jan Black y Pat Smart, *Primeros Pasos* (Guatemala: ACSI, 1999).

Jan Black, *Quinto Grado – Agradando al Señor* (Guatemala: Sergraficas, S.A., 1999).

Jan Black, *Segundo Grado – Aprendiendo a Pensar* (Guatemala: Sergraficas, S.A., 1999).

Jan Black, *Sexto Grado – Viviendo para Servir* (Guatemala: Sergraficas, S.A., 1999).

Henry Blackaby y Claude V. King, *Mi Experiencia con Dios* (Nashville, TN: Lifeway Press, 1995).

Reineiro Bracelis, *Historias Sin Final: Teatro Cristiano para la Generación Actual* (Barcelona, Spain: Libros CLIE, 1989).

Patricia Breithaupt, *Títeres en la Educación Cristiana* (Barcelona, España: Libros CLIE, 1988).

Juan Bueno y C.W. Van Dolsen, *Guardianes del Tesoro Manual: Manual del Alumno* (Springfield, Missouri: Ministerio de Recursos y Desarrollo, 1992).

Sandra Cabrera Z. y Elena R. de Dueck, *La Alegria de Crear: Guía de Actividades Manuales* (El Paso, Texas: Editorial Mundo Hispano, 1991).

Doak S. Campbell, *El Maestro Eficiente* (El Paso, Texas: Casa Bautista de Publicaciones, 1992).

Viola D. Campbell, *Recreación Cristiana Juegos, Actividades, y Programación* (El Paso, Texas: Casa Bautista de Publicaciones, 1986).

G. Raymond Carlson, *Prepárese para Enseñar* (Miami, Florida: Editorial Vida, 1989).

Casa Bautista de Publicaciones, *Lecciones y Actividades Misioneras para Niños de 5 y 6 años #1* (El Paso, Texas: Casa Bautista de Publicaciones, 1986).

Casa Bautista de Publicaciones, *Lecciones y Actividades Misioneras para Niños de 5 y 6 años #2* (El Paso, Texas: Casa Bautista de Publicaciones, 1987).

Casa Bautista de Publicaciones, *Lecciones y Actividades Misioneras para Niños de 7 y 8 años #1* (El Paso, Texas: Casa Bautista de Publicaciones, 1992).

Casa Bautista de Publicaciones, *Lecciones y Actividades Misioneras para Niños de 7 y 8 años #2* (El Paso, Texas: Casa Bautista de Publicaciones, 1987).

Frank G. Coleman, *La Dicha de Ganar Niños para Cristo* (Miami, Florida: Editorial Vida, 1990).

John Dinneen, *Bromas y Pasatiempos para Fiestas* (Bogota, Colombia: Editorial Norma, 1988).

John Dinneen, *El Gran Desafío* (Bogota, Colombia: Editorial Norma, 1989).

Findley B. Edge, *Metodología Pedagógica* (El Paso, Texas: Casa Bautista de Publicaciones, 1996).

Findley B. Edge, *Pedagogía Fructífera* (El Paso, Texas: Casa Bautista de Publicaciones, 1996).

David Fajardo, *Ideas para Actividades Juveniles* (El Paso, Texas: Casa Bautista de Publicaciones, 1988).

Gordon D. Fee y Douglas Stuart, *La Lectura eficaz de la Biblia* (Deerfield, Florida: Editorial Vida, 1985).

LeRoy Ford, *Actividades Dinámicas para el Aprendizaje* (El Paso, Texas: Casa Bautista de Publicaciones, 1991).

LeRoy Ford, *Ayudas Visuales como Realizarlas* (USA: Casa Bautista de Publicaciones, 1988).

LeRoy Ford, *Modelos para el Proceso de Enseñanza-Aprendizaje* (El Paso, Texas: Casa Bautista de Publicaciones, 1985).

LeRoy Ford, *Pedagogía Ilustrada Tomo 1: Principios Generales* (El Paso, Texas: Editorial Mundo Hispano, 1995)

LeRoy Ford, *Pedagogía Ilustrada Tomo 2: La Conferencia en la Enseñanza* (El Paso, Texas: Editorial Mundo Hispano, 1991).

LeRoy Ford, *Pedagogía Ilustrada Tomo 3: El Grupo de Discusión* (El Paso, Texas: Editorial Mundo Hispano, 1995).

Jerry Ollie Gibbs, V Kennedy Haddock, y Sharon Berry, *Disciplina en el aula Escolar* (Guatemala: ACSI, 2001).

Nelly de González, Jorge Enrique Díaz, Edgar O. Morales, y Ezequiel San Martín A., *Ideas Practicas para Maestros y Otros Obreros* (El Paso, Texas: Casa Bautista de Publicaciones, 1991).

J. M. Gregory, *Las Siete Leyes de la Enseñanza* (El Paso, Texas: Editorial Mundo Hispano, 1987).

Ofelia Contreras Gutiérrez y Ana Elena del Bosque Fuentes, *Aprender Con Estrategia: Desarrollando mis Inteligencias Múltiples* (México: Editorial Pax México, 2004).

Dennis Hale, *El Uso de Títeres en la Obra Misionera* (El Paso, Texas: Casa Bautista de Publicaciones, 1992).

Simon Jenkins, *Libro de Mapas Bíblicos* (Miami, Florida: Editorial UNILIT, 1960).

Kathy Jingling, *Bernabé y su Gran Misión por Cristo* (Springfield, Missouri: RDM, 2003).

Kathy Jingling, *Caminando con Cristo: Guía del Maestro* (Springfield, Missouri: Ministerio de Recursos y Desarrollo, 1995).

Kathy Jingling, *Campeones por Dios: Guía del Maestro* (Springfield, Missouri: Ministerio de Recursos y Desarrollo, 1996).

Kathy Jingling, *Haciendo fondo en la Palabra de Dios: Guía del Maestro* (Springfield, Missouri: RDM, 1997).

Kathy Jingling, *Volando con Sabiduría: Guía del Maestro* (Springfield, Missouri: RDM, 1997).

Lois Keffer, *Lecciones Bíblicas Especiales para la Escuela Dominical* (Loveland, Colorado: Editorial Accion, 1996).

I. S. Lambdin, *Mejor Enseñanza Bíblica para Maestros de Adolescentes* (El Paso, Texas: Casa Bautista de Publicaciones, 1982).

Jim Larson, *Disfrute Enseñando* (Barcelona, España: Libros CLIE, 1978).

Editorial Accion, *Ideas Dinámicas para el Ministerio con los Niños* (Loveland, Colorado: Group Publishing Inc., 1996).

Walt Marcum, *El Sexo: Una Perspectiva Cristiana* (Loveland, Colorado: Editorial Acción, 1990).

Cecilio y Maria McConnell, *Objetos Que Enseñan de Dios Mensajes para Niños* (El Paso, Texas: Casa Bautista de Publicaciones, 1990).

William Martin, *Fundamentos para el Educador Evangélico* (Miami, Florida: Editorial Vida, 1987).

Walter Mees, Jr, *Las Religiones Falsas* (Loveland, Colorado: Editorial Acción, 1990).

Roger Mendoza C., *Hablemos del Sexo con los Niños y las Niñas – Uno* (Costa Rica: IINDEF, 1999).

Roger Mendoza C., *Hablemos del Sexo con los Niños y las Niñas – Dos* (Costa Rica: IINDEF, 1999).

Roger Mendoza C., *Hablemos del Sexo con los Niños y las Niñas – Tres* (Costa Rica: IINDEF, 1999).

Roger Mendoza C., *Hablemos del Sexo con los Niños y las Niñas – Cuatro* (Costa Rica: IINDEF, 1999).

Ralph W. Neighbour, Jr., *Sígueme* (El Paso, Texas: Casa Bautista de Publicaciones, 1988).

Anita V. de Niles, *Fundamentos de la Fe* (Springfield, Missouri: Generación XXI, 1996).

Margarita Pina, *El Taller Musical* (Miami, Florida: Editorial Vida, 1988).

Beatriz de Pons, *Títeres, Hágalos, Utilícelos* (El Paso, Texas: Casa Bautista de Publicaciones, 1986).

Karen Prevost, *Explosión de Ideas: El Fruto del Espíritu* (Springfield, Missouri: RDM, 2000).

Karen Prevost, *Explosión de Ideas: Jesús dijo,… Yo soy* (Springfield, Missouri: RDM, 2000).

Karen Prevost, *Explosión de Ideas: Los 10 Mandamientos* (Springfield, Missouri: RDM, 2000).

Dr. Roberto Rodríguez, *¿Cómo Apoyar a los Hijos en el Estudio?* (Costa Rica: Editorama S.A., 2002).

Dr. Roberto Rodríguez, *Déficit Atencional* (Costa Rica: Editorama S.A., 2002).

Dr, Roberto Rodríguez, *La Autoestima de los Hijos* (Costa Rica: Editorama S.A., 2002).

Josie de Smith, *Títeres Sencillos* (El Paso, Texas: Casa Bautista de Publicaciones, 1993).

Mary J. Stewart, *Lecciones y Actividades Misioneras para Niños de 3 y 4 anos #1* (El Paso, Texas: Casa Bautista de Publicaciones, 1992).

Mary J. Stewart, *Lecciones y Actividades Misioneras para Niños de 3 y 4 anos # 2* (El Paso, Texas: Casa Bautista de Publicaciones, 1989).

Cynthia Ulrico Tobias, *Cómo Aprenden los Niños* (Miami, Florida: Editorial Vida, 2000).

La Verne Tolbert, *Enseñemos como Jesús: Una guía práctica para la Educación Cristiana en su iglesia* (Miami, Florida: Editorial Vida, 2000).

Elmer L. Towns, *La Escuela Dominical Dinámica* (Miami, Florida: Editorial Vida, 1981).

Donald Triplett y Marie Eiland, *Club Castillo...niños marchando en el camino del Señor: Manual del Alumno* (Springfield, Missouri: RDM, 2003).

Donald Triplett y Marie Eiland, *Club Castillo...niños marchando en el camino del Señor: Manual del Maestro* (Springfield, Missouri: RDM, 2003).

Josue Valdez Vargas, *Esgrima Bíblica* (Miami, Florida: Editorial Vida, 1989).

Luisa Jeter de Walker, *Métodos de Enseñanza* (Deerfield, Florida: Editorial Vida, 1996).

Steve y Annie Wamberg, *Las Drogas y Las Bebidas Alcohólicas* (Loveland, CO: Editorial Acción, 1996).

Judy Whitener, *El Ministerio del Drama y la Pantomima* (El Paso, Texas: Casa Bautista de Publicaciones, 1996).

Violet Whittaker, *Enseñemos con Títeres* (El Paso, Texas: Casa Bautista de Publicaciones, 1991).

Bruce Wilkerson, *Las Siete Leyes del Aprendizaje* (Colombia: Editorial Unilit, 2003).

Floyd C. Woodworth, *Hacia La Meta* (Miami, Florida: Editorial Vida, 2000).

www.ingramcontent.com/pod-product-compliance
Lightning Source LLC
Chambersburg PA
CBHW080527170426
43195CB00016B/2492